2013年度国家社会科学基金一般项目
"语言接触视野下的南部壮语语法研究"
（项目编号13BYY144）

吕嵩崧

著

南部壮语
语法研究

中国社会科学出版社

图书在版编目(CIP)数据

南部壮语语法研究／吕嵩崧著．—北京：中国社会科学出版社，2023.2
ISBN 978 – 7 – 5227 – 1354 – 0

Ⅰ.①南…　Ⅱ.①吕…　Ⅲ.①壮语—语法—研究—中国
Ⅳ.①H218.4

中国国家版本馆 CIP 数据核字(2023)第 019975 号

出 版 人	赵剑英
责任编辑	郭　鹏
责任校对	刘　俊
责任印制	李寡寡

出　　版	中国社会科学出版社
社　　址	北京鼓楼西大街甲 158 号
邮　　编	100720
网　　址	http://www.csspw.cn
发 行 部	010 – 84083685
门 市 部	010 – 84029450
经　　销	新华书店及其他书店

印　　刷	北京君升印刷有限公司
装　　订	廊坊市广阳区广增装订厂
版　　次	2023 年 2 月第 1 版
印　　次	2023 年 2 月第 1 次印刷

开　　本	710×1000　1/16
印　　张	38.75
字　　数	595 千字
定　　价	198.00 元

凡购买中国社会科学出版社图书，如有质量问题请与本社营销中心联系调换
电话：010 – 84083683

序

在国内民族语学界，壮语传统上被分为南部和北部两大方言（俗称"南壮"和"北壮"）。不过，正如很多学者所观察到的，壮语南部方言和北部方言差异之大，较之某些具有亲属关系的语言有过之而无不及。唯其如此，在李方桂先生首倡（Li，1959）并为普通语言学界广为接受的台语分类框架里，以龙州壮语为代表的南壮和以武鸣壮语为代表的北壮分属中部台语和北部台语两支。

以往的壮语语法研究，大多集中于以武鸣方言为代表的北部壮语，南部壮语语法研究的成果则寥若晨星。从这个意义上说，吕嵩崧教授的这本《南部壮语语法研究》是难能可贵的，一定程度上可以说是填补了壮语语法研究的一项学术空白。我个人认为，较之同类著作，这本《南部壮语语法研究》在视角和方法上有很多值得称道的地方。

第一，此著虽未以"参考语法"称名，但全书在结构安排、分析框架以及术语使用等方面明显采用了参考语法的描写范式以及语言类型学的分析视角，正因为如此，书中对某些语法现象的观察、描写和分析可为亲属语言的语法比较以及跨语言的类型分析提供有价值的参考。

第二，运用接触语言学的理论和方法考察南部壮语某些语法成分或语义概念的来源和演变，从而揭示出南部壮语中很多接触引发的语言演变现象。比如，语法复制导致南部壮语构词法的变化、人称代词系统的演变、分类词以及偏正关系结构（定中/状中结构）的语序移变；语法借用造成汉语判断词"是""着"、被动标记"揌""着""受"、经历体标记"过"以及再次体标记"过""添"等语法标记直接进入南部壮语，等等。书中对这类接触引发的语法演变及其机制的分析和讨论，为语言接触和语法演变的研究提供了重要的参照。

　　第三，作者在对很多共时语法现象进行描写的同时，运用语法化的理论和方法对这些语法现象的来源与演变进行了历时考察，使读者不仅知其然且知其所以然，这就将共时的描写和历时的探讨有机地结合起来。比如"多"义语素、"母亲"义语素以及"完毕"义语素语法化历程的分析，以及德靖土语近指词各项功能的产生过程及演变路径的描写，等等，其中有不少分析和讨论富有新意。

　　嵩崧从事壮语研究有年，在南部壮语语法研究方面已有相当的积累和建树，希望能继续努力，不断精进，为学界奉献更多、更好的学术成果。是为序。

吴福祥

2020 仲夏于京城齐贤

目　　录

第一章　绪论

第一节　壮语方言概况

壮语是汉藏语系侗台语族台语支（也称壮侗语族壮傣语支）的一个语言。我国民族学者的普遍共识是，壮侗诸族的先民均源于我国古百越民族集团中的西瓯和骆越，西瓯、骆越是在人种、文化、语言等方面很接近，地理分布有所不同，但又往往相互交错、重叠的两个种族集团。西瓯分布在广西中部、北部，云南东部和贵州南部，而骆越分布在广东西部、广西南部、云南东部和越南北部的一些地区。它们的分界线大致是从广东西部肇庆、怀集一带往西，到广西梧州之后，循浔江、郁江往西到达南宁，再沿右江到达平果县，然后稍稍偏南，沿北回归线一直往西，到达云南文山州中部，这条分界线的西端跟目前壮语南、北部方言的分界线大致相同。壮语学界普遍认为操壮语北部方言和布依语、临高语的先民源于西瓯，而操壮语南部方言和侗台语族其他方言的先民都源于骆越。

壮语分为北部方言和南部方言，[①]这两个方言又各分为若干个土语，各方言土语及其所分布的县（市、区）份如下：

北部方言：

---

① 据梁敏、张均如《侗台语族概论》，中国社会科学出版社 1996 年版，第 13 页；王均等编著《壮侗语族语言简志》，民族出版社 1984 年版，第 24 页；张均如、梁敏等《壮语方言研究》，四川民族出版社 1999 年版，第 12—13 页。张梦翰、李晨雨《壮语分区的特征选取和权重量化》（载《广西民族大学学报》（哲学社会科学版）2013 年第 6 期）通过对壮语 59 个代表点的 19 个音系特征的科学计算，也验证了壮语分为南北两个方言的结论。

桂北土语——广西河池、南丹、天峨、东兰、巴马、融水、罗城、环江、永福、融安、三江、龙胜

柳江土语——广西柳江、来宾北部、宜州、柳城、忻城北部

红水河土语——广西都安、马山、上林、忻城南部、来宾南部、武宣、象州、鹿寨、荔浦、阳朔、贵港、贺县、桂平

邕北土语——广西武鸣、邕宁北部、横县、宾阳、平果

右江土语——广西田东、田阳、右江

桂边土语——广西田林、隆林、西林、凌云、乐业、凤山，云南富宁、广南

邱北土语——云南邱北县、师宗

连山土语——广东连山以及怀集县的下帅乡

南部方言：

邕南土语——广西邕宁南部、隆安、扶绥、上思、钦州、防城

左江土语——龙州、宁明、凭祥、崇左、大新、天等

德靖土语——广西德保、靖西、那坡

砚广土语——云南砚山、广南南部、麻栗坡北部、马关、文山、西畴

文马土语——云南文山南部、麻栗坡南部、马关东部、开远以及红河州元阳等地自称布岱的壮族地区①

第二节　当前研究概述

国外与壮语研究相关的成果主要是对亲属语言的研究。泰语语法研究中具有代表性的是 Shoichi Iwasaki（2005）《A Reference Grammar of Thai》，该书从形态和句法两个方面展示了泰语的整体面貌。Enfield（2007）《A Grammar of Lao》着重分析了老挝语的名词词组和动词词组，展示了老挝语中代词、指示词、量化词、分类词和体标记、动词类型以及基本小句的基本语法规则。Janice

---

① 徐雁《文山马关话的傣语归属研究》（《开封教育学院学报》2017 年第 1 期）认为，属文马土语的马关话应归属傣语，但我们在此仍袭旧说。

E.Saul（1980）《Nung Grammar》主要从语序类型学角度描写侬语语法，分析了侬语名词词组、动词词组、小句和句子类型。

国内壮语语法的研究成果大致如下：

一是已有较丰富的壮语本体研究成果。自早年李方桂先生的经典著作《武鸣土语》《龙州土语》始，出现了一大批壮语本体的研究成果。它们有的是对壮语语法的专门研究，如：1953 年广西壮族自治区少数民族语言文字工作委员会研究室编写的《壮语语法概述》，从语法概念、构词、词组、简单句、复杂句和句子的语气等方面概述了壮语语法特征和基本规律。1958 年，袁家骅、张元生等编写的《武鸣壮语词法初步研究》对武鸣壮语的词法做了详细的分析。韦庆稳《壮语语法研究》是一部纯语法性质的专著，但研究方法因当时条件有所受限。覃晓航《壮语特殊语法现象研究》从特殊词类现象和特殊句法现象对马山壮语进行了思考。韦景云、何霜、罗永现《燕齐壮语参考语法》（2011），韦茂繁《下坳壮语参考语法》（2014）是对单点语法的较详尽的描写。

近年来的学位论文，关注壮语语法的越来越多，对单点语法进行描写的有韦茂繁《下坳壮语参考语法》（博士学位论文，上海师范大学，2012 年）[①]、吕嵩崧《靖西壮语语法研究》（博士学位论文，上海师范大学，2014 年）、刘立峰《凌云壮语参考语法》（博士学位论文，上海师范大学，2020 年）、覃海恋《武鸣罗波壮语语法研究》（硕士学位论文，广西大学，2009 年）、黄阳《靖西壮语语法》（硕士学位论文，广西大学，2010 年）、陈芳《巴马壮语语法研究》（硕士学位论文，广西大学，2010 年）、马文妍《柳江壮语语法调查与研究》（硕士学位论文，广西大学，2011 年）、卢业林《大新壮语语法调查与研究》（硕士学位论文，广西大学，2011 年）、谢海洋《马山壮语语法调查与研究》（硕士学位论文，广西大学，2012 年）、杨威《双定壮语语法研究》（硕士学位论文，广西大学，2012 年）、晏殊《崇左左州壮语参考语法》（硕士学位论文，广西大学，2018 年）、黄雅琦《田阳壮语参考语法》（硕士学位论文，广西大学，2020 年）等，他们在较为充分的田野调查的基础上，有意识地结合

---

① 2014 年由广西人民出版社出版。

类型学理论，对壮语某个单点的语法现象进行全面分析描写。何霜《忻城壮语语气词研究》（博士学位论文，中央民族大学，2007 年）①、潘立慧《上林壮语动词专题研究》（博士学位论文，中国社会科学院研究生院，2011 年）、黄美新《大新壮语形容词研究》（博士学位论文，中央民族大学，2010 年）②、赵晶《壮语名词短语的语序演变》（硕士学位论文，广西大学，2012 年）等所做的则是某个专题的研究。

另有一批单篇论文对一些语法现象进行了讨论，如李旭练《都安壮语形容词性相对比较句研究》（《民族语文》1998 年第 3 期）、《都安壮语 ʔoːk⁷ 的介词化过程》（《民族语文》1998 年第 5 期），覃晓航《壮语动词语法化探因》（《中央民族大学学报》（哲学社会科学版）2006 年第 6 期），林亦《壮语给予义动词及其语法化》（《民族语文》2008 年第 6 期），韦茂繁《都安壮语"teːŋ⁴²"的语法化分析》（《民族语文》2010 年第 6 期），覃凤余、黄阳、陈芳《也谈壮语否定句的语序》（《民族语文》2010 年第 1 期），覃凤余、田春来《广西汉壮方言的"嘞"》（《民族语文》2011 年第 5 期），覃凤余《壮语源于指示词的定语标记——兼论数词"一"的来源》（《民族语文》2013 年第 6 期）、《壮语分类词的类型学性质》（《中国语文》2015 年第 6 期）、《壮语方言源于使役动词的壮语标记》（《民族语文》2016 年第 2 期）、《壮语的量词定语标记》（《民族语文》2019 年第 6 期），吕嵩崧《靖西壮语方式副词、程度副词与谓语的语序模式及其历时动因》（《民族语文》2017 年第 4 期）、《壮语德靖土语亲属排行的表现形式及相应语序》（《广西民族大学学报》（哲学社会科学版）2017 年第 6 期）、《壮语德靖土语近指指示词的演变——基于语言接触的视角》（《广西师范大学学报》（哲学社会科学版）2019 年第 3 期）、《壮语"完毕"义语素的语法化及对广西汉语方言的影响》（《方言》2019 年第 4 期），等等。

有的成果虽不是对语法的专门研究，但内容有所涉及。前述李方桂先生的《武鸣土语》，不仅归纳了音韵系统，记录了词汇，还分析了语法。1961年，中国科学院少数民族语言研究所壮语小组编写的《壮语概况》在《中国

① 2011 年由广西民族出版社出版。
② 2013 年由中国社会科学出版社出版。

语文》发表，对壮语语音、词汇、语法进行了全面介绍和分析。此后，韦庆稳、覃国生《壮语简志》（1980）在重点介绍壮语标准音语音系统和词汇概貌的同时，对壮语语法中最突出、普遍的规律进行了描写。梁敏、张均如《侗台语族概论》（1996），郑贻青《靖西壮语研究》（1996），覃国生编著《壮语概论》（1998），刘叔新《连山壮语述要》（1998）等对壮语语音、词汇、语法进行了研究、描写，但语法部分相对薄弱。《广西通志·少数民族语言志》（2000）等志书也有相关的内容。张均如、梁敏等《壮语方言研究》（1999）是迄今为止对壮语描写分析最为详尽的著作，是壮语研究的集大成者，其中也包含语法分析的内容。

二是有一批对壮语语法和其他民族语言进行比较的成果。张元生等著《现代壮汉语比较语法》从词类、句法等方面对壮语与汉语的语法特征进行了详细的比较。张增业《壮—汉语比较简论》（1998），覃国生、谢英《老挝语—壮语共时比较研究》（2009）从语音、构词法、汉借词、词类和句法等方面进行了共时的对比，突出了两种语言各自的语言特征。吴小奕《跨境壮语研究》（华中科技大学博士学位论文，2005年）是对南部壮语与越南北部岱侬语的比较，其中也对语法进行了比较；胡琼《壮泰语副词比较研究》（广西民族大学硕士学位论文，2009年）、秦春草《泰语和壮语分类词比较研究》（广西大学硕士学位论文，2018年）是对壮语和泰语词类的比较研究；郑慧如《汉壮语表确定、反预期语气词的比较研究》是壮语、汉语间的比较。

单篇论文有：覃凤余、吴福祥《南宁白话"过"的两种特殊用法》（《民族语文》2009年第3期），覃东生、覃凤余《广西汉语"去"和壮语方言 pai[1] 的两种特殊用法——区域语言学视野下的考察》（《民族语文》2015年第2期），吕嵩崧《壮语和广西汉语方言"鸡""牛"义语素的多功能模式及其形成》（《民族语文》2019年第3期）、《广西部分汉语方言"队"、壮语 to:i[6] 的多功能模式及其语义演变》等。这些文章都在语言接触视野下进行讨论。

三是有一批具有普及性质的壮语教材和具有教材性质的文献。如韦景云、覃晓航主编《壮语通论》（2006），韦景云、覃祥周主编《壮语基础教程》（2008）对壮语语法均有涉及。

对壮语的研究，虽已有一定成果，但也呈现以下不足：1.语法研究成果数量较少，在语音、词汇、语法三要素中，其研究成果较为单薄；2.当前壮语研究成果多集中在北部壮语，对南部壮语的讨论不足；3.部分成果对壮语语法进行了概述性的描写，但对代表点的全面描写较为缺乏，而我们对某种语言语法的全面认识必须基于对各点的详尽研究；4.基于语言接触的壮语语法研究比较缺乏，语言接触研究与壮语语法研究相结合的成果还不多，而这应该是壮语语法研究中一个极有意义的内容；5.尽管部分学者有意识地在类型学视野下开展研究，但高质量的成果还不多。

第三节　南部壮语汉语借词来源

语言接触对南部壮语语法的影响是本书的一个重要视角，而壮语受到汉语的影响是多层次、多来源的，所以，我们的讨论势必牵涉到汉语借词的层次与来源，不然，就无法厘清某些语法现象的层次。因此，我们有必要对南部壮语中汉语借词的来源和层次做一定梳理。各地壮语汉语借词情况不尽相同，除了来源于"古平话"这一点比较一致外，各地汉语借词与其毗邻的汉语方言密切相关。如龙州壮语、扶绥壮语、邕宁那楼壮语有一批来自粤语和官话的借词，而位于云南的砚广土语、文马土语则有一大批来自云南官话的借词。

我们以靖西壮语为例说明南部壮语的借词层次。

靖西壮语与汉语的接触突出地表现为拥有大量的汉语借词。壮语中的汉语借词大致可以分为老借词和新借词两大类，应是学界的共识，张均如（1982）[①]，张均如（1988）[②]，郑贻青（1996）[③]，梁敏、张均如（1999）[④]，张均如、梁敏等（1999）[⑤]，蓝庆元（2005）[⑥]等均认为如此。对于老借词的来源，张均

---

① 张均如：《广西中南部地区壮语中的老借词源于汉语古"平话"考》，《语言研究》1982年第1期。

② 张均如：《广西平话对当地壮侗语族语言的影响》，《民族语文》1988年第3期。

③ 郑贻青：《靖西壮语研究》，中国社会科学院民族研究所1996年版，第56—57页。

④ 梁敏、张均如：《广西平话概论》，《方言》1999年第1期。

⑤ 张均如、梁敏、欧阳觉亚、郑贻青、李旭练、谢建猷：《壮语方言研究》，四川民族出版社1999年版，第250页。

⑥ 蓝庆元：《壮汉同源词借词研究》，中央民族大学出版社2005年版，第7页。

如（1982）认为，广西中南部地区的老借词多是从现代平话的前身"古平话"中陆续吸收的。张均如（1988）更是认为壮侗语族诸语言的老借词主要来自"古平话"。张均如、梁敏等（1999）进一步指出"老借词读音系统"也来源于"古平话"。①根据梁敏、张均如（1999），"古平话"是历代来自各地移民的不同方言在桂林、柳州、南宁等地彼此交流，融合发展，并受壮侗诸语言的影响而逐渐形成的一种汉语方言。在西南官话和粤方言进入广西之前的一千多年间，这种"古平话"曾经是湖南南部和广西南北各地百姓的主要交际用语，也是当时官场和文教、商业上的用语。②对于新借词，一般认为主要来自西南官话或与西南官话有关。如张均如、梁敏等（1999）认为，壮语中的新借词是民主革命和社会主义革命时期大量涌入的有关政治、经济、文化、科技等方面的新词术语。……新借词除广西中南部地区十来个县按当地老借词语音系统吸收外，都按当地西南官话语音吸收。③郑贻青（1996）则指出，（靖西壮语）的新借词是近百十年从汉语吸收过来的，由于其读音与现在当地的汉语（桂柳话）很接近，人们很容易就可以把它识别出来。④蓝庆元（2005）也指出壮汉对应词中现代层次和当地的汉语西南官话语音非常接近。⑤事实上，壮语中应该还有来自上古汉语的借词（不排除为同源词）；新借词中，还有更晚近的借自普通话的词汇，此外，部分借词虽然并非直接借自普通话但读音有向普通话靠拢的趋势。

具体到靖西壮语，吕嵩崧（2011）认为，从层次分，靖西壮语中汉语借词大致可以分为上古借词（不排除为同源词）、中古汉语借词（中古层中，以通常认为的老借词即来自"古平话"的借词为主，还有部分借自粤语的语词）、现代借词等，现代借词主要借自西南官话（应该是一种分尖团的官话）。⑥此外，汉语

---

① 张均如、梁敏、欧阳觉亚、郑贻青、李旭练、谢建猷：《壮语方言研究》，四川民族出版社1999年版，第250页。

② 梁敏、张均如：《广西平话概论》，《方言》1999年第1期。

③ 张均如、梁敏、欧阳觉亚、郑贻青、李旭练、谢建猷：《壮语方言研究》，四川民族出版社1999年版，第246—250页。

④ 郑贻青：《靖西壮语研究》，中国社会科学院民族研究所1996年版，第56页。

⑤ 蓝庆元：《壮汉同源词借词研究》，中央民族大学出版社2005年版，第6页。

⑥ 相关论述见吕嵩崧《靖西壮语中汉语新借词的来源及部分语音特点》，《中央民族大学学报》（哲学社会科学版）2011年第5期。

共同语对靖西壮语的影响也越来越明显，在靖西壮语母语者的对话中，壮语与普通话的语码转换越来越频繁，部分普通话词汇出现的频率已经很高，其借入靖西壮语的趋势已相当明显，如"谢谢""再见"等。

从历史层次看，靖西壮语中的汉语借词可以分为上古层（或同源词）、中古层、近代层、现代层。从借源看，有"古平话"、粤语、官话、普通话等。

对不同层次的借词层次的判断，蓝庆元（2005）提出了这样一些方法：第一步，先把壮语和汉语对应词分为现代和古代两大部分，由于壮汉对应词中的现代层次和当地的汉语西南官话非常接近，很容易分辨。分辨的主要标准有两个。第一个标准从声调上分辨。壮语现代借词的调值和当地的汉语官话非常接近，调类与古汉语有对应关系。第二个标准是从韵尾分辨。古代汉语借词有-p、-t、-k、-m 韵尾，而现代借词没有。凡是有这几个韵尾的都是古汉语借词。①

我们依此可以先把平话借词、粤语借词这样的中古层和官话、普通话及受普通话影响的官话借词区分开来，而进一步的分辨，应该还要依靠其他的方法。

由于靖西壮语汉语借词的层次及来源有一定复杂性，沿用之前"老借词""新借词"的说法多有不便。因此，本研究涉及的汉语借词，如不做专门说明，我们一般将借自"古平话"的称为"中古借词"，借自粤语的称为"粤语借词"，借自西南官话的称为"官话借词"。为方便起见，不需区分时，本书把汉语借词统称"借词"。同时，由于上古借词及同源词难以确定，本书不做讨论，所涉及相关语词也暂归入固有词（固有语素）进行讨论。

靖西壮语汉借词的层次：

一　中古借词

郑贻青（1996）对靖西壮语中古借词读音与中古汉语声母、调类的对应规律做过分析；②蓝庆元（2005）对壮语借词的语音特点进行了分析③，其中也包括靖西壮语。

---

① 蓝庆元：《壮汉同源词借词研究》，中央民族大学出版社 2005 年版，第 6 页。
② 郑贻青：《靖西壮语研究》，中国社会科学院民族研究所 1996 年版，第 61—65 页。
③ 蓝庆元：《壮汉同源词借词研究》，中央民族大学出版社 2005 年版，第 6 页。

中古借词多为书面语，我们来看一些例子：

ɬa:t⁹lai⁴失礼，kuk⁹kja¹国家，jiu⁶鹞（指风筝），ki³ɬei²几时，lau⁶keŋ¹漏更，ɬei¹ja:i²尸骸，pən²ɬəŋ⁵秉性，tsən³净，pun²盘（盘算，思虑），tsiŋ²ɬei²时常，ɬam¹kei¹心机，lo⁶ɬo⁵路数，mei²sei³未使

二　现当代借词

主要是官话借词。靖西与官话的接触较壮族其他地区更晚，这主要因为其远离汉语区域，同时，全县人口中壮族占了 99.4%，民族成分相当单一。笔者认为，与桂西其他地方不同的是，直至清代，官话在该地区仍未普遍通行。有个旁证：清代靖西曾把四川工匠请来修城墙，城墙修好后，这些工匠聚居在县城附近，这个地方被称为 ka:i¹（街）ɬei⁵sim¹（四川）。如果当时靖西已通行官话，则应该依这些工匠的母语以官话称呼这个地方。且这些工匠的后代已完全转用靖西壮语，其语音系统、口音与靖西市区无异。

官话借词进入靖西壮语应从 20 世纪二三十年代一直延续到 80 年代初。官话进入靖西是很晚近的，即使到 20 世纪 80 年代初，也仅作为教学、行政用语，使用范围极其有限，使用人群极其狭窄。在使用官话的人中，首先是中华人民共和国成立之前的一些外来人员；再就是中华人民共和国成立之后到靖西工作的外来人员。这之后，官话逐渐成为靖西行政、文教的用语。这时大量的官话词汇进入靖西壮语。

官话借词进入靖西壮语是以语音相似性为原则的。郑贻青（1996）对靖西壮语官话借词的语音特点做了分析，[①]所分析的事实上就是官话借词主体层，即下文所说的第二时期，我们不再赘述。由于现当代靖西与外界的接触、交往远远超出以往任何时代，现代壮语与汉语的接触在广度和深度上都远远高于更早的层次，所以官话借词数量极大，我们试举数例：

kha:i⁵ja:ŋ²开阳（视野宽广），te:n³si³电视，hɔ⁵se⁵火车，ka:u⁵the²高铁

官话借词的准确数量，无法计算。

我们认为，根据语音上的一些特征，官话借词还可以细分为三个时期。

---

① 郑贻青：《靖西壮语研究》，中国社会科学院民族研究所 1996 年版，第 57—61 页。

前两个时期的区别特征主要是臻摄三等字的读音差异：

第一时期的特征：臻摄三等字与非知系字相拼时读 ən；第二时期，相应的字读 in。如：

人 jən²/jin²　　信 ɬən³/ɬin³　　新 ɬən⁵/ɬin⁵　　进 tsən³/tsin³

当今广西官话，臻摄三等字与非知系字相拼时一般读 in 而非 ən，臻摄三等字与非知系字相拼读 ən 是中古后期借词的特征，所以我们认为是受古平话影响的官话借词。因此，臻摄三等与非知系字相拼读 ən 和 in，应该属于不同的时期。我们观察到的佐证有：新靖镇之外的壮语，相关借词多读 ən 而非 in。

可为佐证的还有，与靖西毗邻的那坡县县城转用的官话，臻摄三等舒声与非知系字相拼时多读 ən，如：人 jən²，信 ɬən⁴，新 ɬən¹，进 tsən⁴。那坡县城世居居民以壮族为主，之前使用的主要语言与靖西壮语一样，属壮语南部方言德靖土语，原本靖西壮语在那坡声望很高，那坡人称靖西壮语为 ka:ŋ³ɬəŋ² "讲城"。那坡官话是自 20 世纪 60 年代末才开始转用，其中保留了德靖土语较早期的语音特点。那坡官话臻摄三等舒声的这一读音特点，正佐证了靖西壮语官话借词的第一时期，臻摄三等字与非知系字相拼时读 ən。

第三个时期体现为受普通话影响。主要的特征是声调仍以与官话相似分化，但声韵母受普通话影响，有向普通话靠拢的趋势。由于靖西全境没有官话分布，事实上在普通话推广工作开展以来，许多人最早接触的汉语便是普通话，这使得部分官话借词的语音特点有向普通话靠拢的趋势，主要体现在前述遇摄合口三等、山摄开口三等舒声、山摄开口三等入声及清、从、心、邪母的语音特点之中，因语音特点还需进一步归纳，我们暂不讨论。

由上，我们知道，一般认为壮语新借词来自官话，与官话接触频繁的壮语地区大略如此。靖西壮语虽不与官话杂处、毗邻，但因官话曾作为桂西通用的族际交际语，在靖西确实曾经作为文教、行政用语，所以曾具有较大影响力，因此官话借词数量极大。

此外，广西各处壮语老借词与靖西壮语一样，一般来自"古平话"，但新借词有来自官话和粤语的。大新、崇左、扶绥、邕宁一带，因与粤语杂居，壮族多能使用粤语，因此来自粤语的借词颇多；与靖西同属德靖土语的德保、那坡多借自见组未腭化的音系与柳州话接近的官话;云南一带壮语新借词则主要借自见组已腭化的云南官话。

三 粤语借词

粤语借词数量较少,应该是通过相对零星的活动进入靖西壮语的,其对靖西壮语的影响断断续续。因为这些粤语借词数量少,我们无法系统分析出其语音特点。

粤语对桂西产生较大影响当在雍正海禁大开之后。雍正之后,粤商逐渐成为桂西南部分城镇经济的主要支柱,进入靖西的粤人亦为数不少。有如下证据:一是靖西境内存在个别粤方言岛,如靖西县湖润镇新兴村、龙邦镇就有粤语分布;①二是靖西县许多人家的族谱、堂号等指向广东,且一般均有口碑证明;三是靖西不少人以粤语取乳名,如 kɔːŋ¹ "江"、hau² "豪"、kɔːi³ "盖"等。中华人民共和国成立后,部分南宁居民因国家政策迁至靖西,因此南宁粤语对靖西壮语也产生了一定影响。靖西壮语曾将汽车票叫做 fei¹。票据,南宁、梧州、百色读为 fi¹;广州、北海、钦州、梧州、宾阳等地韵母复化,读为 fei¹。靖西壮语的 fei¹来自南宁粤语,进入靖西壮语后,由于靖西壮语没有 fi 音节,故 i 复化为 ei。中华人民共和国成立后,国家将南宁汽车站的一批职工迁至靖西,该词随之带入靖西壮语。但随着普通话影响日渐加深,这个词已鲜有人使用,而代之以官话借词 phjaːu³ "票"或 se⁵phjaːu³ "车票"。

粤语与平话跟中古音的对应都相当整齐,因此很多时候要分辨中古借词和粤语借词并不容易。吕嵩崧(2011)曾提出这样的判断方法:若其声韵调中至少有一样与老借词对应规律不符,则不应来自古平话,而应是来自粤语。若与老借词语音特点不符,而与粤语接近,应可确定为粤语借词。另外,如一个词至少有一部分不属于老借词,亦应为粤语借词。②

我们认为,除了这几条标准,还可从以下标准加以判断:

---

① 方阳:《广西靖西新兴粤语方言岛语音调查》,硕士学位论文,中央民族大学,2012 年。
② 吕嵩崧:《靖西壮语中汉语新借词的来源及部分语音特点》,《中央民族大学学报》(哲学社会科学版)2011 年第 5 期。

其一，有些词，不见于现代平话而见于粤语的，当属粤语借词。如：

tsjo:ŋ² "撞"。现代平话不说 "撞" 而说 "碰"，但粤语说 "撞"。

tsei⁵thəu¹ "嘴头"，指零食。粤语说 "嘴头" 而现代平话不说，所以 tsei⁵thəu¹ 是粤语借词。

其二，粤语借词一般不是书面语。"古平话" 在广西曾广泛用于文教及行政，壮族不少地方的读书音便是与之对应，所以平话借词一般具有书面语色彩；而粤语借词更多的是粤人因经商之故传入，故多为商业用语，如 sa⁵siu⁵ "叉烧"。

因商业的原因，当代仍有粤语借词零星进入靖西壮语词汇。

如：kin⁴，借自粤语 "件"，集体量词，粤语 "件" 可指若干部分组合成的集体。如 kin⁴lau³ne:u² "一件酒"，ło:ŋ¹kin⁴phi²tsjəu⁵ "两件啤酒"。kin⁴ 进入靖西壮语应该仅四十来年，主要是改革开放后广东经济的发展以及由此形成的其在商业领域的影响造成的粤语词汇扩散的结果。

所以，如果明显具有书面语色彩的，基本可以判定为中古借词。

吕嵩崧（2011）罗列了部分靖西壮语中的粤语借词：tai²pa³ 大把、jin⁵（怀）远（楼）、sa⁵siu⁵ 叉烧、wən²thən⁵ 云吞、la:p¹⁰tsa:p¹⁰ 拉杂、wan⁴tsan² 稳阵、wu²tsiu¹ 胡椒、kau³wa⁵ 告花、tsi⁵ło¹ 紫苏、piu¹（手）表、tim³ 点、la:i⁵ 拉、łəŋ³ła:k¹⁰ 醒□、lan²¹tsan² 论尽、tse⁵ 姐等。①

再举数例：

客，靖西壮语有两读：khe:k⁹,ha:k⁹。khe:k⁹ 是中古借词。ha:k⁹ 来自粤语，广西南宁、百色、横县、宁明、北海、钦州等地粤语均读 hak³³②，这里的 a 实为长音，音值与壮语 a: 一致。靖西壮语中 "客" 读为 ha:k⁹ 的，实际上原读 ha:k⁷，现在乡下还多读 ha:k⁷。但第 7 调在新靖镇一般并入第 9 调，故新靖镇读为 ha:k⁹。而第 7 调调值为 44，与这些粤语的调值十分接近。

ma:k⁹tsi¹ 荔枝。"荔枝"，与靖西壮语同属德靖土语的德保叫 ma:k⁹lei²tsei⁵。枝，止开三支韵，德靖土语中古借词读 ei，章母读 ts。因此德保话该词来自古

① 吕嵩崧：《靖西壮语中汉语新借词的来源及部分语音特点》，《中央民族大学学报》（哲学社会科学版）2011 年第 5 期。

② 谢建猷：《广西汉语方言研究》，广西人民出版社 2007 年版，第 964 页。

平话。则靖西壮语中这个词的来源不是古平话，应该是粤语。

ma:n[1]扳。按中古借词规律，"扳"应读 pa:n[1]，ma:n[1]的声母与中古借词规律不符。百色粤语"扳"读 man[55]，所以靖西壮语 ma:n[1]应该借自粤语。

第四节 其他说明

一、本书虽主要讨论的是南部壮语语法，但是许多讨论是与北部壮语一并进行的。主要原因是壮语内部有很强的一致性，如各地壮语同源语素的演变、壮语语序的变化等。对于共性的问题，我们认为单以南部壮语为对象进行讨论无法全面，截然分开并不恰切，故一并讨论。

二、壮语与汉语的接触极为密切，不仅是更为强势的汉语对壮语施加影响，壮语也对汉语施加了影响。为了尽可能地说明问题，本书不仅对壮语语法受到的汉语影响进行分析，还部分延伸到汉语方言受壮语影响产生的演变。

三、本书以属于德靖土语的作者母语靖西壮语为纲，覆盖南部壮语五个土语。所作讨论多以靖西壮语为基础。

四、本书所用部分术语与传统有异。如，根据刘丹青（2008），传统所称壮语"量词"，实际包括计量单位词和分类词（亦有称"类别词"的）。计量单位词还包括有标准单位的度量衡单位词和以容器等作为借用单位的单位词；分类词则包括名词的分类词和动词的分类词。[①]如讨论内容包括计量单位词和分类词，本书统称"量词"；如仅涉及其中之一，则称"计量单位词"或"分类词"。但所引文献，仍按原文所称引用。

五、本书语料主要来自作者的田野调查，也借鉴部分文献。我们调查了属于德靖土语的靖西壮语、德保壮语，属于邕南土语的邕宁那楼壮语、隆安壮语、扶绥壮语，属于左江土语的龙州壮语、大新壮语、天等壮语，属于砚广土语的云南广南壮语、麻栗坡壮语、马关壮语侬、西畴壮语，属于文马土语的马关壮语土，属于桂北土语的凤山壮语、环江壮语，属于柳江土语的柳江壮

---

① 刘丹青：《语法调查研究手册》，上海教育出版社 2008 年版，第 280 页。

语、宜州白土壮语，属于红水河土语的都安壮语、马山壮语，属于邕北土语的武鸣壮语、横县壮语、平果壮语，属于右江土语的田阳壮语，属于桂边土语的田林壮语、凌云壮语。其中，靖西壮语为本书作者母语。其他壮语的发音合作人或语料主要提供者为：德保壮语，张如静；那坡坡荷壮语，许振华；邕宁那楼壮语，宁庆添；隆安壮语，黄平文；扶绥壮语，黎飘艇；龙州壮语，农珍宝、何英恒；崇左壮语，黄小祥；大新壮语，许晓明、黄美新、黄全胜；天等壮语，黄日勇；广南壮语，王云仙；麻栗坡壮语，陆俊；马关壮语依，龙婵；西畴壮语，王碧玉；马关壮语土，田自香、王世美、高新香、王忠琼、余汝英、田达仙、佟兴文；凤山壮语，陈志学；环江壮语、宜州壮语，莫帆；巴马壮语，蒙桂秀；柳江壮语，覃凤余；白土壮语，李佳；都安壮语，韦顺国；马山壮语，蒙元耀、罗永腾；武鸣壮语，卢勇斌、罗瑞宁；横县壮语，韦远诚；平果壮语，李雷；田东壮语，李彩云；田阳壮语，黄彩庆；田林壮语，林荣生；凌云壮语，李鸿丹。汉语方言语料的主要提供者有：百色右江区粤语，巴丹、黄玲；田东粤语，黄海燕；崇左粤语，黄小祥；苍梧粤语，刘林波；平南粤语，邓娌莉；灵山粤语，张志巧；百色蔗园话，黄婉秋；西林官话，王季玉池、农娅妮；宜州官话，莫帆；柳州官话，陈俏苗、黄智亮；桂林官话，余斌；那坡高山汉话，李德军。个别非以上发音人提供的语料，我们随文说明。

六、例句中用于举例的部分，以加粗标示；多音节成分，加下划线标示。

七、经本人调查所得的语料，本书附录列有音系的，则标注调类；无音系的，标注调值。从文献引用的语料，一般照文献原样标注。部分文献以壮文标写，本书一般按原文引用。

第二章　构词法

第一节　复合式合成词

对一种语言复合式合成词的分析，不可避免地牵涉到这种语言中词和短语的界定。

董秀芳（2004）认为，（汉语）由于语法和词库是相联系的，由词法模式所产生的词也会带有一定特异性，这表现在其语义不具有完全的组合性，可能会增加一些组成成分的意义之外的意义。[①]

我们对南部壮语词的判定，首先也应该基于这样的认识。但是，由于壮语文献缺乏，进而使得对这一问题所做的分析比较欠缺；也正因为文献的缺乏，壮语中类似汉语短语的语言片段也是基本运用在口语当中的，因此极易凝固，所以壮语母语者对词的语感判断（心理词库）[②]要宽于汉语。由此导致壮语母语者对大量双音节甚至多音节的形式，在心理上都会判断为词。

在壮语中，有些语言片段整体意义不能完全由构成成分及结构意义推出，这一类我们判断为词自然没有疑问；也有一些是意义透明的，但使用频率明显较高，[③]如上所述，我们认为，这些语言片段也应该判定为词。事实上，在形成词汇词的过程中，社会文化等语言外的因素起着很重要的作用，就如汉语中人们一般会把"猪肉"理解为词而"猫肉"不理解为词一样。由功能与社会文化价值等因素所决定的词的使用频率的高低是决定该词是否进入词库的一个重要

---

① 董秀芳：《汉语的词库与词法》，北京大学出版社 2004 年版，第 123 页。
② 董秀芳认为，"词库是一个语言中具有特异性的词汇单位的总体，存储在语言使用者的头脑中，所以又称心理词库"。见董秀芳《汉语的词库与词法》，北京大学出版社 2004 年版，第 9—10 页。
③ 相关论述，参见董秀芳《汉语的词库与词法》，北京大学出版社 2004 年版，第 123 页。

因素。与人的生活关系紧密、具有一定社会文化价值、使用频率高的词，即使内部结构比较透明，也可以进入词库（董秀芳，2004）。①

根据目前所见的材料，各地壮语复合式合成词的类型大同小异。《广西通志·少数民族语言志》认为有联合式、偏正式、动宾式、主谓式和补充式，②郑贻青（1996）认为靖西壮语有修饰式、联合式、动宾式、主谓式和补充式，③韦景云、何霜、罗永现（2011）认为燕齐壮语有联合式、主从式、主谓式、述宾式、重叠式，⑥黄阳（2010）罗列了偏正结构、联合结构、主谓结构和动宾结构，④韦茂繁（2014）认为都安壮语有陈述式、支配式、修饰式、并列式、补充式和重叠式。⑤其他文献所列也大略如此。

我们认为，壮语有联合式、偏正式、主谓式、动宾式、补充式等几类常见的复合式合成词，另外还有重叠式等数量较少的复合式合成词类型。吕嵩崧（2013）对靖西壮语复合式合成词做了详细的描写，⑥我们在此以靖西壮语为例对南部壮语复合式合成词类型作简略介绍：

一 南部壮语复合式合成词类型

（一）联合式

大致分为以下三类：

1.组成成分意义相同或相近。如：

kɔk³ la:k¹⁰根源　　　　　khjɔi³khja:ŋ³邻近

根部 根（泛指）　　　　邻近 旁边

2.组成成分意义相对或相反。如：

khən³lɔŋ²交往　　　khau³ʔo:k⁹出入　　　pai¹ta:u⁴来往

上　　下　　　　　进　　出　　　　　去　　返

---

① 董秀芳：《汉语的词库与词法》，北京大学出版社 2004 年版，第 125—126 页。

② 广西壮族自治区地方志编纂委员会编：《广西通志·少数民族语言志》，广西人民出版社 2000 年版，第 38—39 页。

③ 郑贻青：《靖西壮语研究》，中国社会科学院民族研究所 1996 年版，第 182—183 页。

④ 黄阳：《靖西壮语语法》，硕士学位论文，广西大学，2010 年，第 10 页。

⑤ 韦茂繁：《下坳壮语参考语法》，广西人民出版社 2014 年版，第 27—30 页。

⑥ 吕嵩崧：《靖西壮语的复合式合成词》，《百色学院学报》2013 年第 1 期。

3.组成成分意义相关。如：

tap⁷ɬai³人品　　　　ki¹ la:u²油盐；油水　　　　lai⁴　na²田地

肝　肠　　　　　　　盐　大油　　　　　　　　　旱地　水田

值得我们讨论的是一些因接触形成的联合式复合词。大略有二：

（1）借入成分与固有的同义成分组成联合式复合词

wən²pha³云　　　　jəu⁶mɔi⁵重新　　　　kwa⁵mɔi⁵重来

云　云　　　　　　　又　新　　　　　　　　过　新

wən²是中古借词"云"，pha³是固有词"云"①，组合后指"云"；jəu⁶是中古借词"又"，mɔi⁵是固有词"新"，都是表反复的频率副词，意义一致，组合后指"重新"；kwa⁵是中古借词"过"，mɔi⁵是固有词"新"，都是表反复的频率副词，意义一致，组合后指"重来"。

（2）两个语素均是借入的语素

我们在下文还会证明，从其他语言借入的词语，无论音节多少，原都是以语素形式整体借入，即借入的多音节词，每个音节并无意义。但我们也发现，有少量借词，两个成分都是借入的，构成联合式复合词。

ŋan²tse:n²钱　　　　tse:n²tsai²钱财

银　钱　　　　　　　钱　财

显然，这两个词借入之初是整体借入，但以我们现在的语感，两个词都是以两个音节组合构成。构成这种类型联合式复合词的条件是参与构造的语素在壮语中能单独成词。

（二）偏正式

1.以名词性语素为中心的偏正式合成词，如：

la:ŋ⁶məu¹猪栏　　ɬi³ha³棉衣　　muk⁵fai²吹火筒　　ma:k⁹pe:ŋ³酒饼

栏　猪　　　　　衣　棉　　　　筒　火　　　　　　果　饼

---

① 根据中央民族学院少数民族语言研究所第五研究室编《壮侗语族语言词汇集》，中央民族学院出版社1985年版，第3页：云，壮 fɯ²、布依 vɯə²、临高 ba⁴、傣西 fa²、傣德 mɒk⁹、侗 ma²、仫佬 kwa²、水 wa²、毛难 fa²、黎 de:k⁷fa²/vin²fa²，靖西壮语和它们应具有发生学关系，说明它是固有的语素。

2.以动词为中心的偏正式合成词。

（1）后者做比喻，说明前者的状况。

kja:n²wa:i²（人）四肢着地地爬　　　　　　　kau⁴me:u²像猫一样瞪眼

　爬　水牛　　　　　　　　　　　　　　　　瞪　猫

（2）后者说明前一动词性语素的状态。

tha:i¹mat⁷闷死　　　　khu¹ɫam³嘲笑　　　kin¹na:i¹白吃

死　闷　　　　　　　笑　酸　　　　吃　独

hai³kham¹凄惨，痛苦地哭

哭　苦

3.以形容词为中心的偏正合成词，分为两类：

（1）形＋名，后者比喻、说明前者的状况、性质，如：

man¹khe:u¹青草的臭味　　　　ne:ŋ¹lɔŋ⁶亮红色

臭　青　　　　　　　　　　红　亮

（2）形＋形，后者说明前者的程度，如：

ne:ŋ¹no:n⁴嫩红色　　　　he:n³ke⁵黄褐色

红　嫩　　　　　　　黄　老

（三）主谓式

1.名＋形→形，如：

mɔk⁷tsap⁷肚子痛　　　thu¹mai²头晕　　　wo²khɔi⁵口渴

胃　痛　　　　　　头　晕　　　　脖　干

2.名＋动→动

fai²mai³火灾　　　wo²lɔŋ²释然　　　tha¹than¹眼见

火　烧毁　　　　脖　落　　　　　眼　见

（四）动宾式

1.动＋名→动

khən³phjak⁷上菜　　　ləu⁴na³知道，认识　　　khwai⁵khe:n¹两臂交叉

上　菜　　　　　懂　脸　　　　　翘　臂

2.动＋名→副，如：

ɫi³（ɫi²）ɫa:i⁴慢慢地，悠闲地

舍　　　左

3.动＋形→动，如：

khjo¹pe:ŋ²借光　　　　tha:m¹kja:n⁴贪懒　　　　lak⁸kja:n⁴偷懒
　借　贵　　　　　　　贪　懒　　　　　　　　偷　懒

4.动＋名→形，如：

tɔk⁷pjo:ŋ⁶达一半　　　tɔk⁷tha:ŋ¹最末　　　ləu⁴tei⁶懂事
掉　半　　　　　　　掉　尾　　　　　　懂　地

5.动＋疑问代词→副，如：

pan²lei²怎么样
成　什么

6.动＋量→副，如：

pan²khja⁵成群　　　　pan²se:k⁹成册　　　　pan²ʔan¹成个
成　群　　　　　　　　成　册　　　　　　成　个

7.动＋动→动，如：

pəu³kha:u⁵补考
补　考

（五）补充式

大致可分两类。

1.动结式。动词＋形容词（动词）→动词，如：

ʔau¹pe:ŋ²要价高　ʔau¹tha:i¹要命　ko:i¹than¹看见　ko:i¹khən³看得起
要　贵　　　　　要　死　　　　看　见　　　　看　起

təŋ⁶ŋin⁴听见　　no:n²nak⁷睡着　　kha:i¹li¹卖不出去
听　见　　　　睡　深　　　　卖　剩

这类复合词，前一语素表示行为动作，后一语素为此行为动作的结果。

2.动趋式。位移/趋向动词＋趋向动词→动词。

一些表示位移或趋向的动词和 pai²"去"、ma¹"来"、tau³"返"等趋向动词结合而成，表示某种行为动作的趋向。如：

khən³ma²上来　　lɔŋ²ma²下来　　kwa⁵pai¹过去
　上　来　　　　　下　来　　　　　过　去

ta:u⁴ma²回来　　　khau³pai¹进去　　　ʔo:k⁹ma²出来

返　来　　　　　　进　去　　　　　　出　来

（六）重叠式

1.副词，如：

ɬei²ɬei²时常　　　　　　ŋa:m⁵ŋa:m⁵刚刚

时　时　　　　　　刚　刚

kja:ŋ⁵kja:ŋ⁵勉强达到一定数量或程度；刚刚

将　　将

2.名词，如：

个别动物部分名词：

ɬɯ⁵ɬɯ⁵狮子

狮　狮

亲属名词：

na²na³阿姨　　　ʔo²ʔo⁵哥哥　　　tse²tse⁵姐姐　　　pa²pa⁵爸爸

姨　姨　　　　　　哥　哥　　　　　姐　姐　　　　　　爸爸

ma²ma⁵妈妈　　　　mǝu⁴mǝu⁴比母亲年长的女性亲戚

妈　妈　　　　　　　母　母

我们认为重叠式来自汉语的影响，相关讨论见下文《汉语对壮语构词法的影响》。

二　对复合词类型的一些讨论

如上，我们对南部壮语复合词类型进行了罗列。以下对相关的一些问题略作讨论。

各种文献，壮语复合式构词法多列"补充式"，如韦庆稳、覃国生（1980）①，韦庆稳（1985）②。

---

① 韦庆稳、覃国生：《壮语简志》，民族出版社 1980 年版，第 27 页。
② 韦庆稳：《壮语语法研究》，广西民族出版社 1985 年版，第 13 页。

韦庆稳、覃国生（1980）^①在"补充式"中列举的词有：

kjan¹mou¹大声打鼾　　　kɯn¹kuk⁷狼吞虎咽　　　ɣoːŋ⁶seu⁵天大亮

打鼾 猪　　　　　　　　吃 虎　　　　　　　　亮 净

taːiˀ¹bot⁷窒息而死　　　ɣoŋ²pai¹往后　　　　hɯn³keu⁵抽筋

死 溺　　　　　　　　　下 去　　　　　　　　起 绞

韦庆稳（1985）^②也在"补充式"列举了这样一些词：

daidumz 因难产而死　　daisieng 因刀枪击中而死

死 难产　　　　　　　　死 伤

ronghndwen 晚上有月光　　hau'oiq 嫩白

亮 月　　　　　　　　　　白 嫩

我们认为，要确认这些词的结构，就要准确把握其中的语素的功能，即其起何作用。

从表义看，kjan¹mou¹的意思应该是"像猪一样打鼾"，kɯn¹kuk⁷是"像老虎一样吃"，taːiˀ¹bot⁷是"因溺而死"，daidumz 是"因难产而死"，daisieng 是"因伤而死"，ronghndwen 是"因月光而亮"，hau'oiq 是"嫩的白"。一般来说，状语从情况、时间、处所、方式、条件、对象、肯定、否定、范围和程度等方面对谓语中心词进行修饰、限制。因此，我们认为与达成共识的"中心语＋状语"的偏正结构应无二致。因此，我们把这类词归入偏正式。

同样的结构，张均如、梁敏等（1999）认为属"偏正式"。他们在"偏正式"（1999）^③中列有以下两类：

一是"以动为正，以其他成分为偏"。他们列的例子有：

raːi⁶mot⁸（爬行＋蚂蚁）麻木（手脚被压，血脉不通畅而麻木，像有蚂蚁在皮肤上爬行的感觉）

kun¹kuk⁷（吃＋虎）狼吞虎咽

waːn¹lou⁶（转弯＋漏斗）漩涡

kjaŋ¹mou¹（鼾＋猪）像猪一样打鼾

① 韦庆稳、覃国生：《壮语简志》，民族出版社 1980 年版，第 27 页。
② 韦庆稳：《壮语语法研究》，广西民族出版社 1985 年版，第 13 页。
③ 张均如、梁敏、欧阳觉亚、郑贻青、李旭练、谢建猷：《壮语方言研究》，四川民族出版社 1999 年版，第 361 页。

张均如、梁敏等对这类词的解释是："动＋名"，后者做比喻，说明前者的状况。

一是"以形为正，其他成分为偏"，他们举的例子又分两小类：

A.

hoŋ²tau²（红＋桃）桃红色　　　　　he:n³kim¹（黄＋金）金黄色

po:ŋ²rum²（胀＋风）小鸡的气胀病

rim¹no:ŋ¹（满＋脓）（疮里）含脓

hau¹hai⁴kai⁵（臭＋屎＋鸡）鸡屎的臭味

他们解释，这类结构是"形＋名"，后者比喻、说明前者的状况、性质。

B.

nak⁷ɕam²（重＋沉）沉重　　　　dam¹ʔau³（黑＋紫）紫黑色

he:n³ʔo:i⁵（黄＋嫩）浅黄色　　　　he:n³ke⁵（黄＋老）黄褐色

他们的解释是："形＋形"，后者补充说明前者的程度。

陈芳（2010）[1]观点与张均如、梁敏等（1999）一致。

我们赞同张均如、梁敏等（1999）的观点，这类词，后一语素实际是对前一语素结果、方式、性质、状态、程度的说明，与我们惯常认为的状语的功能一致。

郑贻青（1996）[2]在"补充式"中列举了这样一些词：

kim⁵than¹看见　　　nin¹nai³记得　　　　ko:i¹khən³重视

瞧　见　　　　　记　得　　　　　看　上

kjau¹ke⁵长寿　　　pai¹ta:u⁶回去

活　老　　　　　去　回

我们认为，这几个词中，than¹"见"是 kim⁵"看"的结果，nai³"得"是 nin¹"记"的结果，khən³"上"是 ko:i¹"看"的结果，ke⁵"老"是 kjau¹"活"的结果，ta:u⁶"返"是 pai¹"去"的状态。即，前一语素为动词性语素，后一语素是前一动作的结果，我们把这类词作为补充式中的一个次类：动结式。

张均如、梁敏等（1999）[3]认为有"动补式"，他们认为，"动补式"主

① 陈芳：《巴马壮语语法研究》，硕士学位论文，广西大学，2010 年，第 20 页。

② 郑贻青：《靖西壮语研究》，中国社会科学院民族研究所 1996 年版，第 183 页。

③ 张均如、梁敏、欧阳觉亚、郑贻青、李旭练、谢建猷：《壮语方言研究》，四川民族出版社 1999 年版，第 363—364 页。

要是一些表示趋向的动词和 pai²去、ma¹来回、tau³来结合而成。如：

huuŋ³tau³上来　　roŋ²ma¹下来　　kwa⁵pai¹过去

ta:u⁵ma¹回来　　hau³pai¹进去　　ʔo:k⁹tau³出来

我们将此类复合词作为"补充式"的一个次类：动趋式。

第二节　对附加式合成词的讨论

根据是否带词缀，靖西壮语合成词可以分为两类，一类是词缀与词根组合构成的合成词，一类是两个语素都是词根的合成词。

包含词缀的合成词，其词根是词的主要成分，表达词的主要意义；词缀是词的辅助成分，表达词的附加意义和语法意义。带有词缀的合成词可称为附加式合成词或词缀式合成词。根据这类合成词是带前缀还是后缀，还可以把它们分为前缀式合成词和后缀式合成词两类。

下文我们对部分词缀进行讨论。构成附加式合成词的词缀，大部分原来是有实际意义的，后虚化成没有实际意义的成分，从而附着在词根上。

一　对部分可充当前缀的语素的讨论

（一）分类词充当词缀

壮语分类词有词缀化的情况。覃凤余（2015）提出了判定分类词词缀化的标准：（1）指称上表非实指；（2）丧失分类词的句法功能。具体而言，此分类词丧失实指能力，如要表实指，还需另加分类词；（3）语音弱化。

我们举例说明：

1.指称上非实指

崇左左州（晏殊，2018）[①]：

---

① 晏殊《崇左左州壮语参考语法》（硕士学位论文，广西大学，2018 年，第 55 页）明确指出："例句中的'棵龙眼'是无指，'只猫''只狗''粒米'表示的指称是非实指，在当时的语言环境中，并没有确切存在的'龙眼树''猫'　'狗'和'米'的语境中的名词对应。在表非实指时，也要用'分类词+名词'的形式，说明此时的分类词已经词缀化为一个前缀。"

①tsaːŋ¹θɯn¹ni²mi² tu¹meːu¹sai²tu¹ma¹.屋里有猫和狗。

　　中　屋那有只猫　和只狗

②paːk⁷fuŋ¹kɯn²tsan¹kin¹miːn³,mi²kin¹nap⁷khaːu³.北方人只吃面不吃米。

　　北　方人　只吃　面　不吃　粒　米

③ku¹ ai⁵ko¹ ŋan⁴ ke²maɯ¹.我喜欢龙眼树的叶子。

　我　爱　棵　龙眼　的　叶

大新壮语（卢业林，2011）①：

①tuə¹nok⁸thiːn¹ʔbin¹,tuə¹tsa¹mi²thiːn¹ʔbin¹.鸟会飞，鱼不会飞。

　　只鸟　知道　飞只鱼　不知道　飞

②tuə¹ma¹tsu¹thiːn¹loːn⁶.狗都会叫。

　　只狗都知道叫

③ka⁶phi²haiʔ² tsu¹taɯ⁶mi²ʔdai³nam⁴.皮鞋都沾不得水。

　　种　皮鞋　都碰　不　得水

④ʔan¹teːn⁴naːu⁵lok⁸peːŋ²kwa⁵ʔan¹saːiʔ¹teːn⁴.电脑比彩电贵。

　　个　　电脑　较贵　过　个　彩电

广南那安（侬常生，2012）②：

ðam²¹sui³⁵fɯət³³ti¹¹pja²⁴洗鱼鳍的水

　水　　洗　翅膀　鱼

龙州壮语（张均如、梁敏等，1999）③：

nai⁴ tu⁵mi⁵mi²maːk⁸pja⁴to².现在都没有刀打柴了。

　现在都不　有　把　刀　打

以上例子中，　tu¹meːu¹、tu¹ma¹、nap⁷khaːu³、ti¹¹pja²⁴、maːk⁸pja⁴是无指，ko¹ŋan⁴、tuə¹nok⁸、tuə¹tsa¹、tuə¹ma¹、ka⁶phi²haiʔ²、ʔan¹teːn⁴naːu⁵、ʔan¹saːiʔ¹teːn⁴是类指。显然，以上例子中名词与分类词组合后，并非实指。

---

① 卢业林：《大新壮语语法调查与研究》，硕士学位论文，广西大学，2011年，第18页。

② 侬常生：《那安壮语量词研究——兼与其它台语比较》，硕士学位论文，中央民族大学，2012年，第220页。

③ 张均如、梁敏、欧阳觉亚、郑贻青、李旭练、谢建猷：《壮语方言研究》，四川民族出版社1999年版，第899页。

2.丧失分类词的句法功能，以靖西壮语为例，如：

the:u¹kha¹lo⁶（这条）路　　　　ło:ŋ¹phe:n⁵mɔi¹mai⁴两片叶子

　条　腿　路　　　　　　　　　　二　　片　张　树

tu¹lok⁸ʔe:ŋ¹（这个）孩子

　只　子　小

这几例中，kha¹、mɔi¹、lok⁸已丧失实指能力，还需另加分类词 the:u¹、phe:n⁵、tu¹表实指。

这些分类词可视为词缀。

这种情况在壮侗语中多见。我们来看北部壮语和亲属语言的情况：

武鸣罗波壮语（覃海恋，2009）[①]：

①ta³¹me:u³¹taw³¹nau³³.猫抓老鼠。

　只　猫　　抓　老鼠

②kɔ³³tu²⁴ na:i²⁴ɣe⁴⁴.花生耐旱。

　棵　花生　耐　旱

巴马壮语（陈芳，2010）[②]：

①ta²ma¹ʔdei³hun²tɯk⁸ho³tsi⁵.狗和人是朋友。

　只　狗　和　人　是　伙计

②ko¹fai⁴toi⁵hun²ʔdei¹.树对人有益。

　棵　树　对　人　好

东兰壮语（秦春草，2018）[③]：

①ko¹fai⁴ha³pa:k⁷pi¹,mɯŋ²²ʔθin⁵me⁶? 一棵树 500 年，你信吗？

　棵　树　五　百　年　你　信　吗

②tu²ma¹ma:i¹kɯn¹ʔe³.狗喜欢吃屎。

　只　狗　爱　吃　屎

---

① 覃海恋：《武鸣罗波壮语语法研究》，硕士学位论文，广西大学，2009 年，第 54 页。
② 陈芳：《巴马壮语语法研究》，硕士学位论文，广西大学，2010 年，第 12 页。
③ 秦春草：《泰语和壮语分类词比较研究》，硕士学位论文，广西大学，2018 年，第 46 页。

泰语（秦春草，2018）[1]：

①tua³³pliŋ³³duːt²¹lɯat⁴¹kon³³.蚂蟥吸人血。

　　只　蚂蟥　吸　　血　人

②baiʔ³³naː⁴¹peːn³³suan²¹ sam¹⁴kan³³khɔːŋ¹⁴siː¹⁴sa²¹.脸是头部重要的部分。

　　张　脸　是　部分　重要　　的　头部

因此，壮语中大批的分类词我们可以视为词缀，符合以上条件的"分类词＋名词"结构可以视为"词缀＋词根"结构。以下我们以靖西壮语为例，罗列一批这样的结构。这样的结构有实指和非实指两解，非实指时分类词可视为词缀。

①A.ʔan¹naːu¹nei⁵jəu⁵ni¹ fa⁴ləu⁴kaːk⁸loŋ⁴.天上的星星自己会发亮。（词缀）

　　个　星星　在　上　天　懂　自己　亮

B.ʔan¹naːu¹nei⁵khjaːŋ³ʔan¹haːi¹.月亮边的那颗星星。（非词缀）

　　个　星星　旁　个　月亮

②A.seːk⁹ɬei¹ tu¹meːn⁶thaŋ¹su²paːn⁵se³ʔoːk⁹ma²leːu⁴ŋau².

　　册　书　都　是　从　　出版社　出　来　完

书都是从出版社出来的。（词缀）

B.seːk⁹ɬei¹ŋo⁵meiʔ²ʔau¹naːu⁵.这本书我不要。（非词缀）

　　册　书　我　不　要　不

③A.kuŋ² ɬi³　mei²nən²kəu³ɬei²peːn³noŋ⁴naːu⁵.上衣不能随便穿。（词缀）

　　件　上衣　不　能够　随便　穿　不

B.kuŋ²　ɬi³ təm²ja⁵.那件上衣湿了。（非词缀）

　　件　上衣　湿了

④A.theːu¹lo⁶ tu¹meːn⁶kən²phjaːi³ʔoːk⁸ma²leːu⁴.路都是人走出来的。（词缀）

　　条　路　都　是　人　走　出　来　完

B.kəu⁴jaːi²khaːk⁹ja⁵.这（那）双鞋破了。（非词缀）

　　双　鞋　破　了

---

① 秦春草：《泰语和壮语分类词比较研究》，硕士学位论文，广西大学，2018 年，第 60 页。

我们注意到，与分类词同属于量词的计量单位词一般不能充当词缀，它们必须和数词组合后修饰名词。如：

məu⁵tei⁶ne:u²一亩地　　ɬo:ŋ¹lei⁴lo⁶二里路　　ɬa:m¹tsiŋ⁶phaŋ¹三丈布
亩　地　一　　　　　二　里　路　　　　三　丈　布

ha³sək⁷phaŋ¹五尺布　　ɬa:m¹so:n⁵tsik⁸三寸绳子　　ɬo:ŋ¹to³khau³两斗米
五尺　布　　　　　三　寸　绳　　　　二　斗　米

ɬei⁴kan¹tsi⁵四斤肉　　ɬo:ŋ¹ja:u⁵tse:n²两角钱
四　斤　肉　　　　　二　毫　钱

这些计量单位词都是汉语借词。

从汉语借入的计量单位词只有 man¹"文"（元）和 fan¹"分"可以充当词缀。这两个词指称上可表非实指。如：

①man¹tse:n²mei²ŋən⁶ka⁴la:i¹ke:n⁵kwei⁵na:u⁵pa⁰？一点钱不用那么吝啬吧？

　元　钱　不　硬　那么　　悭吝　　不 _{语气助词}

②te¹ fan¹tse:n²tu¹thei¹pu³nai³ʔo:k⁹ma².他一分钱都拿不出来。

　他　分　钱　都　拿　不　得　出　来

这里的 man¹tse:n²和 fan¹tse:n²都非实指。

以下几个包含"分类词₁＋分类词₂＋名词"的句子，分类词₂已完全失去实指功能，必须依靠分类词₁才能起到实指功能，已经完全成为词缀。

①te¹ta:u³ti⁵kwa⁵the:u¹kha¹lo⁶tɔi²pai¹？他到底从哪条路过去？

　他　到底　过　条　支路　何　去

②ni⁵thei¹kho³ŋa:ŋ⁴mai⁴pai¹lun²naŋ³fai².你把这节树枝拿回家烧火。

　你　拿　节　枝　树　去　家　烧火

③ni⁵ko:i¹than¹ʔi⁵lok⁸ʔe:ŋ¹mi⁰？你看见那个小孩吗？

　你　看　见　个　子　小 _{语气助词}

④te⁵lok⁸ɬa:u¹ ŋam⁵kwa⁵pai¹.那个女孩刚过去。

　个　子　姑娘　刚　过　去

分类词₂kha¹、ŋa:ŋ⁴、lok⁸分别依靠分类词₁the:u¹、kho³、ʔi⁵、te⁵实现定指功能。在此，kha¹、ŋa:ŋ⁴、lok⁸应视为词缀。

（二）对几个前缀以及相关语素的讨论

以下我们讨论几个前缀。因为涉及其形成词缀的过程，所以讨论的内容涉及非词缀的内容。

1.用于指人名词的前缀 ɬjaːu⁵"小"

这个前缀借自汉语"小"。小，中古效摄开口三等小韵，心母，上声。靖西壮语官话借词效摄一般读 aːu，如"保"读 paːu⁵，"毛"读 maːu²；心母逢效开一一般读 ɬj，如"笑"读 ɬjaːu³，"消"读 ɬjaːu⁵；清上多读第 5 调 35。声韵调皆符合规律。

《汉语大词典》所列的"小"的义项有：1.形容事物在体积、面积、数量、力量、强度等方面不及一般的或不及比较的对象。同"大"相对。2.狭隘；低窄。3.细，形容条状物横剖面小。引申为精细。4.以之为小；轻视。5.稍，略。6.短暂；暂时。7.低微。8.特指"阴"和"阴"所象征的事物。9.指邪恶卑鄙之人。10.年幼者；年幼。引申为小辈；地位低贱者。11.古时户役之制。晋以十二岁以下为小，北齐以十五岁以下为小，隋以十岁以下为小。唐制，民始生为黄，四岁为小，十六为中。12.未盛；将近；不足。13.指妾，小老婆。14.用于谦称。如对人称自己的儿子为小儿，称自己的店为小店。15.用于爱称。今多用作对年轻人称其姓的词头。如小王、小张等。16.通"少"。①

靖西壮语 ɬjaːu⁵ 只能用在人的姓之前，用于称呼及指称，指称对象年纪一般小于说话人，一般体现出对指称对象的喜爱。靖西壮语的 ɬjaːu⁵ 显然借自义项 15，而《汉语大词典》所说"今多用作对年轻人称其姓的词头"，与 ɬjaːu⁵ 是层次晚近的官话借词也是吻合的。如：

ɬjaːu⁵sən²小陈	ɬjaːu⁵lu²小陆	ɬjaːu⁵tsaːu³小赵	ɬjaːu⁵ljəu²小刘
小　陈	小　陆	小　赵	小　刘

ɬjaːu⁵后人的姓也一定是官话借词。

龙州壮语也从官话借入 ɬjaːu⁵"小"，搭配关系和靖西壮语一致。如：

---

① 罗竹风主编，汉语大词典编纂处编纂：《汉语大词典》第 2 册，汉语大词典出版社 1996 年版，第 1585—1586 页。

ɬjaːu⁵sən²小陈　　　ɬjaːu⁵lu²小陆

　小　陈　　　　　　　小　陆

龙州壮语还从粤语借入了粤语常用的表"小"的词缀ɬai³"细"，功能与ɬjaːu⁵"小"一致。如：

ɬai³san²小陈　　　　　ɬai³lu²小陆

　细　陈　　　　　　　细　陆

扶绥壮语同样借入了功能相似的两个词缀。

一是ɬjiːu¹"小"，如：

ɬjiːu¹tshan⁶小陈　　　　ɬjiːu¹ləu²小刘

　小　陈　　　　　　　　小　刘

与靖西壮语和龙州壮语不同的是，从语音形式看，扶绥壮语的"小"并非借自官话，而是借自粤语。

但扶绥壮语词缀ɬjiːu¹使用频率很低，使用频率更高的是借自粤语的ɬai⁶"细"，如：

ɬai⁶tshan⁶小陈　　　　ɬai⁶ləu²小刘

　细　陈　　　　　　　细　刘

龙州壮语和扶绥壮语相应功能的词缀与靖西壮语来源不同，龙州壮语与扶绥壮语长期与粤语杂处，当地壮族多为壮汉（粤语）双语人，故而从粤语借入了"细"。

我们在砚广土语、广南壮语、西畴壮语都没有发现类似的词缀。

ɬjaːu⁵意义还未完全虚化，还保留一定的实义，即它仍多用于年轻人，至少年纪小于说话人。

2.用于同辈或晚辈的词缀ʔi³和te³

ʔi³，用于男性同辈或晚辈的词缀。

壮族有称呼小名的习惯，"ʔi³＋小名（或名字的一部分）"的结构用于称呼男性同辈或晚辈。如：

ʔi³khwei⁵阿魁　　　　ʔi³pin⁵thaːu⁵阿斌涛

　阿　魁　　　　　　　阿　斌涛

te³，用于女性同辈或晚辈的词缀。①

"te³＋小名（或名字的一部分）"，用于称呼同辈或晚辈女性。如：

te³kha⁵阿卡   te³wei⁵ni²阿娓妮

阿 卡   阿 娓妮

其他壮语也有以te³的同源词作为词缀的。

燕齐壮语的ta³³用于对同辈或晚辈女性的称呼，如：

ta³³ɕe⁵⁵姐姐   ta³³waːŋ⁴²王姓女子   ta³³ni³⁵爱称（小女孩的）

个 姐   个 王   个 妮

ta³³ŋu³¹五妹   ta³³moːi³¹名为"梅"的女孩

个 五   个 梅②

都安壮语da⁶，表示"青少年女性"，如：

da⁶nuːŋ³妹妹   da⁶ɕe³姐姐   da⁶daːi⁶大妹   da⁶ŋei⁶二妹

阿 妹   阿 姐   阿 大   阿 二

da⁶θaːm¹三妹   da⁶θei⁵四妹   da⁶jeːn⁴阿燕   da⁶mei³阿美

阿 三   阿 四   阿 燕   阿 美③

汉达壮语（唐龙，2007）④

ta⁶mei⁶阿梅   ta⁶ɕin⁵阿春   ta⁶liŋ⁶阿玲   ta⁶muŋ⁴阿梦

阿 梅   阿 春   阿 玲   阿 梦

---

① 我们认为，最迟至20世纪20年代末30年代初，壮族地区仍比较普遍存在女子只有小名而无"大名"的现象，即以"靖西壮语 te³的同源词＋小名"构成对未育女子的称呼。我们从目前所见的20世纪20年代末30年代初右江地区部分地方苏维埃政府妇女委员的名单可以看出：百色县一都区（今巴马县）苏维埃政府妇女委员，第一任黄的笑，第二任罗的别；一都区册别乡苏维埃政府妇女委员，蒙的红、蒙的遍；一都区料屯乡苏维埃政府妇女委员，黄的嫩；一都区那晚乡苏维埃政府妇女委员，韦的星；一都区拉楞乡苏维埃政府妇女委员，罗的别；三都区新里乡苏维埃政府妇女委员，陆的任；四都区（今巴马镇和城关）农兴乡苏维埃政府妇女委员，黄的路；坡腾乡苏维埃政府妇女委员，黄的强、黄的瑶；良集乡苏维埃政府妇女委员，黄的送；竹坡乡苏维埃政府妇女委员，韦的念；武隆区（今部分属巴马县，部分属田阳县）福屯乡苏维埃政府妇女委员，罗的昂；百乐乡苏维埃政府妇女委员，李的规。以上材料涉及的区域为属于北部壮语的桂北土语和右江土语，所列的人名中的"的"，应该就是靖西壮语 te³的同源词，作用与靖西壮语的 te³是一致的。这些材料告诉我们，百色起义前后，右江地区未生育的女子只有小名，革命期间需要记录名字，只好在姓后加上"指未育女子词缀＋小名"。（据百色市志办公室编《新民主主义革命时期百色市党史资料》（内部资料），第236—243页。）

② 韦景云、何霜、罗永现：《燕齐壮语参考语法》，中国社会科学出版社2011年版，第54—55页。

③ 李旭练：《都安壮语形态变化研究》，民族出版社2011年版，第100页。

④ 唐龙：《从汉达壮语词汇看汉壮语的接触》，硕士学位论文，广西大学，2007年，第17页。

ʔi³和te³相当于汉语中的"阿",但分别对应男性和女性。我们认为,它们来自指同辈或晚辈的名词ʔi⁵(男性)、te⁵(女性),ʔi³与ʔi⁵、te³与te⁵分别同源,它们通过语音屈折别义。ʔi⁵、te⁵是名词,分别指同辈或晚辈的男性和女性,意义实在。其声调变为第三调后,变为指大名的构词成分。在结构上,ʔi⁵、te⁵组成的一般是"中心语+修饰限制成分"的偏正结构,从语音和结构上,我们可以把作为名词的ʔi⁵、te⁵与ʔi³、te³区分开来。如:

ʔi⁵ ma:n³lau²我们村那个男人　　　　ʔi⁵ ɬoŋ¹ɬoŋ¹高高的那个男人

男子 村 我们　　　　　　　　　　　男子高 高

ʔi⁵ lun²ŋo⁵我家的男孩　　　　　　　te⁵ ɬa:u¹ nai¹(那个)漂亮的女子

男子 家 我　　　　　　　　　　　　女子女青年好

te⁵ phei¹tsit⁹(那个)馋女子　　　　te⁵ lun² ŋo⁵我家的女子

女子 馋　　　　　　　　　　　　　　女子家 我

但是,在靖西壮语中,已有人把应为第三调的词缀也读作ʔi⁵、te⁵。我们估计这与语言接触有关。这种现象主要出现在市区新靖镇,新靖镇是外来人口居住最多的地方,对于外来人口来说,这种意义紧密相关而仅以声调别义的现象,要分辨清楚是不容易的,因此导致混淆。由于市区的语言声望比他处高,各乡镇有向市区靠拢的趋势,所以可预测的是,这两个名词与两个词缀形式将会合并。

3.对"母亲"义语素充当词缀及其相关功能演变的讨论①

据张均如、梁敏等(1999),"母亲"一词,各地壮语为:武鸣 ta⁴me⁶,横县 mi⁶/θim³,邕北 ja⁶me⁶,田东 me⁶/ma⁵,平果、田林、凌乐、广南沙、柳江、融安、龙胜、河池、东兰、上林、大新、德保、靖西、广南侬me⁶,丘北 miə⁶,宜山 ma³,环江、南丹 me⁶/ma³,都安 pa²me⁶,来宾 mi³/me⁶,贵港 mi⁶,连山 ʔa⁰ku⁴ne⁵/ku⁴,钦州 ʔa¹me³,邕南 me⁶la:u⁴,隆安 ja⁶ke⁵/me⁶,扶绥 me⁶la:u³,上思 mei⁶,崇左 pa³/me⁶la:u⁴,宁明 me⁶pa³,龙州 tɕa⁵,砚山侬me⁶/mo:i³,黑末 mei⁶。②

---

① 本部分以《壮语"母亲"义语素》为题发表于《广西民族研究》2019 年第 6 期,本书有修改。

② 张均如、梁敏、欧阳觉亚、郑贻青、李旭练、谢建猷:《壮语方言研究》,四川民族出版社 1999 年版,第 650 页。

显然，绝大部分壮语的"母亲"要么是 me⁶，要么是其同源词，要么 me⁶ 或 me⁶ 的同源词充当构词成分；少量有两说的可能其中一个另有来源，如借自汉语；个别无 me⁶ 的可能已为异质成分所替代。概言之，me⁶ 及其同源词是壮语"母亲"义固有词。据 M.M.刘易斯推断，称呼母亲的词通常用带 m 的词。①那各地壮语中"母亲"一词，是否无发生学关系而仅是体现了世界语言这一共性呢？我们确信它们具有发生学关系，理由是：如上所列壮语"母亲"义语素，调类一致，皆为第 6 调；韵母一般为 e，或略有差异的 ε，个别复化，如 iə、ei，也体现出很强的一致性。为便于论述，下文讨论壮语"母亲"义语素时，均以 me⁶ 为代表；以下讨论将多次涉及与"母亲"义相对的"父亲"义语素，因各地壮语"父亲"义语素多读 po⁶，除非专门说明，也以 po⁶ 为代表。

（1）壮语"母亲"义语素的多义性

作为本义为"母亲"的 me⁶ 用法与一般名词无异，我们不再讨论。

壮语"母亲"义语素大致还有如下义项：

1）妻子

与本义为"父亲"的 po⁶ 连用时，me⁶ 指"妻子"。

靖西壮语：ɬo:ŋ¹po⁴me⁶

　　　　二　夫　妻

大新壮语：ɬɛŋ⁶po⁶me⁶

　　　　二　夫　妻

"母亲"义语素、"父亲"义语素连用指"夫妻"时要以 ɬo:ŋ¹ "二"修饰，说明其需要标记，是后起的义项。

2）用于"母亲同辈女性亲属"

这时，me⁶ 作为中心语受与父母同辈亲属称谓名词修饰，按壮侗语偏正结构"正＋偏"语序，居修饰语前。

据张均如、梁敏等（1999），伯母：武鸣 me⁶pa³，横县 mi⁶la:u⁴，田东、田林、东兰、都安 me⁶pa³，广南ⁿ˙me⁶luŋ²，龙胜 me⁶la:u⁴，邕南 me⁶pe:k⁹'，上思 me:i⁶ta:i⁶，

---

① 见 M.M.刘易斯（M.M.Lews）《幼儿言语》（*Infant Speech*），纽约人文出版社 1951 年版。转引自[美]罗曼·雅可布逊著，余前文译述《为什么叫"妈妈"和"爸爸"》，《当代语言学》1878 年第 4 期。

德保me⁶ke⁵。婶母：武鸣me⁶θim³，平果me⁶ʔo:i⁵，田林me⁶liau²，龙胜me⁶lun²，都安me⁶li:u²，邕南、隆安me⁶ɬim³，上思mei⁶sam³，黑末mei⁶ni³。姑母（父之姐）：平果me⁶ku⁴，都安me⁶pa³，上思mei⁶pa³。姑母（父之妹）：武鸣、隆安me⁶ko¹，都安me⁶ku⁴，上思mei⁶ku¹，德保me⁶ʔu³。姨母（母之姐）：武鸣me⁶pa²，都安me⁶pa³，上林me⁶na²，邕南me⁶hei²，上思mei⁶pa³。姨母（母之妹）：宁明me⁶na⁶。舅母（母兄之妻）：武鸣、田东、田林、广南₍沙₎、都安me⁶pa³。舅母（母弟之妻）：武鸣、邕南、隆安me⁶kim⁴，田东、田林、龙胜、都安、连山me⁶na⁴，丘北miə⁶na⁴，上思mei⁶na⁶。①

靖西壮语：me⁶ma⁵姑妈　　　　　　　　me⁶sam³婶婶

　　　　　　母　姑妈　　　　　　　　　　母　婶

此外，据黄海暑（2019）宁蒗壮语：伯母 mi⁶lau³，叔母 mi⁶na³，舅母 mi⁶pha³。②

张元生、覃晓航也认为"母亲"义语素可用于女性中老年一辈③：

mehdai岳母　　　　　mehbaj姑母

母　岳母　　　　　　母　姑母

3）用于"父母长辈女性亲属"

这时，me⁶作为中心语受父母长辈亲属称谓名词修饰，按壮侗语偏正结构"正＋偏"语序，居修饰语前。

据张均如、梁敏等（1999），曾祖母：邕南 me⁶tso³，扶绥、崇左 me⁶tso⁵，上思 mei⁶tso⁵，宁明、大新 me⁶tso³。祖母：凌乐 me⁶pɔ²，邕南 me⁶na:i³，崇左 me⁶pho²，宁明 me⁶na:ŋ²。外祖母：钦州、邕南、崇左、宁明 me⁶ta:i¹，上思 mei⁶ta:i¹。④

靖西壮语：me⁶ta:i⁵外祖母　　　　me⁶pho¹祖母　　　　me⁶tso³ke⁵高祖母

　　　　　母　外祖母　　　　　　母　婆　　　　　　母　祖　老

---

① 张均如、梁敏、欧阳觉亚、郑贻青、李旭练、谢建猷：《壮语方言研究》，四川民族出版社1999年版，第653—656页。

② 黄海暑：《宁蒗壮语亲属称谓探析》，《百色学院学报》2019年第1期。

③ 张元生、覃晓航：《现代壮汉语比较语法》，中央民族学院出版社1993年版，第56页。

④ 张均如、梁敏、欧阳觉亚、郑贻青、李旭练、谢建猷：《壮语方言研究》，四川民族出版社1999年版，第650、655页。

大新壮语：me⁶tsɔ³祖婆

　　　　母　祖

武鸣壮语：me⁶ta:i¹外祖母　　　me⁶ke⁵祖母

　　　　母　外祖母　　　　　母　老

横县壮语：me⁶ku⁴姑祖母

　　　　母　姑

但大新的 me⁶ 指女性长辈，还不普遍，大新壮语"外祖母"说 ta:i⁵，"祖母"说 me¹，都不加 me⁶。

4）用于"同辈女性亲属"

这时，me⁶ 作为中心语受同辈女性亲属称谓名词修饰，按壮侗语偏正结构"正＋偏"语序，居修饰语前。

据张均如、梁敏等（1999），嫂：武鸣 me⁶θa:u³。弟媳：广南ᵢₑ、砚山ᵢₑ me⁶na⁶，黑末 mei⁶ni³。①

靖西壮语还有以下用法：

me⁶tse³姐姐　　　　me⁶ɬa:u³嫂子　　　　me⁶ʔu⁵姑姑（丈夫之妹）

母　姐　　　　　　母　嫂　　　　　　　母　姑

壮语还有把 me⁶ 用于"妻子"称谓的，居"妻子"义语素前充当前缀，下文另做讨论。

5）用于"晚辈女性亲属"

据张均如、梁敏等（1999），儿媳：扶绥、崇左、宁明 me⁶li:u²，上思 mei⁶li:u²，龙州 me⁶lu²，大新 me⁶luə²，黑末 mei⁶lu²。②

用于晚辈时，该女性亲属必是已婚的。

6）妻子

壮语中以 me⁶ 表妻子的有：崇左、宁明 tu¹me⁶，龙州 me⁶，大新 ʔuŋ¹'me⁶，

---

① 张均如、梁敏、欧阳觉亚、郑贻青、李旭练、谢建猷：《壮语方言研究》，四川民族出版社 1999 年版，第 651 页。

② 张均如、梁敏、欧阳觉亚、郑贻青、李旭练、谢建猷：《壮语方言研究》，四川民族出版社 1999 年版，第 652 页。

德保 me⁶pa²。①

7）泛指年纪较大（成年）女性

这时单用。

靖西壮语：me⁶təi²tsaŋ² ma²？哪个女人还没有来？

　　　　　母 何 还未 来

田阳壮语：me²²ni⁴⁴li²¹³hai²¹³ho³¹．这个女的厉害啊。

　　　　　母 这 厉害　语气助词

横县壮语：me⁶ni³tɕun²maːn³tɕui⁵ko⁶nai³？这个女人全村最能干？

　　　　　母 这 全 村 最 做 得

各地壮语"女人"的编码形式不一致，共同点是"老年女性"＞女人。

8）"大"义

一般用于"拇指"，与小指相对。以下列举靖西、大新、横县三处壮语词"拇指"和"小指"及武鸣壮语的"拇指"。

靖西壮语：niu⁴moŋ²me⁶拇指　　niu⁴moŋ²pjaːi¹小指

　　　　　指 手 母　　　　　指 手 尾

大新壮语：A.nɛu⁴mɛ⁶拇指　　nɛu⁴luk⁸/nɛu⁴ thaːŋ¹小指

　　　　　手指 母　　　　手指 子 手指 尾

B.jiaŋ²²me²²拇指　　jiaŋ²²lək³¹小指

　手指 母　　　手指 子

武鸣壮语：luk⁶me⁶拇指

　　　　　指头 母

横县壮语：me⁶fəŋ²拇指　　lək⁸fəŋ²mi⁴小指

　　　　　母 手指　　　子手指尾

me⁶tən¹大脚趾　　lək⁸tən¹mi⁴小脚趾

母 脚　　　子 脚 尾

各地壮语"拇指"多包含"母亲"义语素，根据张均如、梁敏等（1999）：武鸣 me⁶fau²，横县 mi⁶fuŋ²，邕北、连山 me⁶fuŋ²，平果、田林ȵiəŋ⁶me⁶，田东

① 张均如、梁敏、欧阳觉亚、郑贻青、李旭练、谢建猷：《壮语方言研究》，四川民族出版社 1999 年版，第 650 页。

jiaŋ⁶me⁶，凌乐 fuɯŋ²me⁶，广南_沙、柳江、宜山、河池、南丹、东兰、都安、来宾 me⁶fuɯŋ²，丘北 miə⁶wəŋ²，环江 me⁶mɯŋ¹，融安 lək⁸fəŋ²me⁶，龙胜 me⁶fəŋ²，上林、贵港 fuɯŋ²me⁶，钦州 me⁶mui²，邕南 me⁶mei²，隆安 me⁶mui²，扶绥 me⁶mui²tou²，上思 mei⁶moːy²，崇左 me⁶moy²，宁明 me⁶məɯ²，龙州、大新 me⁶mɯɯ²，德保 me⁶moŋ²，靖西 niːu⁴me⁶，广南_侬nieu⁴me⁶，砚山_侬ŋu⁴muŋ²me⁶。①

9）分类词

靖西壮语：ɬoːŋ¹me⁶laːu⁴ɬai¹tsau⁴tsau⁴le³taːu⁴pai¹lo⁰.

　　　　二　母　老师　早　早　就　返　去　了

那两个老师（女性）早早就回去了。

田阳壮语：ɬəŋ²¹³me²²kai²¹³tɕɐk⁵³te²¹³tau²⁴pei²¹³ləm²²ho.

　　　　　二　母　卖　菜　那　回　去　早_{语气助词}

那两个卖菜的（女性）早早就回去了。

大新壮语：ɬəŋ¹me⁶nuŋ²man²ni⁵tshau⁴tshau⁴tɔ⁶mə²lən²ja⁵.

　　　　　二　母　　农民　这　早　早　就　回　家　了

这两个农民（女性）早早就回家了。

马山壮语：θoːŋ¹me⁶kaːi¹pak⁷he⁵pei¹laːn²va:i⁵vaːi⁵pei⁵.

　　　　　二　母　卖　菜　那　回　家　快　快　去

那两个卖菜的（女子）很早就回去了。

θoːŋ¹me⁶vaːi² jou⁵ɗuːi¹kɯn¹ɳɯ³.两只母牛在山上吃草。

二　母　水牛　在　山　吃　草

武鸣壮语：θoːŋ¹me⁶ɗaːi¹na²，θaːm¹me⁶ɗam¹pjak³.

　　　　　二　母　耘田　三　母　种　菜

　　　两个耘田（女子），三个种菜。

张元生、覃晓航（1993）也提到壮语"母亲"义语素可以充当分类词（原文称"量词"）②：

---

① 张均如、梁敏、欧阳觉亚、郑贻青、李旭练、谢建猷：《壮语方言研究》，四川民族出版社 1999 年版，第 644 页。

② 张元生、覃晓航：《现代壮汉语比较语法》，中央民族学院出版社 1993 年版，第 58 页。

song mehmaet 两只（大如妇人的）跳蚤

　两　　跳蚤

song mehvaq 两件（大）裤子

　两　　裤

张元生、覃晓航没有提供计量人的例子，但由其计量物的例子，可以推知其应该是可以计量人的。

10）指雌性

靖西壮语：①tu¹tən⁴me:n⁶tu¹me⁶.这个是母（雌性）的。

　　　　　　只　这　是　只母

②tu¹məu¹me⁶ŋo⁵mei²kha:i¹na:u⁵.（这只）母猪我不卖。

　只　猪　母　我　不　卖　不

田阳壮语：①tua³¹ni⁴⁴tək³¹tua³¹me²².这只是母的。

　　　　　　只　这　是　只母

②tua³¹mu¹³me²²ni⁴⁴ku¹³ŋa²²kai¹³.（这只）母猪我不卖。

　只　猪　母　这　我　不卖。

大新壮语：①tu¹ni⁵tshi⁶tu¹mɛ⁶.这个是母（雌性）的。

　　　　　　只这　是　只母

②tu¹mu¹mɛ⁶kau¹mi⁵kha:i¹na:u⁵.（这只）母猪我不卖。

　只　猪　母　我　不　卖　不

马山壮语：①tu⁴nei⁴tu⁶me⁶.这只是母的。

　　　　　　只　这　只母

②tu²mou⁵me⁶nei⁴kou²bou⁵ka:i¹.这只母猪我不卖。

　只　猪　母　这　我　不　卖

武鸣壮语：tu¹me⁶tuk⁸tu²te¹.母的是他。

　　　　　只母　是　只他

横县壮语：tu²ni³tu²me⁶.这只是母的。

　　　　　只这　只母

晏殊（2018）也指出，崇左左州壮语，me³是雌性标记，用于兽类雌性和禽类成年雌性。[①]

11）词缀

覃凤余（2015）提出了判定分类词词缀化的标准：第一，指称上表非实指。第二，丧失分类词的句法功能。具体而言，此分类词丧失实指能力，如要表实指，还需另加分类词。第三，语音弱化。[②]根据覃文所提出的标准，我们认为壮语"母亲"义语素已演变为词缀的大略有：

A.me⁶mi²"妻子"中的 me⁶

以靖西壮语为例：

tsə²wei²me⁶mi²,mei²nən²kəu³hat⁷pei³ na:u⁵.作为妻子，不能这样做。

　作为　母妻　不能　够做　这样　不

此时 me⁶mi²泛指妻子，非实指。

ŋo²mei²than¹tu¹me⁶mi²na:u⁵ni⁰.我没见到那个妻子啊。

我　不　见只母妻不　呢

me⁶mi²前又加分类词 tu¹表实指。

以上两句，在靖西壮语中可接受，说明此时 me⁶可视为词缀，但并非完全自然，说明其是一个后起的功能。

B."女人"，多处壮语为"me⁶＋'女性'义语素"，其中 me⁶为词缀

根据张均如等（1999），平果、柳江、宜山、河池、东兰、都安、上林、来宾、贵港 me⁶buk⁷，南丹 me⁶bəu⁷，德保 me⁶ȵi:ŋ²，靖西 me⁶ȵəŋ²，广南侬me⁶ȵiŋ²。[③] buk⁷、bəu⁷、ȵi:ŋ²、ȵəŋ²、ȵiŋ²均指"女性"。

我们以靖西壮语 me⁶ȵəŋ²为例分析：

me⁶ȵəŋ²wa⁴po⁴tsa:i²mei²toŋ²na:u⁵.女人和男人不一样。

　母　女和父　男　不同　不

这时 me⁶ȵəŋ²泛指女人，非实指。

---

　①　晏殊：《崇左左州参考语法》，硕士学位论文，广西大学，2018 年，第 53 页。

　②　覃凤余：《壮语分类词的类型学性质》，《中国语文》2015 年第 6 期。

　③　张均如、梁敏、欧阳觉亚、郑贻青、李旭练、谢建猷：《壮语方言研究》，四川民族出版社 1999 年版，第 657 页。

tu¹me⁶ȵəŋ²tən⁴laːi⁴ pə⁰.这个女子厉害啊。

只　母　女　这　厉害　语气助词

这时 me⁶ȵəŋ² 前须加分类词 tu¹ 表实指。

壮侗语中，"女人"一词编码形式不一。但德靖土语、砚广土语、黑末壮语、傣语较一致：德保 me⁶ȵiːŋ²、靖西 me⁶ȵəŋ²、广南依me⁶ȵiŋ²、砚山依phu³ȵiŋ²、黑末壮语 la⁶bu⁶ȵiŋ²[1]、西傣 kun²jiŋ²、德傣 kon²jiŋ²/pu¹jiŋ²[2]；妹妹，西傣 nɔŋ⁴jiŋ²；女儿，西傣 luk⁸jiŋ²、德傣 luk⁸jiŋ²；侄女/孙女，西傣 laːn¹jiŋ²。[3]说明南部壮语和西南台语的核心语素均为ȵəŋ²及其同源词，可见ȵəŋ²及其同源词本义为"女性"，me⁶ȵəŋ²中的 me⁶ 并无实际意义，是个词缀。同理，北部壮语的 me⁶buɯk⁷ 和 me⁶bəɯ⁷中表义中心为 buɯk⁷和 bəɯ⁷，me⁶并无实际意义，是个词缀。

以上义项可分四类：a.本义"母亲"，具有名词所具有的一般功能。b.作为中心语，受亲属名词（语素）修饰，指明身份；意义实在。一般充当中心语，受亲属名词修饰。c.分类词。d.词缀。

（2）壮语"母亲"义语素的语义（功能）演变

1）以上几个义项中，用于"父母同辈女性亲属"的，应来自"母亲"义。与父母同辈女性，一般情况下与母亲年龄相仿，人们很容易将她们归为一类，因此"母亲"义泛化，用于"父母同辈女性亲属"。

类似用法，我们在诸多语言中可以观察到。

壮语亲属语言：

伯母：布依语 me⁶laːu⁴[4]，西傣 mɛ⁶loŋ¹，德傣 me⁶pa³[5]；仡佬语 mɒ¹³ləɯ⁴⁴[6]；叔母：布依语 me⁶aːu¹[7]，德傣 me⁶lo²[8]，仡佬语 mɒ¹³xai⁵⁵[9]；舅母：布依语

---

① 张均如、梁敏、欧阳觉亚、郑贻青、李旭练、谢建猷：《壮语方言研究》，四川民族出版社 1999 年版，第 657 页。

② 喻翠容、罗美珍：《傣语简志》，民族出版社 1980 年版，第 116 页。

③ 喻翠容、罗美珍：《傣语简志》，民族出版社 1980 年版，第 118 页。

④ 喻翠容：《布依语简志》，民族出版社 1980 年版，第 91 页。

⑤ 喻翠容、罗美珍：《傣语简志》，民族出版社 1980 年版，第 117 页。

⑥ 贺嘉善：《仡佬语简志》，民族出版社 1983 年版，第 77 页。

⑦ 喻翠容：《布依语简志》，民族出版社 1980 年版，第 91 页。

⑧ 喻翠容、罗美珍：《傣语简志》，民族出版社 1980 年版，第 118 页。

⑨ 贺嘉善：《仡佬语简志》，民族出版社 1983 年版，第 77 页。

me⁶pa³①，德傣 me⁶la⁴pauɯ⁴②；姨母：德傣 me⁶la⁴③，仡佬语 mɒ¹³tau²⁴④；叔母、姑母：水语 ni⁴ti³。⑤（母亲，布依语、德傣 me⁶，西傣 mɛ⁶，仡佬语 mɒ¹³，水语 ni⁴。）

其他少数民族语言：

白语，伯母：剑川方言 a³¹tã⁵⁵mo³³、大理方言 a³¹ta⁵⁵mo³³、碧江方言 a⁵⁵do⁴²mo³³，舅母：剑川方言 a³¹tɕo⁵⁵mo³³、大理方言 a³¹tɕou⁵⁵mu³¹、碧江方言 a⁵⁵qɯ³³mo³³。⑥

布朗语新曼俄话，伯母 ma²¹loŋ²，叔母、舅母（母兄之妻、母弟之妻）、姨母（母之姐、母之妹）ma²²oi¹，姑母（父之姐、父之妹）ma²²。⑦

错那门巴语麻玛话：母亲 ʔʌ⁵⁵mʌ⁵³、伯母 mʌː⁵⁵ren⁵⁵、姨母 mʌː⁵⁵ren⁵⁵、岳母 ʔʌ⁵⁵mʌ⁵³。⑧

高山族布嫩语，伯、叔母 pantinaun（母亲 tina）。⑨

哈尼语：伯母，大寨话 ma⁵⁵ma³³，格朗和话 a³¹ma³³ɯ³¹/a³¹ɯ³¹，水癸话 ta⁵⁵mo³³，菜园话 ta⁵⁵mɔ³³；叔母，大寨话 a³¹mɯ³³，格朗和话 a³¹mɯ³³，水癸话 lɛ⁵⁵lɛ³³，菜园话 ɕau³¹mɔ³³；姑母（父之妹），大寨话 a⁵⁵ŋa³³，格朗和话 a³¹xo³¹，水癸话 a⁵⁵ɿ³¹，菜园话 a⁵⁵tu³¹；舅母，大寨话 a³¹mɯ³³，格朗和话 a³¹mɯ³³，水癸话 ɔ⁵⁵mɯ³³，菜园话 ma⁵⁵mɣ³³；姨母（母之姐），大寨话 ma⁵⁵ma³³，格朗和话 a³¹mɯ³³，水癸话 ta⁵⁵mo³³，菜园话 ma⁵⁵mɣ³³；姨母（母之妹），大寨话 a³¹mɯ³³，格朗和话 a³¹mɯ³³，水癸话 lɛ⁵⁵lɛ³³，菜园话 ma⁵⁵mɣ³³；岳母，大寨话 jo³¹ma³³，格朗和话 tshɔ⁵⁵mɔ³¹，水癸话 ʒi³¹mɔ³³，菜园话 jʋ³¹mɔ³³。（母亲：大寨话 a³¹ma³³，格朗和话 a³¹ma³³，水癸话 ɔ³¹mɔ³³，菜园话 a³³mɔ³³）。⑩

---

① 喻翠容：《布依语简志》，民族出版社 1980 年版，第 91 页。

② 喻翠容、罗美珍：《傣语简志》，民族出版社 1980 年版，第 118 页。

③ 喻翠容、罗美珍：《傣语简志》，民族出版社 1980 年版，第 118 页。

④ 贺嘉善：《仡佬语简志》，民族出版社 1983 年版，第 77 页。

⑤ 张均如：《水语简志》，民族出版社 1980 年版，第 95 页。

⑥ 徐琳、赵衍荪：《白语简志》，民族出版社 1983 年版，第 149 页。

⑦ 李道勇、聂锡珍、邱锷锋：《布朗语简志》，民族出版社 1986 年版，第 97 页。

⑧ 陆绍尊：《错那门巴语简志》，民族出版社 1986 年版，第 169 页。

⑨ 何汝芬、曾思奇、李文甦、林青春：《高山族语言简志（布嫩语）》，民族出版社 1986 年版，第 150 页。

⑩ 李永燧、王尔松：《哈尼语简志》，民族出版社 1986 年版，第 175 页。

载瓦语：伯母、姨母（母之姐）a⁵⁵nu³¹mo⁵⁵，叔母 a⁵⁵nu³¹thaŋ⁵⁵。（母亲 a⁵⁵nu³¹）①

崩尼-博嘎尔语：伯母 anənəço，婶母 anənəço。（母亲 anə）②

苗语：伯母，腊乙坪 mji³³qo⁵³，养蒿 maŋ¹³lu¹¹，大南山 na²⁴lou²¹；叔母，养蒿 maŋ¹³ʐu⁴⁴，大南山 na²⁴lua³³；舅母，大南山 na²⁴laŋ⁴³；姨母（母之姐），养蒿 maŋ¹³lu¹¹，大南山 na²⁴lou²¹；姨母（母之妹），养蒿 maŋ¹³ʐu⁴⁴，大南山 na²⁴lua³³。（母亲，腊乙坪 a³⁵mji³³/a³⁵mɑ⁴⁴，养蒿 maŋ¹³，大南山 na²⁴）③

纳西语：伯母，西部方言 ə³¹tɑ⁵⁵mo³³，东部方言 e³³mi³³dʐ²¹；叔母，西部方言 ə³³su¹³mo³³，东部方言 e³³mi³³tçi²¹；姑母，西部方言 kv³³mɑ³³，东部方言 e³³mi⁴⁴；舅母，东部方言 ə³¹tçy⁵⁵mo³³，西部方言 e³³mi³³；姨母，东部方言 ʑi³¹mo³³，西部方言 e³³mi³³；岳母，东部方言 ʐu³¹me³³，西部方言 e³³mi³³。（母亲，西部方言 ə³¹mo³³，东部方言 e³³mi³³）④

怒苏语：伯母，中部方言 iɑ³⁵m̩³¹mo⁵³，南部方言 mi³¹muɯ⁵⁵，北部方言 ɑ⁵⁵m̩⁵⁵muɯ³⁵ɑ⁵⁵；婶母，中部方言 iɑ³⁵m̩³¹，南部方言 ʔɑ³¹ma³⁵，北部方言 ɑ³¹m̩⁵⁵ɬɛ⁵⁵ɑ⁵⁵；姨母，中部方言 iɑ³⁵m̩³¹mo⁵³，南部方言 ʔɑ³¹ma³⁵，北部方言 ɑ³¹m̩⁵⁵thə̃⁵⁵。（母亲，中部方言 iɑ³⁵m̩³¹，南部方言 ʔɑ⁵⁵mi³¹，北部方言 ɑ⁵⁵m̩⁵⁵）⑤

佤语：伯母 mɛʔtiŋ。（母亲 mɛʔ）⑥

拉珈语，母亲 pa³，伯母、舅母 pa³loŋ⁶。（母亲 ma⁶）⑦

四川喜德彝语：伯母（引称）mo²¹n̩i³³，叔母（引称）mo²¹n̩i³³，姨母（引称）mo²¹n̩i³³。（母亲 a²¹mo²¹ 引称 a⁴⁴mo³³ 对称）⑧

① 徐悉艰、徐桂珍：《景颇族语言简志（载瓦语）》，民族出版社 1984 年版，第 161 页。
② 欧阳觉亚：《珞巴族语言简志（崩尼-博嘎尔语）》，民族出版社 1985 年版，第 102 页。
③ 王辅世：《苗语简志》，民族出版社 1985 年版，第 172 页。
④ 和即仁、姜竹仪：《纳西语简志》，民族出版社 1985 年版，第 146—147 页。
⑤ 孙宏开、刘璐：《怒族语言简志（怒苏语）》，民族出版社 1986 年版，第 149—150 页。
⑥ 周植志、颜其香：《佤语简志》，民族出版社 1984 年版，第 173 页。
⑦ 毛宗武、蒙朝吉、郑宗泽：《瑶族语言简志》，民族出版社 1982 年版，第 204 页。
⑧ 陈士林、边仕明、李秀清：《彝语简志》，民族出版社 1985 年版，第 246 页。

汉语方言也多有分布①：

南宁平话：伯娘（伯母），姑母（父亲的姐姐），娘（姨妈，母亲的妹妹）。

哈尔滨方言：大娘（伯母），舅母（舅父的妻子）。

乌鲁木齐方言：舅母（舅之妻），姑妈（父之姐），姨妈（母之姐）。

福州方言：依母（伯母），姑妈（父亲的姐姐）。

黎川方言：大娘（伯母，父亲的嫂）。

长沙方言：舅妈（舅母），伯妈（伯母）。

太原方言：妈（伯母或婶母），大娘（伯母）。

贵阳方言：伯母（面称朋友的母亲，较文雅说法），伯妈（父亲的哥哥的妻子），舅妈（舅母，舅父的妻子），姑妈（父亲已婚的姐妹），满娘（父亲最小的妹妹，未婚），幺姨妈（姨母，母亲的姐妹，已婚），大姨妈（母亲的大姐）。

娄底方言：舅母（母亲的弟兄之妻），大姨娘（母之姐）。

忻州方言：大娘（伯母），大娘啊（伯母）。

柳州方言：伯妈（伯母），舅妈（母亲兄长的妻子），舅娘（母亲弟弟的妻子），婶娘（叔叔的妻子），姑妈（父亲的姐姐），姨妈（母亲的姐姐），亲妈（兄弟或姐妹的配偶的母亲）。

温州方言：阿娘（姑母；姨母），妗娘（舅母），大娘（大姑母；大姨妈），大伯娘（丈夫的大嫂子）。

南京方言：妈（有几个伯母时，可用排行字加"妈"来称呼），姆妈（部分家庭称母亲为姆妈），娘（对地位相当于母亲而年龄、排行小于母亲的亲属

---

① 本部分汉语方言语料分别出自：覃远雄、韦树关、卜成林：《南宁平话词典》，江苏教育出版社 1997 年版，第 2、30、235 页；尹世超：《哈尔滨方言词典》，江苏教育出版社 1997 年版，第 92、263 页；周磊：《乌鲁木齐方言词典》，江苏教育出版社 1995 年版，第 38、63、230 页；冯爱珍：《福州方言词典》，江苏教育出版社 1998 年版，第 18、30 页；颜森：《黎川方言词典》，江苏教育出版社 1995 年版，第 73 页；鲍厚星、崔振华、沈若云、伍云姬：《长沙方言词典》，江苏教育出版社 1998 年版，第 94、180 页；沈明：《太原方言词典》，江苏教育出版社 1998 年版，第 41、47 页；汪平：《贵阳方言词典》，江苏教育出版社 1998 年版，第 34、51、67、112、197、203 页；颜清徽、刘丽华：《娄底方言词典》，江苏教育出版社 1998 年版，第 63、121 页；温端政、张光明：《忻州方言词典》，江苏教育出版社 1995 年版，第 91 页；刘村汉：《柳州方言词典》，江苏教育出版社 1998 年版，第 31、43、137、229、305 页；游汝杰、杨乾明：《温州方言词典》，江苏教育出版社 1998 年版，第 98、126、284、327 页；刘丹青：《南京方言词典》，江苏教育出版社 1995 年版，第 28、39、53、58、183、234、303 页。

的称谓；少数家庭称母亲为娘），大妈（伯母），舅母（母亲的弟兄的妻子），姑妈（父亲的姐姐），姨妈（母亲的姐姐），姨娘（母亲的妹妹；旧时称父亲的妾为姨娘）。

跨语的复见说明，"'母亲'＞'父母同辈女性亲属'"很可能是存在于大量语言中的一条较为普遍的演变路径。

2）用于"父母长辈女性亲属"。这个用法是"父母同辈女性亲属"用法的泛化。"母亲"义本就包含"年长"义，而"父母的长辈"，默认带"年长"义。因此"母亲"义泛化后，外延扩大，可用于"父母长辈女性亲属"。

汉语方言中，"妈""娘"亦有用于作为父母长辈的女性亲属的。[①]

黎川方言：姆妈（祖母）[②]，姨妈（姨奶奶，母之姨母），姨姆妈（姨奶奶，父之姨母）。

福州方言：大妈（曾祖母，父亲的祖母）[③]，老大妈（曾祖的母亲），依妈（祖母），妈/妈妈（祖母），外大妈（母亲的祖母），外妈（外祖母）。

太原方言：娘娘（外祖母）。

忻州方言：老娘娘啊（曾祖母或外曾祖母），老娘娘（曾祖母或外曾祖母；婆婆），娘娘啊（祖母），娘娘（祖母）。

温州方言：娘娘（祖母；祖母的妯娌）。

说明"'母亲'＞'父母同辈女性亲属'"的演变在多种语言存在，可能是多种语言共有的特点。

从各地壮侗语看，用于"父母长辈女性亲属"的，原先可能为 ja⁶。

根据张均如、梁敏等（1999），曾祖母：横县、龙胜、河池、连山 ja⁶maːŋ⁶、邕北、都安 ja⁶ke⁵，平果、田东 ja⁶ɕɔ³，田林 ja⁶ɕɔ³/ta⁶，凌乐 ja⁶ɕɔ³，广南ˣja⁶，丘北 ja⁶ʔoŋ²，隆安 ja⁶thaːi⁵¹，扶绥、上思、崇左 me⁶tso⁵，邕南、宁明、大新

---

① 本部分汉语方言语料分别出自：颜森：《黎川方言词典》，江苏教育出版社 1995 年版，第 47、63 页；冯爱珍：《福州方言词典》，江苏教育出版社 1998 年版，第 18、58、106、107、118、162 页；沈明：《太原方言词典》，江苏教育出版社 1998 年版，第 199 页；温端政、张光明：《忻州方言词典》，江苏教育出版社 1995 年版，第 104、128 页；游汝杰、杨乾明：《温州方言词典》，江苏教育出版社 1998 年版，第 36 页。

② 黎川方言中指"祖母"的"姆妈"，"姆"调值 44，而作为母亲面称的"姆妈"，"姆"调值 22。见颜森《黎川方言词典》（江苏教育出版社 1995 年版，第 63 页）。

③ 福州"大妈""依妈""外大妈""外妈"中的"妈"均读上声。

me⁶tso³。祖母：横县 ja⁶pou²，平果、田东、田林、广南ₛₕₐ、龙胜、河池 ja⁶，丘北 ʔi¹ja⁶，都安 pa²ja⁶，连山 ʔa⁰ja⁶，隆安 ja⁶naːi⁴，凌乐 me⁶pɔ²，崇左 me⁶pho²，宁明 me⁶naːŋ²。①

田阳：ja²²tai²⁴外祖母；马山：ja⁶taːi⁵外祖母，ja⁶pau⁵曾祖母，ja⁶ke⁵祖母，ja⁶ku⁴姑妈。

各地壮语，ja⁶和 me⁶均有使用，作用上，me⁶＝ja⁶。

亲属语言的证据：曾祖母，布依语 ʑa⁶haːu¹，傣西 ja⁶mɒn⁵，傣德 ja⁶len¹，水语 qoŋ⁵ja⁴；②祖母，西傣 ja⁶/iʔ⁷ja⁶，德傣 ja⁶③，水语 ja⁴④，布依语 ʑa⁶⑤。

根据黄海暑（2019），宁蒗壮语还完整保留 ja⁶和 mi⁶"母亲"的清晰界限："父母长辈女性"用 ja⁶，"父母同辈女性"用 mi⁶。高祖母 ʔa²ja⁶vã³，曾祖母 ʔa²ja⁶xau¹，祖母、婆婆 ʔa²ja⁶，岳母 ja⁶tai⁵；伯母 mi⁶lau³，叔母 mi⁶na³，舅母 mi⁶pha³。⑥

流传久远的民俗词语，应该保留有固化的语言信息。我们之所以确信用于老年女性的 ja⁶早于 me⁶，除了以上证据，还有民俗词语的证据。广西西林县那佐拖盆以及紧邻的云南广南县坝美一带流行壮族民俗舞蹈"龙牙歪"⑦，"龙牙歪"是汉字记录的壮语，壮语应为 loːŋ⁴ja⁶waːi²，loːŋ⁴指"舞弄；耍弄"，ja⁶指老年雌性动物，waːi²为水牛。相同的民俗舞蹈，靖西意译为"春牛舞"。拖盆、坝美一带壮族是北宋时兵败西逃的侬智高部众后代，"龙牙歪"应是其先人西逃时带入。侬智高兵败至今将近一千年，也就说明至少一千年前，ja⁶就已经用于雌性动物，而可标记雌性动物的，应先标记女性。

事实上，"长辈女性亲属"，靖西壮语虽可用 me⁶，亦可用 ja⁶：

---

① 张均如、梁敏、欧阳觉亚、郑贻青、李旭练、谢建猷：《壮语方言研究》，四川民族出版社 1999 年版，第 650 页。

② 中央民族学院少数民族语言研究所第五研究室编：《壮侗语族语言词汇集》，中央民族学院出版社 1985 年版，第 23 页。

③ 喻翠容、罗美珍：《傣语简志》，民族出版社 1980 年版，第 117 页。

④ 张均如：《水语简志》，民族出版社 1980 年版，第 95 页。

⑤ 中央民族学院少数民族语言研究所第五研究室编：《壮侗语族语言词汇集》，中央民族学院出版社 1985 年版，第 23 页。

⑥ 黄海暑：《宁蒗壮语亲属称谓探析》，《百色学院学报》2019 年第 1 期。

⑦ 也有写作"龙崖外"的。

me^{6}pho^1＝ja^{6}pho^1"祖母"，　me^{6}ta:i^5＝ja^{6}ta:i^5"外祖母"，

me^{6}ja^{6}ke^5＝ja^{6}ke^5"母亲"。

说明用于"长辈女性亲属"，原为 ja^6，me^{6}泛化后在部分壮语中取代了 ja^6，在表"父母同辈女性""父母长辈女性"时，me^6＝ja^6。因本义为"母亲"，其演变出用于"同辈女性"的用法，但应该相对晚近。

靖西壮语，me^{6}ja^{6}ke^5＝ja^{6}ke^5，均指母亲，都可作背称。但 ja^{6}ke^{5}还可作面称，ja^{6}意义接近于无。可作面称，说明其在语言系统中历史更长，层次更深。me^{6}ja^{6}ke^{5}不仅是背称，还略带贬义和调侃义，说明 me^{6}的"年长"义尚有遗存。从壮语演变的规律看，与 ke^{5}组合更早的是 ja^6，根据覃凤余（2015）[1]，ja^{6}词缀化后，其前再加分类词 me^{6}表示实指。它们的演变过程是：ja^{6}ke^5＞me^{6}ja^{6}ke^5。

根据张均如、梁敏等（1999），妻子：武鸣、横县、邕北、田林、凌乐、广南沙、丘北、南丹、东兰、隆安、广南侬 ja^6，平果 pou^{4}ja^6，上林 buɯk^{7}ja^6，来宾、贵港 mai^{4}ja^6，钦州 pu^{4}ja^6，邕南、扶绥 me^{6}ja^6，上思 so:y^{2}ja^6，砚山 ja^{6}ɲiŋ^2。[2]可见，以上多处壮语，ja^{6}要么单用指"妻子"，要么与其他语素组合指"妻子"，那是否 ja^{6}的本义就是"妻子"呢？我们认为可能性不大。以上"龙牙歪"的词义说明，ja^{6}早期应该没有"妻子"一义，"妻子"一义应是由"老年女性"泛化后才具有的意义，是后起的。

那 ja^{6}是不是"母亲"义固有词呢？可能性也不大。我们上文已经说明，各地壮语"母亲"义语素主要为 me^{6}及其同源词，或在双音节词中充当表义中心。所以，me^{6}及其同源词是壮语"母亲"义固有词。

亲属语言中，母亲，布依语 me^6，傣西 me^6，傣德 me^6，[3]也可为之证明。

世界语言的共同规律，也证明 ja^{6}本义应该不是"母亲"。罗曼·雅可布逊谈论过乔治·彼得·默多克有关鼻辅音和口辅音在双亲称谓词之间的分布情况的试验成果，默多克发现，表示"母亲"的词中有 5 5 % 而表示"父亲"的词中

---

① 覃凤余：《壮语分类词的类型学性质》，《中国语文》2015 年第 6 期。

② 张均如、梁敏、欧阳觉亚、郑贻青、李旭练、谢建猷：《壮语方言研究》，四川民族出版社 1999 年版，第 651 页。

③ 中央民族学院少数民族语言研究所第五研究室编：《壮侗语族语言词汇集》，中央民族学院出版社 1985 年版，第 24 页。

有 15％是包含 m、n 和 ŋ 这三类辅音。由此，他进一步说明 M.M.刘易斯的论断"称呼母亲的词通常用带 m 的词，称呼父亲的词用带 p、b、t 或 d 的词"[①]有了有说服力的统计上的佐证。[②]因此，从世界语言的共同特征看，壮语最初"母亲"义语素应是 me⁶而非 ja⁶。

ja⁶很可能原指老年女性，后泛化为可指"妻子"。

3）用于"同辈女性亲属"，应该来自"父母同辈女性亲属"义的泛化。此义泛化后，外延扩大，包括了虽同辈但比说话人年长的女性亲属。我们之所以判定其来自"父母同辈女性亲属"，是因为其不适用于同辈但年龄等于或小于说话人的女性亲属。

"母亲"义语素的类似用法也见于亲属语言、其他少数民族语言和汉语方言。

壮语亲属语言：

妻子：西傣 me²，德傣 me²，[③]水语 ni⁴ja⁴。[④]

其他少数民族语言：

纳西语：妹妹，西部方言 gu³³me³³，东部方言 gv³³mi³³；妻子，东部方言 tʂhv³³mi³³ʂɯ¹³。纳西语"母亲"义语素 me³³、mi³³甚至能用于晚辈：侄女，西部方言 dze³³me³³，东部方言 ze²¹mi¹³。[⑤]

汉语温州方言：正娘（正妻），姑娘（丈夫的姐妹），大姑娘（大姑子平辈），大姨娘（大姨子平辈），姨娘（姨子，妻子的姐妹）。[⑥]

说明"'母亲'＞'同辈女性亲属'"的演变在多种语言存在，可能是多种语言共有的特点。

---

① 见 M.M.刘易斯（M.M.Lews）《幼儿言语》（*Infant Speech*）（纽约人文出版社 1951 年版），转引自[美]罗可布逊著，余前文译述《为什么叫"妈妈"和"爸爸"》（《当代语言学》1978 年第 4 期）。

② [美]罗曼·雅可布逊著，余前文译述：《为什么叫"妈妈"和"爸爸"》，《当代语言学》1978 年第 4 期。

③ 喻翠容、罗美珍：《傣语简志》，民族出版社 1980 年版，第 118 页。

④ 张均如：《水语简志》，民族出版社 1980 年版，第 95 页。

⑤ 和即仁、姜竹仪：《纳西语简志》，民族出版社 1985 年版，第 147 页。

⑥ 游汝杰、杨乾明：《温州方言词典》，江苏教育出版社 1998 年版，第 42、59、284、338 页。

4）泛指"年纪较大（成年）女性"的 me^6，应该来自"母亲同辈女性亲属"义。我们观察到，其泛指女性时，一般不用于年轻女子。这与"母亲同辈女性亲属"暗含的"年长"义是相应的。以靖西壮语为例：

ło:ŋ^{1}me^{6}kei^{5}ke^{5}kwa^{5}lau^2　pa^0？这两个女人比我们老吧？

二　母　这　老　过　我们 语气助词

*ło:ŋ^{1}me^{6}kei^{5}jaŋ^{2}tok^{8}tsoŋ^{5}jɔ^{2}pa^0？

二　母　这　还　读　中学 语气助词

还念中学，说明年纪不大，所以不能用 me^6。

黄海暑（2019）讨论过宁蒗壮语亲属称谓的扩展称。他认为扩展称是指用亲属称谓称呼非亲属关系的人，是亲属称谓社会化的表现形式。[1]靖西壮语也是如此，如，me^{6}sam^3"婶娘"、me^{6}məu^4"比父母年长的女性"、me^{6}pho^1"与祖母年龄相仿的女性"、me^{6}ła:u^3"年龄长于自己的男性的妻子"，都是由亲属称谓扩展为可称呼不具有亲属关系的女性。

类似用法在汉语方言中也多有存在。哈尔滨方言[2]、太原方言[3]，"大娘"可尊称年长的妇人。福州方言，"依母"可称中年妇女。[4]太原方言：妈（伯母或婶母）[5]，忻州方言："老娘娘啊"可作为对老年妇女的尊称；"老娘娘"指指"老太婆"。[6]南京方言，尊称熟悉的非亲属年长妇人也可用排行字加"妈"来称呼；"大妈"可作为对年长妇女的尊称。[7]

由亲属称谓扩展为可称呼非亲属，应该是多种语言的共性。

5）"母亲"义表示"妻子"，可能有两个来源：

第一，来自与"父亲"义语素 po^{6}连用的 me^6，即 po^{6}me^{6}中的 me^6。po^{6}me^{6}连用，原指"父母"。我们推测，在语用中，人们会有意以夫妻年纪大加以调侃，所以，po^{6}me^{6}指"夫妻"应先为语用用法，后意义逐渐固定，由"父母"

---

① 黄海暑：《宁蒗壮语亲属称谓探析》，《百色学院学报》2019 年第 1 期。

② 尹世超：《哈尔滨方言词典》，江苏教育出版社 1997 年版，第 92 页。

③ 沈明：《太原方言词典》，江苏教育出版社 1998 年版，第 47 页。

④ 冯爱珍：《福州方言词典》，江苏教育出版社 1998 年版，第 18 页。

⑤ 沈明：《太原方言词典》，江苏教育出版社 1998 年版，第 41 页。

⑥ 温端政、张光明：《忻州方言词典》，江苏教育出版社 1995 年版，第 166、128 页。

⑦ 刘丹青：《南京方言词典》，江苏教育出版社 1995 年版，第 53 页。

转指"夫妻"。因其后起，也为与"父母"义区别，遂常带标记，如靖西壮语指"夫妻"的 po⁶me⁶一般与 ło:ŋ¹"二"组合：ło:ŋ¹po⁶me⁶。

亲属语言仡佬语 pəɯ⁵⁵（父）mɒ¹³（母）也可指"夫妻"。①

但马关壮语±的 bu⁶（父）mi⁶（母），仍是"父"和"母"合称，还未泛化指夫妻，体现了这两个语素连用的早期意义。

第二，来自"年纪较大女性亲属"。壮语中，不通过 po⁶me⁶连用指"妻子"的情况有：崇左、宁明 tu¹me⁶，龙州 me⁶，大新 ʔuŋ¹¹me⁶，德保 me⁶pa²。A.崇左、宁明分类词 tu¹居 me⁶前，它们应是词缀。B.德保壮语的 me⁶作为中心语受 pa²修饰限制，语义也应为"年纪较大女性"。C.龙州壮语单用 me⁶指"妻子"，其语义演变长度长于崇左、宁明、德保、靖西、马关。因此，除了龙州，他处壮语 me⁶指"妻子"须有标记，以此与"母亲"义相区别。

6）作为分类词，me⁶应该来自"父母同辈女性亲属"义。当 me⁶充当分类词时，其计量的对象一般为年纪较大的女子。如：

ło:ŋ¹me⁶kei⁵ke⁵ke⁵,jaŋ²hat⁷nai³koŋ¹ʔa⁰? 这两个女子老老的，还能干活啊？
二　母　这 老 老 还 做　得 工 <small>语气助词</small>

但年轻女子，不能以之计量。如：

*ła:m¹me⁶lok⁸ła:u¹　　　kei⁵khu¹hi²hi².
　三　母　子 年轻女子 这 笑　嘻嘻

须以专用于年轻女子的分类词 te⁵计量。如：

ła:m¹te⁵lok⁸ła:u¹　　　kei⁵khu¹hi²hi².这三个姑娘笑嘻嘻。
　三 个 子 年轻女子 这 笑　嘻嘻

7）壮语分类词有词缀化的趋势，充当词缀的 me⁶应该来自分类词。以靖西壮语为例，其与"女性"义语素nəŋ²、"妻子"义语素 mi²组成"分类词＋名词"结构，在双音化等的推动下，结合日益紧密，me⁶意义逐渐虚化，遂演变为词缀。

---

① 贺嘉善：《仡佬语简志》，民族出版社 1983 年版，第 77 页。

8）一般而言，"母"与"子"相对，"子"小"母"大，因此我们认为"大"义来自"母亲"义。如上，大新壮语 "拇指"和"小指"二词中作为 $n\varepsilon u^4$ 修饰语的 $m\varepsilon^6$ "母亲"和 luk^8 "儿子"相对，横县壮语"拇指"和"小指"、"大脚趾"和"小脚趾"中作为修饰语的 me^6 和 $lək^8$ 相对，可为佐证。

亲属语言泰语有类似表现。如：湄公河的正式名称 Mekong 源于泰语 Mae Nam Khong 之缩写，Mae Nam（แม่น้ำ）直译为母亲河，引申为大河。[1]湄南河是华人对昭披耶河的俗称，泰语中被称为"昭披耶河"（แม่น้ำเจ้าพระยา，"湄南昭披耶"）。"湄南"的表面意思是"河流之母"（แม/Mae 是母亲的意思，น้ำ/nam 是河流的意思），引申为"大河"[2]。可知，在泰语里，"母亲"义语素含"大"义。因"母亲"为本义，"大"义自然是由其演变出来的。

汉语方言有相似用法。大拇指：北京，大拇哥；济南，大拇指；太原，大拇指头；成都，大拇指儿；长沙，大指拇；厦门，大部拇；福州，大拇拇、大拇哥。[3]这些词中，"拇""大"连用，应该是同义的叠加，即：拇＝大。拇，从手，母声。宋人沈括《梦溪笔谈》卷一四记载："王圣美治字学，演其义以为右文。古之字书皆从左文，凡字其类在左，其义在右。如水类，其左皆从水。所谓右文者，如戋，小也。水之小者曰浅，金之小者曰钱，贝之小者曰贱。如此之类，皆以戋为义也。"此即"右文说"。自"右文说"诞生，对其的批判不绝于耳，但汉字的构造，声符往往也承担字义功能这一事实不可否认。因此，汉语中"拇""母"义通，"拇"有"大"义，即"母"有"大"义。汉语方言"母"的这一语义演变，与壮语"母亲"义语素演变出"大"义是平行的。

因此，"'母亲'＞'大'"的演变路径，也存在跨语的复见。

9）接下来我们要回答的问题是：世界语言中有"母亲"，名词＞"雌性"，修饰语和"'女人'（女人，妻子）＞雌性"两种语法化路径。[4]那么，壮语的

---

① 见 https://baike.sogou.com/v³463.htm?fromTitle。

② 见 https://baike.sogou.com/v41088.htm;jsessionid=06E6890B1C6CB879A512C05009298F5A?fromTitle。

③ 北京大学中国语言文学系语言学教研室编：《汉语方言词汇》，语文出版社 1995 年版，第 261 页。

④ [德]Bernd Heine Tania Kuteva 著，龙海平、谷峰、肖小平译，洪波、谷峰注释，洪波、吴福祥校订：《语法化的世界词库》，世界图书出版公司 2012 年版，第 289、433 页。

me⁶是从"母亲"义名词演变为表"雌性"的修饰语,还是从"女人"(女人,妻子)演变为雌性?我们认为是前者。壮语"母鸡"一词可作证明。

壮语中"未生蛋的母鸡"和"生过蛋的母鸡"二词编码形式有别,张均如、梁敏等(1999):

未生蛋的母鸡:武鸣、横县、邕北、平果、田东、田林、凌乐、广南沙、柳江、宜山、融安、龙胜、河池、南丹、东兰、都安、上林、来宾、贵港、邕南、隆安、扶绥 kai⁵haːŋ⁶,丘北 kai⁵ɣa:ŋ⁶,环江 kai⁵gaːŋ⁶,连山 haːŋ⁶kai⁵,钦州 maːŋ³kai⁵,上思 khyːŋ⁵kai⁵,崇左 khiːŋ⁵kai⁵,宁明、大新 kai⁵khɯ:ŋ⁵,龙州 kai⁵khəːŋ⁵,德保 kai⁵khyːŋ⁶,靖西 kjai⁵khyːŋ⁵,广南侬、砚山侬tɕai⁵khɯɯəŋ⁵,黑末 khiŋ⁵kai⁵。

生过蛋的母鸡:武鸣、横县、邕北、平果、田东、田林、凌乐、广南沙、柳江、宜山、环江、融安、龙胜、河池、南丹、东兰、都安、上林、来宾、贵港、邕南、隆安、扶绥、龙州、大新、德保kai⁵me⁶,靖西kjai⁵me⁶,广南侬、砚山侬tɕai⁵me⁶,丘北miə⁶kai⁵,连山、钦州、上思、崇左、宁明me⁶kai⁵,黑末mei⁶kai⁵。①

生过蛋的,以 me⁶为"鸡"的修饰语。若"雌性"义从泛指的"女人"义来,则雌性的鸡无需分出"生过蛋"和"未生蛋"两类。生过蛋,即这只鸡已做了母亲。因此,用于动物的"雌性"义,应该由"母亲"义来。

"母"的本义也可为佐证。母,金文𤯓,小篆𣫑。说文:牧也。从女,象裹子形。一曰象乳子也。清段玉裁《说文解字注》:"牧也。以叠韵为训。牧者,养牛人也。以譬人之乳子。引申之,凡能生之以启后者皆曰母。从女。象裹子形。裹,褱也。象两手褱子也。一曰象乳子也。广韵引仓颉篇云。其中有两点者,象人乳形。竖通者即音无。"②可见,"母"的本义与已生养的女子有关。我们下文所列文马土语的语料也说明,动物雌雄之辨,基本只涉及与人们关系密切的动物,尤以家禽家畜为最。显然,家禽家畜,生养与否,是人们关注的重点。因此,壮语"母亲"义语素的"雌性"义,来自"母亲"而非"女人"。

---

① 张均如、梁敏、欧阳觉亚、郑贻青、李旭练、谢建猷:《壮语方言研究》,四川民族出版社 1999 年版,第 614 页。

② (汉)许慎撰,(清)段玉裁注:《说文解字注》,上海古籍出版社 2006 年版,第 614 页。

"母亲"义语素指"雌性"，各种语言多有存在。

壮语亲属语言：

母鸡：西傣 kai⁵mɛ⁶；德傣 kai⁵me⁶[1]；侗语 məi⁴a:i⁵（"母亲"məi⁴）[2]；仡佬语 mɒ¹³qai³³（"母亲"mɒ¹³）[3]；毛南语 ka:i⁵ni⁴（"母亲"ni⁴）[4]。

其他少数民族语言[5]：

母鸡：白语，剑川方言 ke⁵⁵（鸡）mo³³（母），大理方言 ke³⁵（鸡）mo³³（母），碧江方言 qẽ⁵⁵（鸡）mo³³（母）；错那门巴语，麻玛话 khʌ:⁵⁵（鸡）mʌ⁵³（母），文浪话 khɑ⁵⁵（鸡）mɑ⁵⁵（母）；独龙语，独龙河方言 kǎ⁵⁵aŋ³¹（鸡）mɑ⁵³（母）/ka⁵⁵（鸡）mɑ⁵³（母），怒江方言 khɑ³¹（鸡）mɑ⁵⁵（母）；哈尼语：大寨话 xa³³（鸡）ma³³（母），格朗和话：ja³³（鸡）ma³³（母），水犟话 xa³³（鸡）mɔ³³（母），菜园话 ja³³（鸡）mɔ³³（母）；基诺语 ja⁴²（鸡）mɔ³³（母）（"母亲"ɑ⁴⁴mɔ³³）；傈僳语：ɣɑ⁴⁴（鸡）mɑ⁴⁴（母）；纳西语：西部方言 a³¹（鸡）me³³（母），东部方言 a²¹（鸡）mi³³（母）；怒苏语：母鸡，中部方言 ɹɑ³¹（鸡）mi³¹（母）ɑ³¹，南部方言 ɕɹ⁵³（鸡）mi³¹（母），北部方言 ɹɑ⁵³（鸡）mi⁵⁵（母）；普米语：箐花话 zɑ¹³（鸡）mɑ⁵⁵（母），桃巴话 ra³⁵（鸡）ma⁵³（母）；羌语：桃坪话 yi³¹（鸡）ma⁵⁵（母）；佤语：ʔiamɛʔ；布努语：ka¹（鸡）mi⁸（母）；彝语：四川喜德 va³³（鸡）ma⁵⁵（母），贵州大方 ɣa³³（鸡)mo²¹（母）；鄂温克语：əninənxaxara（"母亲"ənin，"鸡"xaxara）；

① 喻翠容、罗美珍：《傣语简志》，民族出版社 1980 年版，第 112 页。

② 梁敏：《侗语简志》，民族出版社 1980 年版，第 97 页。

③ 贺嘉善：《仡佬语简志》，民族出版社 1983 年版，第 73 页。

④ 梁敏：《毛南语简志》，民族出版社 1980 年版，第 91 页。

⑤ 本部分语料来自以下文献：徐琳、赵衍荪：《白语简志》，民族出版社 1983 年版，第 141 页；陆绍尊：《错那门巴语简志》，民族出版社 1986 年版，第 164 页；孙宏开：《独龙语简志》，民族出版社 1982 年版，第 212 页；李永燧、王尔松：《哈尼语简志》，民族出版社 1986 年版，第 175 页；盖兴之：《基诺语简志》，民族出版社 1986 年版，第 149 页；徐琳、木玉璋、盖兴之：《傈僳语简志》，民族出版社 1986 年版，第 134 页；和即仁、姜竹仪：《纳西语简志》，民族出版社 1985 年版，第 139 页；孙宏开、刘璐：《怒族语言简志（怒苏语）》，民族出版社 1986 年版，第 142 页；陆绍尊：《普米语简志》，民族出版社 1983 年版，第 111 页；孙宏开：《羌语简志》，民族出版社 1981 年版，第 197 页；周植志、颜其香：《佤语简志》，民族出版社 1984 年版，第 168 页；毛宗武、蒙朝吉、郑宗泽：《瑶族语言简志》，民族出版社 1982 年版，第 196 页；陈士林、边仕明、李秀清：《彝语简志》，民族出版社 1985 年版，第 288 页；胡增益、朝克：《鄂温克语简志》，民族出版社 1986 年版，第 173 页；何汝芬、曾思奇、田中山、林登仙：《高山族语言简志（阿眉斯语）》，民族出版社 1986 年版，第 139 页；欧阳觉亚：《珞巴族语言简志（崩尼-博嘎尔语）》，民族出版社 1985 年版，第 96 页。

高山族阿眉斯语：母鸡 tawinaanakuku?（鸡）（"母亲"wina，"鸡"kuku?）；崩尼-博嘎尔语：母鸡 roknə，（"母亲"anə，"鸡"porok）鸡。

"母亲"义语素指"雌性"，用于家禽家畜，在汉语方言中同样广泛存在，我们举部分汉语方言的例子。

南宁平话、哈尔滨方言、乌鲁木齐方言、柳州方言、太原方言、贵阳方言、南京方言皆可说：母马、母牛、母羊、母驴、母狗、母鸡。福州方言：兔母、鸡母、马母、牛母。温州方言：牛娘、马娘、羊娘、狗娘、猫娘、猪娘。乌鲁木齐方言、太原方言、忻州方言还可说"母鸭子"；柳州方言还可说"猫母"。①

由上文，我们也可看出，在各地壮语中，me⁶与动物名词的组合，一般位于动物名词后，按壮侗语"中心语＋修饰语"的结构，其充当的是修饰语。因此，壮语中 me⁶充当词缀并不多见。

由上，我们构拟出壮语"母亲"义语素的演变路径：

```
        妻子    "大"
            ↖ ↗
雌性←母亲→母亲同辈女性亲属（修饰语）→泛指年纪较大（成年）女性→分类词→
词缀
            ↖ ↗
比说话人年长    母亲长辈女性（修饰语）
的同辈女性
```

（3）文马土语"母亲"义语素的词缀化

我们观察到，文马土语"母亲"义语素，语法化（词缀化）程度比他处壮语更高。

---

① 本部分汉语方言语料来自以下文献：覃远雄、韦树关、卞成林：《南宁平话词典》，江苏教育出版社 1997 年版，第 21 页；尹世超：《哈尔滨方言词典》，江苏教育出版社 1997 年版，第 48 页；周磊：《乌鲁木齐方言词典》，江苏教育出版社 1995 年版，第 48 页；刘村汉：《柳州方言词典》，江苏教育出版社 1998 年版，第 34、178 页；沈明：《太原方言词典》，江苏教育出版社 1998 年版，第 22 页；汪平：《贵阳方言词典》，江苏教育出版社 1998 年版，第 41 页；刘丹青：《南京方言词典》，江苏教育出版社 1995 年版，第 31 页；冯爱珍：《福州方言词典》，江苏教育出版社 1998 年版，第 27、33、57、104 页；游汝杰、杨乾明：《温州方言词典》，江苏教育出版社 1998 年版，第 41、60、192、218、272、273 页；沈明：《太原方言词典》，江苏教育出版社 1998 年版，第 22 页；温端政、张光明：《忻州方言词典》，江苏教育出版社 1995 年版，第 31 页。

戴勇（1995）认为，文山黑末村表"母亲、雌性"的语素mei⁶，已经语法化为一个组合关系比较泛化的名词词缀。①据戴文对黑末壮语mei⁶充当居前词缀的描写，结合我们观察的马关壮语"母亲"义语素mi⁶的情况，我们对文马土语"母亲"义语素词缀功能描写如下：

1）用于动物名词。

一是雌性动物，主要是家禽家畜，一般情况下，总称、雌性、雄性是区分的。

黑末壮语②：

水牛ɣuɒ²　公水牛ɣuɒ²dɛ⁴　母水牛mei⁶ɣuɒ²

鸡kai⁵　公鸡bɣu⁶kai⁵　母鸡（生过蛋的）mei⁶kai⁵

马关壮语：

牛wɒ²　公牛tha²wɒ²　母牛mi⁶wɒ²

公水牛tha²vɒ²nã⁴　母水牛mi⁶vɒ²nã⁴

黄牛mu²　公黄牛tha²mu²　母黄牛mi⁶mu²

公马tha²mo⁴　母马mi⁶mo⁴

猫mja:u⁵　公猫tha²mja:u⁵　母猫mi⁶mja:u⁵

狗mo¹　公狗tha²mo¹　母狗mi⁶mo¹

鸡ka:i⁵　公鸡bu⁴ka:i⁵　母鸡mi⁶ka:i⁵

二是家禽家畜以外的其他动物，不强调性别。如：

黑末壮语：mei⁶mu¹"老鼠"、mei⁶mɛ¹"蚂蚁"、mei⁶po¹"鱼"、mei⁶ləu⁵"猴子"、mei⁶na²"鸟"、mei⁶ŋu²"蛇"、mei⁶zən⁶"蚊子"。一些大的或特殊的动物，无论雌雄，习惯以mei⁶为前加词缀，如mei⁶pin⁵"老虎"、mei⁶mi¹"豹（兼指老虎）"、mei⁶ləŋ⁴"龙"。③

马关壮语：mi²pin⁵"老虎"、mi²nəu⁵"猴子"、mi⁶ŋɯ²"蛇"、mi⁶mɯ¹"老

---

① 戴勇：《谈谈壮语文马土语 mei⁶的语义及用法》，《民族语文》1995 年第 6 期。

② 戴勇《谈谈壮语文马土语 mei⁶的语义及用法》（《民族语文》1995 年第 6 期）只列了雌性动物的名称，我们据《壮语方言研究》（张均如、梁敏、欧阳觉亚、郑贻青、李旭练、谢建猷著，四川民族出版社 1999 年版，611、614 页）的记录补齐。除了此处，本部分黑末壮语的语料来自戴文。

③ 戴勇：《谈谈壮语文马土语 mei⁶的语义及用法》，《民族语文》1995 年第 6 期。

鼠"、mi⁶kjəu²wo²"蝙蝠"、mi⁶ðən⁴"蚊子"、mi⁶mã⁴"跳蚤"、mi⁶po¹"鱼"、mi⁴khoŋ²kaŋ³"野兽"、mi⁶nok¹⁰"鸟"。

李彩红（2017）指出，人们对自己熟知的事物的区分比较细致，对自己不熟悉的事物区分就不那么细致。[①]对于人类来说，以上所列动物，有无性别区分无关紧要。而家禽家畜，对于农业生产、人类生存极其重要，需要它们繁衍，所以要分出雌雄，因此分类词比别的动物更为丰富。如游牧民族使用的语言对不同年纪的马、牛、羊、骆驼等有细致区分，哈萨克语[②]、塔塔尔语[③]、柯尔克孜语[④]、维吾尔语[⑤]、乌兹别克语[⑥]皆是如此。

由此可见，"母亲"义语素是文马土语中普遍用于动物名词的词缀。

但我们还观察到，马关壮语中，以mi⁶为词缀时，这个名词一般是这类动物的总称，而部分存在下位概念的动物名词，可以以其词根为大类名，再加上小类名，构成动物名词。我们做些说明：

由上，我们知道，马关壮语，鱼的总称为mi⁶po¹，词根为po¹，词缀为mi⁶。"鱼"的下位概念，可由"po¹（大类名）＋小类名"构成。而本为词根的po¹也词缀化，所以鱼的品种的专称，已以po¹为前缀。如：po¹li⁶ji²"鲤鱼"、po¹joŋ³ji²"鳙鱼"、po¹tshɯ²kɯ³"鲫鱼"。

蛇的总称是mi⁶ŋɯ²，词根为ŋɯ²，词缀为mi⁶。"蛇"的下位概念，可由"ŋɯ²（大类名）＋小类名"构成。如：ŋɯ²ljaːŋ⁴"四脚蛇"、ŋɯ²həu⁵"蟒"、ŋɯ²ʔəu⁶nã⁴"水蛇"。

鸟类，部分以mi⁶为词缀。如：mi⁶ko¹"乌鸦"、mi⁶lã⁶"老鹰"、mi⁶ʔu⁷"猫头鹰"、mi⁶ku⁵ki⁵"大雁"。

部分鸟类名词不以mi⁶为词缀，而是以nək¹⁰"鸟"作为词缀：

nək¹⁰khə²tsok⁶"麻雀"、nək¹⁰khə²tsaːk⁸"喜鹊"、nək¹⁰ko⁴tsɯ²"鸽子"、

---

① 李彩红：《类型学视野下广西壮汉方言分类词接触研究》，硕士学位论文，广西大学，2017 年，第 23 页。

② 耿世民、李增祥：《哈萨克语简志》，民族出版社 1985 年版，第 209 页。

③ 陈宗振、伊里千：《塔塔尔语简志》，民族出版社 1986 年版，第 162 页。

④ 胡振华：《柯尔克孜语简志》，民族出版社 1986 年版，第 218 页。

⑤ 赵相如、朱志宁：《维吾尔语简志》，民族出版社 1985 年版，第 206 页。

⑥ 程适良、阿不都热合曼：《乌兹别克语简志》，民族出版社 1987 年版，第 161 页。

nək¹⁰kok⁹ku⁸ "布谷鸟"、nək¹⁰khəu² "斑鸠"、nək¹⁰pja⁷ "鹧鸪"、nək¹⁰kã¹ "秧鸡"、nək¹⁰pa²ko³ "八哥"、nək¹⁰khət⁸di¹ "燕子"、nək¹⁰twã⁶ma:i⁸ "啄木鸟"。

再看两个较特殊的动物名词：tu⁵na⁴ "蜜蜂"、mja:ŋ²sa:u¹ "蚕"。

马关的"蚕"很可能是受砚广土语的影响。根据张均如、梁敏等（1999），苍蝇：广南依me:ŋ²fan²，砚山依mian²fan²；牛虻：广南依me:ŋ²wa:i²，砚山依mian²wa:i²；墨蚊：大新me:ŋ²ɬin²，德保me:ŋ²rən⁶，靖西me:ŋ²lən⁶；蚯蚓：德保me:ŋ²du:n¹，靖西me:ŋ²du:n¹。[1]马关壮语很可能把砚广土语对应me:ŋ²、mian²的功能复制到了mja:ŋ²上。

2）植物名词，以mei⁶为前加词缀。如黑末壮语：mei⁶mai⁴ "成棵的树"、mei⁶nã¹ "荆棘"、mei⁶me⁵ "果树"、mei⁶thiã² "南瓜"、mei⁶phe² "成棵的蔬菜"、mei⁶bəu³ "成棵的葫芦"、mei⁶duŋ⁵ "成棵的花"。

我们在马关壮语中未观察到 mi⁶充当植物名词词缀的情况，与黑末有异。至于原因，有可能是 mi⁶演变路径与黑末有异，也可能是受其他壮语影响，已变成壮语普遍的"大类名＋小类名"结构。如"松树" ma:i⁴（树）dzoŋ²、"荷花" dok⁹（花）jẽ⁵do⁵，具体原因，还待深入调查与梳理方可得到确证。

3）无生名词

一是某些通过人工获取的器物、工具、用具。如：

黑末壮语：mei⁶khuan² "斧子"、mei⁶ba¹ "锄头"、mei⁶do⁴ "弯刀"、mei⁶zin² "尖刀"、mei⁶tau¹ "剪刀"、mei⁶thɛi² "犁铧"、mei⁶tu¹ "门"、mei⁶səu¹ "柱子"、mei⁶xi¹ "梳子"。[2]

马关壮语：mi⁶ɬəu¹ "柱子"、mi⁶tu¹du⁴ "大门"、mi⁶lin²baŋ² "菜刀"、mi⁶dzu² "汤匙"、mi⁶ta:u¹ "剪子"、mi⁶bɒ⁴ "锄头"、mi⁶lẽ⁴ "镰刀"、mi⁶vei² "火种"、mi⁶dzu²tshã² "锅铲"、mi⁶dza⁴ "铡刀"、mi⁶ke⁴ "木耙"、mi⁶lən² "竹筢"

二是一些自然物。如马关壮语：mi⁶lin²ʔo¹ "虹"、mi⁶ləŋ⁴ "窟窿"。

---

① 张均如、梁敏、欧阳觉亚、郑贻青、李旭练、谢建猷：《壮语方言研究》，四川民族出版社1999年版，第620—621页。

② 戴勇：《谈谈壮语文马土语mei⁶的语义及用法》，《民族语文》1995年第6期。

由此，我们可对文马土语"母亲"义语素功能演变进行拟测：

首先，上文已经讨论，"'母亲'＞雌性"的演变存在跨语的复见，文马土语当非例外。

其次，由于壮语分类词词缀化的趋势，我们有如下推测：文马土语"母亲"义语素在演变为词缀之前，存在一个分类词的阶段。该分类词最初用于计量女性，进而计量雌性动物。雌性动物名词词缀应该是其演变到计量雌性动物后再行演变而得的。由于材料所限，其可能存在的分类词阶段我们暂不讨论。

再次，雌性动物名词词缀语义进一步泛化，其搭配关系也进一步泛化，进而充当不分雌雄的动物名词词缀；进一步泛化后，可充当植物名词词缀；再进一步泛化的结果是，充当无生名词词缀。

由此，我们把文马土语"母亲"义语素 mi^6 的演变路径拟测为：

母亲→雌性→分类词（计量雌性动物）→雌性动物名词词缀→动物名词词缀（部分雌雄）→植物名词词缀→无生名词词缀

类似文马土语"母亲"义语素的词缀化，之前报道似乎不多，但也并非孤例。根据袁善来（2012），亲属语言比工仡佬语"母亲"义语素 ma^{55} 除了本义"母亲"，还可以表示"母亲同辈的女性""成年女性"，充当"雌性动物标记"，表示飞禽、昆虫，表示籽实繁多、成片生长或外形圆状的农作物或其他植物，表示动物或人体的器官与部位，表示房屋建筑构件或日常使用的农具、家具等生产、生活器物，表天象等自然界无生命的物体，充当量词（分类词）。[①] 从袁文可以看出，比工仡佬语"母亲"义语素 ma^{55} 的义项（功能）多于壮语，其语法化路径也长于包括文马土语在内的壮语。

而从我们以上的讨论也可看出，"母亲"义语素义项较为丰富、语法化（词缀化）程度高，是壮侗语有别于其他语言的一个特征。

4.po^6，用于男性、雄性

由壮语其他方言可推测，这个语素以及同源的语素在壮语中应该曾经普遍

---

① 袁善来：《比工仡佬语 ma^{55} 的语义及演变》，《南阳师范学院学报》（社会科学版）2012 年第 1 期。

使用。它源于名词"父亲"[1]，语法化为构词成分后，一般指男性，带"权威"义，有的地方也可指某一类人，如燕齐壮语 pø[6][2]（韦景云等，2011）、都安壮语 bo[6][3]（李旭练，2011）、田阳壮语 pu[4][4]（黄彩庆，2010），田阳壮语甚至可以用于女性名词前，如 pu[4]tɕe[4]"姐姐"[5]（黄彩庆，2010），说明在田阳壮语中其意义泛化更甚。但这个成分现在在靖西壮语中使用得很少，已基本为 laːu[4]"佬"所取代。我们只能找到个别用 po[6]作为男性标记的用例，如：

po[6]tsaːi[2]男性

父　男

我们推测，除了作为男性标记外，靖西壮语的 po[6]还应该曾经表雄性，或用于在壮族观念中有雄性特征的事物，现仅有个别遗存，如：

po[6]fa[4]天

父　天

po[6]fa[4] = fa[4]"天"，即，po[6]并无实义，当为词缀。

龙州壮语中的同源成分一般也只能用于男性，如：

po[6]maːi[3]鳏夫　　　　po[6]kwaːn[1]官　　　po[6]tau[2]头人

词缀　鳏　　　　　　词缀　官　　　　　词缀　头

"'父亲'>雄性"的语法化路径，其他语言也存在，如塔亚语（!Xóõ），汉语湘方言、客赣方言、徽州方言、闽方言，黔东苗语等。而且，它可能是一个普遍过程的例证：具有某种显著特征的指人名词形成凸显这一特征的语法标记。（见Bernd Heine，Tania Kuteva2012：178）[6]

---

① 壮语传统有"从子称"，生育后的男子一般以 po[6]"某"指"某某的父亲"。《平果县志》（平果县志编纂委员会，广西人民出版社1996年版，第386页）就记载过一个叫"黄卜南"的人，这个人是小名叫"南"的人的父亲。百色起义期间各乡苏维埃政府的委员中，有罗卜勤、黄卜追、李卜修、梁卜存、黄卜妹、黄卜楼、韦卜楼、黄卜交、黄卜湾、黄卜林、李卜时、黄卜暖、黄卜曾等（见百色市志办公室编《新民主主义革命时期百色市党史资料》（内部资料），第236—243页）。这些人名中的"卜"是靖西壮语 po[6]的同源词。

② 韦景云、何霜、罗永现：《燕齐壮语参考语法》，中国社会科学出版社2011年版，第54页。

③ 李旭练：《都安壮语形态变化研究》，民族出版社2011年版，第103页。

④ 黄彩庆：《壮语田阳话的词头和词尾》，《湖北经济学院学报》（哲学社会科学版）2010年第3期。

⑤ 黄彩庆：《壮语田阳话的词头和词尾》，《湖北经济学院学报》（哲学社会科学版）2010年第3期。

⑥ [德]Bernd Heine，Tania Kuteva 著，龙海平、谷峰、肖小平译，洪波、谷峰注释，洪波、吴福祥校订：《语法化的世界词库》，世界图书出版公司2012年版，第178页。

5.lok⁸

lok⁸本义是"儿子",带有"年纪小;个儿小;可爱"等感性意义。

lok⁸常可充当词缀,如:

lok⁸ki²茄子　　lok⁸kham¹苦瓜　　lok⁸me:u²小猫　　lok⁸tsa:i²男孩儿

　子　茄　　　子　苦　　　　　子　猫　　　　　子　男

lok⁸pɔi⁴儿媳妇

　子　媳妇

这里所列lok⁸与名词组合,指称上表非实指,且丧失分类词的句法功能。

如:

ʔan¹lok⁸ki²　　　ʔan¹lok⁸kham¹　　　tu¹lok⁸me:u²

个　子　茄　　　个　子　苦　　　只　子　猫

ʔi⁵lok⁸tsa:i²　　te⁵lok⁸pɔi⁴

个　子　男　　　个　子　媳妇

与靖西壮语 lok⁸同源的语素,在壮语各方言点中比较普遍。《广西通志·少数民族语言志》以武鸣为代表点,记录了词缀 luuk⁸[①],田阳壮语也有词缀 luuk⁸(黄彩庆,2010)[②],巴马壮语 luuk⁸(陈芳,2010)[③],在与lok⁸同源的词缀中,目前对燕齐壮语 luuk³³ 的描写是比较详细的,其使用范围比靖西壮语广,韦景云等(2011)认为,其使用范围包括:(1)有关人体及饰物的名词;(2)植物果类的名词;(3)人类的专有名词;(4)其他物名。从其所举用例来看,均有"小"义。都安壮语与此同源的词缀为 lək⁸,表示"小;果实;用具",使用范围有三:(1)表示"小";(2)表示"果实";(3)表示"用具,玩具"(李旭练,2011)。其表"果实"和"用具,玩具"的功能与燕齐壮语的第(2)和第(4)类基本一致,而具"小"义是燕齐壮语 luuk³³ 的普遍功能。以下我们将靖西壮语的lok⁸与燕齐壮语的 luuk³³ 的使用范围进行比较。

第(1)类,靖西壮语不用 lok⁸。韦景云等(2011)所举的四例:luuk³³ɣa²⁴

---

① 广西壮族自治区地方志编纂委员会编:《广西通志·少数民族语言志》,广西民族出版社2000年版,第40页。

② 黄彩庆:《壮语田阳话的词头和词尾》,《湖北经济学院学报》(哲学社会科学版)2010年第3期。

③ 陈芳:《巴马壮语语法研究》,硕士学位论文,广西大学,2010年,第17页。

眼睛、lɯk³³tin²⁴脚趾、lɯk³³fɯŋ⁴²手指、lɯk³³kat⁵⁵扣子，①靖西壮语分别为：

ʔan¹tha¹或ma:k⁹tha¹眼睛　　niu⁴kha¹脚趾　　niu⁴moŋ²手指

个　眼　果　眼　　　　指　脚　　　　指　手

mat⁸kat⁷扣子

颗　扣

第（2）类，靖西壮语仅部分与燕齐壮语一致，大部分不一致。韦景云等（2011）所举的四例：lɯk³³saɯ⁴²红薯、lɯk³³ma:n³³辣椒、lɯk³³plɯ:k³⁵芋头、lɯk³³ham⁴²苦瓜、lɯk³³nim²⁴黏果、lɯk³³ɣa⁴²芝麻，②靖西壮语分别为：

ʔan¹ɬei²　　ma:k⁹phat⁷　ʔan¹phik⁹　　lok⁸kham¹　　mat⁸ŋa²

个　薯　　果　辣　个　芋　　子　苦　　颗　芝麻

第（3）类，靖西壮语与燕齐壮语基本一致。韦景云等（2011）所举六例：lɯk³³sa:i²⁴男孩、lɯk³³ta³³女孩、lɯk³³kɯ:i⁴²女婿、lɯk³³ŋe⁴²小孩、lɯk³³sai²⁴学徒、lɯk³³ʔba:u³⁵男青年，③靖西壮语除了"学徒"一词是官话借词外，其他五例分别为：

lok⁸tsa:i²男孩　　lok⁸ŋjəŋ⁵女孩　　lok⁸khi¹女婿　　lok⁸ʔe:ŋ¹小孩

子　男　　　　子　女　　　　子　女婿　　　　子　小

lok⁸ma:u⁵男青年

子　男青年

第（4）类，靖西壮语的前缀与燕齐壮语完全不同。韦景云等（2011）所举三例：lɯk³³ʔdø²⁴酵子、lɯk³³ji:n⁴²子弹、lɯk³³ɣit冰雹，④靖西壮语分别为：

ma:k⁹pe:ŋ³酒饼　　　mat⁸tsən²子弹　　　mat⁸thap⁷冰雹

果　饼　　　　颗　子弹　　　　颗　冰雹

可见，靖西壮语lok⁸使用范围除与燕齐壮语第（3）类基本一致外，其他的使用范围比燕齐壮语小。

但是，燕齐壮语中不能与lɯk³³搭配的动物名，在靖西壮语中却可以搭

---

① 韦景云、何霜、罗永现：《燕齐壮语参考语法》，中国社会科学出版社2011年版，第55页。

② 韦景云、何霜、罗永现：《燕齐壮语参考语法》，中国社会科学出版社2011年版，第55—56页。

③ 韦景云、何霜、罗永现：《燕齐壮语参考语法》，中国社会科学出版社2011年版，第56页。

④ 韦景云、何霜、罗永现：《燕齐壮语参考语法》，中国社会科学出版社2011年版，第56页。

配，如：

lok⁸me:u²小猫　　　lok⁸ma¹小狗　　　lok⁸kai⁵小鸡　　　lok⁸pat⁷小鸭

　子 猫　　　　　　子 狗　　　　　　子 鸡　　　　　　子 鸭

由此可见，水果及较大的球形物体靖西壮语一般用 ma:k⁹（果），较小的物体一般用 mat⁸（颗，粒），一般的不太大的固态物体用 ʔan¹。与燕齐壮语基本都用 luuk³³ 不同。

这也说明，靖西壮语并不习惯以 lok⁸表物品名词，用此语素的植物（主要为瓜类）名称不多，仅 lok⁸kham¹"苦瓜"、lok⁸ki²"茄子"等寥寥几例。我们推测，这种与北部壮语不一致的特点，原因可能有二：一是南部壮语的发展演变使两种方言在这一语素的使用上产生差异；二是以 lok⁸为语素的词所指称的植物是从北部壮语区辗转传来，在这些植物引进的同时将相应词汇也一并引进。靖西壮语对西红柿的称呼可为旁证。靖西壮语称说西红柿有这样一个词：

ma:k⁹ki²ke:u¹越南的茄子

果　茄　交①

由此可见，若靖西壮语中的茄子本就叫 lok⁸ki²，则 ma:k⁹ki²ke:u¹一词就没有存在的可能，因此，我们认为 lok⁸ki²一词是外来的。②

我们在龙州壮语中观察到了可作为佐证的语料：

ma:k⁹lok⁸kuɯ²茄子　　　ma:k⁹lok⁸khjai⁵苦瓜

果　子 茄　　　果　子 ？

借词的一般规律，无论借入的语言片段有多少音节，一般都是整体借入，即借入后单独作为单纯词存在。龙州壮语与靖西壮语一样，一般以 ma:k⁹指球形物体。以上两例，显然，lok⁸kuɯ²、lok⁸khjai⁵均是作为一个语素，与 ma:k⁹组成合成词的。

与燕齐壮语不同的是，靖西壮语的 lok⁸除了作为指人名词的前缀，还常用于动物，说明其派生出的用法主要是与"人"相近的有生命的物体，而非生命

---

① 靖西壮语常称越南为 ke:u¹"交"，即"交趾"的简称。

② 对 lok⁸ki² 和 ma:k⁹ki² ke:u¹ 的得名及传入，参见吕嵩崧《茄子和番茄在广西及东南亚的传播——基于语言学的分析》，《百色学院学报》2018 年第 4 期。

体名词则不太适用这一词缀。①

6.靖西壮语名词词缀 thu¹

我们在靖西壮语中观察到如下三词：thu¹ɬun⁵蒜头、thu¹kiu⁴韭头、thu¹soŋ¹葱，结构为 thu¹"头"＋植物名词。

（1）三词中的 thu¹是词缀

thu¹本义是"头"，在此是何性质？根据其居名词性语素前这一特点，其要么是分类词，要么是名词词缀。

1）从壮语的特点看，它不可能是分类词

首先，分类词常居名词性语素前并有演变成词缀的趋势，这是壮语的突出特点。但是，传统上把壮语分类词称为"量词"，对于壮语的"量＋名"或数量名结构，袁家骅主张"把量词当作中心成分（共名），而把名词当作修饰或限制成分"②。韦庆稳（1982）说"前面的量词是中心语"③。刘丹青（2008）提出，壮语基本上属于核心成分居首的语言，量名组合更适宜分析为"量词"是核心。④薄文泽（2012）认为，在"数量名"结构中，"量词"无论是在语义上还是句法上跟名词的关系都要比数词更近一些。所以，如果一定要分出中心语，这个中心语只能是"量词"而不是名词。⑤我们同意他们的观点。而如果这里的 thu¹是分类词，则它们应具有以下两个特点：一是，thu¹为表义中心，居后名词性语素对其起修饰限制作用。如 ko¹（棵）mai⁴（树），指"树这样的东西"；ʔan¹（个）ta:p⁸（榻），指"床这个东西"。即，壮语"分类词＋名词性语素"，结构是"正＋偏"。

以下言语情境可以进行验证：

---

① "儿子（男孩）＞小"的演变，存在跨语的复见。据笔者考察，广西隆林彝语的 zu⁵³"男孩"也可以表小，如：pi³³zi⁵⁵（钱）zu⁵³"零钱"、pua³¹zu⁵³"小山"、zi³¹zu⁵³"小河"、dzo³¹mo³¹zu⁵³"山路"、mo⁵³zu⁵³"马驹"、tɕhei⁵zu⁵³"羊羔"、ŋi⁵zu⁵³"牛犊"、ze⁵⁵zu⁵³"鸡崽"、hə³¹dzu⁵zu⁵³"小锅"、au³¹tau³¹zu⁵³"小碗"、tɕha³¹zu⁵³"瓦罐"、le⁵⁵ŋi⁵zu⁵³"甄子"、dzo⁵³（凿）zu⁵³"凿子"、pe²⁴te³³zu⁵³"小刀，匕首"、ɬo³³zu⁵³"小舌"、pe³³zu⁵³"小腹"、mu⁵⁵zu⁵³ɕei⁵³"毛毛雨"、mu³¹（毛）zu⁵³"羽毛"。

② 袁家骅：《壮语方言的一些语法现象与规范问题》，《语言学论丛》1982 年。

③ 韦庆稳：《论壮的量词》，《民族语文研究文集》，青海民族出版社 1982 年版。

④ 刘丹青：《语法调查研究手册》，上海教育出版社 2008 年版。

⑤ 薄文泽：《泰语壮语名量词比较研究》，《民族语文》2012 年第 4 期。

——tu^1 łai^4？（这是）什么动物？

　　只　什么

——tu^{1}məu^1.猪。

　　只　猪

məu^{1}是回答łai^{4}的，而łai^{4}显然是对 tu^{1}起修饰限制作用。在语法功能上，məu^1＝łai^4。因此，məu^{1}修饰限制 tu^1，即，在此 tu^{1}才是中心语。

thu^{1}łun^{5}并不指"蒜那样的头"，thu^{1}kiu^{6}并不指"藠那样的头"，thu^{1}soŋ^{1}并不指"葱那样的头"，因此 thu^{1}的性质与分类词不同。

二是，如果是分类词，则其可用于计量相应的名词。但它们并不能计量 łun^5、kiu^4、soŋ^1，这三个名词性语素各有相应的分类词，无法通过 thu^{1}计量。

ło:ŋ^{1}kjəp^{7}łun^5	*ło:ŋ^{1}thu^{1}łun^5
二　瓣　蒜	二　头　蒜
ło:ŋ^{1}ʔan^{1}thu^{1}kiu^6	*ło:ŋ^{1}thu^{1}kiu^6
二　个　藠头	二　头　藠
ło:ŋ^{1}kjəp^{7}soŋ^1	*ło:ŋ^{1}thu^{1}soŋ^1
二　瓣　葱	二　头　葱

thu^{1}łun^5＝łun^5，thu^{1}soŋ^1＝soŋ^1；thu^{1}kiu^{6}虽不等于 kiu^6，但中心语素显然是kiu^4，thu^{1}高度虚化。

2）词缀 thu^{1}来自对汉语的复制

thu^{1}的本义是"头"，其成为名词前缀，语法化路径可能有两条：一是自身的演变，即在无外界影响的情况下，由名词经由若干阶段演变成词缀；二是语言接触的结果，一种可能性是直接从外语言借入这一词缀，另一可能是受他种语言影响产生了语法化。

我们认为其来自语言接触，具体说是对汉语进行复制的结果。

汉语中"头"作为词缀何时出现，尽管目前未有一致意见，但既有研究都认为其形成词缀历史颇长。杨伯峻、何乐士（1992）[1]，周法高（1972）[2]，太

---

[1] 杨伯峻、何乐士：《古汉语语法及其发展》，语文出版社 1992 年版。
[2] 周法高：《中国古代语法（构词编）》，台联国风出版社 1972 年版。

田辰夫（1987）[①]等持晋代说。王力（2002）持六朝说。[②]向熹（1993）持汉代说。[③]可见至迟在六朝"头"即已演变为词缀，历史上壮语受汉语影响深刻，如此久远的历史，"头"的词缀用法足以渗入壮语。

第一，ɬun⁵、kiu⁶、soŋ¹是中古借词

三词中，ɬun⁵、kiu⁶、soŋ¹分别是中古借词"蒜""藠""葱"。据张均如（1988）[④]，梁敏、张均如（1999）[⑤]，张均如、梁敏等（1999）[⑥]，壮语中中古借词来自"古平话"，所以壮语中的中古借词在现代平话中一般都能找到对应的成分。属桂南平话的田阳蔗园话确有"蒜头""藠头"之说（黄彩庆提供），这应该是 thu¹ɬun⁵、thu¹kiu⁶的来源。

thu¹soŋ¹与 thu¹ɬun⁵、thu¹kiu⁶不同，soŋ¹虽是中古借词，但 thu¹soŋ¹中 thu¹的词缀功能却是从粤语借词复制而得。有以下两个理由：

首先，葱白，粤语可称为"葱头"：右江区粤语 tshuŋ⁵⁵theu⁵¹（严春艳提供），南宁粤语 tʃhuŋ⁵⁵theu²¹（林亦、覃凤余 2008）。[⑦]蔗园话不说"葱头"。因此 thu¹soŋ¹应来自粤语。

其次，靖西壮语 soŋ¹与 thu¹组合的情况并不普遍。与 thu¹ɬun²、thu¹kiu⁴常组合成词不同，soŋ¹常单说，乡下更是如此。thu¹soŋ¹多见于市区新靖镇。自清雍正之后，粤人到靖西落户者络绎不绝，其首选多为新靖镇，因此新靖镇壮语中粤语影响的痕迹比比皆是。由于迁来的粤人多事商业，粤语借词多见于商业用语，吕嵩崧（2011）对此有过讨论。[⑧]可见 thu¹soŋ¹是一个较晚近的有别于中古层次的词。

三词中，thu¹的共同点是其都为植物的根茎，都呈圆形（脑袋的形状）。

① 太田辰夫著，蒋绍愚等译：《中国语历史文法》，北京大学出版社 1987 年版。

② 王力：《汉语史稿（中）》，中华书局 2002 年版。

③ 向熹：《简明汉语史（下）》，高等教育出版社 1993 年版。

④ 张均如：《广西平话对当地壮侗语族语言的影响》，《民族语文》1988 年第 3 期。

⑤ 梁敏、张均如：《广西平话概论》，《方言》1999 年第 1 期。

⑥ 张均如、梁敏、欧阳觉亚、郑贻青、李旭练、谢建猷：《壮语方言研究》，四川民族出版社 1999 年版，第 250 页。

⑦ 林亦、覃凤余：《广西南宁白话研究》，广西师范大学出版社 2008 年版，第 136 页。

⑧ 吕嵩崧：《靖西壮语中汉语新借词的来源及部分语音特点》，《中央民族大学学报》（哲学社会科学版）2011 年第 5 期。

这应该是其演变成表这类植物的词缀的基础。问题是，假如其是在壮语内部自身发展演变而来，则形状相类的植物也应以此为词缀，应有较强能产性。但其他形状相类的植物并无以 thu¹ 为词缀的。

因头部呈圆形而致"头"演变出指圆形的或类似圆形的事物，是汉语"头"词义演变的一条典型路径。姜磊（2014）构拟了汉语中"头"的虚化过程，其中一条路径便是"头是圆形的→用来指圆形的或类似圆形的事物（窝头、日头）"。①除了"蒜头""藠头""葱头""芋头"等植物块茎、鳞茎名词外，还产生了"窝头""日头""馒头"等一众以"头"为词缀的词汇，可见汉语中"头"指圆形的或类似圆形的事物，远不止植物性名词。

吴福祥（2009）认为，接触引发的语法化所产生的新的范畴通常在使用上受到限制，比如频率低、能产性较差、限于特定语境，至少在被复制的早期阶段是如此。②由以上讨论可知，靖西壮语 thu¹ 作为表圆形的或圆形的事物的词缀，频率和能产性显然远小于汉语的"头"。

第二，thu¹ 成为词缀的机制

靖西人观察到汉语方言中有"蒜头""藠头""葱头"等词，而壮语中，łun⁵"蒜"、kiu⁶"藠"、soŋ¹"葱"早已借入，成为常用的构词成分。吴福祥（2013，2014）指出，多义复制是指复制语的使用者对模式语中某个多义模式的复制，从而导致复制语中出现与模式语相同的多义模式。③靖西人再从靖西壮语中找出与"头"对应的 thu¹，通过复制，使其具有与汉语的"头"一致的词缀功能。

7.作为序数标记的前缀

（1）靖西壮语tai⁶，也有部分人读为taːi⁶。原本应读为tai⁶，读taːi⁶是因a变长音所致。tai⁶是中古借词"第"。第，中古蟹摄开口四等霁韵，定母，去声。靖西壮语中古汉语蟹开四多读ai，如"迷"读mai²，"西"读łai¹；定母读t；浊去读第6

---

① 姜磊：《试论词尾"头"发展简史》，《湖北社会科学》2014 年第 6 期。

② 吴福祥：《南方民族语言里若干接触引发的语法化过程》，《语法化与语法研究（四）》，商务印书馆2009 年版，第 430 页。

③ 吴福祥：《语义复制的两种模式》，《民族语文》2013 年第 4 期；吴福祥：《语言接触与语义复制——关于接触引发的语义演变》，《苏州大学学报》2014 年第 1 期。

调324。tai⁶的声韵调与此规律相合。tai⁶在壮侗语中使用普遍,壮语如韦庆稳（1985）记为daih[1]，《广西通志·少数民族语言志》第一章"壮语"记为ta:i⁶[2]，燕齐壮语ta:i³（韦景云、何霜、罗永现，2011）[3]，田阳壮语ta:i⁶（黄彩庆，2010）[4]；亲属语言：布依语tai⁴（喻翠容，1980）[5]、侗语ti⁶（梁敏，1980）[6]、黎语do:i³（欧阳觉亚、郑贻青，1980）[7]、毛南语ti⁶（梁敏，1980）[8]、仫佬语ti⁶（王均、郑国乔，1980）[9]、水语ti⁶（张均如，1980）[10]、仡佬语ti²⁴（贺嘉善，1983：32）[11]、标话tai⁶（梁敏、张均如，2002）[12]。tai⁶的特点如下：

1）位置与汉语"第"一致，居基数词前。如：

tai⁶ŋei⁶第二　　　tai⁶ɬa:m¹第三　　　tai⁶ɬei⁵第四　　　tai⁶ɬəp⁷第十
　第　二　　　　　第　三　　　　　　第　四　　　　　　第　十

tai⁶ɬəp⁷khjɔk⁷第十六　　　　tai⁶ha³ɬəp⁷第五十
　第　十　六　　　　　　　第　五　十

广南壮语也是如此：

ta:i²ʔet⁷第一　　　ta:i²ŋi⁶第二　　　ta:i²sa:n¹第三
　第　一　　　　　第　二　　　　　第　三

ta:i²ɬi²第四　　　ta:i²kəu²第九
　第　四　　　　第　九

以中古借词"第"作为序数词标记的前缀，显然在壮语中是比较普遍的，是壮语的共性。

---

① 韦庆稳：《壮语语法研究》，广西民族出版社 1985 年版，第 5 页。

② 广西壮族自治区地方志编纂委员会编：《广西通志·少数民族语言志》，广西民族出版社 2000 年版，第 40 页。

③ 韦景云、何霜、罗永现：《燕齐壮语参考语法》，中国社会科学出版社 2011 年版，第 62 页。

④ 黄彩庆：《壮语田阳话的词头和词尾》，《湖北经济学院学报》（哲学社会科学版）2010 年第 3 期。

⑤ 喻翠容：《布依语简志》，民族出版社 1980 年版，第 28 页。

⑥ 梁敏：《侗语简志》，民族出版社 1980 年版，第 43、44 页。

⑦ 欧阳觉亚、郑贻青：《黎语简志》，民族出版社 1980 年版，第 28 页。

⑧ 梁敏：《毛难语简志》，民族出版社 1980 年版，第 45 页。

⑨ 王均、郑国乔：《仫佬语简志》，民族出版社 1980 年版，第 45 页。

⑩ 张均如：《水语简志》，民族出版社 1980 年版，第 37 页。

⑪ 贺嘉善：《仡佬语简志》，民族出版社 1983 年版，第 32 页。

⑫ 梁敏、张均如：《标话研究》，中央民族大学出版社 2002 年版，第 58 页。

但我们在西畴壮语中未观察到"第"充当序数标记的现象。

2）用于排名第一和最末时，tai⁶后不用数字，而是用tau²"头"和pja:i¹"末梢"、tha:ŋ¹"尾"。

tai⁶tau²第一　　　　　　tai⁶pja:i¹最末　　　　　　tai⁶tha:ŋ¹最末

第 头　　　　　　　　第 末　　　　　　　　第 尾

第头，以"头"表第一，在唐代汉语即有用例。[①]靖西壮语以tai⁶tau²表第一，tau²即是中古汉语借词"头"，因此这一表示法极有可能是从汉语借入的。

壮语常用的数词有两套，一套为民族固有词，一套为中古借词，壮族人民数数时，习惯用民族固有词，而作为序数时，惯用中古借词。我们还将在《数词》部分进行讨论。

（2）so¹。so¹可能借自中古汉语"初"，也是序数词标记，一般用于表示农历的日期，其后的数词也均采用中古借词。so¹及其同源词在壮语中使用普遍，韦庆稳（1985）[②]、张增业（1998）[③]记为ɕo，《广西通志·少数民族语言志》第一章"壮语"记为ɕo¹[④]，燕齐壮语ɕø²⁴（韦景云、何霜、罗永现，2011）[⑤]，田阳壮语ɕo⁶（黄彩庆，2010）[⑥]；亲属语言：布依语tsu⁵（喻翠容，1980）[⑦]，傣西thi²（喻翠容、罗美珍，1980）[⑧]，傣德ti⁵（喻翠容、罗美珍，1980）[⑨]，侗语ɕu¹'（梁敏，1980）[⑩]，水语so¹（张均如，1980）[⑪]，标话tshɔ³（梁敏、张均如，2002）[⑫]。当位于其后的数词小于、等于十时，其用法与汉语基本一致。

---

① 太田辰夫著，李佳樑译，吴福祥校：《汉语语法的变迁》，吴福祥编：《境外汉语历史语法研究文选》，上海教育出版社2013年版，第113页。

② 韦庆稳：《壮语语法研究》，广西民族出版社1985年版，第5页。

③ 张增业：《壮—汉语比较简论》，广西民族出版社1998年版，第41页。

④ 广西壮族自治区地方志编纂委员会编：《广西通志·少数民族语言志》，广西民族出版社2000年版，第40页。

⑤ 韦景云、何霜、罗永现：《燕齐壮语参考语法》，中国社会科学出版社2011年版，第62页。

⑥ 黄彩庆：《壮语田阳话的词头和词尾》，《湖北经济学院学报》（哲学社会科学版）2010年第3期。

⑦ 喻翠容：《布依语简志》，民族出版社1980年版，第28页。

⑧ 喻翠容、罗美珍：《傣语简志》，民族出版社1980年版，第42页。

⑨ 喻翠容、罗美珍：《傣语简志》，民族出版社1980年版，第43页。

⑩ 梁敏：《侗语简志》，民族出版社1980年版，第44页。

⑪ 张均如：《水语简志》，民族出版社1980年版，第37页。

⑫ 梁敏、张均如：《标话研究》，中央民族大学出版社2002年版，第58页。

so¹ʔat⁷初一　　　　so¹ŋei⁶初二　　　　so¹ha³初五

初　一　　　　　　初　二　　　　　　初五

so¹tsat⁷初七　　　　so¹kau³初九　　　　so¹ɬəp⁷初十

初　七　　　　　　初　九　　　　　　初　十

而数词自"十一"始，便省略so¹，直接说数字。如"初十一"直接说
ɬəp⁷ʔat⁷，"初二十二"直接说ŋei⁶ŋei⁶，"初三十"直接说ɬa:m¹ɬəp⁷。

中古借词"初"用于表示农历的日期，也是壮语的共同特点。

二　对后缀的讨论

靖西壮语带后缀的合成词一般为动词和形容词，也有少量名词：

单音节后缀一般与词根声母一致，一般带"小"义。

（一）名词

名词词根+后缀组成的合成词很少。

jip⁷　ji¹一瞬　　　　fa:i⁶fe⁶这一带

一瞬 词缀　　　　　一带 词缀

ji¹无实际意义，附着在 jip⁷"一瞬"后更加强调时间的短暂；fe⁶无实际意
义，附着在 fa:i⁶"一带"后，指地域上一个大概的范围。

董秀芳（2019）指出，整个汉藏语系语言中的评价性形态都比较凸显，在
名词、形容词和动词上都有体现。[1]这里，靖西壮语的名词通过加缀的形式实现
现了"减量"，是评价性形态的体现。下文的动词、形容词等已有相应的手段
实现评价性形态。

（二）动词

该后缀一般与词根声母一致，主元音一般为开口度大的元音，往往是低元
音，表示声貌，使动作更形象。有单音节后缀和双音节后缀两类：

1.词根+单音节词缀

动词词根+单音节词缀，表示动作反反复复，或强调动作"较小"，"较

---

① 董秀芳：《汉藏语系语言中的评价性形态》，《第七届海外中国语言学者论坛会议论文集》2019年，
第39页。

随意"。这类合成词数量较少。

saːu³se³翻来炒去　　　　pat⁷peːt⁷打扫　　　　ȵam²ȵe²唠唠叨叨

炒 词缀　　　　　　扫 词缀　　　　　唠叨词缀

ɬaːu²ɬaŋ⁶简单洗　　　laːu²le²把物体放入水中来回晃

洗 词缀　　　　　晃 词缀

wa¹waːŋ³随便抓　　　si³sa³撕扯，随便撕

抓 词缀　　　　　撕词缀

tok⁷tik⁹（到处）掉落　　lɔi⁵laːŋ³遗忘

掉 词缀　　　　　　忘 词缀

部分动词词根加后缀后变成形容词：

lak⁸leːm⁶偷偷　　　　lut⁹laːt⁹偷懒　　　　mo⁵me⁵动作慢，拖拉

偷 词缀　　　　滑脱 词缀　　　　摸 词缀

se³无实际意义，附着在 saːu³"炒"后，使之带上"翻来炒去"的意义；peːt⁷无实际意义，附着在 pat⁷后，使之带有"扫来扫去"的意义；ȵe²无实际意义，附着在ȵam²"唠叨"后，使之带"唠叨个不停"的意义。leːm⁶无实际意义，附着在 lak⁸后，形成的合成词强调行为不公开的形貌；laːt⁹无实际意义，附着在 lut⁹后强调动作的突然；waːŋ³无实际意义，在 wa¹后使其带上"随便，没有规律"义；sa³在 si³后也起这样的作用；tik⁹无实际意义，附着在 tok⁷"掉落"后指物体的掉落没有规律，到处掉；　laːŋ³无实际意义，附着在 lɔi⁵"忘记；遗忘"后指不经意间完全遗忘。

广西田林定安壮语也有同样的用法，且使用比靖西壮语更频繁。李锦芳（2001）举了田林定安壮语有此用法的动词 37 个，[①]但我们观察到的靖西壮语的这类后缀数量少于田林定安壮语。

动词加单音词缀的形式，表示的同样是减量。据董秀芳（2019），动作减量引申出轻松，也可以引申出随便，不认真。也使词义略带"贬义"[②]。壮语动词加单音后缀体现的主观性即是如此。

---

① 李锦芳：《壮语动词体貌的初步分析》，《三月三·民族语文论坛专辑》增刊 2001 年第 68 号。

② 董秀芳：《汉藏语系语言中的评价性形态》，《第七届海外中国语言学者论坛会议论文集》2019 年，第 44 页。

2.词根＋双音节词缀

双音节词缀在语音上没有明显规律，主要也是起到体现体貌的作用。

nei¹la:ŋ⁵la:ŋ⁵跑的样子　　　　　　toŋ⁶fa:i⁶fa:i⁶动的样子

跑　　词缀　　　　　　　　　　　　动　　词缀

man¹foŋ⁴foŋ⁴飞的样子　　　　　　te:u²the:t⁹the:t⁹跳的样子

飞　　词缀　　　　　　　　　　　　跳　　词缀

khu¹ɲəm³ɲəm³笑眯眯的样子　　　　hai³səp⁷səp⁷抽泣

笑　　词缀　　　　　　　　　　　　哭　　词缀

lai¹ɬɔ²ɬɔ²（水）哗哗流

流　　词缀

nei¹"跑"后的 la:ŋ⁵la:ŋ⁵表现出的形貌是：跨着大步，速度不快的略带跳动的奔跑；toŋ⁶"动"后的 fa:i⁶fa:i⁶ 一般指有尾巴的动物甩着尾巴在动；man¹"飞"后的foŋ⁴foŋ⁴一般指翅膀较宽的动物张开翅膀飞的样子；te:u²"跳"后的 the:t⁹the:t⁹指不停地节奏较快幅度较小的跳动；khu¹ɲəm³ɲəm³意义与普通话"笑眯眯"近似，体现出笑眯眯而使脸部皱起来的形貌；səp⁷səp⁷强调的是哭泣时抽鼻子的样子和声音；ɬɔ²ɬɔ²附着在 lai¹后，主要体现的是水流的声音。

董秀芳（2019）认为，汉藏语系很多语言中，动词可以加叠音后缀表示评价性形态。她举了林亦、覃凤余（2008）所列的广西南宁白话的例子：南宁白话后缀-tʃa²¹tʃa²¹和-hɐm²¹hɐm²¹可互换，描绘行为或状态急促忙乱、众多密集、反复不断，也有慌忙之中略显狼狈、无暇顾及斯文体面之义，略带贬义。如：抢 tʃa²¹tʃa²¹，行 tʃa²¹tʃa²¹，冲 tʃa²¹tʃa²¹，追 tʃa²¹tʃa²¹等，如果换成后缀-hɐm²¹hɐm²¹，众多、杂乱、密集程度略为加重，基本意思不变。董秀芳（2019）进一步的解释是，汉藏语系语言动词上的评价形态有表达增量。这种动词加叠音后缀的形式就是表达增量，而动作增量可以引申出杂乱，同时也附加了"贬化"的评价。[①]

（三）形容词

形容词后缀表示声貌，使动作更形象，一般表示程度的加深。有单音节后

---

① 董秀芳：《汉藏语系语言中的评价性形态》，《第七届海外中国语言学者论坛会议论文集》2019年，第43—44页。

缀和双音节后缀两类：

1.单音节后缀

作为后缀，大部分带塞音尾。如：

man¹sət⁷　　ɬam³phja:t⁹　　wa:n¹je:t⁹　　nən⁵ɬap⁸　　　ɬɔi¹ɬa:k⁹

臭 词缀　　　酸 词缀　　　甜 词缀　　　脏 词缀　　　干净 词缀

lei²la:ŋ⁴　　nai¹la:ŋ⁵　　nam¹ɳa:m⁵　　　kat⁷la:t¹⁰　　thau³le:m⁶

长 词缀　　好 词缀　　黑 词缀　　冷 词缀　　暖 词缀

lap⁷sət⁷　　ɳoŋ³ɳa:t⁹　　ɬəŋ³ɬa:k¹⁰　　tsi²tsa²

得意词缀　　乱 词缀　　灵醒词缀　　迟 词缀

man¹"臭"带后缀 sət⁷，意义引申，指为人不好说话；ɬam³"酸"带后缀phja:t⁹，指并非美味的酸，一般带涩味；wa:n¹"后"带 je:t⁹，指的是类似蜜糖的甜味，是一种慢慢渗透的甜；nən⁵"肮脏"带后缀ɬap⁸，指脏的程度较大；ɬɔi¹"干净"带后缀 ɬa:k⁹，不仅指干净的程度深，而且有"整洁"义；man¹带后缀 sət⁷，不仅指臭的程度深，还引申出"为人不好说话"之义；nai¹带后缀la:ŋ⁵，有"很好，使人放心"义；nam¹带后缀ɳa:m⁵，指黑的程度深，而且没有杂色，没有光亮；kat⁷带后缀 la:t¹⁰，说明冷的程度深，往往指水的温度很低，这时相当于汉语的"冰冷"；thau³带后缀 le:m⁶，指暖的程度不高，微微的暖；lap⁷带后缀 sət⁷，指十分得意，过分显摆；ɳoŋ³带后缀ɳa:t⁹，指乱的程度深，杂乱；ɬəŋ³带后缀 ɬa:k¹⁰，指十分灵醒；tsi²带后缀 tsa²，指习惯性的拖延。

2.双音节后缀

双音节后缀除了带有形象性外，表示的程度比单音节后缀更深。

nam¹ɳa:m⁵ɳa:m⁵　　man¹sət⁷sət⁷　　lei²la:ŋ⁶la:ŋ⁶　　wa:n¹je:t⁹je:t⁹

黑 词缀　　　臭 词缀　　　长 词缀　　　甜 词缀

nut⁹wəm²wəm²

热 词缀

nam¹ɳa:m⁵ɳa:m⁵、man¹sət⁷sət⁷、lei²la:ŋ⁶la:ŋ⁶、wa:n¹je:t⁹je:t⁹的程度均比nam¹ɳa:m⁵、man¹sət⁷、lei²la:ŋ⁶、wa:n¹je:t⁹更深。nut⁹带后缀 wəm²wəm²，不仅指热的程度深，而且指这种热气一阵一阵地向人扑来。

第三节　壮语的屈折构词法

徐世璇（1996）指出，汉语、藏语、独龙语、拉祜语、壮语、水语、苗语等语言通过音节内部的语音屈折构成新词的现象，在汉藏语言中具有一定的广泛性。[1]李旭练（2011）认为，壮语的形态过程有其自身的特点，屈折和词缀形态变化过程均能产生新词。[2]

壮语可通过屈折构词。各地壮语"孙子""曾孙""外祖父""外祖母"两组词均通过屈折别义。对于屈折构词法，我们不做过多讨论，仅以此两组词为例进行说明。

一　"孙子""曾孙"

据张均如等（1999），各地壮语"孙子""曾孙"读音如下[3]：

壮语"孙子""曾孙"读音

	武鸣	横县	邕北	平果	田东	田林	凌乐
孙子	$la:n^1$	$la:n^1$	$la:n^1$	$la:n^1$	$la:n^1$	$la:n^1$	$la:n^1$
曾孙	lan^3	lan^3	lan^3	lan^3	lan^3	lan^3	lan^3
	广南沙	丘北	柳江	宜山	河池	南丹	东兰
孙子	$la:n^1$	$la:n^1$	$la:n^1$	$la:n^1$	$la:n^1$	$la:n^1$	$la:n^1$
曾孙	lan^3	lan^3	lan^3	lan^3	lan^3	lan^3	lan^3
	都安	邕南	隆安	扶绥	上思	崇左	宁明
孙子	$la:n^1$	$la:n^1$	$la:n^1$	$la:n^1$	$la:n^1$	$la:n^1$	$la:n^1$
曾孙	lan^3	lan^3	lan^3	lan^3	len^3	$lən^3$	lun^3
	德保	靖西	广南侬	文马土			
孙子	$la:n^1$	$la:n^1$	$la:n^1$	la^1			
曾孙	lan^3	lan^3	len^3	$lən^1$			

---

① 徐世璇：《汉藏语言的语音屈折构词现象》，《民族语文》1996 年第 3 期。

② 李旭练：《都安壮语形态变化研究》，民族出版社 2011 年版，第 248 页。

③ 张均如、梁敏、欧阳觉亚、郑贻青、李旭练、谢建猷：《壮语方言研究》，四川民族出版社 1999 年版，第 653 页。

显然，各地壮语"孙子"和"曾孙"的区别，大致通过以下交替形成：1."孙子"主元音为长音，"曾孙"为短音；2."孙子"第 1 调，"曾孙"第 3 调。

二　"外祖父""外祖母"

张均如等（1999），各地壮语"外祖父""外祖母"读音如下[①]：

壮语"外祖父""外祖母"读音

	武鸣	横县	邕北	平果	田东	田林	凌乐
外祖父	koŋ³ta¹	koŋ¹ta¹	koŋ¹ta¹	koŋ¹ta¹	na⁴koŋ¹ta¹	ta¹	ta¹
外祖母	ta⁶ta:i¹	ja⁶ta:i⁵	ja⁶ta:i⁵	ja⁶ta:i⁵	ta:i⁵	ta:i⁵	ta:i⁵
	广南_沙	丘北	柳江	宜山	环江	河池	南丹
外祖父	pau¹ta¹	ʔi¹ta¹	la:u⁴ta¹	la:u⁴ta¹	ta¹	ta¹	ta¹kje⁵
外祖母	ta:i⁵	ʔi¹ta:i⁵	na:i⁶ta:i⁵	ta:i⁵	ta:i⁵	ta:i⁵	ta:i⁵kje⁵
	东兰	都安	上林	来宾	贵港	连山	钦州
外祖父	ta¹	ʔai¹ta¹	kwa:n¹ta¹	(ta⁶)ta¹	ta⁶ta¹	ʔa⁰ta¹	ʔuŋ¹ta¹
外祖母	ta:i⁵	pa²ta:i⁵	pa²ta:i⁵	(ta⁶)ta:i⁵	ta⁶ta:i⁵	ʔa⁰ta:i⁵	me⁶ta:i¹
	邕南	隆安	上思	崇左	宁明	龙州	大新
外祖父	koŋ¹ta¹	koŋ¹ta¹	ta¹	kuŋ⁵ta¹	kuŋ⁵ta¹	kuŋ⁵ta¹	kuŋ¹ta⁶
外祖母	me⁶ta:i⁵	ja⁶ta:i⁵	mei⁶ta:i¹	me⁶ta:i¹	me⁶ta:i¹	ta:i¹	ta:i⁶
	德保	靖西	广南_侬	文马_土			
外祖父	kuŋ¹ta⁵	kuŋ¹ta⁵	ta⁵	to⁵			
外祖母	ta:i⁵	ta:i⁵	tha:i⁵	tɔ⁵			

第四节　汉语对壮语构词法的影响[②]

我们以靖西壮语为主，结合各点情况，就汉语对壮语构词法的影响进行讨论。

---

① 张均如、梁敏、欧阳觉亚、郑贻青、李旭练、谢建猷：《壮语方言研究》，四川民族出版社 1999 年版，第 655 页。

② 本节以《汉语对靖西壮语构词法的影响》为题发表于《广西民族大学学报》（哲学社会科学版）2013 年第 5 期，本书有所修改。

一　丰富了单纯词的类型

从音节数量看,靖西壮语的单纯词分为单音节单纯词和多音节单纯词两类。借词在单音节单纯词和多音节单纯词中均有存在。

部分借词本身为单音节，其自然成为单音节单纯词，如：中古借词 kei¹"箕"、pəŋ⁶"病"、taŋ⁵"凳"、la²"锣"等；粤语借词 siu¹"烧（鞭炮）"、ɬu⁵"酥"等；官话借词 ɬja:ŋ³"像"、jo²"弱"、je:n⁴"县"、mja:u⁵"秒"等。

有的借词原词是多音节，借入后部分脱落，仅余一个音节，成为单音节单纯词。如：

ta:u¹"刀"，指"剪刀"，中古借词,借入时保留了"刀"而脱落了"剪"。

ɬin⁵"线"，指"铁丝"，来自中古借词"铁线"，借入时保留了"线"而脱落了"铁"。

靖西壮语的多音节单纯词，一般有连绵词和拟声词。由于多音节借词在壮语中一般是作为一个整体借入，其中的每个音节在壮语中都不能独立使用，所以它们属单纯词。如：

中古借词,fok⁷（福）hei⁵（气）"福气"、ɬei¹（尸）ja:i²（骸）"尸体"、pəŋ²（秉）ɬəŋ⁵（性）"性格"、ɬam¹（心）kei¹（机）"心思"；粤语借词，ɬəŋ³ɬa:k¹⁰"机灵"、tsit⁹to⁴"做事损，馋"等。[①]每个音节都不能独立使用。

官话借词的使用更清楚地说明了这一点，如：

ma:k⁹phin²kɔ⁵苹果　　　　nam⁴kha:i⁵sei⁵开水　　　　pat⁷ɬi⁵ja:ŋ²ja²西洋鸭
果　　苹果　　　　　　　水　　开水　　　　　　鸭　西洋鸭

nei¹sa:ŋ²pha:u⁵长跑
跑　　长跑

phin²kɔ⁵、kha:i⁵sei⁵、ɬi⁵ja:ŋ²ja²、sa:ŋ²pha:u⁵分别是官话借词"苹果""开水""西洋鸭""长跑"，并对位于其前的 ma:k⁹"果"、nam⁴"水"、pat⁷"鸭"、nei¹"跑"起限制作用。如果它们不是整体作为一个语素，则不可能在其前加上相应的固有语素构成偏正式结构。显然，phin²kɔ⁵、kha:i⁵sei⁵、

[①] 相关论述见吕嵩崧《靖西壮语中汉语新借词的来源及部分语音特点》，《中央民族大学学报》（哲学社会科学版）2011 年第 5 期。

ɬi⁵ja:ŋ²ja²、sa:ŋ²pha:u⁵在靖西壮语中均为单纯词。

所以，多音节借词的进入，使得靖西壮语单纯词在传统的连绵词、拟声词之外，又增添了新的类型。

二 合成词结构类型有所变化

汉语的影响，使靖西壮语的合成词结构类型发生了一些变化。

（一）产生了新的复合词结构

靖西壮语复合式合成词的类型，与其他壮语大略是一致的。但汉语的影响，使得靖西壮语复合式合成词产生了一些变化。

1.产生了少见于其他土语的重叠式复合词类型

据张均如、梁敏等（1996），壮语的单音量词，时间名词、处所名词和能作量词的名词，部分方位名词，单音节形容词，单音节动词可以 AA 式重叠。[①]靖西壮语亦然。但除了与壮语一般情况一致外，靖西壮语还有以下一些重叠式合成词的类型：

副词有：

ŋa:m⁵ŋa:m⁵刚刚　　　　kja:ŋ⁵kja:ŋ⁵勉强达到一定数量或程度；刚刚

刚　　刚　　　　　　　将　　将

名词主要有三类：

（1）个别动物名词，数量极少：

ɬɯ⁵ɬɯ⁵狮子

狮　狮

（2）亲属称谓，这一类相对较多，[②]如：

---

① 张均如、梁敏、欧阳觉亚、郑贻青、李旭练、谢建猷：《壮语方言研究》，四川民族出版社 1999 年版，第 364—365 页。

② 我们考察了广西壮族自治区地方志编纂委员会编：《广西通志·少数民族语言志》（广西人民出版社 2000 年版），张均如、梁敏、欧阳觉亚、郑贻青、李旭练、谢建猷：《壮语方言研究》（四川民族出版社 1999 年版），韦景云、何霜、罗永现：《燕齐壮语参考语法》（中国社会科学出版社 2011 年版）等文献，并咨询了一批壮语其他土语的母语人，以及个别亲属语言使用者，认为壮语及亲属语言中作为亲属称谓的重叠式复合词不多见。各点靖西语料提供者见绪论部分。与靖西壮语同属南部方言德靖土语的德保壮语有部分作为亲属称谓的重叠式复合词，德保县城清代为镇安府府治所在地，与汉语接触密切，且与靖西关系密切；同属南部方言的大新壮语也有少量存在，但主要出现在与汉语接触密切的区域。德保和大新的情况也佐证了此类现象确因汉语影响所致。其他调查点均无此类现象。同属南部方言的天等壮语并无作为亲属称谓的重叠式复合词，说明亲属称谓的重叠式复合词并非南部方言的共有特点。

na²na⁶阿姨　　　ʔo²ʔo⁵哥哥　　　tse²tse⁵姐姐　　　pa²pa⁵爸爸

　姨 姨　　　　　　哥 哥　　　　　　姐 姐　　　　　　爸 爸

ma²ma⁵妈妈　　　məu⁴məu⁴比母亲年长的女性亲戚

　妈 妈　　　　　　母 母

　　重叠式的亲属称谓一般限于称说长一辈或同辈中比自己年长的人；长两辈或小于自己的人，一般不用这种方式称说。除 məu⁴məu⁴外，首音节一般变为第 2 调。

　　靖西壮语重叠式的亲属称谓应是受粤语影响形成的。除了清代迁入的粤人，中华人民共和国成立后，还有粤语人因工作、经商等陆续迁入，他们虽基本转用壮语，但保留了自身一些特点。郑家欣（2007）认为，粤语亲属称谓中叠音词会发生音变。有两类：一是叠音词第一个字读 21，第二个字读 55，她举了两个例子：公（21）公（55），婆（21）婆（55）；二是叠音词第一个字读 21，第二个字读 35，她举了两个例子：奶（21）奶（35），婆（21）婆（35）（又读）。[①]百色粤语也有类似音变，一般带有喜爱、亲昵等感情色彩。[②]

　　靖西壮语与粤语 21 调值接近的仅第 2 调 31；靖西壮语无高平调，与上述粤语叠音词中的 55、35 调接近的有第 5 调 35。我们认为，靖西壮语从粤语借入这一音变形式的时候，正是以调值相似的原则借入的。在语义上，体现的也是喜爱、亲昵的色彩。一般见于儿童语言。

　　（3）动词性语素重叠后形成名词，数量也很少，如：

səu¹səu¹一种油炸形成的面食　　　　　tse:n¹tse:n¹一种煎制的面食

　炸 炸　　　　　　　　　　　　　　　　煎 煎

　　我们认为，以上所列靖西壮语的重叠式是受汉语影响而形成的。理由有：

　　1）重叠式副词中，ŋa:m⁵ŋa:m⁵是固有语素 ŋa:m⁵ "刚刚；恰好" 的重叠；靖西壮语中 kja:ŋ⁵指 "勉强达到一定数量或程度；刚刚"，可重叠。这两个词应该都是拷贝了汉语的重叠式。

　　2）亲属称谓之外的重叠式名词只有一个：ɬɯ⁵ɬɯ⁵ "狮子"，是官话借词 "狮" 的重叠。"狮子" 在靖西壮语中没有固有词。市区之外的其他乡镇，多

---

① 郑家欣：《粤语中的亲属称谓》，《现代语文（语言研究版）》2007 年第 4 期。

② 巴丹惠告。

说成 thu¹ɬai¹。从前，靖西人对狮子的认知主要来自作为娱乐及体育活动的舞狮，而舞狮在靖西壮语称为 toŋ⁶（动）thu¹（头）ɬai¹（狮），即"舞狮头"。我们认为，ɬɯ⁵ɬɯ⁵应该是中华人民共和国成立以后外来汉族带入的官话语词。

3）这类重叠式主要在市区新靖镇使用，在保留早期特征较多的地方，这些重叠式不常见。新靖镇是受汉文化影响比较深的地方，到靖西工作、谋生的外地人，多在新靖镇居住，因而形成了频繁而深刻的语言接触，其受汉语影响顺理成章。

4）除了亲属称谓之外，这些重叠式复合词数量有限，能产性弱，应该不是固有形式。作为亲属称谓的重叠式复合词虽然数量较多，但仍明显少于汉语共同语。汉语共同语中，祖父的面称（爷爷）、祖母的面称（奶奶）、姑母的面称（姑姑）、舅父的面称（舅舅）、叔父的面称（叔叔）可重叠而靖西壮语不能。如果在靖西壮语中，其已成为成熟且能产的结构形式，则应该像共同语及汉语的其他方言一样，绝大多数亲属称谓都可以构成重叠式，但靖西壮语并非如此。所以，上述重叠式复合词不大可能是固有形式，只能是受汉语影响所致。

我们在龙州壮语、扶绥壮语中仅观察到 ŋa:m³ŋa:m³ 一个重叠词。调值 33，龙州壮语为第一调，扶绥壮语为第二调，二者与粤语中的调值相似，我们认为也是借自粤语。

而在广南壮语、西畴壮语、麻栗坡侬壮语、马关壮语土未观察到与此一致的重叠词，也说明了重叠式的确不是壮语的固有构词形式。

2.出现了"偏＋正"结构的偏正式复合词

壮语偏正式的固有语序是"正＋偏"，这是十分强势的结构，以致许多本为偏正结构的借词，借入靖西壮语后语序变成"正＋偏"。如：汉语"学堂"被改造成了 thiŋ¹（堂）ja:k¹⁰（学），"土司"被改造成了 ɬai¹（司）tho³（土）。

相比较而言，龙州壮语受汉语的影响似乎更大。同样因受汉语影响形成的合璧词"烧猪"，靖西壮语按固有语序改造成 məu¹（猪）ɬiu¹（烧），而龙州壮语则为 ɬiu（烧）mu（猪）。[①]这甚至使一些本为联合式的复合词借入靖西壮语后这

---

① 李方桂：《龙州土语》，清华大学出版社 2005[1940]年版，第 253 页。

种语序形成类推，而使语序变化。这与龙州壮语与汉语接触更为密切有关系。

我们在下文还将讨论偏正式名词短语结构有明显的由"正＋偏"向"偏＋正"变化的趋势。显然，在凝固性上，偏正式合成词一定强于偏正式短语，因此，合成词结构发生变化一定难于短语。连合成词的结构也发生了变化，体现了汉语影响的深刻。

前贤对偏正式复合词的这一变化已经有所观察。张增业（1998）认为，壮语的修饰或限制成分在前在后都有，基本形式是中心成分在前，修饰或限制的成分在后。即后面的修饰、限制前面的。也说明了壮语中"正＋偏"结构是偏正式的主流，"偏＋正"并非基本形式。[1]但张增业（1998）并未给出"偏＋正"的例子。

我们来看靖西壮语部分中心语居后，修饰成分居前的偏正式：

（1）形容词性语素居前为从属，动词性语素居后为主体。如，

nai^{1}kin^{1}好吃　　　　nai^{1}ko:i^{1}好看　　　jam^{1}kin^{1}好吃

好　吃　　　　　　　好　看　　　　　　好　吃

nai^{1}təŋ^{6}好听　　　ła:i^{4}kin^1

好　听　　　　　　慢　吃

nai^{1}kin^1、nai^{1}ko:i^1、jam^{1}kin^1、nai^{1}təŋ^{6}四例，在新靖镇之外，常常说成 kin^1（吃）jam^1（好）"好吃"，ko:i^1（看）jam^1（好）"好看"，是"正＋偏"结构。受语言接触的影响，这些词变成了和汉语语序一致的"偏＋正"结构的偏正式复合词。

靖西壮语中，ła:i^{4}kin^{1}是壮族多人吃饭时，先吃完的晚辈对长辈，或先吃完的主家成员离席之前对客人的敬语。其之前的形式应该是 łi^{3}ła:i^{4}kin^1（kin^{1}是固有词"吃；喝；抽（烟）"），我们认为，łi^{3}是中古借词"舍"，ła:i^{4}是固有词"左"；łi^{3}ła:i^{4}的原形可能是 łi^3（舍）nai^3（得）joŋ^6（用）ła:i^4（左）"舍得用左（手）"，说明动作慢，派生出"悠闲"义；后 łi^{3}nai^{3}joŋ^{6}ła:i^{4}词汇化为 łi^{3}ła:i^4，指"慢慢来；不着急"。łi^{3}ła:i^{4}kin^{1}即"慢慢吃"，进一步双音化后，

---

① 张增业：《壮—汉语比较简论》，广西民族出版社 1998 年版，第 47 页。

ɬi³脱落，成为双音节词 ɬa:i⁴kin¹。①显然，ɬa:i⁴kin¹结构为"偏＋正"。

但是，我们观察到的市区新靖镇以外的一些壮语，以及笔者小时候的用语，相应的敬语不是 ɬi³ɬa:i⁴kin¹或 ɬa:i⁴kin¹，而是 kin¹ɬi³ɬa:i⁴，状语居后，与壮语的固有语序是一致的。笔者认为，符合壮语固有语序的 kin¹ɬi³ɬa:i⁴，受汉语语序影响，变成与汉语语序一致的 ɬi³ɬa:i⁴kin¹；最后双音化为 ɬa:i⁴kin¹，演变路径为：

kin¹ɬi³ɬa:i⁴＞ɬi³ɬa:i⁴kin¹＞ɬa:i⁴kin¹

吃　慢慢　　　慢慢　吃　　慢　吃

类似语义，广南壮语如是表达：

tsin³ nai¹好吃（喝）　　jə²lai¹好看　　　hin⁴nai¹好听

吃/喝　好　　　　　　看　好　　　　　听　好

马关壮语±：

tshŋ⁴hã²好吃　　　hẽ³hã²好喝　　　bɒ²dai¹好听

吃　好　　　　喝　好　　　听　好

广南壮语、马关壮语±保留了固有的结构。这从侧面说明了如上所列靖西壮语"形＋动"结构偏正式并非固有结构。

（2）居前形容词性语素为从属，居后名词性语素为主体。这类词很少，我们观察到的仅有 ja:ŋ⁵ka:n³"香皂"一词。ja:ŋ⁵是官话借词"香"，ka:n³是中古借词"碱"，以 ja:ŋ⁵去修饰 ka:n³，实际上是两个不同层次的借自汉语的语素对"香皂"一词的对译，从而成为一个"偏＋正"结构的复合词。"香皂"在靖西壮语中还有两说，一是 ka:n³ho:m¹，ho:m¹是固有词"香"，修饰中古借词 ka:n³"碱"，与壮语偏正式固有结构相符；一是 ja:ŋ⁵tsa:u³，是将官话词"香皂"整体借入，为单纯词。

（3）居前名词性语素为从属，居后名词性语素为主体。如，

ɬa¹tse:n²纸钱　　　khjəu¹we:n¹耳环　　　ke:u¹məu¹越南产的猪②

纸　钱　　　　　耳　环　　　　　交　猪

---

① 我们认为 ɬa:i⁴也已由"左"义派生出"慢；不着急"这一义项。

② 此处所列5例，ke:u¹məu¹是最为晚近的，另4例为靖西壮语非常常见的说法。靖西壮语，越南产的猪一般称 məu¹（猪）ke:u¹（交），为固有语序。笔者第一次听到 ke:u¹məu¹是在2016年。

pja^{1}lok^{8}小鱼　　　kai^{5}lok^{8}小鸡

鱼　仔　　　　　鸡　仔

ła^1（纸）tse:n^2（钱，中古借词）"纸钱"，khjəu^1（耳）we:n^1（环，粤语借词）"耳环"，这两词其实是对汉语词的直接对译。pja^1（鱼）lok^8（仔）"鱼仔"、kai^5（鸡）lok^8（仔）"鸡仔"这样异于壮语常见语序的形式，笔者认为也很可能是受汉语影响的结果。在靖西壮语中，同样的意思，更可能说成 lok^8（仔）pja^1（鱼）、lok^8（仔）kai^5（鸡）这样与壮语偏正结构固有语序一致的形式。

如前所述，靖西壮语的偏正式一般中心成分居前，修饰限制成分居后，到今天仍是主流结构。但以上所述少量"偏＋正"结构偏正式复合词的产生，汉语影响起了主要作用。

我们在靖西安德壮语中，观察到"耳环"一词的结构与新靖镇有异。安德壮语为：

we:n^{1}khiu^{1}①

环　耳

这是 khjəu^{1}we:n^{1}后起的证据。

刘丹青（2017）提到，从 19 世纪到 20 世纪交替时候的梅耶等学者，一直到吕叔湘先生，都提出过一条基本语序的规律，就是越是小的、低的层次，语序越固定；越是大的、高的层次，语序越自由。②刘丹青（2013）提出，语序方面的一条规律是：语法单位所在的层次越高，其语序越自由，反之，则其语序越固定。各级语言单位按语序从固定到自由的排列大致是：词内的语素＜短语内的词＜小句内的短语＜复句内的分句＜篇章或句群内的句子。③我们在下文还会证明，南部壮语中，名词短语已明显体现出从"正＋偏"向"偏＋正"演变的趋势。但因为词内语素的语序最为稳定，所以偏正式合成词的演变，除与汉语接触极为深刻的标话等之外还未有巨大变化。但是，我们在各处壮语中确

---

① 黄云辉提供。

② 刘丹青：《语言类型学》，中西书局 2017 年版，第 147 页。

③ 刘丹青：《语序类型学与介词理论》，商务印书馆 2013 年版，第 86 页。

实观察到如上所述偏正式合成词的语序变化。

与靖西壮语偏正式复合词结构的这种变化平行的演变是靖西壮语中其他偏正结构语序的变化。据笔者观察，靖西壮语其他偏正结构中心成分和修饰、限制成分的语序也有从固有的"正＋偏"向"偏＋正"演变的趋势。如：

靖西壮语带排行的亲属称谓，由原来的"称谓＋排行"变成"排行＋称谓"，如，taːi²⁻¹ɬaːu³"大嫂"，taːi²是粤语借词"大"①，ɬaːu³是中古借词"嫂"。ŋi²ʔo⁵"二哥"，ŋi²是粤语借词"二"，ʔo⁵是官话借词"哥"。ɬei⁵tse³"四姐"，ɬei⁵是中古借词"四"，tse³是中古借词"姐"。ta³ʔo⁵"大哥"，ta³是官话借词"大"，ʔo⁵是官话借词"哥"。它们都是"偏＋正"结构，事实上也体现了较晚近层次汉语对靖西壮语的影响。在此只略举数例，我们将在《数词》部分做专门的讨论。

与此平行的佐证还有，靖西壮语的状语短语中，"偏＋正"结构也已屡见不鲜。如：

nai¹nai¹hat⁷好好干　　　　jin⁴tsin⁵toːk¹⁰认真念（书）

好　好　做　　　　　　认　真　读

ma⁵huˑ¹khwaːi⁵比较快　　　se³wei⁴miŋ³niˑ¹社会上

马　虎　快　　　　　　社会　　上

我们在第六章"状语与中心语的语序"一节将做专门讨论，在此不赘。

而以官话借词 ti¹（ti⁵）"的"为标记形成的"偏＋正"结构的短语更为普遍，如：

toːi⁶ ŋo⁵ti¹/ti⁵thiŋ¹jaːk⁵我们的学校

复数标记 我　的　　学校

nai¹nai¹ti¹/ti⁵loŋ²leːŋ²好好地努力

好　好　地　　努力

这些结构，我们将在第三章"名词短语：相关结构及其成分"中详述。

如前所述，借词主要以单纯词形式借入。但是，我们认为，随着接触的加

---

① 靖西壮语中，粤语借词阳平调往往音变为第 1 调，调值由 31 变为 53。

深，有的借词不再作为单个语素使用，而逐渐被重新分析为复合词。如 pat⁷saːu⁵ja²，pat⁷是固有词"鸭子"；saːu⁵ja²借自官话"烧鸭"，以单纯词形式借入靖西壮语，作为 pat⁷ 的限制成分与之组成"正＋偏"结构，但中心语 pat⁷ 逐渐脱落，pat⁷（鸭）saːu⁵ja²（烧鸭）渐渐让位于单用的 saːu⁵ja²，saːu⁵ja²虽然还是单纯词，但随着汉语影响的日益加强，在靖西人的语感中，这个词已渐渐不像单纯词，在语感上，逐渐感觉是一个以 saːu⁵"烧"修饰 ja²"鸭"的结构，进而成为"偏＋正"结构。因此，可以预测的是，靖西壮语中的"偏＋正"结构偏正式复合词的数量会进一步增加。

（二）附加式合成词进一步丰富

主要体现为借入了一批词缀，使靖西壮语的附加式合成词更为丰富。作为孤立语，壮语的词缀并不发达。[①]但一些词缀的借入（包括由实词借入后语法化为词缀及由分类词充当词缀的），使壮语中的附加式合成词进一步丰富。靖西壮语亦如是。如：

1.ɬjaːu⁵借自官话，用于姓之前，用于称呼及指称。如，ɬjaːu⁵lu²"小陆"，ɬjaːu⁵khin²"小覃"，ɬjaːu⁵ja³"小夏"等。

2.作为序数标记的前缀taːi⁶，为中古借词"第"。如，taːi⁶tau²（头）"第一"，taːi⁶ŋei⁶（二）"第二"，taːi⁶ha³（五）"第五"，taːi⁶thaːŋ¹（尾）"最末"等。

3.so¹为中古汉语借词"初"，也是序数标记，一般用于表示农历的日期。如，so¹ʔat⁷（一）"初一"，so¹khjɔk⁷（六）"初六"，so¹peːt⁹（八）"初八"等。

我们在上文专题讨论过的靖西壮语名词词缀thu¹"头"也是来自汉语。

---

① 萨丕尔根据语素数量区别了三种语言类型：分析语、综合语和多式综合语。接着他根据语素交替的程度，区别了四种语言类型：孤立的（没有词缀）；粘着的（简单的词缀）；融合的（相当多的形态语素交替）和异根的（异根替换词）。转引自[美]威廉·克罗夫特著，龚群虎等译：《语言类型学与语言共性》，复旦大学出版社 2009 年版，第 6 页。

第三章　名词短语：相关结构及其成分

第一节　名词

一　名词的重叠

（一）事物名词的重叠

靖西壮语的名词一般不能重叠，只有少数名词可以重叠，重叠形式有两种。

1.AA 式

能以 AA 式重叠的一般是可兼量词功能的名词，名词 AA 式有"周遍"义，如：

①ŋo⁵than¹maːn³tən⁴lun²lun²mei²tseːn².我觉得这个村家家有钱。

　我　见　村　这　家　家　有　钱。

②se⁵thaŋ¹miŋ³paŋ⁴kwa⁵ma²se⁵se⁵məu¹fɔn⁴leːu⁴.

　车　从　边　那　过　来车车猪　满　完。

从那边过来的车每车都装满猪。

③pei¹kei⁵kwa⁵ma²wan²wan²lɔŋ²phɔn¹.今年以来天天下雨。

　年　这　过　来天　天　下　雨。

不能兼量词的名词不能以表示周遍义的这种 AA 式重叠，如：

*thən¹thən¹　　　　*mai⁴mai⁴　　　*kiŋ⁵kiŋ⁵

　石　石　　　　　木　木　　　　镜　镜

其他土语能重叠的也是可以兼量词的名词，其他名词不能重叠。这些名词重叠后有"周遍"义。

龙州壮语：

wan²wan²天天

天　天

扶绥壮语：

ŋo:n²¹ŋo:n²¹天天　　　　ho²¹ho²¹户户

天　天　　　　　　　户　户

广南壮语：

hun²hun²天天　　　lun²lun²户户　　　tsja:ŋ²tsja:ŋ²桌桌

天　天　　　　　家　家　　　　　桌　桌

西畴壮语：

vən²vən²天天　　　dən²dən²家家　　　tsa:ŋ²tsa:ŋ²桌桌

天　天　　　　　家　家　　　　　桌　桌

马关壮语±：

thəŋ⁵thəŋ⁵tɛ¹ na⁴桶桶有水　　　　ɣuã⁵ɣuã⁵tɛ¹khau³碗碗有饭

桶　桶　有水　　　　　　碗　碗　有　饭

ɣuã²ɣuã²ləŋ²phən²天天下雨

天　天　下　雨

表示事物但不能兼量词的单音节名词如果重叠，则是对两类语义紧密相关的事物进行罗列，格式为"AA＋否定词，BB＋否定词"，表示对所列举事物的否定，强调"什么都没有"。如：

①khau³khau³mei²na:u⁵，phjak⁷phjak⁷mei²na:u⁵.没有米，没有菜。

米　米　有　不　　菜　菜　有　不

②tso:ŋ²ts:oŋ²pu³ mei²，taŋ⁵taŋ⁵pu³ mei²，ɬia:ŋ³lun¹he:m¹məu⁰？

桌　桌　不　有　凳　凳　不　有　像　家　又 语气助词

桌子没有，椅子也没有，像（一个）家吗？

梁敏、张均如（2002）在讨论标话名词特征时指出，除了兼做量词使用的名词外，名词不能重叠。①梁敏、张均如这一判断应该是壮侗语的共性。

---

① 梁敏、张均如：《标话研究》，中央民族大学出版社2002年版，第97页。

2.AABB 式

用以表示多数，起强调和夸张的作用，常与 tu¹ "都" 结合使用。

① tei⁶təm⁴ʔa⁰，khei³khei³neːu⁶neːu⁶tu¹mei²，taːi⁶nən⁵lo⁰.

　　地　那 语气助词 屎　屎　尿　尿　都 有　　太脏 语气助词

那地方啊，屎和尿都有，真脏。

②khau³khau³phjak⁷phjak⁷tu¹jaŋ²mei²，mei²ŋən⁶ʔoːk⁹paiˡɬei⁴naːu⁵ne⁵.

　　饭　饭　菜　菜　都还有　不 用　出 去 买 不 语气助词

饭菜都有，不用出去买。

③lun²teˡtsiŋ⁴toŋ⁵ɬaiˡlaːiˡpə⁵，məuˡməuˡmaˡmaˡtu¹mei².

　　家 他 养 东西 多语气助词　猪　猪　狗　狗都 有

他家养的东西（家禽家畜）很多，猪啊狗啊都有。

④khau³khau³phjak⁷phjak⁷tu¹mei²naːu⁵.米和菜都没有。

　　米 米 菜　菜　都 有 不

⑤tsoŋ²tsoŋ²taŋ⁵taŋ⁵tu¹pu³ mei²，ɬjaːŋ³lunˡheːmˡməu⁰?

　　桌 桌 凳 凳 都 不 有　　像 家 先 语气助词

桌子椅子都没有，像（一个）家吗？

名词这种重叠形式，应该是壮语中比较普遍的现象（张元生、覃晓航，1993；韦景云等，2011）。[1]张增业（1998）也认为，（壮语）有些表示事物的单音节名词也能重叠。重叠形式有 AA 式和 AABB 式。他举了两个例子[2]：

①Bit bit mboujmiz, gæq gæq mboujmiz, bænzlawz guh？

　　没有鸡，没有鸭，怎么办？

②Bit bit gæq gæq mboujmiz, bænzlawz guh？

　　鸡的鸭的都没有，怎么办？

韦庆稳、覃国生（1980）也认为"部分单音名词在一定句式中能以 AA 和 AA BB 式重叠，一般只做主语，表示强调"[3]。其举的例子有：

---

① 张元生、覃晓航：《现代壮汉语比较语法》，中央民族学院出版社 1993 年版，第 20 页；韦景云、何霜、罗永现：《燕齐壮语参考语法》，中国社会科学出版社 2011 年版，第 81 页。

② 张增业：《壮—汉语比较简论》，广西民族出版社 1998 年版，第 79 页。

③ 韦庆稳、覃国生：《壮语简志》，民族出版社 1980 年版，第 31 页。

① pit⁷pit⁷kai⁵kai⁵ɕuŋ³mi². 鸡鸭样样有。

　　鸭　鸭　鸡　鸡　都　有

②taŋ⁵taŋ⁵bou³mi²（naŋ⁶ki³ma²）.连凳子都没有(坐什么)。

　凳　凳　不　有　　坐　什么

（二）方位名词的重叠

单音节方位名词也可以重叠，形式有两种：

1.AA 式

表义上比单音节方位词更进一层，如：

nɔi¹nɔi¹很靠里　　　　ni¹ni¹更高的顶上　　　tɔi³ɪɕi³ 最底处

里　里　　　　　　　上　上　　　　　　　　底　底

这里，"nɔi¹（里）nɔi¹（里）"比"nɔi¹（里）"的位置更为靠里；"ni¹（上）ni¹（上）"比"ni¹（上）"的位置更高；"tɔi³（底）tɔi³（底）"指的是最底的位置。

侗语也有类似的形式，如：

maːu⁶n̪aːu⁶wu¹wu¹ ɬa⁵.他在最上面的地方。①

他　　在　上　上　那

2. A-AA 式

这种格式对位置的强调比 AA 式更进一层。如：

nɔi¹-nɔi¹nɔi¹非常靠里　　　ni¹-ni¹ni¹非常高　　　tɔi³-tɔi³ɪɕi³非常深

里　-里　里　　　　　　上　-上　上　　　　　底-底　底

靖西壮语方位名词的 AA 式、A-AA 式与下文讨论的形容词的 AA 式和 A-AA 式表义功能基本一致。

我们在龙州壮语、扶绥壮语、广南壮语、马关壮语中都未观察到方位名词能以 AA 式、A-AA 式重叠。看来这是靖西壮语特有而其他土语罕有的重叠形式。

西畴壮语能以 AA 式重叠的我们也仅观察到一例：

---

① 梁敏：《侗语简志》，民族出版社 1980 年版，第 37 页。

li¹ li⁵很靠里

里里

西畴壮语的 li¹li⁵还能受程度副词修饰：

te²li¹li⁵非常靠里

很里里

靖西壮语单音节方位词的重叠形式及作用与单音节形容词是一致的，我们将在第五章"形容词的重叠式"部分对单音节形容词的重叠进行讨论。

壮语方位词是带有一定形容词词性的，上举西畴壮语 li¹li⁵能受程度副词修饰可为证据。再举靖西壮语的例子：

hən⁵ni¹很靠上　　　nɔi¹lai⁴　pə⁰非常靠里　　　fei⁵saŋ²tɔi³非常靠底部

很　上　　　　　　里　厉害 语气助词　　　　　　非常　底

根据董秀芳（2019），汉藏语系语言形容词重叠属评价性形态，形容词评价形态表示增量即程度加深的较多，程度减弱的较少。①因壮语方位名词具有形容词词性，我们所讨论的其重叠体现程度加深（增量）是董秀芳这一论断的证明。

二　名词的特殊句法功能

（一）南部壮语的名词（包括名词短语）可以充当主语、宾语、定语，有些情况下可以作谓语、补语。这些特点与壮语其他土语一致，我们不再讨论。

（二）下面我们以靖西壮语为纲，结合其他土语对名词一些特殊的句法功能进行讨论

1.靖西壮语名词一般不能受副词修饰，但一些具有显著特征的名词可受副词修饰，一些特定格式中的名词也可受副词修饰。

（1）一些具有明显特征的名词可受副词修饰。如：

məu¹la:i⁴ ʔa⁰　　　　　ta:i⁶loŋ⁴lo⁰

猪　厉害 语气助词　　　　真　峎 语气助词

---

① 董秀芳：《汉藏语系语言中的评价性形态》，《第七届海外中国语言学者论坛会议论文集》，2019 年，第 43 页。

hən⁵phja¹　　　　　　　　ma:n³la:i⁴ʔə⁰

很　山　　　　　　　　　　村　厉害_{语气助词}

一般人的观念中，猪比较愚蠢，这是人们认为的猪的显著特征之一；loŋ⁴指深山里的村屯，与 ɬəŋ²"城"、ha:ŋ⁵"墟"、ma:n³"村（分布在平原、丘陵、河边、山区都可此称）"相比，loŋ⁴体现出地处深山、交通不便、信息闭塞以及贫穷等特征；phja¹则体现出与平原差异甚大的特征；与 ɬəŋ²"城"、ha:ŋ⁵"墟"相比，ma:n³有[＋土气]的特征。məu¹la:i⁴ʔa⁰指非常蠢，ta:i⁶loŋ⁴lo⁰指极为偏远、闭塞，hən⁵phja¹指比一般的山地更典型的山区，ma:n³la:i⁴ʔə⁰指非常土气。

（2）在 pu³……pu³……"不……不……"格式中，成对的名词可以与其中的副词 pu³"不"组合。这两个词表示的事物在生活中意义相对，或意义有某种关联。意义相当于"既没有……也没有……"或"不是……也不是……"。如：

①la:u⁴kei⁵ɬaŋ⁵ ɬai⁶tsəŋ², pu³thu¹pu³ta:ŋ¹, hat⁷lei² nai¹tse⁰?

　佬　这　吩咐事情，　不头 不尾，　做 怎样好_{语气助词}

这人吩咐事情，没头没尾的，怎么样才好？

②ni⁵to⁵ʔok⁹ma²me:n⁶ʔan¹ki³ɬai⁴? pu³tsoŋ²pu³taŋ⁵.

　你斗 出　来 是　个 什么　不 桌 不 凳

你做出来的是个什么东西？不是桌子不是椅子。

我们在扶绥壮语中观察到类似的构式，但进入此结构的否定副词是 mi⁵⁵，结构为 mi⁵⁵……mi⁵⁵……，意义与靖西壮语一致，如：

mi⁵⁵nam³¹mi⁵⁵nei³⁵不男不女

不　男　不　女

mi⁵⁵tho:ŋ³⁵mi⁵⁵tha:u³³常指一个人做什么都做得不对，做什么都不应该

不　通　不　套

（3）在"pu³（不）……tso³（就）……"格式中，表示两种性质相近、相似的名词可以分别跟 pu³（不）和 tso³（就）搭配，意义相当于"不是……就是……"。

①te¹ pu³lau³tso³n̩in¹, ʔan¹na:ŋ¹　ɬai⁴ le³mei²wa:i⁶na:u⁵?

　他 不 酒 就 烟　个 身体 怎么 就 不 坏　不

他不是烟就是酒，身体怎么会不坏？

②pei¹pei¹thiu³toŋ¹ɬai¹ma²，pu³kai⁵tso³pat⁷，mei²ha:u⁵ji⁴ɬɯ:⁵na:u⁵la⁰.

　　年　年　提　东西来　不鸡就鸭　　不　好　意思　不 _{语气助词}

壮语中，这种搭配比较普遍。张元生、覃晓航（1993）举了如下例句[①]：

①De mbouj boh mbouj meh.他没父没母。

　　他　不　父　不　　母

②Ndaek neix mbouj gang couh diet.这块东西不是钢就是铁。

　　块　这　不　　钢　就　铁

韦庆稳、覃国生（1980）也认为"但有些名词在一定格式里能受副词bou³'不'和çou⁶'就'的修饰"[②]。

张增业（1998）对这样的格式也有讨论，他举了两个例子：mbouj A mbouj naz（不是鱼就是肉）、mbouj A mbouj B（没有田就没有地）。[③]同样的格式，韦庆稳（1985）也有讨论，他们认为，壮语有以下格式：mbouj "不" +（miz "有"）+名$_1$+mbouj "不" +（miz "有"）+名$_2$>名$_1$+mbouj "不" +名$_2$，mbouj+（dwg 或+miz）+名$_1$+couh+（dwg 或+miz）。[④]

（4）在"……名词……ko³（也）+名词"（这两个名词相同）格式中，名词可以跟 ko³（也）结合。这种情况可以看作是 ko³后系词被省略。如：

①te¹ po⁴tsa:i²ni⁵ko³ po⁴tsa:i²，ni⁵ ɬai⁴ ka⁴la:i¹la:u¹te¹？

　　他 _{词缀}男人你也 _{词缀}男人，你 怎么那么　怕他

他是男人，你也是男人，你怎么那么怕他？

②ma:n³ni⁵phja¹ma:n³ŋo⁵ko³phja¹，ni⁵pən¹phja¹ ɬai⁴ ka⁴la:i¹lə⁴？

　　村　你　山　村　我也　山，你　爬　山怎么 那么 差

你们村山多我们村山也多，你爬山怎么那么差？

（5）部分时间地点名词可以受 vit⁸……vit⁸…… "越……越……" 的修饰，表示递进。如：

---

① 张元生、覃晓航：《现代壮汉语比较语法》，中央民族大学出版社 1993 年版，第 17 页。

② 韦庆稳、覃国生：《壮语简志》，民族出版社 1980 年版，第 31 页。

③ 张增业：《壮—汉语比较简论》，广西民族出版社 1998 年版，第 76 页。

④ 韦庆稳：《壮语语法研究》，广西民族出版社 1985 年版，第 24 页。

vit⁸wan²vit⁸la:i⁴一天比一天凶 vit⁸pei¹vit⁸pe:ŋ²一年比一年贵

越 天 越 厉害 越 年 越 贵

其他壮语也有这样的用法，张元生、覃晓航（1993）提到：壮语一些前后搭配用的副词，能单独跟时间名词、量词（在前）以及形容词、动词组合。表示比较、递进。[①]

2.国名可指代人，如：

nei¹ji²pən⁵跑日本（兵）

跑 日本

he:n¹je²na:n²防守越南（部队）

守 越南

我们在龙州壮语、扶绥壮语、广南壮语、马关壮语±中也观察到这样的现象。

龙州壮语：

ni³ke:u¹跑越南 he:n³ke:u¹守越南

跑 交[②] 守 交

扶绥壮语：

ti:u³⁵jat³³pu:n³³跑日本

逃 日本

广南壮语：

kə⁴ri⁶pən²躲日本人

躲 日本

马关壮语±：

nɤɯ³je²nã²躲越南兵

躲 越南

看来名词这一功能是南部壮语的共有特点。

3.指人名词和人称代词可指方所

靖西壮语指人名词和人称代词可指方所，为方便起见，人称代词相应用法

---

① 张元生、覃晓航：《现代壮汉语比较语法》，中央民族大学出版社 1993 年版，第 66 页。
② 因越南旧称"交趾""交州"，龙州习惯称之 ke:u¹。ke:u¹即中古借词"交"。

也在这里一并讨论。

pai¹ʔu⁵去姑姑家　　　　　jəu⁵taːi⁵在外婆家

去　姑　　　　　　　在　外婆

pai¹tsəu⁵taːi³haːi⁵去周大海那儿　　　　jəu⁵ʔi³khwei⁵在阿魁那儿

去　　周大海　　　　　　　在　阿　魁

pai¹te¹去他那儿　　ma²ŋo⁵来我这儿　　jəu⁵ lau²在我们这儿

去　他　　　　来　我　　　　在　我们

黄阳、程博（2010）对靖西壮语这一特点有较详尽的论述：靖西壮语对实体方位的概念化程度最高，不具处所意义的实体（爸爸、我、蚊子）也能经历概念化途径从而具有方所意义，在方所意义的认识上，靖西人当听到"爸爸、他、蚊子"的时候首先想到的是"爸爸那处、他那处、蚊子那处"，所以当问到靖西人什么叫"去爸爸、在爸爸、从爸爸"的时候，他们自然而然的回答是：去/在/从爸爸现在所在那个地方。[1]我们大致同意黄阳、程博的观点，但在我们的观察中，仅有指人名词和人称代词具有方所意义。其文中所举"蚊子"是不具有方所意义的。

我们在南部壮语其他土语中没有观察到这样的现象，这一功能很可能是靖西壮语独有的特征。

第二节　代词

一　人称代词

我们把部分壮语的人称代词系统归纳为下表[2]：

---

① 黄阳、程博：《靖西壮语的方所系统》，《百色学院学报》2010年第2期．．

② 表中材料，南部壮语引自卢业林：《大新壮语语法调查与研究》，硕士学位论文，广西大学，2011年，第19页；晏殊：《崇左左州壮语参考语法》，硕士学位论文，广西大学，2019年，第24—25页；覃凤余、李　冬、孟飞雪《田阳巴别壮语的人称代词与不定形式》，《百色学院学报》2016年第1期。北部壮语转引自覃凤余、李　冬、孟飞雪《田阳巴别壮语的人称代词与不定形式》，《百色学院学报》2016年第1期。

壮语人称代词系统

南部壮语		第一人称			第二人称			第三人称		"第四人称"①	
		语用	单数	复数	语用	单数	复数	单数	复数	单数	复数
	靖西	谦称	kho:i³		敬称	tsau³/ʔu⁵ɳan²	to:i⁶/ni⁵	te¹	to:i⁶te¹/phɔn⁶te¹/phɔn⁶/ka:i⁵te¹		
		自负称			自负称						
		通称	ŋo⁶/kau¹	to:i⁶ŋo⁶/to:i⁶lau²/ka:i⁶lau²	通称	ni⁶/mɔi²					lau²
	大新		ŋo⁶/kau¹ 我 lau²	mo³ŋo⁶		ni⁶	mo³ni⁶	te¹	mo³te¹		mo³lau²/lau²
	崇左		ku¹	ho:ŋ¹phu¹/phu¹		mɯ:ŋ¹	θu¹	min¹	po:ŋ¹ni²/ta:ŋ²ni²		ho:ŋ¹θau²/θau²
	巴别	谦称	tɕai⁴/ka:i⁵tɕai⁴		敬称	ni⁶/ka:i⁶ni⁶/ka:i⁶ni⁵	tu:i⁶ni⁶/ka:i⁶ni⁶/ka:i⁶to:i⁶ni⁵	te¹/ka:i⁶te¹	tu:i⁶te¹/ka:i⁶tu:i⁶te¹	ɣau²/ka:i⁶ɣau²	ɣau²/tu:i⁶ɣau²/ka:i⁶ɣau²/ka:i⁶tu:i⁶ɣau²
		自负称	kau¹/ka:i⁶kau¹	tu:i⁶kau¹/ka:i⁶tu:i⁶kau¹	自负称	mo:i²/ka:i⁶mo:i²	tu:i⁶mo:i²/ka:i⁶tu:i⁶mo:i²				
		通称	ŋo⁵/ka:i⁵ŋo⁵	tu:i⁶ŋo⁵/ɣau²/tu:i⁶ɣau²/ka:i⁵tu:i⁶ŋo⁵/ka:i⁵ɣau²/ka:i⁵tu:i⁶ɣau²	通称	tɕau³/ka:i⁵tɕau³					
	东兰	谦称	ʔu:i⁵	tu¹	敬称	taŋ²	θu¹	te¹	la:u⁴te¹/tɕjo:ŋ⁵te¹		lau²
		通称	ku¹		通称	mɯŋ²					

---

① 据 Anna（2008）（《人称范畴》，北京大学出版社 2008 年版，第 103 页）：有人将"包括式"称为"第四人称"，即交际中的参与者为"说话者+听话者"。据 Anna（2008:83），"包括式"除了"说话者+听话者"，还有"说话者+听话者+第三者"。

续表

		第一人称		第二人称		第三人称		"第四人称"	
北部壮语	柳江	ku¹	tu¹	muɯ²	θu¹	te¹	toŋ⁶wun²ʔan³	hjau²	
	都安	ku⁴²	tu⁴²	məŋ²³¹	ru⁴²	te⁴²	po:ŋ⁴²te⁴²	rə:ɯ²³¹	
	忻城	kou⁵⁴	tou⁵⁴	mən²¹	θou⁵⁴	te⁵⁴	te⁵⁴	ɣau²¹	
	武鸣	kou¹	tou¹	muɯ²	sou¹	te¹	kjoŋ⁵te¹	rau²	

从南部壮语与北部壮语人称代词的比较看，南部壮语比北部壮语复杂。存在差异的原因可能有二：（1）壮语固有的代词系统比较复杂，现代壮语已经简化，因简化程度不一，导致南部比北部复杂。（2）壮语固有的代词系统并不复杂，只是后来南部壮语发展出了复杂的系统。

我们认为原因为第一种。理由有：

1.属北部壮语的东兰壮语第一人称单数有 ʔu:i⁵，此词显然与靖西壮语 kho:i³ 同源。说明北部壮语第一人称原来一定也有谦称形式。

2.亲属语言的称谓系统比较复杂。根据 Enfield（2007），老挝语第一人称称谓的单数形式依据说话人和听话人的相对关系（包括亲属关系和社会相对地位）分为尊称、亲密称、谦称、敬称。西双版纳傣语第一人称系统也严格按照说话人和听话人之间关系的尊卑等级与亲密度进行区分。喻翠容、罗美珍（1980）和罗美珍（1989）将其分为尊称、谦称、通称、鄙称、亲密称五类。这些称谓系统应该保留有固有的信息。

傣语西人称代词系统①：

傣语西人称代词系统

代词类型	单数	复数
第一人称	hau²（通称） to¹xa³（谦称） xɔi³/to¹xɔi³（卑称） ku¹/kau¹/tu¹（非敬称） ha²（亲密称）	hau²（通称） tu¹xa³（谦称） tu¹xɔi³（卑称） tu¹（非敬称）
第二人称	su¹（通称） to¹tsau³（敬称） muɯŋ²（非敬称） xiŋ²（亲密称）	su¹（通称） su¹tsau³（敬称） tsau³man²（非敬称）
第三人称	xau¹（通称） ta:n⁶（敬称） man²（非敬称）	xau¹（通称） xau¹tsau³（敬称）

---

① 喻翠容、罗美珍：《傣语简志》，民族出版社 1980 年版，第 47 页。

老挝语人称代词系统①：

老挝语人称代词系统

代词类型	单数	复数
第一人称	khɔːi³（通称）	phuːək⁸khɔːi³/phuːək⁸hau²（通称）
	ku¹（卑称）	phuːək⁸ku¹'（昵称）
	hau²/ku¹'（昵称）	phuːək⁸kha³pha²⁸tɕau⁴（尊称）
	kha³pha²⁸tɕau⁴（尊称）	
第二人称	tɕau⁴（通称）	phuːək⁸tɕau⁴（通称）
	muɯŋ²（蔑称、昵称）	phuːək⁸muɯŋ²（昵称）
	to¹'（昵称）	phuːək⁸thaːn⁵（尊称）
	thaːn²（尊称）②	
第三人称	khau¹（通称）	phuːək⁸khau¹/khau¹tɕau⁴/kha⁷tɕau⁴/phuːək⁸khau¹tɕau⁴（通称）
	laːu²（通称）	
	man²（蔑称、昵称）	phuːək⁸man²（昵称）
	phən⁵（尊称）	phuːək⁸phən⁵（尊称）

　　泰语第一人称称谓系统更为复杂，按照所指称名词的性别及其相对正式程度用法差别甚大。根据洪波等（2016）③，泰语第一人称称谓系统如下：

泰语第一人称称谓系统

言说者	男性	男性/女性	女性
		khaː⁵pha⁶tsau⁵	
最高正式度	kra³phom¹		
	phom¹		di³tshan¹
		tshan¹	
中级正式度		rau²	
		nu¹	khau⁴
最低正式度		ku¹	

　　如果说傣语、泰语、老挝语复杂的代词系统与佛教影响有关，那么在受佛

　　① 覃国生、谢英：《老挝语—壮语共时比较研究》，民族出版社 2009 年版，56—59 页

　　② 《钦定四库全书·宋史卷四》第 118 页记载："……命邕州广源州酋长坦坦绰侬民富为检校司空御史大夫……"宋广源州处在与今西南台语区域，我们推测，这个"坦"与老挝语的 thaːn² 同源。

　　③ 洪波、曾惠娟、郭鑫：《台语第一人称称谓系统及其类型意义》，《民族语文》2016 年第 4 期。

教影响较小的南部壮语，人称代词系统虽比傣语、泰语、老挝语简单，但仍存在谦称、敬称、自负称。除了上表所示，另据洪波（2016），龙州壮语的尊称形式是 kau^1，通称形式是 $ŋo^1$，谦称形式是 $lai?^4$。这应该是固有的较为复杂的代词系统的遗存。

从以上比较看，我们有如下判断：

1.壮语固有的人称代词系统比现代壮语复杂，应拥有较完整的谦称、通称、敬称、自负称系统。这个系统在现代壮语中已大为简化；简化程度上，北部壮语大于南部壮语。

2.南部壮语中，人称代词固有词逐渐或已经被汉语借词所取代，但南部壮语内部也不平衡，如，靖西壮语第一、第二人称代词已基本转用汉语借词；龙州壮语则处在固有词向汉语借词转用的过渡阶段；砚广土语未发生转用。土语内部也不平衡，如同为德靖土语，靖西已基本转用汉语借词，德保仍以固有词为主。整个南部壮语的谦称、蔑称、尊称、昵称、亲密称系统已基本失去。

这些特征的失去与汉语影响应该是密不可分的。事实上，大新的老人仍记得大新壮语中曾有老挝语第二人称尊称 $tha:n^2$ 的同源词 $tha:n^6$，意义相当于"尊座，您"，即第二人称尊称。[①]吴福祥（2007）指出，特征的消失即某一语言由于语言接触而丧失固有的特征，但没有任何干扰特征可以作为所失特征的替代物。[②]南部壮语人称代词系统的这些变化体现了这一点。

下面我们再以靖西壮语为例对南部壮语人称代词做讨论。

（一）三身代词

1.三身代词"数"的系统不完整，第一人称和第三人称单数、复数形式均有；第二人称只有单数形式没有复数形式，需带复数标记才能表示复数。第三人称的复数形式 $phon^5$ 的使用频率越来越低，已更多让位于添加复数标记 $to:i^6$ 的方式。

2.人称代词第一、第二人称单数有两套：固有词、汉语借词。

下面对靖西壮语中第一、第二人称代词做讨论：

---

① 许晓明惠告。
② 吴福祥：《关于语言接触引发的演变》，《民族语文》2007 年第 2 期。

（1）汉语借词

与壮语的普遍情况不一样的是，靖西壮语第一、第二人称代词单数以汉语借词为主，其强势使得下文所述固有词已濒临消亡。我们认为靖西壮语的人称代词单数来自中古汉语。

第一人称单数 ηo^5 来自中古汉语"我"。我，果摄开口一等，疑母，哿韵，上声。中古汉语借词果开一一般读 o，如"箩"读 lo^2；疑母与果开一拼一般读 η，如"研"读 ηin^4，"月"读 ηut^8；浊上读第 6 调 324，如"道"读 $ta{:}u^6$，"负"读 fou^6。靖西县城读为第 5 调 35（《靖西壮语研究》也记为第 5 调），但张均如、梁敏等（1999）的记录是第 6 调，可见其至少曾读第 6 调，这样声韵调与中古借词规律相合。在靖西壮语中，官话借词上声一般读第 5 调，ηo^5 今读第 5 调，可能是后来受官话影响所致。宁明、龙州、大新、德保等地读为第 6 调，也是其起初来自中古汉语的佐证。

汉语历史上的第一人称代词数目繁多且关系复杂，"我"是汉语中最主要的第一人称代词之一。且"我"在口语中的使用频率远远超过其他第一人称代词，朱红（2009）认为，"我"在春秋以来的历代汉语共同语中确实享有较大的使用优势，几乎一直是第一人称代词的主体。[①]所以，靖西壮语第一人称单数来自汉语"我"是很正常的。

ni^5 是汉语借词"你"。你，中古止摄开口三等，止韵，上声。中古借词止开三一般读 ei，如"里"读 lei^4，"二"读 ηei^6。但我们认为其借入之初韵母读 i，后发生复化，演变路径为 i＞ei。泥母读 n，如"泥"读 nai^2，"恼"读 nau^5。声韵符合中古借词规律。按中古借词规律，浊上应读第 6 调 324，而现在靖西壮语读第 5 调 35，与官话层次相符，估计是受官话影响而形成的。据张均如、梁敏等（1999）的记录，靖西壮语第二人称单数为第 6 调。[②]因此，我们认为，与第一人称一样，第二人称单数借入靖西壮语也为中古借词，后受官话影响声调变为第 5 调。同为南部壮语的龙州壮语、大新壮语、德保壮语也均读第 6 调，

---

① 朱红：《汉语第一人称代词的历时统计分析》，《汉字文化》2009 年第 5 期。
② 张均如、梁敏、欧阳觉亚、郑贻青、李旭练、谢建猷：《壮语方言研究》，四川民族出版社 1999 年版，第 408、800 页。

也是其起初来自中古汉语的佐证。

（2）固有词

除了汉语借词，靖西壮语存在固有词形式的人称代词单数，但仅有第一、第二人称，无第三人称。第一人称为 kau¹、khoːi³，第一人称复数 lau² 也可兼指单数；第二人称为 mɔi²。

kau¹ 和 mɔi² 应该是从汉语借入人称代词单数之前靖西壮语通用的人称代词。理由有：

一是在一种语言中，人称代词是比较核心的成分，没有固有词形式不太可能。在斯瓦迪士所列的 207 个核心词中，"我（I）""你（you）"就位于前二位。

二是各地壮语及亲属语言的人称代词单数中，与之同源的人称代词单数非常普遍。在张均如、梁敏等（1999）记录的 36 个方言点中，有 33 个第一人称单数为 kau¹、kou¹、ku¹ 等同源词（宁明、龙州、大新三地固有词、借词共现），不用这个人称代词的三个点为崇左、德保、靖西①（但据我们观察，这个固有词德保、靖西也存在）。据周耀文、罗美珍（2001）：傣_{芒市}kau⁶、傣_{孟连}kɑ⁶、傣_{景洪}ku¹kau¹、傣_{金平}ku¹、傣_{元阳}kau¹'、傣_{武定}kɐu¹'、傣_{元江}kau¹、傣_{马关}kau¹'、傣_{绿春}kau²，②喻翠容、罗美珍（1980）记录的傣语中，德宏傣语为 kau⁶。③德傣的 kau⁶ 和西傣的 hau² 显然是同源的。老挝语为 ku¹'④（覃国生、谢英，2009）。第二人称单数，张均如、梁敏等（1999）记录的 36 个方言点中，有 32 个为 muːŋ²、məŋ²、maŋ²、muŋ²、mauɯ²、mərˠ² 等同源词（宁明、龙州固有词、借词同现），不用这个人称代词的四个点为崇左、大新、德保、靖西⑤（但据我们观察，德保、靖西也有）。傣语：傣_{芒市}mauɯ²、傣_{孟连}mɑ²、傣_{景洪}muɯŋ²、傣_{金平}muɯŋ²、

---

① 张均如、梁敏、欧阳觉亚、郑贻青、李旭练、谢建猷：《壮语方言研究》，四川民族出版社 1999 年版，第 800 页。

② 周耀文、罗美珍：《傣语方言研究》，民族出版社 2001 年版，第 320—321 页。

③ 喻翠容、罗美珍：《傣语简志》，民族出版社 1980 年版，第 7 页。

④ 覃国生、谢英：《老挝语—壮语共时比较研究》，民族出版社 2009 年版，第 279 页。

⑤ 张均如、梁敏、欧阳觉亚、郑贻青、李旭练、谢建猷：《壮语方言研究》，四川民族出版社 1999 年版，第 408、800 页。

傣元阳maɯ²、傣武定mɐi²、傣元江mə²、傣马关maɯ²、傣绿春mai²①（喻翠容、罗美珍，1980）。喻翠容、罗美珍（1980）记录的傣语中，德宏傣语为maɯ²。②德傣的maɯ²和靖西壮语的 moi²同源。老挝语为 muŋ²③（覃国生、谢英，2009）。缺乏固有词的均属南部方言。其他的点，第一、第二人称代词情况如下：巴马kou¹、məŋ²④（陈芳，2010），柳城 ku¹、muɯŋ²⑤（兰雪香，2011），都安 ku⁴²、mə :ŋ²³¹⑥（韦茂繁，2014）等。说明以 kau¹、moi²及其同源词作为第一、第二人称单数，应该是壮语的普遍现象，靖西壮语不应该例外。

亲属语言傣语、老挝语有第二人称的固有词。据周耀文、罗美珍（2001）：傣芒市man²、傣孟连mɑn²、傣景洪man²、傣金平man²、傣元阳man²、mən²、傣武定mɐn²、傣元江mɛ²、傣马关muɯn²、傣绿春mə²⑦（有的点有多个词项，我们认为另外的词项不同源，故不予列举）；老挝语 man²⑧（覃国生、谢英，2009）。壮语部分点也有其同源词：钦州 min¹、上思 man¹、崇左 mən¹、宁明 man¹、龙州 min²、大新 min²、文马土mən²⑨（张均如、梁敏等，1999）。

三是与之关系密切的其他壮语仍使用这样的词语。如上文提到，与靖西壮语同属德靖土语的德保县、靖西市部分地方还在使用第一、第二人称的固有词。

第一人称 kho:i³的本义是"奴仆"，在靖西壮语中是儿媳妇面对公公、婆婆的谦称，不是一个普遍使用的人称代词。这个人称代词应该是阶级社会的产物，随着社会的发展，现在已濒临消亡，即使年纪较大的，日常用语中也已经不使用这个词。

陈孝玲（2011）对侗台语核心词"我"和"你"做过讨论。从她的讨论看，

---

① 喻翠容、罗美珍：《傣语简志》，民族出版社1980年版，第7页。

② 喻翠容、罗美珍：《傣语简志》，民族出版社1980年版，第7页。

③ 覃国生、谢英：《老挝语—壮语共时比较研究》，民族出版社2009年版，第279页。

④ 陈芳：《巴马壮语语法研究》，硕士学位论文，广西大学，2010年，第21页。

⑤ 兰雪香：《柳城县六塘壮语代词研究》，硕士学位论文，广西师范学院，2011年，第10页。

⑥ 韦茂繁：《下坳壮语参考语法》，广西人民出版社2014年版，第88页。

⑦ 周耀文、罗美珍：《傣语方言研究》，民族出版社2001年版，第320—321页。

⑧ 覃国生、谢英：《老挝语—壮语共时比较研究》，民族出版社2009年版，第279页。

⑨ 张均如、梁敏、欧阳觉亚、郑贻青、李旭练、谢建猷：《壮语方言研究》，四川民族出版社1999年版，第800页。

侗台语的"我"多为 kau¹ 的同源词，[1]"你"多为 mɔi² 的同源词。[2]

陈孝玲（2011）还讨论了以靖西壮语 khoːi³ 的同源词为第一人称单数的情况。她认为这个词本义是"奴隶"，后转为第一人称代词，用于自称。[3]

第一人称复数 lau² 兼指单数，谦称，一般为在长辈之前的自称。[4]如：

maⁿ,pai²pei⁵lau²khaːu⁵mei²naiⁿnai¹ki³laːi¹naːu⁵.妈妈，这次我考得不怎么好。

妈　次　这　我　考　　不　得　好　几　多　不

靖西壮语人称代词单数中，汉语借词对固有词的取代，体现了靖西壮语与汉语接触的深刻。

（3）第二人称代词 tsau³

李锦芳（2002）认为，tsau³ 来自侗台语的古代形式 *tlau "老人；首领"。[5]在老挝语中，这个词仍保留了"领导者；官员"之义。如（桐柏，2016）[6]：

①ŋaːm³⁵tɛ⁵⁵mɯəŋ³⁵,mi³⁵tɕau⁵³phu⁵³diɛu³³.

漂亮　的　城市　有　领导人　一

城市欣欣向荣，是因为只有一个领导带领。

②khon³⁵loŋ³³mɯəŋ³⁵,ja⁵⁵ʔau³³ma³⁵het³³tɕau⁵³.

人　　迷　县　别　要　来　做　官

好大喜功的人，不要选作国家领导。

汉语借词"主"在老挝语中既可作第二人称代词，也可指"领导者；官"。其多义的形成，应经历了以下演变过程：

主人↗领导者；官

　　↘第二人称（尊称）

从其语音层次及壮傣民族历史事实看，tsau³ 确实是一个因土官制度而得的

---

① 陈孝玲：《侗台语核心词研究》，巴蜀书社 2011 年版，第 354 页。
② 陈孝玲：《侗台语核心词研究》，巴蜀书社 2011 年版，第 357 页。
③ 陈孝玲：《侗台语核心词研究》，巴蜀书社 2011 年版，第 355 页。
④ Bernd Heine，Tania Kuteva：《语法化的世界词库》，世界图书出版公司 2012 年版，第 319—320 页。列举了英语、法语、德语以及近代汉语、赣榆方言、汕头话、商水方言等存在的用复数人称代词指称单数指称对象的现象，说明"人称代词，复数＞单数（敬语）"的语法化过程十分普遍。
⑤ 李锦芳：《侗台语言与文化》，民族出版社 2002 年版，第 159 页。
⑥ 桐柏：《老挝谚语中的领袖世界观》，《百色学院学报》2016 年第 1 期。

人称代词。它的形成发展应该是依循以下脉络：由对土官的尊称"主"，继而成为对权贵、主家的尊称；并进一步成为对听者的尊称，成为表尊称的第二人称代词；进一步的使用中，其意义与壮民族普遍的对听者采用尊称的习惯相吻合，成为泛指的第二人称，tsau³中所包含的"尊贵"义逐渐消弭；随着 ni⁵"你"的借入，它的使用频率越来越小，使用范围越来越窄，现已接近消亡。

我们在上文已经讨论，靖西壮语曾使用本义为"奴仆"的 kho:i³，其应与 tsau³ 形成对应，也佐证了 tsau³ 的语源。

这是一个使用范围和频率都已经很小的第二人称单数代词。但是，我们认为，这个词在靖西壮语中曾普遍使用。理由有：

（1）据我们观察，靖西一些地方，这个代词仍然使用。如笔者 20 世纪 70 年代在靖西市魁圩乡生活时，这个代词是当地很常用的一个第二人称代词。如：

①tsau³pai¹mei² pai¹？你去不去？

　主　去　不　去

②tsau³ka:k¹⁰mei² mai⁴ ma²na:u⁵，ŋo⁵mei² ɬai⁴pa:n³fa²？

　主　独自　不　喜欢　来　不　　我　有　什么　办法

你自己不愿意来，我有什么办法？

（2）靖西有的地方 tsau³ 后可跟强调代词 ka:k¹⁰，也说明其早先是一个常用的第二人称代词。如：

①tsau³ka:k¹⁰pai¹ lə⁰.你自己去吧。

　主　独自　去 _{语气助词}

② tsau³ ka:k¹⁰ləu⁴nai³la⁰.你自己知道就行了。

　　主　独自　懂　得 _{语气助词}

tsau³ 与"官"的关系，文献中能窥见蛛丝马迹。如《越绝书》"朱馀盐官，越人谓盐为馀"。倪大白（2010）：黎语"盐" na:u³，临高话n̩au³，与印尼语"咸的"中的第二个音节-jau 有关。"朱"，《越绝书》解作"官"。[1]

（3）来自亲属语言的证据。如傣语第二人称代词：西双版纳傣语为 su¹和

---

[1] 倪大白：《侗台语概论》，民族出版社 2010 年版，第 1 页。

su¹ tsau³①（喻翠容、罗美珍，1980），孟连傣语 su¹tsau³、景洪傣语 to¹tsɑu³（周耀文、罗美珍，2001）②；老挝语第二人称代词为 tɕau⁴（覃国生、谢英，2009）③，tsau³、tsau³、tɕau⁴；侗语 ɕaːu¹ʼ"你们"（梁敏，1980）④与靖西壮语的 tsau³同源。

从各种材料看，以 tsau³及其同源词作为第二人称代词，目前多分布在南部壮语和西南台语，与北部壮语有别。

目前，tsau³在靖西壮语中作为第二人称代词已经极为鲜见。它的使用，更多的是作为一个构词语素，出现在反身代词 tsau³kau⁵"旧主"中。

属于南部壮语的田阳县巴别壮语仍以 tɕau³为第二人称的通称（覃凤余，2016）⑤：

ŋo⁶taːu⁵pai¹lo⁴no³,tɕau³mei²ɕai³θoŋ⁵lo⁶.我回去了，你不用送了。

我　回　去　了　哦，你　　不　使　送　　了

覃凤余（2016）认为，某些壮语方言仍有源于奴仆义的第一人称谦称，如：东兰 ʔuːi⁵我＜奴仆、靖西我 khoːi³³＜奴仆。由于"奴仆"和"主人"的相对语义关系，田阳巴别、靖西的"tɕau³＜主"原来是当做敬称来使用的。⑥覃凤余（2016）所论与我们的观点是一致的。

与靖西壮语相似，大新壮语也已不以 tsau³为第二人称代词，而是与其他语素构成反身代词 uŋ¹tsau³"自己"，如⑦：

①ni⁶ke⁴ni¹laːi¹kjaːŋ³,haːi⁶thaːi¹uŋ¹tsau³,teːu⁶haːi⁶thaːi¹mo³kən²m⁵.

　　你　如此　多　犟　害　死　自己　　又　害　死　别人　又

你这么犟，害了别人，也害了自己。

②jo²tsi²tsi¹jaːu⁴sɯ⁶kaᵘɬaːi¹ɕiːŋ²ka⁶uŋ¹tsau³.学习主要是自己的事情。

　　学习　主　要　是　些　事　情　的　自己

---

①　喻翠容、罗美珍编著：《傣语简志》，民族出版社 1980 年版，第 7 页。

②　周耀文、罗美珍：《傣语方言研究》，民族出版社 2001 年版，第 320 页。

③　覃国生、谢英：《老挝语—壮语共时比较研究》，民族出版社 2009 年版，第 279 页。

④　梁敏：《侗语简志》，民族出版社 1980 年版，第 39 页。

⑤　覃凤余：《田阳巴别壮语的人称代词和不定形式》，《百色学院学报》2016 年第 1 期。

⑥　覃凤余：《田阳巴别壮语的人称代词和不定形式》，《百色学院学报》2016 年第 1 期。

⑦　卢业林：《大新壮语法调查与研究》，硕士学位论文，广西大学，2011 年，第 19—20 页。

③te¹ ha:k⁷ju⁵ka⁴na:i² uŋ¹tsau³tsa:n⁵.他自己在那安慰自己。

　　他　自己在那安慰 自己　独自

3.第三人称代词单数

第三人称代词单数，各地壮语比较一致。在张均如、梁敏等（1999）记录的36个壮语方言点中，有29个是 te¹ 的同源词（其中，读 te¹ 的有21个，读 te¹¹ 的有1个，读 ti¹ 的有2个，读 ti¹¹ 的有1个，读 tiə¹ 的有1个，读 ti⁴ 的有2个，读 te⁵ 的有1个）①，te¹ 及其同源词是一个后起的人称代词。据林亦、唐龙（2007）②，陈孝玲（2008）③，覃凤余等（2016）④，te¹ 源于远指代词。

4.复数

（1）表复数的词

我们先讨论以下几个用来表复数的词。

1）ka:i⁵

ka:i⁵ 本为分类词，表个体时表"件，块"，表集合时相当于"些"，一般用于指物名词，这时相当于汉语的结构助词"的"。如 ka:i⁵（件，块，些）khwei⁵hi⁵（魁圩）"魁圩的"，ka:i⁵（件，块，些）nɔŋ²ne²（农业）"农业的"。

但我们观察到，ka:i⁵ 也可以指人，表复数，这一用法应该来自表集合的"些"。可用于第一、第二、第三人称单数前以及第一人称复数前：

ka:i⁵ŋo⁵我们（我们这些）　　　　ka:i⁵ni⁵你们（你们那些）

些　我　　　　　　　　　　　　些　你

ka:i⁵te¹他们（他们那些）　　　　ka:i⁵lau²我们（我们那些）

些　他　　　　　　　　　　　　些　我们

①ka:i⁵te¹kən²kən²khau³lun²mɔi⁵，ka:i⁵la:u²tu¹jaŋ²jəu⁵lun² ja².

　　些　他 人 人 进 房 新　些 我 都 还 住 房 茅草

他们个个住进新房，我们都还住茅草房。

① 张均如、梁敏、欧阳觉亚、郑贻青、李旭练、谢建猷：《壮语方言研究》，四川民族出版社1999年版，第800页。
② 林亦、唐龙：《壮语汉达话第三人称代词》，《民族语文》2007年第3期。
③ 陈孝玲：《壮语 te'（他）与汉语"他"》，《贵州民族学院学报》（哲学社会科学版）2008年第1期。
④ 覃凤余、李冬、孟飞雪：《田阳巴别壮语的人称代词与不定形式》，《百色学院学报》2016年第1期。

②ka:i⁵ni⁵ lai⁴ na² la:i¹mi⁰？ ka:i⁵ŋo⁵ lai⁴　na² no:i⁴ la:i¹.

　　些 你 旱地水田多 _{语气助词} 些我 旱地 水田少 多

你们那儿田地多吗？我们田地太少。

ka:i⁵lau²是第一人称复数，ka:i⁵te¹是第三人称复数。ka:i⁵的语法意义演变路径应是：指物＞指人。

与下文要讨论的 to:i⁶ 相比，ka:i⁵ 后可接各类名词，但它们是泛指某类事物，与复数不同。如：

ka:i⁵jɔ⁵ɬən⁵那些学生/（泛指）学生　　　　ka:i⁵pat⁷那些鸭子/（泛指）鸭子

些　　学生　　　　　　　　　　　　　　　些　鸭

ka:i⁵kha¹lo⁶那些道路/（泛指）道路　　　ka:i⁶lai⁴ na²那些田地/（泛指）田地

些　　道路　　　　　　　　　　　　　　些　旱地水田

因此，我们认为 ka:i⁵ 不是典型的复数标记。在结构上，仍是"中心语＋修饰成分"。

2）phɔn⁵

phɔn⁵可单用，单用时为第二人称复数；也可以和第三人称单数组合，位于第三人称单数前。

单用的如：

①phɔn⁵tsəŋ² ta:u⁶ma² na:u⁵pa⁰？它们还没回来吧？

　　他们 未曾返　来　不 _{语气助词}

②phɔn⁵wa⁶lau² mei² tɔŋ⁵na:u⁵.他们和我们不一样。

　　他们 和 我们不　同　不

更多的情况是作为复数标记，和第三人称单数组合使用，如上述两例可说成：

①phɔn⁵te¹ tsəŋ² ta:u⁶ma² na:u⁵pa⁰？它们还没回来吧？

　　_{复数标记}他 未曾 返 来　不 _{语气助词}

②phɔn⁵te¹ wa⁴lau² mei² tɔŋ²na:u⁵.他们和我们不一样。

　　_{复数标记}他 和 我们不　同　不

3）ta:ŋ²。表示复数，相当于"一帮""们"①

ta:ŋ²借自中古汉语"堂"。堂，中古宕摄开口一等唐韵，定母，平声，靖西壮语中古汉语借词宕开一一般读 a:ŋ，如"挡"读 ta:ŋ³，"帮"读 pa:ŋ¹；定母读 t，如"提"读 tai²，"条"读 te:u²；浊平读第 2 调 31，如"锣"读 la²，"符"读 fəu²。声韵调均符合中古借词规律。ta:ŋ²一般只用于指人名词或代词，表示复数，含类指义。如：

ta:ŋ²jo²ɬən⁵那群学生；学生们（学生那类人）

堂　学生

ta:ŋ²ka:n³pu³那群干部；干部们（干部那类人）

堂　　干部

ta:ŋ²　məu⁴　ke⁵那群老女人；老女人们

堂　年长女人老

ta:ŋ²je:n⁵je:n²那群演员；演员们（演员那类人）

堂　　演员

ta:ŋ²ŋo⁵我们（我们这类人）　　　　　ta:ŋ²te¹他们（他们那类人）

堂　我　　　　　　　　　　　　　　堂　他

ta:ŋ²lau²我们（我们这类人）

堂　我们

"堂"在汉语中有如下义项：1.夯土使高出地面成四方形的屋基。2.建于高台基之上的厅房。古时，整幢房子建筑在一个高出地面的台基上。前面是堂，通常是行吉凶大礼的地方，不住人；堂后面的室，住人。3.指旧时官府议论政事、审理案件的地方。4.用于厅事、书斋名称。5.用于商店名。6.尊称他人的母亲。7.指同祖父的亲属关系。8.宽阔平整处。9.高大。10.量词。巴金《家》十一："他叫四叔写一堂寿屏准备给他底老友冯乐山送去，庆祝冯乐山底六十寿诞。"老舍《骆驼祥子》十三："刘老头子马上教祥子去请一堂苹果……苹果买到，马上摆好。"刘万才《共产党的恩情海洋深》："社里见我单身三十几，又帮我讨

---

① 本部分为发表于《广西民族师范学院学报》2015 年第 5 期的《三个来自汉语的靖西壮语名词词缀》的一部分。

了一堂亲。"张天翼《春风》："别人这一堂正有课。"11.地名。12.姓。[①]汉语的"堂"作为量词，应该来自词义的引申，因"堂"的空间一般容量较大，由此演变而成的量词，主要用于空间较大的事物。[②]如上引各例中的"一堂寿屏""一堂亲""一堂课"均如此，也衍生为可指较大的数量，如上引"一堂苹果"。

我们认为，靖西壮语 taːŋ[2] 作为表复数的用法，来自汉语作为量词的义项。我们的推测是，靖西壮语借入后，又引申出复数义；因在同一空间中的人，一般是同一类人，因此，taːŋ[2] 演变成表复数的成分，并含类指义。

（2）复数标记 toːi[6][③]

toːi[6]是靖西壮语使用最普遍的复数标记，但其还演变出一些非复数标记的功能，为了相对完整地解释其语义演变，我们把部分非复数标记的情况也一并讨论。同时，为了理清 toːi[6] 的语义演变，我们的讨论也不限于南部壮语。

当前所见，对壮语 toːi[6] 的报道有：壮语德靖土语（黄阳，2010[④]；吕嵩崧，2014[⑤]，覃凤余、李冬、孟飞雪，2016[⑥]；陆世初，2017[⑦]），邕北壮语（张均如、梁敏等，1999）[⑧]，隆安壮语（张均如、梁敏等，1999）[⑨]，武鸣壮语（白丽珠，2001:233[⑩]；蓝利国，2016[⑪]）。这些成果主要着眼于描写，未能很好为

---

① 罗竹风主编，汉语大词典编纂处编纂《汉语大词典·第3册》，汉语大词典出版社1996年版，第1119—1120页。

② "堂"意义的演变，可参考 http://www.vividict.com/WordInfo.aspx?id=3043。

③ 本部分以《广西部分汉语方言"队"、壮语 toːi[6] 的多功能模式及其语义演变》为题发表于《语言科学》2021年第4期。本书做了部分修改。该文还对广西部分汉语方言"队"语义演变路径做了构拟；认为 toːi[6] 在靖西壮语、西林壮语中存在"'伙伴；同伴'义名词>'结伴'义动词>'陪伴'义动词>'跟随'义动词"的演变路径，靖西壮语 toːi[6] 存在"'结伴'义>'交往'义>'以婚姻为目的的交往'义"的演变路径，平果壮语 toːi[6] 演变出副词功能。

④ 黄阳：《靖西壮语语法》，硕士学位论文，广西大学，2010年，第13页。

⑤ 吕嵩崧：《靖西壮语语法研究》，博士学位论文，上海师范大学，2014年，第82页。

⑥ 覃凤余、李冬、孟飞雪：《田阳巴别壮语的人称代词与不定形式》，《百色学院学报》2016年第1期。

⑦ 陆世初：《靖西壮语"侽话"人称代词系统探析》，《百色学院学报》2017年第5期。

⑧张均如、梁敏、欧阳觉亚、郑贻青、李旭练、谢建猷：《壮语方言研究》，四川民族出版社1999年版，第801页。

⑨ 张均如、梁敏、欧阳觉亚、郑贻青、李旭练、谢建猷：《壮语方言研究》，四川民族出版社1999年版，第801页。

⑩ 白丽珠：《武鸣壮族民间故事》，民族出版社2001年版，第233页。

⑪ 蓝利国：《壮语语法标注文本》，社会科学文献出版社2016年版，第145、153页。

我们揭示这些语素的来源及其演变。

从已有报道看，虽然 to:i⁶ 是靖西壮语使用最普遍的人称代词复数标记，但在壮语中的分布不算普遍。我们把观察到的 to:i⁶ 在各地壮语中的使用情况罗列如下。

马山壮语：

1）名词

第一，集体名词

pit⁷pi:k⁷to:i⁶ 离群之鸭　　　　　　pan²kjoŋ⁵pan²to:i⁶ 成群成队

　鸭　别　队　　　　　　　　　　成　群　成　队

第二，"伙伴；同伴"义

lau³to:i⁶/to:i⁶lau³ 酒友　　　　　fɯ:n¹to:i⁶/ to:i⁶fɯ:n¹ 歌友，歌伴

　酒　队　队酒　　　　　　　　　山歌 队 队 山歌

kou¹mi²to:i⁶，mɯŋ²ɓou³mi²to:i⁶ 我有伙伴，你没有伙伴

　我　有 队　你　不　有　队

2）复数标记

to:i⁶kou¹ 我（我们）的伙伴　　　　to:i⁶te¹ 他（他们）的伙伴

　队　我　　　　　　　　　　　　队 他

3）第三人称代词，单复同形

to:i⁶pai¹ja⁰.他/他们走了。

　队　去 了

武鸣壮语：

1）名词

第一，集体名词

①pan²ɓa:n³wun²ku⁶to:i⁶tau³ɣau² ɕuŋ³ɓou³la:u¹.全村人成队来，我们都不怕。

　成　村　人　成 队 来 我们 都 不　怕

②ɣau² ka:p⁷paŋ¹ka:p⁷to:i⁶pai¹.我们成群结队去。

　我们 合　帮 合　队 去（白丽珠，2001）①

① 白丽珠：《武鸣壮族民间故事》，民族出版社 2001 年版，第 233 页。

第二，"伙伴；同伴"义

①te²⁴tam⁵⁵ɗai⁵⁵kø:n³⁵kwa³⁵tø:i³³.她比她的伙伴们最先织成了。

　　她　织　得　先　过　伙

②ɓau⁵⁵mi³¹na⁵⁵ɣan²⁴wun³¹tø:i³³.没有脸面见从前的伙伴。

　　不　有　面子见　人　伴（蓝利国，2016）[1]

2）第三人称代词复数

ham⁶lɯ:n²to:i⁶kɯn¹no⁶la:i¹li:u⁴le.昨晚他们吃肉太多了（白丽珠，2001:233）

夜　昨　队吃　肉　多　完了

隆安壮语：

1）集体名词

ka:p⁸to:i⁶ 结队　　　　pan²kjoŋ⁵pan²to:i⁶ 成群成队

合　队　　　　　成　群　成　队

2）复数标记

to:i⁶te⁵ 他们

队　他

3）第三人称代词复数

to:i⁶pai¹ja⁰.他们走了。

队　去　了

那坡壮语：

1）复数标记

to:i⁶te¹他们

队　他

2）第三人称，单复同形

məŋ²tɕiu¹to:i⁶ 你看他/他们

你　看　队

靖西壮语：

---

① 蓝利国：《壮语语法标注文本》，社会科学文献出版社 2016 年版，第 145、153 页。

靖西壮语 to:i⁶ 的功能比马山、隆安、武鸣更加复杂。

1）名词，指"伙伴；同伴"

靖西壮语 to:i⁶ 不能充当集体名词，但可指"伙伴；同伴"。

mei²to:i⁶pjam⁴pai¹.有同伴一道去。

有 队 一道 去

2）复数标记、表复数

第一，与人称代词单数搭配

to:i⁶ŋo⁵ 我们　　　　to:i⁶ni⁵ 你们　　　　to:i⁶te¹ 他们

队 我　　　　　　队 你　　　　　　队 他

这是最常见的用法。

据 Anna（2008），有人将"包括式"称为"第四人称"，即交际中的参与者为"说话者＋听话者"。[①]据 Anna（2008），"包括式"除了"说话者＋听话者"，还有"说话者＋听话者＋第三者"[②]。据此，lau²为靖西壮语第四人称，to:i⁶可与之组合：to:i⁶ lau²。

作为复数标记，靖西壮语的 to:i⁶ 已产生语音弱化，to:i⁶＞to⁶，可说：

to⁶ŋo⁵ 我们　　　to⁶ni⁵ 你们　　　to⁶te¹ 他们　　　to⁶lau² 咱们

队我　　　　　队你　　　　　队他　　　　　队 咱

说明其在进一步虚化。

第二，单用，充当第三人称，单复数同形

to:i⁶　　　pai¹ja⁰.他/他们走了。

他/他们 去 了

其单用时，未产生如上所述充当复数标记时的语音弱化，说明其充当意义实在的代词和充当意义较虚的复数标记，语音产生差异。

此外，覃凤余等（2016）显示，与靖西壮语同属德靖土语的田阳巴别壮语，to:i⁶ 至少可充当复数标记。[③]根据张均如、梁敏等（1999），邕北壮语的 to:i⁶ 可

---

① Anna Siewierska：《人称范畴》，北京大学出版社 2008 年版，第 103 页。

② Anna Siewierska：《人称范畴》，北京大学出版社 2008 年版，第 83 页。

③ 覃凤余、李冬、孟飞雪：《田阳巴别壮语的人称代词与不定形式》，《百色学院学报》2016 年第 1 期。

用于第四人称"咱们"：ka⁴lau²to:i⁶。①

3）充当动词

第一，"结伴"义

ło:ŋ¹kən²te¹ to:i⁶pai¹ne⁰.他俩结伴去。

二　人　他　队　去 语气助词

第二，"陪伴"义

ŋo⁵to:i⁶ni⁵pai¹.我陪你去。

我　队　你　去

第三，"交往"义

ło:ŋ¹kən²ŋo⁵jaŋ²ʔe:ŋ¹ʔe:ŋ¹le³toŋ² to:i⁶　lo⁰.我们两人从小就交往了。

二　人　我　还　小　小就　同　交往　了

第四，"以婚姻为目的的交往"义

ło:ŋ¹kən²te¹to:i⁶ha³pei¹lo⁰,　　ke:m¹laŋ¹ko³mei²pan²na:u⁵ni⁰.

二　人　他　队五年 语气助词　跟　后　仍　不　成　不 语气助词

他俩交往了五年，最后也没成（婚）。

吴福祥（2011）所谓"多功能性"，是指语言中某个编码形式（词汇形式、语法成分、语法范畴以及结构式）具有两个或两个以上不同而相关的功能。②如上所述，壮语的 to:i⁶ 具有多功能性。它们大多可充当集体编制单位（集体名词）、"伙伴；同伴"义名词、人称代词复数/复数标记。与他处壮语不同的是，靖西壮语的 to:i⁶ 不能充当集体名词，但可充当动词。

我们认为，壮语 to:i⁶ 是中古借词"队"。理由有：

第一，队，中古蟹合一去声队韵定母。壮语中中古借词队韵读 o:i，定母读 t，浊上读第 6 调，声韵调与老借词规律相符。

第二，据曹志耘主编（2008），以"队"表复数的汉语方言均在广西境内：田阳、巴马、田东、平果、隆安、龙州、宁明、崇左、扶绥、都安、武鸣、邕

---

① 张均如、梁敏、欧阳觉亚、郑贻青、李旭练、谢建猷：《壮语方言研究》，四川民族出版社 1999 年版，第 801 页。

② 吴福祥：《多功能语素与语义图模型》，《语言研究》2011 年第 1 期。

宁、钦州、上林、宾阳、横县、灵山、来宾、永福、平乐、蒙山、昭平、苍梧、平南、藤县、兴业、廉江、岑溪。①其他文献所显示的"队"的分布区域也都在广西境内。

汉语方言的"队"有集体编制单位、"伙伴；同伴"义、集合量词、复数标记等语义及功能。以下是我们观察到的广西部分汉语方言"队"和壮语 to:i⁶ 多功能模式的共时分布。

A.集体编制单位

百色粤语：分队比赛，睇边个厉害。（分成队比赛，看哪个厉害。）

贵港土白话：分队比赛，睇啰队赢。（分成队比赛，看哪队赢。）

平南粤语：排队打饭。（排成队列打饭。）分队比赛。（分成队比赛。）

苍梧粤语：分队比赛，睇边个厉害。（分成队比赛，看哪个厉害。）

岑溪粤语：分队比赛，睇边队赢。（分成队比赛，看哪队赢。）

灵山粤语：分成两队，睇边队赢。（分成两队，看哪队赢。）

百色蔗园话：分队比赛。（分成队比赛。）

B."伙伴；同伴"义

百色粤语：①揾队先。（先找伙伴再说。）

②今日有队去逛街。（今天有伴儿去逛街。）

平南粤语：①今日有队去逛街。（今天有伴儿去逛街。）

②我同你有队。（我和你在一起有伴儿了。）

苍梧粤语：①有队我就去。冇队就算了。（有同伴我就去，没有同伴就算了。）

②有队逛街。（有伴儿逛街。）

贵港土白话：有队我就去。冇队就算了。（有同伴我就去，没有同伴就算了。）

岑溪粤语：今日有队去逛街冇？（今天有伴去逛街吗？）

灵山粤语：①有队我就去。冇队就算了。（有同伴我就去，没有同伴就算

---

① 曹志耘主编：《汉语方言地图集·语法卷》，商务印书馆2008年版，第5页。

了。）

②想搵个队去逛街。（想找个伴儿去逛街）

百色蔗园话：有队饮酒。（有伴儿喝酒。）

C.集合量词：

所考察各点，"队"均可充当集合量词。如："一队人""三队学生""五队农民"。但平南白话与"队"搭配的只有"人"，其他指人名词不能与之搭配。

D.复数标记：

据曹志耘主编（2008）[①]，李连进（1998）[②]，李连进、朱艳娥（2009）[③]，梁伟华、林亦（2009）[④]，余瑾等（2016）[⑤]等，广西宾阳平话、百色蔗园话、田东蔗园话、田阳蔗园话、崇左江州蔗园话、崇左新和蔗园话、南宁远郊话、龙州上龙话、横县横州话、玉林平话、马山乔利话、昭平话、灵山土白话、贵港土白话，云南富宁剥隘话第一、第二、第三人称复数均可说"我队""你队""渠队"（部分材料原写作"佢队"，此处统一写作"渠队"）；桂南平话（蔗园话）第一人称复数一般还可说"云队"；贵港土白话第三人称复数还可说"人队"；广西苍梧白话、平南白话可说"侬队"（我们）、"你队""渠队"；岑溪白话可说"侬队"（我们）。

作为复数标记，宾阳平话、百色蔗园话的"队"还可以与指人名词搭配，如：学生队（学生们）、老师队（老师们）、司机队（司机们）。

以下是"队"在汉语方言中充当复数标记的例子：

你是同哪样去宾阳哦？我队行取去宾阳。（你是怎么去宾阳？我们走着去宾阳。）[⑥]

田东蔗园话[⑦]：

---

① 曹志耘主编：《汉语方言地图集·语法卷》，商务印书馆 2008 年版，第 5 页。

② 李连进：《平话人称代词的单复数形式》，《语文研究》1998 年第 3 期。

③ 李连进、朱艳娥：《广西崇左江州蔗园话比较研究》，广西师范大学出版社 2009 年版，第 176 页。

④ 梁伟华、林亦：《广西崇左新和蔗园话研究》，广西师范大学出版社 2009 年版，第 277 页。

⑤ 余瑾等：《广西平话研究》，中国社会科学出版社 2016 年版，第 285—286、288、338、341、368 页。

⑥ 覃凤余、覃东生惠告。

⑦ 马丽惠告。

①你队讲么？（你们说吗？）

②上午我队开会。（上午我们开会。）

田阳蔗园话①：

第一人称复数：我队

第二人称复数：你队

第三人称复数：渠队

崇左江州蔗园话（李连进、朱艳娥，2009）②：

第一人称复数：我队

第二人称复数：你队

第三人称复数：渠队

例句如：

①□ven³²队公社□kə³⁵三架拖拉机真好。（咱们公社的那三架新拖拉机真好。）

②□队冇要别人的东西。（咱们不要人家的东西。）

③我队每日吃三餐饭。（我们每天吃三顿饭。）

崇左新和蔗园话（梁伟华、林亦，2009）③：

第一人称复数：我队（排除式）、云队（包括式）

第二人称复数：你队

第三人称复数：渠队

例句如：

①我队讲蔗园话，你队讲白话，佢队两个讲普通话。（我们说蔗园话，你们说白话，他们两个讲普通话。）

②我队是崇左人，你队是南宁人，云队都是广西人。（我们是崇左人，你们是南宁人，咱们都是广西人。）

壮语toːi⁶的几个功能与汉语方言"队"的几个功能大体吻合。

---

① 黄彩庆惠告。我们在对田阳县那满镇内江村第六组雷杰兴调查时，也得到相同的语料。

② 李连进、朱艳娥：《广西崇左江州蔗园话比较研究》，广西师范大学出版社2009年版，第177页。

③ 梁伟华、林亦：《广西崇左新和蔗园话研究》，广西师范大学出版社2009年版，第277页。

第三，to:i⁶作为复数标记时，可与第四人称 lau²搭配；其与靖西壮语第一、第二人称代词单数搭配时，只限于汉语借词 ŋo⁵、ni⁵，不能与第一、第二人称固有词 kau¹、moi²搭配。

　　*to:i⁶kau¹　　　　　　*to:i⁶moi²

　　队 我（固有词）　　　 队 你（固有词）

但我们也观察到，马山壮语中，to:i⁶可与第一人称固有词 kou¹搭配。我们的解释是，马山壮语人称代词单数无汉语借词，作为复数标记，to:i⁶只能和固有词搭配。

to:i⁶可与第三人称代词单数搭配。壮语第三人称单数虽是固有词，但这一搭配关系应该是后起的，原因有二：

一是上文已经说明，to:i⁶可单用，充当第三人称代词，在部分壮语中单复同形。

二是壮语第三人称单数 te¹是一个后起的人称代词。te¹源于远指代词，已经林亦、唐龙（2007）①，陈孝玲（2008）②，覃凤余等（2016）③所证明。其产生应该晚于壮语第一、第二人称固有词。

to:i⁶作为复数标记，应该是先与第一、第二人称代词单数组合，to:i⁶te¹很可能是从 to:i⁶kau¹/ŋo⁵、to:i⁶ni⁵类推而得。

覃凤余等（2016）认为，由于壮语第三人称代词是晚起的，所以第三人称复数并没有一个统一形式。④陆世初（2017）列举的靖西壮语表复数的语素达 10 个之多，⑤也证明了这一点。这为壮语引入"队"充当第三人称代词提供了条件。

第四，to:i⁶并不是一个台语中普遍使用的复数标记。张增业（1998）认为，壮语没有专门表示复数的助词。壮语人称代词本身就有复数形式。如：

---

① 林亦、唐龙：《壮语汉达话第三人称代词》，《民族语文》2007 年第 3 期。

② 陈孝玲：《壮语"te¹（他）"与汉语"他"》，《贵州民族学院学报》（哲学社会科学版）2008 年第 1 期。

③ 覃凤余、李冬、孟飞雪：《田阳巴别壮语的人称代词与不定形式》，《百色学院学报》2016 年第 1 期。

④ 覃凤余、李冬、孟飞雪：《田阳巴别壮语的人称代词与不定形式》，《百色学院学报》2016 年第 1 期。

⑤ 陆世初：《靖西壮语"侬话"人称代词系统探析》，《百色学院学报》2017 年第 5 期。

raeuz/dou/sou。①该结论虽仍值得商榷，但各地壮侗语第一、第二人称代词使用复数标记的确实不多。张均如、梁敏等（1996）罗列的 36 个点，第一人称复数分别为，咱们：武鸣 fan⁶ɣau²，横县 ðau²，邕北 ka⁴lau²toːi⁶，平果 rau²，田东 lau²，田林 hɔ⁴lau²，凌乐 lau²，广南ᵖ hɔ²ðau²，丘北 ðau²，柳江 hjau²，宜山 hjau²，环江 rau²，融安 θau²、wa³ku¹，龙胜 rau²，河池 rau²，南丹 rau²，东兰 po²lau²，都安 rau²，上林 hjau²，来宾 ɣau²，贵港 rau²，连山 jau²wun²，钦州 lou²ɕai²，邕南 hlau²，隆安 kaːi⁵hlou⁵¹，扶绥 hoːŋ¹lau²，上思 lau²，崇左 hoːŋ¹lau²，宁明 huŋ¹lau²，龙州 huŋ¹lau²，大新 hau³ɫau²，德保 phɔːn⁶rau²，靖西 pnɔːn⁵rau²②，广南ᵢ lau²、ho⁴lau²，砚山ᵢ phuɯ¹，文马ₜ zɤu²；③我们：武鸣 fan⁶ɣau²，横县 tou¹，邕北 ka⁴lau²，平果 tou¹、rau²，田东 lau²，田林 hɔ⁴tu¹，凌乐 lau²，广南ᵖ hɔ²tu¹，丘北 təu¹，柳江 tu¹，宜山 tu¹，环江 tou¹，融安 tu¹、wa³ku¹，龙胜 tou¹，河池 tou¹，南丹 rau²，东兰 tou¹，都安 tou¹，上林 tou¹，来宾 tou¹，贵港 tou¹，连山 jau²wun²，钦州 lou²，邕南 ti¹kou¹¹，隆安 hlou⁵¹，扶绥 hoːŋ¹lau²，上思 hon²lau²，崇左 hoːŋ¹lau²，宁明 huŋ¹lau²，龙州 huŋ¹ŋo¹，大新 mo³ɫau²，德保 rau²，靖西 rau²，广南ᵢ lau²，砚山ᵢ rau²，文马ₜ zɤu²。④仅两个点以汉语借词"队"为复数标记：邕北用于第四人称"咱们"ka⁴lau²toːi⁶；隆安用于第三人称复数 toːi⁶te⁵。再加上上文所述我们观察到的几处壮语，其分布范围着实有限。

　　傣语的复数形式有，咱们：德傣 hau²，西傣 hau²；我们：德傣 tu⁶，西傣 hau²、tu¹；你们：德傣 su¹，西傣 su¹、su¹tsau³；他们：德傣 xau¹，西傣 xau¹、xau¹tsau³（喻翠容、罗美珍，1980）。⑤水语则为 ²daːu¹。（张均如，1980）⑥《Languages and Cultures of the Kam-Tai(Zhuang-Dong)Group:A word List(English-Thai Version)》还记录了壮侗语族其他一些语言的第一人称复数，如布依语 zau²，临

---

① 张增业：《壮—汉语比较简论》，广西民族出版社 1998 年版，第 136 页。

② 《壮语方言研究》的记录与笔者调查所得不完全一致，笔者调查到的情况，在靖西壮语中，toːi⁶十分常见。同时，存在 rau² > lau² 的音变，在新靖镇，该音变已经完成。

③ 张均如、梁敏、欧阳觉亚、郑贻青、李旭练、谢建猷：《壮语方言研究》，四川民族出版社 1999 年版，第 801 页。

④ 张均如、梁敏、欧阳觉亚、郑贻青、李旭练、谢建猷：《壮语方言研究》，四川民族出版社 1999 年版，第 800 页。

⑤ 喻翠容、罗美珍：《傣语简志》，民族出版社 1980 年版，第 7 页。

⑥ 张均如编著：《水语简志》，民族出版社 1980 年版，第 35 页。

高语 dəu²lo⁴，侗语 ta:u¹，仫佬语 hɣa:u¹，毛南语 nda:u¹，黎语 gau¹。[①]这里的 zau²、dəu²、ta:u¹、hɣa:u¹、nda:u¹、gau¹ 与上文所列傣语的 hau²、xau¹，水语的 ˀda:u¹ 与靖西壮语的 lau² 同源，壮语各点的第一人称复数也大多为靖西壮语 lau² 的同源词。陈孝玲（2011）所讨论的壮侗语核心词中，"咱们"一词也多为靖西壮语 lau² 的同源词。[②]这也说明复数标记 to:i⁶ 是在壮语与傣语、老挝语、水语分离后靖西壮语才借入的。

第五，作为复数标记，to:i⁶ 在各处的使用并不平衡。以靖西为例，相当一部分乡镇表复数的语素并不固定，如陆世初（2017）列举了靖西龙邦壮语表复数的 10 个语素，[③]而这些语素大多还不能看作复数标记。但上文已经讨论，to:i⁶ 在靖西市区新靖镇普遍使用，且已产生语音弱化，应视为复数标记。

第六，语法化程度也可以证明壮语 to:i⁶ 的多功能模式来自汉语。吴福祥（2009a，2009b）指出，如果 A、B 两种语言共享的某一语法范畴 F 是语法复制的结果，那么复制语中复制范畴 F_R 的语法化程度往往低于模式语中对应的模式范畴 F_M。[④]壮语 to:i⁶ 的多功能模式虽不是来自语法复制，但吴福祥这一论断亦可为之证明。吴福祥（2009a，2009b）认为，语法化通常与"去范畴化""去语义化""语音弱化"以及"强制性"等参数密切相关。他认为，典型的情形是，一个语法成分"去范畴化""去语义化""语音弱化"以及"强制性"程度越高，其语法化程度也就越高；反之亦然。[⑤]

我们认为，广西部分汉语方言中"队"语义演变的脉络为：（一）由集体编制单位演变为集合量词，即：集体编制单位＞集合量词；（二）由集体编制单位衍生出"伙伴；同伴"义，再由此语法化为复数标记。路径为：集体编制单位＞"伙伴；同伴"义＞复数标记。我们至少观察到作为复数标记的汉语方

---

① Institute of Language and Culture for Rural Development Mahidol University、Kam-Tai Institute Central University For Nationalities《Languages and Cultures of the Kam-Tai(Zhuang-Dong)Group:A word List(English-Thai Version)》，1996，第 390 页。还记录了壮语、傣西语、傣德语、水语的语词，因上文已有罗列，在此不再举出。

② 陈孝玲：《侗台语核心词研究》，巴蜀书社 2011 年版，第 361 页。

③ 陆世初：《靖西壮语"侬话"人称代词系统探析》，《百色学院学报》2017 年第 5 期。

④ 吴福祥：《从"得"义动词到补语标记——东南亚语言的一种语法化区域》，《中国语文》2009 年第 3 期；吴福祥：《语法化的新视野——接触引发的语法化》，《当代语言学》2009 年第 3 期。

⑤ 吴福祥：《从"得"义动词到补语标记——东南亚语言的一种语法化区域》，《中国语文》2009 年第 3 期；吴福祥：《语法化的新视野——接触引发的语法化》，《当代语言学》2009 年第 3 期。

言"队"的"去范畴化""去语义化"和"强制性"高于壮语 to:i⁶。

一是演变程度上，队＞to:i⁶。上文已经讨论，汉语方言的"队"和壮语的 to:i⁶ 虽然都可以充当复数标记，且复数标记应该是"队"和我们所观察的大部分壮语中 to:i⁶ 语法化的最后阶段（靖西壮语的 to:i⁶ 虽演变出新的功能，但有其特殊性），但汉语方言的"队"已可和指人名词搭配，在演变程度上，队＞to:i⁶。

二是"去语义化"程度，队＞to:i⁶。汉语方言的"队"充当复数标记时，一般不能单用，只能附着在人称代词单数上，黏着性较强，无实义；而壮语中的 to:i⁶，尽管可视为复数标记，但意义并不虚灵，根据壮语"中心语＋定语"的结构，to:i⁶ 与人称代词搭配时位置在前，意义较实在，to:i⁶ŋo⁵ 意义更像是"我们这帮人"，to:i⁶ni⁵ 意义更像是"你们这帮人"，to:i⁶te¹意义更像是"他们那帮人"，人称代词更像是对 to:i⁶ 起限制作用的指示词。此外，壮语的 to:i⁶ 可单用，有实义。显然，汉语方言"去语义化"程度高于壮语。

三是使用的"强制性"，队＞to:i⁶。上文已经显示，汉语方言表人称复数，必须以"队"充当复数标记。但壮语以 to:i⁶ 表复数无严格的强制性。以靖西为例，仅新靖镇强制性较强，其他区域可有多个语素起到表复数的作用。

第七，古代文献显示，早期壮语应该没有复数标记。壮族先民族称为"僚"的记载自三国始，晋人张华《博物志·异俗》说："荆州极西南界至蜀，诸民曰僚子。"①其后的记载不绝于书。南宋周去非《岭外代答·外国门下》中的《五民》载：钦民有五种：一曰土人，自昔骆越种类也。居于村落，容貌鄙野，以唇舌杂为音声，殊不可晓，谓之蒌语。②杨武泉校注说：蒌语当即邕南壮语。蒌当是族名，或即俚、骆之转音也。③"蒌"的中古音，潘悟云拟为 lju④，与当今壮语常见的 lau² 音近。周去非所记的"蒌"，指的应该就是该词。现在的 lau² 多充当第四人称，也可作为第一人称单数。说明古代壮语并无复数标记。

---

① （晋）张华：《博物志·卷2·异俗》，见祝鸿杰《博物志全译》，贵州人民出版社1992年版，第54页。"僚"，不同的文献也有写作"獠""佬"的。

② （宋）周去非著，杨武泉校注：《岭外代答校注》，中华书局1999年版，第144页。

③ （宋）周去非著，杨武泉校注：《岭外代答校注》，中华书局1999年版，第146页。

④ 见东方语言学网 http://www.eastling.org/tdfwb/midage.aspx.

我们认为，壮语中 to:i⁶的多功能模式，是从汉语借入"队"时同时带入多个义项和自身语义演变相结合的结果。具体而言，其集体名词、"伙伴；同伴"义与充当复数标记的功能是借入时同时带入。但靖西壮语中存在与汉语方言有异的功能，显然不是来自汉语。

以下我们对 to:i⁶ 充当第三人称代词功能的形成做讨论。

1）第三人称代词功能的形成

上文已述，部分壮语 to:i⁶ 可充当第三人称代词，且单复同形。这个异于汉语方言的功能，很可能因其与第三人称单数 te¹搭配时具有回指功能而发生演变所致。以靖西壮语为例：

wan²wa²khja¹nai³ki³ɬəp⁷kən²,to:i⁶te¹laːu¹meːu².昨天找到几十人，他们怕猫。
天　昨　找　得　几十　人　队　他　怕　猫

Diessle（1999）指出，许多语言的第三人称代词源于指示代名词的回指功能。①此论断说明"指示代名词＞第三人称代词"有四个发展阶段：i.指示代名词；ii.指示代名词的回指功能；iii.重新分析，指示代名词既有回指功能，又可指交际的第三方，即第三人称；iv.第三人称代词。

上例，叙述者是第一人称，听者是第二人称，从叙事者的角度看，to:i⁶te¹是交际的第三方，即第三人称。与阶段 iii 吻合。

to:i⁶仅与第三人称单数 te¹搭配时有回指功能，to:i⁶te¹便渐渐产生与 te¹一致的意义。根据张博（1999）②，to:i⁶te¹发生组合同化，于是 to:i⁶产生与 te¹一致的意义。因 to:i⁶与第一、第二人称代词搭配时无回指功能，因此没有形成第一、第二人称的功能。

2）to:i⁶为第三人称时单复同形的形成

上文已经讨论，to:i⁶ 充当第三人称代词时，部分壮语单复同形。我们认为，这样的功能表现来自多义复制。

吴福祥（2013，2014）指出，多义复制是指复制语的使用者对模式语中某

---

① Diessle,Holger: *Demonstatives Form,Functionand Grammaticalization*. Amsterdam/Philadelphia John Benjamins Publishing Company. 1999，p.119.

② 张博：《组合同化：词义衍生的一种途径》，《中国语文》1999 年第 2 期。

个多义模式的复制，从而导致复制语中出现与模式语相同的多义模式。这种语义复制的典型情形是：复制语的使用者注意到，模式语里有一个词项（多义词）S 具有 x、y 两个意义（即 S［x，y］），于是他们利用自己语言里与 Sx 对应的语素 Lx，产生出与 Sy 对应的意义 Ly，从而复制了模式语的多义模式 S［x，y］。即

模式语　　　复制语

$S（x，y）\rightarrow L（x，y）$　｛条件：Lx = Sx｝[①]

吴福祥"多义复制"所指，是复制语利用自己语言中的语素复制模式语中的多义模式。但这一模式，同样可以解释壮语中 to:i[6] 充当第三人称时单数复数同形的现象。

以靖西壮语为例，靖西壮语 phɔ:n[5] 至少具有如下功能：表第三人称复数；第三人称代词单数、复数；单复同形。

一是与第三人称单数搭配表第三人称复数[②]

phɔn[5]te[1] 他们

　群　他

二是充当第三人称代词，单复同形

　phɔn[5]　tsaŋ[2] pai[1] a[0]? 他/他们还没走吗？

他/他们　未曾　去　_{语气助词}

我们在上文已经讨论，to:i[6] "队"被壮语借入后，可充当复数标记和第三人称代词。我们认为，靖西壮语使用者观察到，靖西壮语与 to:i[6] 功能相似的语素 phɔn[5] 充当第三人称代词时单复同形，于是将 phɔn[5] 的多义模式复制到 to:i[6] 上，使 to:i[6] 在充当第三人称时单复同形。

（二）统称

靖西壮语的统称代词有三：1.用第一人称复数形式表示。2.借用汉语的"大家"表示。3.借用汉语的"大伙"表示。

---

① 吴福祥：《语义复制的两种模式》，《民族语文》2013 年第 4 期；吴福祥：《语言接触与语义复制——关于接触引发的语义演变》，《苏州大学学报》2014 年第 1 期。

② 我们认为，靖西壮语的 phɔ:n[5] 还不能视为复数标记，故此处称其可表第三人称代词复数。

1.用第一人称复数形式，即 to:i⁶/ka:i⁵ + lau²表示。

①to:i⁶lau² wan²wan²ɬa:n³pu³.我们天天散步。

　　队 我们 天 天　散步。

②ka:i⁵lau² tu¹tsei⁶la:u⁴ɬai¹.我们都是老师。

　　些 我们都 是 老师。

2.汉语借词"大家"有两个层次

（1）ta:i⁶kja¹

ta:i⁶是汉语借词"大"，是早于下文 ta⁶的层次，ta⁶与中古借词声韵调规律完全相符，下文将做分析。"大"的中古音，郑张尚芳与潘悟云都拟为 dАi，正与靖西壮语读音接近。kja¹是中古借词"家"。家，中古假开二麻韵，见母，平声。假开二读 a，如"渣"读ɳa⁵，"吓"读 ja⁵；见母与假开二相拼一般读kj，如"架"读 kja⁵，"（真）假"读 kja⁵；清平读第 1 调 53，如"珠"读 tsei¹，"真"读 tsan¹。

崇左壮语借入的 tha:i³ka¹"大家"与靖西壮语层次一致。

tha:i³ka¹tu⁵ wa³ ka:i²ni⁷ ɕei¹ sɯŋ²ni¹jo:i².大家都觉得这里很漂亮。

　　大家都 觉得 这里 非常　好 看（晏殊，2018）①

（2）ta⁶kja¹

ta⁶是中古借词"大"。大，中古果摄开口一等箇韵，定母，去声。中古借词果开一读 a，如"锣"读 la²，"驮"读 ta⁶；定母读 t，如"地"读 tei⁶，"桃"读 ta:u²；浊去读第 6 调 324，如"袋"读 tai⁶，"害"读 ja:i⁶。声韵调与中古借词规律相符。kja¹是中古借词"家"，上文已做分析。

ta:i⁶kja¹和 ta⁶kja¹可自由换用。

①ta:i⁶kja¹/ta⁶kja¹phja:i³, mei²sei¹ka:k⁷phja:i³na:u⁵. 大家一块走,不要各走各的。

　　　大家　　走, 未使 各 走 否定标记

②ta:i⁶kja¹/ta⁶kja¹lɔŋ²le:ŋ².大家努力。

　　　大家　　下 力

---

① 晏殊：《崇左左州壮语参考语法》，硕士学位论文，广西大学，2018 年，第 26 页。

3.ta³hɔ⁵/ta³ho⁵

ta³hɔ⁵/ ta³ho⁵是官话借词"大伙"。官话借词去声读第 3 调，所以"大"读ta³；上声读第 5 调，所以"伙"读第 5 调。官话的 uo，借词多读 ɔ。所以，"大伙"本读 ta³hɔ⁵，但 ɔ 逐渐高化，所以也可读 ta³ho⁵。借词"大伙"在靖西市区新靖镇不常见，笔者在南坡、果乐等处观察到。举二例：

①ta³hɔ⁵/ta³ho⁵lɔŋ²leːŋ²tso³naːi³.大伙努力才行。

　　大伙　　下力　才　得

②teⁱtuⁱmei²lei⁴ta³hɔ⁵/ta³ho⁵naːu⁵.他都不理大伙。

　　他都 不 理　大伙　　不

（三）别称

别称代词。有两种表达方式：一是第三人称复数；二是 kjoːk⁸kən².

1.第三人称复数表示别称的有：

toːi⁶teⁱ、phɔn⁵teⁱ、phɔn⁵

①ni⁵hat⁷pei³ hat³mei² laːuⁱtoːi⁶teⁱlɐu⁴naːu⁵ʔaⁿ? 你们这么做不怕别人知道吗？

　　你 做这样做 不　怕　队 他 懂 不　语气助词

②ŋo⁵mei² lei⁴toːi⁶teⁱ hat⁷puᵌleiⁱkaːŋ³naːu⁵.我不管别人怎么说。

　　我 不　理队 他 做 怎样讲 不

③phɔn⁵teⁱpuᵌleiⁱtsoᵌpuᵌlei², ŋo⁵hat⁷fən⁶ŋo⁵.不管别人怎样，我做我的。

　　复数标记 他 怎样 就 怎样，　我 做　份 我

④ni⁵koːiⁱphɔn⁵teⁱkən²tɔi²ɬaːŋ³ni⁵? 你看别人哪个像你？

　　你 看 复数标记 他 人 何 像 你

⑤phɔn⁵teⁱlaːu⁴laːu⁴tuⁱ kiᵉkə².别人个个都及格.

　　复数标记 他 个 个 都 及格

⑥phɔn⁵tsaŋ² ma²nau⁵paⁿ? 他们还没有来吧？

　　他们 还未 来 不 吧

2.kjoːk¹⁰kən²

kjoːk¹⁰本指人的"姓"，我们认为 kjoːk¹⁰与 kən² "人"组合实际上是别称的一种委婉说法，kjoːk¹⁰kən²的语义大致相当于汉语中的"某些人"，一般带调

侃意味，或带贬义。

①kjo:k¹⁰kən² mei² mai⁴pai¹na:u²，ŋo⁵mei² ɬai⁴ pa:n³fa²？

　　姓　　人　不　爱　去　不　　我　有　什么　办法

某些人不愿意去，我有什么办法？

②kjo:k¹⁰kən²pei³，ŋo⁵tsan¹mei²mai⁴than¹na³na:u⁵.

　　姓　　人　这样　我　真　不　爱　见　脸　不

这样的某些人，我真不愿意看见。

（四）强调代词

靖西壮语的强调代词为 ka:k¹⁰。

我们认为，ka:k¹⁰是中古借词"各"。各，中古宕摄开口一等，见母入声。宕开一入声中古借词读 a:k，如"（善）恶"读 ʔa:k⁹；见母读 k，如"过"读 kwa⁵，"锯"读 kei⁵。声韵与中古借词规律相符。但声调不合，"各"在汉语有两读，共同语今音一为去声，今读去声的《广韵》古落切，入铎，见母。此读在靖西壮语中应读第 7、9 调。"各"有另一读，今读上声，《汉语大词典》释为：方言。独特；多指人的性行与众不同。[①]从声韵对应及语义看，其借自中古汉语"各"应该是没有疑问的，但我们现在还无法知晓靖西壮语中的 ka:k¹⁰借自哪个"各"。

ka:k¹⁰在靖西壮语有另一义"怪异"，如：

①la:u⁴tən⁴noŋ⁴ɬi³ka:k¹⁰ka:k¹⁰.这个人穿着怪异。

　　佬　这　穿　衣　怪　　怪

②te¹ɬəŋ⁵ka:k¹⁰la:i⁴ ʔə¹.他的性格很怪。

　　他　性　怪　厉害　语气助词

靖西壮语的强调代词应该是从这一义项演变而得的。我们认为，汉语"独特；多指人的性行与众不同"包含"怪异"义，因此借入靖西壮语后其义为"怪异"；而怪异者，自然与众不同；与众不同者，往往特立独行，因而衍生出"独自"义，由此再演变成强调代词。

---

① 罗竹风主编，汉语大词典编辑委员会、汉语大词典编纂处编纂：《汉语大词典·第 3 册》，汉语大词典出版社 1996 年版，第 179 页。

作为强调代词的 ka:k^{10}可以位于动作发出者之前或之后。位于动作发出者之前的如：

①ka:k^{10}pa^{5}pai^1. 仅父亲自己去。

　独自　爸　去

②ka:k^{10}ni^{5}sa:u^{1}nai^{3}la^0? 仅你抄就行了吧？

　独自　你　抄　得　_{语气助词}

位于动作发出者之后的如：

①ŋo^{5}hɔi^{3}te^1 ka:k^{10}pai^{1}lun^2. 我让他自己回家。

　我　给　他　独自去　家

②te^{1}kən^{2}tok^{8}ka:k^{10}kin^{1}khau^3. 他一个人独自吃饭。

　他人　独　独自吃　饭

其在靖西壮语中语义及词性的演变为：

独特；多指人的性行与众不同（形容词）＞怪异（形容词）＞独自（强调代词）

张元生、覃晓航（1993）也讨论过一个代词 gag "自己"①，与靖西壮语的 ka:k^{10}应是同源词。其意义、在句中的位置与靖西壮语一致。

二　指示词

之前对壮语指示词的研究成果不多，相关的讨论有张元生、覃晓航（1993）②，韦庆稳（1985）③，储泽祥、邓云华（2003）④，田铁（2007）⑤，Yongxian Luo（2008）⑥，韦景云（2011）⑦，覃海恋（2009）⑧，陆天桥（2013）⑨等。覃

---

① 张元生、覃晓航：《现代壮汉语比较语法》，中央民族学院出版社 1993 年版。

② 张元生，覃晓航：《现代壮汉语比较语法》，中央民族学院出版社 1993 年版。

③ 韦庆稳：《壮语语法研究》，广西民族出版社 1985 年版。

④ 储泽祥、邓云华：《指示代词的类型和共性》，《当代语言学》2003 年第 4 期。

⑤ 田　铁：《侗语指示代词、疑问代词的功能特点》，《贵州民族学院学报》2007 年第 7 期。

⑥ Yongxian Luo（2008）.Zhuang.In The Tal-Kadal Languages.Anthony Van Nostrand Diller,Jerold A.Edmondson, Yongxian Luo(eds.)London:Routledge,p.327.

⑦ 韦景云、何霜、罗永现：《燕齐壮语参考语法》，中国社会科学出版社 2011 年版。

⑧ 覃海恋：《武鸣壮语语法研究》，硕士学位论文，广西大学，2009 年。

⑨ 陆天桥：《侗台语指示词的语音交替及句法特征》，《民族语文》2013 年第 3 期。

凤余（2013）讨论了壮语源于指示词的定语标记。黄慧（2015）对东兰、柳江、都安、武鸣四个北部壮语点的指示词进行了较为详细的描写和分析。[①]薄文泽（2006）对有关侗台语指示词的研究作了系统的综述。[②]本部分主要讨论靖西壮语的指示词。

靖西壮语指示词如下表：

靖西壮语指示词

指示代词种类	距离情况			
	近指		远指	
	最近	较近	较远	很远
指示空间，时间距离	kei⁵	tən⁴	təm⁴	paŋ⁴

如上表所示，靖西壮语常用的指示代词四个，又分为两组：表近指的有 kei⁵（最近）、tən⁴（较近）；表远指的有 təm⁴（较远）、paŋ⁴（很远）。

（一）kei⁵、tən⁴、təm⁴[③]、paŋ⁴的语义特点

1.kei⁵，指示空间距离时，范围基本处于说话人所处的地点，语义更接近与汉语的"这个地点"，如：

①ŋo⁵jəu⁵kei⁵ tha³ni⁵.我在这儿（这个地点）等你。

   我 在 这儿等 你

②mei² ta:u⁶na:u⁵lə¹，jəu⁵kei⁵ kin¹nai³ la³.

   别 返 不 语气助词在 这儿吃 得 语气助词

别回去了，在这儿（这个地点）吃就行了。

指示时间距离时，kei⁵指目前的时间点，与时间词组合时，可理解为"此时此刻；现在"，如：

①ɬei²kei⁵mei²loŋ²phon¹na:u⁵, ka:i⁵lau² pai¹khwa:i⁵. 现在不下雨，我们赶紧走。

   时 这 不 下 雨 不 些 我们 去 快

---

① 黄慧：《广西北部壮语指示词研究》，硕士学位论文，广西大学，2015 年。

② 薄文泽：《泰语的指示词——兼谈侗台语指示词的调查与定性》，《民族语文》2006 年第 6 期。

③ 在壮语中，tən⁴、təm⁴比较特殊。张均如、梁敏、欧阳觉亚、郑贻青、李旭练、谢建猷：《壮语方言研究》（四川民族出版社 1999 年版）第 802、803 页显示，似乎只在靖西、德保、崇左、宁明有，都属南部壮语。

②wan²kei⁵nai¹khu¹ʔa⁰.今天好笑啊。

　　天　这　好 笑 _{语气助词}

③pei¹kei⁵nut⁹tsau⁶la:i¹.今年热得太早。

　　年　这 热 早 多

2.tən⁴指示空间距离时，除了表示比 kei⁵距离稍远，还包含"范围略大"的意义，意义接近于汉语的"这个地方"。

①ni⁵tat⁸po⁴tən⁴ nai¹ 　la⁰.你摆在这儿（这个地方）就行。

　　你摆 在 这儿得 　 _{语气助词}

②tən⁴mei²ɬo:ŋ¹ʔan¹faŋ⁴，nɔi¹ pjok⁸ʔau¹ma²hat⁷tsa:u⁵sa:n⁵.

　　这儿有　二 个 粽子，早上明　要 来 做　 早餐

这儿（这个地方）有两个粽子，明早用来做早餐。

一般情况下，kei⁵和 tən⁴可以互换，意义区别不大，都可以译成汉语"这里"，但如上所述，它们确实有些细微的区别，我们从它们与同一名词组合后的语义差异，可以窥见它们之间的区别，如：

ma:n³kei⁵这个村　　　　　ma:n³tən⁴这里这个村

　村　 这　　　　　　　 村　 这

说明 kei⁵更倾向于表具体的"点儿"，而"点儿"是极小的范围，因此在语义上也就表示"最近"。

我们观察到这样两个句子：

te¹ɬei⁶ma²ɬo:ŋ¹lo⁶ma:k⁹，ka:i⁵kei⁵wa:n¹kwa⁵ka:i⁵tən⁴.

　他买来 二 样 果，些 这 甜 过 些 这。

虽然 kei⁵和 tən⁴本义与汉语"这"均对应，但在母语人的语感中，这个句子更准确的意思是：他买来两种水果，这种比那种甜。即，kei⁵译为"这"，tən⁴可译为"那"；如说话人讲述这一语句时伴以手势，则说 kei⁵时手指之处近于说 tən⁴时。

从它指示时间距离，与时间词组合时所表达的意思，能更清晰地看出这一点：

ɬei²kei⁵可译为"这时；现在"，指此时此刻；ɬei²tən⁴的翻译就比较麻烦，tən⁴虽一般可与汉语"这儿"对应，但 ɬei²tən⁴指的时间却是在说话之前，这时

往往译为"那时"更为准确。如：

①ɬei²kei⁵tsaŋ² loŋ²pa:n¹, ni⁵hat⁷pu¹lei²khja¹than¹te¹?

　时　这　未曾　下班，　你　做　怎样　找　见　他

现在还没下班，你怎么找到他？

②te¹wan²wa⁵pai¹<u>sa:i³si³</u>, ɬei²tən⁴loŋ²phon¹luŋ¹.他昨天去菜市，那时下大雨。

　　他　天　昨　去　菜市　时　那　下　雨　大

因此，tən⁴和时间词组合时一般都指说话人描述的已发生事件的时间，因此要译为"那"。如：

①wan²tən⁴ŋo⁵jəu⁵ka:i¹than¹ni⁵, ni⁵mei²than¹ŋo⁵na:u⁵ʔa⁰?

　　天　那　我　在　街　见　你　　你　没　见　我　不 _{语气助词}

那天我在街上看见你，你没有看见我吗？

②ŋo⁵nun¹nun¹pai¹lun², to²nun¹tən⁴ni⁵mei² jəu⁵na:u⁵.

　　我　月　月　去　家　　但　月　那　你　没　在　不

我每个月都回家，但那个月你不在家。

③pei¹tən⁴ni⁵jəu⁵<u>kwa:ŋ⁵toŋ⁵</u>, ŋo⁵jəu⁵nei¹.那年你在广东，我也在。

　　年　那　你　在　广东　　　我　在　也

我们将在下文专门讨论德靖土语近指指示词的演变。

3.təm⁴。指示空间距离时，指较远，可译为"那儿"。如：

①ŋo⁵mei² pai¹ təm⁴kwa⁵na:u⁵.我没去过那儿。

　　我　没　去　那儿　过　不

②ŋo⁵mei² than¹təm⁴nai¹pan²pei³ na:u⁵.我不觉得那儿有那么好。

　　我　没　见　那儿　好　成　这样　不

指示时间距离时，也是指距现在较远的时间，所指时间较 tən⁴更远。如：

①ja:ŋ²ʔe:ŋ¹ho³ ʔo⁰, ɬei²təm⁴wan²wan²than¹ja:k⁹.小时候真苦，天天觉得饿。

　　还　小　苦 _{语气助词}　时　那　天　天　见　饿

②<u>wən²wa³ta³kə²min⁴</u> ʔa⁰, pəu⁴təm⁴lun⁶ʔo⁰.文化大革命啊，那时候真乱啊。

　　文化大革命　　_{语气助词}　时　那　乱 _{语气助词}

上文已讨论，tən⁴指示时间时，一般也要译为"那"，其所指示时间接近

təm⁴。这从以下两例可以看出：

①wan²tən⁴ni⁵mei² tsei⁶ja⁴, ɬei²jaŋ²ʔeːŋ¹təm⁴nam⁴hən⁵kheːt⁹ʔaº?

　　天　这你没　是　说　时　还　小　那　水　很　缺　_{语气助词}

那天你不是说，小时候很缺水。

这个句子中，wan²tən⁴发生的事在 təm⁴之后。

②pəu⁴tən⁴ŋo⁵tu¹ja⁴ ləº,　ɬei²təm⁴hat⁷pai¹mei² naiⁿnaːu⁵neº.

　　时　这我　都说　_{语气助词}　时　那　做　这样不　得　不　_{语气助词}

那时我都说了，那时那样做不行。

这个句子中，pəu⁴tən⁴发生的动作在 ɬei²təm⁴之后。

徐世璇（1996）指出，汉语、藏语、独龙语、拉祜语、壮语、水语、苗语等语言通过音节内部的语音屈折构成新词的现象，在汉藏语言中具有一定的广泛性。[①]李旭练（2011）指出，壮语的形态过程有其自身的特点，屈折和词缀形态变化过程均能产生新词。[②]我们认为，tən⁴（较近）、təm⁴（较远）便是通过韵尾屈折别义。

4.paŋ⁶。指空间距离时指"很远"，也可译为"那儿"，但一般指比 təm⁴更远的距离。如：

①paŋ⁶jaŋ²mei²ɬaːm¹ʔan¹lun².那儿还有三间房子。

　　那儿　还　有　三　个　房

②ŋo⁵tsan¹mei⁵mai⁴pai¹paŋ⁶ɬak⁷ ʔi³　naːu⁵.我真的一点儿都不想到那儿去。

　　我　真　不　爱　去　那儿　那么点儿　不

指示时间距离时，一般也译为"那儿"，但其所指时间也比 təm⁴更远。

kjəu⁵kjəu⁵neːn², pei¹təm⁴ni⁵jəu⁵tɔi²? pa² ki⁵neːn², ɬei²paŋ⁶ni⁵?

　　九　九年　年　那你在何　八几年　　时那　_{语气助词}

九九年，那年你在哪儿？八几年，那时呢？

təm⁴和 paŋ⁶的区别在于：一是 paŋ⁶所指距离更远；二是 paŋ⁶可指背对说话人的地方，而 təm⁴一般不能；三是 paŋ⁶常指越过视线障碍的远方，即

①　徐世璇：《汉藏语言的语音屈折构词现象》，《民族语文》1996 年第 3 期。
②　李旭练：《都安壮语形态变化研究》，民族出版社 2011 年版，第 248 页。

在所指物体之前，往往还有其他的物体，而 təm⁴所指的地点前可以没有其他物体。

我们认为，paŋ⁶很可能是从靖西壮语中指"后背"的人体部位名词 laŋ¹经过语音屈折而得的。

第一，从语音看，paŋ⁶和 laŋ¹韵母一致，仅声母和声调不同。

第二，从语义看，如上所述，paŋ⁶可指背对说话人的地方；常指越过视线障碍的远方，即在所指物体之前，往往还有其他的物体，可以把 paŋ⁶所指的地方认为是位于这些物体的背后。由此可看出，"背后"与 paŋ⁶在意义上联系紧密。

第三，这与各地语言中人体部位名词演变为表方位的词这一普遍规律也是相一致的。

靖西壮语四个指示词关系如下图：

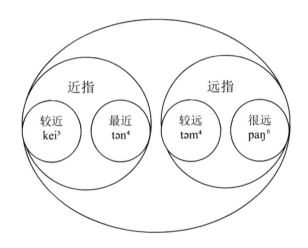

（二）德靖土语近指指示词的演变[①]

下面我们对德靖土语的近指指示词的演变做讨论。

据张均如、梁敏等（1999）及侗台语各种资料，各地壮语近指指示词分别为：武鸣 nai⁴，横县、丘北、龙胜、河池、东兰、都安、上林、来宾、贵港、

[①] 本部分以《壮语德靖土语近指指示词的演变——基于语言接触的视角》为题发表于《广西师范大学学报》（哲学社会科学版）2019 年第 4 期，本书有所修改。

环江 nei^4，邑北 nuːi^3，平果 nəi^4，田东、田林、凌乐、柳江、宜山、融安、南丹 ni^4，广南$_{沙}$、连山 ni^3，钦州 nui^3/noːi^3，邑南 nei^3，隆安 nɯi^4，扶绥 ne^0，上思 noːy^4，崇左 kən^3，宁明 kjɯm^2，龙州 nai^3，大新 nai$^{5/4}$，广南$_{侬}$nai^6，砚山$_{侬}$ni^6，文马$_{土}$nɛi^4，德保 tən^4/kei^5，靖西 kei^5/tən^4。[1]

亲属语言中，侗语、仫佬语、水语、毛南语 naːi^6（梁敏，1980[2]；王均、郑国乔，1980[3]；张均如，1980[4]；梁敏，1980[5]）；黎语 nei^2（欧阳觉亚、郑贻青，1980）[6]；仡佬语 ni^{31}（贺嘉善，1980）[7]；拉咖语 ni^2/li^2（刘宝元，1999）[8]；标话 naːi^1/nai^2（梁敏、张均如，2002）[9]；傣语：傣$_{芒市}$lai^4，傣$_{孟连}$nɑi^4，傣$_{景洪}$ni^{78}、ni^3，傣$_{金平}$ni^3，傣$_{元阳}$nai^4、ʔai^4，傣$_{武定}$nɐi^4，傣$_{元江}$nai^4，傣$_{马关}$nai^4，傣$_{绿春}$nai^4（周耀文、罗美珍，2001）[10]；老挝语：ni^4、ni^3（覃国生、谢英，2009）。[11]

可见，侗台语近指指示词大多为 ni^4 及其同源词，一致性极强。目前较一致的观点，壮语指示词二分，近指指示词为 1 个（见陆天桥，2013[12]；储泽祥、邓云华，2003[13]）。对德靖土语近指指示词的报道并不一致，张均如、梁敏等（1999）认为有 kei^5、tən^{4}两个。[14]郑贻青（1996）认为属于德靖土语的靖西壮语近指指示词仅有 kei^5[15]。黄阳（2010）则认为有 kəi^5、tən^{4}两个，但二者有区别，kəi^{5}指最近，tən^{4}指较近，他认为表示较近的指示代词 tən^{4}距说话人有一定距离；[16]kəi^{5}显然便是本书所论的 kei^5。但吕嵩崧（2014）认为除了 kei^5

① 张均如、梁敏、欧阳觉亚、郑贻青、李旭练、谢建猷：《壮语方言研究》，四川民族出版社 1999 年版，第 802 页。
② 梁敏：《侗语简志》，民族出版社 1980 年版，第 44 页。
③ 王均、郑国乔：《仫佬语简志》，民族出版社 1980 年版，第 50 页。
④ 张均如：《水语简志》，民族出版社 1980 年版，第 36 页。
⑤ 梁敏：《毛南语简志》，民族出版社 1980 年版，第 41 页。
⑥ 欧阳觉亚、郑贻青：《黎语简志》，民族出版社 1980 年版，第 23 页。
⑦ 贺嘉善：《仡佬语简志》，民族出版社 1980 年版，第 37 页。
⑧ 刘宝元：《汉瑶词典（拉咖语）》，四川民族出版社 1999 年版，第 246—247 页。
⑨ 梁敏、张均如：《标话研究》，中央民族大学出版社 2002 年版，第 103 页。
⑩ 周耀文、罗美珍：《傣语方言研究》，民族出版社 2001 年版。
⑪ 覃国生、谢英：《老挝语—壮语共时比较研究》，民族出版社 2009 年版。
⑫ 陆天桥：《侗台语指示词的语音交替及句法特征》，《民族语文》2013 年第 3 期。
⑬ 储泽祥、邓云华：《指示代词的类型和共性》，《当代语言学》2003 年第 4 期。
⑭ 张均如、梁敏、欧阳觉亚、郑贻青、李旭练、谢建猷：《壮语方言研究》，四川民族出版社 1999 年版，第 802 页。
⑮ 郑贻青：《靖西壮语研究》，中国社会科学院民族研究所 1996 年版，第 224 页。
⑯ 黄阳：《靖西壮语语法》，硕士学位论文，广西大学，2010 年，第 18 页。

和 tən⁴，①还有一个已虚化的 ni⁰。②

　　显然，壮语德靖土语近指指示词与其他壮语及侗台语差异甚大。其中，tən⁴ 可能与傣语的中指指示词 nan⁴（喻翠容、罗美珍，1980）③同源，本书对其来源暂不讨论。

　　1.kei⁵的来源

　　广东四邑方言（甘于恩，2002）④，广西北流（徐荣，2008）⑤、蒙山（韦玉丽，2011）⑥、贵港（陈曦，2017）⑦、桂平（滕祖爱，2018）⑧、玉林（钟武媚，2011）⑨等地粤语，属桂南平话的广西钦州海獭话（李海珍，2012）⑩近指指示词均为“个”⑪。余瑾等（2016）列举了广西粤语、平话中“个”及其变体的指示词功能，我们以下表呈现。⑫德靖土语 kei⁵的功能与指示词“个”基本一致。广西粤语和平话的“个”由指“个体/名物”演变为指处所的指示词，进而演变为表时间的指示词，并进而演变出其他的功能，当无疑义。而由表空间引申为表时间，符合世界语言的演变规律（Bernd Heine，Tania Kuteva，2012）。⑬我们认为，德靖土语借入“个”时，这两个基本功能也随同带入，但指示数量的功能没有带入。

---

　　① 根据上文，靖西壮语指示词四分，tən⁴是近指（较近，所指示距离远于 kei⁵），为便于下文讨论，此处我们称为中指；远指指示词为 təm⁴（较远）、paŋ⁴（更远）。
　　② 从各种文献看，ni⁵⁵原应该是第 4 调，靖西壮语读 ni²¹³，靖西壮语并无 55 调值，ni⁵⁵是 ni²¹³语音弱化后的读音，吕嵩崧《靖西壮语语法研究》（博士学位论文，上海师范大学，2014 年）记为 ni⁰。本书中，已语法化的 ni⁴记为 ni⁰，未语法化的标原调类 ni⁴。
　　③ 喻翠容、罗美珍：《傣语简志》，民族出版社 1980 年版，第 51 页。
　　④ 甘于恩：《广东四邑方言语法研究》，博士学位论文，暨南大学，2002 年，第 43 页。
　　⑤ 徐荣：《广西北流粤方言语法研究》，硕士学位论文，清华大学，2008 年，第 13 页。
　　⑥ 韦玉丽：《广西蒙山粤语研究》，硕士学位论文，广西师范大学，2011 年，第 485 页。
　　⑦ 陈曦：《贵港话语法研究》，硕士学位论文，广西大学，2017 年，第 50 页。
　　⑧ 滕祖爱：《南宁市与桂平市粤方言比较研究》，硕士学位论文，广西师范大学，2018 年，第 95 页。
　　⑨ 钟武媚：《粤语玉林话语法研究》，硕士学位论文，广西大学，2011 年，第 26 页。
　　⑩ 李海珍：《广西犀牛脚海獭话比较研究》，硕士学位论文，广西大学，2012 年，第 118 页。
　　⑪ 也有写成“箇”的。下文所引古代文献多写成“箇”，为与本书统一，均改写“个”。部分文献记录的近指指示词疑似“个”，如陈晓锦、陈滔《广西北海市粤方言调查研究》，中国社会科学出版社线装书局 2005 年版，第 401 页；曾娜《广西博白地老话研究》，广西师范大学硕士学位论文，2008 年，第 93 页。
　　⑫ 见余瑾等《广西平话研究》，中国社会科学出版社 2016 年版，第 342 页。因“个”作为指示词在广西粤语、平话中一般用于近指，故此表不作说明的即为近指；非近指的用括号注明。
　　⑬ [德]Bernd Heine，Tania Kuteva 著，龙海平、谷峰、肖小平译，洪波、谷峰注释：《语法化的世界词库》，世界图书出版公司 2012 年版，第 278 页。

广西粤语、平话中"个"及其变体的指示词功能

	南宁白话	宾阳新桥（桂南平话）	田阳那满（桂南平话）	宜州德胜（桂南平话）（远指）	罗城牛鼻（桂南平话）	塘堡（桂北平话）	临桂义宁话①	
							近指	中指
个体/名物	阿只	ku³³个	ki³³个	khy³³nε⁴²	kɔ²¹个	kei³¹	khɔ⁵³	ko³³、ko³³ti³³
方式/性状				khy³³样				
处所	阿的、阿便	ku³³nε²⁴	ki³³摆tik⁵、ki³³摆	khy³³nε⁴²	kɔ²¹hen²¹	kei³¹ŋi³⁵	khɔ⁵³tau³¹ khɔ⁵³mian⁵³khɔ⁵³pin²⁴	ko³³tau³¹、ko³³mian⁵³、ko³³pin²⁴
时间	阿阵时	ku³³阵、样时	阵子			kei³¹阵、kei³¹个时候	khɔ⁵³tʃhe?⁵	ko³³tʃhe?⁵
数量	阿排时	ku³³nε²⁴	ki³³敏	khy³³nε⁴²、khy³³	kɔ²¹ti⁵⁴、kɔ²¹些			
可否指示兼替代	阿的							

（1）以上我们已经讨论，壮侗语固有的表近指的指示词是 ni⁴ 及其同源词，与德靖土语同属南部壮语的广南沙、连山、钦州、邕南、隆安、扶绥、上思、崇左、宁明、龙州、大新、广南侬、砚山侬、文马土等处壮语也是如此。显然，kei⁵ 是一个异质成分。

（2）汉语的"个"本就有指示词的功能。

"个"的指示词功能，并非当代汉语方言才有，吕叔湘（1985）认为始见于六朝时期的南方口语，②如北周·庾信《镜赋》："真成个镜特相宜。"《助字辨略·卷四》云："个，方言此也。"再如唐李白《秋浦歌》："白发三千丈，缘愁似个长。"唐寒山《诗三百三首》："但看北邙山，个是蓬莱

---

① 临桂义宁话的归属，说法不一。中国社会科学院、澳大利亚人文科学院《中国语言地图集》（香港：朗文（远东）出版有限公司，1987—1989）划归桂北平话，周本良《广西临桂县义宁话的音系及其归属》（《广西民族大学学报》（哲学社会科学版）2008年第1期）也认为属桂北平话；张均如、梁敏《广西平话》（《广西民族研究》1996年第2、3、4期）归入融柳土语，李连进《平话的分布、内部分区及系属问题》（《方言》2007年第1期）归入融江小片，而融江片平话，应属桂南平话。无论归属桂北平话还是桂南平话，都不影响本书结论。

② 吕叔湘著，江蓝生补：《近代汉语指代词》，学林出版社1985年版。

岛。"	"个是何措大，时来省南院。"	"个是谁家子，为人大被憎。"	"饱食腹膨脝，个是痴顽物。"	"若言由冢墓，个是极痴人。"当中的"个"均为指示词。冯春田（2000）也从文献比较的角度论证了历史上指示词"个"多出现在南方方言中。[①]

（3）指示时间，宾阳平话可说"个阵"（余瑾等，2016）[②]，田阳平话可说"个阵子"（余瑾等，2016）[③]。德靖土语指示时间（近指），可说 $tsan^6kei^5$，$tsan^6$ 为中古借词"阵"，$tsan^6kei^5$ 应是"个阵""个阵子"借入德靖土语后，由原本的"偏＋正"结构按壮语语序改造成"正＋偏"结构。

（4）据目前所见报道，kei^5 在壮语中仅德靖土语独有，而如表 1 所示，汉语方言"个"具有指示词功能的分布区域远大于壮语。

余瑾等（2016）进一步说明，平话和粤方言普遍以[k]声母字表近指，应从"个"演变而来；广东的中山、四邑、阳江、阳春、吴川、化州茅坡村等地，广西的廉州，也是近指用[k]声母字；临桂义宁话近指 $[kh\partial^{53}]$ 可能是 $[ko^{33}]$ 的一个分化形式；广东西南地区的粤方言近指，用[kh]声母字，亦即"个"；南宁白话近指用"阿"，应该也是"个"的音变；梧州话基本指示词也用"个"。[④]可见以"个"表近指，不单上表所列各点，其应是广西粤语、平话的共同特点。

不独广西粤语、平话中的"个"有此功能。张振兴（2017）举了多个汉语南方方言中以"个"充当指示词的例子，如闽语厦门话、客家方言梅县话、粤语广州话等。[⑤]王健（2007）[⑥]、林素娥（2018）[⑦]分别讨论了江苏睢宁和早期吴语的指示词"个"。说明在汉语南方方言中，以"个"充当指示词并不鲜见。张文还敏锐地提出"个"与南方少数民族语言尤其是壮侗语具有密切关系。

结合以上第（2）点，无论历时还是共时，"个"作为指示词，应主要分布在南方。

---

① 冯春田：《近代汉语语法研究》，山东教育出版社 2000 年版，第 117－118 页。
② 余瑾等：《广西平话研究》，中国社会科学出版社 2016 年版，第 291、342 页。
③ 余瑾等：《广西平话研究》，中国社会科学出版社 2016 年版，第 342 页。
④ 余瑾等：《广西平话研究》，中国社会科学出版社 2016 年版，第 344 页。
⑤ 张振兴：《关于"渠"和"個"》，《中国方言学报》2017 年。
⑥ 王健：《睢宁话中"个"的读音和用法》，《方言》2007 年第 1 期。
⑦ 林素娥：《早期吴语指示词"个"——兼议吴语中性指示词的来源》，《方言》2018 年第 2 期。

（5）据我们观察，在靖西市较偏远的魁圩乡，近指多用 $tən^4$ 而非 kei^5。远离接触频繁的地域，层次较早的语言成分保存得相对较好，魁圩的语言事实说明 kei^5 层次晚于 $tən^4$。

（6）根据壮语借词的一般规律，德靖土语的 kei^5 应借自平话（见张均如，1988；梁敏、张均如，1999；张均如、梁敏等，1999）。[①]我们认为，其借入时，与当代平话中部分"个"一样，韵母为 i，后复化为 ei，即 i>ei。[②]事实上，靖西市安德镇壮语，该词仍读更早的形式 ki^5。根据余瑾等（2016），广西粤语、平话"个"充当指示词时，因语音弱化，失去原调，多读 33。[③]根据借词调值依调值相似的原则，借入的"个"更应读第 3 调。但是，德靖土语与平话并无直接接触，其借入汉语词，往往无法知晓语音弱化后的实际音值，而根据原调类折合念读。[④]壮语中古借词阴去一般读第 5 调（蓝庆元，2003）[⑤]，故读为 kei^5。

2.对德靖土语近指指示词演变的讨论

接下来我们讨论以下内容：（1）已虚化的 ni^0 是否还具有指示词功能？（2）德靖土语的多个近指指示词是否存在功能分工？若有，如何分工？（3）德靖土语的近指指示词如何演变？

（1）德靖土语近指指示词功能考察

德靖土语的 ni^0 是经 ni^4 语法化而得，与语法化相伴的是其语音弱化。当前所见报道，仅吕嵩崧（2014）认为 ni^0 仍具有指示词功能。[⑥]

Diessel（1999）指出，指示词判断标准有三：（1）指示词表达指示义，通常用作独立的代名词或作为修饰语与名词同现。（2）指示词具有特殊的语用功能，主要有：在一个言谈场景中，将听者的注意力吸引到对象或处所上（通常结合手势或眼神），也用来组织下文将要出现的信息，或帮助先前话语的参与者追

---

① 张均如：《广西平话对当地壮侗语族语言的影响》，《民族语文》1988 年第 3 期；梁敏、张均如：《广西平话概论》，《方言》1999 年第 1 期；张均如、梁敏、欧阳觉亚、郑贻青、李旭练、谢建猷：《壮语方言研究》，四川民族出版社 1999 年版，第 250 页。

② 德靖土语有平行例证，如中古借词"几"有两读：ki^3 和 kei^3，其演变应该是 $ki^3 > kei^3$；靖西壮语 fei^1（车票）借自南宁粤语的 fi^1（车票），在靖西壮语中也经历了 $fi > fei$ 的演变过程。

③ 余瑾等：《广西平话研究》，中国社会科学出版社 2016 年版，第 342 页。

④ 此种现象多矣，如未经训练的壮语人一般会把汉语普通话轻声音节按原调念读。

⑤ 蓝庆元：《壮汉同源词借词研究》，中央民族大学出版社 2003 年版，第 83 页。

⑥ 吕嵩崧：《靖西壮语语法研究》，博士学位论文，上海师范大学，2014 年，第 100 页。

踪上文提及的对象，或指示特殊共享信息；他进一步提出，指示词的语用功能包括外指和内指，外指指代言谈场景中的实体，内指则分为回指、篇章指和认同指，回指和篇章指指示的是正在进行的话语中的成分；其中回指指示词追踪话语参与者，与其前面的名词短语指称相同对象；篇章指指示词指示的是命题，在两个命题之间建立一个显性的联系。认同指指示词用于表明听者能够基于特定共享信息辨识所指对象。（3）指示词具有特殊的语义特征，所有语言至少存在两个指示义上相互对立的指示词：近指指示词和远指指示词。有些语言中还存在中指指示词和中性指示词。他根据指示词出现的不同的语法环境，将指示词的句法功能分为指示代名词、指示形容词、指示副词、指示判断词四种。[①]

陈玉洁（2010）认为："指示词是一个以指示为基本功能（直指是它的典型指示功能），以距离意义为核心意义的语法范畴，形式上既包括以封闭性词类出现的各类独立的代词、副词、形容词等，也包括已经虚化的指示成分，甚至可能是黏着语素。"[②]

基于 Diessel（1999）及陈玉洁（2010）的论断，我们将从句法语义（考察指示代名词、指示形容词功能：包括指示个体、指示集体、指示处所、指示时间、指示方式、指示性状、指示程度等功能）、语用（考察情景指：包括指示个体、指示集体、指示处所、指示时间、指示方式等功能，回指，篇章指：包括篇章回指、篇章下指、助指、认同指、概念关联等功能）等角度对 ni⁰ 和当代德靖土语常用的近指指示词 kei⁵ 和 tən⁴ 一并进行观察和分析。

1）句法语义

第一，指示代名词，ni⁰ 无此功能，kei⁵、tən⁴ 可，但 kei⁵ 可指示时间、处所，tən⁴ 仅可指示处所。

ni⁵naŋ⁴kei⁵/tən⁴. 你坐这儿。　　　　　　*ni⁵naŋ⁴ni⁰.

你　坐　这　　　　　　　　　　　　你　坐　这

kei⁵jaŋ²tsau⁴,tsaŋ²pa⁴pai¹.现在还早，不要去。

这　还　早，还不要去

---

① Diessel,Holger(1999).Demonstratives:Form,Function,and Grammaticalization.Amsterdam:John Benjamins Publishing Company.2.

② 陈玉洁：《汉语指示词的类型学研究》，中国社会科学出版社 2010 年版，第 7 页。

*ni⁰/tən⁴jaŋ²tsau⁴,tsaŋ²pa⁴pai¹.

　　这　　还早　还不要　去

　　根据薄文泽（2006），壮语的指示词"这""那"不能单独充当主宾语；①陆天桥（2013）认为，指示代词在侗台语中并非必然存在，他认为指示代名词是由指示限定词派生出来的。②据此，壮语的固有近指指示词没有指示代名词的功能。薄文、陆文论断符合壮语事实。ni⁰指示处所、时间，其前应有表处所或时间的名词，ni⁰则对其进行限制，如 tei⁶（地方）ni⁰、pəu⁴（时刻）ni⁰，ni⁰的功能是指示形容词。

　　但据上例，kei⁵、tən⁴有指示代名词功能，我们的判断是，因这两个指示词并非固有的近指指示词，其功能与固有词虚化来的 ni⁰有差异。事实上，ni⁰、kei⁵、tən⁴均可充当介词的宾语。如：

ni⁵naŋ⁴jəu⁵ni⁰/kei⁵/tən⁴.你坐在这儿。

　　你 坐 在　　 这

　　我们在下文还将证明，tən⁴是由中指兼指近指。tən⁴兼指近指及 kei⁵借入后，它们复制了汉语"你坐这儿"的功能，介词 jəu⁵被省略。而 ni⁰还未产生指示代名词功能即被 kei⁵和 tən⁴替代，没有参与这一复制过程，故无此功能。

　　kei⁵充当代名词可指示时间，这一功能应该是借入"个"时随同带入。桂南平话包含"个"的近指指示词作为指示代名词可直接指示时间。如宾阳平话（余瑾等，2016）：

　　个是我个女，某是那个女。（这是我的女儿，不是他的女儿。）

　　个呢日头大多，云队过那呢阴处去。（这里太阳太大了，咱们到那边阴凉的地方去。）

　　旧年那阵我个钱紧张呢，个阵好呢呃。（去年那会我的钱比较紧张，现在好一些了。）③

　　第二，指示形容词

---

① 薄文泽：《泰语的指示词——兼谈侗台语指示词的调查与定性》，《民族语文》2006 年第 6 期。

② 陆天桥：《侗台语指示词的语音交替及句法特征》，《民族语文》2013 年第 3 期。

③ 余瑾等：《广西平话研究》，中国社会科学出版社 2016 年版，第 288、291 页。

A.指示个体，ni^0、kei^5、$tən^4$皆可。

$ko^3ni^0/kei^5/tən^4tsei^3\text{ɬ}oŋ^1$.这棵最高。

棵　　这　　最　高

B.指示集体，ni^0、kei^5、$tən^4$皆可。

$po^1ni^0/kei^5/tən^4me\text{:}n^6la^5ki^2$.这堆是垃圾。

堆　　这　　是　垃圾

C.指示时间，ni^0、kei^5皆可，$tən^4$则为中指。

$wan^2ni^0/kei^5me\text{:}n^6nap^7$.今天是除夕。　　　　$wan^2tən^4me\text{:}n^6nap^7$.那天是除夕。

天　　这　是　除夕　　　　　　　　天　　那　是　除夕

D.指示处所，ni^0、kei^5、$tən^4$皆可。

$tei^6ni^0/kei^5/tən^4mei^2\text{ɬ}o\text{:}ŋ^1ko^1$.这地方有两棵。

地　　这　　有　二　　棵

E.指示性状，ni^0、kei^5皆可，但 kei^5 后需加 ni^0；$tən^4$不可。

$ŋo^5than^1te^1ʔa\text{:}k^9pei^3\ ni^0$.我觉得他这样凶。

我　见　他　凶 这样这

$ŋo^5than^1te^1ʔa\text{:}k^9pei^3\ kei^5ni^0$.我觉得他这样凶。

我　见　他　凶 这样这 _{语气助词}

*$ŋo^5than^1te^1ʔa\text{:}k^9pei^3\ tən^4$.

　我 见 他 凶 这样 这

kei^5虽可指示性状，但其后需有语气助词 ni^0。可见，其指示性状需带标记，也佐证了其应是外来的异质成分。

F.指示方式，ni^0、kei^5皆可，$tən^4$不可。

$hat^7pei^3\ ni^0/kei^5$（ni^0）ko^3nai^3.这样做也行。

做 这样　这　　　也　得

*$hat^7\ pei^3\ tən^4ko^3nai^3$.

　做 这样这 也 得

虽然 ni^0、kei^5都可指示方式，但 kei^5后一般会带 ni^0，原因同上；也可不带，应是因韵律原因省略而成。

G.指示程度，ni⁰、kei⁵皆可，tən⁴不可。

po¹phja¹ɬoŋ¹pei³ ni⁰/kei⁵（ni⁰）,pən¹ho³ lo⁴.这座山这么高，难爬啊。

　　山　高　这样　这　　　　爬　难 _{语气助词}

*po¹phja¹ɬoŋ¹ pei³ tən⁴(ni⁰),pən¹ho³ lo⁴.

　　山　高　这样　这　　爬　难 _{语气助词}

kei⁵虽可指示性状、方式和程度，但其后一般会带语气助词 ni⁰，说明其具有这一功能需要标记，也佐证了其为外来的异质成分。

2）语用

第一，情景指。

指示存在于言谈场景中的对象，包括个体、集合、处所、时间、方式等。情景指往往需借助手势或肢体语言来明确所指。

A.指示个体，ni⁰、kei⁵、tən⁴皆可。

pa:t⁹nam⁴paŋ⁴me:n⁶ʔau¹ma²jat⁷phjak⁷,pa:t⁹ni⁰/kei⁵/tən⁴ʔau¹ma²ɬui⁵na³.

盆　水　那　是　要　来　浇　菜　盆　这　　　要　来　洗　脸
那盆水是用来淋菜的，这盆是用来洗脸的。

B.指示集合，ni⁰、kei⁵、tən⁴皆可。

po¹ni⁰/kei⁵/tən⁴me:n⁶la⁵ki²,po¹paŋ⁴tso³me:n⁶fei²lja:u⁴.这堆是垃圾，那堆才是肥料。

堆　这　　是　垃圾　堆　那　才　是　肥料

C.指示处所，ni⁰、kei⁵、tən⁴皆可。

lun²ni⁰/kei⁵/tən⁴mei²kən².这房子有人。

房　　这　　有　人

D.指示时间，通常指示当前时间，包括当前时间点和当前时间段。ni⁰、kei⁵皆可；tən⁴虽可指示时间，但为远指，说明指示时间时其无近指功能。

pəu⁴ni⁰/kei⁵jaŋ²tsau⁴.这会儿还早。　　　　　pəu⁴tən⁴jaŋ²tsau⁴.那会儿还早。

时　这　还　早　　　　　　　　时　那　还　早

jan⁴ni⁰/kei⁵te¹to²ɬo:ŋ¹pai².今晚他醉两次。　　jam⁴tən⁴te¹ to²ɬo:ŋ¹pai².那晚他醉两次。

夜　这他醉二　次　　　　　　　夜　那　他醉二　次

E.　指示方式，ni⁰、kei⁵皆可，tən⁴不能。

kən²kən²ja⁴hat⁷pei³ ni⁰/kei⁵（ni⁰）.个个说这样做。

人　人　说　做　这样　这

*kən²kən²ja⁴hat⁷pei³ tən⁴.

　人　人　说　做　这样这

第二，回指。回指指示词通常与上文出现的一个名词性成分指称同一对象，实现回指功能往往需要篇章中的关联。通常 niᵒ、kei⁵、tən⁴皆可。

ʔan¹se⁵waːi⁴ja⁵,ʔan¹niᵒ/kei⁵/tən⁴khɔ²si²tsi²ljaːŋ⁴tseːŋ¹ ʔi³　neːu².

　个　车　坏　了个　　这　　确实　质量　　差　点儿　一

这辆车坏了，这辆确实质量差点儿。

ʔan¹niᵒ/kei⁵/tən⁴ "这辆（车）" 回指上文提到的 ʔan¹se⁵ "（这）辆车"。

第三，篇章指。

A.篇章回指，指示上文中陈述的事件或命题，篇章指示词的功能是在两个命题之间建立一种显性的联系。niᵒ可，kei⁵、tən⁴不可。

tu¹ma¹taŋ⁴tən⁵ma²,ɬjaːŋ³tu¹kən²niᵒ.那条狗站起来，像人一样。

　只狗　站　起来，　像　只 人 这

ɬjaːŋ³tu¹kən²niᵒ "像人一样" 回指 tu¹ma¹taŋ⁴tən⁵ma² "那条狗站起来"。

如相同的位置使用 kei⁵、tən⁴，则非篇章指，而是确指，如：

tu¹ma¹taŋ⁴tən⁵ma²,ɬjaːŋ³tu¹kən²kei⁵/tən⁴.这条狗站起来，像这个人。

　只狗　站　起 来　像 只 人　　这

B.篇章下指，指示下文将要说的话或下文将要叙述的内容。niᵒ、kei⁵可，tən⁴不可。

te¹ja⁴ pai¹ niᵒ/kei⁵：ɬo¹ŋei⁶tso³taːu⁴ma².她说，初二才回来。

　她说 这样 这　初 二 才 返 来

*te¹ja⁴ pai¹ tən⁴：ɬo¹ʔei tso³taːu⁴ma².

　她说 这样这　初 二 才 返 来

第四，助指，依赖同现的其他修饰语来确立有定的功能，指示词的距离义很弱。niᵒ可，kei⁵、tən⁴不可。

tu¹kai⁵tu¹ŋaːm⁵ɬei⁴niᵒ.刚买的鸡。

　只 鸡只 刚　买 这

如相同的位置使用 kei⁵、tən⁴，则非助指，而是确指，kei⁵和 tən⁴的距离义明显，其后一般要加已语法化为定语标记的 ni^0。如：

tu^{1}kai^{5}tu^{1}ŋa:m^{5}ɬei^{4}kei^5/tən^4（ni^0）.刚在这儿买的鸡。

只鸡　只　刚　买　这　　定语标记

第五，认同指，ni^0、kei^{5}不可；tən^{4}可，但此时 tən^{4}并非近指。

jam^{4}tən^{4}te^{1}pai^{1}ma:n^{3}khja:ŋ^{3}kin^{1}lau^3,kwa^{5}tsa:ŋ^{5}no:n^2.

晚　那他去　村　旁　喝酒　顺便　睡

那晚他到邻村喝酒，顺便睡那儿。

*jam^{4}ni^0/kei^{5}te^{1}pai^{1}ma:n^{3}khja:ŋ^{3}kin^{1}lau^3,kwa^{5}tsa:ŋ^{5}no:n^2.

晚　这　他去　村　旁　喝酒　顺便　睡

根据黄慧（2015）[①]的分析，认同指很可能是壮语远指指示词的普遍功能。因此 tən^{4}最初很可能并非近指指示词。

第六，概念关联：确定所指对象依赖的是上文语境。ni^0、kei^5、tən^{4}皆可。

ma:n^{3}te^{1}jəu^{5}ɬin^{5}hi^5,thu^{1}tɔi^{3}ni^0/kei^5/tən^{4}mei^{2}ʔan^{1}ta:i^{3}ɬja:u^{5}te:n^{3}ne:u^2.

村他在新圩,头底　　这　有　个　代销店　　一

他的村子在新圩，（新圩）的下头有一家代销店。

thu^{1}tɔi^3"下头"（方位）虽是第一次出现，但由于上下句之间的语义联系，其所指为 ɬin^{5}hi^5"新圩"的 thu^{1}tɔi^3"下头"，因而成为有定名词。

从以上分析，我们得出这三个近指指示词的功能分布，汇总如下表：

三个近指指示词的功能分布

	指示代名词		指示形容词							语用										
										情景指					回指	篇章指		助指	认同指	概念关联
	处所	时间	指示个体	指示集合	指示处所	指示时间	指示性状	指示方式	指示程度	指示个体	指示集合	指示处所	指示时间	指示方式		篇章回指	篇章下指			
ni^0	−	−	+	+	+	+	+	+	+	+	+	+	+	+	+	+	+	+	−	+
kei^5	+	+	+	+	+	+	+	+	+	+	+	+	+	+	+	−	−	−	−	+
tən^4	+	−	+	+	+	−	−	+	+	+	+	−	+	−	+	−	−	−	−	+

① 黄慧：《广西北部壮语指示词研究》，硕士学位论文，广西大学，2015 年，第 96 页。

由以上讨论，我们看出，ni^0 作为指示形容词的功能是完整的。正如陈玉洁（2010）所说"指示词……也包括已经虚化的指示成分"。[1]我们认为，除了常用的 kei^5、$tən^4$，尽管 ni^0 语法化程度较高，但仍具有近指指示词的功能。而类似现象并非孤例，据张均如、梁敏等（1999）记录，扶绥壮语的 ne^0 就是一个语音已弱化的近指指示词。[2]

（2）德靖土语近指指示词的分工及其形成

按一般规律，结合侗台语的现有研究，德靖土语的指示词原也应是两分的：1）上文已讨论，ni^4 应是德靖土语固有的近指指示词；2）德靖土语的第三人称单数 te^1，也应是从固有的远指指示词语法化而来。[3]当代德靖土语使用的近指指示词 $tən^4$，最初应该并不用于近指：a.上文数个例句，当其指示时间时，体现的是远指（中指）的功能；b.其有认同指功能而 ni^0、kei^5 无，黄慧（2015）曾对东兰、柳江、武鸣、都安四地壮语指示词做过描写和分析，发现远指指示词一般有认同指功能而近指指示词一般没有，[4]这很可能是壮语的一般规律。所以，当代德靖土语 $tən^4$ 虽表近指，但表中指甚至远指的功能仍残存在指示时间的功能里，当其指示时间的时候，需译成"那"。

德靖土语三个近指指示词的关系如下图：

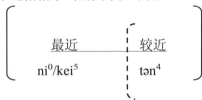

除了指示代名词功能的有无，kei^5 与 ni^0 的功能基本重合；和 kei^5 比，$tən^4$ 缺少近指指示词的部分功能。我们的基本判断是：1）由于 ni^4/ni^0 语法化，其本

---

① 陈玉洁：《汉语指示词的类型学研究》，中国社会科学出版社 2010 年版，第 7 页。

② 张均如、梁敏、欧阳觉亚、郑贻青、李旭练、谢建猷：《壮语方言研究》，四川民族出版社 1999 年版，第 802 页。

③ 壮语第三人称单数 te^1 是一个后起的人称代词。te^1 源于远指代词，已经林亦、唐龙《壮语汉达话第三人称代词》（《民族语文》2007 年第 3 期），陈孝玲《壮语"te^1（他）"与汉语"他"》（《贵州民族学院学报》（哲学社会科学版）2008 年第 1 期），覃凤余、李冬、孟飞雪《田阳巴别壮语的人称代词与不定形式》（《百色学院学报》2016 年第 1 期）所证明。覃凤余、李冬、孟飞雪《田阳巴别壮语的人称代词与不定形式》还推测，属于壮语德靖土语的田阳巴别壮语原来也跟其他壮语一样，有一套 ni^0/te^1 系统，也佐证了本书观点。

④ 黄慧：《广西北部壮语指示词研究》，硕士学位论文，广西大学，2015 年。

具有的指示词功能逐渐弱化，因此本充当中指指示词的 tən⁴ 外延扩大，临时兼具了 ni⁴/ni⁰ 的部分功能。tən⁴ 与 ni⁰ 一致的功能是指示意义较实在的个体、集合、处所的功能，而指示意义较虚灵的时间、方式、性状、程度的功能并未被取代。2）德靖土语从平话借入了 kei⁵，其功能与 ni⁴/ni⁰ 基本重合，免除了 ni⁴/ni⁰ 语法化后德靖土语近指指示词缺失的"后顾之忧"，客观上促进了 ni⁴/ni⁰ 的语法化。3）由于 kei⁵ 进入德靖土语指示词系统，因其指示功能的明确性及其与 ni⁴/ni⁰ 功能的一致，tən⁴ 最终未能完成对 ni⁴/ni⁰ 本有功能的覆盖。4）kei⁵ 虽全面覆盖了 ni⁴/ni⁰ 的功能，但由于是异质成分，部分功能的使用仍需标记，其指示方式、性状、程度等意义虚灵的范畴是有条件的，需带上标记 ni⁰。

　　吴福祥（2013、2014）指出，多义复制是指复制语的使用者对模式语中某个多义模式的复制，从而导致复制语中出现与模式语相同的多义模式。这种语义复制的典型情形是：复制语的使用者注意到，模式语里有一个词项（多义词）S 具有 x、y 两个意义（即 S［x，y］），于是他们利用自己语言里与 Sx 对应的语素 Lx，产生出与 Sy 对应的意义 Ly，从而复制了模式语的多义模式 S［x，y］。① 吴福祥所指"多义复制"指的是因接触而产生的跨语的复制，但我们认为其可解释为何 kei⁵ 与 ni⁰ 具有高度一致的功能。即：因 ni⁴/ni⁰ 语法化，tən⁴ 虽在一定范围内兼具了 ni⁰ 的功能，但由于其本为中指指示词，因语义的原因，无法最终取代 ni⁰。根据表 1，广西粤语、平话"个"的功能鲜少指方式、性状，德靖土语也无粤语、平话中的指数量功能，因此进入德靖土语的 kei⁵ 功能上与汉语方言的"个"并不完全一致。德靖土语借入 kei⁵ "个"之初，很可能只是带入其指个体/名物、处所、时间的功能，而借入后，因其与 ni⁴/ni⁰ 对应，德靖土语遂将 ni⁴/ni⁰ 具有的多个语义复制到 kei⁵ 上。

　　根据以上讨论，ni⁰ 虽仍为德靖土语近指指示词，但确已虚化；tən⁴ 和 kei⁵ 功能有同有异；因功能的完整，kei⁵ 具有取代 tən⁴ 的趋势。由此，德靖土语形成了与其他亲属语言及各地壮语迥异的近指指示词的格局。我们也由此拟测出德靖土语近指指示词的演变路径：ni⁴ > tən⁴/ni⁰ > kei⁵/tən⁴/ni⁰ > kei⁵/tən⁴ > kei⁵。当

① 吴福祥：《语义复制的两种模式》，《民族语文》2013 年第 4 期；吴福祥：《语言接触与语义复制——关于接触引发的语义演变》，《苏州大学学报》2014 年第 1 期。

然，最后阶段还未实现。

（3）ni⁴/ni⁰的语法化

1）陈玉洁（2010）指出，指示词依赖与其同现的其他修饰语来确立有定的功能"助指"。她认为助指是指示词比较虚化的一种功能，是语法化的早期阶段。[①]如上，德靖土语的 ni⁰有助指功能，是其语法化的早期表现。

2）指示代名词＞句子连接词

pei¹kei⁵ŋo⁵pai¹lun²kwa⁵tsiŋ¹,　pei³ ni⁰tsau⁴tsau⁴le³hat⁷tsən⁵pei³lə⁰.

年 这　我 去 家　过春节 这样 这 早　早就 做　准备 语气助词

今年我回家过年，这样我早早就做准备了。

pei³本指"这样"，可充当方式、性状、程度副词，其与 ni⁰组合成 pei³ni⁰，语义仍为"这样"，两个语素中，ni⁰显然不是表义核心，因而逐渐虚化为句子连接词。在韵律上的表现是，其前有明显的语音停顿，在其两侧形成前后分句。据 Diessel（1999），指示代名词可语法化为句子连接词。[②]

事实上，句中的 ni⁰可以省略：

pei¹kei⁵ŋo⁵pai¹lun²kwa⁵tsiŋ¹, pei³　tsau⁴tsau⁴le³hat⁷tsən⁵pei³lə⁰.

年 这 我 去 家　过春节 这样 早　早　就 做　准备 语气助词

可见 ni⁰已无实际意义。

3）指示形容词＞后置定语标记

覃凤余（2013）提出判断 N＋M＋D 结构中，指示词 D 语法化的标准为：①N＋M＋D 表非定指，即无定名词后的指示词语法化为后置定语标记。②D 之前还有个指示词，即带有指示词的有定名词后加指示词，后加的指示词语法化为后置定语标记。③语音弱化。[③]覃凤余（2013）认为，无论原来什么调值都变为一个高平的中性调，是壮语声调演变的规则。[④]ni⁵⁵原读 ni²¹³，语音弱化后

---

① 陈玉洁：《汉语指示词的类型学研究》，中国社会科学出版社 2010 年版，第 246—249 页。

② Diessel,Holger(1999).Demonstratives:Form,Function,and Grammaticalization.Amsterdam:John Benjamins Publishing Company.2

③ 覃凤余：《壮语方言源于指示词的后置定语标记——兼论数词"一"的来源》，《民族语文》2013 年第 6 期。

④ 覃凤余：《壮语方言源于指示词的后置定语标记——兼论数词"一"的来源》，《民族语文》2013 年第 6 期。

变为 55，且音长比一般的舒声音节短，正体现了这一演变。

第一，无定名词 + 指示词（后置定语标记）

mei²tei⁶ne:u²ni⁰,ha:ŋ⁵ta:i⁶nɔŋ¹ lo⁰.有一个地方，赶圩很热闹。

　有　地　一　　这圩真　旺 语气助词

tei⁶ne:u²是无定名词，因此 ni⁰没有确定指称对象的作用，已无指示功能，是语法化了的后置定语标记。

第二，名词 + 指示词 + 指示词（后置定语标记）

ma:n³tən⁴ni⁰,ʔo:k⁹ɬai⁵pə⁰.这个村，产生官员啊。

　村　　这　这　　出官 语气助词

本例中，核心名词 ma:n³本身已带有指示词，后加的 ni⁰已丧失指示作用，可视为语法化了的后置定语标记。据 Diessel（1999），指示形容词可语法化为定语边界标记。[①]

吴福祥（2007）指出，典型的接触性演变指的是语言特征的跨语言"迁移"，即某个语言特征由源语迁移到受语之中，或者说，受语从源语中获得某种语言干扰。吴文还认为，接触引发的演变也包括语言接触的各种间接后果。一种常见的情形是见于连锁式或滚雪球式的连续性演变过程：最初由其他语言迁移而来的特征后来触发了一系列后续性演变，也就是说，在一个语言中后来独立发生的若干演变是由原先直接引入的成分所触发的。[②]如上所述，ni⁴/ni⁰的语法化及德靖土语近指指示词的分工和演变，与汉语借词 kei⁵"个"进入德靖土语指示词系统是密不可分的。因此，kei⁵的借入及与此相关的演变可视为接触引发的演变。

（三）kei⁵、tən⁴、təm⁴、paŋ⁴的组合特点

1.kei⁵、tən⁴、təm⁴、paŋ⁴可置于名词性成分之后，对该成分进行限制，如：

tei⁶kei⁵这儿（这个地点）　　　　tei⁶ tən⁴这儿（这个地方）

地 这儿　　　　　　　　　　　　地 这儿

---

① Diessel,Holger(1999).Demonstratives:Form,Function,and Grammaticalization.Amsterdam:John Benjamins Publishing Company.2

② 吴福祥：《关于接触引发的演变》，《民族语文》2007 年第 2 期。

tei⁶təm⁴那儿（较远）　　　　tei⁶paŋ⁴那儿（很远）

　地　那儿　　　　　　　　　　地　那儿

ma:n⁴kei⁵这个村　　　　　　po¹phja¹tən⁴（这里）这座山

　村　这儿　　　　　　　　　座　山　这儿

ko¹mai⁶təm⁴那棵树（较远）　ʔan¹se⁵paŋ⁴那辆车（很远）

棵　树　那儿　　　　　　　　个　车　那儿

　kən²kei⁵这个人　　　　　　　kən²ke⁵ tən⁴（这地方）这位老人

　人　这儿　　　　　　　　　　人　老　这儿

tu¹məu¹təm⁴那头猪（较远）　khja⁵nok⁸paŋ⁴那群鸟（很远）

只　猪　那儿　　　　　　　　群　　鸟　那儿

wan²kei⁵今天　　　　　　　　ɬei²tən⁴这时（在说话之前发生）

天　这　　　　　　　　　　　时 那

pai¹təm⁴那回　　　　　　　　nun¹paŋ⁴那个月

回　那　　　　　　　　　　　月　那

2.kei⁵、tən⁴、təm⁴、paŋ⁴可以单用，不与名词组合。单用时，kei⁵可以指代时间和地点，tən⁴、təm⁴、paŋ⁴只能指代地点。如：

①kei⁵pai¹təi²? 现在去哪儿？

　这　去 何

②ŋo⁵wan²wan²jəu⁵kei⁵.我天天在这儿。

　我 天　天　在 这

③ni⁵ma²tən⁴khja¹ŋo⁵.你来这儿找我。

　你来 这　找 我

④təm⁴mei²ki³ɬai⁴ʔa²? 那儿有多少啊？

　　那　有 几多 语气助词

⑤te¹tha:i¹mei² ʔei¹pai¹paŋ⁴na:u⁵.他死都不肯到那儿去。

　他 死 否定标记 肯 去 那　否定标记

第三节　数词、量词[①]

一　数词

数词分为基数词和序数词两类，以下以靖西壮语为例进行讨论。

（一）基数词

靖西壮语基数词有 ne:u²、ʔat⁷ "一"，ɬo:ŋ¹、ŋei⁶ "二"，ɬa:m¹ "三"，ɬei⁵ "四"，ha³、ŋo⁴ "五"，khjɔk⁷、lɔk⁸ "六"，tsat⁷ "七"，pe:t⁹ "八"，kau³ "九"，ɬəp⁷、tsəp⁸ "十"，pa:k⁹ "百"，sin¹ "千"，fa:n⁶ "万"，ji⁴ "亿"，ləŋ² "零"，toŋ² "全、整"，pan² "成、整"，ʔi³ne:u² "一些"，sit⁴ne:u² "一点儿；一丁点儿"。

"一"到"十"，除 ne:u²外，其余一般认为是汉语借词，[②]这大略是诸多学者的共识，在此不作讨论。如潘悟云（2012）认为，侗台语中的数词几乎没有汉语的同源词。[③]以泰语为例，泰语中"一"读为"mɯŋ⁸"与汉语没有关系，而其余数词都是汉语借词，如"四"读"si:⁸"与上古汉语的"phlis"相距较远，而与中古汉语的"si"相近。

靖西壮语的 pa:k⁹、pə² "百"，sin¹、se:n⁵ "千"，fa:n⁶、wa:n⁴ "万"，ji⁴ "亿"也是汉语借词，其中，pa:k⁹、sin¹、fa:n⁶是中古借词，pə²、se:n⁵、wa:n⁴、ji⁴是官话借词。"亿"只有官话借词，没有中古借词，说明"亿"这一概念的进入远远晚于"百""千""万"。

官话借词系统的基数词使用范围很窄，一般只能用于单纯的计数。它们更多的是作为序数使用，我们将在下文进行讨论。

除官话借词外，基数词"一、二、五、六、十"各有两种说法，在用法上

---

① 根据刘丹青《语法调查研究手册》（上海教育出版社 2008 年版，第 280 页）壮语中传统称为量词的词类应包括计量单位词（含度量衡单位词、以容器等作为借用单位的单位词）、分类词。本书讨论的量词包括这两大类。

② 梁敏、张均如：《从汉台语言的数词是否同源说起》，《民族语文》2004 年第 2 期；梁敏、张均如：《我们对汉、台语言的数词是否同源词的一些看法》，《南开语言学刊》2004 年第 2 期；与覃凤余交流；蒙元耀认为壮语 ʔdeu¹跟汉语"玄"对应，见蒙元耀《论壮语的数词"一"》，《广西民族研究》2012 年第 4 期。

③ 潘悟云：《同源词语音关系揭示东亚人群起源》，《中国社会科学报》2012 年 12 月 7 日第 A06 版。

也不相同。其他基数词的用法与汉语大略一致，不再讨论。我们对官话借词外的基数词"一、二、五、六、十"分别讨论如下：

1.neːu² 和 ʔat⁷

neːu² 应该是固有词。[1]ʔat⁷ 则是中古借词。一，中古臻摄开口三等质韵，影母，入声。中古借词质韵读 at；影母与开口相拼读 ʔ，阴入读第 7 调 44 或第 9 调 35。其来源不同，neːu² 和 ʔat⁷ 在使用上存在差异。

（1）在计数上，neːu² 与 łoːŋ¹，ʔat⁷ 与 ŋei⁶ 分别配合。即：

neːu²、łoːŋ¹、łaːm¹、łei⁵ 一二三四

　一　　二　　三　　四

ʔat⁷、ŋei⁶、łaːm¹、łei⁵ 一二三四

　一　　二　　三　　四

（2）neːu² 与 ʔat⁷ 的位置及作用

1）neːu² 位于量词和"百、千、万、亿"等数位之后，表示数量，但不能与"十"搭配使用。在靖西壮语中，"百""千""万""亿"常常具有量词功能，因此与量词一样，可与 neːu² 搭配使用。而"十"没有量词功能，所以不能与 neːu² 搭配使用。例如：

məu⁴neːu²一亩　　　seːk⁹neːu²一本　　　tsoːŋ²neːu²一桌

亩　一　　　　　册　一　　　　　桌　一

paːk⁹neːu²一百　　　sin¹neːu²一千　　　faːn⁶neːu²一万

百　　一　　　　千　一　　　　　万　　一

*łəp⁷neːu²一十

　十　一

ʔat⁷ 可位于"十、百、千、万"等数位之前，也表示数量，可与"十"搭配使用：

ʔat⁷łəp⁷一十　　　ʔat⁷paːk⁹一百　　　ʔat⁷sin¹一千　　　ʔat⁷faːn⁶一万

一　十　　　　　一　百　　　　　一　千　　　　　一　万

---

[1] 根据覃凤余《壮语源于指示词的定语标记——兼论数词"一"的来源》（《民族语文》2013 年第 6 期），其应来自指示词。

ʔat⁷与量词搭配，但并不表示具体的数量，而指"每一"，我们将在下文进行讨论；还可进入"ʔat⁷＋量词＋ŋei⁶＋量词"格式中，有"周遍"义。如：

ʔat⁷məu⁵ŋei⁶məu⁵一亩两亩　　　　　　ʔat⁷se:k⁹ŋei⁶se:k⁹一本两本
　一　亩　二　亩　　　　　　　　　　　一　册　二　册

ʔat⁷tso:ŋ²ŋei⁶tsoŋ²一桌两桌
　一　桌　二　桌

ʔat⁷məu⁵ŋei⁶məu⁵实际指"所有的田亩"，ʔat⁷se:k⁹ŋei⁶se:k⁹实际指"所有的书本"，ʔat⁷tso:ŋ²ŋei⁶tsoŋ²指"所有的桌"，这与汉语"一亩两亩（都）""一本两本（都）""一桌两桌（都）"是一致的。

我们认为，它们的语序与其历史层次是相应的。作为固有词，ne:u²位于量词和"百、千、万"等数位之后，与壮语"正＋偏"的语序以及搭配习惯是一致的。

作为汉语借词，ʔat⁷借入的同时复制了汉语的"偏＋正"及"一＋量词＋二＋量词"表周遍的结构，它的位置和搭配关系与汉语特点是一致的。

我们认为，靖西壮语ɬo:ŋ¹要早于ŋei⁶。理由是，ɬo:ŋ¹及其同源词在壮语及亲属语言中分布广泛，应该是分离之前就已经存在。在张均如、梁敏等（1999）调查的36个调查点中，仅横县、邕北、隆安没有该词的同源词，[①]而这三处，与平话、粤语的接触是很密切的。周耀文、罗美珍（2001）所调查的各点，均使用其同源词：芒市 soŋ¹、孟连 soŋ¹、景洪 soŋ¹、金平 soŋ¹、元阳 soŋ¹、武定 soŋ¹、马关 soŋ¹、元江 ɬoŋ¹、绿春 soŋ¹，没有 ŋei⁶。[②]老挝语 soŋ¹（覃国生、谢英，2007）[③]，也没有 ŋei⁶。

2）ʔat⁷位于量词之前还有一种情况，用于"ʔat⁷＋量词＋ŋei⁶＋量词"结构中，该结构用于罗列所有事物。ne:u²无此用法。如：

①ʔat⁷kən²ŋei⁶kən²tu¹pai¹kwa:ŋ⁵toŋ⁵，ʔan¹ma:n³hən⁵na:n²khja¹kən².
　一　人 二 人 都 去 广东，　个 村 很　难　找 人

① 张均如、梁敏、欧阳觉亚、郑贻青、李旭练、谢建猷：《壮语方言研究》，四川民族出版社1999年版，第787页。

② 周耀文、罗美珍：《傣语方言研究》，民族出版社2001年版，第312页。

③ 覃国生、谢英：《老挝语—壮语共时比较研究》，民族出版社2007年版，第277页。

一个两个（所有人）都到广东去了，整个村很难找着人。

②ʔat⁷ko¹ŋei⁶ko¹tok⁷ja¹leːu⁴, hat⁷puˀlei⁵meiˀnoːn¹?

　　一　棵　二　棵　打　药　完，做　怎样　有　虫

一棵两棵（所有树）都打了药，怎么会有虫？

3）ʔat⁷可位于度量衡、计量单位词和“十、百、千、万”等之后，这时表示的是次一级的度量衡单位、计量单位和次一级的数位。如：

kan¹ʔat⁷一斤一两　　　　tiu⁵ ʔat⁷十一斤　　　　man¹ʔat⁷一元一角

斤　一　　　　　　　　　十斤一　　　　　　　　元　一

paːk⁹ʔat⁷一百一十　　　 sin¹ʔat⁷一千一百　　　 faːn⁶ʔat⁷一万一千

百　一　　　　　　　　　千　一　　　　　　　　万　一

neːu²没有这种用法。

4）ʔat⁷位于量词前可以表“每一”，如：

①te¹ʔat⁷paiˀma²tu¹ mei² pai¹ jei³ kən²keˀnaːu².他每次回来都不去看望父母。

　　他　一　次　来　都　不　去　看望　人　老　不

②ʔat⁷kən²thei¹łoːŋ¹łiŋ¹, naːu⁵thei¹mei²leːu⁴naːu⁵.每人拿两箱，不然拿不完。

　一　人　拿　二　箱　要不拿　不　完　不

③ʔat⁷wan²łoːŋ¹łiŋ¹每天两箱

　一　天　二　箱

从目前的材料看，各地的“一”并没有表“每一”的功能，但靖西壮语可以这样使用。我们认为，靖西壮语的这一用法是“moːi⁴（每）ʔat⁷（一）＋量词”结构中moːi⁴（每）脱落而得。如上两例，可以说成：

①moːi⁴ʔat⁷paiˀ＝moːi⁴paiˀ＝ʔat⁷paiˀ

　　每　一　次　　每　次　　一　次

②moːi⁴ʔat⁷kən²＝moːi⁴kən²＝ʔat⁷kən²

　　每　一　人　每　人　　一　人

每组中的三种说法，意义并无区别。所以，我们认为，这时数词 ʔat⁷已成为虚词，相当于汉语的指示代词“每”。

5）相当于“每当”，一般与副词构成框式形式“ʔat⁷……副词……”，如：

①teʔ¹ʔat⁷pai¹tsɔŋ⁵waːi²tsoŋ⁵tsei⁶than¹teʔ¹.他每当去放牛总是见她。

　　他　一　去　放　水牛　总是　见　她

②ŋɔ⁵ʔat⁷khuʔ¹le³　　moʔ⁴lo⁰.我每当笑就吐了。

　　我　一　笑　就　呕吐　语气助词

③teʔ¹ʔat⁷khaːu⁵siʔ³tuʔ¹noːn²mei²　nak⁷naːu⁵.他每当考试都睡不着。

　　他　一　考试　都　睡　不　着　不

（3）基数词 neːu²的特殊用法

作为基数词的"一"可位于形容词后做状语，这些形容词均常见于口语，如：

khwaːi⁵neːu²快一点儿　　　　ŋe²neːu²慢一点儿　　　　laːi¹neːu²多一点儿

　快　　一　　　　　　慢　一　　　　　　多　　一

noːi⁴neːu²少一点儿　　　　tsau⁴neːu²早一点儿　　　　ɬaːi¹neːu²晚一点儿

　少　　　一　　　　　　早　一　　　　　　晚　　一

我们认为，"一"位于形容词后做状语，是"ʔi³（点儿）+ neːu²"省略 ʔi³ 后形成的。实际上，以上 6 例可以说成：

khwaːi⁵ ʔi³ neːu²快一点儿　　　　　　　ŋe² ʔi³　neːu²慢一点儿

　快　点儿　一　　　　　　　　　　慢　点儿　一

laːi¹ ʔi³ neːu²多一点儿　　　　　　noːi⁴ ʔi³ neːu²少一点儿

多　点儿　一　　　　　　　　　少　点儿　一

tsau⁴ ʔi³ neːu²早一点儿　　　　　　ɬaːi¹ʔi³　neːu²晚一点儿

早　点儿一　　　　　　　　　晚　点儿　一

我们观察到，这个 neːu²正在进一步语法化为语气助词，表示祈使语气，所起作用是要求使它之前的性状更进一步。语法化的原因在于，其位于语句末尾，这是语气助词所处的位置，所以，极易语法化为语气助词。据我们观察，这个 neːu²在很多人的口语中已经弱化，读为 ʔəu²/jəu²，演变方向应为 neːu²＞ʔəu²＞jəu²。在交流中，neːu²和 ʔəu²、jəu²意义没有区别。事实上，ʔəu²、jəu²比惯常的第 2 调时长明显要短，也相对含糊。这些特征正体现出其虚化、主要承担语法功能这一趋势。

居句末的"一"语音弱化，在壮语中多有发生。如：

扶绥壮语

$\text{ŋo:n}^8\text{jou}^3$整天　　　pei^1jou^3整年　　　mun^1jou^3整月

　天　一　　　　　年　一　　　　　月　一

田阳巴别壮语（覃凤余等，2016）①

①$\text{kɯn}^1\text{an}^2\text{o}^4\text{ʔja}^6,\text{ȵaŋ}^2\text{kɯn}^1\text{an}^2\text{mo:i}^5$.吃了一个，又吃一个。

　　吃　个一　了　还　吃　个　新

②$\text{tu}^1\text{no:k}^8\text{tu}^1\text{tap}^7\text{tu}^1\text{tap}^7\text{ti:u}^2\text{kiu}^2\text{o}^4$.一只鸟搭着一只鸟搭成一座桥。

　　只　鸟　只搭　只　搭条　桥　一

龙州壮语

$\text{ɬjaŋ}^3\text{ja}^4\text{mei}^2\text{ʔi}^3\text{kjan}^5\text{nou}$.说是有一小截。

讲　说　有　点　截　　一

贵港壮语（李彩红，2017）②

①$\text{te}^1\text{pai}^1\text{kɯn}^2\text{xai}^1\text{tɕei}^4\text{ma}^2\text{tu}^2\text{kai}^5\text{ou}^5$.他去圩上买了一只鸡。

　　他去　上　街　买　回只　鸡　一

②$\text{ŋo:n}^2\text{lu:n}^2\text{kou}^1\text{tɕei}^4\text{ka}^5\text{tɕi}^3\text{kɐu}^5\text{ou}^5$.昨天我买了一辆二手车。

　　昨天　我　买　架　车　旧　一

③$\text{ʔdan}^1\text{ta:ŋ}^6\text{ŋo:n}^1\text{ne:m}^1\text{ʔdan}^1\text{mwa:ŋ}^6\text{lu:n}^1\text{ɕei}^6\text{to:i}^5\text{ou}^5$.太阳和月亮是一对。

　　个　太阳　粘　个　月亮　　是　对　一

壮语有双音化的趋势，不少三音节词逐渐变成双音节词。因此，靖西壮语中的三音节形式省略其中一个音节而变成双音节，与这里讨论的演变趋势是一致的。

汉语有着更明显的双音化趋势，相类的形式，汉语的三音节也常常省略其中一个音节而变为双音节。如：

快一点儿→快点儿　　　慢一点儿→慢点儿　　　多一点儿→多点儿

少一点儿→少点儿

---

① 覃凤余、李冬、孟飞雪：《田阳巴别壮语的人称代词与不定形式》，《百色学院学报》2016年第1期。

② 李彩红：《类型学视野下广西壮汉方言分类词接触研究》，硕士学位论文，广西大学，2017年，第66—67页。

我们知道，汉语儿化词中的"儿"不是一个独立的音节，而是一个儿化形式，因此"点儿"是一个音节而不是两个音节。

靖西壮语与汉语不同之处在于，汉语省略的是数词"一"，靖西壮语省略的则是 ʔiˀ³"点儿"。我们认为主要原因如下：

大凡三音节词，当末尾音节是非弱化音节，则第二音节常常弱化。这也是普通话中三音节词大多读为"中轻重"的原因。无论是汉语，还是靖西壮语，类似结构的弱化与这一规律都是一致的。

我们认为其由三音节形式省略而成的理由还有：能进入这一格式的形容词并不多，而且都是口语中十分常见的词，这也说明这一省略还没有最终完成。如 nɔi³"轻"、nak⁷"重"、ɬɔiˀ¹"干净"就不能进入这一格式，而汉语中，这些词是可以进入相应格式的。

"一"在重叠式形容词后还可以表示程度。我们认为，其由"一点儿"演变而来。我们的观点是，形容词重叠式本有加强义，"一"附着其后，其与壮语修饰限制语居后的位置一致，因而逐渐产生程度义。如：

①ŋoⁿ⁵thanˀ¹teˀ¹phjaːi³nai³khwaːi⁵khwaːi⁵neːuˀ².我觉得他走得很快。

　　我　见他　走　得　快　　快　一

②faiˀ²theiˀ¹neːŋˀ¹neːŋˀ¹neːuˀ²koːnⁿ⁵ʔauˀ¹tsi⁵lɔŋˀ³.火烧得很红（旺）了再放肉。

　　火　燃　红　红　　一　先要肉　下

③khjak⁷khjak⁷neːuˀ²tsoˀ³khaːuⁿ⁵nai³khənⁿ³.很勤奋才能考得上。

　　　勤　勤　一　才　考　得　上

（4）对 neːuˀ² 的一些讨论

梁敏、张均如（2004）推测，壮泰（台）、侗水两语支的先民在与汉人接触之前，"数"的概念很薄弱，数词大概还没有产生。他们列举了宜山、柳州、龙州、宁明、武鸣等地壮语中的 deuˀ¹ 原来或调查时仍做形容词或非强调的数"一"的意思这一现象。[1]

我们还能观察到其他证据。在靖西壮语中，量词后的 neːuˀ² 与单纯数数的

"一"调类原先应该是不一样的，即靖西壮语的"一"本有 neːu¹ 和 neːu² 两读，单纯数数的读第 1 调 53，位于量词后的读第 2 调 31。这在新靖镇以外层次较早的壮语中有体现，现在新靖镇仅读第 2 调是后来合并的结果。

neːu² 在"分类＋名词"结构或量词后意义更像是"单独"。我们来观察下列例子：

——miŋ³ ni¹mei²kiː³laːi¹paːn¹？上边儿有多少个班？

　　边儿上 有 几 多 班

——paːn¹neːu²./ paːn¹toːk¹⁰.（单独）一个班。

　　班　　一　　班　独

答语 paːn¹neːu² 与 paːn¹toːk¹⁰ 意义相近，说明量词后的 neːu² 意义确实与"单独"相似。

这与梁敏、张均如的论述是一致的。

"一"具有形容词性质，我们在其他壮语中也观察到。

文马土语没有专门的"一"。有汉语借词 jet⁹。但固有词 nə² 与数词"一"意义并不完全等同，其可跟在量词后，指单个，如 tu³nə²"单只"、gun²nə²"单个（人）"。

其另有一个 the³，一般指"单"。

德保壮语表"与……一样"用的是 pan²（成）neːu²（一）。如：

kau¹heːu⁵wa⁴te¹pan²neːu².我跟他一样瘦。

　　我　 瘦　和他　一样

"一"（数词）＞"同样"的语法化路径在世界语言中也有例证。如阿尔巴尼亚语（Albanian）、斯瓦希里语（Swahili）均是如此，上古汉语"一"，数词＞"一样"，形容词。①

从单纯数数的读第 1 调 53 可知，neːu¹ 和 neːu² 中，neːu¹ 是原形。佐证还有，张均如、梁敏等（1999）所记录的 36 个壮语代表点中，以 deu¹ 及其同源词表"一"的有 23 个，其中读第 1 调的 21 个，读第 3 调的有环江 diːu³，第 2 调有

---

① [德]Bernd Heine Tania Kuteva 著，龙海平、谷峰、肖小平译，洪波、谷峰注释，洪波、吴福祥校订：《语法化的世界词库》，世界图书出版公司 2012 年版，第 303—304 页。

德保 deu²，在此著作中，靖西壮语也记为 deu¹。①蒙元耀（2012）对壮语（马山壮语）的 ʔdeu¹、θo:ŋ¹和 θa:m¹及 lai¹"梯" la:i¹"多"的调类进行了讨论，其所讨论的 ʔdeu¹也是第 1 调，②也佐证了 ne:u¹是原形。

合并为第 2 调的动因，我们认为是语言接触，具体说是汉语影响。汉语"一"是入声，西南官话入声归阳平，而靖西壮语的"一"确有读与汉语官话阳平相对应的第 2 调的，操官话者自然很容易接受靖西壮语的 ne:u 读第 2 调，于是第 1 调的 ne:u 逐渐与第 2 调的 ne:u 合并。据我们观察，ne:u 只有读第 2 调没有读第 1 调的情况基本存在于因语言接触频繁而语言变化较快的市区新靖镇。郑贻青（1996）记为 deu²，③应该是两个调形合并后的情况。

与靖西壮语同属德靖土语的德保壮语，也读第 2 调。

2.ɬo:ŋ¹和 ŋei⁶

（1）ɬo:ŋ¹和 ŋei⁶与"一"的配合上文已做了讨论，在此不赘。

（2）它们的区别主要在于：ɬo:ŋ¹可以用在量词和"百、千、万"数位之前而 ŋei⁶不能。如：

ɬo:ŋ¹kən²两个（人）　　　　　　ɬo:ŋ¹ʔan¹两个（物体）
二　人　　　　　　　　　　二　个

ɬo:ŋ¹khja⁵两场（风，雨）/两群（人）　　ɬo:ŋ¹tsiŋ²两场
二　场　　　　　　　　　　　　二　场

ɬo:ŋ¹pa:k⁹两百　　ɬo:ŋ¹sin¹两千　　ɬo:ŋ¹fa:n⁶两万
二　百　　　　二　千　　　　二　万

ŋei⁶可位于"十"之前，而"百、千、万"不能。如：

ŋei⁶ɬəp⁷二十
二　十

ŋei⁶位于量词之前时，是序数词，我们将在下文《序数》部分讨论。

（3）ɬo:ŋ¹也可位于少数度量衡单位词之后，表示次一级的单位，与上文所

① 张均如、梁敏、欧阳觉亚、郑贻青、李旭练、谢建猷：《壮语方言研究》，四川民族出版社 1999 年版，第 787 页。
② 蒙元耀：《论壮语的数词"一"》，《广西民族研究》2012 年第 4 期。
③ 郑贻青：《靖西壮语研究》，中国社会科学院民族研究所 1996 年版，第 215 页。

述 ʔat⁷位于度量衡单位词之后的用法一致。但可搭配的度量衡单位词很少，我们仅观察到一例。

kan¹ɬoːŋ¹一斤二两

斤 二

ŋei⁶则普遍可作此用，其用于度量衡单位词和"十、百、千、万"之后，表示次一级的单位。与上文所述 ʔat⁷位于度量衡单位词之后的用法一致。如：

kan¹ŋei⁶一斤二两　　　　soːn⁵ŋei⁶一寸二分　　　　man¹ŋei⁶一元二角

斤 二　　　　　　　　　　寸 二　　　　　　　　　　元 二

ɬəp⁷ŋei⁶十二　　　　　　paːk⁹ŋei⁶一百二十　　　　sin¹ŋei⁶一千二百

十 二　　　　　　　　　　百 二　　　　　　　　　　千 二

faːn⁶ŋei⁶一万两千

万 二

我们在上文讨论 neːu²和 ʔat⁷的位置、搭配关系与这两个词的层次问题，所观察到的 ɬoːŋ¹和 ŋei⁶的位置、搭配关系和它们是相似的，同样体现了层次与它们所处位置、搭配的关系。

（4）表示概数时，用 ɬoːŋ¹不用 ŋei⁶，我们将在《概数》部分讨论。

（5）ɬoːŋ¹的动词用法

靖西壮语 ɬoːŋ¹有动词用法，指"把细长物体合二为一（使之变粗）"。如：

①theːu¹mai¹ɬi³laːi¹,ɬoːŋ¹te¹tse².线太细了，把两股合起来。

　　条 线 细 多 二 它 语气助词

②theːu¹mai⁴toːk¹⁰təŋ³mei² jəu⁵naːu⁵,ɬoːŋ¹te¹.一根木头顶不住，两根合起来。

　　条 木 独 顶 不 在 不 二 它

3.ha³、ŋo⁴ "五" 和 khjɔk⁷、lɔk⁸ "六" 的不同用法

表示数目、计数和次第时，都用 ha³和 khjɔk⁷。如：

ɬei⁵ ha³　khjɔk⁷ tsat⁷四、五、六、七

四 五　　六　　七

ha³ko¹五棵（树）　　　　ha³kən²五个（人）　　　　khjɔk⁷kuŋ²六件（衣服）

五 棵　　　　　　　　　五 人　　　　　　　　　　六　件

khjɔk⁷theːu¹六条（绳子）   ha³ɬəp⁷khjɔk⁷五十六

　　六　　条　　　　　　　　　五　十　　六

khjɔk⁷paːk⁹ha³六百五十　　　　ha³sin¹ləŋ²khjɔk⁷五千零六

　　六　　百　　五　　　　　　五　千　零　六

ŋo⁴"五"和lɔk⁸"六"不能用于基数，只能用于月份，我们将在《序数》部分讨论。

4.ɬəp⁷和tsəp⁸都是"十"，但tsəp⁸只能做序数词，用于月份：tsəp⁸ŋut¹⁰（ŋut¹⁰"月份"）。

据我们观察，tsəp⁸的使用越来越少，正处在被 ɬəp⁷代替的过程中。即tsəp⁸ŋut¹⁰越来越多地说成 ɬəp⁷ŋut¹⁰。

张元生、覃晓航（1993）认为，壮语表示"一、二、五、六"的数词都各有两种形式，四对数词意义相同而用法不同，[①]这四对数词的用法与上文所讨论的靖西壮语相应数词基本一致，我们不再详述。

韦庆稳（1985）讨论了壮语中几对同义基数词在用法上的区别[②]（少数数词靖西壮语没有，这里不举），分述如下：

（1）ndeu 和 it 在用法上的区别：1）ndeu 能计数，it 不大用来计数。2）ndeu 要用在百、千、万、亿和量词[③]的后面。它们不能构成复合基数词，所以它们不能在有零的复合基数词里出现。it 要用在十、百、千、万、亿和量词的前面。it 能参加构成复合基数词，所以它可以在有零的数目里出现。但在 it 加十、百、千、万或加量词时，如果前面没有其他数词，而后面又还有零数，则前面的 it 也要省略。3）it 和 ŋei⁶连用可以表示约数。ndeu 不能表示约数。4）ndeu 和 it 与量词组合成数量词组时，都不能再在后面加定指示代词。5）it 可以表示序数和次第，ndeu 不能表示序数和次第。但以排行表示人名和亲属称呼的，不能用 it。6）用 boix"倍"（靖西壮语为 phei³）表示倍数和用 cinz"成"（靖西壮语为 tsəŋ²）表示分数时，ndeu 和 it 都可以用。ndeu 用在后面，it 用在

---

① 张元生、覃晓航：《现代壮汉语比较语法》，中央民族学院出版社1993年版，第44页。

② 韦庆稳：《壮语语法研究》，广西民族出版社1985年版，第79—84页。

③ 此处所用概念依韦庆稳《壮语语法研究》，广西民族出版社1985年版。

前面。但用在 faenhcih "分之"（靖西壮语 $fən^3tsi^5$）之后表示分数时，只能用 it，不能用 ndeu。

韦庆稳（1985）所述 ndeu 和 it，靖西壮语分别读为 $neːu^2$ 和 $ʔat^7$。靖西壮语 $neːu^2$ 和 $ʔat^7$ 的用法与韦庆稳（1985）的描写大略是一致的，但也略有区别，我们在下文还将讨论，$ʔat^7$ 可以作为亲属称谓的序数，为 $ɬəp^7ʔat^7$ "十一" 的省略。

（2）song 和 ngeih "二" 在用法上的区别：song 是单纯的基数词，有时也能构成复合基数词。但 ngeih 只能是构成复合数词或合成数词中的词根。具体区别有：1）song 能计数，ngeih 一般不用来计数。2）song 能单独用在量词的前面，ngeih 不能。3）在复合基数词中，在 $ɬəp^7$ "十" 的前面和后面都用 ngeih，不用 song。在 bak "百"（靖西壮语为 $paːk^9$）、cien "千"（靖西壮语为 sin^1）、fanh "万"（靖西壮语为 $faːn^6$）、ik "亿"（靖西壮语为 ji^6）的前面只有用 song 不用 ngeih。在复合基数词中最后的 "二"，如果前面有 lingz "零"（靖西壮语为 $lən^2$），可用 song，否则用 ngeih。4）表示次第概念的各种场合只用 ngeih，不用 song。5）在 boix "倍"（靖西壮语为 $phei^3$）和 cinz "成"（靖西壮语为 $tsən^2$）的前面要用 song，在 cinz 的后面以及在 faenhcih "分之"（靖西壮语 $fən^3tsi^5$）的前面和后面都要用。6）song 和 ngeih 都可以表示约数，但各用来和自己搭配的数词不同。即 song 同 $ɬaːm^1$ "三" 配，ngeih 同 $ʔat^7$ "一" 配。

song 和 ngeih，靖西壮语分别读为 $ɬoːŋ^1$ 和 $ŋei^6$。靖西壮语的用法与韦庆稳（1985）所述一致。

（3）"五" 有 haj、ngux 二词，"六" 有 roek、loeg 二词。haj、roek 除不用来表示排行的亲属称谓和人名以外，广泛用于其他各个方面，包括表示一般序数。ngux、loeg 一般只用来表示排行的亲属称谓和人名，还能用来表示月份和阴历的日子。

haj、ngux 在靖西壮语分别读 ha^3 和 $ŋo^6$，roek、loeg 在靖西壮语分别读 $khjok^7$、lok^6，靖西壮语的用法与韦庆稳（1985）大略一致，区别是靖西壮语的 $ŋo^6$ 并不能表示亲属排行和人名。

韦庆稳、覃国生（1980）[1]也有与韦庆稳（1985）一致的讨论，在此不赘。

（二）序数

靖西壮语的序数相对复杂。《基数》所列的基数词中，只有 $ne:u^2$ 和 $\text{ło:}\eta^1$ 不能表序数；《基数》所列的官话借词，都可表序数；除一般使用的与各地壮语层次一致的中古借词层次的数词外，还有个别粤语借词可表序数，如 ηi^2 "二"。

王霞、储泽祥（2012）认为中国语言的序数语法表达式包括六类：专门性标记式、语序式、重叠式、内部屈折式、复合标记式和弱标记式。专门性标记式是指在表数成分上添加有序数标示作用的成分来表达序数的语法表达式。语序式是指利用与基数表达式不同的语序来表达序数的语法表达式。重叠式是指通过重复词或语素来表达序数的语法表达式。内部屈折式是指通过改变词或语素的部分语音来表达序数的语法表达式。复合标记式是指同时运用语序、添加辅助词等多种语法手段来表达序数的语法表达式。弱标记式是指通过句法语义的限定来表达序数的语法表达式。[2]

根据我们的观察，靖西壮语包含有专门性标记式、语序式两种语法表达式。

1.专门性标记式

我们在第一章"附加式合成词及词缀"一节中对专门性标记式已经做过讨论。靖西壮语中的tai^6"第"、so^1"初"是借自汉语的序数标记，其后添加数词，即形成专门性标记式。这里不再讨论。

2.语序式

我们主要讨论语序式。语序式的结构是"名词＋数词"：

$pa:\eta^1 tsat^7 ha^3$七十五班　　　　　$ja:\eta^2 \eta ei^6 khjok^7$第二十六行

　班　七　五　　　　　　　　　行　二　六

$pa:\eta^5 tsa:\eta^5 \eta ei^6$二班长（副班长）　　　$nun^1 \text{ʔ}ət^7$（农历）一月

　班长　　二　　　　　　　　　　月　一

---

① 韦庆稳、覃国生：《壮语简志》，民族出版社 1980 年版，第 45—47 页。
② 王霞、储泽祥：《中国语言序数语法表达式的类别和共性特征》，《民族语文》2012 年第 1 期。

pei¹ŋei⁶第二年

年　二

语序式应是壮侗语固有的表达式。基于以下三个理由：（1）壮语是典型的 VO 型语言，修饰限制成分居后是符合 VO 型语言特征的语序。（2）语序式不需要标记，符合语言经济性的原则。（3）壮侗语的序数表达式中，语序式相当普遍；而如上我们所讨论的专门性标记式，所使用的标记来自汉语，因此不太可能是固有的表达式。

以下是语序式在其他壮侗语中的例子。

武鸣壮语（韦庆稳、覃国生，1980）[1]：

luŋ² ŋei⁶二伯父　　　ta⁶ŋei⁶二姑娘　　　duːn¹ŋei⁶二月

伯父　二　　　　　　女　二　　　　　　月　二

侗语（梁敏，1980）[2]：

a¹ ɕi¹si⁵˧第十四首歌　　　lən² ɕi¹n̩i⁶第十二号芦笙

歌十四　　　　　　　芦笙　十二

毛南语（梁敏，1980）[3]：

vɛ²n̩i⁶二姐　　　luŋ² saːm¹三舅父

姐　二　　　　舅父　三

仫佬语（王均、郑国乔，1980）[4]：

luŋ² taːm¹三姑夫　　　tsɛ²n̩i⁶二姐

姑夫　三　　　　姐　二

仡佬语（张济民，1993）[5]：

tsə²¹su³³二弟　　　tɒ³³su⁵⁵二哥

弟　二　　　　哥　二

---

① 我们根据书中描述认为其记录的是武鸣壮语。韦庆稳、覃国生：《壮语简志》，民族出版社 1980 年版，第 46 页。

② 梁敏：《侗语简志》，民族出版社 1980 年版，第 45 页。

③ 梁敏：《毛难语简志》，民族出版社 1980 年版，第 46 页。

④ 王均、郑国乔：《仫佬语简志》，民族出版社 1980 年版，第 45 页。

⑤ 张济民：《仡佬语研究》，贵州民族出版社 1993 年版，第 123 页。

标话（梁敏、张均如，2002）[①]：

lak⁸nɔ³ɲi⁶二女儿　　　lak⁸kʰeu¹θa:m¹三女婿　　　liak⁸θi⁵四儿子

女儿　二　　　　　　　女婿　三　　　　　　　儿子四

木佬语（木仕华，2003）[②]：

ɬa³¹ɬu²⁴第二个月　　　　　tsə²⁴ta²⁴第三年

月　二　　　　　　　　　年　三

ve³¹ta²⁴后天（第三天）　　lai⁵³ta²⁴第三个

天　三　　　　　　　　　个　三

傣语（喻翠容、罗美珍，1980）[③]：

西傣　dən¹pɛt⁹第八个月　　to¹sip⁷si⁵第十四只　　phu³sa:m¹第三个人

　　　月　八　　　　　只　十四　　　　　个　三

德傣 han²sip⁷et⁹第十一家　　la:i²pap⁸sa:m¹第三本书　　lan⁶ha³第五个月

　　　家　十一　　　　　书本　三　　　　　月　五

泰语（秦春草，2018）[④]：

tʰə:m³³sɔ:ŋ¹⁴第二学期　　　　　pi:³³si:²¹大四（大学年级）

学期　二　　　　　　　　　年　四

这种用法在亲属称谓中更为普遍，我们将在下文进行讨论。

3.专题讨论：南部壮语亲属排行的表现形式及相应语序[⑤]

以下我们对靖西壮语亲属排行的表现形式及相应语序做专题讨论。

壮语为 VO 型语言，根据 Dryer 的左右分支方向理论（The Branching Direction Theory,BDT）[⑥]，壮语偏正式名词短语应是中心语在前，修饰限制成分居后；而汉语修饰限制成分居前，中心语居后的语序体现的则是 OV 型语言

---

① 梁敏、张均如：《标话研究》，中央民族大学出版社 2002 年版，第 98 页。

② 木仕华：《木佬语研究》，民族出版社 2003 年版，第 62 页。

③ 喻翠容、罗美珍：《傣语简志》，民族出版社 1980 年版，第 42—43 页。

④ 秦春草：《泰语和壮语分类词比较研究》，硕士学位论文，广西大学，2018 年，第 65 页。

⑤ 本部分语料提供者，除与绪论的说明相同外，田东壮语、红水河土语由卢勇斌提供。本部分内容已在《广西民族大学学报》（哲学社会科学版）2017 年第 6 期发表，本书有部分改动。

⑥ Dryer，M．S《The Greenbergian Word Order Corrections》，《Language》1992，（68）：81-138。

的特点。韦佼灵基于 WALS（the world atlas of language structure online），对壮语的名词短语进行了描写。其结论如下：领属语与名词的顺序，壮语属 Noun-Gentitive 类型，借入汉语 di 后，发展出 Gentitive-Noun 类型。形容词修饰名词的语序，属 Noun—Adjective 类型。指示词和名词的顺序，壮语属 Noun—Demonstrative 类型。关系从句一般位于名词之后，属 NRel 类型。①说明壮语偏正式名词短语的固有语序确是中心语居前，修饰限制成分居后。

壮侗语偏正式名词短语固有的"中心语＋修饰限制成分"语序已然发生变化，出现了"修饰限制成分＋中心语"的语序。壮侗语偏正式名词短语的这种变化，前贤已有观察。刘丹青认为"部分壮侗语族因汉语影响开始表现出一些偏离典型 SVO 语言的特点，如有些语言领属定语可以前置（这时往往同时借入汉语的结构助词）"②。各家对壮侗语偏正式名词短语的讨论主要分布在以下一些方面：领属定语、领属结构式的语序，如：刘丹青（2002）③，吴福祥（2013）④，梁敏、张均如（1996）⑤；关系小句结构式的语序，如吴福祥（2009）⑥，梁敏、张均如（1996）⑦；数量名结构，如韦庆稳（1985）⑧、赵晶（2012）⑨、覃晓航（1988）⑩、梁敏（1983）⑪、程博（2002）⑫。指量名结构，张元生、覃晓航（1983）⑬；其他方面如名词性定语、动词性定语、

---

① 韦佼灵：《壮语的类型学描写》，硕士学位论文，南昌大学，2010 年，第 32—36 页。
② 刘丹青：《汉藏语言的若干语序类型学课题》，《民族语文》2002 年第 5 期。
③ 刘丹青：《汉藏语言的若干语序类型学课题》，《民族语文》2002 年第 5 期。
④ 吴福祥：《南方民族语言领属结构式语序的演变和变异——基于接触语言学和类型学的分析》，《东方语言学》2009 年第 2 期；吴福祥：《语言接触与语法复制》，《百色学院学报》2013 年第 5 期。
⑤ 梁敏、张均如：《侗台语族概论》，中国社会科学出版社 1996 年版。
⑥ 吴福祥：《南方民族语言关系小句结构式语序的演变和变异——基于接触语言学和语言类型学的分析》，《语言研究》2009 年第 3 期。
⑦ 梁敏、张均如：《侗台语族概论》，中国社会科学出版社 1996 年版。
⑧ 韦庆稳：《壮语语法研究》，广西民族出版社 1985 年版。
⑨ 赵晶：《壮语名词短语的语序演变》，《语言研究》2012 年第 3 期。
⑩ 覃晓航：《从汉语量词的发展看壮侗语"数、量、名结构"的词序变化》，《广西民族学院学报》（哲学社会科学版）1988 年第 1 期。
⑪ 梁敏：《壮侗语族语量词的产生和发展》，《民族语文》1983 年第 3 期。
⑫ 程博：《壮侗语数量名结构语序探析》，《中央民族大学学报》（哲学社会科学版）2012 年第 4 期。
⑬ 张元生、覃晓航：《现代壮汉语比较语法》，中央民族大学出版社 1993 年版，第 127 页。

形容词定语，张元生、覃晓航（1983）[①]，韦庆稳、覃国生（1980）[②]，张增业（1998）[③]，韦庆稳（1985）[④]，梁敏（1979）[⑤]，赵晶（2012）[⑥]，梁敏、张均如（1996）[⑦]，梁敏、张均如（2002）[⑧]，李锦芳（1999）[⑨]均有涉及。

基本一致的结论是，这种演变的动因是语言接触，主要是汉语影响所致。

我们认为，作为偏正式名词短语，壮语中亲属称谓名词与表排行语词（包括序数词、非序数词）的组合呈现出不同的语序，而这种差异与相关语词来源及接触层次密切相关。作为使用频率极高的语言成分，亲属称谓名词与表排行语词组合的语序应该对偏正式名词短语的发展演变有敏锐的反映。但之前学界对此并未给予关注。

我们在此通过对亲属称谓名词与表排行语词的语序的观察，佐以其他壮语的材料，对这一演变进行讨论，以期窥见语言接触对壮语偏正式名词短语发展演变的影响。

靖西壮语序数词有中古借词、粤语借词和官话借词；非序数词是一些表"大"和"小"的语词，如汉语借词"大"和"头"，固有词 luŋ¹"大"和 ʔeːŋ¹"小"、thaːŋ¹"尾"、pjaːi¹"末"。

靖西壮语常用的基数词，除 neːu²、ɬoːŋ¹外，作为序数词均可用于称谓名词。表排行的序数词有中古借词、粤语借词和官话借词。非序数词中，汉语"大"在靖西壮语中有中古借词、粤语借词和官话借词，均可表排行第一；表排行第一的"头"是中古借词，luŋ¹"大"是固有词。表排行最末可有 ʔeːŋ¹"小"、thaːŋ¹"尾"、pjaːi¹"末"，均为固有词。不同层次语词与称谓名词搭配时语序有差异。

---

① 张元生、覃晓航：《现代壮汉语比较语法》，中央民族大学出版社 1993 年版，第 4 页。
② 韦庆稳、覃国生：《壮语简志》，民族出版社 1980 年版，第 76 页。
③ 张增业：《壮—汉语比较简论》，广西民族出版社 1998 年版，第 14 页。
④ 韦庆稳：《壮语语法研究》，广西民族出版社 1985 年版，第 122 页。
⑤ 梁敏：《侗语简志》，民族出版社 1979 年版，第 59、79 页。
⑥ 赵晶：《壮语名词短语的语序演变》，《语言研究》2012 年第 3 期。
⑦ 梁敏、张均如：《侗台语族概论》，中国社会科学出版社 1996 年版，第 425 页。
⑧ 梁敏、张均如：《标话研究》，中央民族出版社 2002 年版，第 151 页。
⑨ 李锦芳：《布央语研究》，中央民族大学出版社 1999 年版，第 78—109 页。

（1）以最基本的基数词为序数词表排行

靖西壮语的基数词中，仅下文所述 ne:u² "一" 和 ɬo:ŋ¹ "二" 不能作序数词。

1）壮语的基本基数词中，"一" 和 "二" 一般都各有两个。靖西壮语也是如此，其中，"一" 有固有词 ne:u²和中古借词 ʔat⁷；"二" 有 ɬo:ŋ¹和 ʔei⁶，ɬo:ŋ¹是中古借词 "双"，ʔei⁶是中古借词 "二"。ne:u²和 ɬo:ŋ¹不能充当序数词，因此也就不能用于称谓名词；ʔat⁷和 ʔei⁶可充当序数词，但 ʔat⁷用于亲属称谓时，与其本义不一致，我们将在下文讨论。基本基数词用于称谓名词时，采用语序式，语序一般为 "称谓+序数"。如：

ku⁵pho¹ŋei⁶二姑奶奶　　　　　koŋ⁵kjəu³ɬa:m¹三舅爷爷

姑婆　二　　　　　　　　　　　公　舅　三

pja:u⁵ʔo⁵ɬei⁵四表哥　　　　　　pja:u⁵sam³ha³五表婶

　表哥　四　　　　　　　　　　　表婶　　五

pja:u⁵ʔu⁵khjok⁷六表姑　　　　　pja:u⁵tse³pe:t⁹八表姐

　表姑　　六　　　　　　　　　　表姐　　八

koŋ⁵ ta⁵ kau¹九姥爷　　　　　　pja:u⁵je²ləp⁷十表伯父

公 外祖父九　　　　　　　　　　表　伯　十

lok⁸ɬei⁵四儿子（女儿）　　　　la:n¹ŋei⁶二侄子

子 四　　　　　　　　　　　　　侄　二

韦庆稳也有这样的讨论，从他举的例子来看，与靖西壮语一样，所使用的数词均为中古借词。[①]

2）基本基数词中，居称谓前、表个位的序数词只有 ɬei⁵ "四" 和 ləp⁷ "十"。如：

ɬei⁵ʔo⁵四哥　　　ɬei⁵ɬa:u³四嫂　　　ɬei⁵su²四叔　　　ləp⁷ʔo⁵十哥

四哥　　　　　　四嫂　　　　　　四叔　　　　　　十哥

ɬei⁵和 ləp⁷是中古借词。靖西壮语的亲属排行，居前的数词一般是粤语借词和官话借词，中古借词一般居后，但 ɬei⁵和 ləp⁷例外。

---

① 韦庆稳：《壮语语法研究》，广西民族出版社 1985 年版，第 78 页。

我们认为，产生这种现象的原因在于"四""七"和"十"这三个官话借词在靖西壮语中读音一致或接近，"七"和"十"均读 si²，官话借词"四"在新靖镇等地现读为 ɬɯ³³，但在保留更早的官话借词的地方，常常读为 si（调值因地而异）。因此，这三个词的官话借词极易混淆。在年纪较大的靖西人中，用官话说这几个词时，"四"和"七"常常要借助手势或改用普通话解释。表"十"可借助手势或进一步解释为"两个五"；也可以通过把这三个词邻近的数词连用以作说明，如，"二三四"的"四"，"五六七"的"七"，"八九十"的"十"。我们认为，"四"和"十"两个中古借词出现在本为官话借词出现的位置，应是为了避免与官话借词"七"混淆。

张元生、覃晓航（1993）所记录的中古借词"四"，在与亲属称谓搭配的语序中位置与靖西壮语不同：

cej seiq 四姐

姐　四①

韦远诚（私下交流）指出，横县壮语没有"中古借词 ɬei⁵/ɬəp⁷＋称谓"这样的语序。

张元生、覃晓航记录的这一与靖西壮语相异的语序，及横县壮语的情况，都说明了中古借词作为进入壮语较早的层次，其语序一般依从壮语的固有语序，即"称谓＋序数词"。这也佐证了靖西壮语 ɬei⁵（四）ʔo⁵（哥）、ɬei⁵（四）ɬa:u³（嫂）、ɬei⁵（四）su²（叔）这样的语序是一种例外的语序。

3）"十"以上的数位全采用基本基数词，如：

ɬəp⁷ʔat⁷ɬa:u³十一嫂	ɬəp⁷ŋei⁶ʔu⁵十二姑	ɬəp⁷ɬa:m¹koŋ⁵十三爷爷
十　一　嫂	十　二　姑	十　三　公
ŋei⁶ɬəp⁷pho¹二十奶奶	ŋei⁶ɬəp⁷ʔat⁷je²二十一伯	
二　十　婆	二　十　一　伯	
ɬa:m¹ɬəp⁷ʔat⁷su²三十一叔	ɬa:m¹ɬəp⁷kjəu³三十舅	
三　十　一　叔	三　十　舅	

---

① 张元生、覃晓航：《现代壮汉语比较语法》，中央民族大学出版社 1993 年版，第 30 页。.

这时语序与现代汉语一致，当是受汉语影响而形成。

4）ʔat⁷和ŋei⁶可单用于亲属称谓之前，表排行"十一""十二"。如：

ʔat⁷ma⁵十一姑母　　ʔat⁷su²十一叔　　ʔat⁷tse³十一姐　　ŋei⁶ʔu⁵十二姑

一　姑母　　　　　　一　叔　　　　　一　姐　　　　　二　姑

如上所述，ʔat⁷、ŋei⁶为中古借词，但这里的ʔat⁷、ŋei⁶并非指排行中的第一、第二，所指实为排行第十一和第十二，是由ɬəp⁷ʔat⁷"十一"、ɬəp⁷ŋei⁶"十二"省略ɬəp⁷而得。原因是：

靖西壮语中，排行第一一般说ta:i²/ta:i¹、ta³、tau²、luŋ¹；排行第二，"称谓＋序数"结构用ŋei⁶，"序数＋称谓"用ŋi²。且由于ɬəp⁷和ŋi²一定不能搭配，ŋi²表示的一定是排行第二。所以，在亲属称谓前用ʔat⁷、ŋei⁶分别表示排行第一和排行第二不会产生歧义。

我们在其他壮语中还未观察到这样的用法。

（2）数词中的官话借词和粤语借词表排行

借自官话和粤语的数词表排行时，情况与基本基数词有所区别，讨论如下：

1）官话借词

官话借词中ɬa:n⁵"三"、ʔu⁵"五"、lu²"六"、si²"七"、pa²"八"、kjəu⁵"九"可作为序数词用于称谓名词，是最常用的序数词。在"一"到"十"十个数中，不能作为序数词的官话借词仅ji²"一"、ʔə⁴"二"、si²"十"三个。例如：

ɬa:n⁵ʔo⁵三哥　　ɬa:n⁵tse³三姐　　ɬa:n⁵ɬa:u³三嫂　　ʔu⁵ʔo⁵五哥

三　哥　　　　　三　姐　　　　　三　嫂　　　　　五　哥

lu²tse³六姐　　si²je²七伯　　　pa²kjəu³八舅　　　kjəu⁵ʔo⁵九哥

六　姐　　　七　伯　　　　　八　舅　　　　　九　哥

2）粤语借词

表亲属称谓排行的数词中，粤语借词仅ŋi²一个。如：

ŋi²ʔo⁵二哥　　ŋi²tse³二姐　　ŋi²ɬa:u³二嫂　　ŋi²məu⁴二伯母　　ŋi²je²二伯

二哥　　　　二　姐　　　　二　嫂　　　　二伯母　　　　　二伯

ŋi²是粤语借词"二"。二，止摄开口三等至韵，日母，去声。粤语借词在靖西壮语中不多，我们没法系统地对它们的语音特点进行分析，但我们根据粤语的读音可以推断。止开三百色粤语一般读 i；日母与止摄相拼读 j，与靖西壮语 ŋ 对应；浊去读 21，①靖西壮语以音值相似原则以第 2 调 31 调值匹配。

数词中，官话借词和粤语借词必然位于称谓名词之前，与现代汉语一致。

（3）表排行第一多用汉语借词"大"，也可用中古借词 tau² "头"、固有词 luŋ¹。

1）大

靖西壮语的"大"，中古借词、粤语借词、官话借词共现。

第一，中古借词 ta:i⁶。这时称谓名词居前，ta:i⁶ 居后。如：

lok⁸ ta:i⁶ 大儿子　　　　pho¹ta:i⁶ 排行第一的奶奶辈亲戚

儿子大　　　　　　　婆　大

tso³ta:i⁶ 排行第一的曾祖辈亲戚　　　kjəu³ta:i⁶ 排行第一的舅舅

祖　大　　　　　　　　　　　　舅　大

第二，粤语借词 ta:i²/ta:i¹。这时称谓名词居后，ta:i²/ta:i¹ 居前。如：

ta:i²/ta:i¹ʔo⁵ 大哥　　　ta:i²/ta:i¹tse³ 大姐　　　ta:i²/ta:i¹ɬau³ 大嫂

　大　哥　　　　　大　姐　　　　　大　嫂

ta:i²/ta:i¹məu⁴ 大伯母　　　ta:i²/ta:i¹je² 大伯　　　ta:i²/ta:i¹sok⁷ 大叔

　大　伯母　　　　　大　伯　　　　　大　叔

这里的 ta:i² 是粤语借词"大"。大，果摄开口一等个韵，定母，去声。靖西壮语粤语借词"大"，声韵与中古借词主体层是一致的。区别在于声调，浊去百色粤语一般读 21，②靖西壮语借入时按调值相似原则读为第 2 调 31。而粤语借词的第 2 调常变读为第 1 调，调值变为 53，这是靖西壮语很常见的一种音变现象。

第三，官话借词 ta³。这时称谓名词居后，ta³ 居前。如：

ta³ʔo⁵ 大哥　　　ta³tse⁵ 大姐　　　ta³je² 大伯

大哥　　　　　大　姐　　　　大伯

---

① 严春艳：《百色市右江区粤语语音特点》，《百色学院学报》2012 年第 5 期。
② 严春艳：《百色市右江区粤语语音特点》，《百色学院学报》2012 年第 5 期。

能与 ta³ 组合的亲属称谓并不多，我们观察到的仅以上三例。说明其与亲属称谓的组合还远不是能产的形式，也说明其进入靖西壮语时间是比较晚的。

ta³ 是官话借词"大"。果开一官话借词多读 ɔ，但官话"大"读 a，靖西壮语借入时以相同音位相匹配，亦读 a；定母读 t；去声读第 3 调 33。

靖西壮语汉语借词"姐"有两读：中古借词 tse³，粤语借词 tse⁵。它们与汉语借词"大"的组合规律是：tse³ 与中古借词 taːi⁶、粤语借词 taːi¹ 均可组合，但语序有异：tse³taːi⁶"称谓＋大"，taːi¹tse³"大＋称谓"；官话借词 ta³，则只能与粤语借词 tse⁵ 组合：ta³tse⁵，语序为"大＋称谓"。粤语进入靖西当在清雍正之后，官话进入的时间难以确知，但大量使用应该还在粤语之后。这样的语序，正好体现了借词层次对结构的制约。

2）tau²"头"

tau² 是中古借词"头"。头，流摄开口一等侯韵，定母，平声。靖西壮语中古借词流开一可读 au，定母读 t，浊平读第 2 调。声韵调与中古借词规律相符。

靖西壮语 tau² 指排行第一时只用于晚辈，一般仅用于 lok⁸"子"、ʔi⁵"男孩儿"、te⁵"女孩儿"、laːn¹"孙了，孙女；泛指下一辈"，如：

lok⁸ tau²大儿子　　　　ʔi⁵　　tau²大儿子　　　　te⁵　　tau²大女儿

儿子头　　　　　　　　男孩儿头　　　　　　女孩儿 头

laːn¹　tau²大孙子/大孙女/下一辈中排行第一者

孙/晚辈 头

作为中古借词，tau²"头"在壮语中还有"领导者""最强者"等义。"头"的这一意义进入壮语的时间很早，《隋书》："有鼓者号都老，群情推服。本之旧事，尉佗于汉，自称蛮夷大酋长老夫臣，故俚人犹呼其所尊为倒老也，言讹，故又称都老云。"[①]说明所谓的壮族乡村领袖"都老"其实应是"倒老"，"倒"中古读 tau，[②]其所记的字应该就是"头"，"老"是北部壮语的固有词 laːu⁵"大"，"倒老"其实就是"大头人"。tau² 作为修饰语时，可与其搭配的语素较多，其一直位于其他语素之后，如 tu¹（只；个）tau²（头）"领

---

① （唐）魏征，令狐德棻：《隋书·志第二十六》，中华书局 1973 年版，第 888 页。

② 采用潘悟云构拟，见东方语言学网 http://www.eastling.org/tdfweb/midage.aspx。

头人"、la:u⁴（佬）tau²（头）"领头人"、joŋ¹（厉害）tau²（头）"最厉害"、
nai¹（好）tau²（头）"最好"等，结构与壮语固有结构一致，十分稳定，因此
当其用于表排行第一时，其仍只能位于称谓名词之后。

3）luŋ¹

luŋ¹是固有词，与下文所述大新壮语 luŋ¹、横县壮语 huŋ¹同源。靖西壮语
中，luŋ¹的本义是"大"，可用来表排行第一，适用范围较广，几乎所有称谓
名词均可与之搭配。如：

ta:i⁵　　luŋ¹排行第一的外祖母　　　　pia:u⁵ʔo⁵luŋ¹大表哥

外祖母　大　　　　　　　　　　　表哥　大

lok⁸　　　　luŋ¹大儿子/大女儿　　kjəu³luŋ¹排行第一的舅舅

儿子/女儿　大　　　　　　　　舅　大

na⁴luŋ¹大姨　　　su²luŋ¹排行第一的叔叔

姨　大　　　　　叔　大

作为固有词，luŋ¹位于称谓名词之后，为固有语序，理所应当。

（4）以固有词 ʔe:ŋ¹ "小"、tha:ŋ¹ "尾"、pja:i¹ "末"表排行最末

因这三个词都是固有词，所以与称谓名词搭配时，都是固有语序。一并举
例如下：

su²ʔe:ŋ¹排行最末的叔叔　　　　kjəu³ʔe:ŋ¹排行最末的舅舅

叔　小　　　　　　　　　　舅　小

ʔo⁵ʔe:ŋ¹排行最末的哥哥　　　　su²tha:ŋ¹排行最末的叔叔

哥　小　　　　　　　　叔　尾

la:n¹　　tha:ŋ¹小孙子/小孙女/下一辈中排行最末者

孙/晚辈　尾

tso³pja:i¹排行最末的曾祖父、曾祖母

祖　末

lok⁸pja:i¹最小的子女

子　末

（5）粤语借词 ta:i² "大"和部分序数词可以单用充当亲属称谓

1）ta:i² "大"，可指"大哥""大姐"。

2）部分序数词可以单用充当亲属称谓，可指称两类人：一是说话人的兄姐；二是年龄小于说话人或与说话人相仿的父母辈亲戚，这时起避忌作用。

这些数词均为个位数，且并不是同一层次：ŋi² "二"，粤语借词；ɬa:n⁵ "三"、si² "七"、pa² "八"、kjəu⁵ "九"是官话借词；ɬəp⁷ "十"是中古借词。

ŋi² "二"，可指"二哥""二姐"，或与说话人年龄相近的"二叔""二姑"等。

ɬa:n⁵ "三"，可指"三哥""三姐"，或与说话人年龄相近的"三叔""三姑"等。

si² "七"，可指"七哥""七姐"，或与说话人年龄相近的"七叔""七姑"等。

pa² "八"，可指"八哥""八姐"，或与说话人年龄相近的"八叔""八姑"等。

kjəu⁵ "九"，可指"九哥""九姐"，或与说话人年龄相近的"九叔""九姑"等。

ɬəp⁷ "十"，可指"十哥""十姐"，或与说话人年龄相近的"十叔""十姑"等。

作为典型的 SVO 语言，壮侗语的偏正结构自然应是"正＋偏"，因此，靖西壮语亲属排行的表现形式最初一定是"称谓＋序数"的结构。这种结构仍然存在，如 koŋ⁵ta⁵（外祖父）ʔei⁶（二）"二姥爷"、ku⁵pho¹（姑婆）khjɔk⁷（六）"六姑奶奶"、no:ŋ⁴（弟弟、妹妹）pja:i¹（末）"最小的弟弟/最小的妹妹"、kjəu³（舅舅）ʔe:ŋ¹（小）"小舅舅"、lok⁸（儿子）ta:i⁶（大）"最大的儿子"、la:n¹（孙子；侄儿；外甥）ta:i⁶（大）"最大的孙子/侄儿/外甥"等。这与壮语的固有语序是相符的。

但由以上讨论，我们发现，靖西壮语中，以粤语借词为序数词用于亲属称谓时，结构一般为"序数＋称谓"。这一结构的产生应不早于清雍正时期，因为粤人大量西进是在雍正之后。表亲属排行的序数词中，官话借词使用普遍，结构均为"序数＋称谓"；同时，官话借词"大"与称谓名词的搭配亦是"大＋称谓"，但其与称谓名词的组合能力明显弱于中古借词和粤语借词。说明其进入靖西壮语是很晚近的。我们难以确知官话进入靖西的时间，但至少在清乾隆时，官话还未深刻影响靖西壮语。证据是，清乾隆二年征召了一批四川人到靖西修建城墙，之后这些人就居住在靖西，其聚居地被称为 ka:i¹（街）ɬei⁵（四）sim¹（川）"四川街"。照理，此处应该以四川官话命名，但这个"四"用的仍是平话借词，说明当时靖西人并无使用官话的习惯。

靖西壮语三个层次的汉语借词中，粤语晚于平话，官话又晚于粤语，当然，它们都晚于固有词。从以上讨论，我们看到，这些语词的来源和层次对语序起着较严格的制约作用。固有词和中古借词与称谓名词搭配，结构一般为"称谓＋序数"，即"正＋偏"，这显然是最早的结构。而粤语借词和官话借词与称谓名词搭配，结构一般是"序数＋称谓"，即"偏＋正"，显然，这是受汉语影响所致。

从目前观察到的情况看，称谓名词与表排行的语词搭配的语序受语言接触的影响，是壮语的一个普遍现象。但影响的方面和深度并不平衡。

同属南部方言，语言接触对大新壮语的影响似乎比靖西壮语更深刻。

和壮语的普遍情况一致，大新壮语基数词"一"有 nəŋ⁵、ʔɛt⁷两个，"二"有 ɬoŋ¹、ji⁶两个。除 nəŋ⁵、ɬoŋ¹不能作序数词外，其余均可作序数词。如上所述，靖西壮语这些数词用于称谓名词时位置固定，但大新壮语与靖西壮语不同，大新壮语的数词作为序数词与称谓名词组合时语序灵活，既可居称谓名词之前，也可居称谓名词之后。如"大姐""二姐""三姐"，可说：

tsɛ³ʔɛt⁷大姐	tsɛ³ji⁶二姐	tsɛ³ɬa:m¹三姐
姐　一	姐　二	姐　三

也可说：

ʔɛt⁷tsɛ³大姐	ji⁶tsɛ³二姐	ɬa:m¹tsɛ³三姐
一　姐	二　姐	三　姐

前一种更为常见。后一种语序与现代汉语一致，显然是受汉语影响形成的。

与靖西壮语一样，大新壮语表排行第一，可有 ta:i⁶（中古借词"大"）、tau²（中古借词"头"）、lu:ŋ¹（固有词"大"）、ʔɛt⁷（中古借词"一"）。ta:i⁶可放在称谓名词之前，也可放在称谓名词之后。如与中古借词 tsɛ³"姐"组合时，ta:i⁶tsɛ³、tsɛ³ta:i⁶两可。ʔɛt⁷上文已作讨论。而靖西壮语 ta:i⁶不能在称谓名词之前；靖西壮语 ʔat⁷与大新壮语 ʔɛt⁷同源，ʔat⁷不能在称谓名词之后。

大新壮语中，中古借词 tau²、固有词 lu:ŋ¹只能位于称谓名词之后，如 tsɛ³tau²，tsɛ³lu:ŋ¹。原因与上文对靖西壮语的同源词的讨论应是一致的。与 tau²不同，ta:i⁶在壮语中只能用于亲属称谓，所以在大新壮语中其位置与 tau²相比更容易发生变化。

词语层次对语序的制约，我们在其他壮语中还能观察到。

如靖西壮语"十"以上的数位均位于称谓名词之前，但横县壮语仍为"称谓＋序数"，这一方面靖西壮语显然比横县壮语走得更远。横县壮语：

ma:u⁵ŋei⁶juɯt⁷二十一哥　　　　ta⁴luŋ²tɕup⁸juɯt⁷十一伯

哥　二　一　　　　　　　伯父　十　一

ta⁴ʔi¹ɬa:m¹ʔa⁴ɬa:m¹三十三祖父

祖父　三　十　三

横县壮语 ko¹/ma:u⁵"哥"、tɕe⁶/ta⁶"姐"共现，ko¹是中古借词"哥"，tɕe⁶是中古借词"姐"，ma:u⁵、ta⁶是固有词。

横县壮语可以以借自现代平话的 ta:i⁶"大"和固有词 huŋ¹"大"表排行第一。

借自现代平话的 ta:i⁶"大"，只能与中古借词 ko¹、tɕe⁶搭配，语序是"ta:i⁶＋称谓"，如：

ta:i⁶⁻⁴ko¹大哥　　　　ta:i⁶⁻⁴tɕe⁶大姐

大　哥　　　　　　大　姐

而与固有词 huŋ¹"大"组合的则是固有词形式的称谓名词，语序是"称谓＋huŋ¹"：

ma:u⁵huŋ¹大哥　　　　ta⁶huŋ¹大姐

哥　大　　　　　　姐　大

以固有词或层次较早的中古借词为称谓名词的，其只能与 huŋ¹ "大"搭配，语序也是"称谓＋huŋ¹"，为固有语序，如：

luŋ²⁻⁴huŋ¹大伯　　　　　pa³　huŋ¹大伯母

伯　　大　　　　　　　　伯母　大

ɬa:u³huŋ¹大嫂　　　　　ʔi¹⁻³huŋ¹大祖父

嫂　　大　　　　　　　　祖父　大

横县壮语中，现代平话借词 ŋi⁶（本调是 6，词中变调为 4）和中古借词 ŋei⁶ "二"同现。ŋi⁶与称谓名词搭配时语序是"ŋi⁶＋称谓"：

ŋi⁶⁻⁴ko¹二哥　　　　　ŋi⁶⁻⁴tai⁴二弟

二　哥　　　　　　　　二　弟

ŋi⁶⁻⁴tɕe⁶二姐　　　　　ŋi⁶⁻⁴mu:i⁶⁻¹二妹

二　姐　　　　　　　　二　妹

中古借词 ŋei⁶与称谓名词搭配时，语序则是"称谓＋ŋei⁶"，如：

ma:u⁵ŋei⁶二哥　　　　luŋ²⁻⁴ŋei⁶二伯

哥　二　　　　　　　　伯　　二

pa³　ŋei⁶二伯母　　　ɬa:u³ŋei⁶二嫂　　　ʔi¹⁻³ŋei⁶二爷

伯母　二　　　　　　嫂　二　　　　　祖父　二

层次晚近的 ŋi⁶，语序为"ŋi⁶＋称谓"；层次较早的 ŋei⁶，语序为"称谓＋ŋei⁶"。这其中，仅"二哥"可以 ŋi⁴/ŋei⁶换用，但要与固有词 ma:u⁵搭配：ma:u⁵ŋei⁶，语序与固有语序一致。

如上，使用频率最高、与说话人关系最密切的称谓名词 ko¹ "哥"、tai⁴ "弟"、tɕe⁶ "姐"、mu:i⁶ "妹"（本调为第 6 调，特定词变读第 1 调），一般与现代平话借词 ŋi⁶搭配，且语序与现代汉语一致。其中，tai⁴ "弟"和 mu:i⁶ "妹"是层次晚近的粤语借词。

而与 ŋei⁶搭配的，是层次较早的中古借词，如 ɬa:u³ "嫂"；或固有词，如 ma:u⁵。为固有语序。

使用频率相对较低的称谓名词与表排行的语词搭配，为固有语序。说明使用频率高的称谓名词，更易受到语言接触的影响；使用频率较低的则相对保守。

从粤语借入的 tai⁴ "弟"、muːi⁶ "妹"与序数词搭配，语序一定为"序数 + 称谓"，除上举 ŋi⁴tai⁴、ŋi⁴muːi⁶⁻¹外，再如：

tɕup⁸jɯt⁷tai⁴十一弟　　　　　ŋu⁴tai⁴五弟

　十　一　弟　　　　　　　　五　弟

ɬei⁵muːi⁶⁻¹四妹　　　　　ɬaːm¹muːi⁶⁻¹三妹

　四　妹　　　　　　　　三　妹

当序数大于等于三时，能与之搭配的均为固有词，语序为"称谓 + 序数"，这应是因为"三"及大于三的数词没有现代平话、粤语等层次晚近的借词之故。如：

maːu⁵ɬaːm¹三哥　　　　　　　luŋ⁴ɬei⁵四伯

　哥　三　　　　　　　　　　　伯　四

ʔi¹⁻³ŋu⁴五爷　　　　　ha⁴pa³tɕup⁸jɯt⁷十一伯母

祖父 五　　　　　　　伯母 十　一

如上所述，横县壮语有固有词、中古借词、现代平话借词三个层次的语词可与称谓名词搭配表示排行，层次较早的固有词和中古借词位于称谓名词之后，层次晚近的现代平话借词位于称谓名词之前。语词层次对语序的制约不言而喻。

再看武鸣壮语的情况。武鸣壮语从粤语借入了"五"ʔu³，其与称谓名词搭配的语序为"ʔu³ + 称谓"，异于固有语序，如：

ʔu³ka⁵五姐　　　　ʔu³hi²五姨

五　姐　　　　　五　姨

ʔu³ "五"近代由粤语进入武鸣壮语，因此，其与称谓名词搭配时语序与现代汉语一致，并不奇怪。

一般而言，层次较早的语词，其语序与固有语序一致的可能性更大，以上讨论已说明了这一点。但我们观察到，田阳壮语中古借词 ɬi⁵ "四"和 ŋi⁶ "二"却是位于称谓名词之前：

ɬi⁵suk⁷四叔　　　ŋi⁶tsɛ⁴二姐

四　叔　　　　　二　姐

而作为基本基数词的中古借词 ɬaːm¹，在北部壮语中位置前移的情况更为普遍，如：

ɬaːm¹ko¹三哥　　　　　ɬaːm¹suk¹三叔　　　　ɬaːm¹hi²三姨

三　哥　　　　　　三　叔　　　　　　三　姨

ɬaːm¹　naⁿ⁴三舅/三舅娘　　　　　ɬaːm¹piaːu⁴tsɛ⁴三表姐

三　舅/舅娘　　　　　　　　　三　　表姐

武鸣壮语、田东壮语、田阳壮语、右江区壮语、红水河土语均如此。说明北部壮语因汉语影响而使称谓名词与表排行语词的语序演变比我们上文所讨论的德靖土语、大新壮语、横县壮语更快。

汉语是一种不典型的 VO 语言。吴福祥（2012）根据 Dryer[1]的理论，通过汉语中"Rel-N"[关系小句—名词]的语序模式，认为"像汉语这种 VO & RelN 语序匹配模式在人类语言里极其罕见"[2]。说明汉语偏正式名词短语的语序类型与 VO 型语言的一般规律不相符而与 OV 型语言一致。金立鑫、于秀金（2012）也根据 Dryer[3]及 Haspelmath[4]的理论，基于汉语普通话"关系从句＋名词（弱倾向）"的语言事实，认为"普通话的关系从句格局支持它更接近 OV 语序的句法组配模式"。从"领有成分＋名词"的语言事实，认为"从这点上来说，我们无法支持普通话在该参项上倾向于 VO"。由此并结合其他句法组配，金立鑫、于秀金由此认为"普通话属于一种较为典型的 VO 和 OV 语序类型的混合语"[5]。

以上我们讨论了壮语德靖土语表亲属排行的语词的来源、层次，并与其他壮语进行比较。它们与称谓名词组合的语序受到来源和层次的制约，层次早的固有词和中古借词语序与壮侗语固有语序一致，层次晚近的粤语借词、官话借词语序与现代汉语语序一致，体现出由"亲属名词＋排行"向"排行＋亲属名

---

① Dryer，M．S《The Greenbergian Word Order Corrections》，《Language》1992，（68）：81-138.

② 吴福祥：《试说汉语几种富有特色的句法模式——兼论汉语语法特点的探求》，《语言研究》2012 年第 1 期。

③ Dryer，M．S《The Greenbergian Word Order Corrections》，《Language》1992，（68）：81-138. Dryer，M．S《The branching direction theory revisited》，S．Scalise，E．Magni and A．Bisetto：《Universals of Language Today》，Berlin: Springer，2008. http: //linguistics. buffalo. edu /people /faculty /dryer /dryer /DryerBDTrevisited. pdf.

④ Haspelmath，M. 2006《Universals of word order》，http: //email. eva. mpg. de /～haspelmt /6. WordOrder. pdf.

⑤ 金立鑫、于秀金：《从与 OV—VO 相关和不相关参项考察普通话的语序类型》，《外国语》2012 年第 3 期。

词"的演变。根据 Dryer 的左右分支方向理论（The Branching Direction Theory,BDT）[①]，属 VO 型语言的壮语应是中心语在前，修饰限制成分居后的语言。但是，受汉语影响，壮语产生了这样的异于 VO 型语言而与 OV 型语言一致的特点。

（三）概数

壮语概数的既有研究，主要见于各类专著中的《数词》部分，但多不全面，比较研究的成果也不多见，对语言接触与概数表示法的关系亦少有关注。我们拟对南部壮语概数表示法做详尽的描写，将南部壮语概数表示法与亲属语言、自身内部进行比较，并试图对因语言接触产生的表示法进行探讨。

1.南部壮语固有概数表示法[②]

（1）通过表约量的词汇表示

1）在"十、百、千、万"等位数词之后加助词，一般是 la:i[1] "多"及其同源词，指数量超出。

靖西壮语：

ɬəp[7]la:i[1]kən[2]十多个（人）　　　　pa:k[9]la:i[1]ʔan[1]一百多个（物体）

十　多　人　　　　　　　　　　　　百　多　个

ɬo:ŋ[1]sin[1]la:i[1]kən[2]两千多个（人）　　ha[3]fa:n[6]la:i[1]man[1]五万多元

二　千　多　人　　　　　　　　　　五　万　多　元

龙州壮语：

ɬip[7]la:i[1]kan[2]十多个　　　　　　　pa:k[9]la:i[1]kan[2]一百多人

十　多　人　　　　　　　　　　　　百　多　人

ɬo:ŋ[1]sin[1]la:i[1]kan[2]两千多人

二　千　多　人

扶绥壮语：

pa:k[21]la:i[35]kha:k[55]一百多克　　　　ɬip[21]la:i[35]mjat[21]十多粒

百　多　克　　　　　　　　　　　　十　多　粒

---

① Dryer，M．S《The Greenbergian Word Order Corrections》，《Language》1992，（68）：81-138.

② 本部分以《南部壮语固有概数表示法》为题发表于《百色学院学报》2020 年第 4 期，本书略有修改。

邕宁那楼壮语：

poŋ⁶tem³ la:i ¹tsuŋ¹半个多小时

半　点　多　钟

广南壮语：

sip⁷la:i⁵kɔn²十多人　　　　　　　　pa:k⁹la:i⁵an¹一百多个

十　多　人　　　　　　　　　　百　多　个

sɔŋ²thja:ŋ⁵la:i⁵kɔn²两千多人

二　千　多人

西畴壮语：

ɬip⁷la:i¹kɔ:n²十多个（人）　　　　pak⁹la:i¹an¹一百多个

十　多　人　　　　　　　　　　百　多　个

sɔ:ŋ¹sin¹la:i¹an¹两千多个

二　千　多个

马关壮语±：

sɛ⁴lɒ¹gun²十多个（人）　　　　　pa⁵lɒ¹gun²一百多个（人）

十　多　个　　　　　　　　　　百　多　个

sən¹thəŋ²lɒ¹tu¹两千多只

二　千　多只

以"十、百、千、万"等位数词与"多"义语素组合表示概数，在壮侗语中十分普遍。如：

北部（武鸣）壮语：

çip¹⁰la:i¹pou⁴十多个（人）　　　　pak⁹la:i¹ʔan¹一百多个

十　多　人　　　　　　　　　　百　多　个

θo:ŋ¹θi:n¹la:i¹ʔan¹两千多个　　　　θa:m¹fa:n⁶la:i¹man²三万多元

二　千　多　个　　　　　　　　三　万　多　元

老挝语：

sib⁴⁵pa:i¹¹khon⁴⁵十多个人　　　　hɔ:i⁵¹pa:i¹¹ʔan¹¹一百多个

十　多　人　　　　　　　　　　百　多　个

sɔːŋ²⁴phan⁴⁵paːi¹¹khon⁴⁵两千多个（人）　　　haː³¹mɯːn³³paːi¹¹juːan¹¹五万多元

二　千　多　人　　　　　　　　五　万　多　元

mɯːn³³paːi¹¹juːan¹¹一万来元

万　来　元

布依语（喻翠容，1980）①：

tsip⁸laːi¹pu⁴十多个（人）　　　　　　suaŋ¹ziaŋ¹laːi¹tu²两千多只

十　多　个（人）　　　　　　　　　　二　千　多　只

paːʔ⁷laːi¹zaːn²一百多家

百　多　家

木佬语 a²⁴ "多"（木仕华，2003）②：

ɬu²⁴ve⁵³a²⁴二十多　　　　　　　mu³¹za³¹a²⁴五百多

二　十　多　　　　　　　　　　五　百　多

仡佬语 ε¹³ "多"（张济民，1993）③：

pɑn¹³ε¹³sen³³十多日

十　多　日

黎语 za¹（欧阳觉亚、郑贻青，1980）④：

tsɯ²hom¹za¹kan¹一块多钱　　　　　　tsɯ²gwaːn¹za¹kin³一百余斤

一　个　余　银　　　　　　　　　　一　百　余斤

傣语也以 paːi¹ (paːi⁶) "多，余"表示（喻翠容、罗美珍，1980）⑤：

ma²dai³pi¹ paːi¹来了一年多　　　　　saːu² kun² paːi¹二十余人

来 得 年 多、余　　　　　　　二十 人　多、余

这种表达式与汉语一致，如："一丈多长""三里多路""五百多户""九万多人"等。⑥

---

① 喻翠容：《布依语简志》，民族出版社 1980 年版，第 29—30 页。

② 木仕华：《木佬语研究》，民族出版社 2003 年版，第 63 页。

③ 张济民：《仡佬语研究》，贵州民族出版社 1993 年版，第 124 页。

④ 欧阳觉亚、郑贻青：《黎语简志》，民族出版社 1980 年版，第 29 页。

⑤ 喻翠容、罗美珍：《傣语简志》，民族出版社 1980 年版，第 43 页。

⑥ 据王洪钟（2008）"多"居数量结构后表概数，吴语也有分布。

以"多"义语素或"剩余"义语素和数词组合表概数的形式，在各种语言中分布普遍。不止壮侗语，以下语言均有类似的表示法：基诺语 tsɛ⁴⁴（剩余）（盖兴之，1986），纳西语 xɑ⁵⁵"余""多"（和即仁、姜竹仪，1985），羌语 dio²⁴¹"多"（孙宏开，1981），义都语 mɑ⁵⁵lu⁵⁵、lu⁵⁵"余"（江荻，2005），阿侬语ɖɑŋ³¹（孙宏开、刘光坤，2005），鄂温克语 uləxə"多余"、adi"儿"、ʉlʉxʉ"多"（胡增益、朝克，1986；朝克，1995），柔若语 ʔa³¹kɔ³¹、ʔa³¹kɔ³¹ɕi³³"不止""多"（孙宏开，2002），白语 no⁵⁵（徐琳、赵衍荪，1984），布朗语 pai¹"多"（李道勇、聂锡珍、邱锷锋，1986），达斡尔语 xuluu"多余"（仲素纯，1982），德昂语 loi"多"（陈相木、王敬骝、赖永良，1986），东乡语 ɕiliu"多一些，以上"dogiə"多个"（刘照雄，1981），侗语 kuŋ²"多"（梁敏，1980），独龙语 ɑ³¹klǎi⁵⁵"多；余"（孙宏开，1982），景颇语 tʃan⁵⁵"多；余"（刘璐，1984）[①]等。所以，以"多"义语素、"剩余"义语素表概数应该是多种语言共有的表示法。尽管类似表示法，壮侗语与汉语有很强的一致性，但我们认为是平行演化使然，因此"多"义语素、"剩余"义语素表概数是壮侗语的固有表示法。

2）通过带"浮动""模糊"义的词表示概数

第一，以某个确数为参照上下左右浮动，通过"左右"义、"上下"义固有词表示概数

靖西壮语一般在数量结构后带以下两个词表示概数：

khən³lɔŋ²上下　　　pai¹taːu⁶左右

上　下　　　　　去　返

---

① 盖兴之：《基诺语简志》，民族出版社 1986 年版，第 41 页；和即仁、姜竹仪：《纳西语简志》，民族出版社 1985 年版，第 61 页；孙宏开：《羌语简志》，民族出版社 1981 年版，第 90 页；江荻：《义都语研究》，民族出版社 2005 年版，第 61 页；孙宏开、刘光坤：《阿侬语研究》，民族出版社 2005 年版，第 71 页；胡增益、朝克：《鄂温克语简志》，民族出版社 1986 年版，第 44—45 页；朝克：《鄂温克语研究》，民族出版社 1995 年版，第 136 页；孙宏开：《柔若语研究》，中央民族大学出版社 2002 年版，第 62 页；徐琳、赵衍荪：《白语简志》，民族出版社 1984 年版，第 27 页；李道勇、聂锡珍、邱锷锋：《布朗语简志》，民族出版社 1986 年版，第 36 页；仲素纯：《达斡尔语简志》，民族出版社 1982 年版，第 49 页；陈相木、王敬骝、赖永良：《德昂语简志》，民族出版社 1986 年版，第 50 页；刘照雄：《东乡语简志》，民族出版社 1981 年版，第 55 页；梁敏：《侗语简志》，民族出版社 1980 年版，第 46 页；孙宏开：《独龙语简志》，民族出版社 1982 年版，第 59 页；刘璐：《景颇族语言简志（景颇语）》，民族出版社 1984 年版，第 48 页。

①tu¹məu¹kei⁵ha³ tiu⁵ khən³ləŋ².这头猪五十斤左右。

　　只　猪　这　五　十斤上　下

②te¹ko:i¹ma²ɬəp⁷pei¹pai¹ta:u⁶.她看起来十岁左右。

　　她　看　来　十　岁　去　返

相类用法，汉语常见，如"四十左右""六十上下"。壮语亲属语言也有类似情况，如：

仡佬语，基数词加方位词 hu³³ "上" tsen²¹ "下" tɛ³¹ "左" sue³³ "右"和形容词 ɛ¹³ "多"（张济民，1993）[①]。

侗语也以ɬha⁵ˈlui⁶ "上下"、pa:i¹ɕon⁵ "去回"表概数（梁敏，1980）[②]：

ŋo⁴ɕəp⁸ɬha⁵ˈlui⁶五十上下　　　　　　　sa:m¹ˈɕəp⁸pa:i¹ɕon⁵三十左右

五　十　上　下　　　　　　　　　　三　十　左　右

显然，人类把视觉能感知的"上下""左右"投射到相对抽象的数目上，以隐喻的方式赋予"上下""左右"义词以"约略"义。壮侗语这一表示法应是体现了诸多语言的共性。

第二，通过在数量结构后加"模糊"义词表示概数

靖西壮语：ləm⁶la:m⁶，用于长度、高度、宽度；fa:i⁶fe⁶，用于长度；lai⁶le⁶，用于年纪。这些词两个音节声母、声调相同，有[＋模糊]义。这几个词声调均为第 6 调，很可能是一种形态特征。

　　ɬoŋ¹ŋei⁶ɬəp⁷mi⁵ləm⁶la:m⁶约二十米高　lei⁵ha³koŋ⁵fən⁵ləm⁶la:m⁶约五公分长

　　高　二　十　米　约摸　　　　　　　长五　公分　约　摸

　　kwa:ŋ³khjok⁷tsiŋ⁶ləm⁶la:m⁶约六丈宽　te¹ɬəp⁷pei¹lai⁶le⁶他大约十岁

　　宽　六　丈　约摸　　　　　　　　　他　十　岁　约摸

　　lun²te¹jei²tən⁴koŋ⁵li⁵fa:i⁶fe⁶他家离这儿约一公里

　　家他离　这　公里　约摸

这几个词，ləm⁶本义是"抚摸"，la:m⁶随意貌；ləm⁶la:m⁶的本义很可能指通过手部摸索对物体形状、体积等进行感知，以得到对该物体的大致了解。fa:i⁶

---

① 张济民：《仡佬语研究》，贵州民族出版社 1993 年版，第 124 页。

② 梁敏：《侗语简志》，民族出版社 1980 年版，第 46 页。

本义是"方位；地域"；fe⁶约略貌；faːi⁶fe⁶原应该指以 faːi⁶为中心的面积不大的区域，但区域边界不确切。laːi⁶的本义是"速度不快的步行"，le⁶约略貌；laːi⁶le⁶本义是不计步数和长度的随意行走，包含"方向不明确"义，衍生出"约略"义。这三个词都是实义名/动词＋有"貌"功能的后缀，但已词汇化为词，语感上更像一个连绵词。带"约略"义。

还有部分带"约摸"义的词借自汉语，借入时同时借入相应结构，我们将在下文讨论。

3）不可计数且极少的数量，可以通过带"少量"义的语词表示。包括ʔi³neːu²"一点儿"、ʔi³noːi⁴"较少的一点儿"、sit⁷ʔi³"一点点"。

靖西壮语：

①khau¹jaŋ²mei² ʔi³　neːu².米还有一点儿。

　　米　还　有　点儿　一

②tso²ne²jaŋ²mei² ʔi³　noːi⁴.作业还有较少的一点儿。

　　作业　还　有　点儿　少

③sit⁷ʔi³　　tu¹ pu³mei².一点点都没有。

　一点点　都　不　有

其他壮侗语也有类似表示法。

傣语（喻翠容、罗美珍，1980）[1]：

一般用 it⁷nɯŋ⁶it⁷ləŋ⁶"一点儿"表示。西傣还有 it⁷nɔi⁴"一点点儿、少许"、sak⁷it⁷"一点儿"；德傣还有 si¹it⁷"一点儿"、in²ləŋ⁶"一点儿"等。其中的sak⁷it⁷，是常用于表约数的 sak⁷与 it⁷"点儿"的组合。

西傣：

①pan¹nam⁴hɯ³to¹xa³dɔi³it⁷nɯŋ⁶.给我一点儿水喝。

　　给　水　给　我　喝　一点儿。

②au¹　　it⁷nɔi⁴ kɔ⁴ dai³.要一点点儿就行。

　　要　一点点儿就可以

---

① 喻翠容、罗美珍：《傣语简志》，民族出版社1980年版，第44页。

③bau⁵hu⁴sak⁷it⁷.一点儿也不懂。

    不   懂 一点儿

德傣：

①mɔk⁹ hauɯ³kau⁶it⁷ləŋ⁶.告诉我一点。

     告诉   给   我 一点儿

②man²m̥¹ hu⁴ si¹it⁷.他一点儿也不知道。

     他   不 知道 一点儿

③kau⁶mi²in²ləŋ⁸.我有一点儿。

     我 有 一点儿

黎语（欧阳觉亚、郑贻青，1980）[1]：

可用 tsɯ⁽²⁾kit⁷ "一点、一些" 表示。

tsɯ⁽²⁾kit⁷koŋ¹ nei¹ta¹ɬeŋ¹.这一些东西不好。

     一些 东西 这不 好

4）通过带"差距"义的词表示概数

第一，通过表"以下""以上"的固有词表示低于或高于某个确数

靖西壮语一般在数量结构后加 tɔ²/tɔ²ləŋ²[2] "以下" 表示低于某数，加 tɔ²/tɔ²khən³ "以上" 表示高于某数。数量结构中的数词是一个整数。

ha³ləp⁷tɔ²/tɔ²ləŋ²五十以下   ɬa:m¹kan¹tɔ²/tɔ²khən³三斤以上

五十   以下   三 斤   以上

亲属语言有类似结构：

傣语（喻翠容、罗美珍，1980）[3]：

sa:m¹sip⁷luŋ²tai³三十以下   mi²sa:u² pi¹xɯn³nə̱¹有二十岁以上

三   十 以下   有 二十岁 以 上

仫佬语（王均、郑国乔，1980）[4]：

ti⁵s̩mɛ¹i¹tsha⁵, ŋɔ⁴s̩mɛ¹i¹ha⁵四十岁以上，五十岁以下

四十岁 以上   五十岁以下

---

① 欧阳觉亚、郑贻青：《黎语简志》，民族出版社 1980 年版，第 29 页。
② tɔ² 正向 tɔ² 演变，二者同现。即，该音节元音正经历 ɔ > o 的高化过程。
③ 喻翠容、罗美珍：《傣语简志》，民族出版社 1980 年版，第 44 页。
④ 王均、郑国乔：《仫佬语简志》，民族出版社 1980 年版，第 45 页。

因为亲属语言有类似表示法，所以尽管靖西壮语这种表示法与汉语"数量结构＋以上/以下"相似，但我们仍认为其是固有的表示法。

第二，"不低于"义词＋数量结构

如靖西壮语 mei²noːi⁴……naːu⁵"不少于"、mei²tok⁷……naːu⁵"不低于"位于数量结构前，表示不低于其后接数量结构表示的数量。

①maːn³tən⁴mei²noːi⁴ha³ɬəp⁷lun²naːu⁵.这村不少于五十户。

　　村　这　不少　五　十　户　不

②te¹tok⁸ɬei¹joŋ⁴pai¹mei²tok⁷ŋei⁶ɬəp⁷faːn⁶naːu⁵.他读书花掉不下二十万（元）。

　他　读　书　用　去　不　掉　二　十　万　不

第三，"未及"义词＋数量结构

如靖西壮语 mei²thaŋ¹……naːu⁵"不到"、mei²tu⁴……naːu⁵"不够"，位于数量结构前，表示低于其后接数量结构表示的数量。

①te¹mei²thaŋ¹kau³pei¹naːu⁵pa⁰？他不到九岁吧？

　　他　不到　　九　岁　不　语气助词

②meːn¹tən⁴mei²tu⁴ha³ ɬəp⁷kan¹naːu⁵.这包不到五十斤。

　　包　这　不够　五　十　斤　不

第四，"接近"义词＋数量结构

如靖西壮语 ʔaːn ¹teː³ /ʔaːn¹"将近"，位于数量结构前，表示接近其后接数量结构表示的数量。

①pa⁵ŋo⁵ʔaːn¹teː³ha³ɬəp⁷pei¹.我父亲差不多五十岁。

　　爸　我　将近五　十　岁

②ŋo⁵ɬei⁶ʔaːn¹ ha³kan¹.我买了差不多五斤。

　我　买　将近五　斤

第五，"超过"义词＋数量结构＋ʔiː³neːu²（一点儿）

如靖西壮语 khaːm³（超过）ʔiː³neːu²（一点儿），位于数量结构后，表示略高于其前数量结构表示的数量。

ha³ɬəp⁷kan¹khaːm³ ʔiː³　neːu²五十斤多一点儿

五　十　斤　超　　点儿　一

khaːm³本为实义动词"跨"，衍生出"超过"义。

第六，侗台语共有的起概数作用的 łak⁷。覃凤余、田春来（2011）① 已做了详细论述，我们不再做详细讨论，这里再举些靖西壮语的例子：

①ni⁵łei⁶łak⁷ha³łəp⁷kan¹ ni⁰.你买约五十斤吧。

　　你买 约 五 十 斤　语气助词

②ni⁵ma²łak⁷wan²ko³nai³ la⁵？你来天把也可以吧？

　　你来 约　天 也 得　语气助词

（2）相邻数字连用表概数

1）除"一"外，相邻的基数词连用表示概数

靖西壮语：

ło:ŋ¹ła:m¹kən²两三个（人）　　　　pe:t⁹kau³kuŋ²八九件（衣服）

二　　三 人　　　　　　　　　　　　八 九 件

łei⁵ha³ʔan¹四五个　　　　　　　　khjɔk⁷tsat⁷ko¹六七棵

四 五 个　　　　　　　　　　　　　六 七 棵

龙州壮语：

ło:ŋ⁵³ła:m⁵³kən³¹两三个（人）　　pet⁴⁵kau³³kuŋ³¹八九件（衣服）

二　　三 人　　　　　　　　　　　　八 九　件

łei⁴⁵ha³³ʔan⁵³四五个　　　　　　khjɔk⁴⁴tsat⁴⁴ko⁵³六七棵

四 五 个　　　　　　　　　　　　　六 七　棵

扶绥壮语：

ło:ŋ³⁵ła:m³⁵o:ŋ³⁵hən²¹两三个人　　ho⁴²lok⁵⁵ko³⁵mai⁴²五六棵树

二　 三　 个 人　　　　　　　　　　五 六 棵 树

łei³⁵ho⁵⁵po:n⁴²łei³⁵四五本书　　　pe:t³³kəu³³to:ŋ³³pu²¹ wo²¹八九件衣服

四　五 本　 书　　　　　　　　　　八　九 件 上衣 裤

广南壮语：

sɔŋ⁵sa:n³kən²两三人　　si³ha⁶an¹四五个　　　tshak⁷tset⁷bat⁷六七颗

二　三 人　　　　　　四五个　　　　　　　六 七 颗

西畴壮语：

so:ŋ¹sa:m¹kuan²两三人　　łi⁵ha³sja:ŋ¹四五箱　　pet⁹kau³phin⁶八九瓶

　二 三 人　　　　　　　四 五 箱　　　　　八 九 瓶

----

① 覃凤余、田春来：《广西汉壮语方言的"嚟"》，《民族语文》2011 年第 5 期。

马关壮语：

suŋ¹sã¹tu¹两三只　　　　　　xo³tsha²tu¹五六只　　　　　　pe⁵kəu³kã¹八九斤

二　三　只　　　　　　　　五　六　只　　　　　　　八　九　斤

2）靖西壮语还可以以两个数词与相同名词或量词组成的结构连用表示概数，两个数词可以是相邻的，也可以是略有间隔的。

ło:ŋ¹kən²ła:m¹kən²tu¹nai³两人三人都可以

二　人　三　人　都　得

pe:t⁹tso:ŋ²łəp⁷tso:ŋ²tu¹nai³八桌十桌都可以

八　桌　十　桌　都　得

相邻数词连用表示概数，在侗台语中普遍存在。

北部（武鸣）壮语：

ha³ɣok⁷ɕiŋ²五六成　　　　　　ɕat⁷pet⁹jam⁵七八步

五　六　成　　　　　　　　七　八　步

θoŋ¹θa:m¹ŋon²两三天　　　　　　θei⁵ha³ɕip¹⁰kan¹四五十斤

两　三　天　　　　　　　　四　五　十　斤

老挝语：

sɔ:ŋ²⁴sa:m²⁴khon⁴⁵两三个　　　　　pæ:d³¹kau⁵¹tɔ:¹¹八九件

二　　三　个　　　　　　　八　九　件

si²⁴ha:³¹ʔa:n¹¹四五个　　　　　　　hok⁴⁵tɕed⁴⁵ton⁵¹六七棵

四　五　个　　　　　　　　六　七　棵

泰语：

สองสามคน 两三人　　　　　　　　แปดเก้าตัว 八九件

二三（个）人　　　　　　　八九件

สี่ห้าอัน 四五个　　　　　　　　หกเจ็ดต้น 六七颗

四五个　　　　　　　　　　六七颗

布依语（喻翠容，1980）①：

piat⁷ku³pai²八九次　　　　　　sa:m¹si⁵tsip⁸pi¹三四十年

八　九　次　　　　　　　　三　四　十　年

_____

① 喻翠容：《布依语简志》，民族出版社1980年版，第29页。

毛南语（梁敏，1980）①：

ja¹saːm¹ai¹两、三个人　　　　　　ljɔk⁸ɕit⁷ai¹六、七个人
两　三　个　　　　　　　　　　六　七　个

si⁵ŋɔ⁴zəp⁸can¹四、五十斤　　　　n̦i⁶zəp⁸saːm¹si⁵bɛ¹二十三、四岁
四五　十　斤　　　　　　　　　　二十　三　四岁

仫佬语（王均、郑国乔，1980）②：

paːt⁷cəu³sʅ can¹八九十斤
八　九　十　斤

傣语（喻翠容、罗美珍，1980）③：

si⁵ha³noi⁵nɯŋ⁶四五个
四　五个（一）

与壮语不一样的是，傣语量词后还要加数词 nɯŋ⁶ "一"。

侗语（梁敏，1980）④：

ja²saːm¹'man¹两三天　　　　　　sət⁷pet⁹ɕəp⁸lji⁴七八十里
两　三　天　　　　　　　　　　七　八　十　里

仡佬语（贺嘉善，1980）⑤：

si³³su³³nen³³一两个　　　　　　si³³su³³pe²⁴一、二十
一　二　个　　　　　　　　　　一二　十

ta³³pu³³nen³³三、四个　　　　　　nan³³ɕi²⁴pe²⁴六、七十
三　四　个　　　　　　　　　　六　七　十

ta³³su³³nen³³两三个　　　　　　nan³³mpu⁴⁴tɕin³³五、六百
三　二　个　　　　　　　　　　六　五　百

via⁴⁴ɕi²⁴nen³³七、八个　　　　　via⁴⁴ɕi²⁴tɕin³³七、八百
八　七　个　　　　　　　　　　八　七　百

与壮语不同，仡佬语 "一" "二" 可连用。

黎语（欧阳觉亚、郑贻青，1980）⑥：

① 梁敏：《毛南语简志》，民族出版社 1980 年版，第 48 页。
② 王均、郑国乔：《仫佬语简志》，民族出版社 1980 年版，第 45 页。
③ 喻翠容、罗美珍：《傣语简志》，民族出版社 1980 年版，第 41 页。
④ 梁敏：《侗语简志》，民族出版社 1980 年版，第 46 页。
⑤ 贺嘉善：《仡佬语简志》，民族出版社 1980 年版，第 32 页。
⑥ 欧阳觉亚、郑贻青：《黎语简志》，民族出版社 1980 年版，第 30 页。

ɬau³fu³hom¹两三个　　　　　　　fu³tshau³hom¹三四个

二　三　个　　　　　　　　　　三　四　个

tsheɯ³ɬau³fu³hom¹一至三个　　　fu³tshau³pa¹hom¹三五个

　一　二　三　个　　　　　　　　三　四　五　个

黎语可以用一至九中的任何相邻的两个或三个数目字表示。但"一"和"二"不习惯单独连用。

标话（梁敏、张均如，2002）[①]：

θi⁵ŋ³khaŋ⁵四五段（木头）　　　that⁷pa:t⁹tsu²七八个

四五　段　　　　　　　　　　　七　八　个

木佬语（木仕华，2003）[②]：

ta²⁴phu²⁴三四（个）　　　　　　mu³¹ne³¹五六（个）

三　四　　　　　　　　　　　　五　六

在汉语中，两个相邻（间隔）数字连用也是较早表示概数的形式。上古《论语·先进》即有"冠者五六人，童子六七人"。中古有"至汲，积六七日，上客舍中"（《风俗通义》第七）。及至今日，无论是现代汉语共同语还是方言，这一表示法普遍存在。

尽管侗台语深受汉语影响，但我们认为侗台语中此表示法并非受汉语影响才产生。当前所见报道，这种表示法在多种语言中普遍存在，如藏缅语族的阿昌语（戴庆厦、崔志超，1985），白语（徐琳、赵衍荪，1984），仓洛门巴语（张济川，1986），错那门巴语（陆绍尊，1986），独龙语（孙宏开，1982），基诺语（盖兴之，1986），景颇语（刘璐，1984），载瓦语（徐悉艰、徐桂珍，1984），拉祜语（常竑恩，1986），纳西语（和即仁、姜竹仪，1985），怒苏语（孙宏开、刘璐，1986），普米语（陆绍尊，1983），羌语（孙宏开，1981），土家语（田德生、何天贞、陈康、李敬忠、谢志民、彭秀模，1986），彝语（陈士林、边仕明、李秀清，1985），阿侬语（孙宏开、刘光坤，2005），嘉戎语（林向荣，1993），浪速语（戴庆厦，2005），柔若语（孙宏开，2002），义

---

① 梁敏、张均如：《标话研究》，中央民族大学出版社 2002 年版，第 106 页。
② 木仕华：《木佬语研究》，民族出版社 2003 年版，第 63 页。

都语（江荻，2005）；南亚语系的德昂语（陈相木、王敬骝、赖永良，1986），佤语（周植志、颜其香，1984），布赓语（李云兵，2005）；苗瑶语族的苗语（王辅世，1985），畲语（毛宗武、蒙朝吉，1986），炯奈语（毛宗武、李云兵，2002）；阿尔泰语系的蒙古语（道布，1983），鄂伦春语（胡增益，1986），鄂温克语（朝克，1995），哈萨克语（耿世民、李增祥，1985），撒拉语（林莲云，1985），塔塔尔语（陈宗振、伊里千，1986），维吾尔语（赵相如、朱志宁，1985），维吾尔语喀什话（米海力，1997），乌兹别克语（程适良、阿不都热合曼，1987），西部裕固语（陈宗振、雷选春，1985）；以及京语（欧阳觉亚、程方、喻翠容，1984）和经过了类型变化的回辉话①（欧阳觉亚、郑贻青，1983；郑贻青，1986；郑贻青，1997）②。

---

① 根据欧阳觉亚、郑贻青：《海南岛崖县回族的回辉话》（《民族语文》1983年第1期），郑贻青：《再谈回辉话的地位问题》（《民族语文》1986年第6期），回辉话和属南岛语系的占语群里的阿拉德语有亲缘关系，但在汉藏语系的强烈影响下，已经具有汉藏语系语言的一般特点，与壮侗语族语言比较近似，在类型上发生了巨大变化。

② 戴庆厦、崔志超：《阿昌语简志》，民族出版社1985年版，第37页；徐琳、赵衍荪：《白语简志》，民族出版社1984年版，第27页；张济川：《仓洛门巴语简志》，民族出版社1986年版，第47页；陆绍尊：《错那门巴语简志》，民族出版社1986年版，第44页；孙宏开：《独龙语简志》，民族出版社1982年版，第59页；盖兴之：《基诺语简志》，民族出版社1986年版，第41页；刘璐：《景颇族语言简志（景颇语）》，民族出版社1984年版，第48页；徐悉艰、徐桂珍：《景颇族语言简志（载瓦语）》，民族出版社1984年版，第56页；常竑恩：《拉祜语简志》，民族出版社1986年版，第34页；和即仁、姜竹仪：《纳西语简志》，民族出版社1985年版，第60—61页；孙宏开、刘璐：《怒族语言简志（怒苏语）》，民族出版社1986年版，第41页；陆绍尊：《普米语简志》，民族出版社1983年版，第38页；孙宏开：《羌语简志》，民族出版社1981年版，第89—90页；田德生、何天贞、陈康、李敬忠、谢志民、彭秀模：《土家语简志》，民族出版社1986年版，第45页；陈士林、边仕明、李秀清：《彝语简志》，民族出版社1985年版，第109页；孙宏开、刘光坤：《阿侬语研究》，民族出版社2005年版，第71页；林向荣：《嘉戎语研究》，四川民族出版社1993年版，第292页；戴庆厦：《浪速语研究》，民族出版社2005年版，第60页；孙宏开：《柔若语研究》，中央民族大学出版社2002年版，第61页；江荻：《义都语研究》，民族出版社2005年版，第61页；陈相木、王敬骝、赖永良：《德昂语简志》，民族出版社1986年版，第49页；周植志、颜其香：《佤语简志》，民族出版社1984年版，第48页；李云兵：《布赓语研究》，民族出版社2005年版，第104页；王辅世：《苗语简志》，民族出版社1985年版，第53—54页；毛宗武、蒙朝吉：《畲语简志》，民族出版社1986年版，第46—47页；毛宗武、李云兵：《炯奈语研究》，中央民族大学出版社2002年版，第50页；道布：《蒙古语简志》，民族出版社1983年版，第41页；胡增益：《鄂伦春语简志》，民族出版社1986年版，第85页；胡增益、朝克：《鄂温克语简志》，民族出版社1986年版，第136—137页；耿世民、李增祥：《哈萨克语简志》，民族出版社1985年版，第47页；林莲云：《撒拉语简志》，民族出版社1985年版，第49页；陈宗振、伊里千：《塔塔尔语简志》，民族出版社1986年版，第67页；赵相如、朱志宁：《维吾尔语简志》，民族出版社1985年版，第60页；米海力：《维吾尔语喀什话研究》，中央民族大学出版社1997年版，第77页；程适良、阿不都热合曼：《乌兹别克语简志》，民族出版社1987年版，第53页；陈宗振、雷选春：《西部裕固语简志》，民族出版社1985年版，第76—77页；欧阳觉亚、程方、喻翠容：《京语简志》，民族出版社1984年版，第75页；郑贻青：《回辉话研究》，上海远东出版社1997年版，第80—81页。

我们认为，当无法确知数量的时候，以与所估计数量相邻数字做大致的判断，应是人类一种正常的认知手段，因此以相邻数字表概数成为多种语言的共性。壮侗语形成这种概数表示法应该是语言共性的体现。

除了以相邻数词相连表示概数，靖西壮语还可以以 ɬaːm¹ha³ "三五" 表概数，我们认为其来自对汉语的复制，将在下文进行讨论。

（3）通过"量词＋一＋二＋量词"结构表示

南部壮语可以通过"量词＋一＋二＋量词"结构表示概数。

靖西壮语：

kən²neːu²ɬoːŋ¹kən²个把两个　　　　　　lun²neːu²ɬoːŋ¹lun²户把两户

个　一　二　个　　　　　　　　　　户　一　二　户

马关壮语土：

vã⁶nəŋ²suŋ¹vã⁶万把两万　　　　　　tu¹nəŋ²suŋ¹tu¹只把两只

万　一　二　万　　　　　　　　　　只　一　二　只

kã¹nəŋ²suŋ¹kã¹斤把两斤

斤　一　二　斤

亲属语言也存在这样的表示法。

老挝语：

khon⁴⁵nɯŋ³³soːŋ²⁴khon⁴⁵个把两个（人）　　　sud³³nɯŋ³³soːŋ²⁴sud³³条把两条

个　一　二　个　　　　　　　　　　条　一　二　条

毛南语（梁敏，1980）[1]：

ai¹dɛu²ja¹ai¹一、两个人

个　一二个

"量词＋一＋二＋量词"应该是壮侗语固有的表示法，指一至二的数量。南部壮语从汉语复制"量词＋把大概＋ɬoːŋ¹（二）＋量词"（下文讨论）表示法后，二者同现。但"量词＋把大概＋ɬoːŋ¹（二）＋量词"后来居上，有取代"量词＋一＋二＋量词"的趋势。

---

① 梁敏：《毛南语简志》，民族出版社 1980 年版，第 48 页。

（4）用数词"二"表概数

用数词"二"表小量，所指数量一般比"二"略多，与汉语的"一些；一点儿"相当。如靖西壮语：

①ɬo:ŋ¹mat⁸ki¹, ɬo:ŋ¹mat⁸jəu², o² o⁵tse² tse⁵sa⁵foŋ⁵ljəu².

　二　颗　盐　二　颗　油　哥　哥　姐　姐　耍　风　流

一点儿盐，一点儿油，哥哥姐姐耍风流。

②ɬo:ŋ¹mat⁸thu⁵sa:u³tam¹nai³ɬa:m¹phin¹lau³.几颗花生米能下两瓶酒。

　二　颗　豆　炒　下　得　三　瓶　酒

③te¹ŋa:m⁵hɔi³ŋo⁵ɬo:ŋ¹tsei⁶ɬei¹, ŋo⁵pu³lei²ləu⁴na³te¹ɬiŋ³hat⁷ɬai⁴?

　他　刚　给　我　二　字　字　　我　怎　么　知　道　他　想　做　什　么

他刚给我几个字，我怎么知道他想干什么？

广南壮语的"二"也有此义：

sɔŋ⁵phin⁶少数几瓶　　　　　sɔŋ⁵bat⁷少数几颗

二　瓶　　　　　　　　　　二　颗

扶绥壮语的"二"也可表数量少，一般用于嘲讽数量太少。[①]

以"二"表少量很可能是多种语言共有的现象。汉语与壮语 ɬo:ŋ¹ "二"同义的"两"，也有此义。如《聊斋俚曲集·墙头记》"夜有三更，不免卧倒，打了两声鼾睡。"中的"两声"并非确数，仅指少量。汉语共同语中"等我两分钟""过两天再说"中的"两"表示时间短，"打了两拳""说了两句"中的"两"表示动量少，这些"两"都并非确数。汉语遵义方言概数词"两"意义相当于"几"，如"耍玩儿两天再走"等于"耍几天才走"（胡光斌，2002）[②]。上海话"两"也可以表示概数，如"烧两只菜（烧两个菜）""过两天"中的"两"，既可相当于确数"二"，也可相当于"几"（刘云佳，2009）[③]。靖西一带曾流传官话民谣："两颗盐，两颗油，哥哥姐姐耍风流。"

陆丙甫（2005）认为，汉语的"二（贰）/两"具有一些形容词的意义，如

---

① 黎飘艇惠告。

② 胡光斌：《遵义方言的数词》，《遵义师范学院学报》2002 年第 3 期。

③ 刘云佳：《上海方言中的概数表示法》，《现代语文》2009 年第 4 期。

"二心、贰臣"表示"不同，不专一"等。他认为"大数目往往比小数目容易成为名词"①，这里包含的意思是，小数目往往具有形容词的性质，数字越小，其形容词特征就越凸显。②而据 Greenberg（1978），俄语，小数目在形态上是形容词，跟名词结合时为定语，大数目在形态上为名词，跟一般名词结合时像核心成分。这已经把词性倾向体现在显性形态上。③从人类的认知来看，数字越小，表示的量就越小。"一"一般是确定的数，不大可能产生"小量"义。比"一"大的就是"二"，所以"二"演变出"小量"义，应该是人类认知规律使然。壮语中"二"具有的"少量"义，正体现了小数目往往具有的形容词性质。

所以，尽管壮语这一表示法与汉语有相似性，但我们认为是二者平行演变的结果。

2.受汉语影响形成的概数表示法④

南部壮语部分概数表示法是受汉语影响形成的。大多是借入相应汉语借词时相应结构随同带入，有的是以借入成分与固有成分组成合璧词表示概数。

（1）借入汉语借词并复制相应表示法

1）汉语借词"几"及相应格式

各地壮语借入的"几"读音有差异。

第一，在"十""百""千""万"等位数词或量词之前加 ki³ "几"表示概数

靖西壮语：

ki³lun² 几家　　　ki³łiŋ¹ 几箱　　　ki³phin¹ 几瓶

几 家　　　　　　几 箱　　　　　　几 瓶

---

① 陆丙甫：《语序优势的认知解释（上）：论可别度对语序的普遍影响》，《当代语言学》2005 年第 1 期。

② 张伯江《深化汉语语法事实的认识》（商务印书馆编辑部编：《21 世纪的中国语言学》2004 年版，第 173 页）注意到汉语的"一"具有一些其他数词所不具备的形容词性质。如"一"具备"整个，满"（一屋子干部开了一夜会）、"稍微"（值得一提）、"彻底、完全"（翻修一新）等。佐证了小数目往往具有形容词性质的论断。

③ Greenberg,J.L.G.1978.Generalizations about numeral systems.In Greenberg,J.H.,et al.eds.,Universals of Human Language.Stanford:Stanford University Press. 285.

④ 本部分以《南部壮语受汉语影响形成的概数表示法》为题发表于《百色学院学报》2020 年第 3 期，本书略有修改。

kin¹ki³ʔaːm⁵吃几口　　　ki³sin¹faːn⁶几千万　　　pai¹ki³wan²去几天

吃 几　口　　　　　　几 千 万　　　　　　　　去 几 天

龙州壮语：

ki³³lun³¹几家　　　　ki³³ɬiŋ⁵³几箱　　　　ki³³phin⁵³几瓶

几 家　　　　　　　几 箱　　　　　　　几　瓶

扶绥壮语：

kei⁴²ɬiŋ³⁵几箱　　　kei⁴²ŋoːn²¹几天　　　kei⁴²tshin³⁵几千

几 箱　　　　　　几 天　　　　　　几　千

邕宁那楼壮语：

ha⁵ɬəp⁷kei³laːn²五十几户　　　　　　ɬaːm¹ɬəp⁷kei³li⁵三十几里

五 十 几 户　　　　　　　　　　三 十 几 里

广南壮语：

tsi⁵lun²几户　　　tsi⁵ki⁶几柜　　　tsi⁵hun²几天

几 家　　　　　　几 柜　　　　　　几 天

西畴壮语：

tsi³ləːn²几户　　　tsi³phin⁶几瓶　　　tsi³vən²几天

几 家　　　　　几 瓶　　　　　几 天

tsi³pak⁹faːn⁶几百万

几 百　万

马关壮语土：

tsʅ⁵gun²几个（人）　　　tsʅ⁵tu¹几只　　　tsʅ⁵tsəŋ²几千

几 个　　　　　　　几 只　　　　　　几 千

tsʅ⁵vã⁶几万

几 万

境内侗台语及毗邻南部壮语的侬语，也多从汉语借入了"几"，并以之表示概数。

北部（武鸣）壮语：

kei³ɣaːn²几家　　　kei³paːk⁹kan¹几百斤　　　kei³ pou⁴几个（人）

几　家　　　　几　百　斤　　　　　几　个

布依语（喻翠容，1980）①：

tçi³dan¹几个　　　　tçi³tsip⁸tu²几十只　　　tçi³pai²几次

几　个　　　　　几　十　只　　　　　几　次

tçi³ziaŋ¹几千

几　千

黎语（欧阳觉亚、郑贻青，1980）②：

①meɯ¹ta¹tsau²kei¹fuːt⁷hom¹, fa¹　man³tsau²fuːt⁷za¹hom¹.

　你们　有　几　十　个　我们　只　有　十　余　个

你们有几十个，我们只有十几个。

②tsau²kei¹tsuːn¹uːa:u¹pɯːn¹be¹.有几个人来了。

　有　几　个　人　来　了

仫佬语（王均、郑国乔，1980）③：

ci³mu⁶çən¹几个人　　　　ta¹sɿ ci³ɣaːn²三十几户

几　个　人　　　　三十几　户

标话（梁敏、张均如，1980）④：

kai¹ka³lan²几家人

几　家　人

泰语也从汉语借入了"几"กี่，可指"几，多少，若干"，可构成"กี่+量词"结构，意义与汉语、壮语一致。与壮语不同的是，泰语中的 กี่，只能与量词组合，不能加位数词。如：

กี่ครั้ง 几次　　　　กี่วัน 几天　　　　กี่โมง 几点

几次　　　　　　几天　　　　　几点（钟）

กี่คน 几个人

几个（人）

① 喻翠容：《布依语简志》，民族出版社 1980 年版，第 29 页。
② 欧阳觉亚、郑贻青：《黎语简志》，民族出版社 1980 年版，第 29 页。
③ 王均、郑国乔：《仫佬语简志》，民族出版社 1980 年版，第 44、45 页。
④ 梁敏、张均如：《标话研究》，中央民族大学出版社 2002 年版，第 105 页。

侬语（Janice E. Saul，Nancy Freiberger Wilson1980）[①]：

①lêo đày kiˆ pí mi slóng tú lụhc 过了几年有了两个孩子。

　然后 得几 年有 二 个 孩子

②áu ki áhn ma tèc này 要几个到这儿来。

　要几 个 来 地 这

第二，"十""百""千""万"等位数词后加汉借词"几"，指超出"几"之前的数量

靖西壮语：

ɬəp^{7}kei^{3}kən^{2}十几个（人）　　　　　pa:k^{9}kei^{3}ʔan^{1}一百多个（物体）

十 几 人　　　　　　　　　　　　　百 几 个

ɬo:ŋ^{1}sin^{1}kei^{3}kən^{2}两千多个（人）　ha^{3}fa:n^{6}kei^{3}man^{1}五万多元

二 千 几 人　　　　　　　　　　五 万 几 元

龙州壮语：

ɬip^{7}ki^{3}kan^{2}十几个（人）　　　　　ha^{3}fa:n^{6}ki^{3}mən^{1}五万多元

十 几 人　　　　　　　　　　　　　五 万 几 元

扶绥壮语：

ɬip^{21}kei^{42}mjat^{21}十几粒　　　　ɬo:ŋ^{35}sin^{33}kei^{42}kha:k^{55}两千多克

十 几 粒　　　　　　　　　　　　二 千 几 克

ho^{55}ma:n^{21}kei^{42}mən^{21}五万多元　o:ŋ^{35}sin^{33}kei^{42}o:ŋ^{35}jan^{21}两千多人

五 万 几 元　　　　　　　　　　二 千 几 个 人

西畴县西洒镇汤果村壮语（李锦芳，2015）[②]：

pan^{5}pe^2 pan^2 tɕi^{5}pi^{1}辗转已多年

来 回 成 几 年

广南壮语：

ɬi^{4}tsi^{5}kən^{2}十几个　　　　pa:k^{9}tsi^{5}ɬi^{4}an^{1}一百几十个

十 几 个　　　　　　　　百 几 十个

① Janice E.Saul and Nancy Freiberger Wilson：《Nung Grammar》，Summer institute of Linguistics，1980.23.
② 李锦芳等：《云南西畴壮族〈太阳祭祀古歌〉的基本解读》，《文山学院学报》2015 第 S1 期。

sɔŋ²thja:ŋ⁵tsi⁵两千多

　二　千　　几

西畴壮语从汉语借入的 tsi³"几"与其他土语有所差异，与位数词连用，只能用于"十"，不能用于"百""千""万"等大于"十"的位数。如：

ɬip⁷tsi³an¹十几个

　十　几个

*pak⁹tsi³an¹百几个　　　　　　　　*sin¹tsi³an¹千几个

　百　几　个　　　　　　　　　　　千　几　个

西畴当地官话可说"十几"而无"百几""千几""万几"。所以，西畴壮语 tsi³"几"的用法复制自当地官话。①

南部壮语的汉语借词"几"，层次、来源因地域而异。靖西壮语、龙州壮语、扶绥壮语为中古借词。而广南壮语、西畴壮语的"几"声母读 ts，西畴县西洒镇汤果村壮语读 tɕ，与其相邻官话接近，晚于中古层次，显然来自当地官话。以上所论广西壮语与云南壮语中"几"的区别，体现了与不同汉语方言接触所造成的影响的差异。

2）汉语借词"零"及相关表示法

第一，数位词＋ləŋ²＋量词

靖西壮语：

ɬəp⁷ləŋ²tso:ŋ²十来桌　　　　　　　pa:k⁹ləŋ²kən²一百来人

　十　零　桌　　　　　　　　　　　百　零　人

sin¹ləŋ²一千来（元）　　　　　　　fa:n⁶ləŋ²一万来（元）

　千　零　　　　　　　　　　　　　万　零

龙州壮语：

ɬəp⁷ləŋ²tso:ŋ²十来桌　　　　　　　pa:k⁹ləŋ²kan²一百来人

　十　零　桌　　　　　　　　　　　百　零　人

sin¹ləŋ²一千来（元）　　　　　　　fa:n⁶ləŋ²一万来（元）

　千　零　　　　　　　　　　　　　万　零

---

① 文山学院王碧玉惠告。

扶绥壮语：

ɬip²¹liŋ²¹mjat²¹十来粒　　　　　　　　pa:k²¹liŋ²¹mjat²¹一百来粒

十　零　粒　　　　　　　　　　　　　百　　零　粒

数位词后加"零"表示略微超出的表示法，应该来自粤语。郭曼龄（2018）证明了广州话"零"可表"多"出来，表示"某个范围之外、超过某数"[1]。广西一带粤语的"零"与此一致，与壮语以上表示法的意义相合。靖西壮语、龙州壮语、扶绥壮语此种表示法，虽粤语和平话[2]皆有，但我们认为是从粤语复制来的。理由是：（1）ləŋ²是官话借词，但邻近的官话却无此表示法。我们在受官话影响较深的广南、西畴、麻栗坡依没有调查到这样的表示法；这三处分布的汉语方言主要是官话，无类似表示法。（2）虽然平话也有这样的表示法，但若为平话借入，则ləŋ²应与中古借词语音特点相符。但事实并非如此。（3）我们观察到有此表示法的龙州壮语、扶绥壮语受粤语影响较深；靖西境内粤语分布虽少，但清雍正之后，迁入靖西的粤人络绎不绝，除了在龙邦、湖润等地聚居，还散居在全市各处，粤语的影响在靖西壮语中并不鲜见。（4）靖西壮语从汉语方言借入某个词项，却以官话呼读，与其语言环境有关。历史上靖西语言较单纯，全境基本通用壮语，普通话大规模推广之前很长一段时间，文教、行政等活动中需用汉语时一般使用官话，因此现代传入的汉语借词无论来源常常以官话读音呼读。因此，ləŋ²虽借自粤语，但语音特征却与官话借词同。

粤语中相应表示法一般是"数词＋零＋量词＋名词"，壮语亦然，但在会话中如所涉事物双方共知，也常常省略居后的名词。

第二，数位词＋ləŋ²＋kei³

靖西壮语还可在ləŋ²"零"后加kei³"几"，意为"一百（千、万）零几"。

pa:k⁹ləŋ²kei³一百零几　　　　　　　sin¹ləŋ²kei³一千零几

百　零　几　　　　　　　　　　　　千　零　几

----

① 郭曼龄：《广州话概数助词"lɛŋ²¹（零）"的用法探析——与现代汉语概数助词"来"比较》，《现代语文》2017年第8期。

② 粤语存在这样的结构，巴丹、黄玲、黄静露惠告；平话存在这样的结构，陈仕华、梁伟华惠告。

fa:n⁶ləŋ²kei³一万零几

万　零　几

广南壮语不能直接在"十、百、千"后加 liŋ⁶ "零"，却可以在 liŋ⁶ "零"
后加 tsi⁵ "几"，如：

pa:k⁹liŋ⁶tsi⁵kən²一百零几人　　　　　thja:ŋ⁶liŋ⁶tsi⁵an¹一千零几个

　百 零 几 人　　　　　　　　千　零 几 个

"零"后加"几"，在官话中是很常见的结构。广南壮语没有与粤语一致
的"'十、百、千'等＋零"结构，却有与官话一致的"'sip⁷十、pa:k⁹百、thja:ŋ⁶
千'等＋liŋ⁶（零）＋tsi⁵（几）"结构，说明广南壮语"数位词＋liŋ⁶（零）＋tsi⁵＋
量词"的表示法的确来自官话。

此外，我们观察到，扶绥壮语还有一个与其他土语不一样的表示法：上举
la:i³⁵ "多"和 kei⁴² "几"可连用，功能与单用 la:i³⁵ "多"和单用 kei⁴² "几"相
同。如：

ho⁵⁵ma:n²¹kei⁴²la:i³⁵mən²¹五万多元

五　　万　几　多　元

我们在文马土语中没有观察到带汉语借词"零"的表示法。

3）汉语借词 sin¹ "千"、fa:n⁶ "万"表概数

靖西壮语可以中古借词 sin¹ "千"、fa:n⁶ "万"表概数，一般极言其多。

①sin¹kən²fa:n⁶kən²,ŋən⁴phoŋ³ni⁵.千人万人，硬是遇到你。

　千人　万人　硬　碰　你

②sin¹tei⁶fa:n⁶tei⁶,wei⁴ɬai⁴ no³jəu⁵tən⁴ni⁰? 那么多地方,为什么躲在这儿呢?

　千 地 万　地 为什么 躲 在 这 呢

③pe:t⁹ɬəŋ⁵pan²sin¹pan²fa:n⁶,la:u¹ni⁵kən²ne:u²?a⁰?

　八　姓　成 千 成 万　怕 你人 一 ₋语气助词

　老百姓成千上万，怕你一个吗?

从汉语借入"千""万"时相应的功能随同带入。汉语可以用
"十""百""千""万"等成数表示概数，如明罗懋登《三宝太监西洋记通
俗演义》第六十二回"我和你今日宝船千号，战将百员，雄兵十万，倒不能立

功异域,勒名鼎钟,致令白头牖下,死儿女之手乎?"其中的"千""百""十"并非确切数目。而汉语中"千……万……"结构比比皆是,如"千变万化""千村万落""千军万马""千刀万剐"等,皆极言其多。

我们认为,靖西壮语此功能来自汉语,一是 sin¹、fa:n⁶为汉语借词,借入时相应义项随同带入;二是其多进入"sin¹+量词+fa:n⁶+量词"结构,与汉语"千……万……"格式相合。

4)汉语借词"把"及相关表示法

pa³是中古借词"把",借入的是其作为概数助词的功能。

第一,pa³"把"位于单个量词之后构成"量词+pa³"结构,表示概数,指少量,所指数量接近"一"。

靖西壮语:

①jam⁵wa²ŋa:m⁵kin¹phin¹pa³.昨晚才喝一瓶左右。

　　夜 昨 刚 喝 瓶 把

②taŋ²wan²ŋa:m⁵tsai¹nai³ko¹pa³.整整一天才种了一棵左右。

　　整 天 刚 种 得 棵把

③pai¹wan²ne:u²thei¹kuŋ²pa³nai³ lo⁰.去一天带大约一件(衣服)就行了。

　　去 天 一 拿 件 把 得 语气助词

④pai¹khai¹wo:i⁶ŋa:m⁵thei¹kun⁵pa³ʔa⁰? 去开会只带大约一支(笔)啊?

　　去 开 会 刚 拿 支 把 语气助词

龙州壮语:

　kan²pa³个把(人)　　　lə:n²pa³户把

　人 把 　　　　　　户 把

扶绥壮语:

　po:i³⁵pɔ⁴²杯把

　杯 把

西畴壮语:

　phin⁶pa²瓶把　　　vən²pa²天把　　　sia:ŋ¹pa²箱把

　瓶 把 　　　天 把 　　　箱 把

广南壮语未借入"把"，相应表示法，广南壮语以此结构表示：

phin⁶lu⁴瓶把　　　　　lun²lu⁴户把

瓶　把　　　　　　　户　把

北部壮语及亲属语言也借入了"把"及相应表示法。

北部（武鸣）壮语：

kan¹pa³斤把　　　　çon²pa³句把　　　　　pa:k⁹pa³ɣun²一百人左右

斤　把　　　　　　句　把　　　　　　百　　把　人

仫佬语（王均、郑国乔，1980）①：

fɛːk⁷pa³çən¹百把人

百　　把　　人

侗语（梁敏，1980）②：

pek⁸pa³ȵən²一百人左右　　　　　sin¹ˈpa³ᵗan¹一千斤左右

百　　把　人　　　　　　　　千　　把　斤

第二，"把"用在两个拷贝量词（或数词）中间，表示一至二之间的约数。通过"量词＋把大概＋ᵗoːŋ¹（二）＋量词""量词＋把大概＋ᵗoːŋ¹（二）"表示概数，指少量，相当于汉语的"一两个"，即：数量为"一"或"二"。

A.量词＋把大概＋ᵗoːŋ¹（二）＋量词

靖西壮语：

ʔan¹pa³ᵗoːŋ¹ʔan¹个把两个　　　　theːu¹pa³ᵗoːŋ¹theːu¹条把两条

个　把　二　个　　　　　　条　把　二　条

kən²pa³ᵗoːŋ¹kən²个把两个　　　phin¹pa³ᵗoːŋ¹phin¹瓶把两瓶

个　把　二　个　　　　　　瓶　把　二　瓶

扶绥壮语：

ko³⁵pɔ⁴²ᵗoːŋ³⁵ko³⁵棵把两棵　　　kan³⁵pɔ⁴²ᵗoːŋ³⁵kan³⁵斤把两斤

棵　把　二　棵　　　　　　斤　把　二　斤

oːŋ³⁵pɔ⁴²ᵗoːŋ³⁵oːŋ³⁵个把两个

个　把　二　个

① 王均、郑国乔：《仫佬语简志》，民族出版社 1980 年版，第 45 页。

② 梁敏：《侗语简志》，民族出版社 1980 年版，第 47 页。

西畴壮语：

phin⁶pa²so:ŋ¹phin⁶瓶把两瓶　　　　vən²pa²so:ŋ¹vən²天把两天

　瓶　把　二　瓶　　　　　　　　　天　把　二　天

sia:ŋ¹pa²so:ŋ¹sia:ŋ¹箱把两箱

　箱　把　二　箱

广南壮语：

hun²lu⁴sɔŋ³hun²天把两天　　　　　lun²lu⁴sɔŋ⁵lun²户把两户

天　把　二　天　　　　　　　　　家　把　二　家

phin⁶lu⁴sɔŋ⁵phin⁶瓶把两瓶

　瓶　把　二　瓶

B.靖西壮语还可以通过"量词＋把大概＋ɬo:ŋ¹（二）"表示概数

"量词＋把大概＋ɬo:ŋ¹（二）"指少量，相当于汉语的"一两个"。如：

ʔan¹pa³ɬo:ŋ¹一两个　　　　　kən²pa³ɬo:ŋ¹一两个

个　把　二　　　　　　　　　人　把　二

kan¹pa³ɬo:ŋ¹一两斤　　　　　the:u¹pa³ɬo:ŋ¹一两条

斤　把　二　　　　　　　　条　把　二

　　"量词＋把＋ɬo:ŋ¹"的表示法，我们在龙州壮语、扶绥壮语、广南壮语、西畴壮语、麻栗坡侬均未发现，仅在靖西壮语中观察到。周边的汉语方言，也未发现这样的表示法。我们估计，很可能是靖西壮语"量词＋把大概＋ɬo:ŋ¹（二）＋量词"表示法省略居后量词形成的。

　　壮语中汉语借词"把"的概数表示法来自汉语。(1)汉语作为概数助词的"把"有"百把、千把、万把"而无"一把""十把"，"亿把"也不常见(董为光，2006[1]；杜晓艺，2005[2]均有专门论述)。壮语 pa³字结构与此一致。（2）汉语中"个把人"用例极巨，这应该是"x把"格式的最早来源（董为光，2006)。[3]而我们在靖西壮语中观察到，kən²（人）pa³（把）、ʔan¹（个）pa³（把）也是最自

　　① 董为光：《从〈初刻拍案惊奇〉看概数词"把"的来源》，《语言研究》2006 年第 2 期。
　　② 杜晓艺：《概数助词"把"的分布状况刍议》，《语文学刊（高教版）》2005 年第 5 期。
　　③ 董为光：《从〈初刻拍案惊奇〉看概数词"把"的来源》，《语言研究》2006 年第 2 期。

然的说法。（3）"个把人"后来产生了推衍格式"主观评价为量小"。即，"个把人"指"一个人或为数不多几个人"（董为光，2006）。[①]壮语亦如是。（4）董为光（2006）证明了以下现象的成因："x把"格式在发展过程中一直保持着"首位数字为一"的特性。无论所涉及的数量如何理解，不管数字位数大小如何，其首位数字实际上应该都是"一"，而且都不能将这个"一"明白说出来。[②]壮语也是如此。（5）壮语"量词＋把＋ɬoːŋ¹＋量词"表示法与汉语"量词＋把＋两＋量词"相吻合。（6）表概数的"把"来源于实义动词"把"，义为"手握"。但壮语的 pa³绝无"手握"之义，不存在"'手握'义动词＞分类词"的演变基础。与汉语"把""手握＞分类词"的路径平行的是，靖西壮语动词 kam¹"抓；握"演变为分类词，指可一手持握的量。即，动词"抓；握"＞分类词。而靖西壮语"抓；握"动词仍主要是 kam¹。说明 pa³是汉语"把"演变到概数助词阶段方才进入壮语，为借词无疑。（7）刘月华等（2001）指出，现代汉语的数量概略说法，北方多用"来"而南方多用"把"。[③]壮语居于南方，"把"从南方汉语方言借入，与刘月华的论断相符。（8）我们在与南部壮语关系亲缘但与汉语接触有限的老挝语、泰语中未能发现这样的结构，也佐证其并非固有的表示法。南部壮语与汉语相应表示法的一致性，说明其是由汉语复制而得。

另，肖牡丹（2008）认为，汉语"把"可与"个"、度量量词、时间词、物量词、动量词、数词组合，[④]除了数词"半"外，壮语"把"的组合关系与汉语高度一致。如：

ʔan¹pa³千把	tsiŋ⁶pa³丈把	wan²pa³天把
个　把	丈　把	天　把
theːu¹pa³条把	pai²　pa³回（次）把	sin¹pa³千把
条　把	回（次）把	千　把

① 董为光：《从〈初刻拍案惊奇〉看概数词"把"的来源》，《语言研究》2006 年第 2 期。
② 董为光：《从〈初刻拍案惊奇〉看概数词"把"的来源》，《语言研究》2006 年第 2 期。
③ 刘月华、潘文娱、故群：《实用现代汉语语法》，商务印书馆 2001 年版。
④ 肖牡丹：《概数词"把"的历史考察》，《现代语文（语言研究版）》2008 年第 10 期。

广西官话、粤语、平话①均有"量词＋把"表概数的形式，但 pa³语音特征与中古借词相符，为中古借词。

与汉语接触密切的标话也有这样的表示法（梁敏、张均如，2002），亦可成为以上推断的佐证：

ŋa:m¹pa¹lɔ²ŋa:m¹个把两个（东西）

　个　把　两　个②

与他处南部壮语不同的是，广南壮语的 lu⁴，与汉语"把"同义。根据吴福祥（2013、2014），多义复制是指复制语的使用者对模式语中某个多义模式的复制，从而导致复制语中出现与模式语相同的多义模式。③我们的判断是，因 lu⁴与汉语"把"同义，广南壮语将之复制到这一表示法中。

（2）ɬa:m¹"三"、ha³"五"连用表概数

靖西壮语可以以 ɬa:m¹"三"、ha³"五"连用表概数，表示三到五及与此接近的数目。如：

ɬa:m¹ha³kən²ka:k⁸pai¹三五人独自去

　三　五　人　白　去

但其他数词不能如此连用，如不能说 ɬo:ŋ¹ɬei⁵"二四"、tsat⁷kau³"七九"。

以 ɬa:m¹ha³"三五"表示概数，是与上文已经讨论的相邻数词连用表概数一样来自和诸多语言一致的自身演变，还是来自对汉语的复制？我们认为是来自后者。理由有：

1）汉语隔数相连表示概数一般仅有"三五"。

汉语以"三五"表概数的表示法出现甚早，先秦的《国语·晋语一》即有"企鹅夫口，三五之门也，是以谗口之乱，不过三五"。韦昭注："上三五，三辰五行；下三五，三君五君。"此例中的第二个"三五"，表示三五个人，此大略是"三五"表示概数之始。有唐一代，这一表示法已普遍使用，如"性好游猎，而山郡无事，僧达肆意驰骋，或三五日不归"（《宋书·王僧达传》）。至今

---

① 官话、粤语、平话分别由莫帆、巴丹、黄婉秋惠告。
② 梁敏、张均如：《标话研究》，中央民族大学出版社 2002 年版。
③ 吴福祥：《语义复制的两种模式》，《民族语文》2013 年第 4 期；吴福祥：《语言接触与语义复制——关于接触引发的语义演变》，《苏州大学学报》2014 年第 1 期。

"三五"仍是较活跃的概数表示法。

2）汉语一般不以"三""五"以外两个十以内数字连用表概数，如不可以"二四""七九"表概数，与靖西壮语一致。这应该不是巧合。

3）相同的用法，在他处壮语中未见报道。在靖西壮语中，ɬa:m¹ha³的使用也并不普遍，与以相邻数词连用的表示法相比，使用频率较低。

（3）以有汉语借词成分的词语与数量结构组合表示概数

从汉语借入表概数的词汇，或借入成分与固有成分构成合璧词，与数量结构组合表示概数。

1）借入带"约略""浮动"义的词表示概数

靖西壮语借入 ta³kha:i³ "大概"、ta³jɔ² "大约"、mɔ²jɔ²/mo²jo² "约摸"①、tsɔ⁵jəu⁴ "左右"②等带"约略""浮动"义的官话借词表示概数，借入后，其与数量结构的语序与官话一致。

①pa:n¹te¹ta³kha:i³ ha³ɬəp⁷kən². 他们班大概五十人。

　班　他大概　五十人

②ŋo⁵jəu⁵lun²　ta:i⁵ ta³jɔ² ɬa:m¹pei¹. 我在外祖母家大约三年。

　我　在　家外祖母大约　三　年

③mɔ²jɔ²kin¹nai³ɬo:ŋ¹thui³ pei³ ni⁰. 约摸能吃两碗。

　约摸　吃　得二　碗　这样_{语气助词}

④phja:i³thaŋ¹ma:n³te¹joŋ⁴ɬa:m¹tin³tsuŋ¹tsɔ⁵jəu⁴. 走到他们村用三个小时左右。

　　走　到　村　他用三　点　钟　左右

2）靖西壮语官话借词 sa⁵pu³tɔ⁵（to⁵）/sa:u⁵to⁵ "差不多"居数量结构前，指略少于某数

---

① 当前两个读音同现，其主元音应处在 ɔ＞o 的演变过程中。

②从汉语借入"左右"表概数，也见于其他语言。如：

毛南语 tsɔ³ jau⁵

pja:t⁷tem³ tsɔŋ¹ tsɔ³ jau⁶八点钟左右

八　点　钟　　左右（梁敏，1980：49）

标话 θ ɔ ʰjau⁶

pa:t⁷tεm¹ tsuŋ³ θ ɔ ʰjau⁶八点钟左右

八　点　钟　　左右（梁敏、张均如，2002：105）

①ma²ti¹kən²sa⁵pu³tɔ⁵leːn²neːu². 来的人差不多一个连。

　来 的 人 差不多　连　一

②ʔi³　　tən⁴saːu⁵to⁵khjɔk⁷nɔŋ³. 这里的差不多六簸箕。

　点儿 这　差不多 六　簸箕

sa⁵pu³tɔ⁵借入后，受壮语双音化的影响，前两个音节合并，后一音节元音高化。即，sa⁵pu³tɔ⁵＞saːu⁵to⁵。

3）靖西壮语合璧词 kwa⁵ʔi³neːu²表示概数

kwa⁵是中古借词"过"，ʔi³（点儿）neːu²（一）指"一点儿"。靖西壮语中 kwa⁵ʔi³neːu²居数量结构后，指略微超出。

ha³kan¹kwa⁵ ʔi³ neːu²五斤多一点　　　　ɬoːŋ¹toŋ³kwa⁵ ʔi³ neːu²两桶多一点

五 斤 过 点儿 一　　　　　　 二 桶　过 点儿一

用于大于或等于两位数的数字时，在说话人、听话人都知晓数量单位的情况下，量词可以省略。如：

ha³ɬəp⁷kwa⁵ʔi³　neːu²五十多一点　　　　ɬəp⁸ɬaːm⁵kwa⁵ʔi³ neːu²十三多一点

五 十　过 点儿 一　　　　　　 十 三　过 点儿一

亲属语言也有以中古借词"过"表示超出某个数量的。

泰语：

可用 กว่า "多"，表示多于某数。从音义关系看，泰语 กว่า 为中古借词"过"。泰语通过"数词＋量词＋กว่า"结构，表示超于该数但小于下一整数。如：

สิบเดือนกว่า十个多月　　　 สิบโลกว่า十多斤　　　 สามพันหยวนกว่า三千多元

十 月过　　　　　　 十斤过　　　　 三 千元过

泰语的 กว่า 还可进入"数词＋กว่า＋量词"结构，表示约数。如：

สิบกว่าคน　　　　 ยี่สิบกว่าห้อง　　　 สามสิบกว่าเครื่อง

十多人　　　 二十多间　　　 三十多台

สี่สิบกว่าต้น

四十多颗

侗语有类似结构，在整数后加 ta⁶指数量超出（梁敏，1980）①：

---

n̩i⁶ɕəp⁸ta⁶man¹二十多天

二　十　过　日

侗语的 ta⁶应是中古借词"渡"，有"超过"义。

如上所述，靖西壮语可以用汉语借词"过"表示超出某数，但不能像泰语这样进入"数词＋n̩n̩＋量词"结构，而是一般在其后加 ʔi³neːu²。

其实，靖西壮语也可以说

ha³kan¹khaːm³ ʔi³　neːu²五斤多一点

五　斤　超过　点儿　一

从壮语、侗语、泰语的情况，我们推测，与靖西壮语"数词＋（量词）＋kwa⁵ʔi³neːu²"相似的结构，应是壮侗语的固有结构。其中的"超过"义语素，原应是固有语素，如靖西壮语的 khaːm³"超过"。壮语借入 kwa⁵"过"、侗语借入 ta⁶"渡"后，取代了固有的"超越"义语素。

kwa⁵/khaːm³……ʔi³neːu²，指略微超出，即超出的数量很小。上文讨论的数量结构后加 laːi¹一般指"略多"；后加 kei³则概数的量不限，可从"一"到"九"；后加 ləŋ²指稍微超过，超过的数量一般在"二"之内，可翻译成"多一点儿"。

"超出"义用于指示概数，汉语亦然。如汉语中的"数量成分＋出头"便是一种概数表达形式，如"三十出头""十万套出头"。"出头"本义为"物体露出顶端"，后通过隐喻发展出"超出数量"义（朱佳婷，2018）。[1]哈萨克语（耿世民、李增祥，1986）[2]、柯尔克孜语（胡振华，1986）[3]也可以"超出"义词表概数。所以，无论是汉语借词还是固有词，无论是汉语还是壮侗语，以及其他民族语言，"超出"义词常可表概数，指略为超出，应该是跨语的共性。

4）受汉语影响形成的概数表示法和固有表示法套用表示概数

主要是上文所列从汉语借入的表概数的词汇与固有的相邻数词表示法连用，以靖西壮语为例，如：

ta³khaːi³ha³khjɔk⁷kən²大概五六人　　　　saːu⁵to⁵peːt⁹kau³tsoːŋ²差不多八九桌

大概　五　六　人　　　　　　　差不多八　九　桌

---

① 朱佳婷：《"数量成分＋出头"的结构、用法及其来源》，《宜宾学院学报》2018年第4期。

② 耿世民、李增祥：《哈萨克语简志》，民族出版社1985年版，第47页。

③ 胡振华：《柯尔克孜语简志》，民族出版社1986年版，第48页。

ʔaːn⁵te³khjɔk⁷tsat⁷lun²接近六七户　　mei²thaŋ¹peːt⁹kau³tsoːŋ²naːu⁵不到八九桌

接近　六七户　　　　　　　不　到　八　九　桌　不

（4）结论

1）南部壮语概数表示法，未体现出太多有别于其他壮侗语的个性。

2）南部壮语概数表示法，诸多汉语借词起了作用，如 kei³ "几"、ləŋ² "零"、pa³ "把"、tsɔ⁵jəu⁴ "左右"，实义动词 kwa⁵ "过"，以及上文罗列的一大批副词。南部壮语从汉语借入这些词的同时一般也复制了相应的结构。部分结构引入壮语后经过省略等方式进行了改造。部分借词与固有表示法形成套用。由此可知南部壮语概数表示法受汉语影响是十分深刻的。

3）南部壮语与北部壮语及南部壮语内部概数表示法的区别，主要原因在于所接触的汉语方言不同，如位于云南的南部壮语，受到了云南官话的影响。

4）南部壮语概数表示法，是多种层次、多种来源的叠加。

二　分类词

本部分讨论分类词，不涉及计量单位词。

（一）南部壮语分类词语义系统

晏殊（2018）根据洪波（2012）[①]，以生命度的准则，把壮语分类词的语义系统概括如下[②]：

分类词的语义系统

有生					无生				
人				动物	植物	形状			功能
男		女				一维	二维	三维	
长	幼	长	幼						

我们参照晏殊（2018）的分类，把属于南部壮语的靖西、左州两地分类词语义系统概括为下表[③]：

---

① 洪波：《汉藏系语言类别词的比较研究》，《民族语文》2012 年第 3 期。

② 晏殊：《崇左左州壮语参考语法》，硕士学位论文，广西大学，2018 年，第 51 页。

③ 此表参照晏殊《崇左左州壮语参考语法》（硕士学位论文，广西大学，2018 年，第 51—52 页）而制。崇左壮语语料也引自此。

南部壮语的靖西、左州两地分类词语义系统

有生	人	靖西 kən² tu¹	老		男	靖西 la:u⁴
						左州 ke⁵
					女	靖西 me⁶
						左州 me³
		左州 oŋ¹	少		男	靖西 ʔi⁵
						左州 waŋ³
					女	靖西 te⁵
						左州 muk⁷
			幼			靖西 lok⁸
						左州 e:ŋ¹、phi¹
	动物	禽	长		公	靖西 tu¹
						左州 tu¹
					母	靖西 me³下蛋
						左州 me³下蛋
			幼	lok⁸	公	靖西 tu¹
						左州 tu¹
				lok⁸	母	靖西 tu¹未下蛋
						左州 khuɯ⁵未下蛋
		兽	公			靖西 tu¹
						左州 tu¹
			母			靖西 me⁶
						左州 me³
			幼			靖西 lok⁸
						左州 lok⁸
	植物	靖西 ko¹				
		左州 ko¹				
无生	形状	一维	长	分叉		靖西 kha¹腿
						左州 kha³腿
				不分叉		靖西 the:u¹条、the:u²条
						左州 tiu²条、ka:i⁵条
			短			靖西 tun⁶段、ko³节
						左州 khet⁷截　thun³段　kho⁵截（较大较圆）　le:k⁸条
		二维	大			靖西 pha³
						左州 mat⁸片　pha³片
			小			靖西 mɔi¹页 phe³片 phe:n⁵张
						左州 maɯ¹片　phe³片　phuɯ¹张
		三维	大			靖西 ka:u⁴块、khɔn³块
						左州 kha:u¹块
			中			靖西 ke:u⁴块
						左州 khe:u³块
			小			靖西 mat⁸块
						左州 nap⁷块
			最小			靖西 tim³点
						左州 tje:m³点
	功能	用手处理计量				靖西 kam¹抓、tha:p⁹挑
						左州 ho:p⁷抱、khu³对、po:ŋ帮/ta:ŋ²群、kam¹抓、ko:p⁷捧、thap⁷挑、pan²捆、nip⁷夹
		纯计量				靖西 mat⁷筒、muk⁹筒、tsoŋ²桌、wei¹梳、la:m²篮、nɔŋ³簸箕、lo²箩、thui³碗、pa:n²盘、pən²盘、tɔŋ³桶、tip⁸碟、kei¹箕
						左州 mat⁷ 筒、sa:ŋ⁵米仓、sa:ŋ³米缸、so:ŋ²桌、phe¹梳子、la:m²篮（有提）、tho:k⁷托、thui³碗、luɯŋ篮（无提）、sau⁴筒（方的）、lo²箩、ka:ŋ¹缸、o:m¹瓮

（二）对壮语分类词的讨论

1.以体现性别的词作为分类词应该是壮语的共性

晏殊（2018）总结了崇左左州壮语分类词的特征为：（1）人、动物、植物生命度相等，同一等级，都当作有生；（2）对人的认知很丰富，动物次之，植物后之；（3）尺寸参项很发达。她进一步指出，崇左左州壮语的分类词表示性标记只限于某些有生命的名词，性标记分为雄性标记和雌性标记，通常情况下性标记表示人和动物的性别。

就此，她举了以下一些例子①：

人的性标记：

ke⁵ je⁵老伯伯	me³ma¹老妈妈	waŋ³ma:u⁵男孩	muk⁷θa:u¹女孩
男老伯	女老妈	男少仔	女少孩
ke⁵koŋ¹爷爷	me³po²奶奶	waŋ³luɯ¹大儿子	muk⁷tou²大女儿
男老公	女老婆	男少大	女少首

动物的性标记：

θeŋ¹/phu³kai⁵	me³kai⁵	phu³pit⁷	khuɯŋ⁵pit⁷
公　鸡	母　鸡	公　鸭	雌　鸭
phu³phɯm³	me³phɯm³	tuk⁸ma¹	me³ma¹
公　鹅	母　鹅	公　狗	母　狗
tuk⁸mu¹	me³mu¹	tuk⁸wa:i²	me³wa:i²
公　猪	母　猪	公　水牛	母　水牛
tuk⁸mo²	me³mo²	tuk⁸ma⁴	me³ma⁴
公　黄牛	母　黄牛	公　马	母　马

靖西壮语分类词特征与崇左左州壮语一致，覃凤余（2018）所列的武鸣壮语分类词表，②与此也大略一致。所以，晏殊总结的特征应是壮语分类词共同的特征。

---

① 晏殊：《崇左左州壮语参考语法》，硕士学位论文，广西大学，2018 年，第 52 页。
② 覃凤余：《壮语语法研究框架的优化与重构——纪念壮文颁布 60 周年（上）》，《百色学院学报》2018 年第 1 期。

我们也把靖西壮语中以分类词对人和动物性别进行标记的现象举例如下：

人的性标记：

la:u⁴je²老伯伯　　me³ma⁵老妈妈　　la:u⁴koŋ⁵爷爷　　me³ pho¹奶奶

男ₒ伯　　　　　女ₒ妈　　　　　男ₒ公　　　　　女ₒ婆

ʔi⁵ta:i⁶大儿子　　te⁵pja:i¹小女儿

男ₛ大　　　　　女ₛ尾

动物的性标记：

pu⁴kai⁵　　me³kai⁵

公　鸡　　　母　鸡

我们再看各家的讨论。

梁敏、张均如（1996）指出，动物的量词，壮语除了最常用的 tu² 外，往往根据不同的种类、不同的发育期和雌雄而分别使用好几个不同的量词，例如武鸣壮语：tu² 是最常用的量词，不分性别和成熟期。tak⁸ 用于性成熟的雄性禽兽（也用于青少年男性）。me⁶ 用于已生育过的雌性禽兽（也用于成年的女性）。pau⁴ 用于雄性的禽类。ço⁶ 用于未生育过的雌性禽类。ha:ŋ⁶ 用于未下蛋的雌性禽类。luk⁸ 用于小畜、小禽，是从名词"子、崽"发展而成的。①

韦庆稳、覃国生（1980）列举了兼表示禽兽性别的量词，tak⁸ 只（公兽）、me⁶ 只（母禽兽）、ço⁶ 只（小母畜）、pou⁴ 只（雄禽）、ha:ŋ⁶ 只（小母鸡）。②

张增业（1998）列举表人类的个体量词：boux[phu³]/daeg/dah/meh/goeng 个、位。其中的 boux、daeg、dah、meh 起到表示性别的作用。③

韦庆稳（1985）列举了（指人的量词中）具有年龄、性别特点的量词：laux（用于男性老人）、naih（用于女性老人）、ndaek（或 daeg）（用于男性中年人）、yah（或 meh 或 maex）（用于女性中年人）、lwg（用于男性青少年）、dah（用于姑娘）；（指动物的量词中）具有性别特点的量词：daeg（用于公兽）、coh（用于未生育的母兽）、meh（用于已生育的禽类和兽类）、hangh（用于

① 梁敏、张均如：《侗台语族概论》，中国社会科学出版社 1996 年版，第 81 页。
② 韦庆稳、覃国生编著：《壮语简志》，民族出版社 1980 年版，第 33 页。
③ 张增业：《壮—汉语比较简论》，广西民族出版社 1998 年版，第 26 页。

未生蛋的禽类）。①

张元生、覃晓航（1993）认为，（壮语量词可）区分事物的性属及辈分：daeg——表示男性青少年之辈或部分雄性动物之类；dah——表示女性青少年之辈或部分幼年雌性事物之类，与 daeg 相对；goeng——表示男性中老年一辈；meh——表示女性中老年一辈，也可以表示部分雌性动物类。②

部分壮语，po⁴的同源词作为分类词时已没有性别区别。如韦庆稳、覃国生（1980）列举的 pou⁴"个（人）"/"只（雄禽）"；张增业（1998）列举的用于人类的量词有 boux[phu³]"个，位"，③他也未说明 boux 作量词时与性别有无关系。陈芳（2010）也指出，巴马壮语 pou⁴称量人（个）。④

上文前贤所提到的 daeg、daeg、tak⁸，在靖西壮语中读作 tak⁸，tak⁸是中古借词"特"。特，中古曾摄开口一等德韵，定母，入声。中古借词德韵读 ak，如"墨"读 mak⁸，"塞（阻塞）"读 ɬak⁸；定母读 t，如"度"读 ta:k¹⁰，"涂"读 ta²；浊入部分读第 8 调 21，如"读"读 tok⁸，"绿"读 lok⁸。声韵调与中古借词规律相符。靖西壮语中，tak⁸指公畜，如：

wa:i² tak⁸雄性水牛

水牛 特

但靖西壮语中的 tak⁸未发展出分类词的用法。

我们观察到的其他南部壮语中表性别的词做分类词的，在第一章中"壮语'母亲'义语素的语义（功能）演变"部分已做讨论，在此不赘。

2.少量与人的年纪有关的名词、形容词可以充当分类词

如靖西壮语的 lok⁸和 ke⁵。

lok⁸本义是"儿子"，名词；也可以与 nɘŋ²"女性"组合：lok⁸nɘŋ²"女孩"。也可以用于动物名词，指年纪较小的动物，如：

pja¹lok⁸鱼仔（小鱼）　　　kai⁵lok⁸鸡仔（小鸡）　　　ma¹lok⁸狗仔（小狗）

鱼　子　　　　　　　　　　鸡　子　　　　　　　　　　狗　子

---

① 韦庆稳：《壮语语法研究》，广西民族出版社 1985 年版，第 26 页。
② 张元生、覃晓航：《现代壮汉语比较语法》，中央民族学院出版社 1993 年版，第 55—55 页。
③ 张增业：《壮—汉语比较简论》，广西民族出版社 1998 年版，第 26 页。
④ 陈芳：《巴马壮语法研究》，硕士学位论文，广西大学，2010 年，第 11 页。

此三例也可以说成：

lok⁸pja¹小鱼　　　lok⁸kai⁵小鸡　　　lok⁸ma¹小狗

　子　鱼　　　　　子　鸡　　　　　子　狗

lok⁸常常充当分类词，充当分类词时可以称量两类对象：

一是年纪较小的人或动物，如：

wan²kei⁵mei²ki³la:i¹lok⁸ma²kin¹khau³？今天有几位来吃饭？

　天　今　有　几　多　子　来　吃　饭

该句中的 lok⁸指年轻人。

lun²ni⁵kai⁵la:i¹，pan¹ŋo⁵ɬo:ŋ¹lok⁸pa⁰？你家鸡多，分给我两只吧？

　家　你　鸡　多　　　分　我　二　子 语气助词

该句中的 lok⁸所称量的"鸡"是年纪较小的。

韦庆稳（1985）也有这样的讨论，上文已经列举，我们不再赘述。

二是对所称量的对象有贬斥或调侃的态度，如：

ma²ki³la:i¹lok⁸tu¹nai³，ma²lok⁸kha³lok⁸.

　来　几　多　子　都　得　　来　子　杀　子

来多少个（小子）都行，来一个杀一个。

这里的 lok⁸所称量的对象不一定是年纪轻的，但却是说话者贬斥和调侃的对象。

lok⁸məu¹ne:u²ni⁵le³la:u¹pan²pei³　lə⁰.一头猪你就怕成这样了。

　子　猪　一　你　就　怕　成　这样 语气助词

这里的 məu¹"猪"不一定小，但却是说话者贬斥和调侃的对象。

与靖西壮语 lok⁸同源的词在其他壮语中也有此用法，韦庆稳（1985）：lwg，用于人和一些动物，表示轻视。韦庆稳、覃国生（1980）：luuk⁸，表示蔑视。①

ke⁵是形容词，指"老"，充当分类词时说话者对所称量对象也是持贬斥或调侃态度。如：

---

① 韦庆稳、覃国生编著：《壮语简志》，民族出版社 1980 年版，第 33 页。

ke⁵ne:u²ma²tso³ke⁵ne:u²ma²ma⁰, ni⁵ŋən⁶ja⁶ło:ŋ¹ke⁵.

老 一 来 就 老 一 来_语气助词 你 硬 说 二 老

一个来就一个来嘛，你硬说两个来。

此句，言者对 ke⁵ 所称量的对象是持贬斥或调侃态度的。

上文已经讨论的 me⁶、ʔi⁵、te⁵ 除了体现性别，也体现了年纪的不同。

如上文讨论的 me⁶，一般用于称量年纪较大的女性；ʔi⁵ 一般用于称量年纪较轻的男性；te⁵ 用于称量年纪较轻的女性。例句已在上文列举，在此不赘。

从我们讨论的靖西壮语中表示人和动物性别的分类词、表示年龄的分类词、表示情感的分类词看，壮语部分分类词具有表现情感性状的特点。前贤对此也有讨论，如梁敏、张均如（1996）指出，下楞壮语除了性别、年龄的条件外，还根据说话者主观的好恶而分别使用十几个不同的量词。例如：pou⁴，最常用的指人量词，不分性别、年龄。koŋ¹，用于中年以上的男性和男性的神灵。me⁶，用于中年以上的女性和女性的神灵。vaŋ²，用于青少年男性。klo⁵，用于青少年男性，有亲昵的意味。muk⁷，用于青少年女性。no²，用于青少年或男孩，有好感或亲昵的意味。ʔe:t⁹，用于小孩或幼小的禽兽，不分性别，有亲昵的意味。ło:t¹⁰或 łe:t¹⁰，用于小孩或幼小的禽兽，不分性别，有憎恶的意思，也用于夭死鬼。phə³，用于青少年女性，有鄙视或憎恶的意思。tu²，原为一般动物量词，也常用于小孩、子、女、弟、妹或较小的鬼怪，不分性别。klou⁵，原为大石头、土块等物的量词，也可用于大块头的男人，有不尊敬的意思；但女人也常用以称其丈夫。kon⁵，原为大木头等物的量词，用法与 klou⁵ 相似。①韦庆稳、覃国生（1980）讨论过兼表示禽兽性别的分类词（上文已列举）和兼表示强调、蔑视的分类词 tak⁷（表示强调）、łuuk⁸（表示蔑视）。②

上述各家所讨论的壮语分类词体现的感情色彩，实际就是人类主观性的体现。上文已举了 lok⁸ 的例子，再举一个靖西壮语的例子。

ka:u⁴，一般用于大块的固体。如：

---

① 梁敏、张均如：《壮侗语族概论》，中国社会科学出版社 1996 年版，第 890 页。

② 韦庆稳、覃国生编著：《壮语简志》，民族出版社 1980 年版，第 33 页。

ka:u⁴thən¹大块石头　　　　ka:u⁴mai⁴大块木头

块　石　　　　　　　块　木

ka:u⁴也可用于成年男子，带"笨拙"义。如：

ka:u⁴kən²luŋ¹pei³ ni⁰　khja¹mei² than¹kha¹lo⁶na:u⁵ʔa⁰?

块　人 大 这样语气助词 找 不 见　 路　不 语气助词

这么大个人找不到路吗？

3.对动物通用分类词 tu¹的讨论

tu¹相当于汉语的"只"。汉语除了使用最广泛的称量动物名词的"只"，还有一批专门用于某类动物的分类，如"一头猪""一匹马""一条蛇""一尾鱼""一羽鸡"。但靖西壮语的动物名称，用于称量的仅 tu¹一个分类词。如：

tu¹məu¹ne:u²一头猪　　　ɬo:ŋ¹tu¹ma⁴两匹马　　　ɬa:m¹tu¹ŋəu²三条蛇

只 猪　一　　　　　二 只 马　　　　　三 只 蛇

ɬei⁵tu¹pja¹四条（尾）鱼　　ha³tu¹kai⁵五只鸡　　kjɔk⁷tu¹no:n¹六条虫

四 只 鱼　　　　　　五 只 鸡　　　　　六　只　虫

tsat⁷tu¹pha¹fei⁴七只蝴蝶　　pe:t⁹tu¹kap⁷səu¹八只癞蛤蟆

七　只 蝴蝶　　　　　 八 只 癞蛤蟆

与汉语共同语"只"的区别还有，靖西壮语的 tu¹可称量人。其可用于小孩、鬼怪、女友（带贬义）等，用于成人时也带有蔑视等贬义。如：

①te¹ta:i³ma²ɬo:ŋ¹tu¹ lok⁸ ʔe:ŋ¹.她带来两个孩子。

　她 带 来 二 只 孩子 小

②ni⁵ko:i¹lap⁸laŋ¹mei² ɬak⁷ tu¹phei¹the:m¹məu²? 你看后面有哪个鬼？

　你 看 后面 有 大概 只 鬼 添　 语气助词

③te⁵　kei⁵me:n⁶tu¹te¹.这个（女孩）是他的（女友）。

　女子 这 是 只他

④ko:i¹tu¹tɔi²ka:m³khən³ma²? 看谁敢上来？

　看 只何 敢　 上 来

⑤tu¹kən²ne:u², ʔau¹ɬai⁴ mei²na:u² ɬai⁴, kjau¹ka⁴la:i¹ke⁵hat⁷ɬai⁴?

　只 人 一　 要 什么有 不 什么　 活 那么 老 做 什么

一个人，要什么没什么，活那么老干什么？

⑥ni⁵koːi¹ɬoːŋ¹tu¹te¹, ʔan¹khjam¹n̩oŋ³n̩aːt⁵.你看他们两个，头发很乱。

　　你 看 二 只他　个 头发 乱 　词缀

其他壮语也有类似的现象。

如都安下坳壮语，韦茂繁（2014），tu¹³:表示"个、只、头、匹"等，既能用于人，又能用于动物。他举了几个例子①：

tu¹³pja⁴²ni³¹这条鱼　　　　tu¹³ma¹³niːŋ³³ni³¹这匹小马　　　tu¹³ni³¹这家伙

条鱼 这　　　　　　　匹 马 小 这　　　　　　　个 这

tu¹³ləːk¹³deu⁴²一个孩子　　tu¹³suɯ²³¹ni¹³这头牛　　tu¹³kɛi³³te⁴²那只鸡

个 孩子 一　　　　　头 牛 这　　　　　只 鸡 那

大新壮语可以用于人，但只能用于女孩儿：

tuə¹ni¹这个（女孩儿）

只 这

粤语也有类似的用法。

广西北流粤语（徐荣，2008）②

十零只人呦啊？（才十来个人啊？）

广西犀牛脚海濑话（属平话）（李海珍，2012：116）③

三只人都是温村头□o³³。（那三人都是我们村里的。）

贵港粤语（陈曦，2017）④

一只人

桂平江口白话（杨卓林，2018）⑤

一只校长、一只市长、一只科长、一只所长

陈晓锦、陈滔（2005）也提到，北海市区、南康话、廉州话、佤话、海边话的"只"可以与"人"搭配。⑥

---

① 韦茂繁：《下坳壮语参考语法》，广西人民出版社2014年版，第114页。

② 徐荣：《广西北流粤方言语法研究》，硕士学位论文，清华大学，2008年，第32页。

③ 李海珍：《广西犀牛脚海濑话比较研究》，硕士学位论文，广西大学，2012年。

④ 陈曦：《贵港话法研究》，硕士学位论文，广西大学，2017年，第69页。

⑤ 杨卓林：《桂平江口白话研究》，硕士学位论文，广西大学，2018年，第254页。

⑥ 陈晓锦、陈滔：《广西北海市粤方言调查研究》，中国社会科学出版社、线装书局2005年版，第399页。

　　如百色粤语称量动物的 tsiak^{35} "只"，常常用于人，可称量的事物甚至还包括各类非生命体。如：

　　①只酒鬼仲屌□kat^{5}只契弟。[（这个）酒鬼还责骂（那个）家伙。]

　　②咁只七仙女呢就把渠件衫挂□ei^{55}哋啦。[这样（那个）七仙女就把她（那件）上衣挂在那儿了。]

　　③只契弟坏蛋啦。（那家伙坏蛋啊。）

　　④对只野仔咁好。[对（那个）家伙那么好。]

　　⑤只家丁就东去打听西去打听啦。[（那个）家丁就东打听西打听啊。]

　　⑥上高个只打船佬渠拧住条竹篙。[上边儿那个船夫他拿着（一根）竹篙。]

　　⑦见只女人做乜捱只男人追住打呢？[看见一个女人（不知道）为什么被一个男人追着打呢？]

　　这样搭配时，有时带有调侃的意味。[1]

　　百色粤语的量词 tsiak^{35} "只"，甚至可以称量各类非生命体。[2]如：

　　①底下有只果园。（下边儿有个果园。）

　　②□thien^{55}日呢七仙女呢□ei^{55}边啲个只鱼塘游水。（明天呢七仙女呢在那边那个鱼塘游泳。）

　　③咁呢渠想俾只牛郎成一只家。[这样呢他想给（这个）牛郎成一个家。]

　　田东粤语也有相同的用法。[3]如：

　　①有只年轻仔。（有个年轻人。）

　　②咁只织女冇办法上天啊。[这样（这个）织女没有办法上天啦。]

　　③望住只死人啊。[望着（这个）死人啊。]

　　④啲只风俗呢，冇办法破啊。（这个风俗呢，没有办法破坏啊。）

　　⑤啲只制度，希望你哋的年轻一代啊，要把渠改过来。（这个制度，希望你们年轻一代，要把它改过来。）

---

　　① 语料调查自游磊权。

　　② 各种文献显示，粤语的"只"，除了用于动物和人，还可用于植物和非生物，如"一只城市""两只瓜""一只碗""一只建议"等，还可用于人和动物的四肢及器官，如"一只脚""一只耳""一只鸭头"等。

　　③ 语料调查自梁桂生。

⑥你讲只社区困不困难啊？[你说（一个）社区困不困难啊？]

⑦我界大齐讲一只故事，唧只故事吃作《牛郎和织女》。（我给大家讲一个故事，这个故事叫作《牛郎和织女》。）

⑧简简单单开一只呢，吃作旅社。（简简单单开一个啊，叫作旅社。）

⑨好阔的喔，只银河啊，望不到边。（好宽的啊，（那条）银河啊，望不到边。）

tu¹ 的同源词是壮语中使用极为广泛的称量动物的分类词。韦庆稳（1985）：指动物的量词中，一般量词 duz 只。①张增业（1998）：表示动物的个体量词 duz 只、头、匹、尾、条。②张元生、覃晓航（1993）：用于表示禽兽类的 duz。③陈芳（2010）tu²（巴马壮语）④。其在壮语中称量人的用法，还有待我们做更深更广的调查。

科里姆（1989）认为："作为对生命度的最初描写，我们把它定义为一个等级，其主要成分按生命度由高到低的次序是：人类＞动物＞无生命物……生命度是一个普遍存在的概念范畴，它的存在跟它在任何特定语言里的体现形式无关。"⑤这一等级中，"人"的生命度是居首的，在"人"中，成年人的生命度应该又是高于小孩的。靖西壮语，lok⁸本用于小孩，用于成人时带贬义，也表轻蔑。tu¹本是用于动物的通用量词，可用于小孩，即，可用于生命度更低的生物；用于成人时则是带贬义的。ka:u⁴是用于大块固体的量词，用于人时含"笨拙"义。壮语中，将指人名词与本用于生命度低于人（成年人）的分类词搭配，使之表示贬义。

李彩红（2017）也讨论过降低"人"的生命度来达到贬义情绪的表达，她举出壮语的 dak⁷"块"和 luk⁸"个"，它们本是用于三维物体的分类词，用在"人"时，能表达一种强调或者轻视的主观色彩。她还提到，崇左壮语的

---

① 韦庆稳、覃国生：《壮语简志》，民族出版社 1980 年版，第 26 页。
② 张增业：《壮—汉语比较简论》，广西民族出版社 1998 年版，第 84 页。
③ 张元生、覃晓航：《现代壮汉语比较语法》，中央民族学院出版社 1993 年版，第 49 页。
④ 陈芳：《巴马壮语语法研究》，硕士学位论文，广西大学，2010 年，第 10、11 页。
⑤ [美]伯纳德·科里姆著，沈家煊译：《语言共性和语言类型》，华夏出版社 1989 年版，第 231—232 页。

kuɯ¹"个"，用于无生命物体时，不带任何语用色彩，用于"女孩""猪"等生命度比无生命物略高的名词时，则含有程度较浅的贬义色彩。[①]

洪波（2012）[②]根据《侗台语族概论》[③]指出泰语指人名词根据其社会地位的不同分别使用不同的类别词：

oŋ²，用于皇帝、皇后、王子、公爵和公爵夫人。

ru:p¹⁰，用于僧侣。

tsa:n³，用于公爵以下的贵族和海陆军的高级官员。

na:i²，用于比普通人社会地位稍高的人。

他根据《侗台语族概论》[④]，指出下楞壮语指人名词也区分性别、年龄和好恶三个层次：

koŋ¹，用于中年以上的男性和男性神灵。

me⁶，用于中年以上的女性和女性神灵。

vaŋ²，用于青少年男性。

klo⁵，用于青少年男性，有亲昵的意味。

muk⁷，用于青少年女性。

mo²，用于男少年或男孩，有好感或亲昵的意味。

mo:i⁶，用于女青少年或女孩，有好感或亲昵的意味。

ʔe:t⁹ʼ，用于小孩或幼小的禽兽，不分性别，有亲昵的意味。

ɬə:t¹⁰/ɬe:t¹⁰，用于小孩或幼小的禽兽，部分性别，有憎恶的意味，也用于夭死鬼。

phə³，用于青少年女性，有鄙视或憎恶的意味。

tu²，原为动物类别词，也用于小孩、子、弟、妹或较小的鬼怪，部分性别。

klou⁵，原为大石头、土块等物的类别词，也可用于大块头男人，有不尊敬意味。

---

① 李彩红：《类型学视野下广西壮汉方言分类词接触研究》，硕士学位论文，广西大学，2017年，第42、46页。

② 洪波：《汉藏系语言类别词的比较研究》，《民族语文》2012年第3期。

③ 梁敏、张均如：《侗台语族概论》，民族出版社1996年版，第890—891页。

④ 梁敏、张均如：《侗台语族概论》，民族出版社1996年版，第890页。

kon⁵，原为大木头等物的类别词。用法与 kiou⁵ 相似。

洪波（2012）进一步讨论了类别词的情感功能，他认为"类别词的情感评价功能指的是类别词（分类词）所负载的表示人对事物的主观态度的功能，人对事物的主观态度包括喜爱与厌恶、尊敬与鄙视、亲切与冷漠等"。他认为壮侗语族等表示情感评价功能或兼有情感评价功能的类别词比汉语丰富。他认为，"壮侗语族泰语中指人名词根据其社会地位的不同有不同的类别词与之搭配，这种区分显然是基于情感评价准则的尊重准则实现的。下楞壮语与指人名词搭配的类别词异常丰富且系统严密，其中第四个层次就是根据情感评价准则的好恶准则实现的"。他提出"汉藏语系类别词的功能呈现出强烈的区域差异，壮侗语族是这个区域的核心，各种功能（包括情感评价功能）都很强劲"①。

董秀芳（2019）也指出，名量词和名词分类范畴在功能上有类似之处，都与名词的类别相关联。而分类的标准往往比较具体，反映语言使用者对世界的认知视角，特别是在范畴化时反映人的主观观察印象。量词和名词分类范畴……体现语言的主观性。有些语言的量词可以像名词一样有感情色彩的褒义和贬义的区别。②

我们以上对靖西壮语分类词这一特点的讨论，正是董秀芳、洪波论断的佐证。

不独壮语，其他语言的分类词也有类似现象。马学良（1991）指出，苗瑶语族类别词有爱恶色彩的区别。③洪波（2012）指出，苗瑶语族苗语至少有三个专门表示情感评价功能的类别词：qei¹³、thoŋ³¹、na¹¹，它们可以加在任何名词前，表示难看或讨厌的意思。他还指出，白语里与指人名词搭配的类别词的细致区分显然不在于分类，而在于情感评价，表示的是讽刺挖苦意味，属于好恶情感评价。④

---

① 洪波：《汉藏系语言类别词的比较研究》，《民族语文》2012 年第 3 期。
② 董秀芳：《汉藏语系语言中的评价性形态》，《第七届海外中国语言学者论坛会议论文集》，2019 年。
③ 马学良主编：《汉藏语概论》，北京大学出版社 1991 年版，第 706 页。
④ 洪波：《汉藏系语言类别词的比较研究》，《民族语文》2012 年第 3 期。

三　对量词与数词、名词、指示词语序的讨论

本部分讨论的量词包括计量单位词和分类词。为行文方便，本部分统称量词。

（一）量词与数词、名词的语序

靖西壮语中 neːu² "一"和"二"（包括"二"）以上的数目与量词的语序与其他壮语的普遍规律是一致的。张元生、覃晓航（1993）指出，当"二"（包括"二"）以上的数目修饰量词时，其位置在量词之前，当"二"修饰量词时，其位置却在量词之后。[1]韦庆稳（1985）[2]也有类似的讨论。靖西壮语一般规律也是如此，详述如下：

1.数词为 neːu² "一"时，语序有二：

（1）量词＋名词＋neːu²，如：

tu¹pat⁷neːu²一只鸭子　　　ʔan¹ləu²neːu²一栋楼　　　khja⁵kən²neːu²一群人

只　鸭　一　　　　　　个　楼　一　　　　　　群　人　一

（2）名词＋量词＋neːu²，如以上三例，也可说成：

pat⁷tu¹neːu²一只鸭子　　　ləu²ʔan¹neːu²一栋楼　　　kən²khja⁵neːu²一群人

鸭　只　一　　　　　　楼　个　一　　　　　　人　群　一

以下是其他南部壮语的例子。

广南壮语：

an³mai²ti³一棵竹子

个　树　竹

马关壮语：

tu¹bɛ³nəŋ²一只羊　　　　tu¹mu¹nəŋ²一头猪

只　羊一　　　　　　只　猪　一

西畴壮语：

kɔːn²nu⁴一个（人）

人　一

---

① 张元生、覃晓航：《现代壮汉语比较语法》，中央民族大学出版社 1993 年版，第 127 页。
② 韦庆稳：《壮语语法研究》，广西民族出版社 1985 年版，第 32 页。

我们认为，西畴壮语的 nu⁴是从 deːu¹ "一"弱化来的：deːu¹＞nu⁴。事实上，靖西壮语也有平行例证：neːu²＞ŋou²＞ʔou²。

我们认为，数词为"一"时，"名词＋量词＋neːu²"是靖西壮语的固有格式，"量词＋名词＋neːu²"为后起的格式。理由有：

第一，"名词＋量词＋neːu²"与壮语作为典型的 SVO 语言的特点是一致的。我们认为，"名词＋量词＋neːu²"存在结构的层级性，是先构成"量词＋neːu²"短语，该短语再对居前的名词进行修饰。这与壮语偏正结构中心成分居前，修饰限制成分居后的语序特点完全一致。覃晓航（1998）也说，数量词组后置是壮侗语语法系统中固有的形式，是与壮侗语修饰成分处于中心语之后的语法特点相应的。①

第二，亲属语言提供的证据。老挝语有"名词＋量词＋neːu³¹"结构。与壮语相比，老挝语受汉语影响较小，应该保留了较古老的结构，因此老挝语的"名词＋量词＋neːu³¹"结构应是台语中较早的层次。我们推测，后起的形式"量词＋名词＋neːu³¹"是重新分析而得。由于壮语名词前常附加量词作为前缀，在表达上，量词逐渐前移，形成与"前缀＋词根"格式一致的形式。事实上，在靖西人的语感中，这种结构中的量词，其功能已不像量词，而像是词缀。因此，"量词＋名词＋neːu²"结构，实际上就是"名词性短语＋ neːu²"。

梁敏（1983）也有过类似讨论，他认为，傣语、泰语、老挝语数量词组在中心词之后的词序是与其他修饰成分在中心词之后的规律相符合的。②

程博（2012）也讨论过壮侗语数量名结构的语序，她认为当数词（固有词）为"一"时，量－名－数和名－量－数语序是数词结构模式的最原始形式。③

2.当数词大于或等于"二"时，语序有二：

（1）数词＋量词＋名词，这种语序比较常见。如：

ɬoːŋ¹pheːn⁵ɬa¹两张纸　　　　　ɬaːm¹ʔan¹kei¹三个撮箕

二　　片　　纸　　　　　三　　个　　箕

① 覃晓航：《从汉语量词的发展看壮侗语"数、量、名结构"的词序变化》，《广西民族学院学报》（哲学社会科学版）1988 年第 1 期。
② 梁敏：《壮侗语族量词的产生和发展》，《民族语文》1983 年第 3 期。
③ 程博：《壮侗语数量名结构语序探析》，《中央民族大学学报》（哲学社会科学版）2012 年第 4 期。

khjɔk⁷ɬəp⁷kən²jɔ⁵ɬen⁵六十个学生

六　　十　　个　学生

（2）名词＋数词＋量词，如以上三例，也可说成：

ɬa¹ɬo:ŋ¹phe:n⁵两张纸　　　　　kei¹ɬa:m¹ʔan¹三个撮箕

纸　二　片　　　　　　　　箕　三　　个

jɔ⁵ɬən²khjɔk⁷ɬəp⁷kən²六十个学生

学生　　六　十　个

从类型看，"名词＋数词＋量词"层次更早，"数词＋量词＋名词"应该是后起的，是受汉语影响产生的语序。我们从亲属语言可以看到这一点。

傣语（喻翠容、罗美珍，1980）[1]：

pa¹ha³to¹五条鱼　　　　ka:n¹sa:m¹xɔ³ni⁷⁸这三件事

鱼　五条　　　事情　三　件这

ma:k⁹moŋ⁶noi⁵nɯŋ⁶一个芒果　　　xim¹lim³nɯŋ⁶一根针

　芒果　个　一　　　　　针　根　一

泰语（秦春草，2018）[2]：

phi:i¹⁴sa:m¹⁴ton³³三个鬼　　　　kai²¹sa:m¹⁴tua³³三只鸡

鬼　　三　　个　　　　　　　鸡　三　　只

khai⁴¹ha:⁴¹bai³³五个蛋　　　　nam⁴⁵khɛ:ŋ¹⁴ha:⁴¹kɔ:n⁴¹五块冰

蛋　五　张　　　　　　　水　硬　五　块

ma:¹⁴tua³³nɯŋ²¹一只狗

狗　只　一

而各种壮侗语，已多以"数词＋量词＋名词"为常用语序。

布依语（喻翠容，1980）[3]：

ɣa³dan¹tsa¹五个碗　　　　suaŋ¹pu⁴se³ja:n⁴两个社员

五个碗　　　　　　　两个　社员

---

① 喻翠容、罗美珍：《傣语简志》，民族出版社1980年版，第81页。
② 秦春草：《泰语和壮语分类词比较研究》，硕士学位论文，广西大学，2018年，第25、28、29、58页。
③ 喻翠容：《布依语简志》，民族出版社1980年版，第42页。

侗语（梁敏，1980）[①]：

ja² tu² sən²两只黄牛

两 只黄牛

毛南语（梁敏，1980）[②]：

ja¹ tɔ² kwi²两只水牛

两只 水牛

仫佬语（王均、郑国乔，1980）[③]：

n̥a:u³toŋ⁶mai⁴一棵树　　　　ta:m¹tshek⁷ja¹三尺布

　一 棵 树　　　　　　三 尺 布

其他南部壮语也以第一种语序为常。

广南壮语：

san³kan²三人　　　　so:ŋ¹an³taŋ²两个凳子

三 人　　　　　　二 个 凳

西畴壮语：

ɬa:m¹kɔ:n²三个（人）　　　ɬo:ŋ¹de²sɔ¹两张纸

　三 人　　　　　　二 张纸

马关壮语：

suŋ¹tu¹mo¹两只狗　　　　sã¹tu¹bɛ³三只羊

二 只 狗　　　　　三只羊

xo³tu¹mu¹五头猪

五 只 猪

我们在上文已经讨论，靖西壮语的数词除"一"外，有"数词＋量词＋名词"和"名词＋数词＋量词"两种语序。我们在下文还将讨论，靖西壮语相应结构的固有语序是"名词＋数词＋量词"，"数词＋量词＋名词"是受汉语影响而得，靖西壮语处在演变还未完成的过程当中。但我们认为，这种演变已经

① 梁敏：《侗语简志》，民族出版社 1980 年版，第 66 页。
② 梁敏：《毛南语简志》，民族出版社 1980 年版，第 66 页。
③ 王均、郑国乔编著：《仫佬语简志》，民族出版社 1980 年版，第 63 页。

进入末期，因为"名词＋数词＋量词"已更为常见。

当今靖西壮语量词结构除了基数词是"一"外，语序基本是"数词＋量词＋名词"，郑贻青（1996）[①]、黄阳（2010）[②]都记录了这样的语序：

kau³an¹kiu²九座桥

九　个　桥（郑贻青，1996）

łoŋ¹kan¹pha:i²ku²两斤排骨

两　斤　排骨（黄阳，2010）

ła:m¹pak⁷kən¹ma:k⁷muŋ⁶

三　百　斤　果　芒（黄阳，2010）

但是，各种证据表明，当数词等于或大于"二"时，壮语的量词结构更早的应该是"名词＋数词＋量词"。原因有二：

一是壮语的语序类型。我们在上文已就"名词＋量词＋neːu²（一）"语序与SVO语言语序类型的吻合进行了讨论。我们在《数词》部分已经讨论过，当数词为neːu²"一"时，靖西壮语量词结构为"量词＋neːu²"；当数词等于或大于"二"时，量词结构为"数词＋量词"。因此，当数词等于或大于"二"时，壮语固有的量词结构应该是"名词＋数词＋量词"，这与壮语作为典型的SVO语言的语序特点也是吻合的。

二是来自亲属语言的证据。

相同的结构，泰语是"中心语＋修饰限制成分"。傣语亦然。[③]喻翠容、罗美珍（1980）认为，"数量词作修饰语时在中心词之后"[④]。如：

fun²ha³mat⁸五捆柴

柴　五　捆

泰语量词一般要与数词组合后，位于名词之后作名词的修饰语。如：

mu²⁴saːm²⁴tua³³三头猪　　　　　rot⁵⁵sɔŋ²⁴khan³³两辆车

猪　三　头　　　　　　　　　　车　二　　辆（薄文泽，2012）[⑤]

① 郑贻青：《靖西壮语研究》，中国社会科学院民族研究所1996年版，第220页。

② 黄阳：《靖西壮语语法》，硕士学位论文，广西大学，2010年，第22页。

③ 罗美珍：《傣语方言研究（语法）》，民族出版社2008年版，第131页。

④ 喻翠容、罗美珍简志：《傣语简志》，民族出版社1980年版，第2页。

⑤ 薄文泽：《泰语壮语名量词比较研究》，《民族语文》2012年第4期。

覃晓航（1988）根据语言事实证明过"名词＋数词＋量词"结构在壮语中的原始性。他说，马山那昌屯中，七十岁左右的人保留傣语中表示事物数量的方式（名＋数量），四十岁以下的人则将数量词组从名词后移至名词之前。[①]他举了几个七十岁左右的人的口语例子：

mou¹ha³tu²五只猪　　　　　fai⁴sat⁷ko¹七棵树

猪　五　只　　　　　　　　树　七　棵

四十岁左右的人表示同类事物的数量时，则将数量词组挪至名词前，如 ha³tu²mou¹。

临高话也有相同的现象。临高话中，数量词组与名词组合，既可前置，也可后置，如：

ba¹vɔn³hu²＝vɔn³hu²ba¹两条鱼

鱼 两 只　　两 条 鱼

lan²tam¹mo⁷⁸＝tam¹mo⁷⁸lan²三间屋子

屋 三 个　　三 个 屋[②]

程博（2012）也讨论了壮侗语数量名结构的语序。她通过对大量壮侗语语料的分析认为，当数词为"二"（包括汉借词"一"）或以上时，名—数—量组合是固有语序，许多语言中的数—量—名语序则是与汉语接触发生演变后的产物。语序中出现名—数—量和数—量—名并存的情况，我们将其看作演变中的过渡阶段。[③]

上文已经讨论了靖西壮语中数词为"一"时语序有"名词＋量词＋neːu²"和"量词＋名词＋neːu²"两种，大于或等于"二"时语序有"名词＋数词＋量词"和"数词＋量词＋名词"两种，而且，我们认为"名词＋量词＋neːu²"早于"量词＋名词＋neːu²"，数词大于或等于"二"时"名词＋数词＋量词"早

---

① 覃晓航：《从汉语量词的发展看壮侗语"数、量、名结构"的词序变化》，《广西民族学院学报》（哲学社会科学版）1988 年第 1 期。

② 张元生、马加林、文明英、韦星朗：《海南临高话》，广西民族出版社 1985 年版。转引自覃晓航《从汉语量词的发展看壮侗语"数、量、名结构"的词序变化》，《广西民族学院学报》（哲学社会科学版）1988 年第 1 期。

③ 程博：《壮侗语数量名结构语序探析》，《中央民族大学学报》（哲学社会科学版）2012 年第 4 期。

于"数词＋量词＋名词"。但我们认为"名词＋量词＋neːu²"和"名词＋数词＋量词"（数词大于或等于"二"）还不是靖西壮语最早的结构。

我们观察到，靖西壮语还有"量词＋名词＋量词＋（一）"和"量词＋名词＋数词＋量词"的格式。如：

ʔan¹se²ʔan¹neːu²一辆车　　　　　ko¹mai⁴ko¹neːu²一棵树

个　车　个　一　　　　　　　　棵　树　棵　一

ma⁴pja⁴ɬoːŋ¹ma⁴两把刀　　　　　kha¹lo⁶ɬaːm¹kha¹三条路

把　刀　二　把　　　　　　　　条　路　三　条

我们认为，这种格式才是靖西壮语的固有格式。

在亲属语言老挝语中，这种格式仍然存在，如：

suːən¹phak⁷suːən¹nɯɯŋ⁵一块菜园

园　菜　园　一

nɔŋ¹pa¹nɔŋ¹nɯɯŋ⁵一个鱼塘

塘　鱼　塘　一

bot⁷hiːən²sip⁷bot⁷十篇课文

课　学习　十　课（覃国生、谢英，2009）[①]

当然，靖西壮语中这种格式已逐渐减少，因汉语的影响，逐渐代之以上文所述"名词＋数词＋量词"和"数词＋量词＋名词"结构。我们认为，它们的历史层次应为：

量词＋名词＋量词＋（一）＞名词＋量词＋（一）＞量词＋名词＋（一）

量词＋名词＋数词＋量词＞名词＋数词＋量词＞数词＋量词＋名词

以上所述，在靖西壮语中，这些形式仍然共存，但据我们观察，越晚近的层次，使用频率越高，显示出语言接触对靖西壮语的影响日渐深刻。吴福祥（2016）认为语法结构复制中存在结构重组，其中"重排"典型的情形是：模式语 M 中有一种语序为 A—B—C 的结构式，复制语 R 也有对应的结构式，但语序却为 A—C—B（或其他语序模式）。于是，语言 R 的使用者依照模式语 M

---

① 覃国生、谢英：《老挝语—壮语共时比较研究》，民族出版社 2009 年版，第 217 页。

的模式将其语言的 A—C—B 语序重排为 A—B—C，以取得与语言 M 模式的一致（即 A—C—B→A—B—C）。①壮语数量名结构的语序演变正体现了其依照现代汉语所进行的语序重排。

梁敏、张均如（1996）对壮侗语族的量词或数量短语修饰名词时的位置做过讨论，他们认为：有些语言，如侗语、水语、毛南语、仫佬语、黎语、布依语、壮语的量词或数量词组都放在名词的前面；有些语言，如傣语、泰语、老挝语的数量词组或指量词组都放在名词的后面；临高语的数量词组和指量词组可以放在名词之前，也可以放在名词之后，而以后置为常；琼山话的数量词组和指量词组一般放在名词的后面，但不论是临城话或琼山话，量词都不能单独放在名词之前。②

梁敏、张均如（1996）还认为，傣语、泰语、老挝语数量词组在中心成分之后的次序是与其他修饰成分在中心成分之后的规律相符合的，而壮、布依和侗、水、毛南、仫佬、黎等语言数量词组或量词前移却跟这个规律相违背。这并不是语言发展内部规律在起作用，而是受汉语长期影响的结果。③

我们在靖西壮语中所观察到的情况与他们的论断是一致的。

（二）量词与指示词、名词的语序

靖西壮语的指示词位于量词前，结构为"量词＋指示词"，如：

the:u¹kei⁵这条　　　tu¹tən⁴这只　　　ko¹təm⁴那棵　　　ʔan¹paŋ⁴那个

条　这　　　　　只　这　　　　　棵　那　　　　　个　那

指示词、量词和名词结构为：量词＋名词＋指示词，如：

the:u¹tsik¹⁰kei⁵这条绳子　　　tu¹kai⁵tən⁴这只鸡　　　ko¹mai⁴təm⁴那棵树

条　绳　这　　　　　只　鸡　这　　　　　棵　树　那

ʔan¹se⁵paŋ⁴那辆车

个　车　那

"量词＋名词＋指示词"所指的事物是单个的。

---

① 吴福祥：《复制、型变及语言区域》，《民族语文》2016 年第 2 期。
② 梁敏、张均如：《侗台语族概论》，民族出版社 1996 年版，第 886 页。
③ 梁敏、张均如：《侗台语族概论》，民族出版社 1996 年版，第 887 页。

若事物数量等于或大于"二"，则该结构为"数词＋量词＋名词＋指示词"，如：

ɬo:ŋ¹theːu¹tsik¹⁰kei⁵这条绳子　　　　　ɬaːm¹tu¹kai⁵tən⁴这只鸡

　两　条　绳　这　　　　　　　　　三　只　鸡　这

ɬei⁵ko¹mai⁴təm⁴那棵树　　　　　　　ha³ʔan¹se⁵paŋ⁴那辆车

　四　棵　树　那　　　　　　　　　五　个　车　那

靖西壮语量词与指示词、名词的语序与其他壮语是一致的。

张元生、覃晓航（1993）认为，量词以及数量词组可以跟指示代词组合，构成指量词组。在指量词组中，壮汉语各自的指示代词所处的位置不一样，壮语在量词或数词组之后；汉语在量词或数词组之前。[①]韦庆稳（1985）认为，量词都能前加泛指数词 doengh "若干" 和后加定指示代词 neix "这"，构成数指词组。[②]他举了一些例子，如：

doengh boux neix 这些人　　　doengh daeg（vaiz）haenx 那些公牛（水牛）

　若干　个　这　　　　　　　　若干　只　水牛　那

这与上文所述张元生、覃晓航（1993）的观点是一致的。

张增业（1998）[③]举了一些例子：

aen neix 这个　　aen haenx 那个　　aen lawz 哪个　　aen wnq 别个、另一个

个　这　　　　　个　那　　　　　个　哪　　　　　个　别

boux neix 这位　　boux haenx 那位　　boux lawz 哪位　　boux wnq 别个（人）

位　这　　　　　位　那　　　　　　位　哪　　　　　位　别

韦茂繁（2014）指出，（下坳壮语）数量名词组与代词组合时，通常是"数词＋量词＋名词＋代词"的格式，数词是"deu⁴²一"时数词可以省略。[④]他举了几个例子：

tɕeu⁴²pu³¹　ni³¹这件衣服　　　　　ken³¹ʔɯ⁴²ni³¹这捆草

　件　衣服　这　　　　　　　　　捆　草　这

---

① 张元生、覃晓航：《现代壮汉语比较语法》，中央民族大学出版社1993年版，第127页。
② 韦庆稳：《壮语语法研究》，广西民族出版社1985年版，第32页。
③ 张增业：《壮—汉语比较简论》，广西民族出版社1998年版，第86—87页。
④ 韦茂繁：《下坳壮语参考语法》，广西人民出版社2014年版，第117页。

si:p¹³kwai³³ɕien²³¹ni³¹这十块钱   ro:ŋ⁴²pu¹³wə:n²³¹ni¹³这两个人

十　块　钱　这　　　　　两　个　人　这

pə:n⁴²ruɯ⁴²te⁴²那本书

本　书　那

巴马壮语（陈芳，2010）①也是如此：

①ʔan¹pai³nei⁴lok⁸.这只杯是蓝色的。

　　只　杯　这　蓝

②ɕoŋ²pu⁴　te¹tuɯk⁸ka:i⁵kou¹.黄色那件衣服是我的。

　　件　衣服　那　是　些　我

③ɕek⁷θəɯ¹nei⁴tuɯk⁸ka:i⁵te¹.这本红色的书是他的。

　　册　书　这　是　些　他

四　南部壮语名词短语的语序

赵晶（2008）根据壮语名词组定语的词性，把壮语名词组定语分为领属定语、名词性定语、形容词定语、数量结构定语、指示词定语、动词性定语和关系小句定语七类。②根据梁敏、张均如（1996），不同类定语的名词组语序如下：名词中心语在前，领属定语在后；名词中心语在前，名词性定语在后；名词中心语在前，属性定语形容词在后；名词中心语在后，"二"以上的数量结构在前；名词中心语在前，指示词定语在后；名词中心语在前，动词性定语在后；名词中心语在前，关系小句定语在后。③

刘丹青（2002）有过这样的论述：在类型学上，汉语是很不典型的 SVO 语言。它在很多方面倒与 SOV 有更多共同点，如领属定语只能前置（在 SVO 语言中罕见）……壮侗语作为 SVO 语言比汉语更典型，表现在这几方面：领属定语基本在核心名词后……部分壮侗语因汉语影响开始表现出一些偏离典型 SVO 语言的特点，如有些语言领属定语可以前置（这时往往同时借入汉语的结

---

① 陈芳：《巴马壮语语法研究》，硕士学位论文，广西大学，2010 年，第 12 页。

② 赵晶：《汉壮名词组语序的比较研究》，硕士学位论文，广西大学，2008 年，第 9 页。

③ 梁敏、张均如：《侗台语族概论》，中国社会科学出版社 1996 年版，第 844—867 页。

构助词）……①

张元生、覃晓航（1993）讨论过壮语中定语和中心词的语序，认为壮语定语和中心词的语序是中心词居前，定语居后，并无"定语＋中心词"的语序，②这也说明了"中心词＋定语"是壮语的固有语序。

以上我们已经说明：壮语名词组修饰语基本后置于中心语，这与壮语 SVO 的基本语序类型是相符的。当然，刘丹青（2002）也指出了壮侗语部分名词组定语因受汉语影响而变得前置这一事实。

赵晶（2008）根据梁敏、张均如对壮语名词组语序的描写，对南宁兴宁区创新村壮族各组人群中壮语语序变异与固有语序进行了比较。她把高于 50 岁的归为老年组，把中年组（36—50 岁）、青年组（17—35 岁）、少年组（13—16 岁）、儿童组（低于 12 岁）归为新派壮语进行调查。③

我们也以此为依据，对南部壮语名词组语序进行观察（以下用例，不做说明的都为靖西壮语）。

（一）领属定语和名词中心语语序

定语居前居后两可。

lun²ŋo⁵/ŋo⁵ti¹lun²我（的）家　　　　khwa⁵te¹/te¹ti¹khwa⁵他（的）裤子

家 我　我 的 家　　　　　　　　裤 他　他 的 裤

łei¹kən²tɔi²/ kən²tɔi²ti¹łei¹谁的书

书 人 何　人 何 的 书

虽然领属定语居前居后两可，但居后更为自然。领属定语居后显然是固有的语序，领属定语居前是受到官话乃至更晚近的普通话的影响。且，不仅语序发生变化，还借入了官话中作为定语标记的"的"。借入的"的"一般读为 ti¹，也有读 ti⁵的（为方便见起，我们一律标为 ti¹）。

龙州壮语、扶绥壮语领属定语也是居前居后两可。

龙州壮语：

---

① 刘丹青：《汉藏语言的若干语序类型学课题》，《民族语文》2002 年第 5 期。

② 张元生、覃晓航：《现代壮汉语比较语法》，中央民族大学出版社 1993 年版，第 164 页。

③ 赵晶：《汉壮名词组语序的比较研究》，硕士学位论文，广西大学，2008 年，第 11 页。

tsa⁵ huŋ⁵min²/huŋ⁵min²ke² tsa⁵他们的母亲

母亲 ₍复数标记₎ 他 ₍复数标记₎ 他 嘅 母亲

扶绥壮语：

oːŋ³⁵ti³³kɛ²¹me²¹laːu³⁵他们的母亲

他们 嘅 母亲

与语序发生变化相应的,是龙州壮语、扶绥壮语借入了粤语的定语标记 ke²、kɛ²¹。

而龙州壮语、扶绥壮语、邕宁那楼壮语甚至已不用定语标记。如：

龙州壮语：

paːu⁵koŋ⁵pa⁵包公的父亲

包公 爸

扶绥壮语：

məːŋ³⁵tei²¹tsi³⁵你的地址

你 地址

邕宁那楼壮语：

kou²wei⁵tse³我的姐姐

我 姐姐

可见龙州壮语、扶绥壮语、邕宁那楼壮语的演变速度快于靖西壮语。

赵晶（2008）在创新村壮语中观察到，老年组领属定语和名词中心语的语序名词中心语在前，领属定语在后，与壮语的原始语序基本一致，几乎没有领属定语前移的例子。而在新派壮语中，临界状态（即领属定语居前、居后两可）占优势。这与我们在南部壮语中观察到的情况基本吻合。[①]

（二）名词性定语和名词中心语语序

定语一般居后。

thu¹məu¹猪头　　　　　　lun²wa⁴瓦房

头 猪　　　　　　　　　房 瓦

---

① 赵晶：《汉壮名词组语序的比较研究》，硕士学位论文，广西大学，2008 年，第 12、27 页。

kjaːŋ¹ɬun¹园子里　　　　　kən²kaːi¹sim¹①四川街人

央　园子　　　　　　　人　街　川

靖西壮语部分以固有词及中古借词充当的名词性定语也可居前，这时需用从官话借入的定语标记 ti¹：

məu¹ti¹thu¹猪的头　　　　　kaːi¹sim¹ti¹kən²四川街的人

　猪的　头　　　　　　　　街川　的　人

但这种结构既不普遍，也不自然。

而有官话借词参与组成或跟文化有关的名词组，定语居前居后往往两可，但倾向于前置。如：

laːi⁴ɬai¹li²si⁵/li²si⁵laːu⁴ɬai¹历史老师　　toŋ⁵naˑse⁵tsaːn³/se⁵tsaːn³toŋ⁵naˑ³车站前面

老师 历史　历史 老师　　　　　前面 车站　车站　前面

thu²su⁵si²nɔŋ²sən⁵/nɔŋ²sən⁵thu⁵su⁵si²农村图书室

图书室　农村　　农村　图书室

有官话借词的短语中无标记的组合使用频率越来越高。笔者曾经和靖西籍的学生一块儿在靖西市某宾馆前等人，有人电话询问位置，我的学生回答说：

jəu⁵pin⁵kɔn⁵toŋ⁵na¹ni⁰.

　在 宾馆　　前面 _{语气助词}

按壮语固有语序，这句话的意思是"在前边儿的宾馆"，但说话人表达的是"在宾馆前面"。他的表达很自然，笔者也并未出现理解的错误，只是因为自身具备语言学的知识，所以知道这个句子中名词短语的语序已经和固有语序不同。因此，笔者纠正说：应该说

jəu⁵toŋ⁵na¹pin⁵kɔn⁵ni⁰.

　在　前面　宾馆 _{语气助词}

一次笔者与初中同学在靖西市新靖镇818酒店201包厢聚会，同学们互相电话转告聚会地点，都说：

---

① 清时有四川工匠被请到靖西修筑城墙，修好后这些工匠留居靖西，居住的地方当地称 kaːi¹sim¹。

jəu⁵pa²ja:u⁵pa²ʔə⁶ləŋ²ja:u⁵.

在　八　一　八　二　零　一

按壮语固有语序,这句话的意思是"在201的818"而非要表达的"在818的 201"。数名同学均如此表达,在座的二十多位操纯熟靖西壮语的中年人并未觉得有何不妥。只有笔者轻声地跟身旁的同学说:

jən⁵ka:i¹ja⁴jəu⁵ʔə⁶ləŋ²ja:u⁵pa²ja:u⁵pa².应该说在 818 的 201。

应该　说在　二　零　一　八　一　八。

再如:

jam⁴wa²ləŋ²thap⁷, se⁵pɔ⁵li² pho⁵le:u⁴.昨晚下冰雹,车玻璃全碎了。

夜　昨　下　冰雹,车　玻璃　破　完。

这句中的 se⁵(车)pɔ⁵li²(玻璃)也是不带标记的"定语＋中心语"的偏正结构。

不出现标记的"定中结构"数量有上升的趋势,在靖西人的语感中越来越自然。如:

kja:u³si²lap⁸laŋ¹教室后边儿　　　　　　ɬu⁵se³miŋ³ tɔi³宿舍下边儿

　教室　后边儿　　　　　　　　　宿舍　边儿　下

se³wei⁴miŋ³ni¹社会上　　　　　　　　ji²ne:n²ki²khɔ³pən⁵一年级课本

　社会　　上面　　　　　　　　　　　一年级　课本

li⁵pa:i³the:n⁵ʔan¹nɔi¹星期天上午　　　tei⁶tam¹miŋ³tɔi³地下

　礼拜天　　个　早上　　　　　　　　地　土边儿下

se⁵tsa:n⁵toŋ³na³车站前面　　　　　　se³khi⁵kən²ke⁵社区老人

　车站　　前面　　　　　　　　　　　社区　人　老

ʔu⁵te:n⁵ʔu⁵ɬu⁵ta:n³五点五(规格的)子弹　　se⁵həu³ɬja:ŋ⁵车后厢

　五点五　子弹　　　　　　　　　　　　车　后厢

以下两例是笔者在观看靖西电视台壮语节目《梁老师讲故事》所见:

①kha³tha:i¹le:u⁴tu¹tsi²je:n⁵ja:u⁵kwa:i³.杀死了智远妖怪。

　杀　死　了　只智远　妖怪

②je:n²lo⁶pəu⁴ɬei².沿路的时候。

　沿　路　时候

tsi³jeːn⁵jaːu⁵kwaːi³是"叫智远的妖怪"，jeːn²loˀ⁶pəu⁴ɬei²是"沿着路走的时候"。按靖西壮语固有语序应该是 jaːu⁵kwaːi³tsi³jeːn⁵和 pəu⁴ɬei²jeːn²loˀ⁶。

壮语书面文献缺乏，其后果之一便是句式难以复杂化，因此当定语比较复杂时，壮语惯用的定语居后的结构在使用中不易完成表达，这时人们往往会选择借自汉语的这一结构。

其他南部壮语的变化也很明显。

龙州壮语：

nau²ɬɯ³ / ɬɯ³ ke¹ nau²上衣纽扣

纽　上衣　上衣　嘅　纽

大新壮语（卢业林，2011）①：

mo³jo²ɬəŋ⁵ke⁵jin⁴mu⁴ɬɯ⁴jo²tsi²学生的任务是学习

们　学生　嘅　任务　是　学习

龙州壮语、扶绥壮语定语居前时一般使用借自粤语的定语标记 ke¹/ ke⁵。

扶绥壮语：

toːŋ²¹pu²¹an³⁵nau⁴²/nau⁴²pu²¹上衣纽扣

　上衣　个　纽　　纽　上衣

扶绥壮语定语居前时已可不用定语标记。

广南壮语：

sɯ²tsek⁷衣服扣子　　　　　tsai²tshai²鸡蛋

衣　扣　　　　　　　　鸡　蛋

我们没有观察到广南壮语定语居前时使用借自汉语的定语标记。

根据对创新村壮语的观察，赵晶（2008）的判断是：壮语名词性定语的前移与名词组的概念意义有关，完全借自汉语的机关、团体名称和新词术语等，一般按照汉语的语音、语序整个吸收；同时，跟文化有关的名词组中，定语倾向于前置。本族词及与日常生活密切相关的名词组语序，在老年组的壮语中基本仍采用定语后置于中心语的语序，语序较为稳定。但是，发生定语前移的名

---

① 卢业林：《大新壮语语法调查与研究》，硕士学位论文，广西大学，2011年，第32页。

词组，对原始的名词组语序产生一定的影响，它们是名词性定语前移的开始。但新派壮语的名词性定语开始前置于名词中心语，出现临界转态，原始语序几乎完全消失。只有一些常用的、使用频率很高的名词性词汇还保留固有语序。①

我们在南部壮语中观察到的情况也大致如此。这些壮语名词性定语的前移，一般都伴以汉语定语标记的借入，而靖西、龙州、大新三地壮语，当名词组中存在较晚近的汉语借词时（靖西主要为官话借词，龙州、大新为粤语借词），可不用定语标记。广南壮语演变更甚，即便是组成成分都是固有词，也可不用定语标记，如上文所举 tsai²（鸡）tshai²（蛋）。

（三）形容词性定语和名词中心语语序

定语一般居后。

se⁵mɔi⁵新车　　　　　mai⁴luŋ¹大树

　车　新　　　　　　　树　人

khau³heːn³黄米　　　　nəu¹ nau⁴腐烂的老鼠

　米　黄　　　　　　　腐烂　老鼠

少量形容词性定语居前居后两可，如：

ɬai⁶tsəŋ²nai¹/nai¹ɬai⁶tsəŋ²好事情

事情　好　好　事情

其他南部壮语的情况：

广南壮语：

sjoːŋ⁶moːn¹圆桌子　　　loŋ⁶ thjaːu³phi²调皮的孩子

　桌　圆　　　　　　　孩子　调皮

马关壮语：

dzoŋ²mən²圆桌　　　　*mən²dzoŋ²

桌　圆　　　　　　　圆　桌

ɣən²səŋ¹高房子　　　　*səŋ¹ɣən²

房　高　　　　　　　高　房

① 赵晶：《汉壮名词组语序的比较研究》，硕士学位论文，广西大学，2008 年，第 14、27—28 页。

$l\gamma u^6 zi^2$长路　　　　　　　　$*zi^2 l\gamma u^6$

　路　长　　　　　　　　　　长　路

$tsh\partial\gamma^4 du^4$大车　　　　　　　　$*du^4 tsh\partial\gamma^4$

　车　　大　　　　　　　　　大　车

但广西与粤语接触密切的南部壮语，"偏＋正"结构很常见：

龙州壮语：

$dai^1 kan^2$好人　　　　　　　$wa:i^2 kan^2$坏人

好　人　　　　　　　　　坏　人

扶绥壮语：

$n\partial:\eta^{35}\math#1ei^{35}$红书

　红　书

$tso:\eta^{21}lo:n^{33}/lo:n^{33}tso:\eta^{21}$圆桌子

　桌　圆　　圆　桌

$\underline{thi:u^{21}pei^{55}k\varepsilon^{33}n\partial k^{21}ne:k^{55}}/n\partial k^{21}ne:k^{55}thi:u^{21}pei^{55}$调皮的儿子

　调皮　　嘅　儿子　　儿子　　调皮

当前，固有语序 $tso:\eta^{21}lo:n^{33}$ 的使用频率还高于 $lo:n^{33}tso:\eta^{21}$。

可见，南部壮语中，形容词性定语后置于中心语的语序仍常见。但与粤语接触密切的广西南部壮语已发生明显变化，龙州壮语"偏＋正"多见；扶绥壮语，很多形容词性定语居前居后两可。靖西壮语形容词性定语也体现出前移的趋势。

赵晶（2008）在创新村壮语中观察到，老年组中，形容词性定语后置于名词中心语的语序没有因受汉语影响而改变。新派壮语也仍比较稳定。[1]南部壮语的情况与赵晶的判断基本一致。

（四）数量词结构定语和名词中心语语序

一般情况是：数词为"一"时，定语一般居后；数词大于等于"二"时，定语一般居前。

---

① 赵晶：《汉壮名词组语序的比较研究》，硕士学位论文，广西大学，2008 年，第 14、29 页。

ɬoːŋ¹tu¹məu¹两头猪　　　　　　ɬaːm¹ko¹mai⁴三棵树

二　只　猪　　　　　　　　　　三　棵　树

ɬeːk⁹ɬei¹neːu²一本书　　　　　　wan²neːu²一天

册　书　一　　　　　　　　　　天　一

赵晶（2008）观察到，数量词结构定语，老年组语序没有变化；新派壮语的变化也不大。之所以如此，她的估计是，"二"以上数词做定语时，名词组的语序本就和汉语一致；数词"一"则因为是本族词，为保留语序提供了条件。[①]我们在上文已经讨论，靖西壮语的数词、量词和名词的语序事实上也经历了以下的结构重组：量词＋名词＋量词＋（一）＞名词＋量词＋（一）＞量词＋名词＋（一），量词＋名词＋数词＋量词＞名词＋数词＋量词＞数词＋量词＋名词。因此，赵晶（2008）所论当在壮语数词、量词和名词的语序已完成"重排"之后。[②]

与数量词结构定语情况不同，由于受汉语影响，序数词定语的名词组语序发生了变化。梁敏、张均如（1996）曾说，壮语"不带词头的序数词做修饰成分时，只能位于名词中心语之后"[③]。但赵晶（2008）在创新村壮语中观察到，即便是老年组，不带词头的序数词已经前移，位于名词中心语之前。她观察到，带词头"第"的序数词位于中心语成分的前面或后面都可以，但有时二者语义有差别，带词头"第"的序数词位于中心语成分之后表特指；而位于中心语成分之前表示数数。新派壮语的语序变化更加明显。[④]

靖西壮语与此相似：

wan²taːi⁶ʔat⁷/taːi⁶ʔat⁷wan²第一天　　　paːn¹taːi⁶ʔei⁶/taːi⁶ʔei⁶paːn¹第六（个）班

天　第　一　第　一　天　　　　班　第　二　第　二　班

二者意义有所差异，第一组语义焦点分别是"天"和"第一"，第二组语义焦点分别是"班"和"第二"；wan²taːi⁶ʔat⁷指特指的那一天，paːn¹taːi⁶ʔei⁶指特指的那个班。

① 赵晶：《汉壮名词组语序的比较研究》，硕士学位论文，广西大学，2008年，第15、31—32页。
② 赵晶：《汉壮名词组语序的比较研究》，硕士学位论文，广西大学，2008年，第15页。
③ 梁敏、张均如：《侗台语族概论》，中国社会科学出版社1996年版，第852页。
④ 赵晶：《汉壮名词组语序的比较研究》，硕士学位论文，广西大学，2008年，第15、31—32页。

（五）指示词定语和名词中心语语序

定语居后。

wan²kei⁵今天　　　　　　ko¹paŋ⁴那棵

天　这　　　　　　　　　棵　那

ɬa:m¹kən²tən⁴这三个（人）　　　　ha³tu¹məu¹təm⁴那五头猪

三　人　这　　　　　　　　　五　只　猪　那

赵晶（2008）对创新村壮语观察到的情况是，指示词定语，老年组基本后置于名词中心语。新派壮语指示词定语有少量的前移，但未形成规模。[①]靖西壮语的情况与创新村一致。

（六）动词性定语和名词中心语语序

定语一般居后。

khau³tsəŋ¹蒸的饭　　　　nam⁴kin¹喝的水

饭　蒸　　　　　　　　水　喝

ʔan¹li²pjan³翻的（那艘）船　　　　　thən¹phj¹ la:k⁹垮塌的山石

个　船　翻转　　　　　　　　石　山　垮塌

赵晶（2008）在创新村壮语中观察到，动词性定语，老年组基本后置于名词中心语。新派壮语动词性定语前置于名词中心语的情况已占多数，后置情况已不多见。[②]说明动词性定语的名词组语序受汉语影响程度较深。

她举的新派壮语的例子有：

摘的菜　　　　　　砍的甘蔗

中年组 pak⁷lat⁷/lat⁷ke⁵pak⁷　　　ʔø:i³ tən³/tən³ke⁵ʔø:i³

菜 摘 摘 的 菜　　　甘蔗 砍 砍 的 甘蔗

青年组 lat⁷ke⁵pak⁷/pak⁷lat⁷　　　tø:n³ke⁵ʔø:i ³/ ʔø:i³tø:n³

摘 的 菜 菜 摘　　　　砍 的 甘蔗 甘蔗 砍

少年组 lat⁷ke⁵pak⁷　　　　　tø:n³ke⁵ʔø:i³

摘 的 菜　　　　　　　砍 的 甘蔗

---

① 赵晶：《汉壮名词组语序的比较研究》，硕士学位论文，广西大学，2008 年，第 16、33 页。
② 赵晶：《汉壮名词组语序的比较研究》，硕士学位论文，广西大学，2008 年，第 17、34 页。

儿童组 lat⁷ke⁵pak⁷　　　　　　　tø:n³ke⁵ʔø:i³

　　摘　的　菜　　　　　　　　砍　的　甘蔗

靖西壮语动词性定语基本还位于中心之后，比创新村壮语演变要慢。

（七）关系小句做定语和名词中心语语序

定语一般居后。

ma¹tok⁷thau⁵猎狗（打猎的狗）　　　　tsa:u⁵sa:u³phjak⁸炒菜锅

狗　打　猎　　　　　　　　　　　　炒锅　炒　菜

kən²tok⁷pja¹paŋ⁴那个落山的人　　　　ma:k¹⁰pja⁴ɬap⁷fən²tən⁴这把砍柴的刀

人　落　山　那　　　　　　　　　　把　刀　砍柴　这

也有关系小句定语居前居后两可的，居前时，定语标记 ti¹可有可无。如：

ki³si²tsai²ɬi³khwa⁵/tsai²ɬi³khwa⁵ti¹ki³si²/tsai²ɬi³khwa⁵ki³si²裁衣服技术

技术　裁衣　裤　　裁衣　裤　的技术　裁　衣　裤　技术

但关系小句定语居前的名词组应包含官话借词，如此例中 ki³si²为官话借词
"技术"。不包含官话借词的名词组关系小句应不能居前。

赵晶（2008）在创新村壮语中观察到，关系小句做定语，老年组基本后置
于名词中心语。新派壮语，关系小句做定语的名词组语序变化明显，中年组和
青年组尚存在临界状态，少年组和儿童组语序已经完全变异，关系小句定语已
全部前置于名词中心语。①

她举的新派壮语的例子有：

　　　　　捕鱼的人

中年组 khap⁸pja¹ke⁵vun²/vun²khap⁸pja¹han⁴

　　　捕　鱼　的　人　人　捕　鱼　那

青年组 khap⁸pja¹ke⁵vun²/vun²khap⁸pja¹han⁴

　　　捕　　鱼　的　人　人　捕　鱼　那

少年组 khap⁸pja¹ke⁵vun²

　　　捕　鱼　的　人

---

① 赵晶：《汉壮名词组语序的比较研究》，硕士学位论文，广西大学，2008 年，第 17、35 页。

儿童组 khap⁸pja¹ke⁵vun²

　　捕　鱼　的　人

　　从赵晶（2008）举的例子看，创新村壮语中关系小句定语居前，不受是否包含层次晚近的汉语借词的制约。[①]说明关系小句作定语的语序，创新村壮语的演变仍快于靖西壮语。

　　赵晶（2008）归纳出不同类型修饰语的名词组语序演变速度的等级序列为：关系小句定语＞名词性定语＞动词性定语＞领属定语＞数量结构定语＞指示词定语＞形容词性定语。[②]我们以上讨论的南部壮语的情况，与此基本是一致的。当然，因与汉语接触的深刻程度不同，各地的演变速度存在差异。扶绥、龙州一带的壮语人多可兼用粤语，广南壮族多兼用官话，他们与汉语的接触比靖西要深，所以演变的速度比靖西壮语更快。

　　名词组前置定语的日渐增多，说明汉语对壮语的影响日益深刻。诸多学者对此早有观察，如吴福祥（2009，2013）先后证明了中国南方民族语言（侗台、苗瑶、南亚和南岛）里领属结构式固有的语序模式同于法语（NG）而异于汉语，GN 和 NG/GN 是受汉语影响而发生演变或变异的结果。[③]

　　张元生、覃晓航（1993）指出，由于壮语吸收了汉语结构助词"的"（壮语借用形式为 dih），使之原来的后置定语也能够像汉语的定语一样前置。[④]韦庆稳、覃国生（1980）也指出，借进汉语助词 ti⁶"的"，能把体词性的词语放在中心语的前面做定语。[⑤]张增业（1998）也有类似论述：在偏正短语中，壮语也不是完全不用助词的帮助。在大量吸收汉语词汇的同时，也吸收了汉语的语法形式。"dih（的）"字的引进也把修饰成分在前的表达形式引进来了，如"Veijda dih cujgoz 伟大的祖国"。现在，不仅借词比较多的句子中用"dih（的）"字，甚至连本民族语词占优势的句子中也用"dih（的）"字。如"我

---

① 赵晶：《汉壮名词组语序的比较研究》，硕士学位论文，广西大学，2008 年，第 34—35 页。
② 赵晶：《汉壮名词组语序的比较研究》，硕士学位论文，广西大学，2008 年，第 43 页。
③ 吴福祥：《南方民族语言领属结构式语序的演变和变异》，《东方语言学（第六辑）》，上海教育出版社 2009 年版；吴福祥：《语言接触与语法复制》，《百色学院学报》2013 年第 5 期。
④ 张元生、覃晓航：《现代壮汉语比较语法》，中央民族大学出版社 1993 年版，第 4 页。
⑤ 韦庆稳、覃国生：《壮语简志》，民族出版社 1980 年版，76 页。

们的朋友"这个短语，凌云壮话可说"Veijclh raeuz"，也可说"Veijclh dih raeuz"。两种语序并存使用，这是值得注意的一个变化趋势。[1]壮语一种新兴的表示定语的方法是借用汉语的"dih（的）"字。[2]韦庆稳（1985）也谈到了助词 dih "的"可用在前置定语的修饰词组里。他还认为，这个 dih "的"与汉语柳州官话的助词"的"有关系。[3]这些学者都谈到了借自官话的定语标记"的"。但因语料来源的原因，以上各家都未提到借自粤语的定语标记 $ke^2/ke^5/k\varepsilon^{21}$。

事实上，由于接触的复杂，有的壮语借入的定语标记不止来自单个汉语方言，我们观察到，邕宁那楼壮语同时借入了官话的"的" ti^3 和粤语的"嘅" ke^3。如：

$hau^5la:i^1tse:\eta^1le:\eta^6ti^3lik^{10}han^3te^6$ 很机灵的样子

好　多　精灵　的　样子

$dai^4sip^8pei^1ke^3me^6tse^3$ 有十岁的姐姐

得　十　岁　嘅　姐姐

赵晶（2012）观察到，邕宁壮语中，名词定语、名词领属定语、关系从句定语、代词领属定语、形容词定语、指示代词定语均可位于中心语之前，而且代词领属定语、名词领属定语、名词定语、指示代词作定语时甚至可以不用定语标记。[4]梁敏、张均如（1996）也对连山壮语名词短语语序的演变进行了讨论，他们认为连山壮语受汉语影响很深，其名词短语语序基本趋向于汉语语序。其中名词性、领属性、动词性和关系小句作定语已前置于中心词，但形容词性定语仍位于名词中心语之后。[5]梁敏、张均如（2002）认为，与壮语同属侗台语族的标话由于受汉语影响更深，甚至以名词、代词、动词充当的修饰成分也大都移到中心词的前面去了。只有以形容词充当的修饰成分还大都保留原来的语序，放在中心词的后面。[6]李锦芳（1999）指出，布央语名词性短语语序变

---

① 张增业：《壮—汉语比较简论》，广西民族出版社 1998 年版，第 141 页。
② 张增业：《壮—汉语比较简论》，广西民族出版社 1998 年版，第 125 页。
③ 韦庆稳：《壮语语法研究》，广西民族出版社 1985 年版，第 122 页。
④ 赵晶：《壮语名词短语的语序演变》，《语言研究》2012 年第 3 期。
⑤ 梁敏、张均如：《侗台语族概论》，中国社会科学出版社 1996 年版。
⑥ 梁敏、张均如：《标话研究》，中央民族出版社 2002 年版，第 151 页。

化不很明显，只有名词性定语开始移到名词中心语的前面，其他类定语还都位于名词中心语之后。①

　　张元生、覃晓航（1993）认为，一些较长的定语更容易受这一结构形式的影响。②赵晶（2008）也提到，名词组的结构长度不同，语序的演变程度也不尽相同。一般来讲，壮语名词组的结构越长，修饰语与中心语的结合越松散，语序越不稳定，越容易受汉语语序的影响。③在我们所进行的观察中，靖西壮语与赵晶和张元生、覃晓航的观点是一致的。这应该与壮语历史上书面语缺乏有关。

　　梁敏、张均如（1996）通过对侗台语族诸语言的较为详尽的考察，得出这样的结论：由于地理和历史、文化的关系，壮侗诸语言在汉语的强大影响下，除了吸收大量的汉语借词外，它们的语音结构、语法系统也不同程度地受到影响，影响的深度和接触的多少基本是成正比的。泰语、老挝语分别是他们国内主体民族的语言，并有自己的传统文字，故受汉语和其他语言的影响较少（泰语和老挝语都有一些汉语借词，其中一部分可能是这些民族从中国迁去之前吸收的，另一部分可能是受华裔居民的影响），傣语也有传统文字，受汉语的影响比壮语、侗语等也少一些，所以顺行结构的修饰语序保留得比较完整；水语、佯僙语、锦语、莫语、毛南语、侗语南部方言和壮语、布依语等受汉语的影响虽然较多，但这些地方连成一大片，抗拒同化的能力比较强，所以修饰成分后置的仍占主导地位；而侗语北部方言与汉族交错杂居的较多，很多人都会说汉语，所以侗语北部方言受汉语的影响就较深。……广东连山县的壮语和怀集县的标语受汉语的影响更甚，修饰成分词序的变化就更明显，其中标语修饰成分前置的已占多数。④

　　我们在南部壮语中观察到的这些现象，可作为梁敏、张均如这一观点的证据。而且，随着汉语影响的日渐深刻，南部壮语向现代汉语趋同的修饰成分居前的现象将越来越普遍。

　　事实上，不独南部壮语，在我国境内的壮侗语中，因汉语影响而导致的类

---

①　李锦芳：《布央语研究》，中央民族大学出版社1999年版，第78—109页。
②　张元生、覃晓航：《现代壮汉语比较语法》，中央民族大学出版社1993年版，第4页。
③　赵晶：《汉壮名词组语序的比较研究》，硕士学位论文，广西大学，2008年，第45页。
④　梁敏、张均如：《侗台语族概论》，民族出版社1996年版，第843—844页。

似演变比比皆是。

毛南语（梁敏，1980）[1]：

la:k⁸ce³ na⁴ti⁰ fiu⁴ 孩子吃的粮食　　　　　man²ti⁰njen²ci³ 他的年纪

　孩子　吃的　粮食　　　　　　　　　　他　的　年纪

ja:p⁷ⁿdjai³ti⁰tɔ²pɔ⁴ na:i⁶ 刚买的这只黄牛　　　ja:n¹ te¹　ti⁰zo² 他们家的羊

刚　　买　的只黄牛这　　　　　　　　　家　他们　的　羊

ŋa:u⁶zəp⁸ŋɔ⁴ ᵐbɛ¹ti⁰zi² 在十五岁的时候

在　十　五　岁的时

梁敏（1980）认为毛南语的 ti⁰ 便是汉语借词"的"。[2]

侗语（梁敏，1980）[3]：

ma:ŋ⁵wu¹tji⁶ja²ȶak⁸ȶa:ŋ³ȶak⁸tiu¹.上面的两个是捕鸟工具。

边　　上　的两　个　是　个　捕鸟具

梁敏（1980）"tji⁶'的、地'是从汉语吸收的，用来连接前置的修饰成分和它的中心成分，tji⁶ 在侗语里也能跟汉语一样组成'的字结构'"。而且从《侗语简志》罗列的例句看，与 tji⁶ 一道进入侗语的是"偏＋正"的结构。[4]梁敏（1980）（侗语）"tji⁶ 字结构"只能放在中心词之前。[5]在吸收了汉语结构助词 tji⁶ "的"之后，修饰成分前置的情况不但常见于整个吸收的汉语词组，而且逐渐影响到固有的修饰词组了。[6]

标话（梁敏，1980）[7]：

løŋ² kɛ⁶lɔ⁵θu³ 我们的老师　　　　jɔ² tsuŋ⁵kɛ⁶tau⁶ 咱们种的豆

我们　的　老师　　　　　　　咱们　种　的　豆

mɔ⁴ ŋa:u⁴ 牛肉　　　tsam²ma:i⁶ 塘里的鱼　　　puŋ²to⁶hɛn⁴ 河边

黄牛　肉　　　塘　鱼　　　　　　河　边

---

① 梁敏：《毛南语简志》，民族出版社 1980 年版，第 68 页。
② 梁敏：《毛南语简志》，民族出版社 1980 年版，第 68 页。
③ 梁敏：《侗语简志》，民族出版社 1980 年版，第 59 页。
④ 梁敏：《侗语简志》，民族出版社 1980 年版，第 59 页。
⑤ 梁敏：《侗语简志》，民族出版社 1980 年版，第 66 页。
⑥ 梁敏：《侗语简志》，民族出版社 1980 年版，第 79 页。
⑦ 梁敏、张均如：《标话研究》，中央民族大学出版社 2002 年版，第 114、98 页。

a¹tsɔ³ken⁵løk¹⁰伯父的房子　　　tsi³sy³tsu²liak⁸支书的儿子

伯父　间　屋　　　　　　　　　支书　个儿子

lan²　kɛ⁶haŋ⁶n̠a²人家的东西　　　n̠i¹pɛ¹kɛ⁶lak⁸sam¹今年的禾苗

人家　的　东西　　　　　　　今年　的　禾苗

这里的 kɛ⁶是从粤方言吸收的，用法与汉语普通话"的"字基本相同。①

在壮侗语中，"标话因受汉语的影响较大，故修饰成分大都移到中心成分的前面去了。如果中心词前面有量词或数量修饰词组，则修饰成分大都放在量词或数量词组的前面，只有少数修饰成分可以放在中心词的后面。使用结构助词 kɛ⁶'的'时，修饰成分只能放在中心词的前面"②。

仫佬语（王均、郑国乔，1980）③：

at⁷wa⁶nɛ⁵,si⁵njem¹ ni⁴ sɔ³ca:ŋ³kɔ wa⁶.那个话（呢），是跟母亲讲的话。

个话　呢　是　跟　母亲所讲　的话

ɣa:n²niu²　kɔ tən²　pi² ta⁶mɔ⁶tja:ŋ⁴kɔ tən².我们家的黄牛比他养的黄牛肥。

家　我们　的　黄牛　肥　过　他　养　的黄牛

mjen⁶tɔŋ¹kɔ pɣa¹pi³mjen⁶te¹kɔ pɣa¹foŋ¹.东边的山比西边的山高。

东面　的　山比　西面　的　山　高

王均、郑国乔（1980）认为 kɔ 是受汉语影响进入仫佬语的结构助词。kɔ 的用法同汉语"的"字差不多，读音同汉语粤方言的结构助词"嘅"相近。④

如上，各地壮侗语在受汉语影响的同时，大多同时借入了汉语的定语标记。而所借入的定语标记显然与它们相邻的汉语方言有关，如靖西壮语、毛南语、侗语借入的是汉语官话的"的"，扶绥壮语、大新壮语、标话等则借入了粤语的"嘅"。龙州壮语、邕宁那楼壮语既借入了官话的 ti¹、ti³，也借入了粤语的 ke²、ke³。而壮侗语部分"定语＋中心语"结构的名词短语甚至已不需要定语标记，这说明汉语对壮侗语的影响正愈加深入。

壮侗语是 VO 型语言，根据 Dryer 的左右分支方向理论（The Branching

---

① 梁敏、张均如：《标话研究》，中央民族大学出版社 2002 年版，第 114 页。
② 梁敏、张均如：《标话研究》，中央民族大学出版社 2002 年版，第 98 页。
③ 王均、郑国乔：《仫佬语简志》，民族出版社 1980 年版，第 58、59 页。
④ 王均、郑国乔：《仫佬语简志》，民族出版社 1980 年版，第 58、59 页。

Direction Theory,BDT）①，壮侗语偏正式名词短语应是中心语在前，修饰限制成分居后；而汉语修饰限制成分居前，中心语居后的语序体现的则是 OV 型语言的特点。韦俊灵基于 WALS（the world atlas of language structure online），对壮语的名词短语进行了描写。其结论如下：领属语与名词的顺序，壮语属 Noun-Gentitive 类型，借入汉语 di 后，发展出 Gentitive-Noun 类型。形容词修饰名词的语序，属 Noun-Adjective 类型。指示词和名词的顺序，壮语属 Noun-Demonstrative 类型。关系从句一般位于名词之后，属 NRel 类型。②说明壮语偏正式名词短语的固有语序确是中心语居前，修饰限制成分居后。

汉语是不典型的 VO 语言，因此其定语位置异于一般的 VO 型语言。吴福祥（2012）根据 Dryer③的理论，通过汉语中"Rel-N"[关系小句-名词]的语序模式，认为"像汉语这种 VO & RelN 语序匹配模式在人类语言里极其罕见"。他认为，"SVO 语言而拥有 RelN 语序模式，极有可能为'华文所独'"④。说明汉语偏正式名词短语的语序类型与 VO 型语言的一般规律不相符而与 OV 型语言一致。金立鑫、于秀金也根据 Dryer⑤及 Haspelmath⑥的理论，基于汉语普通话"关系从句＋名词（弱倾向）"的语言事实，认为"普通话的关系从句格局支持它更接近 OV 语序的句法组配模式"。从"领有成分＋名词"的语言事实，认为"从这点上来说，我们无法支持普通话在该参项上倾向于 VO"。由此并结合其他句法组配，金立鑫、于秀金认为"普通话属于一种较为典型的 VO 和 OV 语序类型的混合语"。刘丹青（2008）也说："汉语 NP 在语序方面的突出类型特点是一切定语包括内涵定语和外延定语都在核心名词之前，这在世界上的 SVO 前置词语言中堪称罕见。"⑦刘丹青（2017）指出，壮侗语越是与

---

① Dryer，M. S.：《The Greenbergian Word Order Corrections》，《Language》1992，(68)：81-138.

② 韦俊灵：《壮语的类型学描写》，硕士学位论文，南昌大学，2010 年，第 32—36 页。

③ Dryer，M. S.：《The Greenbergian Word Order Corrections》，《Language》1992，(68)：81-138.

④ 吴福祥：《试说汉语几种富有特色的句法模式——兼论汉语语法特点的探求》，《语言研究》2012 年第 1 期。

⑤ Dryer，M. S：《The Greenbergian Word Order Corrections》，《Language》1992，(68)：81-138. Dryer，M. S：《The branching direction theory revisited》，S. Scalise，E. Magni and A. Bisetto《Universals of Language Today》，Berlin: Springer, 2008. http:／／linguistics. buffalo. edu／people／faculty／dryer／dryer／DryerBDTrevisited. pdf.

⑥ Haspelmath，M. 2006. Universals of word order[OL]. http:／／email. eva. mpg. de／~haspelmt/6. WordOrder. pdf.

⑦ 刘丹青：《汉语名词性短语的句法类型特征》，《中国语文》2008 年第 1 期。

汉语关系远的，定语越是后置的多，只有少数和汉语关系密切的才有些定语朝前移的倾向。①刘丹青（2002）断定"部分壮侗语族因汉语影响开始表现出一些偏离典型 SVO 型语言的特点，如有些语言领属定语可以前置（这时往往同时借入汉语的结构助词）"②。我们以上的讨论证明了这一点。

我们在上文讨论过，南部壮语亲属称谓名词与表排行语词组合由固有的"称谓名词＋排行"，出现"排行＋称谓名词"的语序；南部壮语由"名词＋数词＋量词"向"数词＋量词＋名词"的演变；其他各类定语的前置，都是因汉语影响而导致的。

我们以上所讨论的名词组这种异于 VO 语言普遍规律的语序，无疑经接触对壮语造成了影响，使得作为典型的 VO 型语言的壮语也带上了一定的 OV 语言的特征。

第四节　专题讨论：壮语和广西汉语方言"鸡""牛"义语素的多功能模式及其形成③

壮语与广西部分汉语方言中"鸡"义语素和"牛"义语素具有平行的多功能模式。我们认为，壮语中"鸡""牛"义语素的多功能模式是经语法化形成，汉语方言相应的多功能模式是因语言接触引发的语法化而形成，壮语是模式语，汉语是复制语。

汉语的"牛"，壮语与之对应的词有二：wa:i² "水牛"、mo² "黄牛"。我们认为，广西部分汉语方言中"牛"的多个义项，部分来自壮语的 wa:i² "水牛"，部分来自壮语的 mo² "黄牛"。我们在此讨论的是壮语 wa:i² 和汉语方言中来自 wa:i² 的"牛"的各个功能，mo² 和汉语方言中来自 mo² 的"牛"的功能在此不讨论。

---

① 刘丹青：《语言类型学》，中西书局 2017 年版，第 157 页。
② 刘丹青：《汉藏语言的若干语序类型学课题》，《民族语文》2002 年第 5 期。
③ 本部分以《壮语和广西汉语方言"鸡""牛"义语素的多功能模式及其形成》发表于《民族语文》2019年第 3 期；《中国人民大学复印报刊资料·语言文字学》2019 年第 11 期全文转载。本书有修改。本部分所引各处壮语，相应语词读音略有差异，本部分以靖西壮语读音为代表。

一 "鸡""牛"义语素多功能模式的共时分布

壮语的 kai⁵、广西汉语方言的"鸡"基本义均指一种家禽，壮语的 wa:i²、汉语方言的"牛"基本义均指一种供人役使的家畜，与他处无别。它们充当构词成分时，共时分布如下：

（一）在壮语中的分布

马山壮语：

1.与植物名词性语素搭配

kjoi³kai⁵小个香蕉   kjoi³wa:i²大蕉

　蕉　鸡   蕉　水牛

pjak³ke:p⁷kai⁵香韭（叶子细）   pjak³ke:p⁷wa:i²大韭菜

　韭菜　鸡   韭菜　水牛

ma:n⁶kai⁵小辣椒   ma:n⁶wa:i²大辣椒（菜椒）

　辣椒　鸡   辣椒　水牛

hiŋ¹kai⁵小姜   hiŋ¹wa:i²大姜

　姜　鸡   姜　水牛

ma:k⁷ma:ŋ⁴kai⁵扁桃（形似芒果，比芒果小）   ma:k⁷ma:ŋ⁴wa:i²大芒果

　果　芒　鸡   果　芒　水牛

tum⁶ kai⁵覆盆子（小野莓）   tum⁶wa:i²悬钩子（大野莓）

　野莓　鸡   野莓　水牛

ʔe:m¹kai⁵小芭芒

芭芒　鸡

2.与人体器官名词性语素搭配

heu³　wa:i²臼齿

牙齿　水牛

3.与由人体部位、器官抽象化的名词性语素搭配

壮语中，部分人体部位、器官名词性语素抽象化，用于指称情感、观念等抽象概念。

ʔuk⁷kai⁵小脑（笨，脑子不够）　　　　θai³kai⁵鸡肠肚（小心眼）

脑　鸡　　　　　　　　　　　　　　　肠　鸡

tuŋ⁴wa:i²大肚子（贪食者）

肚　水牛

4.与非生物实义名词性语素搭配

ɣe:k⁷wa:i²大锅头

锅　水牛

5.与抽象名词性语素搭配

pei²hei⁵wa:i²大火气

脾气　水牛

其他壮语，我们观察到的数量少于马山，且各地有所差异。

靖西壮语：

1.与植物名词性语素搭配

kui³kai⁵小香蕉　　　　　　　　　kui³wa:i²大芭蕉

蕉　鸡　　　　　　　　　　　　　蕉　水牛

kha:n⁵min⁴kai⁵小黄姜　　　　　　　khan⁵min⁴wa:i²大黄姜

　黄姜　　鸡　　　　　　　　　　　　黄姜　　水牛

khjəŋ¹kai⁵小姜　　　　　　　　　khjəŋ¹wa:i²大姜

姜　　鸡　　　　　　　　　　　　姜　　水牛

2.与人体器官名词性语素搭配

khe:u³wa:i²臼齿　　　　lən⁴kai⁵小舌

牙齿　水牛　　　　　　舌　鸡

3.与由人体部位、器官抽象化的名词性语素搭配

ɬai³kai⁵鸡肠，指脾气不好，易怒　　　　to:ŋ⁴wa:i²水牛肚，指食量大

肠　鸡　　　　　　　　　　　　　　　肚　　水牛

4.与非生物实义名词性语素搭配

tsa:u⁵wa:i²很大的炒锅

炒锅　水牛

5.与抽象名词性语素搭配

le:ŋ²wa:i²力气大

力 水牛

大新壮语：

1.与植物名词性语素搭配

tsu:i³kai⁵小香蕉 tsu:i³va:i²大芭蕉

蕉 鸡 蕉 水牛

khiŋ¹kai⁵小姜 khiŋ¹va:i²大姜

姜 鸡 姜 水牛

2.与人体器官名词性语素搭配

khe:u³va:i²臼齿

牙 水牛

3.与由人体部位、器官抽象化的名词性语素搭配

to:ŋ⁴va:i²水牛肚，指食量大 ɯk⁷kai⁵度量小

肚 水牛 胸 鸡

4.与非生物实义名词性语素搭配

çi² va:i²大糍粑

糍 水牛

5.与抽象名词性语素搭配

leŋ²va:i²力气大

力 水牛

崇左壮语①：

1.与植物名词性语素搭配

kjoi³¹kai⁴⁵小香蕉 kjoi³¹wa:i³¹大芭蕉

蕉 鸡 蕉 水牛

---

① 黄小祥认为，崇左壮语中，以 kai⁵、wa:i²表"小""大"的，多见于老派，新派不多见。（私下交流）
说明这是壮语的固有功能。

ma:k⁴⁵me:t²¹kai⁴⁵小黄皮果　　　　　ma:k⁴⁵me:t²¹wa:i³¹大黄皮果

　黄皮果　鸡　　　　　　　　　　　黄皮果　水牛

2.与人体器官名词性语素搭配

lən⁴kai⁵小舌　　　　　　　he:u³ wa:i²白齿

　舌　鸡　　　　　　　　　牙齿　水牛

巴马壮语：

与植物名词性语素搭配

kjo:i³kai⁵小香蕉　　　　　　　kjo:i³wa:i²大芭蕉

　蕉　鸡　　　　　　　　　　蕉　水牛

hiŋ¹kai⁵小姜　　　　　　hiŋ¹wa:i²大姜

　姜　鸡　　　　　　　姜　水牛

那坡坡荷壮语：

1.与植物名词性语素搭配

tsui³kai⁵小香蕉　　　　　　tsui³wa:i²大芭蕉

　蕉　鸡　　　　　　　　蕉　水牛

khiŋ¹kai⁵小姜　　　　　　khiŋ¹wa:i²大姜

　姜　鸡　　　　　　　　姜　水牛

2.与人体器官名词性语素搭配

khe:u³wa:i²白齿

　牙齿　水牛

田东壮语：

1.与植物名词性语素搭配

tso:i³kai⁵小香蕉　　　　　　tso:i³wa:i²大芭蕉

　蕉　鸡　　　　　　　　蕉　水牛

hiŋ¹kai⁵个儿小的姜

　姜　鸡

2.与人体器官名词性语素搭配

he:u³ wa:i²白齿

　牙齿　水牛

武鸣壮语：

1.与植物名词性语素搭配

klo:i³kai⁵小蕉   klo:i³hwa:i²大蕉

蕉　鸡   蕉　水牛

2.与人体器官名词性语素搭配

lin⁴kai⁵小舌   he:u³hwa:i²臼齿

舌　鸡   牙　水牛

3.与由人体部位、器官抽象化的名词性语素搭配

ɬai³kai⁵心眼儿小

肠　鸡

4.与非生物实义名词性语素搭配

ʔak³kai⁵体魄弱小   re:k⁵hwa:i²力气大

胸　鸡   力　水牛

5.与抽象名词性语素搭配

ŋok⁷wa:i⁵脑子笨

脑　水牛

都安壮语：

1.与植物名词性语素搭配

nim⁵⁴kai⁴⁴小蕃桃   nim⁵⁴ wa:i³⁵大蕃桃

蕃桃　鸡   蕃桃　水牛

li³⁵kai⁴⁴小梨子

梨　鸡

2.与人体器官名词性语素搭配

he:u⁴⁴wa:i³⁵臼齿

牙齿　水牛

3.与由人体部位、器官抽象化的名词性语素搭配

rai⁴⁴kai³⁵气量小   toŋ³¹wa:i³⁵食量大

肠　鸡   肚　水牛

ok⁴⁴wa:i³⁵脑子不好

脑　水牛

4.与非生物实义名词性语素搭配

kwa⁵⁴pe:t³⁵wa:i³⁵酿酒用的很大的锅

　锅　　八　水牛

5.与抽象名词性语素搭配

re:ŋ⁵⁴wa:i³⁵力气大

力　　水牛

马关壮语依：

1.与植物名词性语素搭配

tɕhiŋ²⁴tsei²¹小姜　　　　　　tɕhiŋ²⁴va:i³³大姜

　姜　　鸡　　　　　　　姜　　水牛

ma:k²¹kua:t⁴²tɕhi²²tsei²¹极小的梨　　　　poŋ⁴²va:i³³大桃子

果　梨　　鸡　　　　　　桃　水牛

dɔ:k²¹va²⁴tsei²¹小杜鹃花　　　　dɔ:k²¹va²⁴va:i³³大杜鹃花

　杜鹃　　鸡　　　　　　杜鹃　　水牛

ma:k²¹ hu²²　va:i³³悬钩子（大野莓）　　phak⁴⁵tɕa:p²¹va:i³³大韭菜

果　　野莓　水牛　　　　　　　韭菜　　　水牛

ma:k²¹ ʔit⁴⁵ va:i³³大的野葡萄

果　葡萄　水牛

2.与人体器官名词性语素搭配

lin⁴⁵tsei²¹小舌　　　　fan³³va:i³³臼齿

舌　鸡　　　　牙　水牛

3.to:ŋ⁴⁵va:i³³食量大

　肚　　水牛

4.与非生物实义名词性语素搭配

dia:k²¹lin⁴⁵va:i³³大糍粑

　糍粑　　水牛

5.与抽象名词性语素搭配

deŋ³³vaːi³³力气大

力　水牛

马关壮语土:

1.与植物名词性语素搭配

kwəi²¹wɒ⁴²大蕉

蕉　水牛

2.与人体器官名词性语素搭配

lən²¹kaːi⁵⁵小舌[①]　　　　vã⁴²wɒ⁴²臼齿

舌　鸡　　　　　　　　牙　水牛

据张均如、梁敏等（1999）壮语中"小舌"和"臼齿"的说法高度一致。

小舌：武鸣、横县、平果、田东、田林、凌乐、广南沙、丘北、柳江、宜山、环江、融安、龙胜、河池、南丹、东兰、都安、来宾、隆安、龙州 lin⁴kai⁵，广南侬 lin³tɕai⁵，扶绥 lin³kai⁵，大新 lin³kai⁶，邕南、崇左 lən⁴kai⁵，上思 len⁴kai⁵，宁明 luːn⁴kai⁵，德保、靖西 lən⁴kjai⁵，砚山侬 lin⁴tɕai⁵。

臼齿：横县、平果、田东、凌乐、广南沙、环江、河池、南丹、东兰、都安、连山、钦州、扶绥、上思、崇左、宁明 heːu³waːi²，邕北、邕南、广南侬、砚山侬、隆安 fan²waːi²，田林 heːu³waːi²，丘北 jiau³waːi²，上林、贵港 jeːu³waːi²，来宾 feːu³waːi²，龙州、大新、德保、靖西 kheːu³waːi²，文马土 vã²ɣua²。[②]

可见，壮语中，kai⁵有"小"义，waːi²有"大"义，极为普遍。

（二）在汉语方言中的分布

百色粤语：

鸡蕉：个儿很小的香蕉。

牛蕉：个儿大的芭蕉。

鸡姜：个儿小的姜。

---

① 马关壮语土中，"小舌"有两说，lən²¹（舌）kɒːi⁵⁵（鸡）和 lən²¹（舌）ŋi³⁵（小），可见，在马关壮语土中，kɒːi⁵⁵"鸡"＝小。

② 张均如、梁敏、欧阳觉亚、郑贻青、李旭练、谢建猷：《壮语方言研究》，四川民族出版社1999年版，第642、641页。

鸡板栗：个儿小的板栗。

崇左粤语：

鸡黄皮：个儿小的黄皮果。

牛黄皮：个儿大的黄皮果。

百色蔗园话：

鸡蕉：个儿很小的香蕉。

牛蕉：个儿大的芭蕉。

鸡椒：个儿小的辣椒。

牛椒：个儿大的辣椒。

鸡葱：较细的葱。

牛葱：较粗的葱。

邕宁四塘平话（覃凤余提供）[①]：

鸡扁菜：叶片较细小的韭菜。

牛扁菜：叶片较宽大的韭菜。

西林官话：

鸡蕉：也称"西贡蕉"，个儿较小。

牛蕉：本地原产芭蕉，个儿较大。

那坡高山汉话：

鸡蕉：个儿小的香蕉。

牛蕉：个儿大的香蕉。

鸡姜：个儿小的姜。

牛姜：个儿大的姜。

武鸣官话：

鸡蕉：个儿小的香蕉。

牛蕉：个儿大的芭蕉。

如上，汉语方言"鸡""牛"充当类词缀时只与植物名词性语素搭配。

---

① 叶片不大不小的韭菜，四塘平话叫"糙扁菜"。

我们观察到，以上例子中的构词成分"鸡"/kai⁵和"牛"/waːi²表现出两个特点：第一，语义虚化，与本义差异甚大；但部分语义仍有保留，根据它们与其他语素的组合很容易推断出各词的意义，语义相对透明。"鸡"/kai⁵和"牛"/waːi²在"鸡×""牛×"或"×kai⁵""×waːi²"这样的派生模式中指体形较小或较大的事物，具有类化的功能，具有粘附性。第二，当构词成分"鸡"/kai⁵和"牛"/waːi²脱离所搭配的语素时，其虚化意义无法实现，说明它们的语义实现具有很强的粘附性。

如上，广西汉语方言和壮语中"鸡""牛"义语素由意义实在的名词演变为标记形体大小的构词成分，意义发生变化。根据吴福祥（2011），它们具有异类多义性。①

二 "鸡""牛"义语素的语法化

吴福祥（2011）指出，语素多功能性虽是一种共时现象，但它是历时演变的产物：一个语言成分在历时过程中先后产生各种意义或功能，如果这些意义或功能并存于特定的共时层面，则该语言成分就会呈现多功能性。②

我们认为，"鸡""牛"义语素呈现多功能性，是壮语通过语法化产生历时演变，广西汉语方言与壮语接触引发语法化的结果。吴福祥（2017）认为，意义的语法化最主要的表现是语义泛化，③我们从以下两个方面判断"鸡""牛"义语素的语义泛化程度：第一，语义关联程度：一个构词成分所搭配语素的意义与该构词成分语源的语义关联越少，则该构词成分语义泛化的程度越高；第二，搭配范围大小：一个构词成分所搭配语素的类型愈多、范围愈大，则其泛化的程度愈高。

我们以靖西壮语为例，分析这两个构词成分的语义泛化程度。

a.khaːn⁵min⁴kai⁵小黄姜　　　　khaːn⁵min⁴waːi²大黄姜
　黄姜　　鸡　　　　　　　　　黄姜　　水牛

---

① 吴福祥：《多功能语素与语义图模型》，《语言研究》2011年第1期。
② 吴福祥：《多功能语素与语义图模型》，《语言研究》2011年第1期。
③ 吴福祥：《魏晋南北朝时期汉语名量词范畴的语法化程度》，吴福祥：《语法化与语义图》，学林出版社2017年版，第70页。

b.lən⁴kai⁵小舌　　　khe:u³wa:i²臼齿

　舌　鸡　　　　　　牙　水牛

c.ɬai³kai⁵气量小　　to:ŋ⁴wa:i²食量大

　肠　鸡　　　　　　肚　水牛

d.tsa:u⁵　wa:i²很大的炒菜锅

　炒菜锅　水牛

e.le:ŋ²wa:i²力气大

　力　水牛

kai⁵和 wa:i²经隐喻发生演变，kai⁵指物体体形小，wa:i²指物体体形大。a
类为两种体形大小差异悬殊的蕉类，语义关联较强。b 类与人体器官名词性
语素搭配，lən⁴kai⁵ "小舌"并无相对的 lən⁴wa:i²，"臼齿"khe:u³wa:i²也无
相对的 khe:u³kai⁵，说明此时 kai⁵和 wa:i²语义泛化程度高于 a。a、b 类均是
和生物名词性语素搭配。c 类中，kai⁵和 wa:i²与人体部位、器官名词性语素
搭配，但这些人体部位、器官名词性语素，在壮语中已经演化为表意识的抽
象名词，失去本义，因此 c 类中的 kai⁵和 wa:i²语义泛化程度高于 a、b 类。d
类中，wa:i²与非生物名词性语素搭配，且 tsa:u⁵wa:i²无 tsa:u⁵kai⁵与之相对，
语义泛化程度高于 a、b、c。e 类中，wa:i²与纯抽象名词性语素搭配，语义
泛化程度最高。

假如"鸡""牛"在阶段 A 只能与 a 类名词性语素搭配，在阶段 B 可以与
a、b 两类名词性语素搭配，在阶段 C 可以与 a、b、c 三类名词性语素搭配，在
阶段 D 可以与 a、b、c、d 四类名词性语素搭配，在阶段 E 可以与 a、b、c、d、
e 五类名词性语素搭配，那我们就可以判定这两个构词成分在这五个阶段具有
不同的泛化程度，形成如下等级序列：

A＜B＜C＜D＜E

我们把以上语言中"鸡"和"牛"的多个功能列表如下：

壮语和广西汉语方言构词成分"鸡"/kai⁵ 与名词性语素搭配情况①

	植物名词性语素	人体器官名词性语素	由人体部位、器官抽象化的名词性语素
马山壮语	+	+	+
靖西壮语	+	+	+
崇左壮语	+	+	
大新壮语	+		
巴马壮语	+		
田东壮语	+		
那坡坡荷壮语	+	+	
武鸣壮语	+	+	+
都安壮语	+	+	+
马关壮语佬	+	+	
马关壮语土	+	+	
百色粤语	+		
崇左粤语	+		
百色蔗园话	+		
邕宁四塘平话	+		
西林官话	+		
那坡高山汉话	+		
武鸣官话	+		

由上表可知，广西汉语方言构词成分"鸡"可与植物名词性语素搭配；壮语 kai⁵ 则可以与植物名词性语素、人体器官名词性语素以及由人体部位、器官抽象化的名词性语素搭配。

吴福祥（2011）讨论过在缺乏历时资料的情况下一个特定的共时概念空间如何动态化为带有历时维度的概念空间，他认为方法是基于语法化原则、功能蕴含关系和跨语言比较的共时拟测。他假设给定 A、B 两个功能在特定空间内直接关联，若在给定的取样语言里，具有 B 功能的语言，其对应语素均具有 A 功能，而具有 A 功能的语言，其对应语素并非必然具有 B 功能；那么，A、B 两种功能之间的衍生方向应是"A＞B"。②

我们先讨论构词成分"鸡"/kai⁵搭配关系的演变方向，其演变方向体现为

---

① 上表和下表中所显示未能搭配的，也可能是我们未能调查到有关语料，而不一定是真的不能搭配。但不影响本书结论。

② 吴福祥：《多功能语素与语义图模型》，《语言研究》2011 年第 1 期。

其可搭配语素类型的变化。

如上表，构词成分"鸡"/kai⁵能与人体器官名词性语素搭配的语言，一定能与植物名词性语素搭配，如马山壮语、靖西壮语、崇左壮语、那坡坡荷壮语、武鸣壮语、都安壮语、马关壮语侬、马关壮语土。而能与植物名词性语素搭配的语言，并不都能与人体器官名词性语素搭配，如大新壮语、巴马壮语、田东壮语、百色粤语、崇左粤语、百色蔗园话、邕宁四塘平话、西林官话、那坡高山汉话、武鸣官话。因此，其演变方向一定是：与植物名词性语素搭配→与人体器官名词性语素搭配。

能与由人体部位、器官抽象化的名词性语素搭配的语言，一定能与人体器官名词性语素搭配，如马山壮语、靖西壮语、武鸣壮语、都安壮语。而能与人体器官名词性语素搭配的语言，并不都能与由人体部位、器官抽象化的名词性语素搭配，如崇左壮语、那坡坡荷壮语、马关壮语侬、马关壮语土。因此，其演变方向一定是：与人体器官名词性语素搭配→与由人体部位、器官抽象化的名词性语素搭配。

所以，构词成分"鸡"/kai⁵的演变路径应该是：

与植物名词性语素搭配→与人体器官名词性语素搭配→与由人体部位、器官抽象化的名词性语素搭配

壮语和广西汉语方言 waːi²/"牛"与名词性语素搭配情况

	植物名词性语素	人体器官名词性语素	非生物名词性语素	由人体部位、器官抽象化的名词性语素	与同生物有关的抽象名词性语素
马山壮语	+	+	+	+	+
靖西壮语	+	+	+	+	+
大新壮语	+	+	+	+	+
崇左壮语	+	+			
巴马壮语	+				
田东壮语	+				
那坡坡荷壮语	+				
武鸣壮语	+	+	+	+	+
都安壮语	+	+	+	+	+
马关壮语侬	+	+	+	+	+
马关壮语土	+	+			
百色粤语	+				

续表

	植物名词性语素	人体器官名词性语素	非生物名词性语素	由人体部位、器官抽象化的名词性语素	与同生物有关的抽象名词性语素
崇左粤语	+				
百色蔗园话	+				
邕宁四塘平话	+				
西林官话①	+				
那坡高山汉话	+				
武鸣官话	+				

再看构词成分"牛"/ waːi² 搭配关系的演变方向。

从语义看，人体器官名词性语素与由人体部位、器官抽象化的名词性语素关系更近，所以我们认为"牛"/waːi² 与两类语素搭配的演变过程是连续的。因此构词成分"牛"/waːi² 搭配关系的演变路径很可能有两条：（1）与植物名词性语素搭配→与非生物名词性语素搭配；（2）与植物名词性语素搭配→与人体器官名词性语素搭配→与由人体部位、器官抽象化的名词性语素搭配→与抽象名词性语素搭配。

由此表，"牛"/ waːi² 能与非生物名词性语素搭配的语言，一定能与植物名词性语素搭配，如马山壮语、靖西壮语、大新壮语、武鸣壮语、都安壮语、马关壮语侬；而能与植物名词性语素搭配的语言，并不都能与非生物名词性语素搭配，如崇左壮语、巴马壮语、田东壮语、那坡坡荷壮语、马关壮语土、百色粤语、崇左粤语、百色蔗园话、邕宁四塘平话、西林官话、那坡高山汉话、武鸣官话。因此，其演变方向一定是：与植物名词性语素搭配→与非生物名词性语素搭配。

能与人体器官名词性语素搭配的语言，一定能与植物名词性语素搭配，如马山壮语、靖西壮语、大新壮语、崇左壮语、那坡坡荷壮语、武鸣壮语、都安壮语。而能与植物名词性语素搭配的语言，并不都能与人体器官名词性语素搭配，如巴马壮语、田东壮语、百色粤语、崇左粤语、百色蔗园话、邕宁四塘平

---

① 西林官话可说"牛眼"，指很大的人眼。但是，西林官话与广西西部的其他汉语方言不同，其他汉语方言一般是自他处迁入，而西林官话是当地以壮族为主的少数民族转用官话而形成，因此"牛眼"的说法很可能是壮语底层。

话、西林官话、那坡高山汉话、武鸣官话。因此，其演变方向一定是：与植物名词性语素搭配→与人体器官名词性语素搭配。

能与由人体部位、器官抽象化的名词性语素搭配的语言，一定能与人体器官名词性语素搭配，如马山壮语、靖西壮语、大新壮语、武鸣壮语、都安壮语、马关壮语$_侬$。而能与人体器官名词性语素搭配的语言，并不都能与由人体部位、器官抽象化的名词性语素搭配，如崇左壮语、那坡坡荷壮语、马关壮语$_土$。因此其演变方向是：与人体器官名词性语素搭配→与由人体部位、器官抽象化的名词性语素搭配。

我们观察到，马山壮语能与 wa:i^2 搭配的抽象名词性语素为汉语借词 pei^{2}hei^5 "脾气"；靖西壮语、大新壮语、武鸣壮语、都安壮语、马关壮语$_侬$能与 wa:i^2 搭配的抽象名词性语素为 le:ŋ^2 "力气"。二者都与生物有关。表中显示，wa:i^{2}能与同生物有关的抽象名词性语素搭配的语言，同时也可以与由人体部位、器官抽象化的名词性语素搭配，如马山壮语、靖西壮语、大新壮语、武鸣壮语、都安壮语、马关壮语$_侬$。那它们的演变方向是怎样的？我们认为应该是：与由人体部位、器官抽象化的名词性语素搭配→与同生物有关的抽象名词性语素搭配。这是因为，这两类名词性语素都与生物有关，而同生物有关的抽象名词性语素，抽象程度比由人体部位、器官抽象化的名词性语素高。与由人体部位、器官抽象化的名词性语素搭配→与同生物有关的抽象名词性语素搭配，显然符合人类语言演变的一般规律。

基于以上分析，我们可以构拟出构词成分"牛"/ wa:i^{2}搭配关系的演变路径：

与植物名词性语素搭配→与人体器官名词性语素搭配→与由人体部位、器官抽象化的名词性语素搭配

$\downarrow$　　　　　　　　　　　　　　　　　　　　　　　　　　$\downarrow$

　与非生物名词搭配　　　　　　　　　与同生物有关的抽象名词性语素搭配

从两个构词成分所能搭配的名词性语素看，植物名词性语素数量最巨，显然是语法化的初始阶段；与由人体部位、器官抽象化名词性语素或与同生物有关的抽象名词性语素搭配的数量最小，这应该是语法化的最后阶段。可见，与由人体部位、器官抽象化名词性语素搭配是"鸡"义语素语法化的终点，与同

生物有关的抽象名词性语素搭配是"牛"义语素语法化的终点。

由上，构词成分"鸡"/ kai⁵、"牛"/ wa:i²发生了如下演变：对有形物体进行状态描述→对抽象物质进行状态描述，对有生物体进行状态描述→对无生物体进行状态描述。

当然，从以上情况看，"牛"义语素的语法化程度高于"鸡"义语素。

三　广西汉语方言"鸡""牛"义语素多功能模式的形成

广西汉语方言和壮语"鸡""牛"义语素平行的多功能模式，是它们各自内部演变形成，还是因语言接触所致？吴福祥（2009）指出，两个语言假若共同具有一种跨语言罕见的语法范畴或多功能模式，那么极有可能是接触引发的语法复制的实例。[①]如由接触引发，是汉语影响壮语，还是壮语影响汉语？我们的判断是，壮语通过自身内部的演变形成了如上所述多功能模式，上文论及的"鸡""牛"义语素的语法化阶段，事实上就是壮语 kai⁵和 wa:i²的演变路径；广西汉语方言在与壮语的接触中受到壮语影响发生了语法化。

（一）广西汉语方言"鸡""牛"义语素多功能模式来自壮语影响的证据

1. 语法化规律所提供的证据

据吴福祥（2009），如果 A、B 两种语言共享的某一语法范畴 F 是语法复制的结果，那么复制语中复制范畴 FR 的语法化程度往往低于模式语中对应的模式范畴 FM。语法成分的语法化程度包含形式（语音—音系表现和形态—句法行为）语法化程度和功能（语义和语用行为）语法化程度两个方面，通常与"去范畴化""去语义化""语音弱化"以及"强制性"等参数密切相关。典型的情形是，一个语法成分"去范畴化""去语义化""语音弱化"以及"强制性"程度越高，其语法化程度也就越高；反之亦然。[②]刘丹青（2013）认为，语法化带来的不单是语义上的虚化，还带来语音上的弱化、语法上尤其是搭配

---

① 吴福祥：《南方民族语言里若干接触引发的语法化过程》，吴福祥、崔希亮主编：《语法化与语法研究（四）》，商务印书馆 2009 年版，第 426 页。
② 吴福祥：《从"得"义动词到补语标记——东南亚语言的一种语法化区域》，《中国语文》2009 年第 3 期。

上的泛化、语用上的淡化。①综合吴福祥、刘丹青的观点，我们至少可以从演变阶段差异、搭配关系泛化程度、"去语义化"程度三个方面观察到二者语法化程度的差异。

（1）演变阶段的差异

上文已经讨论，"鸡""牛"义语素语义演变的最后阶段，是其具有能与由人体部位、器官抽象化名词性语素或与同生物有关的抽象名词性语素搭配的功能。而广西汉语方言中的"鸡""牛"只能与植物名词性语素搭配，搭配关系远少于壮语，说明其演变阶段远短于壮语。②

（2）搭配泛化程度

吴福祥（2009）认为，接触引发的语法化所产生的新的范畴通常在使用上受到限制，比如频率低、能产性较差、限于特定语境，至少在被复制的早期阶段是如此。③

我们观察到，广西汉语方言的构词成分"鸡"和"牛"，只能与植物名词性语素搭配，搭配类型单一、范围极小。④而壮语的 kai⁵，既可与植物名词性语素搭配，也可与人体器官名词性语素及由人体部位、器官抽象化的名词性语素搭配；壮语的 wa:i²，可搭配的包括植物名词性语素、人体器官名词性语素、非生物名词性语素、由人体部位、器官抽象化的名词性语素、抽象名词性语素。且壮语的 kai⁵ 和 wa:i² 可搭配的名词性语素数量远大于汉语方言。显然，在能产性上，壮语远高于汉语方言，可见壮语 kai⁵ 和 wa:i² 搭配泛化程度远高于汉语方言的"鸡"和"牛"。

（3）"去语义化"程度

"鸡"和"牛"的语义对立是基于其体形大小的悬殊，通过隐喻得出来的。⑤作

---

① 刘丹青：《语序类型学与介词理论》，商务印书馆 2013 年版，第 85 页。

② 余瑾等《广西平话研究》（中国社会科学出版社 2016 年版，第 248 页）认为该现象还只是一种喻指方式，即以"牛、鸡"充当修饰语。这也说明汉语方言中的"鸡""牛"义语素语法化程度不高。

③ 吴福祥：《南方民族语言里若干接触引发的语法化过程》，吴福祥、崔希亮主编：《语法化与语法研究（四）》，商务印书馆 2009 年版，第 430 页。

④ 余瑾等《广西平话研究》（中国社会科学出版社 2016 年版，第 248 页）对此现象也有观察，其所举平话、南宁粤语用例中，"鸡""牛"也仅与植物名词性语素搭配，"此种说法范围有限，不能类推"。

⑤ 余瑾等《广西平话研究》（中国社会科学出版社 2016 年版，第 248 页）有类似论述："牛在家养牲畜中是最大的，以其喻大，鸡是最小的，以其喻小。"

为构词成分，"鸡"和"牛"在汉语方言中只与植物名词性语素搭配，而且都成对使用，是感官上能明显感知所占空间大小悬殊的，意义比较实在。而壮语的 kai⁵和 waːi²由实义名词演变成构词成分后，可与植物名词性语素、人体器官名词性语素，进而可与由人体部位、器官抽象化的名词性语素搭配，waːi²还进一步演变到可与同生物有关的抽象名词性语素搭配，说明其意义已相当抽象空灵。

按一般规律，语义越抽象，能搭配的范围就越大，语义越具体，能搭配的范围就越小。所以我们观察到的"鸡""牛"义语素充当构词成分时，"去语义化"的程度和以上所讨论的搭配泛化程度是相应的。

2. 其他证据

（1）相关语言事实的地域分布

根据目前所见资料及我们的观察，汉语方言中，"鸡""牛"具有[＋体形小][＋体形大]特征的情况基本分布在广西西部，往东不超过柳州、来宾、玉林、贵港一线。其分布的区域，是壮语分布最集中、最密集的地区。

（2）壮语及亲属语言语用的证据

凭祥壮族有谚语"求医时送牛嫌小,医好后送鸡嫌大"①。说明壮语中，"水牛""鸡"可喻大小，且可对称。

在壮族人的观念里，家禽中，"体形小"是鸡的默认值。旁证是，用于"鸡"的分类词可以是 mat⁸（表小的颗粒状固体的分类词）：mat⁸kai⁵。而"鸭"和"鹅"只能与用于动物的通用分类词搭配。"体形大"则是水牛的默认值。在壮族人眼里，这两个名词有较高的显著度，所以可以转喻相关的性质。

"水牛""鸡"喻大小的功能，还体现在壮语地名上，如 loŋ⁶kai⁵ "弄鸡"指小的山谷，loŋ⁶waːi² "弄怀"指大的山谷。②

泰语的 ควาย "牛"，可比作重、大的事物，可具体可抽象。如：

---

① 见凭祥市志编纂委员会编《凭祥市志》，中山大学出版社 1993 年版，第 488 页。《凭祥市志》只提供汉语意译，未提供壮语形式。汉语的"牛"，如无说明，在壮语中一般默认为水牛。

② 张增业惠告。

ɡɑน　เป็น　ควาย/วัว.工作像牛一样繁重。（阳亚妮提供）

工作是　水牛/黄牛

（3）亲属语言中相关搭配关系的证据

马关金厂拉基语（龙婵提供）：

1）与植物名词性语素搭配

miũ¹¹　kɛ³³小的杜鹃花　　　　　　　miũ¹¹　kua⁵⁵大的杜鹃花

杜鹃花　鸡　　　　　　　　　　　　杜鹃花　牛

mi³³ɕo²⁴ kɛ²²个儿小的野葡萄　　　mi³³ɕo²⁴ kɒ⁵⁵个儿大的野葡萄

野葡萄　鸡　　　　　　　　　　　　野葡萄　牛

mi⁵⁵le⁵⁵kɛ³³小的板栗　　　　　　　ma⁵⁵zi¹¹ko:ŋ⁵⁵kɒ⁵⁵大的芭蕉

板栗　鸡　　　　　　　　　　　　　芭蕉　　牛

2）与人体器官名词性语素搭配

ʔiŋ³³ɕo¹¹kɛ³³小舌

　舌　鸡

3）与非生物实义名词性语素搭配

ʔɯn¹¹ta¹¹la:ŋ⁵⁵kua⁵⁵大糍粑

　糍粑　　　牛

临高语（王文敏提供）：

mun⁵⁵kai²¹³香蕉　　　　　da⁵⁵kai²¹³脚踝[1]

蕉　鸡　　　　　　　　　骨　鸡

侬语（蒲春春，2011）[2]：

kheu²¹⁴wa:i³¹大牙　　　　hek³⁵wa:i³¹大铁锅

牙　牛　　　　　　　　铁锅　牛

老挝语（李芳芳提供）：

ma:k⁵¹kuai:⁵¹ khai³³小的香蕉

　果　蕉　鸡

---

① 王文敏提供。她认为kai²¹³可指称某一类事物，说明其已高度泛化，当为类词缀。（私下交流）

② 蒲春春：《越南谅山侬语参考语法》，博士学位论文，中央民族大学，2011年，第29页。

莫语（杨通银，2000）[①]：

ma²ka:i⁵小舌

舌 鸡

据《壮侗语族语言词汇集》（中央民族学院少数民族语言研究所第五研究室，1985）[②]：

小舌：

布依语 lin⁴kai⁵　　　西双版纳傣语 lin⁴kai⁵

　舌　鸡　　　　　　　　　　舌　鸡

臼齿：

布依语 ʑeu³va:i²　德宏傣语 xeu³xa:i²　　毛南语 hi:u³kwi²臼齿

　牙　水牛　　　　牙　水牛　　　　　牙　水牛

说明在壮侗语中，"鸡"有"小"义，"水牛"有"大"义，并不鲜见。

吴福祥（2009）提出，假定 A、B 两种语言共享的范畴 F 是语法复制的产物，若跟语言 A 具有发生学关系的语言都没有 F，但跟语言 B 有发生学关系的语言则具有这种范畴，那么 F 的迁移方向一定是"语言 B > 语言A"。[③]我们在广西以外的汉语方言中没有观察到"鸡""牛"义语素的类似功能，而壮语的亲属语言中却有类似功能，证明广西汉语方言这一功能来自壮语。

（4）文献记录的证据

目前所见文献记录，相应语词均分布在广西。

宋·周去非《岭外代答·蕉子》：鸡蕉（即牛乳蕉），则甚小，亦四季实。芽蕉（即羊角蕉），小如鸡蕉，尤香嫩甘美，南人珍之，非他蕉比。秋初方实。[④]

[①] 杨通银：《莫语研究》，中央民族大学出版社 2000 年版，第 217 页。

[②] 中央民族学院少数民族语言研究所第五研究室：《壮侗语族语言词汇集》，中央民族学院出版社 1985 年版，第 45、44 页。臼齿，亲属语言中，仫佬语 fan¹（牙）lo⁴（大），黎语 fan¹（牙）loŋ¹（大），也证明壮侗语中，"水牛"确有"大"义。

[③] 吴福祥：《南方民族语言里若干接触引发的语法化过程》，吴福祥、崔希亮主编：《语法化与语法研究（四）》，商务印书馆 2009 年版，第 428 页。

[④] 周去非：《岭外代答·蕉子》，潘琦编：《桂林风土记　桂海虞衡志　岭外代答》，广西师范大学出版社 2014 年版，第 360—361 页。

《桂海虞衡志·志果》：蕉子，芭蕉极大者，凌冬不凋。中抽干，长数尺，节节有花，花褪叶根有质，去皮取肉，软烂如绿柿，极甘冷，四季实，土人或以饲小儿。云性凉去客热。以梅汁渍，暴干，按令扁，味甘酸，有微霜，世所谓芭蕉干者是也，又名牛子蕉。鸡蕉，子小，如牛蕉，亦四季实。芽蕉，子小如鸡蕉，尤香嫩，甘美，秋初实。①

明·李时珍《本草纲目·草部第十五卷·草之四·甘蕉》：时珍曰……通呼《虞衡志》云：南中芭蕉有数种：极大者凌冬不凋，中抽一干，长数尺，节节有花，花褪叶根有实，去皮取肉，软烂如绿柿，味极甘冷，四季恒实。土人以饲小儿，云性凉，去客热，谓之蕉子，又名牛蕉子。以梅汁渍，曝干压扁，味甘酸有微霜，名芭蕉干。一种鸡蕉子，小于牛蕉，亦四季实。一种芽蕉子，小于鸡蕉，尤香嫩甘美，惟秋初结子。②

《龙津县志》：鸡蕉者，味清香甜淡无毒，人多以为哺婴孩之用。③

由以上文献可知，至迟到南宋，广西一带即有"牛蕉""鸡蕉"之说。

（二）广西部分汉语方言构词成分"鸡"和"牛"的功能来自语法复制

吴福祥（2009）指出，"语法复制"是指一个语言仿照另一个语言的某种语法模式，产生出一种新的语法结构或语法观念。语法复制包括"接触引发的语法化"和"语法结构复制"两个方面。前者是指一个语言对另一个语言的语法概念或语法概念演变过程的复制，后者是一个语言对另一个语言的语法结构的复制。④广西汉语方言"鸡"和"牛"实义名词外的其他功能来自接触引发的语法化，模式语是壮语。

a.广西部分汉语方言使用者注意到壮语里 kai⁵和 wa:i² 具有一些不同于实义名词的功能。

b.他们利用自己语言中与之对应的语言成分"鸡"和"牛"，以产生与壮

---

① 范成大：《桂海虞衡志·志果》，潘琦编：《桂林风土记　桂海虞衡志　岭外代答》，广西师范大学出版社 2014 年版，第 106—107 页。

② 李时珍著，王国庆主校：《本草纲目》（金陵本），中国中医药出版社 2013 年版，第 551—552 页。

③ 龙津县修志局（民国）：《龙津县志·上卷》，广西壮族自治区档案馆翻印 1960 年版，第 105 页。龙津即位于今广西西南、壮族聚居的龙州县。

④ 吴福祥：《语法化的新视野——接触引发的语法化》，《当代语言学》2009 年第 3 期。

语 kai⁵和 wa:i²一致的功能。

　　c.他们对壮语 kai⁵和 wa:i²的语法化过程进行了复制。

　　d.最后，广西部分汉语方言的"鸡"和"牛"语法化出与壮语 kai⁵和 wa:i²有较强一致性的多个功能。

　　根据吴福祥（2013，2014），接触引发的语法化也可视为语义复制（多义复制）的一个特别的次类。[①]

四　结语

　　（一）壮语 kai⁵、wa:i²由名词语法化为构词成分，分别具有[＋体形小]和[＋体形大]义。语法化初始阶段，可与植物名词性语素搭配，最终阶段，kai⁵可与由人体部位、器官抽象化的名词性语素，wa:i²可与同生物有关的抽象名词性语素搭配。

　　（二）据 Bernd Heine & Tania Kuteva（2012），具有某种显著语义特征的名词演变为突显这一特征的语法标记。[②]壮语 kai⁵、wa:i²的这一语法化过程是这一普遍过程的例证。

　　（三）广西汉语方言"鸡""牛"可充当构词成分，与壮语 kai⁵、wa:i²的多功能模式有较强的一致性。广西汉语方言"鸡""牛"的多功能模式来自接触引发的语法化，其模式语是壮语。

　　（四）我们还注意到，除了我们此处的观察，郑贻青（1997）也观察到，海南三亚回族使用的回辉话的某些合成词中，也用"鸡""水牛"义语素作为修饰语，分别表"小"和"大"。她举了两个例子：

	回辉话	靖西壮语
大芭蕉	hu¹tai¹¹pha:u¹¹	kui³ wa:i²
	芭蕉　水牛	芭蕉　水牛

---

　　① 吴福祥：《语义复制的两种模式》，《民族语文》2013 年第 4 期；吴福祥：《语言接触与语义复制——关于接触引发的语义演变》，《苏州大学学报》2014 年第 1 期。

　　② Bernd Heine, Tania Kuteva 著，龙海平、谷峰、肖小平译，洪波、谷峰注释，洪波、吴福祥校订：《语法化的世界词库》，世界图书出版公司 2012 年版，第 87 页。

小香蕉　　　hu¹tai¹¹nok²⁴　　　　　kui³ kai⁵
　　　　　　芭蕉　鸡　　　　　芭蕉　鸡[1]

　　郑贻青举的两个例子正好是壮语中使用频率很高的以"鸡""水牛"义语素指小和指大一组词。而据郑贻青（1997），回辉话与属于壮侗语的黎语是有较深的接触关系的。[2]

---

①　郑贻青：《回辉话研究》，上海远东出版社 1997 年版，第 63 页。
②　郑贻青：《回辉话研究》，上海远东出版社 1997 年版，第 16 页。

第四章 动词短语：相关结构及其成分

第一节 判断词

我们以靖西壮语为例进行讨论。靖西壮语的判断词可分为两类。

一 典型判断词：tsei⁶、meːn⁶

（一）tsei⁶、meːn⁶概说

我们认为，tsei⁶是中古借词，meːn⁶是固有词。

tsei⁶，主流观点认为是汉语借词"是"。[①]是，中古止摄开口三等支韵，禅母，上声。靖西壮语中古借词止开三支韵一般读 ei，韵母符合中古借词规律。禅母字在靖西壮语中一般读 ɬ，声母似乎不合，但中古南方汉语的"是"应读入"舓"，《颜氏家训·音辞篇》"（南人）以是为舓"。"舓"船母，全浊声母在靖西壮语中一般读为不送气，因而声母亦符合。浊上在靖西壮语中古借词中读第 6 调。声韵调皆合，应该是汉借词。

禅母读 ts，在靖西壮语中并非孤例。靖西壮语汉语借词"时"有两读：一为 ɬei²，这个读音常用，可广泛表示时间；一为 tsei²，仅用于与十二生肖有关的时辰，如 tsei²tu¹nəu¹（鼠）指子时，tsei²tu¹məu¹（猪）指亥时。

汉语"是"由指示代词语法化为判断词是在汉代。[②]靖西壮语把它的判断词

---

① 参见梁敏《壮侗诸语言表示领属关系的方式及其演变过程》，《民族语文》1989 年第 3 期；张元生、覃晓航：《现代壮汉语比较语法》，中央民族大学出版社 1993 年版，第 207 页；薄文泽：《侗台语的判断词和判断式》，《民族语文》1995 年第 3 期。

② 王力认为大约在公元第一世纪前后，即西汉末年或东汉初年。见王力《汉语语法史》，商务印书馆 2006 年版，第 194 页。

功能借入是很有可能的。

根据张均如、梁敏等（1999），蓝庆元（2005），张增业（1998），郑贻青（1996）①，各地壮语判断词如下：武鸣 tɯk⁸、横县 θei⁶、邕北 ɬu:i⁶、平果 tɯk⁸、田东 tɯk⁸、田林 te:ŋ¹、凌乐 te:ŋ¹/tɯk⁸、广南㳚ɕɯ⁶、丘北 jəɯ⁶、柳江 tɯk⁸、宜山 tɯk⁸、环江 si⁶ᐟ⁴/siŋ⁵、融安 tsiŋ⁵、龙胜 tsiŋ⁵/si⁴、河池 siŋ⁵/tɯk⁸、南丹 θi⁶、东兰 ɕiŋ³、都安 θei⁶、上林 θei⁶/tɯk⁸、来宾 tɯk⁸/sei⁶、贵港 θei⁶/tɯk⁸、连山 θi⁶/thik⁸、钦州 tik⁷、邕南 tik⁸、隆安 tik⁸、扶绥 tɯk¹⁰、上思 ta:k¹⁰、崇左 ta:k⁸/tsoy⁶、宁明 tsəɯ⁶、龙州 tɕɯ⁶/tsɯ⁶、大新 sɯ⁶、德保 tsøi⁶/tsø⁶/tɕaɯ⁶/tsei⁶、靖西 tsei⁶/me:n⁶、那坡 ɕɯ⁶、广南侬tɕaɯ⁶、砚山侬tɕaɯ⁶、文马±dzəɣ⁶。tsei⁶及其同源词来自汉语借词当无疑问。

由此可见，北部壮语和南部壮语判断词的一大区别是，北部壮语及南部壮语邕南土语使用层次很早的汉语借词"着"②；南部壮语左江、德靖、砚广、文马四个土语有汉语借词 tsei⁶及其同源词。

此外，邕宁那楼壮语不仅使用汉语借词 tik⁸"着"，还从粤语借入了 hai²"系"，我们在下文做专门介绍。

亲属语言傣语、泰语中，也有与之同源的词，如，德宏的德保土语：芒市 tɕaɯ⁶；德宏的孟耿土语：孟连 tsə⁶；版纳：景洪 tsai⁶；金平 tɕɯ⁶；红金：元阳、元江 tɕaɯ⁶，绿春 tsai⁴，马关 tɕaɯ³，武定 tɕɐi⁶；泰语 tsai³（周耀文、罗美珍，2001；薄文泽，2008）。③但是，与靖西壮语关系密切的亲属语言老挝语判断动词却有 mɛ:n⁵而没有与 tsei⁶对应的词，黎语的"是"为 man²（薄文泽，1995）④。所以，me:n⁶应该是固有词，而 tsei⁶是汉语借词。

tsei⁶和 me:n⁶常常可以换用，如：

---

① 张均如、梁敏、欧阳觉亚、郑贻青、李旭练、谢建猷：《壮语方言研究》，四川民族出版社 1999 年版，第 708 页；梁敏、张均如：《侗台语族概论》，中国社会科学出版社 1996 年版，第 893 页；蓝庆元：《壮汉同源词借词研究》，中央民族大学出版社 2005 年版，第 246 页；张增业：《壮—汉语比较简论》，广西民族出版社 1998 年版，第 97 页；郑贻青：《靖西壮语研究》，中国社会科学院民族研究所 1996 年版，第 254 页。

② 相关论述，参见张元生、覃晓航《现代汉壮语比较语法》，中央民族大学出版社 1993 年版，第 207 页；林亦：《武鸣罗波壮语的被动句》，《民族语文》2009 年第 6 期；覃凤余：《台语系词 tɯk⁸、tɕɯ⁶等的来源》，《语言研究》2013 年第 2 期。

③ 周耀文、罗美珍：《傣语方言研究》，民族出版社 2001 年版，第 262 页；薄文泽：《泰语里的汉语借词"是"》，《民族语文》2008 年第 1 期。

④ 薄文泽：《侗台语的判断词和判断式》，《民族语文》1995 年第 3 期。

①tsei⁶te¹ma²mi⁰？是他来吗？＝me:n⁶te¹ ma²mi⁰？是他来吗？

　　是　他来 语气助词　　　　　　　是　他　来 语气助词

②me:n⁶kən²tən⁴tham³ko¹mai⁴pai¹.是这人砍了这棵树。＝

　　　是　人这　砍　棵　树　去

tsei⁶kən²tən⁴tham³ko¹mai⁴pai¹.

是　人　这　砍 棵　树 去

虽然二者一般可以互换，但在意义和使用上仍有些区别，讨论如下：

me:n⁶还可充当形容词，相当于"正确"，与"错误"相对。如：

①ʔan¹te¹hat⁷mei² me:n⁶na:u⁵. 他的（那道题）做得不对。

　　个　他　做　不　对　不

②——ni⁵lam²lo⁶tən⁴me:n⁶mi¹？你忘了这个东西，你对吗？

　　　　你　忘　类 这　对 语气助词

——mei² me:n⁶na:u⁵.不对。

　　　不　对　不

还有"（击）中"义，如：

①te¹tsən³pə⁰，ta⁵pa⁵ma:t⁹ma:t⁹me:n⁶. 他真准，打靶发发（每一下）中。

　　他　准语气助词　打靶 下　下　中

②ma:t⁹thən¹ne:u²me:n⁶na³phja:k⁹te¹.一块石头，（就）打中他的额头。

　　下　石　一　中　脸　额　他

宜州官话、柳州官话的"正确"义词"对"，也可以指"（击）中"。

宜州官话：

篮球打对人了。（篮球打中人了。）

车子碰对人。（车子撞中人了。）

打对靶。（打中靶。）

柳州官话：

胡对你了。（（麻将）胡中你了。）

人类语言的一个普遍规律是，判断词会自然地向焦点标记演化。

"Heine&Kuteva 在《语法化的世界词库》中根据对世界 500 多种语言的调查结

果发现，人类语言焦点标记最常见的两个来源是判断词和指示代词。"[1]

根据 Kiss（1998）的研究，焦点标记词都具有［＋认定］这样的语义特征。[2]
作为判断动词，靖西壮语的 tsei[6]和 meːn[6]都具有"认定"义，其作为焦点标记
词应是非常合理的。

作为焦点标记，使用 tsei[6]强调语气要强于 meːn[6]。如：

①ŋo[5]meːn[6]wan[2]pjok[10]pai[1]. 我是明天去。

　　我　是　天　明　　去

②ŋo[5]tsei[6]wan[2]pjok[10]pai[1]. 我是明天去。

　　我　是　天　明　　去

这两例中，上例的强调语气较弱，下句则明显突出对"明天去"这一事实
的强调。

①te[1]meːn[6]jəu[5]pə[2]kjəŋ[5]toːk[8]ɬei[1]. 他是在北京念书。

　　他　是　在　　北京　读　书

②te[1]tsei[6]jəu[5]pə[2]kjəŋ[5]toːk[8]ɬei[1]. 他是在北京念书。

　　他　是　在　　北京　读　书

这两例中，上例的强调语气较弱，下句则明显突出对"在北京念书"这一
事实的强调。

张伯江、方梅（1996）提出了鉴定焦点标记的几条标准：（1）标记成分自
身不负载实在的意义，不可以带对比重音；（2）标记词的作用在于标示其后成
分的焦点身份，所以焦点标记所附着的成分总是在语音上明显的成分；（3）标
记词不是句子线性结构中的基本要素，因此省略掉以后句子依然可以成立。[3]这
里所举的靖西壮语的例子是符合这些标准的。

（二）meːn[6]和 tsei[6]的分工

根据多种语言反映出来的共性，我们可以建立一个判断词的跨语言的演变链：

判断词→焦点标记→强调标记→对比标记

---

① 转引自宗守云讲义《汉语功能语法学专题研究》。

② 转引自宗守云讲义《汉语功能语法学专题研究》。

③ 张伯江、方梅：《汉语功能语法研究》，江西教育出版社 1996 年版，第 73—130 页。

靖西壮语中的 me:n[6]和 tsei[6]也经历了这样的演变过程。在功能上，二者既有分工，也有部分重合。

1.两者中，强调标记一般用 tsei[6]而不用 me:n[6]

我们观察到，一般的判断，人们更多的是用 me:n[6]而非 tsei[6]。很多情况下，二者虽可换用，但在自然度上，me:n[6]强于 tsei[6]。

换句话说，tsei[6]在语义上较 me:n[6]重，me:n[6]是一般的判断，tsei[6]则表示有所强调。如：

①ŋo⁵mei² tsei⁶la:u⁴ɬai¹te¹na:u⁵. 我不是他的老师。

　　我 不　 是　老师 他 不

②ŋo⁵mei²me:n⁶la:u⁴ɬai¹te¹ na:u⁵. 我不是他的老师。

　　我 不　 是　老师 他　不

前句在语义的强调上要重于后句。

我们可以进行验证，例如我们常说以下强调句：

ŋo⁵tso³tsei⁶la:u⁴ɬai¹te¹lə⁰! 我就是他的老师啊！

　我 就 是　老师 他 语气助词

但一般不说：

*ŋo⁵tso³ me:n⁶la:u⁴ɬai¹te¹lə⁰.

　我 就　 是 老师 他 语气助词

再如：

səu⁵tha:u¹ mei² tsei⁶noŋ⁴khau³kha¹pai¹na:u⁵.手套不是戴在脚上的。

　手套　 不 是 穿 进 脚 去 不

这个句子是对手套的用途进行强调，判断词用 tsei[6]。

但下句一般不说：

*səu⁵tha:u³ mei²me:n⁶noŋ⁴khau³kha¹pai¹na:u⁵.

　　手套 不 是　穿 进　脚 去 不

作为一般判断，下句可以成立：

səu⁵tha:u³me:n⁶no:ŋ⁴jəu⁵moŋ²ni⁰.手套是戴在手上的。

　手套　 是 穿 在 手 语气助词

2.二者中，连接对比项的一般是 tsei⁶而不是 meːn⁶，作为对比标记时，tsei⁶使用频率更高，如可说：

①ʔan¹teːn³thoŋ²kei⁵meːn⁶ʔan¹ŋo⁵，mei² tsei⁶ʔan¹te¹ naːu⁵.

　个　电筒　这 是 个我　不　是 个他 不

（这个）电筒是我的，不是他的。

②wan²wa²meːn⁶so¹ŋo⁶，mei² tsei⁶so¹ɬaːm¹naːu⁵.

　天　昨　是 初 五　不 是 初 三 不

昨天是（农历五月）初五，不是初三。

这两句中的 tsei⁶一般不能换成 meːn⁶。

由以上讨论可知，meːn⁶和 tsei⁶均可作为判断词，二者都可以作焦点标记，说明 meːn⁶是固有词，尚未语法化出后两个功能。二者有所分工，各有侧重。

此外，二者在使用上还有这样的区别：meːn⁶一般不能用于附加问而 tsei⁶可以。如：

①maːn³kei⁵tsei⁶/meːn⁶maːn³te¹，tsei ⁶mi¹？ 这个村是他的村，是吗？

　村　这　是　村他　是 语气助词

②*maːn³kei⁵tsei⁶/meːn⁶maːn³te¹，meːn⁶mi¹？

　村　这　是　村他　是　语气助词

回答问题一般不能单用 meːn⁶而 tsei ⁶可以。如：

——ʔan¹lun²paŋ⁴tsei⁶/ meːn⁶ʔan¹ni⁵mi¹？那个房子是你的吗？

　个　房 那　是　个 你 语气助词

——tsei⁶ʔa⁰.是啊。

　是 语气助词

——*meːn⁶ʔa⁰.

　　是 语气助词

3.meːn⁶和 tsei⁶有时可以连用，语义上较单用时更为强调。如：

①theːu¹kha¹lo⁶kei⁵tsei⁶meːn⁶theːu¹pai¹maːn³te¹ ni⁰. 这条路是去他们村的路。

　条　腿 路 这 是 是　条 去 村 他 语气助词

②se:k⁹ɬei¹kei⁵tsei⁶me:n⁶se:k⁹ni⁵pa⁰？这本书是你的吧？

　　册　书　这是　是　册　你语气助词

③ni⁵mei²tsei⁶me:n⁶wan²wa² le³pai¹lɔŋ²ja:ŋ⁵ja⁵le⁰？你不是昨天就去下乡了吗？

　　你不　是　是　天 昨　就 去 下 乡 了语气助词

侗语也有类似的用法，侗语也有两个判断动词 ɕiŋ⁵和ta:ŋ³，梁敏（1979）认为，有时判断动词 ɕiŋ⁵和ta:ŋ³可以连用表示强调。梁敏举了一个例子①：

tu² na:i⁶ɕiŋ⁵ta:ŋ³pu² pa¹pu². 这条就是七星鱼。

只 这　是　是 只 七星鱼

二　准判断词

包括 lik⁸"叫（做）"、ɬja:ŋ³"像"、pan²"成为"、ta:ŋ¹"当（作）"、ta:ŋ¹pan²"当成"。如：

①to:i⁶ŋo⁵lik⁸te¹ʔu⁵tsə²the:n⁵.

　　队　我 叫 她　武则天

　　我们称她为"武则天"（靖西喻指脾气凶的女性）。

②te¹ta:i⁶ɬja:ŋ³je²fei⁵tsəu⁵lo⁰.他真像非洲人。

　　他 太 像　人 非洲 语气助词

③te¹pan² ma:u⁵ ʔe:ŋ¹ja⁵.他成小伙子了。

　　他 成 男青年小　了

④ŋo⁵ta:ŋ¹te¹paŋ²jəu⁴ho¹si¹.我当他做好朋友。

　　我 当 他　朋友　亲密

⑤ɬo:ŋ¹kən²te¹tsiŋ²ɬei²ŋa:i²ta:ŋ¹pan²ɬo:ŋ¹pei⁴no:ŋ⁴.他俩常常被当成两兄弟。

　　二　人 他 时常 捱　当 成　二 兄　弟

三　邕宁那楼壮语从汉语借入的判断词

邕宁那楼壮语从汉语借入了 tik⁸"着"和 hai²"系"，其中 hai²"系"应是

---

① 梁敏：《侗语简志》，民族出版社1979年版，第50页。

从粤语借入。

①pu⁶　tik⁸ŋ²　ɬoi⁵mai⁴？（这）衣服是你洗的吗？

　　衣服　是　你洗　没

②foŋ¹ɬan⁵mai⁴tik⁸mai¹tik⁸muŋ²ɬe³？（这）封信是不是你写的？

　　封信　这　是　不是　你　写

③ʔoŋ¹ke²hai²thit¹⁰sjaːŋ⁶,me²wan⁴hai²noŋ²mwan²,kou²hai²haːk¹⁰ɬeːŋ¹,noŋ⁴ʔaːu¹si²hai²

　　父亲　是　铁匠　　母亲　是　农民　我　是　学生　　弟弟　也是

haːk¹⁰ɬeːŋ¹.

　学生

父亲是铁匠，母亲是农民，我是学生，弟弟也是学生。

④ɬoŋ²tse³mui⁶kwan²lan¹han³kuk⁸,mai¹hai²taːm⁴pwan²sou⁶hai²siu⁶wa¹.

　　二　姐妹　勤快　肯做　不　是　织　布　就　是　绣花

两姐妹勤快，不是织布就是绣花。

二者甚至可以在同一个句子中同现。如：

pu⁴nai⁴hai²kou²mei⁵tse³,pu⁴han²mei¹tik¹⁰mei⁵tse³kou².

个　这是　我　姐姐　个　那　不是　　姐姐　我

这个是我姐姐，那个不是我姐姐。

第二节　动词的重叠

靖西壮语的动词可以重叠，表示一定的语法意义。

靖西壮语可以重叠的动词一般为单音节动词，其形式为 AA 式。单音节动词 AA 式一般带"尝试义"或"短时义"，以下重叠式莫不如此：

①te¹ləm⁶ləm⁶le³weːŋ⁶lə⁰.他摸一摸就扔了。

　　他　摸　摸　就扔 语气助词

②ni⁵keːu⁴keːu⁴tso³nən³lo³ma.你嚼嚼就吞了嘛。

　　你　嚼　嚼　就　吞 语气助词

③ɬam²ɬam²le³nai³ le⁰? 剁剁就行了吗？

　　剁　剁　就　得 _{语气助词}

④te¹tsəm²tsəm²than¹mei² pan²kin¹naːu⁵.他尝尝觉得不好吃。

　　他　尝　尝　见　不　成　吃　不

⑤ʔan¹thui³laːŋ⁴laːŋ⁴le³ʔau¹maː²tak⁷khau³lə⁰. （这个）碗过过水就用来盛饭了。

　　个　碗　涮　涮　就　拿　来　盛饭 _{语气助词}

　　靖西壮语的动词 AA 式，应该来自汉语（吴福祥，2013）。①

　　动词重叠表示"短时"，在壮语中比较常见。张元生、覃晓航（1993）认为一部分（壮语）动词可以重叠，表示"动作时间短暂"的意思。②张增业（1998）认为，（动词）重叠以后表示动作行为的反复性或轻意性。③但张增业（1998）还认为表示行为的动词能够重叠，以表示行为的短暂、尝试或随意的意思。④董秀芳（2019）认为动词的重叠能够表示减量，是因为把一个事件分解成多个子事件，单个事件在强度、意愿等方面都减弱了，所以才能表达"指小"。⑤其实无论是"短暂"，还是"反复""轻意""尝试""随意"，皆"指小"也。靖西壮语动词 ΛΛ 式要表示"短时义"，常常与"ʔi³（表时间极短）neːu²（一）"配合使用，意义与汉语"V+一下"相当，如：

①ŋo⁵than¹te¹ləm⁶ləm⁶ʔi³neːu²le³pai¹ lə⁰.我看见他摸了一下就走了。

　　我　见　他　摸　摸　下　一　就　去 _{语气助词}

②ni⁵keːu⁴keːu⁴ʔi³neːu²le³ nai³ le⁰? 你嚼一下就可以吗？

　　你　嚼　嚼　下　一　就　得 _{语气助词}

③ʔaːm⁵tsi⁵luŋ¹kai² ɬam²ɬam²ʔi³neːu²hat⁷pu³lei²nai³?

　　块　肉　大　这样　剁　剁　下　一　做　怎样　得

　　那么大一块肉剁一下怎么行？

---

① 吴福祥：《语言接触与语法复制》，《百色学院学报》2013 年第 5 期。
② 张元生、覃晓航：《现代壮汉语比较语法》，中央民族大学出版社 1993 年版，第 25 页。
③ 张增业：《壮—汉语比较简论》，广西民族出版社 1998 年版，第 65 页。
④ 张增业：《壮—汉语比较简论》，广西民族出版社 1998 年版，第 93 页。
⑤ 董秀芳：《汉藏语系语言中的评价性形态》，《第七届海外中国语言学者论坛论文集》，2019 年，第 44 页。

④ŋo⁵tsəm²tsəm²ʔi³ne:u².我尝一下。

　　我　尝　尝　下　一

⑤ʔan¹thui³nən⁵kai²　　la:ŋ⁴la:ŋ⁴ʔi³ne:u²taŋ²na:i¹pu³lei²nai³？

　　个　碗　脏 这样 涮　涮　下　一　仅仅　怎 么 得

（这个）碗这么脏只过过水怎么行？

靖西壮语也可以通过"动词 AA 式＋分类词＋ne:u²（一）"表"短时"，如：

ləm⁶ləm⁶ma:t⁹ne:u²摸一下　　　　　ke:u⁴ke:u⁴ma:t⁹ne:u²嚼一下

摸　摸　下　一　　　　　　　嚼　嚼　下　一

ɬam²ɬam²ma:t⁹ne:u²剁一下　　　　　tsəm²tsəm²pai²ne:u²尝一回

剁　剁　下　一　　　　　　　　尝　尝　回　一

la:ŋ⁴la:ŋ⁴pai²ne:u²涮一回

涮　涮　回　一

如这样的重叠形式要表示"尝试义"，可在重叠式后加 ko:i¹"看"；也可在重叠式后加"ʔi³（表极短时间的分类词）ne:u²（一）"或"分类词＋ ne:u²（一）"，也可在此基础上再加"看"（详见下文"动词的体"）。

南部壮语中，动词 AA 式并不多见。

我们在广南壮语中仅观察到一例：

pai¹pai¹去去

去　去

西畴壮语有少量动词可以 AA 式重叠，这些动词一般为表常见行为动作的动词，重叠后表动作正在进行。如：

maɯ²the¹the¹huak⁷kaŋ¹？你跑着是在做什么？

你　跑　跑 做　什么

maɯ²ŋaŋ⁵ŋaŋ⁵kaŋ¹？你看着什么？

你　看　看　什么？

马关壮语中，动词 AA 式较常见，也表示短时。

dɔ̃¹dɔ̃¹看看　　　　ŋuã²ŋuã²睡一会儿　　　　diu²diu²跳跳

看 看　　　　睡 睡　　　　　跳 跳

马关县操文马土语的人多为壮汉双语人，因与汉语密切接触而使其出现了这样的重叠形式。

这几个土语的单音节动词要么不能以 AA 式重叠，要么仅少量动词可以此形式重叠，都说明了壮语动词 AA 式是后起的形式。

靖西壮语有极少量动词可以以 AABB 式重叠，这时带有"时常""反复""频繁"等意义。如：

khən³khən³ləŋ²ləŋ²上上下下　　　　　pai¹pai¹ta:u⁶ta:u⁶来来往往

上　上　下　下　　　　　　　　去 去　来　来

khau³khau³ʔo:k⁹ʔo:k⁹进进出出

进　进　出　出

个别"动词性语素＋后缀"构成的合成词也可以以 AABB 式重叠，但数量极少。如：

jau³je³＞jau³jau³je³je³

骗 词缀　骗　骗 词缀

少数"动词性语素＋后缀"构成的合成词可以以 ACAB 式重叠，其中 AB 为原型，C 起衬词作用。如：

khu¹ȵet⁹＞khu¹ȵi²khu¹ȵe:t⁹

笑 词缀　　笑 词缀笑 词缀

这里 ȵe:t⁹是 khu¹"笑"的后缀，khu¹ȵe:t⁹指抿嘴笑的样子。ȵi²无实际意义。重叠后指时不时抿嘴笑。

tɔk⁷ te:k⁹＞tɔk⁷ ti² tɔk⁷ te:k⁹

掉落 词缀　　掉落 词缀掉落 词缀

这里 te:k⁹是 tɔk⁷"掉落"的后缀，tɔk⁷te:k⁹指"到处，随处掉落"，重叠后指"（东西）掉落得到处都是"。

个别"动词性语素＋后缀"构成的合成词可以以 ACBD 式重叠，其中 AB 为原型，C 和 D 起衬词作用。我们仅观察到一例：

lən²la:ŋ⁶＞lən²tau²la:ŋ⁶ta:ŋ⁶

玩 词缀　玩　　词缀

这里的 la:ŋ⁶ 是 lən² "玩"的后缀，有"到处；随处"义。重叠后指"到处、随处游荡"。

董秀芳（2019）认为，汉藏语系语言在动词形态上也具有较强的主观性特征。重叠式的四音格是汉藏语系动词评价性形态很常见的一种表现形式，一般表示增量和贬义。以上我们讨论了靖西壮语动词重叠 AABB 式、ACAB 式，证明了这一点。董文进一步解释：（评价性形态）描写性的是更为基本的，而定性的则是在描写基础上的进一步主观化。人们首先是对客观事物进行观察，得到一种主观印象，然后在此基础上再表达自己的好恶。也就是说，可以在判定某种量偏离默认值时进一步表达这种偏离是好的还是不好的。[①]

第三节　动词的体

黄阳（2010）指出，壮语不属于体范畴特别发达的语言，表达"体"意义的时候多借助词汇手段，有时使用语法手段。靖西壮语有借用汉语的体标记，也有自身发展的体标记；有单一标记，也有框式标记形式；同一标记还能标示不同的体范畴，承载多种语法功能。[②]以下我们就靖西壮语的完整体、完成体、持续体、进行体、经历体、再次体、尝试体进行讨论。

一　完整体

完整体是相对于非完整体而言的，它反映了语言使用者对句子所表达时间是着眼于外部而不是着眼于内部来进行观察的，它强调时间的整体性质而非针对于局部性质（戴耀晶，1997）。[③]汉语学界一般将紧跟在 V 之后的"了"（即"了₁"）视为完整体标记，汉语 V 后的"过"在不表示经验时，似乎比"了₁"更倾向表达一个完整的事件（黄阳，2010）。[④]在汉语中，"了₁"用在动词后，主要表

---

① 董秀芳：《汉藏语系语言中的评价性形态》，《第七届海外中国语言学者论坛论文集》，2019 年，第 44—45 页。

② 黄阳：《靖西壮语语法》，硕士学位论文，广西大学，2010 年，第 75 页。

③ 戴耀晶：《现代汉语时体系统研究》，浙江教育出版社 1997 年版。

④ 黄阳：《靖西壮语语法》，硕士学位论文，广西大学，2010 年，第 75 页。

示动作的完成。如动词有宾语，"了$_1$"用在宾语前（吕叔湘，2010）。①靖西壮语的完整体标记有：借自中古汉语的 leːu⁴ "了"，固有词 ja⁵ "了"、nai³ "得"、pai¹ "去"，以及中古借词 leːu⁴ 与固有词 ŋau² 组成的 leːu⁴ŋau²。

（一）leːu⁴₁ "完"（leːu⁴ 还可与 pai¹ 组成 leːu⁴pai¹ 作为完成体标记，为便于区分，作为完整体标记的 leːu⁴ 我们记为 leːu⁴₁，下文讨论的与 pai¹ 组合构成完成体标记的 leːu⁴ 我们记为 leːu⁴₂）

leːu⁴ 是中古借词"了$_{了结}$"。了$_{了结}$，效摄开口四等篠韵，来母，上声。中古借词效开四读 eːu，如"跳"读 teːu²，"尿"读 neːu⁶；来母读 l，如"锣"读 la²，"路"读 lo⁶；浊上读第 4 调 213，如"理"读 lei⁴，"部"读 pəu⁴。声韵调与中古借词规律相符。

①teˈkoːiˈleːu⁴pheːn³teːn³jəŋ⁵tən⁴tso³taːu⁴pai¹.他看完了这部电影才回去。

　他 看 了/完 片　电影 这 才 回　去

②teˈhat⁷leːu⁴ siˈneːn⁴tso³kinˈkhau³.他做完实验才吃饭。

　他 做 了/完 实验 才 吃　饭

扶绥壮语也可以用汉语借词 leːu³³ "了"充当完整体标记。如：

①tiˈ³⁵loːmˈ²¹leːu³³ məŋ³⁵teiˈ²¹tsi³⁵lo³³.他忘了你的地址。

　他 忘　了/完 你　　地址 $_{语气助词}$

②kuˈ³⁵joˈ²¹leːu³³ ɬeiˈ³⁵tsjəuˈ²¹nən³³. 我看完了书就睡。

　我 看 了/完 书　就　　睡

③kuˈ³⁵feiˈ³⁵leːu³³hauˈ³³tsjəuˈ²¹paiˈ³⁵tsheiˈ³³phak⁵⁵.我理了发就去买菜。

　我 理　了 发　就　去 买　菜

我们认为，leːu³³ 居句末的语序是壮语的固有语序，与共同语一致的语序是受汉语影响所致。

（二）ja⁵₁ "了"（ja⁵ 还可以充当完成体标记，我们将在下文讨论，为将它们区分开，作为完整体标记的 ja⁵ 我们记为 ja⁵₁，作为完成体标记的我们记为 ja⁵₂）

①ŋo⁵saːn⁵ja⁵ɬoːŋˈ¹ʔanˈtso³taːu⁴pai¹.我扫了两个（坟）才回去。

　我 扫 了 二 个 才 返 去

① 吕叔湘主编：《现代汉语八百词》（增订本），商务印书馆 2010 年版，第 351 页。

②te¹koːi¹ja⁵pheːn³teːn³jən⁵tən⁴tso³taːu⁴pai¹.他看完了这部电影才回去。

　他 看 了 片 　电影 这 才 　返 去

这也证明了 leːu³³ 居句末的语序是壮语的固有语序。

（三）nai³ "得"

①te¹taŋ³nai³ʔan¹lun² tso³ʔei¹thei³jəu⁵.他起好（这个）房子才肯退休。

　他起 得 个 房 才 肯 退休

②jam⁴waː²ŋo⁵tam³nai³mo³faŋ⁴tso³noːn².昨晚我煮好（这锅）粽子才睡。

　夜 昨 我 煮 得 锅 粽 才 　睡

梁敢（2010）对武鸣罗波镇梁彭村壮语中与靖西壮语 nai³ 同源的 ʔdai⁵⁵ 的语法化进行了讨论。他认为，ʔdai⁵⁵ 作为完整体标记地位的真正确立可能是借用和重新分析的结果。[①]他引述了吴福祥（2009）的观点，吴福祥认为，东南亚区域语言 "得" 字动补结构的语法化有一个共同的复制或借用机制，即很多区域内的语言都借用、复制同一的某个结构才导致这一结构的共同区域性特征，而汉语被认为是这一模式的模式语。[②]梁敢（2010）认为，经过汉语 "得" 字动补结构的直接借用，同时壮语 ʔdai⁵⁵ 在动词后面重新分析成壮语具有完整体意义的 "V＋ʔdai⁵⁵"。[③]我们认为，靖西壮语的完整体标记 nai³³ 的形成与武鸣罗波镇梁彭村壮语是一致的。

我们再举两个广南壮语的例子：

①ti²ne³nai³pep⁸ʔan¹sjaːu¹si⁶.他睡了八个小时。

　他睡 得 八 个 小时

②ti²theːt³nai³saːm¹koːŋ²li².他跑了三公里。

　他 跑 得 三 公里

---

① 梁敢：《壮语体貌范畴研究》，博士学位论文，中央民族大学，2010 年，第 22 页。

② 吴福祥：《从 "得" 义动词到补语标记——东南亚语言的一种语法化区域》，《中国语文》2009 年第 3 期。

③ 梁敢：《壮语体貌范畴研究》，博士学位论文，中央民族大学，2010 年，第 22 页。

（四）pai¹"去"（pai¹还可以充当持续体标记，我们将在下文讨论，为将它们区分开，作为完整体标记的 pai¹我们记为 pai¹₁，作为持续体标记的我们记为 pai¹₂）

①te¹kin¹pai¹ɬa:m¹phin¹lau³tso³ta:u⁴lun². 他喝掉三瓶酒才回家。

　　他 喝　去 三　瓶　酒 才　返　家

②tu¹ma¹tok⁷pho⁵pai¹ʔan¹thui¹ne:u². 这条狗打破了一个碗。

　　只 狗 弄破　去 个 碗　一

作为完整体标记的 pai¹由同形的实义动词"去"语法化而得。

郭必之（2012）主要根据武鸣壮语的语料，构拟了壮语中"去"义动词的语法化路径，完整体标记形成的路径应该是：趋向动词＞动相补语＞完整体标记。①靖西壮语与此相同。

李锦芳（2001）也认为，广西田林县定安壮语中，动词 ʔdai⁴"得"和 pai¹"去"可以在动词后出现，有虚化倾向，表示动作完成或部分完成，同时蕴涵时间以外的意义，ʔdai⁴强调动作所关联的事情由少到多，pai¹强调由多到少。②上述靖西壮语的 nai³"得"、pai¹与定安壮语中同源的 ʔdai⁴、pai¹作用和意义基本一致。

（五）le:u⁴ŋau²"完"

①te¹kin¹ɬa:m¹thui³khau³le:u⁴ŋau²tso³pai¹thiŋ¹ja:k¹⁰.

　　他 吃 三　碗　饭 了/完 完 才 去　学校

　　他吃完了三碗饭才去学校。

②te¹la:i²ɬa:m¹phe:n⁵si³ke:n⁵le:u⁴ŋau²him¹no:n² lə⁰. 他写完三张试卷就睡了。

　　他 写 三 张　　试卷 了/完 完 就　睡　语气助词

我们观察到，若动词后有宾语成分，靖西壮语的完整体标记 le:u⁴₁"完"、ja⁵₁"了"、nai³"得"、pai¹"去"还可位于宾语之后（黄阳 2010 年做过类似讨论）。如：

---

① 郭必之：《南宁地区语言"去"义语素的语法化及语言接触》，承继与拓新——汉语语言文字学国际研讨会，香港中文大学，2012 年。

② 李锦芳：《壮语汉借词的词义和语法意义变异》，《中央民族大学学报》2001 年第 3 期。

①te¹koːi¹pheːn³teːn³jəŋ⁵tən⁴leːu⁴tso³taːu⁴pai¹.他看完了这部电影才回去。

　他　看　片　电影　这　了/完才　返　去

②te¹koːi¹pheːn³teːn³jəŋ⁵tən⁴ja⁵tso³taːu⁴pai¹.他看完了这部电影才回去。

　他　看　片　电影　这　完才　返　去

③te¹kha³łoːŋ¹tu¹kai⁵tən⁴nai³tso³taːu⁴pai¹.他杀好这两只鸡才回去。

　他　杀　二　只　鸡　这　得　才　返　去

④te¹kin¹ła：m¹phin¹lau³pai¹tso³taːu⁴lun².他喝掉三瓶酒才回家。

　他　喝　三　瓶　酒　去　才　返　家

二　完成体

完成体表示时间行为在基点时间之前已经发生和完成，并且其影响一直延续到基点的时间，即具有"现时相关性"（刘丹青，2008）。[1]汉语语法学界多将汉语中句末的"了₂"定义为完成体。汉语中，"了₂"用在句末，主要肯定事态出现了变化或即将出现变化，有成句的作用（吕叔湘，2010）。[2]

（一）ja⁵₂"了"

我们认为，靖西壮语 ja⁵₂相当于汉语普通话的"了₂"。如：

①kin¹ja⁵.吃了。

　吃　了

②te¹thoŋ²ji⁴ŋo⁵pai¹ja⁵.他同意我去了。

　他　同意　我　去　了

③təp⁸thaːi¹ja⁵.打死了。

　打　死　了

作为完成体标记的 ja⁵还可以进入"V＋ja⁵＋数量＋ja⁵"结构，这时居前的 ja⁵是完整体标记，居后的为完成体标记，这个结构实际是"V＋ja⁵₁＋数量＋ja⁵₂"。如：

① 刘丹青编著：《语法调查研究手册》，上海教育出版社 2008 年版，第 458 页。
② 吕叔湘主编：《现代汉语八百词》（增订本），商务印书馆 2010 年版，第 351 页。

①kin¹ja⁵ɬa:m¹thui³ja⁵.吃了三碗了。

　吃 了　三 碗 了

②khən³ja⁵ɬei⁵la:t¹⁰ja⁵.上了四回了。

　上　了 四 回 了

我们认为，"V＋ja⁵₁＋数量＋ja⁵₂"结构来自汉语。理由主要有：

1.在保留层次更早的靖西壮语中（市区新靖镇之外），这种格式并不多见。新靖镇之外的地域，一般说成"V＋数量＋ja⁵₂"。

2.汉语"吃了三碗了"是一个很常用的格式，即"动＋了₁＋数量＋了₂"，靖西壮语的"V＋ja⁵＋O＋ja⁵"与之正好一致。

龙州壮语也以 ja¹充当完成体标记：

①min²no:n²pe:t⁹ʔan¹tsoŋ¹thəu¹ja¹.他睡了八个小时。

　他　 睡 八 个　 钟头　了

②min²le:n⁶ja¹ɬa:m¹koŋ¹li²ja¹.他跑了三公里了。

　他　跑 了 三　公里了

③min²le:n⁶ja¹ɬa:m¹koŋ¹li².他跑了三公里了。

　他　跑 了 三　公里

（二）mei²"有"

mei²"有"也可与动词直接搭配，居动词前，功能相当于完成体。如：

①te¹jɔ²ɬi²mei²tsin³pu³.＝ te¹jɔ²ɬi²tsin³pu³ja⁵.他学习有进步。他学习进步了。

　他学习 有　进步　　他学习 进 步 完成体标记

②ma:n³te¹ɬən⁵sa:n⁵mei²fa²tse:n⁵.＝ ma:n³te¹ɬən⁵sa:n⁵fa²tse:n⁵ja⁵.

　　村 他　生产　 有　发展　　　村 他　生产　 发展 完成体标记

他们村生产有发展。他们村生产发展了。

而 mei²与动词直接搭配，居动词前，功能相当于完成体这一现象，我们认为来自于汉语普通话。理由有：

1.普通话中，"有"可以跟很少一部分双音节动词搭配，功能相当于完成体。进入这一结构的动词只能是双音节的，而且只限于有"连续变化"意义的动词。靖西壮语可进入这一结构的也是只限于表示"连续变化"的动词，如，可说

mei²tsin³pu³ "有进步"、mei²fa²tseːn⁵ "有发展"，不能说*mei²thaːu⁵lən⁴ "有讨论"、*mei²li⁵kaːi⁵ "有理解"。

2.据我们观察，能与 mei²作此搭配的动词全是层次晚近的官话借词，除了上述的 tsin³pu³ "进步"、fa²tseːn⁵ "发展" 外，还有 ja³kjaːŋ³ "下降"、thi²kaːu⁵ "提高" 等。以上第 1 点已述，普通话中进入这一结构的动词只能是双音节词。靖西壮语中进入这一结构的官话借词一般也是双音节词，其他动词很难进入这一格式。吴福祥（2013、2014）认为，多义复制是指复制语的使用者对模式语中某个多义模式的复制，从而导致复制语中出现与模式语相同的多义模式。①我们认为，靖西壮语便是把汉语普通话 "有" 的完成体功能复制到对应的 mei²上，使 mei²具有了完成体功能。

所以，我们认为，mei²与动词直接搭配，居动词前，功能相当于完成体这一现象，是靖西壮语受汉语普通话影响所致，应该是从汉语普通话复制来的。

（三）扶绥壮语可用中古借词 leːu³³充当完成体标记

①ti³³nən³³peːt²¹an³³tsoːŋ³³tau²¹leːu³³.他睡八个小时了。

　　他　睡　八　个　钟头　　了

②ti³³tiːu²¹ɬaːm³⁵koːŋ³⁵lei⁴²leːu³³.他跑三公里了。

　　他　跑　三　　公里　了

我们将在下文专题讨论壮语 "完毕" 义语素的功能演变，对 ja⁵和 leːu⁴做详细描写，将涉及它们完整体、完成体标记的功能以及演变。

三　持续体

（一）jəu⁵₁，这是靖西壮语中最常见的持续体标记（jəu⁵还可以作进行体标记，为了区分，作为持续体标记的 jəu⁵我们记为 jəu⁵₁，下文要讨论的进行体标记 jəu⁵我们记为 jəu⁵₂）

如：

①po⁶fa⁴ləŋ²phɔn¹jəu⁵.天下着雨。

　　天　下　雨　在

---

① 吴福祥：《语义复制的两种模式》，《民族语文》2013 年第 4 期；吴福祥：《语言接触与语义复制——关于接触引发的语义演变》，《苏州大学学报》2014 年第 1 期。

②ni⁵tsaːu³phjaːi³ jəu⁵maˀ, mei² ŋən⁶taŋ⁴ləŋ²ma²təŋ⁶ŋoˀ⁵naːu⁵.

　　你　照　走　在 _{语气助词}　不　硬　停　下　来　听　我　不

你照样走嘛，不一定停下来听我（说话）。

靖西壮语的持续体标记 jəu⁵ 可以重叠，结构是：V＋jəu⁵₁＋V＋jəu⁵₁。表示动作持续、反复地施行。如：

①teˀ¹koːiˀ¹ jəu⁵koːiˀ¹ jəu⁵himˀ¹kaːkˀ¹⁰ləu⁴lə⁰.他看着看着就自己会了。

　　他　看　在　看　在　就　自己　懂 _{语气助词}

②teˀ¹kinˀ¹ jəu⁵kinˀ¹jəu⁵ŋaːiˀ⁵matˀ⁸thənˀ¹kheˀ⁵neːu².他吃着吃着被一颗沙粒（硌了一下）。

　　他　吃　在　吃　在　捱　粒　石　砾　一

③ŋoˀ⁵neiˀ¹ jəu⁵neiˀ¹ jəu⁵ŋaːiˀ⁵maːtˀ⁹siˀ⁵kjaːuˀ⁵taːiˀ³neːu².我跑着跑着被弹弓打了一下。

　　我　跑　在　跑　在　捱　下　弹　弓　一

吴福祥（2010）认为，"居住"义语素的多功能性是东南亚语言最为普遍的区域特征之一。很多语言（侗台、苗瑶、孟高棉、藏缅）的"居住"义语素，除"居住"义动词外，不同程度上兼有处所/存在动词、处所介词以及持续体标记等用法。[①]如泰语中与靖西壮语 jəu⁵ 同源的 juː⁵ 也具有"进行体""持续体"功能（韦景云，2007）。[②]

在吴福祥（2010）观察的"居住义"动词中，境内侗台语可做持续体标记的有靖西壮语、傣语（西）和临高语，境外侗台语中老挝语和泰语也有这样的功能。但与靖西壮语十分接近的侬语没有这样的情况。[③]

这种持续体（进行体）标记甚至导致了这样一个语言现象：与靖西毗邻的那坡县，县城正处在转用官话的过程中，这种官话我们称之为"那坡官话"（吕嵩崧，2009a，2009b；陆淼焱，2013）[④]，其持续体（进行体）标记即为"在"。如：喝酒在（喝着酒），笑眯眯在（微笑着）。我们观察到，广西汉语方言作为

---

① 吴福祥：《东南亚语言"居住"义语素的多功能模式及语法化路径》，《民族语文》2010 年第 6 期。

② 韦景云：《壮语¹jou⁵与泰语juː⁵的语法化差异分析》，《中央民族大学学报》（哲学社会科学版）2007 年第 6 期。

③ 吴福祥：《东南亚语言"居住"义语素的多功能模式及语法化路径》，《民族语文》2010 年第 6 期。

④ 吕嵩崧：《那坡话声母与中古音的比较》，《百色学院学报》2009 年第 4 期；吕嵩崧：《那坡话韵母与中古音的比较》，《百色学院学报》2009 年第 5 期；陆淼焱：《壮语影响在那坡官话中的体现》，《百色学院学报》2013 年第 1 期。

持续体标记的大概有"住""着""倒"等，没有"在"（曹志耘，2008）。[1]那坡县城所使用的壮语与靖西壮语同属德靖土语，一致性非常强，陆淼焱（2013）认为，那坡官话的持续体标记"在"便是来自壮语 jəu⁵。[2]

（二）靖西壮语的持续体标记还有 po⁴

po⁴的词汇意义是"放置，存留"，"存留"义应是从"放置"义派生而来，再由"存留"义语法化为持续体标记。如：

①ʔan¹kjau²ni⁵heːn¹po⁴pə⁰,　naːu⁵ŋaːi²kən²ʔau¹pai¹tso³lo⁵ɬo⁵la⁰.

　　个　　球　你　守　住　语气助词　要不捱人　要　去　就　罗嗦 语气助词

这个球你要看着，要不让人拿走就麻烦了。

②phin¹lau³ni⁵kam¹po⁴kaːk¹⁰kin¹.（这瓶）酒你拿着自己喝。

　　瓶　　酒　你　拿　住　自己　喝

我们认为，po⁴是由"放置"义动词语法化为持续体标记，过程如下：

1.其出现在 $V_1 + N_{受事} + po^4 + N_{处所}$ 结构中

有两个阶段：

（1）mi³mɔi¹kwa¹po⁴nɔi¹laːm².把瓜叶剥皮后放到篮子里。

　　　剥　叶　瓜　放　里　篮

此时 $V_1 + N_{受事} + po^4 + N_{处所}$ 是一个连动结构，此时的 po⁴为本义，即"放置"，mi³和 po⁴是前后两个动作，即 $V_1 + V_2$，二者有清晰的句法边界。

po⁴的语义泛化，在以下句子中不具有明显的"至；到"义，其语义变为"动作到达某个点"：

（2）khweːn¹pheːn⁵we⁶po⁴ni¹tsiŋ².把那幅画挂到墙上。

　　　挂　　张　　画　放　上墙

这时 khweːn¹和 po⁴并非前后动作，V_1 和 po⁴句法边界不明晰。这时 po⁴很容易被重新分析为终点格介词：

$$\underline{khweːn^1peːn^5we^6po^4ni^1tsiŋ^2} > khweːn^1peːn^5we^6\underline{po^4ni^1tsiŋ^2}$$

$$V_1 \qquad\qquad V_2 \qquad\qquad V \qquad\qquad pp$$

---

① 曹志耘主编：《汉语方言地图集·语法卷》，商务印书馆 2008 年版，第 67 页。

② 陆淼焱：《壮语影响在那坡官话中的体现》，《百色学院学报》2013 年第 1 期。

2.因台语介词可悬空（刘丹青 2002，转引自 Tsunoda 等 1995）[1]，在祈使句中介词宾语常常省略：

khwe:n¹pe:n⁵we⁶po⁴.把那幅画挂上。

　　挂　　张　画　放

此时 po⁴ 作为终点格介词时的"达于某一点"义很容易被视为一种固定的状态，介词 po⁴ 遂表示持续体，成为持续体标记。

朱婷婷（2015）讨论过田阳壮语的 po⁴ 的语法化，她认为 po⁴ 经历了"'放置'义动词＞终点/方向格介词＞持续体标记"这样的演变过程，[2]与靖西壮语一致。

（三）靖西壮语还可以用 pai¹₂"去"充当持续体标记

如：

①the:u¹ɬai⁶tsən²kei⁵ko:i¹pai¹ko:n⁵.这件事情先看看。

　　条　　事情　这　看　去　先

②ka:i⁵te¹ka:ŋ³ ni⁰　　tən⁶pai¹mei² nai¹la:i¹na:u⁵.他说的听了觉得不太好。

　　些　他　讲 关系从句标记 听　去　不　好　多　不

龙州壮语持续体标记还有 ɬe¹，如：

①keŋ³na³ɬe¹，　pa:k⁷toŋ³kja:ŋ¹jaŋ²ŋan² ɬe¹　　man¹kjən¹thun³ti¹pun⁵ŋe⁵kui³nən².

　　侧　脸 持续体标记 嘴　里面　还　含 持续体标记 没　吃　完　的　半　个　蕉　一

侧着脸，嘴里还含着没吃完的半个香蕉。

②tɕɯ⁶ta:i⁵ɬe¹　　da:ŋ¹是怀着孕

　　是　带 持续体标记 身

四　进行体

进行体主要用于动态动词，表示动作行为在某段时间中的进行过程，不关注动词的起点和终点。

（一）靖西壮语可用借自汉语的副词 tsən³"正"和 tsən³tsa:i³"正在"这样的词汇手段来表达动作行为正在进行

tsən³是官话借词"正"。正，中古梗摄开口三等劲韵，章母，去声。梗开

---

① 刘丹青：《汉语中的框式介词》，《当代语言学》2002 年第 4 期。
② 朱婷婷：《广西田阳壮语"po⁴（放）"的语法化》，《钦州学院学报》2015 年第 10 期。

三官话借词一般读 əŋ，如"境"读 kjəŋ³，"庆"读 khjəŋ³；章母读 ts，如"者"读 tse⁵，"支"读 tsi⁵；去声读第 3 调 33，如"地"读 ti³，"下"读 ja³。声韵调与官话借词规律相符。

tsəŋ³tsaːi³是官话借词"正在"。tsəŋ³是官话借词"正"，上文已做分析。"在"，中古蟹摄开口一等海韵，从母，上声。蟹开一官话借词读 aːi，如"胎"读 thaːi⁵，"袋"读 taːi³；依全浊塞擦音平送仄不送的规律，官话从母仄声一般读 ts，靖西壮语也相应读 ts，如"座"读 tsɔ³，"罪"读 tsei³；依全浊上归去的规律，官话"在"读去声，去声在靖西壮语官话借词中读第 3 调 33，上文已经讨论。声韵调与官话借词规律相符。

例句如：

①pəu⁴te¹hat⁷phjak⁷，ŋo⁵tsəŋ³pat⁷tei⁶.他做菜时我正扫地。

　　时 他 做 菜　 我 正 扫地

②pəu⁴te¹hat⁷phjak⁷，ŋo⁵tsəŋ³tsaːi³pat⁷tei⁶.他做菜时我正在扫地。

　　时 他 做 菜　 我　 正在　扫 地

③ŋo⁵tsəŋ³kin¹khau³，te¹ le³ ma²lə⁰.我正吃饭，他就来了。

　我 正　吃 饭　　他 就来语气助词

④ŋo⁵tsəŋ³tsaːi³kin¹khau³，te¹le³ma²　lə⁰.我正在吃饭，他就来了。

　我　正在　 吃 饭　　他就 来 　语气助词

由于这两个副词为官话借词，且语序为与壮语固有语序相异的"副词＋动词"，所以我们认为，靖西壮语表进行的这一方式是借入这些官话借词时相应结构随同进入，是比较晚近的形式。

（二）更多时候是使用位于句末的进行体标记 jəu⁵₂"在"

如：

①pəu⁴te¹ hat⁷phjak⁵，ŋo⁵pat⁷tei⁶jəu⁵.他做菜时我正在扫地。

　　时 他 做 菜　 我 扫地 在

②te¹kaːŋ³jəu⁵kaːŋ³jəu⁵jəu⁴hai³mɔi⁵.她说着说着又哭了。

　她 讲 在 讲 在 又 哭 新

（三）tsəŋ³、tsəŋ³tsaːi³也可以和jəu⁵₂组合使用，构成框式的[tsəŋ³"正"/tsəŋ³tsaːi³"正在"＋VO＋jəu⁵₂"在"]

黄阳（2010）也有过同样的讨论。[①]

①pəu⁴te¹hat⁷phjak⁷，ŋo⁵tsəŋ³pat⁷tei⁶jəu⁵.他做菜时我正在扫地。

　　时　他做菜　我　正扫　地　在

②pəu⁴te¹hat⁷phjak⁷，ŋo⁵tsəŋ³tsaːi³pat⁷tei⁶jəu⁵.他做菜时我正在扫地。

　　时　他做菜　我　正在　扫地　在

jəu⁵作为进行体标记的证据之一，还有下文我们将要讨论的连动结构中，居前动词后的进行体标记只能是 jəu⁵，而不能使用借入的 tsəŋ³ "正"和tsəŋ³tsaːi³"正在"。

再看其他土语的例子。

龙州壮语：

maɯ²łaːu²łɯ⁴khwa⁵ju⁵.你洗着衣服。

你　洗衣　裤　在

扶绥壮语：

ti³⁵naŋ⁴²jou¹².他坐着。

他坐　在

那安壮语（侬常生，2011）[②]：

thaŋ¹ maɯ²nɯŋ²kham³thu¹tok¹⁰sɯ¹ju⁵, bu⁵xan¹ma² dip⁹tan⁶, tan⁶pɛ⁴pai¹tsha¹

既然　你还　低　头读书在　不及　来关心我　我便去找

kon²maɯ⁵nau³ʔɛ³.

人　新　罢了

既然你还在认真读书，来不及关心我，我就只好去找新人了。

（四）靖西壮语的进行体标记还有 thei¹

如：

①kam¹thei¹te¹po⁴, mei²sei³hoi³ te¹nei¹ naːu⁵.抓住（着）它，不要让他跑了。

　抓　住它住　未使　给它　跑不

① 黄阳：《靖西壮语语法》，硕士学位论文，广西大学，2010年，第78页。
② 侬常生：《那安壮语第一人称单数 tan⁶的用法及其来源》，《文山学院学报》2011年第1期。

②me⁴tən⁴laːi⁴ jə⁰，　khap⁷thei¹niu⁴moŋ²me⁴te¹ mei² tsɔŋ⁵naːu⁵.

　女人这 厉害 _{语气助词} 咬　住指 手 母他 不　 放 不

这（老）女人真厉害，他咬住（着）拇指就不松口。

thei¹，持，拿。与上古汉语"持"同源，持，上古之部，dɯ。我们认为，其声韵演变路径如下：声母，d＞th；韵母 ɯ＞iə＞i＞ei。其语法意义演变路径为：实义动词＞进行体标记。

（五）在靖西壮语的连动结构中，居前的动词如表进行往往可以不用进行体标记

如：

①ni⁵keːm¹phjaːi³nai³ la⁰，　naːu⁵ni⁵khja¹ mei²than¹naːu⁵.

　你　 跟　 走　得 _{语气助词} 不 你 找 不 见 不

你跟着走就行，不然你找不着路。

②te¹jəu⁵lun²ʔu⁵te¹keːm¹kin¹.他在姑姑家跟着吃（开伙）。

　他在 家 姑 他 跟　 吃

③naŋ⁴kin¹nai³ne⁰.可以坐着吃啊。

　坐　吃　 得 _{语气助词}

但能用于这一格式的动词并不多。常见的仅以上所列的 keːm¹ "跟"、naŋ⁴ "坐"等。其他连动结构，居前的动词后还需有上述 jəu⁵₂ "在"作为标记。

如：

noːn²jəu⁵koːi¹ɬei¹.躺着看书。

　睡 在 看 书

我们认为，keːm¹ "跟"、naŋ⁴ "坐"作为连动结构中居前的动词，之所以可以不加标记表示进行，是因为这两个动词在连动结构中使用的频率十分高而使标记逐渐脱落所致。事实上，这样的连动结构已经显现出词汇化的倾向。

我们还观察到，百色一带少数民族学说的官话，连动结构中如第一连动项表示正在进行，常常不用进行体标记。如：

①这个东西我拿吃。（这个东西我拿着吃。）

②这个东西你拿放。（这个东西你拿着收好。）

③你坐吃就得了。（你坐着吃就可以了。）

所涉及的也是少数几个使用频繁的单音节动词。我们认为，这种官话的这些说法就是壮语影响的结果。

砚广土语有另外的标记。

西畴县西洒镇汤果村（李锦芳等，2015）[1]：

ti^{3}sin^1 tɕu^{4}nɯ^{6}tɕo^{6}仙人才想起

妇女　才　想　着

na:ŋ^2 sin^1 tɕu^{4}ŋa:ŋ^{5}tɕo^{6}乜星方思起

妇女　星　才　思　着

这个tɕo^{6}应该是借自云南官话的"着"。

西畴壮语：

huɔk^{7}ʃak^{7}se^{1}洗着衣服　　　tsin^1　se^{1}吃着　　　dam^1 se^1 phak^{7}种着菜

做　洗 进行体标记　　　　　吃 进行体标记　　　种 进行体标记 菜

龙州壮语也有与西畴壮语 se^{1}同源的进行体标记：

no:k^{4}ɬa:u^{1}tiŋ^6 ɬe^1　　ko^{4}ɬe^{5}tɕo^{2}ne^2.妹妹听着歌写作业。

妹妹　听 进行体标记 歌写 作业

覃凤余、王全华（2018）讨论过龙州壮语的 ɬe^1，她认为 ɬe^{1}的本义是"放置"，也有终点介词的功能。[2]而据朱婷婷（2015），田阳壮语"放置"义动词 po^{4}经历了"'放置'义动词＞终点/方向格介词＞持续体标记"这样的演变过程。[3]龙州壮语的 ɬe^{1}和西畴壮语的 se^{1}由"放置"义动词演变为进行体标记的过程与朱文所论 po^{4}以及我们在上文讨论的由"放置"义动词演变为持续体标记的过程应是平行的。

广南壮语的进行体标记似乎已消亡（发音人说没法用标记表达），而代之以副词方式，如：

① 李锦芳等：《云南西畴族〈太阳祭祀古歌〉的基本解读》，《文山学院学报·中国古越人太阳崇拜暨"日出汤谷"学术研讨会论文集》2015 年 S1 期。

② 覃凤余、王全华：《从壮语看汉语史"着"表祈使语气的来源》，《古汉语研究》2018 年第 2 期。

③ 朱婷婷：《广西田阳壮语"po⁴（放）"的语法化》，《钦州学院学报》2015 年第 10 期。

ti^{2}tau^{3}ni^{2}tsəŋ^{3}tsaːi^{3}laːi^{2}sin^3.他现在正在写信。

他　现在　正在　　写　信

由以上讨论，南部壮语进行体标记有"居住"义动词、"放置"义的来源，也有官话借词"着"，与北部壮语的 tɯk^{7}不同。这是其与北部壮语相异之处。

五　经历体

经历体是完整体的一种，它着眼于外部来观察时间进程中的事件构成，反映事件不可分解的整体性质（戴耀晶，1997）。[①]靖西壮语的经历体标记为 kwa$^5_1$ "过"和 kwa$^5_1$ja$^5_1$ "过了"（kwa^{5}还可以充当再次体标记，为了区分，我们把经历体标记 kwa^{5}记为 kwa$^5_1$，把下文讨论的再次体标记记为 kwa$^5_2$）。

其结构大致有：

1.V + kwa$^5_1$/kwa$^5_1$ja$^5_1$

2.VO + kwa$^5_1$/kwa$^5_1$ja$^5_1$

3. V + kwa$^5_1$/ kwa$^5_1$ja$^5_1$ +O+ kwa$^5_1$/ kwa$^5_1$ja$^5_1$

4.V + kwa$^5_1$/kwa$^5_1$ja$^5_1$ +O +ja$^5_1$

5.V + kwa$^5_1$ +O

分别讨论如下：

（一）V + kwa$^5_1$/kwa$^5_1$ja$^5_1$

①pə^{2}ɬə^{2}ŋo^{5}pai^{1}kwa^5.百色我去过。

　百色　我　去　过

②məu^{1}je^{2}naːn^{2}pei^{1}kwa^{5}kin^{1}kwa^5.越南的猪去年吃过。

　猪　　越南　年过　吃　过

③te^1 nai^{3}hat^{7}kwa^{5}ja^5.他曾经做过了。

　他　得　做　过　了

④nam^{4}kɔn^{3}kwa^{5}ja^5.水开过了。

　水　　滚　过　了

---

① 戴耀晶：《现代汉语时体系统研究》，浙江教育出版社 1997 年版。

（二）VO＋kwa⁵₁/kwa⁵₁ja⁵₁

①pa⁵ŋo⁵pai¹ke:u¹ kwa⁵.我爸爸去过越南。

　爸 我 去 越南 过

②ŋo⁵mei² nai³kha³kai⁵kwa⁵na:u⁵.我没有杀过鸡。

　我 不 得 杀鸡 过 不

③ŋo⁵ko:i¹se:k⁹ɬei¹kei²kwa⁵ja⁵.我看过这本书了。

　我 看 册 书 这 过 了

④ji²kjəu⁵pa² ki⁵ŋo⁵le³ nai³jəŋ⁵ɬiŋ⁵sa:i⁵ɬə²kwa⁵ja⁵lə⁰.

　一 九 八 几我 就 得 影 相 彩 色 过 了 语气助词

一九八几年我就照过彩色照片了。

（三）V＋kwa⁵₁＋O＋kwa⁵₁/ kwa⁵₁ja⁵₁

①ŋo⁵kin¹kwa⁵ɳa³ŋa:i⁶kwa⁵.我吃过艾草。

　我 吃 过 草艾 过

②pa:n¹te¹ hat⁷kwa⁵wɔ²toŋ³kwa⁵ja⁵.他们班做过活动了。

　班 他 做 过 活动 过 了

③pho¹me:n¹kwa⁵faŋ⁴ kwa⁵ja⁵.奶奶包过粽子了。

　婆 包 过 粽子过 了

（四）V＋kwa⁵₁/kwa⁵₁ja⁵₁＋O＋ja⁵₁

①pei¹kwa⁵ŋo⁵pai¹kwa⁵na²po⁵ja⁵.去年我去过那坡了。

　年 过 我 去 过 那坡 了

②ni⁵than¹kwa⁵te¹ ja⁵.你见过他了。

　你 见 过 他 了

③ŋo⁵wa⁶te¹kin¹kwa⁵kja:u⁵kha:u³ja⁵.我和他吃过米饺了。

　我 和 他吃 过 饺 米 了

④te¹ko:i¹kwa⁵ja⁵siŋ⁵mai⁴lo⁴ja⁵.他看过木偶戏了。

　他 看 过 了戏 木 偶 了

（五）V＋kwa⁵₁＋O

①ŋo⁵pai¹kwa⁵pə²kjəŋ⁵.我去过北京。

　我 去 过 北京

②pei¹kwa⁵lun² lau² kin¹kwa⁵məu¹khən¹lam².去年我们家吃过喂糠的猪。

　年　过　家　我们吃　过　猪　喂　　糠

我们认为，"V＋kwa⁵₁＋O"并不是靖西壮语经历体的固有格式，而是在跟汉语接触后从汉语复制来的。理由有：

1.我们观察到，这样的格式更多地出现在文化程度较高的人群以及年轻一代之中。

2.V＋kwa⁵₁＋O与现代汉语中通常的语序"V＋过＋O"一致。

南部壮语其他土语带"过"的经历体也有两种语序。

龙州壮语：

ji²mi⁴li²khai¹ba:n³kwa⁵./ji²mi⁴li²khai¹kwa⁵ba:n³.爷爷还没离开过村子。

爷不　离开村　过　爷不　离开　过　村

扶绥壮语：

①a³³ko:ŋ³⁵mei²¹lei²¹ho:i³⁵ko²¹hə:n²¹.爷爷没离开过家。

　阿公　没　　离开　过　家

②a³³ko:ŋ³⁵mei²¹lei²¹ho:i³⁵hə:n²¹ko²¹.爷爷没离开过家。

　阿公　没　　离开　家　过

③ti³⁵ai³³ko²¹məŋ³⁵./ti³⁵ai³³məŋ³⁵ko²¹.他爱过你。

　他爱过　你　他爱你　过

广南壮语：

①maɯ²pai¹kwa⁵si²lin⁶ piu²（"不有"的合音）？你去过西林吗？

　你　去过　　西林　没有

②maɯ²tsin¹lau³kwa⁵ piu²？你喝过酒吗？

　　你　喝　酒过　没有

西畴壮语：

pai¹kɔ³/kwa⁵fu³niŋ⁶去过富宁

去　过　　富宁

tɔ:ŋ²dɔ:i⁵kɔ³/kwa⁵打过架　　　　phan¹lɔ:ŋ²kɔ³/kwa⁵下过雨

同　打　过　　　　　　　雨　下　过

马关壮语$_\pm$：

hã⁵ləu³koˈ/hã⁵koˈləu³喝过酒　　　　　khi⁵mo⁴koˈ/khi⁵koˈmo⁴骑过马

喝 酒 过 喝 过 酒　　　　　　　　　骑 马 过 骑 过 马

马关壮语$_\pm$中，层次较早的"V＋O＋过"结构比"V＋过＋O"更常见，更自然，使用频率更高。

南部壮语各个土语的"V＋过＋O"结构应该都是受汉语影响而形成的。

南部壮语经历体标记 kwa⁵是中古借词"过"。过，靖西壮语中古借词果摄合口一等过韵，见母，去声。中古借词果合一部分读 a，如"破"读 pha⁵，"锁"读 ɬa³；见母与合口拼读 kw，如"瓜"读 kwa¹，"怪"读 kwaːi⁵；清去读第 5 调，如"雇"读 kɔ⁵，"（真）假"读 kja⁵。声韵调符合中古借词规律。显然，南部壮语在与汉语方言的接触中引进了这一经历体标记。

中古借词"过"在壮语中是很常见的经历体标记。张元生、覃晓航（1993）将其记为经历态标记"gvaq"。[①]

事实上，与壮语杂处的汉语方言也有以"过"为经历体标记的。如：

崇左新和蔗园话（梁伟华、林亦，2009）[②]：

①嗰本书我上个月啱看过。（这本书我上个月刚看过。）

②□［koi³³］里前几日啱冷过啊棍。（这里前几天刚冷过一下。）

③我凑过讲件事过喽［ləu³⁵］。（我跟你说过这事情了。）

④我去南宁做生意过。（我去南宁做过生意。）

南宁白话（林亦、覃凤余，2008）[③]：

①我去过北京两次哂，冇想再去哂。（我去过北京两次了，不想再去了）

②你几时请我食过饭？/你几时请我食饭过？（你什么时候请我吃过饭？）

③你冇记得我，我重记得你哦，旧年你冇系来我哋档案馆过啊？（你不记得我，我还记得你的，去年你不是到过我们档案馆的吗？）

百色粤语：

① 张元生、覃晓航：《现代壮汉语比较语法》，中央民族大学出版社 1993 年版，第 25 页。

② 梁伟华、林亦：《广西崇左新和蔗园话研究》，广西师范大学出版社 2009 年版，第 272 页。

③ 林亦、覃凤余：《广西南宁白话研究》，广西师范大学出版社 2008 年版，第 333 页。

①我食过饭。（我吃过饭。）

②我去过北京。（我去过北京。）

田林浪平高山汉话（西南官话）①：

①我去浪平过。（我去过浪平。）

②我看到过他。（我见过他。）

西林官话：

①我得去过嵩崧家。（我去过嵩崧家。）

②我跟娅妮喝过酒。（我跟娅妮喝过酒。）

值得注意的是，西畴壮语的经历体标记"过"有两个来源，上文已经讨论，kwa⁵是中古借词，kɔ³则应当来自当地的官话。我们在马关壮语中也观察到，其借自汉语的"过"有两种形式，一是作为比较标记的 kwa⁵，一是作为经历体标记的 ko¹。kwa⁵为中古借词无疑，ko¹则应是借自云南官话。

六　再次体

黄阳（2010）认为靖西壮语中再次体标记共有四个，分别是 tsai³（下文将论述，tsai³应为 tsaːi³，但部分靖西人 tsaːi³的主元音已短化为 a，因此，记为 tsai³亦可）"再"、mɔi⁵"新"、 theːm¹ "再"、kwa⁵"过"，或者两个标记叠置在一起 kwa⁵mɔi⁵"再"、kwa⁵theːm¹"再"、theːm¹mɔi⁵"再"，主要构成双重标记起强化作用，用以抵消和弥补语法化过程中的损耗。②

我们认为，靖西壮语的再次体标记有四个：kwa⁵₂、taːu⁶、kwa⁵₂mɔi⁵和 pai¹kwa⁵₂。

（一）单个标记

1.kwa⁵₂

我们认为，kwa⁵₂是中古借词"过"。其音韵我们在经历体部分已做讨论，在此不赘。

例如：

---

① 杨长忠惠告。

② 黄阳：《靖西壮语语法》，硕士学位论文，广西大学，2010 年，第 81 页。原文为"五个"，但仅列 4 个，估计为笔误。

①pai¹kwa⁵.重来。

　去　过

② kha:u⁵kwa⁵.重新考。

　考　　过

③ʔan¹faŋ⁴me:n¹kwa⁵.这个粽子重新包。

　个　粽　　包　过

广西与壮语杂处的汉语方言，也有以"过"为再次体标记的。

新和蔗园话（梁伟华、林亦，2009）①：

①□［mi²¹］够净，喊佢再洗过。（不够干净，叫他再洗一次。）

②菜□［mi²¹］够熟，□［nəu⁵⁵］去再煮过。（菜不够熟，拿去再煮一下。）

③手表跌喽［ləu²²］，我再去买过啊只。（手表丢了，我再去买一个。）

④做□［mi²¹］刘，再做过一□［pɐi³¹］。（没做对，再做一次。）

南宁白话（林亦、覃凤余，2008）②：

①杯茶冻晒，换过杯啦。（这杯茶凉了，再换一杯吧）

②印冇得清楚，再印过。（印不清楚，再印　次）

③支歌我哋唱得冇整齐，重新唱过一次。（这歌我们唱得不整齐，再唱一次）

百色粤语：

①啲条题我算错了，我算过一□ka:n⁵⁵。（这道题我算错了，我再算一次。）

②我再睇过。（我重新看。）

田林浪平高山汉话（西南官话）③：

①做一次过。（再来一次。）

②再吃一碗过。（再吃一碗。）

西林官话：

再来过。（重新来。）

① 梁伟华、林亦：《广西崇左新和蔗园话研究》，广西师范大学出版社2009年版，第275页。

② 林亦、覃凤余：《广西南宁白话研究》，广西师范大学出版社2008年版，第333页。

③ 杨长忠惠告。

南方汉语方言中，以"过"为再次体标记的比比皆是。浙江、江西、福建、湖南、广东、海南、广西都有大量分布（曹志耘，2008）。[1]这是靖西壮语再次体 kwa⁵₂来自汉语"过"的有力证据。

2.taːu⁶

我们认为，靖西壮语表示再次，原来是通过在动词后以副词 taːu⁶进行修饰而实现的。这种方式现在还存在，如：

①teˈ?eiˈtaːŋˈlaːu⁴ɬaiˈtaːu⁶.他愿意重新当老师。

　他　肯　当　老师　_{再次体标记}

②teˈma²lun²taːu⁶.他重又回家。

　他来　家　_{再次体标记}

③tuˈməuˈkinˈtaːu⁶.猪重新吃起来。

　只　猪　吃　_{再次体标记}

taːu⁶本义是"返回"，实义动词，语法化为副词后指"重新"。"动词＋taːu⁶"目前使用频率比"动词＋kwa⁵₂"低。我们认为，主要的原因是：靖西壮语从汉语借入的再次体标记 kwa⁵₂与其意义、功能一致，并在竞争中逐渐占据上风，从而使 taːu⁶的使用频率逐渐降低。

（二）复合标记

靖西壮语再次体的复合标记有 kwa⁵₂mɔi⁵、paiˈkwa⁵₂。分述如下：

1.kwa⁵₂mɔi⁵ "重新"

①leːŋ⁴panˈlɔn⁶nun¹, koˈkjaˈthaːiˈleːu⁴ŋau², tsaiˈkwa⁵mɔi⁵tsoˈ naiˈ.

　旱　成　论月　棵秧死　完完　种过　新　才　得
旱了一个月，秧苗都枯死了，重新种才行。

②?iˈ　pan⁶lɔn²phɔnˈ, ɬiˈkhwaˈŋaːi²ɬak⁸kwa⁵mɔi⁵loⁿ.

　点儿刚才下　雨　衣　裤　捱洗　过　新　_{语气助词}
刚才下雨，衣服得重新洗。

③?anˈteːnˈsiˈtsoːi⁶kwa⁵mɔi⁵tsoˈnaiˈ.（这个）电视机要重新修才行。

　个　电视　修　过　新　才得

---

① 曹志耘主编：《汉语方言地图集·语法卷》，商务印书馆 2008 年版，第 87、88 页。

2.pai¹kwa⁵₂

①ʔi³　pan⁶ hat⁷sa¹ja⁵, hat⁷pai¹kwa⁵.刚才做错了，重新做。

　点儿 刚才做 错 了　做 去　过

②ʔan¹lun²ŋam⁵tap⁸nai¹, te¹kjən³je:n²təp⁸pai¹taŋ³pai¹kwa⁵.

　个　房 刚 起 得　他 竟然　打 去 起 去 过

（那个）房子刚起好，他竟然打掉重新起。

七　尝试体

（一）靖西壮语的尝试体一般是在动词后加 ko:i¹ "看"，ko:i¹ 也可以重叠为 ko:i¹ko:i¹

靖西壮语的 V + ko:i¹/ ko:i¹ko:i¹ 大致有以下格式：

1. V + ko:i¹

2. V + 分类词 + ne:u² + ko:i¹

3. VV + ko:i¹

4. VV + 分类词 + 一 + ko:i¹ko:i¹

5. V + ko:i¹ + 分类词 + 一 + ko:i¹（V + ko:i¹ 和 V + 分类词 + 一 + ko:i¹ 的组合）

6. ko:i¹

如这些格式后有分句，则往往以 ko:i¹ "看" 回指。

各个格式讨论如下：

1.V + ko:i¹

①hat⁷ki³la:i¹na:n²tu¹ mei² nai³na:u⁵, ma²ŋo⁵hat⁷ko:i¹.

　做　那么 久 都 不 得 不　来我做 看

　做这么久都没做好，我试试看。

②ni⁵təŋ⁶ko:i¹, me:n⁶haŋ¹te¹ mi⁰? 你听听看，是他的声音吗？

　你 听 看　是 声 他 语气助词

③tso:i⁴ki³la:i¹na:n²tu¹ mei² nai³na:u⁵ʔa⁰? ma²ŋo⁵ko:i¹ko:i¹.

　修　那么 久 都 不 得 不 语气助词 来我 看 看

修那么长时间都没有修好吗？我试试看。

2.V＋分类词＋ne:u²＋ko:i¹

①hat⁷ki³la:i¹na:n²tu¹ mei² nai³na:u⁵，ma²ŋo⁵hat⁷ma:t⁹ne:u²ko:i¹.

　干　那么久　都　不　得　不　　来我干下　一　看

做这么久都没做好，我试试看。

②ni⁵pai¹pai²ne:u²ko:i¹，ko:i¹te¹ɬoŋ¹mi⁰? 你去一次看，看他高不高？

　你　去　次　一　看　　看他　高　_{语气助词}

3.VV＋ko:i¹

①se:k⁹ɬei¹tən⁴ma²te³ phin³phin³ko:i¹.这本书我翻翻看。

　册　书　这　来　_{助词}翻　翻　看

②ʔan¹ma:k⁹ni⁵ləm⁴ləm⁴ko:i¹，ko:i¹nəm⁴ja⁵tsaŋ²?

　个　果　你　摸　摸　看　　看　软　了　_{语气助词}

（这个）果你摸摸看，看软了没有？

4.VV＋分类词＋ne:u²＋ko:i¹ko:i¹

①se:k⁹ɬei¹tən⁴ma²te³phin³phin³ma:t⁹ne:u²ko:i¹ko:i¹.这本书我翻一下看看。

　册　书　这　来　_{助词}翻　翻　下　一　看　看

②ni⁵ʔau¹ʔan¹sɔu⁵ki⁵ma²joŋ⁶joŋ⁶pai²ne:u²ko:i¹ko:i¹.

　你拿　个　手机　来　用　用　回　一　看　看

你把（那个）手机拿来用一次看看。

5.V＋ko:i¹＋分类词＋ne:u²＋ko:i¹

①ma²ŋo⁵te:m³ma:t⁹ne:u²ko:i¹.我点一次看。

　来　我　点　下　一　看

②kwai¹la:i¹the:m¹məu⁵? ni⁵pai¹pai²ne:u²ko:i¹.很远吗？你去一次看。

　远　多　添　_{语气助词}　你　去　次　一　看

6.ko:i¹后分句往往可以省略前分句的谓语动词，单用一个 ko:i¹，同样表示尝试

①tso:i⁴ki³la:i¹na:n²tu¹mei² nai³ na:u⁵ ʔa⁰? ma²ŋo⁵ko:i¹.

　修　那么久　都　不　得　不　_{语气助词}　来　我　看

修那么长时间都没有修好？我试试看。

②$ʔaːm^5tsi^5ŋjam^4laːi^1ʔa^0$？ $ma^2koːi^1$.（这块）肉太韧？我看看。

　　口　肉　韧　多 _{语气助词} 来　看

吴福祥（1995）认为，（汉语的）"看"由动词到尝试态助词的演变是从词义变化开始的，由表示视觉动作的"瞻视"扩大使用范围，抽象成一切用感官测试的动作（"测试"义），这种词义变化抽象化促使"看"的组合关系，语法功能发生相应变化，由作为中心动词带宾语变成依附主要动词之后，不带宾语。当"看"的词义抽象化达到一定程度，便引起词义虚化，最终失去词汇意义，变成只表示尝试语义的语法单位。①我们推测，靖西壮语实义动词 $koːi^1$ 语法化为尝试态助词 $koːi^1$ 的过程是对汉语的复制。

　　汉语"看_助"经历了从"V 看"到"VV 看"的过程，且"V 看"已经消亡。而靖西壮语多种形式并存，说明其在复制的同时，各个层次叠置，保留了各个层次的结构。而"V 看"的使用频率高于"VV 看"，也说明靖西壮语更倾向于使用更早的层次。

　　与汉语相比，靖西壮语没有"V 一 V 看"，我们认为原因如下：

　　靖西壮语数词 $neːu^2$ "一"与分类词组合时语序是"分类词＋$neːu^2$"，与汉语"一＋分类词"不同。靖西壮语从汉语复制"V 一 V 看"时，会从自身寻找结构类似的语言材料，靖西壮语"分类词＋$neːu^2$"虽是数词分类词短语，但其与汉语"一 V"结构相似，故将汉语"V 一 V"的语义复制到靖西壮语"V＋分类词＋$neːu^2$"上。即，在复制"V 一 V 看"结构时就选择了"V＋分类词＋一 $koːi^1$"。

　　其他壮语也有以"看"作为尝试体标记的。如：

　　陆天桥（2011）认为，武鸣壮语尝试体句法结构是 V P＋$jaɯ^3$，其中的 $jaɯ^3$ 标记来自于完全动词"看"，如 $jaɯ^3$（看）$saɯ^1$（书）"看书"、$jaɯ^3hei^5$（戏）"看戏"等，它虚化成为尝试体标记后表示一种非正式的、通常是短暂的行为，表示"尝试做某事"的意思。例如：$ɕim^2$（尝）$jaɯ^3$（看）、ku^6（做）$jaɯ^3$（看）。②张增业（1998）认为，（壮语）动词重叠后再加"yawj

① 吴福祥：《尝试态助词"看"的历史考察》，《语言研究》1995 年第 2 期。
② 陆天桥：《试论武鸣壮语的体范畴》，《语言科学》2011 年第 6 期。

看"，更突出了动作的尝试性。①韦庆稳、覃国生（1980）认为，（表示动作的）动词也能重叠或重叠后加 jaɯ³，分别表示"短暂"和"尝试"的意思。②黄美新（2015）所指出的武鸣壮语、大新壮语、天等壮语的尝试体标记 jɐɯ³、lɛ⁴、ŋɔi²语义都是"看"。③

看来由"瞻视"义动词语法化而得的尝试体标记，在壮语中分布比较普遍。

侗语也有类似的用法，梁敏（1979）指出，（侗语）在汉语的影响下，有些动词也能重叠表示尝试或短暂的意思，表示尝试的也和汉语一样，后面常加上一个虚化了的动词 nu⁵"看"。④

（二）靖西壮语还可以只通过动词的重叠，以动词 VV 式表尝试

如：

①ŋo⁵ləm⁶ləm⁶na³pjaːk⁹te¹，than¹mei² ʔi³ phəu¹neːu².

　　我　摸　摸　额头　他　见　有　点儿　烫　一

　　我摸摸他的额头，觉得有些烫。

②ŋo⁵phjaːi³kwa⁵pai¹tap⁷tap⁷，than¹miŋ³nɔi¹mei²naːu⁵kən²naːu⁵.

　　我　走　过去　敲　敲　见　边儿里　有　不　人　不

我走过去敲敲（门），觉得里面没有人。

③te¹kam¹tən⁵ma²səp⁷səp⁷，kaːn⁵kin⁵weːŋ⁶pai¹.他拿起来闻一闻，赶紧扔掉。

　　他　拿　起　来　闻　闻　　赶紧　　扔　去

④ni⁵noŋ⁶noŋ⁶tsaŋ² ləu⁴naːu⁵ləu⁵？你穿穿不就知道了吗？

　　你　穿　穿　未曾　懂　不　语气助词

VV 式可表"尝试"，在壮语中并非孤例。

张增业（1998）认为，表示行为的动词能够重叠，以表示行为的短暂、尝试或随意的意思。⑤

吴福祥（2013）指出，表示"短时、少量或尝试"的动词重叠形式"VV

---

① 张增业：《壮—汉语比较简论》，广西民族出版社 1998 年版，第 93 页。

② 韦庆稳、覃国生编著：《壮语简志》，民族出版社 1980 年版，第 39 页。

③ 黄美新：《勾漏粤语与壮语尝试体和尝试貌的比较研究》，《黔南民族师范学院学报》2015 年第 3 期。

④ 梁敏：《侗语简志》，民族出版社 1979 年版，第 48 页。

⑤ 张增业：《壮—汉语比较简论》，广西民族出版社 1998 年版，第 93 页。

（V 一 V）"罕见于世界语言，但部分南方民族语言却跟汉语一样也具有这种语法模式。他认为，这些语言的"VV（V 一 V）"重叠形式极有可能是复制汉语动词重叠式的结果。他还列举了包括壮语在内的数种南方民族语言的例证。[1]

我们认为，靖西壮语尝试体中的 VV 式也是来自对汉语的"复制"。这里包括上文所述的靖西壮语动词重叠式与 ko:i¹ 构成的"VV＋ko:i¹"和"VV＋分类词＋一＋ko:i¹ko:i¹"格式中的 VV。

靖西壮语中 VV 式的使用有诸多限制，一般而言，类似标准现代汉语的单独作谓语的形式，如"我走走""你踩踩"的形式，在靖西壮语中不能出现。如：

①*ŋo⁵phja:i³phja:i¹.我走走。

　　我　走　　走

②*ni⁵ʔip⁹ʔip⁹.你踩踩。

　　你　踩　踩

靖西壮语中，VV 后一般需有后续成分。如：

①ŋo⁵phja:i³phja:i³ko:i¹.我走走看。

　　我　走　　走　　看

②ŋo⁵phja:i³phja:i³ ʔi³ ne:u².我走一下。

　　我　走　　走　　点儿　一

③ŋo⁵phja:i³phja:i³kwa⁵jam¹.我走走以满足兴趣。

　　我　走　　走　　过　瘾

④ni⁵ʔip⁹ʔip⁹ko:i¹.你踩踩看。

　　你　踩　踩　看

⑤ni⁵ʔip⁹ʔip⁹ma:t⁹ne:u²ko:i¹.你踩一下看。

　　你　踩　踩　下　一　看

⑥ni⁵ʔip⁹ʔip⁹tsi⁶ko:i¹.你试着踩踩看。

　　你　踩　踩　试　看

---

[1] 吴福祥：《语言接触与语法复制》，《百色学院学报》2013 年第 5 期。

吴福祥（2009）指出，接触引发的语法化所产生的新的范畴通常在使用上受到限制，比如频率低、能产性较差、限于特定环境，至少在被复制的早期阶段如此。[①]靖西壮语 VV 式的使用有诸多限制、使用频率低、能产性不强、受使用环境约束，证明靖西壮语动词重叠式并不是一个固有的格式。

靖西壮语 VV 式虽可表尝试，但"尝试"义并不明显，更多的还是体现"短时，少量"义。其他壮侗语亦如此。

如韦庆稳、覃国生（1980）指出，（表示动作的）动词也能重叠或重叠后加 jaɯ³，分别表示"短暂"和"尝试"的意思。这说明他们认为，动词重叠的功能在于表"短暂"，而重叠后加 jaɯ³ 才表"尝试"。[②]

董秀芳（2019）指出，动词重叠可以表示尝试、短时。她指出苗语、勉语、畲话等动词完全重叠也一般表示动作量的减弱，常附加尝试、试探、随便的意思。她指出，动词的重叠能够表示减量，是因为把一个事件分解成多个子事件，单个事件在强度、意愿等方面都减弱了，所以能"表小"。[③]

我们在上文也已说明，梁敏（1979）认为，（侗语）一般动词原来很少重叠，在汉语的影响下，有些动词也能重叠表示尝试或短暂的意思，表示尝试的也和汉语一样，后面常加上一个虚化了的动词 nu⁵ "看"。[④]

这与我们在靖西壮语中观察到的情况是接近的。

（三）靖西壮语还可用 tsi⁶ 表尝试

tsi⁶ 是中古借词"试"。

吕嵩崧（2014）讨论过靖西壮语中古借词中与"试"同属之韵的"止"的读音，他认为靖西壮语中古借词之母曾有 i>ei 的音变过程，而"止"为音变滞后。[⑤]我们观察现代平话"止"的读音：百色那毕、宾阳庐圩、富宁剥隘、龙州上龙、马山乔利、田东林逢 tsi³³，临桂两江、郁林福绵 tɕi³³，临桂五通 tɕi⁵⁵⁴，

① 吴福祥：《语法化的新视野——接触引发的语法化》，《当代语言学》2009 年第 3 期。
② 韦庆稳、覃国生：《壮语简志》，民族出版社 1980 年版，第 39 页。
③ 董秀芳：《汉藏语系语言中的评价性形态》，第七届海外中国语言学者论坛会议论文集，2019 年。
④ 梁敏：《侗语简志》，民族出版社 1979 年版，第 48 页。
⑤ 吕嵩崧：《靖西壮语语法研究》，博士学位论文，上海师范大学，2014 年。

平乐青龙 tɕi⁴⁵，融水 tɕi⁵⁵，藤县藤城 tɕi³³（李连进，2000），①恭城疍家、毛村疍家、平乐疍家、阳朔疍家、訾州疍家 tɕi⁴⁴（白云，2007），②可知，靖西壮语从古平话借入之韵字时，韵母应读 i，现在读为 ei，应是 i 复化所致。靖西壮语中"止"读 tsi⁴⁵，应该是其没有参与音变，是音变滞后。

与"止"一样，靖西壮语中古借词"试"读 tsi⁶ 也属音变滞后。我们认为，其之所以滞后是因为"试"作为体标记，使用频率高，因而较早的语音形式得以保留。浊去读第 6 调 324，如"第"读 tai⁶（a 也有长化读 a:的），"背（背诵）"读 po:i⁶。韵和调与中古汉语借词规律相符。但声母存疑，书母多读 ɬ，如"伤"读 ɬiŋ¹，"收"读"ɬau¹"，而这个标记声母为 ts，与一般规律不符。我们的估计是，有可能"试"先借入书母读为不送气塞擦音的语言（如北部壮语），再被靖西壮语借入。

tsi⁶ 与 ko:i¹ 常常构成框式形式：tsi⁶＋V＋ko:i¹（试＋V＋看），表示尝试。如：

①ni⁵tsi⁶kha³kai⁵ko:i¹.你试着杀鸡。

　　你试 杀 鸡 看

②ni⁵tsi⁶phi⁵na:i²ko:i¹，ŋo⁵lɔn⁶ ma⁵ŋo⁵.你试吐口水，我告诉我妈妈。

　　你试 吐 唾沫 看　 我告诉妈 我

在此结构中，tsi⁶ 可重叠：tsi⁶tsi⁶＋V＋ko:i¹（试＋V＋看），如：

①ŋo⁵tsi⁶tsi⁶kin¹ko:i¹.我试着吃。

　　我 试 试 吃　看

②ni⁵tsi⁶tsi⁶ka:k¹⁰phja:i³ko:i¹.你试着自己走。

　　你 试 试 独自 走　　看

我们认为，tsi⁶＋V＋ko:i¹ 结构也复制自汉语。汉语中这一结构相当丰富，如：

①此事为什么毁誉不同，试拣出看。（《景德传灯录》364—15）

②师欣然出众曰："和尚试辊一辊看！"（《五灯会元》卷 15）

如话语中存在预设，或 V 是说话双方共同知晓的，则此结构中的 V 也可以

① 李连进：《平话音韵研究》，广西人民出版社 2000 年版。

② 白云：《广西疍家话语音研究》，广西人民出版社 2007 年版。

省略。如：

ni⁵tsi⁶kɔːi¹.你试试看。

　你　试　看

tsi⁶还可重叠使用：tsi⁶tsi⁶

ni⁵tsi⁶tsi⁶kɔːi¹.你试试看。

　你试　试　看

以上标记也可以与以上所述尝试体标记组合，构成"tsi⁶＋动词＋分类词＋ neːu²＋kɔːi¹/kɔːi¹kɔːi¹"、"tsi⁶tsi⁶＋动词＋分类词＋neːu²＋kɔːi¹/kɔːi¹kɔːi¹"的格式。如：

①ni⁵wan²pjɔk⁸tsi⁶hat⁷ʔi³　neːu²kɔːi¹.你明天试做一点儿看。

　　你　天　明　试 做点儿 一　看

②ni⁵wan²pjɔk⁸tsi⁶hat⁷ʔi³　neːu²kɔːi¹kɔːi¹.你明天试做一点儿看看。

　　你　天　明　试 做 点儿一　看　看

③ni⁵wan²pjɔk⁸tsi⁶tsi⁶hat⁷ʔi³　neːu²kɔːi¹.你明天试试做一点儿看。

　　你　天　明 试 试 做点儿 一　看

④ni⁵wan²pjɔk⁸tsi⁶tsi⁶hat⁷ʔi³　neːu²kɔːi¹kɔːi¹.你明天试试做一点儿看看。

　　你　天　明 试 试 做 点儿一　看　看

⑤ni⁵wan²pjɔk⁸tsi⁶hat⁷maːt⁹neːu²kɔːi¹.你明天试着做一下看。

　　你　天　明　试 做　下　一　看

⑥ni⁵wan²pjɔk⁸tsi⁶hat⁷maːt⁹neːu²kɔːi¹kɔːi¹.你明天试着做一下看看。

　　你　天　明　试 做 下　一　看　看

⑦ni⁵wan²pjɔk⁸tsi⁶tsi⁶hat⁷maːt⁹neːu²kɔːi¹.你明天试试做一下看。

　　你　天　明 试 试 做 下　一　看

⑧ni⁵wan²pjɔk⁸tsi⁶tsi⁶hat⁷maːt⁹neːu²kɔːi¹kɔːi¹.你明天试试做一下看看。

　　你　天　明 试 试 做 下　一　看　看

⑨ni⁵wan²pjɔk⁸tsi⁶hat⁷paːi²neːu²kɔːi¹.你明天试着做一下看。

　　你　天　明 试 做 次　一　看

⑩ni⁵wan²pjok⁸tsi⁶hat⁷pai²ne:u²ko:i¹ko:i¹.你明天试着做一次看看。

　　你　天　明　试　做　次　一　看　看

⑪ni⁵wan²pjok⁸tsi⁶tsi⁶hat⁷pai²ne:u²ko:i¹.你明天试试做一次看。

　　你　天　明　试　试　做　次　一　看

⑫ni⁵wan²pjok⁸tsi⁶tsi⁶hat⁷pai²ne:u²ko:i¹ko:i¹.你明天试试做一次看看。

　　你　天　明　试　试　做　次　一　看　看

八　反复体

反复体可以看作有共性又有差异的一组体的总称。反复体可以分为一次性反复和进行持续反复两种，一次性反复指的是将某一行为重复一次以取代或更新前一次行为，进行持续反复通常用叠加一些成分构成，这类反复是动作行为的反复完成，是在同一时间段里连续发生的，因而作为事件整体又是进行或持续的（刘丹青，2008）。①靖西壮语的反复体主要通过重叠实现。

1.重叠带宾语 VVO

ko:i¹ko:i¹łei¹看看书　　　　　pat⁷pat⁷tei⁶扫扫地

看　看　书　　　　　　　　扫　扫　地

təŋ⁶təŋ⁶jin⁵jɔ²听听音乐

听　听　音乐

我们认为，壮语动词重叠式表示动作行为的反复体，是复制自汉语。

2.对叠

（1）V＋pai¹（去）＋V＋ta:u⁶（返）

张定（2007）讨论了汉语普通话和方言中由动词的"对叠"形式来表达的反复体。他由"V 来 V 去"说起，结合西班牙语的例子，认为汉语普通话和方言里普遍存在的"V 来 V 去"式结构中，最初出现的动词应该是带有移动方向特征的动词，它们与"……来……去"共现，最初表示这些动作的方向性循环往复的移动。后来，通过概念隐喻"行为是移动"，格式中方向移动动词扩展到一般行为动词，出现了"看来看去、想来想去"这些搭配，"V 来 V 去"进

---

① 刘丹青编著：《语法调查研究手册》，上海教育出版社 2008 年版，第 471 页。

一步语法化，同时伴随"……来……去"语义的逐渐泛化。

他认为，普通话里的重叠是一种独立的标记形式，而位移方向性词语作为反复体标记总是依附于重叠。他由此得出结论，汉语和其他一些语言中源于移动方向的反复体标记的语法化路径可以刻画为：空间＞体。[①]

壮语常用的"对叠"形式是"V＋pai¹（去）＋V＋taːu⁶（返）"。我们认为其也走过了与汉语一致的语法化路径，经过了三个阶段：

最初出现的动词应该是带有移动方向特征的动词，如：phjaːi³pai¹phjaːi³taːu⁶"走去走回"、kjaːn²pai¹kjaːn²tau⁶"爬去爬回"、nei¹pai¹nei¹taːu⁶"跑去跑回"。

出现在这一格式中的动词逐步扩展到不带有移动方向特征的动词，如：keːu⁴pai¹keːu⁴taːu⁶"嚼去嚼返"、laːi²pai¹laːi²taːu⁶"写去写返"、tsəŋ¹pai¹tsəŋ¹taːu⁶"蒸去蒸返"、saːŋ³pai¹saːŋ³taːu⁶"唱去唱返"。

部分不带有明显动作特征的动词也继而进入这一格式，如：pun²pai¹pun²taːu⁶"想去想返"，nin¹pai¹nin¹taːu⁶"念去念返"。

这一过程，是"V＋pai¹（去）＋V＋taːu⁶（返）"格式的进一步语法化，同时伴随"……pai¹（去）……taːu⁶（返）"语义的逐渐泛化。

相应的格式，左州壮语为"V＋pei¹（去）＋V＋ma²（来）/thoːi⁵（回）"，如：

①kaːŋ³pei¹kaːŋ³ma²muːŋ¹tu⁵mi²haŋ³kaⁱ⁵huɯ³ku¹.说来说去你还是不肯嫁给我。

　讲　去　讲　回　你　都　不　肯　嫁　给　我

②nam³pei¹nam³ma²tu⁵suɯ³muɯŋ¹toːi¹ku¹tsui⁵ni¹.想来想去还是你对我最好。

　想　去　想　回　都　是　你　对　我　最　好

③tsaːŋ¹jaⁿ³ni²man⁵soŋ²jap⁸pei¹jap⁸thoːi⁵.草丛里的那些虫子一闪一闪的。

　中　草那　些　虫　闪　去　闪　回（晏殊，2018）[②]

龙州壮语是"V＋pei¹（去）＋V＋ma²（来）"，如：

　① 张定：《汉语方言反复体标记的若干类型》，沈家煊、吴福祥、李宗江主编：《语法化与语法研究（三）》，商务印书馆 2007 年版，第 335—362 页。

　② 晏殊：《崇左左州壮语参考语法》，硕士学位论文，广西大学，2018 年，第 108 页。

ja⁴pai¹ja⁴ma²说来说去

说去　说来

大新壮语为"V＋pei¹（去）＋V＋teːu⁶（返）"，如：

①ʔan¹teːŋ⁵juⁿ⁵tiŋ²kaːk⁷ni¹ɳap⁸pai¹ɳap⁸teːu⁶.楼上的灯一闪一闪的。

　　个　灯在上楼处闪　去　闪　回

②kaːŋ³pai¹kaːŋ³teːu⁶,jeːn²ma² ni⁶mi²kjaːŋ⁴kwa⁵ŋo⁶.说来说去，原来你还比不过我。

　　讲　去　讲　回　原来你不　强　过　我（卢业林，2011）[①]

（2）V＋khən³（上）＋V＋lɔŋ²（下）

壮族的空间认知异于汉族，覃凤余（2005）认为，汉语表现为横向思维特征，壮语表现为纵向思维特征，[②]因此汉语的"来去"，壮语常以 khən³（上）lɔŋ²（下）表达。与此相应的是以 V＋khən³（上）＋V＋lɔŋ²（下）表达反复。其语法化路径与 V＋pai¹（去）＋V＋taːu⁶（返）一致。

最初出现的动词应该是带有移动方向特征的动词，如：phjaːi³khən³phjaːi³lɔŋ²"走上走下"、kjaːn²khən³kjaːn²lɔŋ²"爬上爬下"、nei¹khən³nei¹lɔŋ²"跑上跑下"。

随着这一格式的泛化，部分不带有明显动作特征的动词也出现在这一格式中，如：koːi¹khən³koːi¹lɔŋ²"看上看下"、tsiu⁵khən³tsiu⁵lɔŋ²"照上照下"、pun²khən³pun²lɔŋ²"想上想下"。

这一过程，是 V＋khən³（上）＋V＋lɔŋ²（下）格式的进一步语法化，同时伴随"……khən³（上）……lɔŋ²（下）"语义的逐渐泛化。

"V＋pai¹（去）＋V＋taːu⁶（返）"语法化程度高于"V＋khən³（上）＋V＋lɔŋ²（下）"，可进入"V＋pai¹（去）＋V＋taːu⁶（返）"的动词多于"V＋khən³（上）＋V＋lɔŋ²（下）"。不排除以下原因：因汉语"V 来 V 去"的影响，而促使"V＋pai¹（去）＋V＋taːu⁶（返）"的语法化程度更高、速度更快。

相应格式，左江壮语为"V＋khɯn³（上）＋V＋lɔŋ²（下）"，如：

---

① 卢业林：《大新壮语语法调查与研究》，硕士学位论文，广西大学，2011 年，第 36 页。

② 覃凤余：《从地名看壮族空间方位认知与表达的特点》，《学术论坛》2005 年第 9 期。

tu¹liŋ² ni²thiu⁵khɯn³thiu⁵loŋ².那只猴子跳上跳下的。

只猴 这 跳　上　跳 下（晏殊，2018）①

（3）toŋ⁵（东）＋V＋ɬi⁵（西）＋V

如：toŋ⁵ko:i¹ɬi⁵ko:i¹"东看西看"、toŋ⁵we⁶ɬi⁵we⁶"东画西画"、toŋ⁵we²ɬi⁵we²"东捞西捞"。

我们认为，这一格式是对汉语"东 V 西 V"的复制，证据是：

第一，toŋ⁵是官话借词"东"，ɬi⁵是官话借词"西"。

第二，该格式的能产性小于汉语。动作性不强的动词如 pun²"盘算"等，不能进入该格式。吴福祥（2009）认为，接触引发的语法化所产生的新的范畴通常在使用上受到限制，比如频率低、能产性较差、限于特定语境，至少在被复制的早期阶段是如此。②"toŋ⁵（东）＋V＋ɬi⁵（西）＋V"能产性不强，正是其并非固有格式而是复制自汉语的证据。

3.超词复叠，如：

tha:tʔte:u²tha:tʔte:u²不断地跳

　X 跳　X 跳

4.间接复叠，如：

təp⁸təp⁸le³taŋ⁴,taŋ⁴taŋ⁴le³təp⁸.打打停停，停停打打。

打　打 又停 停　停 又打

5.还可以通过在动词重叠后加重叠词缀的方式表达

na⁵na⁵nei⁵nei⁵不断骂　　　　　pan⁵pan⁵pe⁵pe⁵来回转

骂 骂 X　X　　　　　　　转　转 X X

lən²lən²la:ŋ⁴la:ŋ⁴不停玩儿

玩 玩　X　X

董秀芳（2019）指出，重叠的四音格词是汉藏语系动词评价性形态很常见的一种表现形式，一般表示增量和贬义。她指出，燕齐壮语的 A—i—A—B 式，表示动作行为增强，并且表示主观感受。①我们以上所述靖西壮语的对叠、超词复叠、间接复叠表示的都是动作的增量，证明了董文的观点。

综上，南部壮语的"体"受到汉语深刻影响。一是表现在从汉语借入了一批标记。如：完整体标记 le:u$^4_1$"了"、经历体标记 kwa$^5_1$"过"、再次体标记 kwa$^5_2$"过"。二是部分格式受汉语影响形成。如完整体格式"V + le:u$^4_1$ + 后置状语"、经历体格式"V + kwa$^5_1$ + O"、表示"短时、少量或尝试"的动词重叠形式"VV"、反复体格式"toŋ^5（东）+ V + ɬi^5（西）+ V"均复制自现代汉语。三是部分语法化现象与汉语影响息息相关。如，根据吴福祥（2010），"居住"义动词充当持续体（进行体）标记是对汉语"'居住（居处）'义动词＞处所/存在动词＞处所介词＞持续体标记"语法化模式的复制；我们在下文"动词语法化举例"中讨论的 nai^3"得"在动词后重新分析成壮语具有完整体意义的"V + nai^3"，ko:i^{1}语法化为尝试态助词 ko:i^{1}的过程，也都是对汉语的复制。

第四节　动词语法化举例

一　"完毕"义语素的语法化及对广西汉语方言的影响②

李方桂（2005）③，邢公畹（1979）④，张元生、覃晓航（1993）⑤，李锦芳（2001）⑥，张均如、梁敏等（1999）⑦，梁敢（2010）⑧，曹凯（2012）⑨等曾对壮语"完毕"义语素及其演变做过讨论。潘立慧（2016）推测壮语中汉语

① 董秀芳：《汉藏语系语言中的评价性形态》，《第七届海外中国语言学者论坛会议论文集》，2019 年。
② 本部分以《壮语"完毕"义语素的语法化及对广西汉语方言的影响》为题发表于《方言》2019 年第 4 期，本书略有修改。
③ 李方桂：《龙州土语》，清华大学出版社 2005 年版。
④ 邢公畹：《现代汉语和台语里的助词"了"和"着"（上）》，《民族语文》1979 年第 2 期。
⑤ 张元生、覃晓航：《现代壮汉语比较语法》，中央民族大学出版社 1993 年版。
⑥ 李锦芳：《壮语动词体貌的初步分析》，《三月三》2001 年民族语文论坛专辑增刊。
⑦ 张均如、梁敏、欧阳觉亚、郑贻青、李旭练、谢建猷：《壮语方言研究》，四川民族出版社 1999 年版，第 417 页。
⑧ 梁敢：《壮语体貌范畴研究》，博士学位论文，中央民族大学，2010 年。
⑨ 曹凯：《壮语方言体标记研究》，博士学位论文，中央民族大学，2012 年。

借词 li:u⁴ 的全称量化词和最高程度标记功能是该词借入后的创新性演变。[①]与黄阳（2016）所认为的完结动词第一条语法化路径基本一致。[②]

部分汉语方言研究成果与本研究有关。白宛如（1985）[③]，林亦、覃凤余（2008）[④]都曾描写南宁粤语虚词"哂"[⑤][ɬai³³]的"完毕义副词""已然体标记"和"完成体标记"功能；林亦（2012）[⑥]作了补充。黄阳（2016）认为南宁粤语助词"哂"语法功能的演变是受壮语影响，通过官话扩散到南宁粤语的；"哂"的动词用法也因接触而得。[⑦]部分学者讨论了邕浔片粤语的源头广府府片粤语的相关问题，如陈永丰（2013）[⑧]、欧阳伟豪（1998）[⑨]。

黄阳、郭必之（2014）对壮语"完毕"动词的多向语法化模式进行了勾画[⑩]，黄阳（2016）做了进一步修正，得出以下多向语法化路径：

①全称量词→程度副词

完结动词↗

↘

②结果补语→完整体/完成体→顺接连词→逆接连词[⑪]

笔者赞同黄阳（2016）的构拟。统而观之，各家都没有注意到壮语中固有和借入的"完毕"义语素功能分工的原因。虽部分学者敏锐地发现汉语方言中"完毕"义语素的功能及演变与壮语影响有关，但对其与壮语更深层的对应关系并未能够做实质性的梳理。

我们在前人研究的基础上，拟对壮语的"完毕"义语素进行更细致的观察。多处壮语存在固有和借入、来源不同的两个"完毕"义语素，我们认为，将它

[①] 潘立慧：《汉语"了"在壮语中的两种特殊用法——作为全称量化词和最高程度标记》，《柳州职业技术学院学报》2016 年第 2 期。

[②] 黄阳：《南宁粤语的助词"哂"》，《方言》2016 年第 4 期。

[③] 白宛如：《南宁粤语的[ɬai]与广州话的比较》，《方言》1985 年第 2 期。

[④] 林亦、覃凤余：《广西南宁白话研究》，广西师范大学出版社 2008 年版。

[⑤] 文献中也有写作"哂"的，本书依传统全部改成"哂"。

[⑥] 林亦：《广西粤方言的完成体标记》，第 17 届国际粤方言研讨会论文，2012 年。

[⑦] 黄阳：《南宁粤语的助词"哂"》，《方言》2016 年第 4 期。

[⑧] 陈永丰：《香港粤语范围副词"哂、添、埋"语义指向分析》，《北方语言论丛》2013 第 00 期。

[⑨] 欧阳伟豪：《也谈粤语"哂"的量化表现特征》，《方言》1998 第 1 期。

[⑩] 黄阳、郭必之：《壮语方言"完毕"动词的多向语法化模式》，《民族语文》2014 年第 1 期。

[⑪] 黄阳：《南宁粤语的助词"哂"》，《方言》2016 年第 4 期。

们分开讨论，应能求取更接近事实的结论。我们还将对壮语"完毕"义语素对汉语方言的影响进行讨论。

本书涉及的各地壮语"完毕"义语素有固有词和汉语借词①：

壮语"完毕"义语素有固有词和汉语借词

	靖西	田阳	都安	马关_侬
固有词	ja⁵	ʔjia²⁴	ja³³	ʑa²¹
汉语借词	leːu⁴	leu⁵⁵	leu	

其中，马关_侬没有从汉语借入的"完毕"义语素。

（一）壮语"完毕"义语素多功能模式的形成

本部分试图分析：（1）壮语中不同的"完毕"义语素的语义演变过程。（2）壮语固有的"完毕"义语素和借自汉语的 leːu⁴"了"功能上存在差异，本书认为这些差异的主要原因在于它们本义的区别，它们的演变很可能是各自进行的。因此，对壮语"完毕"义语素的功能及演变的讨论应该分而述之。

1.ja⁵的功能及演变

（1）动词（结束）

靖西壮语：

te¹tok⁸thaŋ¹kaːu⁵tsoŋ⁵tso³ja⁵.她读到高中才结束。

她 读 到 高中 才结束

马关壮语_侬：

ti²⁴θɯ²⁴khuɯn²²thaŋ²⁴thət²¹tei⁴²θaːm²⁴tsu⁴⁵ʑa²¹.舞狮登到第三层才停下（结束）。

狮子 上 到 层 第 三 才 结束

田阳壮语：

te²¹³tɔk³³taːŋ³¹kaːu²⁴tɕoŋ²⁴tɕo³³ʔjia²⁴.她读到高中才停。

她 读 到 高中 才 停

（2）结果补语

仅在靖西壮语中观察到：

---

① 本书讨论的壮语固有"完毕"义语素，大多与靖西壮语 ja⁵同源，为行文方便，就以 ja⁵代表所涉同源语素；从汉语借入的"了"在各处语音略有不同，以靖西壮语 leːu⁴作为代表，也不再一一列举。

ni⁵thei¹maŋ¹lai⁴tən⁴ja⁵,tso³khɔ⁵ʔi⁵ta:u⁴pai¹la⁰.你犁完这块地，就可以回去了。

你 犁 陇 地 这 完 就 可以 返 去 了

（3）时间副词，表已然，相当于"已经"①

靖西壮语：

fa:ŋ³kja³ja⁵,ni⁵tsaŋ²ta:u⁴pai¹ʔa⁰？（已经）放假了，你还不回去吗？

放假 了 你 未曾 返 去 语气助词

马关壮语依：

fa:ŋ²¹jia³³za²¹, mauɯ³³nɯ:ŋ³³ʔbo²¹ta:u⁴²pei²⁴ʔda²¹.（已经）放假了，你还不回去吗？

放假 了 你 还 不 回 去 语气助词

都安壮语：

fa:ŋ³kja³ja⁵,məŋ²saŋ²pai³la:n².（已经）放假了，你还不回家。

放假 了 你 还未去 家

（4）状态变化标记，跟在形容词、能愿动词短语、数量短语后，指状态发生的变化

靖西壮语：

te¹ɬoŋ¹ja⁵,kuŋ²khwa⁵tan³ja⁵.他（长）高了，裤子短了。

他 高了 件 裤 短 了

马关壮语依：

ti⁴⁵θu:ŋ²⁴za²¹, ku:ŋ³³kha²¹tan²²za²¹.他（长）高了，裤子短了。

他 高 了 件 裤 短 了

（5）起始体标记，表示事件的起始

靖西壮语：

se⁵kha:i⁵si⁵ʔo:k⁹ma²ja⁵.车子开始出来了。

车 开始 出 来 了

---

① 据曹凯《壮语方言体标记研究》，博士学位论文，中央民族大学，2012年，第20—21页，在进行相关调查时，发音人一直认为相当于汉语的"已经"（在调查中，发音合作人不断提醒 ja²¹ 跟汉语的"已经"功能相似，表示情状的实现与完整）。

马关壮语_侬：

ka:u²⁴nei⁴²an²⁴ðɯn³³ʔok²¹ma³³ʑa²¹.车子开始出来了。

　现在　　　车　出　来　了

（6）比较标记，跟在比较项之后，常与汉语借词 pi⁵ "比" 搭配使用，如比较基准是双方共知的，比较基准可省略。比较标记分两类：A.不同状态的比较；B.与具体事物的比较

靖西壮语：

比较标记 A. pai²kei⁵ɬa:n⁵khwa:i⁵ja⁵.这次算快了（这次比往次快）。

　　　　　　次　这　算　　快　了

比较标记 B.wa⁴te¹pi⁵,ŋo⁵ɬa:n⁵ɬoŋ¹ja⁵.和他比，我算高了。

　　　　　　和他　比　我　算　高　了

马关壮语_侬：

ta²²ti⁴⁵pi²²，ku⁴⁵θua:n²¹θu:ŋ²⁴ʑa²¹.和他比，我算高了。

和　他比　我　算　高　　了

（7）程度副词 ₁^①。分两类：A.达到预期的或应有的状态；B.与预期、正常情况不相符^②

靖西壮语：

程度副词 ₁A.ʔan¹tsoŋ²ɬoŋ¹mi⁵ne:u²ja⁵,joŋ⁶nai³ja⁵la⁰?

　　　　　　　　个　桌　高　米　一　了　用　得　了_{语气助词}

这个桌子高一米了，能用了吧？

程度副词 ₂B.①no:i⁴ʔi³ ne:u²ja⁵.少点儿了。

　　　　　　　少　点儿一了

②thei¹tse:n²po⁴la:i¹la:i¹ja⁵,joŋ⁶mi²nai³ka⁴la:i¹la:i¹na:u⁵.

　持　钱　住　多　多　了　用　不　得　那么　多　不

---

① 壮语从汉语借入的 le:u⁴也可充当程度副词，但指 "最高"。此处我们称为 "程度副词 ₁"，表 "最高" 的称为 "程度副词 ₂"。

② 刘丹青：《语法调查研究手册》，上海教育出版社 2008 年版，第 284 页指出，汉语 "了₁" 能表达边缘功能，即表过量，如 "这只鞋大了一号"，与壮语 ja⁵程度副词 B 的功能相似。但壮语不仅可以表过量，还可以表未达到应有的量。

留的钱太多了，用不了那么多。

马关壮语_侬：

程度副词 ₁A.an²⁴tsoːŋ³³θuːŋ²⁴mi³³ðu⁴⁵ʑa²¹, ʐuːŋ²¹ʔdei²¹pan³³mi⁴².

   个 桌 高 米 一 了 用 得 了 _{语气助词}

  这个桌子（已经）高一米了，能用了吧？

程度副词 ₂B.noi⁴⁵ʔi²⁴ niu⁴⁵ʑa²¹.少一点了。

   少 点儿一 了

（8）语气助词，用在程度副词 laːi¹ 之后，起强调作用。强调所涉状态程度太高，以致产生不利的后果

靖西壮语：

ʔan¹tsoŋ²ɬoŋ¹laːi¹ja⁵,naŋ⁴ho³.这个桌子太高了（超出正常值），不好坐。

 个 桌 高 多了 坐 难

马关壮语_侬：

an²⁴kɯ²⁴kaːn²²laːi²⁴ʑa²¹, man²⁴maːu⁴⁵.

 池塘 宽 多 了 害怕

池塘太宽了（超出正常值），（让人）害怕啊。

都安壮语：

kwaːŋ³laːi¹ja⁵,naːn²o⁰.太宽了（超出正常值），难啊。

 宽 多了 难 _{语气助词}

（9）动相补语

靖西壮语：

te¹kin¹ja⁵,ma⁵saːŋ³kjap⁷tsoŋ².她吃完，马上收拾桌子。

 她吃 完 马上 捡 桌

马关壮语_侬：

ti⁴⁵tɕin²⁴ʑa²¹, tua²²pei²⁴ʐo²⁴an²⁴tsoːŋ³³.她吃完，马上收拾桌子。

 她 吃 完 就 去 收 桌子

田阳壮语：

te²¹³kən²¹³ʔjia²⁴，<u>ma⁵⁵ɕaːŋ²¹³ɕau²¹³ɕoŋ³¹</u>.她吃完，马上收拾桌子。

她　吃　完　　　马上　　收　桌子

（10）事件界限标记[①]，即，其前的事件结束后，其后的事件开始

靖西壮语：

khən¹məu¹ja⁵koːn⁵noːn².喂猪后再睡。

喂　猪　了　再　睡

马关壮语[依]：

ti⁴⁵ʔa²²tu²⁴ʐa²¹mau³³kuaːu²²pei²⁴.他开门了你再进去。

他　开　门　了　你　　进　　去

田阳壮语：

ku²¹³hai²⁴ɕɐu⁵⁵ki²⁴ʔjia²⁴tɕo³³nin³¹.我玩手机了才睡觉。

我　看　手机　完　才　　睡

既有的一些观察显示，ja⁵及其同源词充当事件界限标记普遍见于各地壮语。凤山壮语 ʔjie⁵（Diller，2008）[②]、广南壮语 ja⁵（曹凯，2012）[③]、凌云壮语 ʔjiɯ⁴⁴（曹凯，2012）[④]都是如此。

（11）完成体标记

靖西壮语：

ŋo⁵kin¹ɬaːm¹thui³ja⁵.我吃三碗了。

我　吃　三　碗　了

马关壮语[依]：

ku⁴⁵tɕin²⁴θaːm²⁴vaːn²¹ʐa²¹.我吃三碗了。

我　吃　三　　碗　了

---

① 此概念来自罗永现（Diller，2008:365-366），他将凤山壮语 ʔjie⁵ 的典型功能视为"事件的界限"或者"事件结束的标记"，根据我们的观察，称为"事件界限标记"似更能体现它们的功能。

② Anthony V.N.Diller, Jerold A.Edmonson, Yongxian Luo.*TAI-KADAI LANGUAGES*.LONDON AND NEW YORK：Routledge, 2008. 365-366.

③ 曹凯：《壮语方言体标记研究》，博士学位论文，中央民族大学，2012 年，第 19 页。

④ 曹凯：《壮语方言体标记研究》，博士学位论文，中央民族大学，2012 年，第 21 页。

（12）完整体标记

仅在靖西观察到：

wan²wa²tha:i¹ja⁵ɬo:ŋ¹tu¹.昨天死了两只。

天　昨死　了二只

（13）承接连词

靖西壮语：

ŋo⁵kin⁵khau³ko:n⁵ja⁵ni⁰,pai¹lən².我先吃饭，然后，去玩儿。

我吃饭　先然后去玩

马关壮语侬：

ku⁴⁵tɕin²⁴khau²²kua:n²¹, ʑa²¹le³³pei²⁴ɳau⁴⁵.我先吃饭，然后，去玩儿。

我吃饭先　　然后去玩

都安壮语：

ku¹lei²sou³tsi⁴le:u⁴, ja⁵ pai¹nən².我看完手机，然后去睡觉。

我看　手机完　然后去睡

（14）因果关系连词

靖西壮语：

wan²wa²na:ŋ³na:ŋ³ja⁵ ŋa:i⁵noŋ⁴ʔi⁵joŋ²fu².昨天很冷，所以，要穿羽绒服。

天　昨冷　冷所以揩穿　羽绒服

马关壮语侬：

van³³ŋa³³koŋ²²tɯ:ŋ³³, ʑa²¹ tsu⁴⁵mei²²nu:ŋ⁴²ʑi³³ʑu:ŋ⁴²fu⁴².

天昨冷　很　所以才要　穿　羽绒服

昨天很冷，所以，要穿羽绒服。

都安壮语：

toŋ²je:k⁹le:u⁴, ja⁵ kən¹ɣu³.已经很饿了，所以吃饭。

都　饿　完所以吃饭

（15）转折关系连词

靖西壮语：

wan²kei⁵na:ŋ³na:ŋ³, ja⁵ noŋ⁴ka⁴la:i¹ma:ŋ¹？今天很冷，怎么穿得那么薄？

天 这 冷 冷 怎么穿 那么 薄

马关壮语侬：

van³³nei⁴²koŋ²²tɯ:ŋ³³，ʑa²¹ tau⁴²nu:ŋ⁴²ʔba:ŋ²⁴kɯn⁴².

天 这 冷 很 怎么倒 穿 薄 这般

今天很冷，怎么穿得那么薄？

以下我们对ja⁵的语法化进行讨论：

黄阳（2016）讨论了壮语"完结动词→全称量词→最高程度标记""完结动词→结果补语→完整体/完成体→顺接连词→逆接连词"两条语法化路径，① 下文讨论的 le:u⁴的语法化符合其提出的"完结动词→全称量词→最高程度标记"路径，ja⁵与其提出的"完结动词→结果补语→完整体/完成体→顺接连词→逆接连词"②路径大致相符。与其所列功能和语义的实现一致的情况我们不再讨论，我们讨论的是其未观察到的时间副词、状态变化标记、比较标记、程度副词₁、语气助词、动相补语、时间界限标记、完整体标记等功能，以及对其由因果关系连词演变为转折关系连词进行解释。

（1）时间副词（已经）来自结果补语。从语义看，事件产生结果意味着事件"已经"结束，因语义的相关性，这样的演变很容易形成。且"'完成'（完成，结束，终结）＞'已经'"的路径在多种语言中存在，如缅甸语（Burmese）、通加语（Tonga）、阿拉瓦克语（Arawak）、越南语（Vietnamese）、斯瓦希里语（Swahili）有类似演变。上古汉语"既"也有"尽，完了"之义，其有"动词＞'已经'，副词"的演变；上古汉语"已"有"'完成，结束'＞'已经'，副词"的演变。③（见 Heine & Kuteva，2002）跨语的复见说明这一演变是多种语言的共性。

（2）状态变化体现的是某种事实上的结果，因此状态变化标记也应来自结果补语标记。

① 黄阳：《南宁粤语的助词"晒"》，《方言》2016 年第 4 期。

② 部分概念我们所称与黄阳（2016）不同，详见正文。

③ [德]Bernd Heine，Tania Kuteva 著，龙海平、谷峰、肖小平译，洪波、谷峰注释，洪波、吴福祥校订：《语法化的世界词库》，世界图书出版公司 2012 年版，第 179—180 页。

（3）事件的起始事实上也是某种状态的变化，所以起始体标记来自状态变化标记。ja⁵作为起始体标记还未演变成熟，我们仅在靖西、马关观察到。靖西壮语起始体标记 ja⁵一般与表起始的时间副词如 kha:i⁵si⁵（开始）结合使用，马关壮语无须与时间副词结合使用。

（4）比较标记应来自状态变化标记。比较标记分为 A、B 两类。比较标记 A 用于后发生的状态与之前状态的比较，即和之前状态比已发生了变化。这时之前状态作为听说双方共知的信息常常省略。比较标记 A 语义进一步泛化，其搭配的成分扩展到与时间无关的事物，演变为比较标记 B。

（5）作为程度副词₁的 ja⁵与下文讨论的 le:u⁴所充当的程度副词₂不同。ja⁵表示的状态是 A.达到预期的或应有的状态；B.与预期、正常情况不相符。①此功能应该来自状态变化标记。状态达到或超出常量，或不符合预期，都是状态发生变化。

（6）语气助词由程度副词₁演变而得。程度副词₁居数量结构之后，表示程度超出正常值或预期；ja⁵演变成语气助词的条件是位于其前的形容词受程度副词 la:i¹修饰，此时，以 la:i¹强调状态超出正常值或预期，但表义重点为 la:i¹，ja⁵的意义弱化，逐渐失去程度副词功能，虚化为起强调作用的语气助词。

（7）动相补语功能来自结果补语。作为动相补语的 ja⁵强调的并非谓语动词的结果，而是动作的实现或完成，语义指向是谓语动词。

（8）事件界限标记由结果补语/动相补语演变而来。无论是结果补语，还是动相补语，其结束、完成的动作均是已经发生的，因此与 ja⁵搭配的动作是实在的，ja⁵后的动作也是已经实际发生的。在节律上，结果补语和动相补语是前后分句的节点，一般会产生语音停顿，在停顿处两侧形成分句。演变为事件界限标记后，标记前后的动作可以是未发生的，可以表示前一事件结束之后，后一事件才成为可能。甚至，前一事件的结束促发或引起后一事件。这一成分出现的语境可以是虚拟。标记处的停顿可消失，由结果补语、动相补语时的复句

---

① 刘丹青：《语法调查研究手册》，上海教育出版社 2008 年版，第 284 页，指出，汉语"了₁"能表达边缘功能，即表过量，如"这只鞋大了一号"，与壮语 ja⁵ 程度副词 B 的功能相似。但壮语不仅可以表过量，还可以表未达到应有的量。

紧缩为单句。这时 ja⁵ 的意义比结果补语、动相补语更虚灵，更为泛化。

（9）黄阳、郭必之（2014）讨论了"完毕"动词被重新分析为连词的过程。下面我们做更详细的分析。ja⁵ 之所以演变成承接连词，是因为它常处在两个 V 之间，表示"V₁ 结束，再 V₂"。ja⁵ 位于 V₁ 之后，表意中心为 V₁，于是 ja⁵ 意义逐渐虚化，成为连接 V₁ 和 V₂ 的承接连词。如：

kin¹khau³　ja⁵ ʔoːkʰlən².吃完饭出游。

吃　饭　结束　出 玩儿

其位于 V₁ 之后，构成"V₁ja⁵"，表意中心为 V₁，于是 ja⁵ 逐渐虚化，成为连接 V₁ 和 V₂ 的承接连词。

承接连词应该来自重新分析，具体说，是对具有结果补语功能和动相补语功能的 ja⁵ 的句子进行重新分析的结果：VO₁ja⁵,VO₂＞VO₁,ja⁵,VO₂＞VO₁,ja⁵VO₂。以靖西壮语为例例释如下：

　i .ŋo⁵kin¹khau³ja⁵,ma⁵saːŋ³kjap⁷tsoːŋ².我吃饭了（结束），马上收拾桌子。

　　我 吃 饭　了 马上　捡 桌

　ii .ŋo⁵kin¹khau³, ja⁵,　ma⁵saːŋ³kjap⁷tsoːŋ².我吃饭，然后，马上收拾桌子。

　　我 吃 饭　然后 马上　捡 桌

iii.ŋo⁵kin¹khau³,ja⁵　ma⁵saːŋ³kjap⁷tsoːŋ².我吃饭，接着马上收拾桌子。

　　我 吃 饭 然后 马上　捡 桌

当前后分句不再需要语音停顿，它们就变成了紧缩复句，此时是 ja⁵ 作为承接连词虚化的终点，如：

kin¹khau³ ja⁵ kjap⁷tsoːŋ².吃饭后收拾桌子。

吃　饭　然后 捡 桌

邢公畹（1979）指出龙州壮语的 ja⁵ 也可以有"完了就"的功能。龙州壮语的 ja⁵ 表示新情况时变为 a⁵ 或者 la⁵。①

如上，ja⁵ 充当承接连词时，其两侧实际是连续的两个动作，左侧动作早于右侧，由于动作的先后，居中的 ja⁵ 逐渐产生承接连词的功能。因 ja⁵ 的两侧本

---

① 邢公畹：《现代汉语和台语里的助词"了"和"着"（上）》，《民族语文》1979 年第 2 期。

指两个前后的动作，因此首先产生的应该是承接关系。

（10）如上，承接连词两侧的动作，左侧早于右侧，左侧动作常常是右侧动作发生的前提，即，左侧和右侧动作隐含因果关系，承接连词遂逐渐演变为因果关系连词。随着语义的泛化，居前的动作有时并不一定是居后动作的前提/原因，逐渐产生了转折连词的功能。

"'完成'（完成，结束，终结）>接续词"是世界语言比较常见的演变。Heine & Kuteva（2002）列举了斯瓦希里语（Swahili）、科伊语（Kxoe）、阿尼语（‖Ani）、佛得角克里奥尔葡萄牙语（Kabuverdiano CP）和上古汉语"既""已"，现代汉语"完了"的例子。①壮语 ja⁵演变为连词符合多种语言的共性。

以上所列各项功能，在我们考察的各处壮语中并不都齐备。我们推测有的功能可能是被其他形式所替代，有的应该是演变结果有异导致，但各处总体差异不多。

以上我们讨论了 ja⁵大部分功能的演变和形成。其演变脉络大致如下：

$$时间副词\quad 动相补语\qquad 起始体标记\qquad\qquad 比较标记 A\rightarrow 比较标记 B$$

$$\nwarrow\nearrow\qquad\qquad\nwarrow\qquad\qquad\nearrow$$

$$"结束"义动词\rightarrow 结果补语\rightarrow\qquad\qquad 状态变化标记\rightarrow 程度副词_1\rightarrow 语气助词$$

$$\swarrow\searrow$$

$$事件界限标记\quad 完成体标记$$

$$\downarrow$$

$$承接连词\rightarrow 因果关系连词\rightarrow 转折关系连词$$

我们在上文列举的 ja⁵的完整体标记功能不在这一演变路径之中。

根据黄阳、郭必之（2014）的观察，壮语"完毕"义语素并无完整体用法。②黄、郭的观察是有道理的，ja⁵的完整体标记功能很可能出现在 20 世纪下半叶，层次十分晚近，应是对普通话的语义复制。吴福祥（2013，2014）指出，多义复制是指复制语的使用者对模式语中某个多义模式的复制，从而导致复制语中

---

① [德]Heine，Bernd & Tania Kuteva 2002/2012 *World Lexicon of Grammaticalization*，《语法化的世界词库》（龙海平、谷峰、肖小平译），世界图书出版公司 2012 年版，第 183—185 页。

② 黄阳、郭必之：《壮语方言"完毕"动词的多向语法化模式》，《民族语文》2014 年第 1 期。

出现与模式语相同的多义模式。①靖西壮语使用者注意到，与靖西壮语对应的普通话语词"了"具有完整体功能。于是，他们用壮语中与之对应的语言材料 ja⁵复制出完整体功能。

2. le:u⁴的功能及演变

le:u⁴"了"的功能包括：（1）"完成"；（2）全称量化词；（3）程度标记；（4）结果补语；（5）动相补语；（6）完整体标记。

（1）动词（完成）

靖西壮语：

te¹tok⁸thaŋ¹ka:u⁵tsoŋ⁵tso³le:u⁴.她读到高中才结束。

她 读 到　高中　才 完

都安壮语：

te¹tok⁸taŋ¹ka:u¹tsoŋ¹le:u⁴.他读到高中结束。

他 读 到 高中 完

（2）全称量化词

靖西壮语：

la:u⁴ɬai¹ɬiŋ³hɔi³jɔ²ɬən⁵khau⁵nai¹le:u⁴.老师都想让学生考得好。

老师　想 给 学生 考　好　完

田阳壮语：

dei²¹³ba:n⁵⁵tu³⁵tək³¹pu⁵⁵ke²⁴leu⁵⁵.村里都是老人。

里　村　都 是 个 老 完

都安壮语：

bo⁴tse⁵le:u⁴.都是老人。

老人　完

（3）程度副词₂，表最高程度。

靖西壮语：

ma:n³te¹nam¹na:n⁵na:n⁵,ŋo⁵la:u¹le:u⁴.他们村黑漆漆的，我怕极了。

村 他 黑　漆漆　我 怕 完

---

① 吴福祥：《语义复制的两种模式》，《民族语文》2013 年第 4 期；吴福祥：《语言接触与语义复制——关于接触引发的语义演变》，《苏州大学学报（哲学社会科学版）》2014 年第 1 期。

田阳壮语：

baːn⁵⁵tɕiŋ²⁴te²¹³lɐp⁵³jen³¹ten³¹kei²⁴,ku²¹³tək³¹laːu²¹³leu⁵⁵.

村　　他们　黑　咕隆咚的　　我　见　怕　完

他们村黑漆漆的，我怕极了。

都安壮语：

ku¹laːu¹leːu⁴.我怕极了。

我　怕　完

（4）结果补语

靖西壮语：

hat⁷koŋ¹leːu⁴tso³pai¹.做完活再去。

做　工　完　再　去

田阳壮语：

məŋ³¹ɕei²¹³be²¹³li³³ni⁵⁵leu⁵⁵tɕo³³ko⁵⁵ji⁵⁵taːu²⁴pei²¹³ha⁵⁵.

你　犁　块　地　这　完　就　可以　返　去　了

你犁完这块地就可以回家了。

都安壮语：

məŋ²kok⁷so⁴ne⁴leːu⁴,tseːu⁴kho¹ʔi¹pai¹laːn². 你犁完这块地就可以回家了。

你　犁　块　地　完　就　可　以　去　家

（5）动相补语

仅在靖西壮语中观察到：

te¹hat⁷leːu⁴,ma⁵saːŋ³ɬau¹tsoŋ².他做好，马上收拾桌子。

他　做　完　　马上　收　桌

（6）完整体标记

此功能目前观察到的不多。先看靖西壮语的例子：

ku⁵ʔu⁵leːu⁴haːu⁵laːi¹kən².鼓舞了好多人。

鼓　舞　了　好　多　人

tsən⁵kja⁵leːu⁴phei³neːu².增加了一倍。

增加　　了　倍　一

以下我们对 leːu⁴ 的语法化进行讨论。

（1）汉语"了"本有"完毕；结束"义，如汉王褒《僮约》："晨起早扫，食了洗涤。"南唐李煜《虞美人》词："春花秋月何时了，往事知多少？"《古今小说•任孝子烈性为伸》："周得官事已了……径来相望。"属桂南平话的蔗园话中"了"有"完毕；结束"义，如"几时了"（何时结束/何时完成）。但壮语借入 leːu⁴ 时，语义更侧重"完成"，即具有[＋数量]特征。这可能是因为壮语固有的"完毕"语素具有[＋时间]特征，因而 leːu⁴"了"借入时二者进行了功能分工，leːu⁴ 更多地体现[＋数量]的特征。如靖西壮语：

hat⁷tsɔ²ne² ja⁵ 做了作业　≠hat⁷tsɔ²ne²leːu⁴ 做完作业

做　作业 结束　　　做　作业　完

（2）黄阳、郭必之（2014）已为我们构拟了"完结动词→全称量词→最高程度标记"这样的演变路径。[①]我们要指出的是，进入这一语法化路径的"完毕"动词一般为汉语借词 leːu⁴"了"而非固有词。

（3）汉语"了"本有"完全；皆"义和"极其，非常"义。如，晋王羲之《子卿帖》："顷日了不得食，至为虚劣。"北齐颜之推《颜氏家训•名实》："属音赋韵，命笔为诗，彼造次即成，了非向韵。"唐李白《赠黄山胡公求白鹇》诗序："自小驯狎，了无惊猜。"宋洪迈《夷坚丁志•邢舜举》："好修养术，然学之颇久，了未睹其妙。"清金人瑞《云法师生日和韵》："阶前种树已成林，镜里飞霜了未侵。"

那么，是壮语在借入表"完毕；结束"的"了"时同时带入了"完全；皆""极其，非常"二义，还是壮语借入动词"了"后自身发生的语义演变？我们认为其是以实义动词功能借入后自身演变而成。

广西少数民族远离中原，若非文教政令的作用，相应语法功能从书面语借入的可能性比较小，而主要是从毗邻的汉语方言借入。广西少数民族语言中的老借词（包括壮语中的中古借词）一般来自现代平话的前身"古平话"（见张均如，1988[②]；梁敏、张均如，1999[③]；张均如、梁敏等，1999）[④]，所以，一

---

① 黄阳、郭必之：《壮语方言"完毕"动词的多向语法化模式》，《民族语文》2014 年第 1 期。

② 张均如：《广西平话对当地壮侗语族语言的影响》，《民族语文》1988 年第 3 期。

③ 梁敏、张均如：《广西平话概论》，《方言》1999 年第 1 期。

④ 张均如、梁敏、欧阳觉亚、郑贻青、李旭练、谢建猷：《壮语方言研究》，四川民族出版社 1999 年版，第 250 页。

般而言，如在现代平话中观察到与壮语中中古借词存在相同或相近的功能，应可作为该词借自汉语的证据。但我们在现代平话中并未观察到"了"全称量化词和程度副词的功能。

（4）一件事情的完成隐含有"全部"义，即"包圆"。所以，从"完成"到全称量化词存在语义上的关联。而周延性，也暗含极致义，因此衍生出表"极致"的程度义。

从全称量化词演变成最高程度标记，应该经历了这样几个阶段：

i.（S）V（O）leːu⁴结构中，V原是一个实义动词，此时leːu⁴量化的对象是S（包括省略的S），S为集体名词，leːu⁴指S"完全"；ii.V扩展到静态动词，包括心理活动动词等，S仍为集体名词，leːu⁴产生最高程度义；iii.V进一步扩展到adj，S仍为集体名词，这时（S）V（O）leːu⁴产生歧义：S都V（O）/S很V（O）；iv.接下来，S可为个体名词，句子无歧义，此时leːu⁴仅有最高程度义。

以靖西壮语为例，各阶段例释如下：

i.lun²te¹khaːi¹ta²fəu⁴leːu⁴.他家（人）都卖豆腐。

　　家 他 卖 豆腐 完

ii.lun²te¹nin¹ŋo⁵leːu⁴.他家（人）都关心我。/他家（人）很关心我。

　　家 他 念 我 完

iii.lun²te¹waːi⁶leːu⁴.他家（人）都坏。/他家（人）很坏。

　　家 他 坏 完

iv.te¹waːi⁶leːu⁴.他很坏。

　　他 坏 完

汉语"了"的"完全；皆""极其；非常"二义，也应该是由其本义"完毕；结束"衍生出来，壮语的leːu⁴与其存在这样的平行的多功能性，应该是平行演变的结果。

"全部"＞最高级，存在跨语言的复见。据Heine & Kuteva（2002），拉脱维亚语（Latvian）、爱沙尼亚语（Estonian）、阿姆哈拉语（Amharic）、哈默尔语（Hamer）、泰索语（Teso）都有类似的演变。[1]

---

① [德]Heine，Bernd & Tania Kuteva 2002/2012 *World Lexicon of Grammaticalization*，《语法化的世界词库》（龙海平、谷峰、肖小平译），世界图书出版公司2012年版，第40页。

（5）下文我们还要说明完成体的形成与[＋时间]有直接关系，leːu⁴没有演变出完成体的功能，应该也与其[＋数量]的特征相关。

（6）我们认为 leːu⁴结果补语功能的形成与黄阳、郭必之（2014）所论一致，不再赘述。其动相补语功能与上文所论 ja⁵动相补语功能的形成一致，也是由结果补语演变而来，亦不赘述。

（7）如上，黄阳、郭必之（2014）并未观察到壮语中汉语借词 leːu⁴"了"具有完整体的功能，[①]并不奇怪，这是一个后起的、十分晚近的功能，我们仅在靖西、武鸣壮语中观察到。靖西壮语中这一功能很可能在 21 世纪初才产生，距今不过二十来年，目前的使用并不普遍。

我们认为，"了"是以"完毕"义动词借入壮语的，其完整体标记功能未借入。靖西人观察到，普通话中的"了"有完整体的功能，遂把这一功能复制到与普通话对应的 leːu⁴上。

因此，leːu⁴和上述 ja⁵的完整体功能，都是语义复制的结果，模式语是现代汉语，复制语是壮语。层次极为晚近。

从梁敢（2010）看，武鸣壮语的 liu⁴²（了）可充当完整体，[②]但应是偶尔为之。他也认为，壮语的 liu⁴²（了）语法化程度低于汉语的"了₁"。梁敢还认为，liu⁴²（了）借入后的语法化是独立演变发展的结果，与我们的观点一致。

（8）由上，我们构拟出汉语借词 leːu⁴"了"的语法化路径：

完成→全称量化词→程度标记

↓

结果补语

完整体标记是由复制而来，不在这一演变过程中。

（9）如前所述，壮语"完毕"义语素中，固有词功能远多于汉语借词 leːu⁴，固有词语法化的程度远高于汉语借词，这与它们的层次是相应的。

（二）不同"完毕"义语素分工的原因

我们在下文还将列举部分汉语方言"完毕"义语素的功能，从篇幅考虑，其功能和壮语"完毕"义语素一道在下表体现。

---

① 黄阳、郭必之：《壮语方言"完毕"动词的多向语法化模式》，《民族语文》2014 年第 1 期。
② 梁敢：《壮语体貌范畴研究》，博士学位论文，中央民族大学，2010 年，第 31 页。

壮语"完毕"义语素的功能

语言	"完毕"动词		时间副词	状态变化标记	起始体标记	比较标记		程度标记1		语气助词	全称量化词	程度副词2	结果补语	动相补语	事件界限标记	完成体标记	完整体标记	承接连词	因果连词	转折连词
	结束	耗费				A	B	A	B											
靖西壮语 ja⁵	+		+	+	+	+	+	+	+	+			+	+	+	+	+		+	+
田阳壮语 leːu⁴	+	+									+	+	+	+		+	+			
?jia²⁴	+												+	+	+					
leu⁵⁵			+					+			+	+	+							
都安壮语 ja³³				+						+								+	+	
leːu⁴	+	+											+							
马关壮语 za²¹	+		+	+	+	+	+							+	+	+		+	+	+
南宁粤语 嗮	+															+	+	+	+	+
齐				+				+	+		+	+								
田东粤语 嗮	+										+	+	+	+			+			
齐		+		+							+	+								
右江粤语 嗮	+												+	+		+		+	+	+
齐		+									+	+								
崇左粤语 嗮	+							+					+			+	+	+	+	+
齐		+									+	+								
柳州官话 完	+	+									+	+	+							
宣州官话 完	+	+									+	+								
武鸣官话 完	+	+									+	+								
那坡官话 完	+	+									+	+								
西林官话 完	+	+									+	+	+							
高山汉话 完	+	+									+	+								

如上表，我们观察到，两个"完毕"义语素的功能，除了少部分重合，大部分区分明显。虽各地壮语有一定差异，但比较一致的事实是，固有的"完毕"义语素表完毕时，一般指"结束"。从功能最全的靖西壮语看，其可充当时间副词，表"已然"；表示状态变化；充当结果补语、动相补语、比较标记；表示事件界限；充当语气助词，起强调作用；充当完成体标记；充当承接连词，一般还可以充当因果、转折连词。固有的 ja⁵ 不能充当全称量化词；充当程度副词时指达到预期或应有的状态，或与预期、正常情况不相符，而非最高程度。汉语借词 le:u⁴ 在各地壮语中，指"完成"，都能充当全称量化词和最高程度副词，都能充当结果补语，不能充当承接连词、因果关系连词、转折关系连词。

所考察的几处壮语都体现出这两个语素的功能存在分工，重合的功能不多，大致互补。原因为何？我们认为与这两个词的本义有关系。

李宗江（2004）根据语义特征和用法差别，将汉语史的"完毕"动词细分为三类：（1）尽类：尽、穷、竭、罄等；（2）已类：已、毕、竟、终等；（3）了类：了、既、迄、完。他认为第 1 类动词表示事物的从有到无，侧重于事物数量的变化结果，用来表述具有[＋数量]的名词；第 2 类表示事件的从始到终，侧重于事件时间上的变化结果，表述[＋时间]的特征；第 3 类兼有前两类的语义，具有[＋数量、时间]的特征。①根据我们的观察，从语义看，ja⁵更倾向于标记[＋时间]特征，因此语法化后形成完成体、连词等与时间有关的功能（黄阳、郭必之有同样的观察，见黄阳、郭必之，2014②），缺乏形成全称量化词并进而形成最高程度副词的基础。虽然我们观察到的田阳壮语 ʔjia²⁴、都安壮语 ja³³ 功能不如靖西、马关壮语齐全，但缺失的功能很可能是演变过程中消蚀所致。它们完全一致的一点是，绝对不能充当全称量化词和最高程度副词。le:u⁴则更倾向于标记[＋数量]特征，因此其产生了全称量化词、最高程度副词等与数量有关的功能，未能演变出完成体标记。

---

① 李宗江：《"完成"类动词的语义差别及其演变方向》，李宗江：《语法化与汉语实词虚化》，学林出版社 2017 年版，第 45 页。

② 黄阳、郭必之：《壮语方言"完毕"动词的多向语法化模式》，《民族语文》2014 年第 1 期。

所以，我们认为壮语两个"完毕"义语素不同的演变路径和功能，原因除了来源、层次不同，与它们本义不同有直接关系。即，两个不同的"完毕"义语素发生了路径有异的语义演变。

（三）壮语对汉语方言的影响

1.广西汉语方言"完毕"义的多功能性

我们观察到，广西部分汉语方言"完毕"义语素也存在与壮语较为一致的多种功能，主要分布在属于邕浔粤语的南宁及南宁以西粤语（以下我们称为"桂西粤语"）和广西中部柳州及柳州以西的官话（以下简称"广西中西部官话"）。以下我们分粤语和官话对汉语方言"完毕"义语素的功能分列如下。

桂西粤语：

桂西粤语"完毕"义语素有"哂""齐"两个。

（1）哂

1）"完毕"动词

南宁：比赛啱啱哂哦。（比赛刚刚结束啦。）（黄阳，2016）[①]

田东：电影啱啱哂。[②]（电影刚刚结束。）

右江：电影啱啱哂。（电影刚刚结束。）

崇左：比赛啱啱哂。（比赛刚刚结束。）

2）程度副词₁，A.达到预期的或应有的状态；B.与预期、正常情况不相符。

田东：A.啲张台高哂一米，够使了哇。这张桌子高一米了，够用了。

　　　B.少一点哂。[（比预期）少一点了。]

崇左：A.啲张凳高哂半米，够使了哇。这张凳子高半米了，够用了。

　　　B.少一点哂。[（比预期）少一点了。]

3）全称量化词

南宁：老百姓嬲哂阿啲贪官。（老百姓都讨厌这些贪官。）（黄阳，2016）[③]

田东：啲只村系壮族哂。（这个村都是壮族。）

---

① 黄阳：《南宁粤语的助词"哂"》，《方言》2016年第4期。

② 调查这两个例句的时候，发音人明确说，一是"电影刚刚结束。"一是"电影放完了。"说明"哂"具有[+时间]特征，"齐"具有[+数量]特征。

③ 黄阳：《南宁粤语的助词"哂"》，《方言》2016年第4期。

右江：哨只村全部系壮族晒。① （这个村都是壮族。）

崇左：识讲左江壮话，我哋肯定都系崇左人晒。（会说左江壮话，我们肯定都是崇左人。）

4）程度副词₂，指最高程度

南宁：阿箩果烂晒。（这筐果非常烂。）（黄阳，2016）②

崇左：哨箩果烂晒。（这筐果非常烂。）

5）时间副词（已经）

南宁：我哋住係南宁得三十年晒，南宁边哒地方都熟晒。（我们在南宁已经住了三十年了，南宁什么地方都熟了。）（林亦、覃凤余，2008）③

田东：放假晒，你啊盟返去啊？［（已经）放假了，你还不回去啊？］

右江：放假晒，你啊盟返去啊？［（已经）放假了，你还不回去啊？］

崇左：放假晒，你盟返去啊？［（已经）放假了，你还不回去啊？］

6）结果补语

南宁：佢饮得晒一瓶白酒。（他喝得完一瓶白酒。）（黄阳，2016）④

右江：佢食得晒三碗饭。（他吃得完三碗饭。）

崇左：我冇信佢食得晒哨块扣肉。（我不信他可以吃得这块扣肉。）

7）状态变化标记

田东：佢高晒，苋裤短齐。（他高了，这条裤子短了。）

8）完整体标记

南宁：佢问晒好多嘢。（他问了好多事情。）（黄阳，2016）⑤

田东：你犁晒哨块地，就可以返去啊。（你犁了这块地，就可以回去了。）

右江：我打晒电话就落楼。（我打了电话就下楼。）

崇左：你写晒哨份稿子，就可以返去啊。（你写完这份稿子，就可以回去了。）

---

① 右江粤语母语人巴丹认为，"晒"必须与"全部"搭配构成框式形式"全部……晒"，不然无法表全称量化，这说明"晒"从粤语广府片继承的全称量化功能已经弱化，已经需要借助范围副词"全部"才能满足这一功能。

② 黄阳：《南宁粤语的助词"晒"》，《方言》2016年第4期；此句歧义，还指"这筐果都烂掉。"

③ 林亦、覃凤余：《广西南宁白话研究》，广西师范大学出版社2008年版，第325页。

④ 黄阳：《南宁粤语的助词"晒"》，《方言》2016年第4期。

⑤ 黄阳：《南宁粤语的助词"晒"》，《方言》2016年第4期。

9）完成体标记

南宁：阿明同阿辉总考得大学晒。（阿明和阿辉都考上大学了。）（黄阳，2016）①

右江：个仔装得个机器人晒。（儿子把机器人组装好了。）

崇左：阿坤跟阿宇一起去做会务晒。（阿坤跟阿宇一起去做会务了。）

10）动相补语

田东：佢食晒，马上捡台。（他吃完，马上收拾桌子。）

右江：佢食晒，马上捡台。（他吃好了，马上收拾桌子。）

11）承接连词

南宁：我十岁来南宁做工，晒，一直住喺南宁。（我十岁来南宁工作，然后一直住在南宁。）（黄阳，2016）②

田东：挨屋睡，晒，重去淋菜。（在家睡，然后去浇菜。）

右江：我听到啲个消息，晒呢，高兴了。（我听到这个消息，然后，高兴了。）

崇左：我睇见阿公，晒，倾了几分钟。（我看见爷爷，然后，聊了几分钟。）

12）因果关系连词

南宁：今日老师病晒哦，晒呢，我哋冇读书。（今天老师病了，所以，我们没上学。）（黄阳，2016）③

崇左：今日天气好，晒，我哋去爬山？（今天天气好，所以，我们去爬山？）

13）转折关系连词

南宁：佢系中国人，晒呢，冇讲中国话。（他是中国人，但是，不会说中国话。）（黄阳，2016）④

右江：佢吼我去南宁，晒呢，我冇想去。（他叫我去南宁，但是，我不想去。）

崇左：虽然我系崇左人，晒呢，冇识讲左江壮话。（虽然我是崇左人，但

① 黄阳：《南宁粤语的助词"晒"》，《方言》2016 年第 4 期。
② 黄阳：《南宁粤语的助词"晒"》，《方言》2016 年第 4 期。
③ 黄阳：《南宁粤语的助词"晒"》，《方言》2016 年第 4 期。
④ 黄阳：《南宁粤语的助词"晒"》，《方言》2016 年第 4 期。

是，我不会说左江壮语。）

（2）齐

1）"完毕"动词

田东：电影齐了。（电影放完了。）

右江：电影齐了。（电影放完了。）

崇左：电影齐了。（电影放完了。）

2）结果补语

田东：做齐再去。（做完再去。）

右江：做齐再去。（做完再去。）

崇左：做齐再去。（做完再去。）

3）全称量化词

南宁：下一代冇识得讲白话几多哂，总讲普通话齐。（下一代没有多少人会说白话了，都是普通话了。）（林亦、覃凤余，2008）[①]

田东：教师唸学生考得好齐。（老师都希望学生考得好。）

右江：唡栋楼嘅灯冇亮齐。（这栋楼的灯都不亮。）

崇左：唡栋楼灯冇亮齐。（这栋楼的灯都不亮。）

4）程度副词₂，指最高程度

程度副词$_2$，指最高程度

南宁：我一听讲考博，头都痛齐。（我一听考博，头痛极了。）（林亦、覃凤余，2008）[②]

田东：唡菀河宽多，眼惊齐。（这条河太宽，太吓人了。）

　　　佢哋村黑哂，我惊齐。（他的村全黑了，我怕极了。）

右江：天黑齐，看冇见东西。（天黑极了，看不见东西。）

崇左：我一听讲加班，头都昏齐。（我一听加班，头晕极了。）

广西中西部官话[③]：

---

① 林亦、覃凤余：《广西南宁白话研究》，广西师范大学出版社2008年版，第325页。

② 林亦、覃凤余：《广西南宁白话研究》，广西师范大学出版社2008年版，第294页。

③ 桂林官话母语人余斌认为，地道的桂林官话"完"无全称量化词、程度副词、结果补语用法，但这三种用法桂林官话已有出现，应是语言接触的结果。他认为，"完"的全称量化词、程度副词、结果补语用法多见于与柳州邻近的桂林南部一些县，而离柳州较远的桂林北部的县，没有这些用法。他的看法与本文书判断是吻合的。

广西中西部官话"完毕"义语素为"完"。

（1）完毕动词

柳州官话：唱歌完了。（唱歌结束了。）

宜州官话：电影完了。（电影结束了。）

武鸣官话：电影完了。（电影结束了。）

那坡官话：山歌擂台赛完了。（山歌擂台赛结束了。）

西林官话：电影完了。（电影结束了。）

高山汉话：电影完了。（电影结束了。）

（2）全称量化词①

柳州官话：全村都姓黄完去。（全村都是姓黄的。）

宜州官话：村里都是娃崽完。（全村都是小孩儿。）

武鸣官话：满街都是人完。（整条街上都是人。）

那坡官话：供销社、土产公司还有完。（供销社、土产公司还齐全。）

西林官话：教室里面都是学生完。（教室里边都是学生。）

高山汉话：全村都姓席完。（全村人都姓席。）

　　　　　我们全部张家完。（我们全都是张家。）

　　　　　孝衣孝裤都要穿完。（孝衣孝裤都要穿。）

　　　　　走样完了。（全走样了。）

（3）程度副词₂，指最高程度

柳州官话：今天打球好看完去。（今天球赛非常好看。）

宜州官话：我今天累完了。（我今天累坏了。）

武鸣官话：我今天累完了。（我今天累坏了。）

那坡官话：天黑黑，我见怕完。（天很黑，我怕极了。）

西林官话：今天天热，啤酒好喝完。（今天天热，啤酒好喝极了。）

高山汉话：搞得面包车发财完。（弄得开面包车的发了大财。）

---

① 我们观察到，广西中西部官话"完"作为全称量化词时多与范围副词"都""全部"等构成框式形式"都/全部……完"，说明其全称量化功能并不彻底。宜州官话母语人莫帆强调必须这样使用。可以只用"完"表示全称量化的那坡官话，是壮族转用的官话，所以其对壮语 le:u⁴ 全称量化词功能的复制更为彻底。

（4）结果补语

柳州官话：冲凉完再去。（洗完澡再去。）

宜州官话：吃饭完再去。（吃完饭再去。）

那坡官话：吃饭完再去。（吃完饭再去。）

西林官话：吃一条鱼完。（吃完一条鱼。）

2.讨论

（1）根据上表，桂西粤语的"完毕"义语素拥有与壮语大致平行的多种功能。"晒"和"齐"的分工、"齐"具有的功能，除桂西粤语外，他处粤语几乎未见。

1）"晒"作为动词指"结束"，有[＋时间]特征，多项功能与壮语固有词 ja⁵对应。桂西粤语"晒"可以充当全称量化词和最高程度副词，与壮语 ja⁵不同，应该是其源头粤语广府片特点的留存。但桂西粤语的"晒"还可充当"完毕"动词；充当程度副词 ₁；充当时间副词，表"已然"；充当状态变化标记、动相补语；一般可充当承接连词、因果连词、转折连词。

根据陈晓锦（2014）①，高华年（1980）②，陈晓锦、陈滔（2005）③，詹伯慧（2004）④，甘于恩（2002）⑤，各处粤语多以"晒"为全称量化词/范围副词，这也应该是桂西粤语原先具有的功能。根据黄阳（2016），南宁粤语"晒"由全称量化词/范围副词演变为程度副词，崇左粤语"晒"的程度副词功能也应由此而来。

黄阳（2016）进一步论证了南宁粤语"晒"间接复制自壮语"'完结'动词＞结果补语＞完成体标记＞顺接/逆接连词"的语法化路径，"晒"的动词功能也是接触的结果。在此基础上结合我们的观察，得出"晒"在桂西粤语中的语法化路径为：

---

① 陈晓锦：《东南亚华人社区汉语方言概要》，世界图书出版公司广东有限公司 2014 年版，第 1118—1119 页。

② 高华年：《广州方言研究》，（香港）商务印书馆 1980 年版，第 149—150 页。

③ 陈晓锦、陈滔：《广西北海市粤方言调查研究》，中国社会科学出版社、线装书局 2005 年版，第 395 页。

④ 詹伯慧：《广东粤方言概要》，暨南大学出版社 2004 年版，第 67、73、83、95、187 页。

⑤ 甘于恩：《广东四邑方言语法研究》，博士学位论文，暨南大学，2002 年，第 64 页。

时间副词　动相补语

"结束"义动词→结果补语→　状态标记→程度副词₁

完成体/完整体标记

承接连词→因果关系连词→转折关系连词

比照上文壮语 ja⁵ 的语法化路径，可看出，桂西粤语"哂"的语法化路径与壮语 ja⁵ 有较强的一致性，但路径短于壮语，应是复制了壮语 ja⁵ 的语法化路径。

2）"齐"作为动词则指"完成"，有[＋数量]特征，多项功能与壮语中的汉语借词 leːu⁴ 对应，可充当全称量化词、最高程度副词、结果补语和完成体标记。

汉语"齐"，有"一齐；都"义。《史记·平准书》：民不齐出于南亩。裴骃集解引李奇曰："齐，皆也。"《梁书·武帝纪上》："文教与鹏翼齐举，武功与日车并连。"《儒林外史》第十八回："四人齐作了一个揖。"此义与壮语 leːu⁴ 的"完全；皆"一致。

虽"齐"有"一齐；都"义，但我们并不认为桂西粤语中"齐"的全称量化词功能是从古汉语继承下来。此功能若来自古汉语，则他处粤语尤其是作为桂西粤语发源地的广府片也应有此功能。但目前所见报道，全称量化功能他处粤语罕见。

桂西粤语"齐"的全称量化词和最高程度副词功能，应是对壮语 leːu⁴ 进行复制所致。且在与"哂"全称量化功能的竞争中占据上风。黄阳（2016）的观察可为佐证，他指出，"哂"的全称量化词/范围副词功能在南宁粤语中使用范围很有限，多保留在 60 岁以上老派南宁人的口语谈话中。①说明"哂"本有的全称量化词功能正逐步被"齐"所取代。桂西粤语"齐"的程度副词功能也是通过这样的方式复制而得。

---

① 黄阳：《南宁粤语的助词"哂"》，《方言》2016 年第 4 期。

（2）所以，我们相信，以上所列广西汉语方言中"完毕"语素的多功能性来自对以上所论壮语"完毕"义语素语法化路径的复制。其中，桂西粤语"哂"复制了 ja⁵的语法化路径，"齐"复制了 leːu⁴的语法化路径；广西中西部官话"完"复制了 leːu⁴的语法化路径。理由有：

1）存在两个"完毕"义语素且有明显的功能分工，且与壮语中两个"完毕"义语素在功能上存在较明显一致性的粤语均分布在广西西部。这是壮语分布最密集的区域。

2）粤语"哂"与 ja⁵、"齐"与 leːu⁴语义对应较明显，是粤语对壮语进行多义复制的语义基础。各处壮语一般拥有两个语义存在差异、语法化路径有别，因此形成了差异甚大的两组"完毕"义语素的多种功能。因此，此语义复制也使得桂西粤语两个"完毕"义语素分别演变出两组功能。

3）广西中西部官话，它们的"完毕"义语素"完"，复制了壮语 leːu⁴的功能，一般具有"完毕"动词、全称量化词、最高程度副词和结果补语功能。

4）壮语"完毕"义语素的语法化程度一般高于我们所观察的汉语方言的相应语素。

黄阳、郭必之（2014）也已经观察到"在广西，壮语'完毕'语素这一多向语法化模式已作为一种扩散源向周边某些汉语方言扩散，使这些方言的'完毕'语素复制了这一模式中的部分演变过程，从而发展出更为丰富的功能"[1]。

（3）我们之所以确信广西西部汉语方言"完毕"义语素的程度副词功能来自壮语影响，还因为观察到高山汉话中"完"作为程度副词时的使用特点。在汉语中，程度副词的基本功能是修饰限制形容词或心理活动动词，表程度。一般不能修饰限制实义动词。但高山汉话可以：

三轮车发财完。[2]［（蹬）三轮的都发了财。/（蹬）三轮的发了极大的财。］

上文我们以靖西壮语为例，分析了壮语中汉语借词 leːu⁴经重新分析，从全称量化词演变成最高程度副词的过程，高山汉话"S 集体＋V 静态动词＋完"中的"完"意义的两可，实际正复制了壮语"全称量化词＞最高程度副词"的语法

---

① 黄阳、郭必之：《壮语方言"完毕"动词的多向语法化模式》，《民族语文》2014年第1期。

② 此处副词作为状语居动词后，这种语序也是复制了壮语的"中+状"语序。

化过程。根据吴福祥（2009），这是接触引发的语法化。

（4）值得一提的是，百色地方普通话，常以"了"作为承接连词，可表顺承、因果、转折，如：

①我今天上街，了，买得两只鸭。（我今天上街，然后，买了两只鸭子。）

②今天热多，了，穿不得羽绒服了。（今天太热，所以，不能穿羽绒服了。）

③今天热多，了，他还穿羽绒服。（今天那么热，可是，他还穿羽绒服。）

这同样来自语义复制，即，百色粤语使用者说普通话时，观察到普通话中有与百色粤语"晒"对应的"了"，遂将"晒"的承接连词功能复制到地方普通话中，遂形成这样的用法。

潘立慧（2016）也观察到南宁普通话以"完"作为最高程度标记的现象，也是来自壮语的影响。[①]

（四）结语

1.各处壮语一般拥有两个"完毕"义语素，固有词体现[＋时间]特征，汉语借词体现[＋数量]特征，二者各自进行语法化，具有功能区别。

2.二者具有个别受汉语共同语影响产生的十分晚近的功能。

3.受壮语影响，自南宁往西的部分汉语方言的"完毕"义语素产生与壮语颇为一致的功能。其中，南宁、田东、右江区、崇左粤语两个"完毕"义语素功能分工与壮语大致平行；多处官话的"完毕"义语素因仅一个，故无分工。

4.在语言接触复杂的地区，常发生如下影响：某个语言形式 x，由 A 语言输出给了 B 语言；B 语言或借用了 x，或复制为 x′，然后在借用的 x、复制的 x′ 上发展出 y，再将 y 传回给 A 语言。这在语言接触复杂而深入的广西，颇为常见。类似演变，覃远雄（2007）称为"辗转融合渗透"[②]，覃凤余、吴福祥（2009）称为"双向借贷"[③]，覃凤余（2018）称为"出口转内销"[④]。本书讨论的壮语

---

① 潘立慧：《汉语"了"在壮语中的两种特殊用法——作为全称量化词和最高程度标记》，《柳州职业技术学院学报》2016 年第 2 期。

② 覃远雄：《平话、粤语与壮语"给"义动词》，《民族语文》2007 年第 5 期。

③ 覃凤余、吴福祥：《南宁白话"过"的两种特殊用法》，《民族语文》2009 年第 3 期。

④ 覃凤余：《出口转内销——语言接触的后续演变》，中国民族语言学会描写语言学专业委员会 2018 年年会　新描写语言学框架下的中国少数民族语言研究学术研讨会论文，2018 年。

从汉语借入的"完毕"义语素 leːu⁴，演变出一系列功能后，这些功能又复制入汉语方言的"齐"和"完"，这一过程与以上各家所论"辗转融合渗透""双向借贷"和"出口转内销"是一致的。

5.右江区粤语的"晒"，受壮语影响产生了连词功能，又被百色地方普通话复制到"了"上，使"了"也具有了连词的功能。这是同一功能 x 在不同的语言间线性推广的现象，即：A 语言→B 语言→C 语言。

二　nai³的语法化①

（一）靖西壮语 nai³ 的功能

靖西壮语的 nai³ 具有以下七种功能：（1）"得"义主要动词；（2）动相补语/完整体标记；（3）能性补语；（4）状态/程度补语标记；（5）能性补语标记；（6）被动标记；（7）词内语素。前五项功能与汉语"得"的功能是一致的。

这七种功能分别举例如下：

1."得"义主要动词，如：

①teː¹khən³phja¹pjoŋ⁶wan²leː³nai³łoːŋ¹tuː¹ tsɔn³　lə⁰.

　　他 上 山　半 天 就 得 二 只松鼠 _{语气助词}

他上山半天就得到两只松鼠了。

②teː¹moːi⁴pei¹taːu⁶lun²kwaː⁵tsiŋ⁵ tuː¹ nai³ ki³sin¹taːu⁶ma².

　　他 每　年 返　家 过 春节 都　得 几 千 返 来

他每年回家过年都得几千（元钱）回来。

③ni⁵nai³teːn³si³lo⁶　pin⁵łjaːŋ⁵？你得电视机还是冰箱？

　　你 得 电视 还是　冰箱

2.动相补语或完整体标记，如：

①khau³phjak⁷hat⁷nai³ ja⁵.饭菜做好了。

　　饭　菜　做　得 _{完整体标记}

<hr>

① 本部分以《靖西壮语 nai³ 的语法化》为题在《钦州学院学报》2015 年第 10 期发表，本书做了修改补充。

②ma²nai³ɬei⁵ha³wan²lo⁰.来了四五天。

　来　得　四　五　天 语气助词

3.能性补语，如：

③ka:i⁵kei⁵kin¹nai³.这种能吃。

　些　这　吃　得

④ʔan¹se⁵khai¹nai³.（这辆）车能开。

　个　车　开　得

4.状态/程度补语标记，如：

①te¹khai¹nai³khwa:i⁵khwa:i⁵.他开得很快。

　他　开　得　快　　快

②ko¹ma:k⁹ma³nai³la:i¹ʔo⁰.（这棵）果树结得多啊。

　棵　果　长　得　多 语气助词

5.能性补语标记，如：

①ma⁵tha:p⁹ te¹tha:p⁹nai³tən⁵.他那担子挑得起。

　肩　担子他　挑　得　起

　　②ʔan¹se⁵kha:t⁹kai² ko³khai¹nai³toŋ⁶ʔa⁰？这么破的车也能开得动啊？

　　个　车　烂　这样也　开　得　动 语气助词

6.被动标记，如：

①te¹nai³<u>thiŋ̍</u>ja:k¹⁰<u>ɬe:n³</u>pai¹pə²kjəŋ⁵.他被学校选去北京。

　他　得　学校　　选去　北京

②te¹ nai³phin⁵khən³<u>ɬe:n⁵tsin³</u>.他被评上先进。

　他　得评　　上　　先进

7.词内语素

我们观察到两个：

（1）nin¹nai³记得

　　记　得

①ni⁵nin¹nai³khja:m¹te¹ʔau¹the:u¹ka:n²ta:u⁴ma²pə⁰.

　你　记　得　问　　他拿　条　扁担　返　来 语气助词

你记得问他要那条扁担回来啊。

②ma:n³te¹ jəu⁵tɔi²ŋo⁵mei²nin¹nai³na:u⁵.他们村在哪你不记得。

　　村　他　在　何　我　不　记　得　不

（2）nai¹nai³幸好

　　　好　得

①wan²kei⁵na:ŋ³,nai¹nai³ŋo⁵noŋ⁴tu⁴.今天冷，幸好我穿得多。

　　天　这　冷　好　得　我　穿　够

②ʔan¹se⁵na:u⁵nai¹,nai¹nai³ʔo⁰.这辆车比较好，幸好啊。

　　个　车　比较好　好　得　语气助词

nai³演变为词内语素，不成系统，规律性不强，我们在下文讨论 nai³的时候单独讨论。

（二）靖西壮语 nai³多功能模式的形成

吴福祥（2009）认为汉语"得"的语法化历程是[①]：

　　　　　　↗完整体标记

"得"义动词→动相补语→状态/程度补语标记→能性补语标记

　　　　　　↘能性补语

他所概括出的东南亚语言"得"义语素"簇聚"式语法化模式与汉语的"得"是一致的。

吴福祥（2009）认为，东南亚语言"得"义语素与汉语"得"语法化历程的一致性是语法复制的结果。在语法复制的过程中，复制语中复制范畴的语法化程度往往低于模式语中对应的模式范畴，语法成分的语法化程度通常与"去范畴化""去语义化""语音弱化"以及"强制性"等参数密切相关。典型的情形是，一个语法成分"去范畴化""去语义化""语音弱化"以及"强制性"程度越高，那么其语法化程度也就越高；反之亦然。他从演变阶段的差异、"去语义化"程度、语音弱化、使用的强制性四个角度进行了分析，认为东南亚语言里"得"义语素多功能模式的平行性及历时过程的一致性的扩散源或模式语是汉语。

---

① 吴福祥：《从"得"义动词到补语标记——东南亚语言的一种语法化区域》，《中国语文》2009 年第 3 期。

吴福祥（2009）认为，相关的东南亚语言（包括壮侗语）从汉语引入"得"义语素多功能模式的机制是"接触引发的语法化"，更准确地说是"复制的语法化"。他把这个语法复制的过程概括为：

（1）部分东南亚语言（复制语 R）的使用者注意到汉语（模式语 M）里存在一个由"得"编码的多功能范畴 MX；

（2）他们使用自己的语言（R）里可以得到的"得"义动词，以产生与 MX 对等的多功能范畴 RX；

（3）于是，他们利用"[My＞MX1，MX2……]：[Ry＞RX1，RX2……]"这个类推公式来复制他们认为曾发生于汉语的簇聚式语法化过程；

（4）最后，他们将 Ry 语法化为多功能范畴 RX。

他的结论是，（1）东南亚语言的"得"义语素普遍具有一种与汉语"得"相平行的多功能模式（"得"义主要动词、动相补语/完整体标记、能性补语、状态/程度补语标记和能性补语标记）。（2）这种平行的多功能模式是语法复制（接触引发的语法化）的产物，体现的是一种典型的语法化区域。（3）在这种语法复制过程中，汉语是模式语，相关的其他东南亚语言是复制语；换言之，相关东南亚语言的"得"义语素多功能模式导源于对汉语"'得'义动词＞补语标记"这一"簇聚"式语法化模式的复制。[①]

1.靖西壮语 nai³ 的主要功能语法化模式复制于汉语的证据

吴福祥（2009）用于对东南亚语言"得"义语素语法化模式复制于汉语这一结论进行证明的四个方面：演变阶段的差异、"去语义化"程度、语音弱化、使用的强制性，[②]我们在靖西壮语中都能观察到语言事实。现讨论如下：

（1）演变阶段的差异

汉语"得"和靖西壮语 nai³ 语法化路径的最后阶段都是能性补语标记。但是，汉语程度补语标记"得"有一种语义高度虚化的用法，其表达的是"致使"的功能，如"一下午的课上得我口干舌燥""一杯烈酒喝得老王晕头转向"，

---

① 吴福祥：《从"得"义动词到补语标记——东南亚语言的一种语法化区域》，《中国语文》2009 年第 3 期。

② 吴福祥：《从"得"义动词到补语标记——东南亚语言的一种语法化区域》，《中国语文》2009 年第 3 期。

类似的用法在靖西壮语中没有观察到。表"致使"的补语标记，靖西壮语用的是 thaŋ¹、taŋ²、tam³、hɔːi³、hɔːi³thaŋ¹、taŋ²hɔːi³、hɔːi³nai³、tam³thaŋ¹、tam⁴taŋ²、taŋ²ka³，nai³须与 hɔːi³组合成双音节词 hɔːi³nai³，这些标记一般都可译为"以致"。如：

①nɔːi¹kei⁵khən³taːŋ²khən³thaŋ¹maːu⁴tsi⁰.今早上课上得晕了

　　早　这　上　课　上　以致　晕　_{语气助词}

②nɔːi¹wɔːi¹neːu²khai¹taŋ² wo²haːu³leːu⁴tsi⁰.一早上的会开得喉咙全干了。

　　早　会　一　开　以致喉　干　完　_{语气助词}

③tɔːn⁵lau³neːu²kin¹ tam³ mo⁴leːu⁴pai¹.一餐酒喝得全吐了。

　　顿　酒　一　喝　以致　吐　完　去

④ɬoːŋ¹ʔan¹peːŋ³kin¹hɔːi³toːŋ⁴pɔːŋ⁵tsi⁰.两个饼吃得肚子胀。

　　二　个　饼　吃　给　肚　胀　_{语气助词}

⑤khja⁵phɔːn¹neːu²lɔːŋ²hɔːi³thaŋ¹nam⁴thum³leːu⁴.一场雨下得全被水淹了。

　　场　雨　一　下　给　以致　水　淹　完

⑥kha¹lo⁶kwai¹laːi¹phjaːi³taŋ² hɔːi³kəu⁶jaːi²kha:t⁵tsi⁰.路太远走得鞋都烂了。

　　条　路　远　多　走　以致给　双　鞋　烂　_{语气助词}

⑦teˀlaːi⁴laːi¹hɔːi³nai³teˀmei²kaːm³lɔːŋ⁶tsan¹naːu⁵.她太凶以致他不敢说实话。

　　她凶　多　给得　他　不　敢　告诉　真　不

⑧neːtˀ⁹leːŋ²leːŋ²tam³thaŋ¹kɔ¹khjak⁷toːi⁴leːu⁴.太阳太大以致菜全蔫了。

　　晴　烈　烈　以致棵　菜　蔫　完

⑨jaŋ²ʔeːŋ¹nɔ²laːi¹_tam³taŋ²_mei²nai¹tok⁸ɬei¹naːu⁵.小时候太穷以致没能念书。

　　还　小　穷　多　以致　不　得　读　书　不

⑩miŋ³nɔːk¹⁰saːu²laːi¹_taŋ²ka³_nɔːn²mei²nak⁷naːu⁵.外边儿太吵以致睡不着。

　　边儿　外　吵　多　以致　睡　不　着　不

由此可见，靖西壮语的 nai³未能虚化到汉语程度补语"得"的程度。

（2）"去语义化"程度

汉语的"动词＋得＋补语"格式是一种语法化程度很高、已固化和规约化的"构式"，这首先表现在这种模式在语法行为上有严格的限制，如"得"和述语动词之间不能插入宾语成分。但是，我们发现，靖西壮语 nai³ 与述语之间是可以插入宾语成分的。如：

①khai¹se⁵nai³khwa:i⁵.车开得快。

　开　车　得　快

②khən³ta:ŋ²nai³nai¹.课上得好。

　上　课　得　好

显然，靖西壮语的"动词＋nai³＋补语"格式在语法行为上的限制并不严格。

（3）语音弱化

汉语"得"用作补语标记时语音弱化，靖西壮语的 nai³ 作补语标记时语音没有弱化。

（4）使用的强制性

靖西壮语完整体标记与 VO 组合时，语序有二：一为"VO＋标记"，一为"V＋标记＋O"。即：

kha³tu¹kai⁵nai³＝kha³nai³tu¹kai⁵杀好了（那只）鸡

　杀 只 鸡 得　杀　得 只 鸡

靖西壮语中，"VO＋标记"是固有语序，"V＋标记＋O"是受汉语影响所致。在年纪较大的人的语感中，"VO＋标记"自然度强于"V＋标记＋O"语序。

靖西壮语作为状态/程度补语标记的 nai³ 的使用也不具有强制性，这个标记不出现，结构仍合乎语法，句法关系不变，但这时句末一般要加表示强调的语气词 pə⁰。如：

①ko¹kei⁵ma³nai³nai¹pə⁰.＝ko¹kei⁵ma³nai³ pə⁰.（这棵）树长得好啊。

　棵 这 长 得　好_{语气助词} 棵 这　长 好　_{语气助词}

②te¹ nei¹nai³khwa:i⁵pə⁰.＝　te¹nei¹khwa:i⁵pə⁰.他跑得快啊。

　他 跑 得　快　_{语气助词}　他 跑　快　_{语气助词}

而且，我们观察到，不用状态/程度补语标记 nai³ 的句子在靖西壮语中似乎更加自然。

这些例证证明了吴福祥（2009）的观点。

2.对靖西壮语 nai³作为被动标记和能性补语标记的进一步讨论

（1）被动标记的形成

从上文所举例句看，靖西壮语以 nai³表被动实际是一种抽象的"获得"，这种"获得"与"得"义动词具有的"获得"义是一脉相承的。我们可以看以下两个例子：

①la:u⁴tsa:ŋ⁵nai³ɬe:n⁵tsin³.老张得先进。

　老　张　得　先进

②la:u⁴tsa:ŋ⁵nai³phin²khən³ɬe:n⁵tsin³.老张被评上先进。

　老　张　得评　上　先进

在靖西壮语中，这两个句子的语义应该是基本一致的，也就是说，第二个句子中的 nai³，仍旧残存有"获得"义。

我们认为，靖西壮语 nai³由"得"义动词语法化为被动标记，是通过重新分析实现的。如：

①　［nai³［phin²khən³ɬe:n⁵tsin³］＞［nai³phin²khən³［ɬe:n⁵tsin³］

　　　得　［评　上　先进　］　　得评　上　［先进　］

②　［nai³［ɬɔ:ŋ⁵pai¹pə²kjəŋ⁵］＞［nai³ɬɔ:ŋ⁵pai¹［pə²kjəŋ⁵］

　　　得　［送　去北京　］　　得送　去　［北京　］

即，获得某事＞被某事

"获得"义动词表示的是一种非自主、被动的获得，也就是说，"X 获得 Y"这一情状中，X 对于 "获得 Y"这一过程完全是被动的接受者，X 本身不能决定他/她是否得到 Y，比方说"张三得奖"这个句子中，"张三能不能得奖"取决于别人，他自己无法控制。当 X 获得的是一种消极的、不好的或他本身不愿意得到的一种 Y 时，"X 得 Y"表达的被动意义就更加显著，比如"张三得病了"。可见，由"获得"义动词语法化为被动标记是一种非常自然的语义演变。[①]

---

① 吴福祥师惠告。

不少语言的被动标记来自于"获得"义动词。不过，在同时存在源自"遭受"义动词的被动标记的语言中，这两个被动标记用法有别：源自"遭受"义动词的被动标记表达的被动式具有"不幸、不如意"的意义，而源自于"获得"义动词的被动标记就没有这种语义色彩。

靖西壮语也是如此，如：

①*te¹nai³thei¹.他被（获得）捉。

   他 得 捉

②*te¹ nai³thək⁷.他被（获得）踢。

   他 得 踢

事实上，nai³也可表示"不幸、不如意"。如：

①te¹ nai³pa⁵ŋo⁵na⁵.他被（获得）我父亲骂。

   他 得 爸 我 骂

②ŋo⁵nai³te¹təp⁸ma:t⁹kwin²ne:u².我被（获得）他打了一拳。

   我 得 他 打 下 拳 一

但这种说法并不是通常的说法，而是采用反语辞格进行的表达。

（2）能性补语标记形成的另一条路径

我们认为，靖西壮语的能性补语标记，除了从状态/程度补语标记演变来之外，有一部分是直接从能性补语演变来的。

我们观察到，靖西壮语有下面两种语义一致，但语法结构有异的句式：

①ŋo⁵ke:m¹khən³nai³. = ŋo⁵ke:m¹nai³khən³.我跟得上。

   我 跟 上 得   我 跟 得 上

②te¹tha:p⁹khən³nai³. = te¹tha:p⁹nai³khən³.他挑得起。

   他 挑 起 得   他 挑 得 起

前者的nai³是能性补语，后者的nai³是能性补语标记。

我们认为，在靖西壮语中，ke:m¹khən³"跟上"、tha:p⁹khən³"挑起"是词，因而结合较紧密，因此在表示可能性时，能性补语仍居其后，这时 nai³是表达能性的补语动词；受汉语影响后，khən³才移到 nai³"得"后，形成与汉语一致的"V＋得＋能性补语"的结构，这时 nai³充当的是结构助词。

因此，我们认为，靖西壮语 nai³ 的语法化路径应为：

↗完整体标记

"得"义动词→动相补语→状态/程度补语标记→能性补语标记

↓　　　　　　　　↘能性补语→能性补语标记

被动标记

3.nai³ 充当词内语素的形成

我们下面讨论观察到的两个 nai³ 充当词内语素的现象。

（1）nin¹nai³ 记得

这个词应该来自"V＋nai³"结构的短语。而根据以上所述，这时 nai³ 只可能来自动相补语或能性补语。我们认为，因 nin¹nai³ 为动词"记得"，判断其为动相补语抑或能性补语，应该观察 nin¹nai³ 能否带宾语，且带宾语后语义为何。做此考察的原因是，动相补语一般不带宾语，所以如 nin¹nai³ 可带宾语，则其原为动相补语的可能性不大；而如果其可带宾语，且带能性义，则应来自能性补语。

①ni⁵nin¹nai³te¹ la⁰? 你记得他吧？

　你　记　得　他 语气助词

②ŋo⁵nin¹nai³jaŋ²mei²ɬei⁵ʔan¹tsoŋ². 我记得还有四张桌子。

　我　记　得　还有　四　个　桌

这里的 nin¹nai³ 指的是具有"记"的能力，含有能性意义。

所以，我们认为，其来自能性补语。

（2）nai¹nai³ 幸好

nai¹（好）nai³（得）应该也是由短语词汇转化而得。其原型很可能是：

nai¹ | nai³ pei³

好　得 这样

nai³ 是"得"义动词，后接宾语 pei³"这样"，指"取得（获得）这样的状态"，作为状语修饰 nai¹"好"。即，nai¹nai³pei³ 是一个"中心语＋状语"的偏正结构。后产生重新分析，nai¹nai³pei³ 结构变为：

nai¹nai³ | pei³

好　得　这样

这时 nai¹和 nai³结合更紧。而由于壮语双音化的趋势，pei³脱落，整个短语仅余前两个音节，由于使用频繁，逐渐凝固，nai³遂变为词内语素。

事实上，很多表达中，nai¹nai³pei³和 nai¹nai³是两可的，意义无明显差异：

（ŋam⁵lɔŋ²phɔn¹le³khau³lun²lo⁰，）nai¹nai³pei³　ʔo⁰/ nai¹nai³ ʔo⁰.

刚　下　雨　就　进　家　了　好　得　这样_{语气助词}　好　得 _{语气助词}

刚下雨就进家门了，幸好那样/幸好。

三　maŋ⁶ "望"的语法化

"望"在靖西壮语中有三个形式：maŋ⁶、moŋ⁶、wa:ŋ⁴。第一个形式对应的是上古音 maŋ（武方切），maŋs（巫放切）①；moŋ⁶是中古借词，在靖西壮语中指"期望，盼望"；wa:ŋ⁴借自官话，一般与其他音节组成双音节形式，如：pha:n³wa:ŋ⁴ "盼望"、hi⁵wa:ŋ⁴ "希望"。这里讨论的是 maŋ⁶。

maŋ⁶在靖西壮语中指"一直，只顾（做），不在意其他情况"，如：

①te¹ maŋ⁶ko:i¹ŋo⁵jəu⁵，　ji⁵tsi⁵mei²kin¹kau³na:u⁵.

他只顾 看　我 _{持续体标记} 一直 不 吃饭　不

他一直（只顾）看着我，一直不吃饭。

②te¹ maŋ⁶hat⁷tsɔ²ne²，nam⁴kɔn³ko³pu³ləu⁴.他只顾做作业，水开了也不知道。

他只顾 做　作业　水　滚 也 不 懂

我们认为，这里的 maŋ⁶是从实义动词"望"语法化而来，进而成为一个状态副词。不同语言之间的接触对虚词的产生和使用的影响等，也不同程度地在语法化过程中起过作用和影响（齐沪扬，2002）②。

我们的理由有：

（一）maŋ⁶的语音形式与上古汉语相合。如上所述，"望"在靖西壮语中有三个形式，上古形式在靖西壮语中存在年代久远，层次最早。根据目前所见壮语语法化的规律，发生语法化的多是民族固有词，韦景云等

---

① 见东方语言学网 http://www.eastling.org/。
② 齐沪扬：《语气与语气系统》，安徽教育出版社 2002 年版，第 77 页。

（2011）列举了 ^{2}dai^{55}、^{2}jou^{35}、poːi^{24}、kwa^{35}四个动词的语法化，其中只有kwa^{35}是中古汉语借词。①从语言发展的规律也可以看出，语法化是一个历史范畴，任何一个实词经语法化后充当语法功能成分的过程是一个渐进的历程，而不是突变的（韦景云等，2011）。②这就要求发生语法化的实词应该是较早的层次。maŋ^{6}应该与上古汉语 maŋs（巫放切）对应，说明它具备语法化这一条件。

（二）某个动词经常处于连动句第一个动词或第二个动词位置，由于信息结构的安排，该动词往往是次要动词，经常表示伴随动作，从而引起词义的弱化、泛化以至虚化，词义虚化后，又引起搭配的多样化，最后失去动词的意义和功能（韦景云等，2011）。③如以上的例子，作为副词，maŋ^{6}均位于主要动词前。我们认为，在某个历史阶段，maŋ^{6}作为上古借词借入后，与民族固有词koːi^{1}构成连动结构（在靖西壮语中，借词与固有词常常组成联合式复合词，如tsɔŋ^{2}thaŋ^1，由中古借词 tsɔŋ^2"从"和固有词 thaŋ^1"从"组成；jəu^{2}tsaːi^4，由官话借词"由"和固有词 tsaːi^4"任由"组成）。在语义结构中，koːi^{1}逐渐成为表义中心，而 maŋ^{6}意义逐渐虚化：

te^1[maŋ^{6}koːi^1]ŋo^5]jəu^5 ＞ te^1[maŋ^6[koːi^{1}ŋo^5]jəu^5

他[望 看]我]持续体标记 他 [只顾[看 我]持续体标记

重新分析本质上涉及的是线性的、组合性的、经常是局部的重新组织和规则演变。另一方面，类推在本质上涉及的是聚合关系的组织、表层搭配和用法模式中的演变。从而使 maŋ^{6}作为副词的使用扩展到更多的句子。

（三）尽管 maŋ^{6}在靖西壮语中指"一直，只顾（做），不在意其他情况"，但其使用的范围是有条件的。

maŋ^{6}有一个意义接近的副词 kun^3（惯），指"一直"，但 kun^{3}不仅可以用于指人名词，还可以用于有生名词甚至无生名词；而 maŋ^{6}只用于指人名词。

---

① 韦景云、何霜、罗永现：《燕齐壮语参考语法》，中国社会科学出版社 2011 年版，第 144—168 页。
② 韦景云、何霜、罗永现：《燕齐壮语参考语法》，中国社会科学出版社 2011 年版，第 156 页。
③ 韦景云、何霜、罗永现：《燕齐壮语参考语法》，中国社会科学出版社 2011 年版，第 153 页。

①te¹ kun³koːi¹ɬei¹.他一直看书。

　他一直　看　书

②te¹ maŋ⁶koːi¹ɬei¹.他只顾看书。

　他只顾　　看　书

③*tu¹ma¹maŋ⁶kin¹jəu⁵.

　只　狗　一直　吃 持续体标记

④tu¹ ma¹ kun³ kin¹ jəu⁵.（那条）狗一直吃。

　只　狗　一直　吃 持续体标记

⑤phɔn¹ kun³lɔŋ² jəu⁵.雨一直下。

　雨　　一直　下 持续体标记

⑥*phɔn¹ maŋ⁶lɔŋ²jəu⁵.

　雨　　一直　下 持续体标记

kun³是中古借词"惯"。惯，中古山摄合口一等换韵，见母，去声。中古借词换韵读 un，如"半"读 pun⁵，"灌"读 kun⁵；见母读 k；清去应读第 5 调 45，但这里读第 3 调，原因未明。虽声调不符合中古借词规律，但从意义和声韵的对应规律，我们仍认为 kun³ 是中古借词"惯"。

按照生命度等级，指人名词通常比其他有生名词（如动物名词）更有可能包括在语言规则中，而有生名词又比无生名词更有可能包括在语言规则中：

指人名词＞有生名词＞无生名词＞抽象名词①

kun³作为中古借词，靖西壮语借入它的"一贯"义，作为一个典型的副词，它可以用于各类名词，这是很正常的；而 maŋ⁶ 显然是由实词语法化为副词的，而其语法化还未彻底，这明显地表现在，它只适用于指人名词，动物名词、无生名词均不适用。如果它自身本就是副词，那么它应该像 kun³ 一样可以广泛用于指人名词、有生名词和无生名词。

---

① [美] 鲍尔·J. 霍伯尔、伊丽莎白·克劳丝·特拉格特著，梁银峰译：《语法化学说》（第二版），复旦大学出版社 2008 年版，第 208 页。

四 thok⁷ "着" 的语法化①

汉语老借词 "着" 在侗台语中读为：各地壮语 tuk⁷/tɯk⁸、thik⁸、tik⁷、tik⁸、tuk¹⁰、ta:k¹⁰、ta:k⁸，布依语 tuk⁸、泰语 thu:k⁹、老挝语 thɯ:k⁸、临高话 hək⁸、琼山话 hɛk⁸、拉伽语 tuk⁸、标语 tøk¹⁰。②按林亦（2009）的推测，这些词进入壮语时间较早，③覃凤余（2013）④、李洁（2008）⑤、杨帆帆（2013）⑥也认为它们是汉语借词 "着" 或跟汉语 "着" 有关系。

林亦（2009）认为，武鸣罗波壮语的 tɯk⁸ 有 "受到" "遭受" 义，后接动词、形容词；作为表被动的介词引进施事成分；相当于 "用"。⑦覃凤余（2013）认为，北部壮语 tuk⁷/tɯk⁸ 的用法与广西境内汉语平话的 "着" 有严整对应，大多也与近代汉语里的 "着" 对应，充当置放义动词、遭受义动词、使役动词、被动标记、处所介词、结果补语（"对、中、到" 等义）、持续体标记、道义情态助动词、句末祈使助词、系词、条件关系连词。⑧周国炎（2003）认为，tuk³³是布依语被动句标志词之一。⑨杨帆帆（2013）认为，侗台语的 "着" 有 "（打）中、（猜）对、着（凉）" 义，还可充当 "遭遇、遭受" 义动词、被动标记、判断动词。⑩覃凤余、王全华（2018）对借入壮语的 "着" 由 "置放" 义演变出祈使语气的过程进行了分析。⑪

---

① 本部分曾以《靖西壮语的汉语老借词 thok⁷ "着"》为题发表于《中央民族学院学报》（哲学社会科学版）2020年第3期，本书略有改动。

② 参见张元生、覃晓航《现代汉语比较语法》（中央民族大学出版社1993年版，第27页），张均如、梁敏、欧阳觉亚、郑贻青、李旭练、谢建猷《壮语方言研究》（四川民族出版社1999年版，第708页），林亦《武鸣罗波壮语的被动句》（《民族语文》2009年第6期），覃凤余《台语系词 tɯk⁸、tɕɯ⁶ 等的来源》（《语言研究》2013年第2期），中央民族学院少数民族语言研究所第五研究室《壮侗语族语言词汇集》（中央民族学院出版社1985年版，第299页），梁敏、张均如《侗台语族概论》（中国社会科学出版社1996年版，第235页）。

③ 林亦：《武鸣罗波壮语的被动句》，《民族语文》2009年第6期。

④ 覃凤余：《台语系词 tɯk⁸、tɕɯ⁶ 等的来源》，《语言研究》2013年第2期。

⑤ 李洁：《汉藏语系语言被动句研究》，民族出版社2008年版，第55页。

⑥ 杨帆帆：《侗台语被动标记研究》，硕士学位论文，中央民族大学，2013年，第15页。

⑦ 林亦：《武鸣罗波壮语的被动句》，《民族语文》2009年第6期。

⑧ 覃凤余：《台语系词 tɯk⁸、tɕɯ⁶ 等的来源》，《语言研究》2013年第2期。

⑨ 周国炎：《布依语被动句研究》，《中央民族大学学报》（哲学社会科学版），2003年第5期。

⑩ 杨帆帆：《侗台语被动标记研究》，硕士学位论文，中央民族大学，2013年，第11—25页。

⑪ 覃凤余、王全华：《从壮语看汉语史 "着" 表祈使语气的来源》，《古汉语研究》2018年第2期。

但靖西壮语的 thok⁷"着"未见报道。

（一）靖西壮语汉语老借词"着"的读音①

靖西壮语中汉语老借词"着"读 thok⁷。

着，中古澄母。钱大昕（1937[1983]）提出"古无舌头、舌上之分，知彻澄三母，以今音读之，与照穿床无别也；求之古音，则与端透定无异"②。即，上古澄母并入定母。根据王力（1980）论断，上古定母读 dh③，因此上古澄母亦应读 dh。今侗台语读为 t、th，当是浊音清化所致。蓝庆元（2005）认为，壮语中汉语借词澄母读 t-、th-的应代表上古汉语后期形式。④靖西壮语汉语老借词澄母一般读 ts，读 th 当是上古音的遗留。澄母的"箸"读 thəu⁵，"持"读 thei¹，可为佐证。从与南部壮语更接近的 thuːk⁹（泰语）、thuːk⁸（老挝语）来看，声母送气应该是汉语老借词"着"在西南台语和南部壮语中区别于北部台语的共同特点。靖西壮语中，药韵有两读，一是 oːk，如"雀"tsjoːk⁹；一是 ok，如"缚"phok⁷。二者应该存在时间层次的先后。"缚"是奉母字，根据蓝庆元（2005）的分析，壮语老借词奉母多读 f，读 p 是很早借入的，⑤因此"缚"是早于中古借词主体层的借词。由此推断靖西壮语汉语借词中药韵字 ok 早于 oːk。因此，thok⁷"着"层次早于中古借词主体层。

中古借词多是从现代平话的前身"古平话"吸收的，其主体层与中古汉语对应。⑥根据梁敏、张均如（1996）的分析，临高人的先民原居住在壮、傣先民和侗、水先民中间的广西东南部和雷州半岛一带，大概在春秋、战国之际（约公元前 500 年）迁往海南岛北部；而泰、老先民很可能在秦汉开始离开今壮族分布区域外迁。⑦上文已述，汉语借词"着"是泰语、老挝语、临高话、琼山话等侗台语共有的成分，说明该借词在它们与壮语分离之前已进入。

---

① 因 thok⁷"着"很可能是早于中古借词主体层的汉语借词，为与中古借词区别，此处称之为"汉语老借词"。
② 钱大昕：《十驾斋养心录》，上海书店出版社 1937[1983]年版，第 111 页。
③ 王力：《汉语史稿》（重排本），中华书局 1980 年版，第 80 页。
④ 蓝庆元：《壮汉同源词借词研究》，中央民族大学出版社 2005 年版，第 19 页。
⑤ 蓝庆元：《壮汉同源词借词研究》，中央民族大学出版社 2005 年版，第 47 页。
⑥ 张均如：《广西中南部地区壮语中的老借词源于汉语古"平话"考》，《语言研究》1982 年第 1 期；张均如、梁敏、欧阳觉亚、郑贻青、李旭练、谢建猷：《壮语方言研究》，四川民族出版社 1999 年版，第 247—249 页。
⑦ 梁敏、张均如：《侗台语族概论》，中国社会科学出版社 1996 年版，第 21、30 页。

而根据分离的时间，"着"进入侗台语应在上古时期。这与上文所述林亦的推测吻合。

覃凤余（2013）认为北部壮语 tɯk⁷/tɯk⁸对应于汉语清浊两母的"着"，tɯk⁷＝清"着"，tɯk⁸＝浊"着"。[①]她根据潘悟云（1991）的论断：上古汉语浊声母表自动，清声母表使动，[②]认为阴调的 tɯk⁷有"置放使……附着"义。[③]按覃凤余这一论断，靖西壮语汉语老借词"着"也应有清浊两个，即 thok⁷和 thok⁸。那为何现仅有阴调的 thok⁷而无阳调的 thok⁸呢？

各地壮语（尤其是北部壮语）中多读阳调的部分字在靖西壮语中有变入阴调的现象，[④]如：

只：各地壮语多读 tu²[⑤]，靖西 tu¹　　　　糖：各地壮语多读 tɯəŋ²，靖西 thiŋ¹

豆：各地壮语多读 tu⁶，靖西 thu⁵　　　　嫌：各地壮语多读 ji:m²，靖西 ʔi:m¹

山谷：各地壮语多读 lu:k⁸、lu:k¹⁰，靖西 lu:k⁹

坑：各地壮语多读 kum²，靖西 khjəm¹

另，同属德靖土语，德保壮语"头"读 thu²，靖西读 thu¹。[⑥]

这一批例证，说明阳调部分字变入阴调是靖西壮语语音演变的一条规律。靖西壮语的 thok⁸应该已并入 thok⁷，所以目前所见，仅余 thok⁷。

（二）thok⁷的用法

1.实义动词"使……附着"

（1）使固体附着

附着物一般是粉末或带粘性的固体。如：

①ʔi³pan⁶lam²pat⁷,tso:ŋ²khau³phjak⁷thok⁷mok⁸mei⁴ja⁵.

　刚才　风　吹　桌　饭　菜　沾染　尘埃　了

---

① 覃凤余：《台语系词 tɯɯk⁸、tɕɯ⁶等的来源》，《语言研究》2013 年第 2 期。

② 潘悟云：《上古汉语使动词的屈折形式》，《温州师院学报》1991 年第 2 期。

③ 覃凤余：《台语系词 tɯɯk⁸、tɕɯ⁶等的来源》，《语言研究》2013 年第 2 期。

④ 覃凤余惠告。

⑤ 壮语读音也不完全一致，我们在此只取相对普遍的读音。如北部壮语各点读音差异较大，我们不取层次晚近的借词读音，如"糖"北部壮语多处读 ta:ŋ²，疑为官话借词，我们不取。

⑥ 这些读音参见张均如、梁敏、欧阳觉亚、郑贻青、李旭练、谢建猷《壮语方言研究》，四川民族出版社 1999 年版，第 794、694、634、712、598、598、639 页。

刚才刮风，使尘埃附着了这桌饭菜。①

②te¹mei²tsu³ji⁴naːu⁵,tən¹khwa⁵thok⁷khei³məu¹ja⁵.他不小心，使猪屎附着了裤脚。

　　他 不 注意 不 底 裤 沾 屎 猪 了

（2）沾染液体/使液体附着

①łi³khwa⁵thok⁷jəu²si²jaˑ⁵łak⁸mei²pai¹naːu⁵.衣裤沾了油漆洗不掉。

　　衣 裤　 沾 油漆了 洗 不 去 不

②ko¹phjak⁷thok⁷nɔŋ²jɔ²,mei²sei³kin¹naːu⁵pə⁰.青菜沾了农药，不要吃。

　　棵 菜　 沾 农药　 未使 吃 不 _{语气助词}

（3）沾染气味/使气味附着

一般是不良气味。如：

①kin¹hɔ⁵kɔ⁵ŋaːi²thok⁷lau⁶ʔin¹.吃火锅会沾油烟味。

　　吃 火锅 捱沾 烟 烟

②łi³khwa⁵ŋo⁵thok⁷hei⁵pja¹ja⁵.我的衣裤沾了鱼腥味。

　　衣 裤 我 沾 气 鱼 了

（4）沾染某些不良行为/使某些不良行为沾上

①kaːi⁵tu²　ʔa²,thok⁷jaˑ⁵le³mei²naːu⁵kjau⁵naːu⁵lo⁰.那些毒品啊，沾上就没有救了。

　　些 毒 _{语气助词} 沾 了就 不 救 不 了

②kaːi⁵toˑ³seːn⁵ki³mei²sei³thok⁷naːu⁵ʔaˑ⁰.赌博千万不要沾啊。

　　些 赌 千祈 未使 沾 不 _{语气助词}

无论是固体、液体、气味还是行为，附着物都须是消极的、不情愿接受的。情感上积极的、情愿接受的事物，一般不能受 thok⁷ 的支配。如：

①*koːk⁹ mo⁵ thok⁷thiŋ¹khaːu¹ja⁵,kin¹waːn¹waːn¹.三角粽沾了白糖，吃起来很甜。

　　角 黄牛沾 糖 白 了 吃 甜 甜

②*ljaːŋ²tsoŋ³thok⁷thiŋ¹phjaŋ³tso³pan²kin¹.凉粽沾蜜糖才好吃。

　　凉 粽 沾 糖 蜂 才 成 吃

---

① 按汉语习惯的意译，应该是"使这桌饭菜沾上了尘埃。"

③*ɬi³khwa⁵thok⁷ja:i¹ ɬin¹ʔi⁵sa:u⁵ja⁵,ɬəŋ¹ nai¹ pə⁰.衣服沾了薰衣草的味儿，好闻啊。

    衣　裤　沾　气味 薰衣草 了 气味好 _{语气助词}

④*jəŋ⁵wei²nai¹ni⁵mei²thok⁷na:u⁵,pu³lei²pan²kən²？

    行为　好 你 不 沾 不　怎么 成　人

好的行为你不沾，怎么成人？

我们认为，以上四种搭配关系正是 thok⁷作为"使……附着"义在靖西壮语中的四个演变阶段。第一阶段，附着的物体是可视的、凸显的；第二阶段，附着的虽然还是具体的事物，但从视觉可感的角度看，液体弱于固体；第三阶段，附着的物体是比液体更抽象的气体/气味；第四阶段，附着的物体不能实际附着，其附着只是一种抽象状态。四个阶段语义一步步泛化，搭配关系也逐渐泛化。

2.被动标记

作为被动标记时结构是"thok⁷kən²（人）/动物名词＋心理活动动词"，进入这一结构的心理活动动词是消极的、不情愿的。

①te¹tso³tsei⁶thok⁷kən²hən³lə⁰.他就是遭/被人恨。

    他　就　是 着 人 恨 _{语气助词}

②fan⁶kən²pei³tso³tsei⁶thok⁷kən²ki¹.这种人就是遭/被人生气。

    份　人 这 就　是　着 人 气

③te¹ka⁴la:i¹thok⁷ma¹hən³tsi⁵ʔa⁰? khau³təu¹ te¹ le³ kun³hau⁵.

    他 那么　着 狗 恨 太 啊　进　门　它 就一直 吠

他那么招狗恨啊？进门它就一直吠。

④te¹mai⁴təp⁸tu¹ma⁴,thok⁷tu¹ma⁴nau⁵ʔo⁰.他喜欢打那匹马，遭那匹马怨恨啊。

    他 爱 打 只 马　着 只 马 怨 _{语气助词}

⑤ni⁵tok⁷wa⁵lu⁴sei⁵,thok⁷n̥oŋ²ki¹　lo⁰.你喷花露水，遭蚊子气啊。

    你 打　花露水　着 蚊 气 _{语气助词}

以上五例，所用的心理活动动词分别为 hən³"恨"、ki¹"气"、nau⁵"怨恨"。thok⁷的宾语为动物名词时，比宾语为 kən²"人"有更多的限制.宾语为 kən²时，一般有听话人和说话人共知的信息，因此使 kən²产生心理活动的相关信息常可省略，而 thok⁷的宾语为动物名词时，一般需要对信息做说明，如：

kun³hau⁵"一直吠"是 thok⁷ma¹hən³"遭狗恨"的表现；təp⁸tu¹ma⁴"打这匹马"是 thok⁷tu¹ma⁴nau⁵"遭这匹马怨"的原因；tok⁷wa⁵lu⁴sei⁵"打花露水"是 thok⁷n̥oŋ²ki¹"遭蚊子气"的原因。当 thok⁷的宾语为动物名词时，心理活动是拟人用法，为修辞手段，不存在普遍性，说明"thok⁷＋动物名词＋心理活动动词"还不是固定的用法。

表喜爱的心理活动动词和实义动词不能进入这一结构。

①*lo⁶wa¹tən⁴thok⁷kən²kjɔi⁶.这种花招人喜爱。

类 花 这 着 人 喜爱

②*tu¹lok⁸ʔeːŋ¹kei⁵thok⁷kən²mai⁶.这个小孩儿遭人爱。

只 小孩 这 着 人 爱

③*tu¹ma¹lun²te¹thok⁷kən²kha³.他家的那条狗遭人杀。

只 狗 家 他 着 人 杀

所以，作为被动标记，thok⁷体现出如下特点：

（1）thok⁷的宾语一般是 kən²"人"和动物名词，无生命名词不能进入这一结构。说明 thok⁷作为被动标记在靖西壮语中使用范围有限，即泛化程度有限。

根据林亦（2009）的讨论，武鸣罗波壮语中，被动标记 tuuk⁸可搭配的宾语范围广于靖西壮语。她举了这样几个例子：

te¹tuuk⁸ɕa⁴he⁶.他被刀割伤了。

kau¹tuuk⁸pliːŋ¹hap⁸hɔ¹.我被蚂蟥咬了。

kau¹tuuk⁸te¹ʔda⁵.我被他骂。①

她举的例子中，tuuk⁸的宾语至少可以是人称代词和非生物名词。而这两类名词在靖西壮语中不能充当 thok⁷的宾语。

（2）其搭配的动词只能是消极的、不情愿的心理活动动词，不能与表喜爱的心理活动动词和实义动词搭配。

"着"表被动在现代汉语方言中分布较广，李蓝（2006）指出，现代汉语的着字句主要分布在西南官话区（湖北、四川、重庆、云南、贵州），与西南

---

① 林亦：《武鸣罗波壮语的被动句》，《民族语文》2009 年第 6 期。

官话较密切的湘语区（湖南），赣语区（江西），闽语区（海南、福建），胶辽官话区（山东），兰银官话区（宁夏）等方言区。①

田春来（2009）通过大量考察后认为，"著字句在文献里大多数表示消极意义，即对主语（受事或叙述主体）来讲是不幸的，不愿发生的事情"。他所谈之"著"，便是本书所论之"着"。他认为，从南北朝开始，动词"著"已经很明显地表示"遭受"义。②

这与靖西壮语被动标记后的动词表消极意义的特点是相符的。

李蓝（2006）描写和分析了现代汉语方言着字句的地域分布，认为现代汉语方言的着字句有两种来源不同的类型：一是来自"遭受"义的受动型"着"字被动句，目前只见于南方汉语方言；另一是来自"使役"义的使令性"着"字被动句，目前只见于北方汉语方言。③壮语所接触的汉语方言自然主要是南方方言，这与壮语中相关结构带"遭受"义是相应的。

与 thok⁷不同，靖西壮语常用的被动标记 ŋaːi²、hɔːi³、ŋaːi²hɔːi³搭配的可以是实义动词，而且既可以是消极的、不情愿接受的，也可以是积极的、乐意接受的。如：

①te¹ŋaːi²kən²kha³.他被人杀。

　　他 捱 人 杀

②te¹ŋaːi²thoŋ²jɔːɬeːn³hat⁷paːn⁵tsaːŋ⁵.他被同学选作班长。

　　他 捱 同学 选 做 班长

③te¹hɔi³kən²neːp⁸.他被人撵。

　　他 给 人 撵

④te¹ŋaːi²hɔːi³laːu⁴ɬai¹phi⁵phin².他被老师批评。

　　他 捱 给 老师 批评

⑤lok⁸ te¹ŋaːi²hɔːi³ɬeːn³pan²taːi³pjaːi⁵.他孩子被选作代表。

　　孩子他 被 给 选 成 代表

---

① 李蓝：《"着"字式被动句的共时分布与类型差异》，《中国方言学报》2006 年第 1 期。
② 田春来：《近代汉语"著"字被动句》，《语言科学》2009 年第 5 期。
③ 李蓝：《"着"字式被动句的共时分布与类型差异》，《中国方言学报》2006 年第 1 期。

⑥te¹tɔːi²kən²ke⁵ɬɔːŋ⁵pai¹pə²kjəŋ⁵.他被老人送去北京。

　　他　得　人　老　送　去　北京

ŋaːi²、hɔːi³、ŋaːi²hɔːi³，仅 hɔːi³搭配的动词不能是积极的、愿意接受的。这些被动标记搭配关系显然多于 thok⁷。它们可以与表积极的、愿意接受的动词搭配，说明语法化程度高于 thok⁷。

（3）能产性弱。

thok⁷作为实义动词时，动作的结果一般为消极的、不情愿的。与这一特点一致，作为被动标记，产生的结果也是消极的、不情愿的。与常用的被动标记 ŋaːi²、hɔːi³、ŋaːi²hɔːi³相比，这一结构能产性不强，其与心理活动动词的搭配数量有限，可以穷尽。

靖西壮语常用的被动标记有 ŋaːi²、hɔːi³、ŋaːi²hɔːi³。它们的宾语不限于 kən²"人"和动物名词，植物动词、非生物名词皆可充当其宾语；可搭配实义动词；能产性强。科里姆认为："作为对生命度的最初描写，我们把它定义为一个等级，其主要成分按生命度由高到低的次序是：人类＞动物＞无生命物……生命度是一个普遍存在的概念范畴，它的存在跟它在任何特定语言里的体现形式无关。"①说明作为被动标记，ŋaːi²、hɔːi³、ŋaːi²hɔːi³远比 thok⁷典型，使用频率、范围、搭配关系远远超过 thok⁷。

正因如此，人们往往忽略靖西壮语这个被动标记，如林亦（2009）就认为南部壮语一般不用 tɯk⁸。②张均如、梁敏等（1999）记录的壮语被动标记中，南部壮语仅钦州和邕南为"着"，分别读 tek⁷和 tik⁸。③

3.词内成分

在 thok⁷tsaŋ²、thok⁷kha³、thok⁷kjɔi⁶、thok⁷hən³中，thok⁷含"遭受"义。虽然我们在靖西壮语中已经观察不到其"遭受"义动词的用法，但上文所讨论的"使……附着"义，与"遭受"义有密切关系；被动标记，应该就是从"遭受"

义动词语法化而得；且北部壮语的"着"是存在"遭受"义动词用法的（覃凤余，2013）。①因此，我们的推断是，靖西壮语的 thok⁷很可能也曾存在"遭受"义动词用法，这一用法遗留在 thok⁷tsaŋ²、thok⁷kha³、thok⁷kjɔi⁶、thok⁷hən³等词中。

我们认为，这组词中 thok⁷和后接语素的搭配关系是发生了历时演变的。具体有如下五个阶段：

（1）与消极的、表不情愿的心理活动动词组合

thok⁷hən³可恨

　着　恨

从上述 thok⁷作为实义动词和被动标记所搭配的词看，thok⁷与动词组合并词汇化之初，与之组合的语素应是消极的、表不情愿的心理活动动词。

（2）与表抱怨的行为动词组合

thok⁷tsaŋ²令人抱怨

　着　抱怨

tsaŋ²指"抱怨；指责；埋怨；喋喋不休"。此时 thok⁷的组合对象已不仅是心理活动动词，而是扩大到实义动词，该动词仍是消极的、人们不情愿接受的。

（3）与消极意义很强的动词组合

thok⁷kha³该死

　着　杀

与 tsaŋ²比，kha³"杀"是因对他人憎恨而希望对方遭受的最坏结果，程度上达到极致。

（4）与积极的、表喜爱的心理活动动词组合

thok⁷kjɔi⁶可爱

　着　喜爱

语义和搭配关系进一步泛化，thok⁷组合的语素已不局限于消极、不情愿，可以与表喜爱的心理活动动词组合。

---

① 覃凤余：《台语系词 tɯk⁸、tɕɯ⁶等的来源》，《语言研究》2013 年第 2 期。

（5）与隐喻喜爱的名词组合

thok⁷tha¹养眼

着　　眼

语义和搭配关系进一步泛化，thok⁷可与名词性语素组合。

tha¹能受 thok⁷支配，应是基于以下原因：作为人的视觉器官，眼睛常常转指视觉功能，如汉语"有来投效者。收入标下，再查海口，明他们做眼，好拿海中水贼"（《续儿女英雄传》）。泰语 ta"眼睛"也可以转指"人的心情状态；情绪"，因目光、视线可以传递信息或传递人的心理或神态，因此也就常常体现心理状态或情绪（韩平，2013）[①]，具有了与心理活动动词相类似的功能。因此可以与 thok⁷组合。

这类词数量极少，我们仅观察到寥寥数个，原因应是其"遭受"义在靖西壮语中并不显豁，因而能产性不强。

这几个词中，thok⁷的意义极为虚化，我们已很难感到它原本的词性，明显具有变为词缀的趋势。

北部壮语也有类似的结构，《壮汉词汇》记载：tuk⁸riu¹"可笑"、tuk⁸ma:i³"可爱"、tuk⁸ɕuk⁸"被绑"、tuk⁸hin³"肮脏"[②]，林亦（2009）认为它们是短语，说明在北部壮语中，tuk⁸的动词词性还是显豁的。[③]

（三）对靖西壮语 thok⁷与北部壮语 tɯk⁷/tɯk⁸用法差异的讨论

覃凤余（2013）列举了北部壮语 tɯk⁷/tɯk⁸的各种用法，[④]我们将靖西壮语与覃文所列举的 tɯk⁷/tɯk⁸各种用法进行比较（"无"指相应用法靖西壮语不用 thok⁷。"有"指相应用法靖西壮语既用 thok⁷，也用其他词；用 thok⁷的，上文已经举例，表中不再罗列，只举用其他词的例子）：

---

① 韩平：《汉泰脸部器官词语的认知对比研究——以"脸、面"与"眼、目"为例》，硕士学位论文，上海交通大学，2013 年，第 39、53 页。

② 广西壮族自治区少数民族语言文字工作委员会：《壮汉词汇》，广西民族出版社 1984 年版。

③ 林亦：《武鸣罗波壮语的被动句》，《民族语文》2009 年第 6 期。

④ 覃凤余：《台语系词 tɯk⁸、tɕɯ⁶等的来源》，《语言研究》2013 年第 2 期。

相关用法比较

用法	靖西壮语	靖西壮语用词	靖西壮语例句
放置义动词	无	tat⁸、po⁴、pa:i³	ʔau¹ʔan¹thui³tat⁸khən³tso:ŋ²pai¹. 把碗摆到桌子上。 拿　个　碗　　摆上　桌去 thei¹ʔan¹tsa:u⁵po⁴ni¹ɬau⁵ni⁰.把这个炒锅放到灶上。 拿　个　炒锅　放上　灶语气助词 kam¹se:k⁹ɬei¹pa:i³ni¹taŋ⁵ni⁰.把这本书摆到凳子上。 拿　册　书　　摆上　凳语气助词
遭受义动词	有	ŋa:i²,ŋa:i²hɔi³	ŋa:i²tu¹ma¹khap⁷tu¹me:u²tha:i¹pai¹. 捱　只　狗　咬　只　猫　死　去 那条狗把那只猫咬死了。 ŋa:i²hɔi³tu¹ma¹khap⁷tu¹me:u²tha:i¹pai¹. 捱　给　只　狗　咬　只　猫　死　去 那条狗把那只猫咬死了。
使役动词	无	hɔi³	te¹hɔi³ŋo⁵ta:u⁶lun².他给我返家。 他　给　我　返　　家
被动标记	有	ŋa:i²、hɔi³、ŋa:i²hɔi³、tɔi²	te¹ŋa:i²kən²kha³.他被人杀。 他　捱　人　杀 te¹hɔi³la:u⁴ɬai¹phi⁵phin².他被老师批评。 他　给　老师　批评 lok⁸ te¹ŋa:i²hɔi³ɬe:n³pan²ta:i³pja:u⁵. 孩子他　被　给　选　成　　代表 他孩子被选作代表。 te¹tɔi²kən²ke⁵ɬoŋ⁵pai¹pə²kjəŋ⁵.他被老人送去北京。 他　得　人　老　送　去　　北京
处所介词	无	jəu⁵	ŋo⁵kin¹khau³jəu⁵tso:ŋ².我在桌边吃饭。 我　吃　饭　在　桌
结果补语	无	me:n⁶	ʔan¹wən⁴thi² te¹ta:p⁹me:n⁶ja⁵.这个问题他答对了。 个　问题　　他　答　对　了 ma:t⁹pha:u⁵tok⁷me:n⁶ja⁵.这枪打中了。 下　枪　打　中　了
持续体标记	无	jəu⁵	te¹no:n²jəu⁵.他谁着。 他　睡　在
道义情态标记	无	ŋa:i²	ŋa:i²joŋ⁴hɔ⁵sa:i²tso⁵te:m³nai³.得用火柴才点得着。 捱　用　火柴　才　点　得
句末祈使助词	无	po⁴	the:u¹ka:n² tat⁸po⁴.这根扁担放下。 条　　扁担摆　放
系词	无	tsei⁶、me:n⁶	te¹tsei⁶jɔ²ɬəŋ⁵.他是学生。 他　是　学生 ŋo⁵me:n⁶la:u⁴ɬai¹.我是老师。 我　是　老师
条件关系连词	无	le:n²	le:n²la:u⁴ɬai¹tu¹lɔŋ²le:ŋ²,jɔ²ɬən⁵kən³kja¹lɔŋ²le:ŋ²pa⁰. 连　老师　都　努力　学生　更加　　努力语气助词 连老师都努力，学生更加努力吧。

秦至东汉，"着"有"附着""置放"义。①平话"着"的放置义应该就是这一语义的遗存。北部壮语与平话交错而居，受其深刻影响显而易见，因此北部壮语借入"着"，要么是同时借入汉语中"着"的多种用法，要么是复制了汉语"着"的语法化过程，因此它们的功能有很强的一致性。

上表显示，靖西壮语用法远少于北部壮语，即使是靖西壮语 thok[7]有与北部壮语 tɯk[7]/tɯk[8]一致的用法，使用局限也大得多。其中原因，我们讨论如下：

1.表"放置"的固有词 tat[8]和 po[4]以及中古借词 paːi[3]"摆"均指将成型的固态物体放置在某处，它们意义明确，没有必要借入其他成分进行替换。但，tat[8]、po[4]和 paːi[3]不能用于粉末、颗粒状的固体，thok[7]借入后可填补这一空白。覃凤余证明了壮语中阴调的 tɯk[7]有"置放使……附着"义。②成型固体的置放，多是主动的行为；粉末、颗粒状的固体的置放（粘附，沾染），多是被动的接受，与 thok[7]的"使……附着"义是吻合的。所以，靖西壮语 thok[7]只是借入了"置放"的下位意义，即"使……附着"。

因此，靖西壮语并不用 thok[7]表示典型的"放置"义。"居住"与"放置"意义是有联系的，"居住"也可以理解为对人的"放置"，因靖西壮语"居住"义动词是 jəu[5]，且不以 thok[7]表典型的放置义，而处所介词一般从处所动词演变而来，所以靖西壮语典型的处所介词是 jəu[5]。

覃凤余、王全华（2018）认为壮语终点格可以悬空，北部壮语 tɯk[7]祈使语气的产生是其处在"V_1＋N 受事＋V 放置"结构中时，V 放置为 tɯk[7]，在对话、未然、说话人要求听话人去做某事的语境中，会产生祈使语气，tɯk[7]会演变为祈使语气词。③也就是说，tɯk[7]语法化为祈使语气词的基础是其为放置义动词。同样的"V_1＋N 受事＋V 放置"结构，靖西壮语的 V 放置是固有词 po[4]。如：

thei[1]ʔan[1]kei[1]po[4].把这个簸箕拿住。

持　个　箕　放

po[4]在"V_1＋N 受事＋V 放置"中的功能与北部壮语的 tɯk[7]是一样的。因此 po[4]

---

① 广西壮族自治区少数民族语言文字工作委员会：《壮汉词汇》，广西民族出版社 1984 年版，第 26 页。
② 覃凤余：《台语系词 tɯk[8]、tɕɯ[6]等的来源》，《语言研究》2013 年第 2 期。
③ 覃凤余、王全华：《从壮语看汉语史"着"表祈使语气的来源》，《古汉语研究》2018 年第 2 期。

发生了和 tɯk⁷平行的语法化，成为祈使语气助词，而 thok⁷没有演变出祈使语气助词用法。

吴福祥（2010）认为，壮语的持续体标记来自处所介词，所以处所介词 jəu⁵常常语法化为持续体。①所以，靖西壮语存在与吴福祥所认为的完整的"居住"义动词的语法化过程：

> ↗持续体标记
> "居住"义动词→处所/存在动词　　↑
> ↘处所介词

2.靖西壮语遭受义动词，有早期借入的由给予义动词语法化而得的 hɔi³ "与"②与较晚借入的官话借词 ŋa:i² "捱"，以及二者组合的 ŋa:i²hɔi³，它们使用频繁，thok⁷在竞争中处于劣势。hɔi³、ŋa:i²③和 ŋa:i²hɔi³均语法化为被动标记。靖西壮语 thok⁷虽也可用作被动标记，但使用不多，与 hɔi³、ŋa:i²和 ŋa:i²hɔi³相比不占优势，我们只观察到有限的几个用例。

道义情态标记含有被动义，所以 ŋa:i²的道义情态标记用法来自被动标记；因 thok⁷在靖西壮语中并非典型的被动标记，未能演变出道义情态标记用法。

3.靖西壮语 thok⁷不能充当使役动词。靖西壮语的使役动词为 hɔi³，由给予义动词语法化而得。④

4.表"对、中、到"等义的结果补语，靖西壮语用的是固有词 me:n⁶，如 ta:p⁹（答）me:n⁶（对）、tok⁷（打）me:n⁶（中）。尽管我们还难以解释为何 me:n⁶

---

① 吴福祥：《东南亚语言"居住"义语素的多功能模式及语法化路径》，《民族语文》2010 年第 6 期。

② 张惠英、张振兴：《音韵与方言》（载张惠英《语言现象的观察与思考》，民族出版社 2002 年版）和覃远雄《平话、粤语与壮语"给"义的词》（《民族语文》2007 年第 5 期）都认为 hɔi³来自汉语"与"。

③ "'遭受'＞被动"见于多种语言，根据[德]Bernd Heine, Tania Kuteva 著，龙海平、谷峰、肖小平译，洪波、谷峰注释，洪波、吴福祥校订《语法化的世界词库》（世界图书出版公司 2012 年版，第 390 页），越南语（Vietnamese）、朝鲜语（Korean）均有这样的演变。另，"战国汉语'被'：'收到''遭受''受影响'＞早期中古汉语'被'，被动标记"也是如此。

④ "给予＞使役式"见于多种语言，根据《语法化的世界词库》第 206—207 页，泰语（Thai）、越南语（Vietnamese）、高棉语（Khmer）、卢奥语（Luo）、索马里语（Somali）、西罗伊语（Siroi）具有这样的现象。另，上古汉语"与"："给予"，动词＞中古汉语"与"，使役标记；闽南语"乞"："给予"，动词＞使役标记。覃凤余《壮语方言源于使役动词的状语标记》（《民族语文》2016 年第 2 期）也证明了壮语的给予义动词 hɔi³ 及其同源词 hɯ³、hai³、haɯ³有使役义。

有"对""中"等义，但其具有北部壮语 tɯk^{8}做结果补语的相应功能，这是不争的事实。

综上，thok^{7}不是典型的放置义动词，因此不具备语法化为处所介词并进而成为持续体标记的基础；也因其未能成为靖西壮语典型的放置义动词，由放置义动词语法化为祈使语气助词的是固有词 po^4。作为遭受义动词，其在与 ŋaːi^2、hoi^3、ŋaːi^{2}hoi^{3}等的竞争中处于劣势，使其失去向被动标记演变的基础，进而无法演变出道义情态标记用法。使役动词，靖西壮语走的是"'给予'义动词＞使役动词"的路径。结果补语（对、中），靖西壮语用的是固有词 meːn^6。

从以上讨论，我们也可做出这样的判断：由于北部壮语与汉语接触更为密切，所受的影响更为深刻，汉语老借词"着"借入后产生了和汉语一致性很强的平行演变，或复制了"着"的语法化路径。而靖西壮语的 thok^{7}通过北部壮语间接借入，加之典型"放置"义的缺失，以及在与相应意义的词的竞争中处于劣势，导致用法远少于北部壮语的 tɯk^7/tɯk^8，语法化程度也远低于北部壮语的tɯk^7/tɯk^8。

另，张均如、梁敏等（1999）记载，与靖西壮语同属南部壮语的钦州、邕南、隆安、扶绥、上思、崇左等地的系词有汉语老借词"着"，而宁明、龙州、大新、德保、广南侬、砚山侬、文马土无。[1]从地域分布看，不以"着"为系词的是桂西南和滇东南这一滇桂交界区域，为壮语分布的西部区域，这一区域受早期汉语影响弱于北部壮语及偏东的南部壮语。这一分布特点也佐证了我们以上所讨论的靖西壮语 thok^{7}用法少于北部壮语的 tɯk^7/tɯk^8，语法化程度低于北部壮语的 tɯk^7/tɯk^{8}的原因。

（四）结语

1.靖西壮语 thok^{7}是早于中古借词主体层的汉语借词"着"，原本应是thok^7/thok^8，清浊成对，但阳调字并入阴调字，今仅余 thok^7。

2.thok^{7}可充当实义动词"使……附着"、被动标记和词内成分，用法远少

---

① 张均如、梁敏、欧阳觉亚、郑贻青、李旭练、谢建猷：《壮语方言研究》，四川民族出版社 1999 年版，第 708 页。

于北部壮语中同样是中古借词"着"的 tuk⁷/tɯk⁸。

　　3.thok⁷用法远少于北部壮语 tuk⁷/tɯk⁸的原因，是其为非典型"放置"义动词及与同义的词在竞争中处于劣势，以及由此导致的语法化程度远低于 tuk⁷/tɯk⁸。

第五章　形容词短语：相关结构及其成分

第一节　形容词的重叠式

一　AA 式

靖西壮语形容词 AA 式可表示程度加深。如：

lei²lei² 长长的　　　　man¹man¹ 臭臭的　　　　ʔo⁵ʔo⁵（火）旺旺的

长　长　　　　　　　臭　臭　　　　　　　旺　旺

nak⁷nak⁷ 深深的　　　təm²təm² 湿湿的　　　　tsət⁷tsət⁷ 淡淡的

深　深　　　　　　　湿　湿　　　　　　　淡　淡

łoŋ¹łoŋ¹ 高高的　　　nim²nim² 碎碎的

高　高　　　　　　　碎　碎

其他南部壮语也是如此：

龙州壮语：

łoŋ¹łoŋ¹ 高高的　　　pi²pi² 肥肥（胖胖）的　　　kwai¹kwai¹ 远远的

高　高　　　　　　　肥　肥　　　　　　　　远　远

马关壮语：

diã¹diã¹ 红红　　　　səŋ¹səŋ¹ 高高

红　红　　　　　　　高　高

du⁴du⁴ 大大　　　　jin¹jin¹ 冷冷

大　大　　　　　　　冷　冷

扶绥壮语单音节形容词可以重叠的不多，我们调查到的有：

ɬaːŋ³⁵ɬaːŋ³⁵高高　　　　muɯŋ²¹muɯŋ²¹大大

　高　高　　　　　　　大　大

但扶绥壮语 muɯŋ²¹muɯŋ²¹使用频率不高。除了此二例，我们未观察到其他单音节形容词有可以重叠的。扶绥壮语中，表程度加深，更多的是采用前加程度副词 thaːi²¹、后加 laːi³⁵，以及"thaːi²¹＋形容词＋laːi³⁵"的框式形式，而非重叠式。如：

thaːi²¹ɬaːŋ³⁵太高　　　ɬaːŋ³⁵laːi³⁵太高　　　thaːi²¹ɬaːŋ³⁵laːi³⁵太高

　太　高　　　　　　高　多　　　　　　太　高　多

thaːi²¹puːi³³太胖　　　puːi³³laːi³⁵太胖　　　thaːi²¹puːi³³laːi³⁵太胖

　太　胖　　　　　　胖　多　　　　　　太　胖　多

thaːi²¹lun²¹太乱　　　lun²¹laːi³⁵太多　　　thaːi²¹lun²¹laːi³⁵太乱

　太　乱　　　　　　乱　多　　　　　　太　乱　多

大新壮语形容词不仅可以重叠，还可受程度副词修饰。如（卢业林，2011）[①]：

tua¹mu¹ni¹ piːpiː tai⁴这只猪肥肥的

　只　猪　这　肥肥　非常

tua¹mu¹ni¹luːŋ¹luːŋ¹tai⁴这只猪大大的

　只　猪　这　大　大　非常

广南壮语形容词 AA 式的使用也不广泛，大略有：

ɲeŋ¹ɲeŋ¹红红　　　nok⁷nok⁷绿绿　　　pjaːi²pjaːi²肥肥

　红　红　　　　　　绿　绿　　　　　　肥　肥

西畴壮语单音节形容词可重叠的不多，重叠后也表示程度较高，如：

maɯ³the¹lə⁴lə⁴.你快快地跑。

　你　跑　快快

与其他壮语重叠式一样的意义，西畴壮语往往在其后加 tsəi²，如：

ɲaŋ¹tsəi²很红　　　jə²tsəi²很美

　红　□　　　　　　美　□

---

① 卢业林：《大新壮语语法调查与研究》，硕士学位论文，广西大学，2011 年，第 7 页。

二　A-AA 式

这种重叠形式，第一个音节音长较长，一般也相应加重；后两个音节语速较快。所表示的程度较 AA 式更深，起强调作用。如：

lei^2-lei^{2}lei^{2}非常长　　　　　　man^1-man^{1}man^{1}非常臭

　长— 长长　　　　　　　　　臭— 臭 臭

ʔo^5-ʔo^{5}ʔo^5（火）非常旺　　nak^7-nak^{7}nak^{7}非常深

旺— 旺 旺　　　　　　　　　深— 深 深

təm^2-təm^{2}təm^{2}非常湿　　　tsət^7-tsət^{7}tsət^{7}非常淡

湿— 湿 湿　　　　　　　　　淡— 淡 淡

ɬoŋ^1-ɬoŋ^{1}ɬoŋ^{1}非常高　　　nim^2-nim^{2}nim^{2}非常碎

高—高 高　　　　　　　　　碎—碎 碎

广南壮语单音节形容词同样可以以 A-AA 式重叠，所起作用与靖西壮语一致：

nja:ŋ^1-nja:ŋ^{1}nja:ŋ^{1}非常红　　nam^1-nam^{1}nam^{1}非常黑

　红 —红 红　　　　　　　　黑 —黑 黑

la:k^8-la:k^{8}la:k^{8}非常绿

绿 —绿 绿

在表义上，AA 式所表示程度高于原形，而 A-AA 式又大于 AA 式。它们表义的程度如下表示：

A＜AA＜A-AA。如：

kha^{1}lo^{6}lei^{2}长路　　　　　　kha^{1}lo^{6}lei^{2}lei^{2}长长的路

　条 路 长　　　　　　　　条 路 长 长

kha^{1}lo^{6}lei^2-lei^{2}lei^{2}非常长的路

条 路 长 长 长

单音节形容词的简单形式、AA 式和 A-AA 式与名词组合后，它们组合形成的短语存在结构关系的差异，如以上所举例子：kha^1（条）lo^6（路）lei^2（长），指"长路"，为偏正结构。kha^1（条）lo^6（路）lei^2（长）lei^2（长）有歧义，一为偏正结构，指"长长的路"；另一为主谓结构，指"路长长的"。kha^1（条）

lo⁶（路）lei²（长）-lei²（长）lei²（长），为主谓结构，指"路非常长"；若其后加结构助词ni⁰: kha¹lo⁶lei²-lei²lei²ni⁰，则为偏正短语，指"非常长的路"。

三　AABB 式

靖西壮语中能这样重叠的形容词数量较少。

我们把能以 AABB 式重叠的形容词分为三类：

一是表示程度加深，这时其作用与单音节 AA 式基本一致。如：

ɬoŋ¹ɬoŋ¹kwaːŋ⁶kwaːŋ⁶高高的

高　高　高　　高

这里 ɬoŋ¹ 和 kwaːŋ⁶ 的意义基本一致，均有"高"义，其中，kwaːŋ⁶专指"人的高"。但这种类型数量极少，目前只观察到一例。

二是部分 AABB 式带"周遍；无论"义。如：

ɬam³ɬam³waːn¹waːn¹各种味道，无论酸还是甜

酸　酸　甜　　甜

ɬoŋ¹ɬoŋ¹tam⁵tam⁵各种身高，无论高矮

高　高　矮　　矮

khjɔi³khjɔi³kwai¹kwai¹各种距离，无论远近

近　　近　　远　远

naːŋ³naːŋ³nut⁹nut⁹无论冷暖

冷　　冷　　热　热

luŋ¹luŋ¹ʔeːŋ¹ʔeːŋ¹各种体积，无论大小

大　大　小　　小

laːi¹laːi¹noːi⁴noːi⁴多多少少

多　多　少　少

这类重叠式，构成重叠的两个语素意义相反或相对。这两个语素，一般分别是它们所处性状中的极值，以此表示两个意义相反或相对的语素所指范围中的"周遍"，有"无论"义。如上述的 ɬam³ "酸"和 waːn¹ "甜"，ɬoŋ¹ "高"和 tam⁵ "矮"，khjɔi³ "近"和 kwai¹ "远"，naːŋ³ "冷"和 nut⁹ "热"，

luŋ¹"大"和ʔeːŋ¹"小"，laːi¹"多"和noːi⁴"少"。

三是"单音节形容词词根＋后缀"形成的合成词也可以 AABB 式重叠，同样指程度深。如：

nuɬ¹nuɬ¹naːtⁿ⁹naːtⁿ⁹十分粘　　　　　　waːn¹waːn¹jetⁿ⁹jetⁿ⁹十分甜

粘　粘　_{词缀}　　　　　　　　甜　甜　_{词缀}

kɔŋ⁴kɔŋ⁴kaːŋ⁴kaːŋ⁴弯弯曲曲；十分弯曲；互相缠绕

弯　弯　_{词缀}

上述两例中，naːtⁿ⁹是nuɬ¹的后缀，jetⁿ⁹是waːn¹的后缀，kaːŋ⁴是kɔŋ⁴的后缀，"单音节形容词词根＋后缀"表示程度加深；而以此为基础重叠而成的 AABB 式，其程度较"单音节形容词词根＋后缀"更进一步。即：

nuɬ¹naːtⁿ⁹＜nuɬ¹nuɬ¹naːtⁿ⁹naːtⁿ⁹　　　　　waːn¹jetⁿ⁹＜waːn¹waːn¹jetⁿ⁹jetⁿ⁹

kɔŋ⁴kaːŋ⁴＜kɔŋ⁴kɔŋ⁴kaːŋ⁴kaːŋ⁴

四　ABAB 式

靖西壮语能进入这类重叠式的是一些偏正式或主谓式结构的形容词，也表示程度的加深。如：

neːŋ¹noːn⁶neːŋ¹noːn⁶粉红而且粉嫩

红　嫩　红　嫩

ɬaːu¹　nai¹ ɬaːu¹　nai¹（年轻女子）很美丽

女青年　好　女青年　好

man¹khjən¹man¹khjən¹ 不好说话；不近人情

臭　姜　臭　姜

在程度上，neːŋ¹noːn⁶＜neːŋ¹noːn⁶neːŋ¹noːn⁶，ɬaːu¹nai¹＜ɬaːu¹nai¹ɬaːu¹nai¹，man¹khjən¹＜man¹khjən¹man¹khjən¹。

五　ABAC 式

部分单音节形容词（描绘性形容词）可以此形式重叠。这类重叠式除了表示程度加深外，一般用于调侃，或带贬义。B、C 无实际意义。其中 B 是一个与 A 部位相同或接近的辅音与 i 拼，并读第二调的音节；C 的声母发音部位与 B 相同或接近，eːt 韵，第 9 调：

nam¹ni²nam¹neːt⁹黑不溜秋　　　　　kham¹ŋi²kham¹ŋeːt⁹苦不拉几

黑　×　黑　×　　　　　　　　　　苦　×　苦　×

łam³mi²łam³meːt⁹酸不溜秋　　　　　noŋ³ ni² noŋ³ neːt⁹乱七八糟；杂乱无章

酸　×　酸　×　　　　　　　　　　杂乱　×　杂乱 ×

带后附成分（后缀）的形容词。详见附加式合成词。

壮语形容词带后附成分 AB 式、ABB 式、ABAC 式的现象应该是比较普遍的，张元生、覃晓航（1993）也有相关讨论。

第二节　专题讨论：壮语 laːi¹的语义演变及其 对广西汉语方言的影响①

壮语中，本义为"多"的 laːi¹可充当形容词、动词、数词、程度副词、比较标记。其中，充当形容词是其最初的功能。以下我们通过对多处壮语的观察，讨论其多种语义（功能）的演变。我们还将证明，广西部分汉语方言"多"的程度副词和比较标记功能来自对 laːi¹的复制。

一　壮语 laːi¹的功能

（一）形容词

1.指数量大于常量，与少、寡相对

（1）充当谓语时其主语是实义名词，指该种事物的数量超过常量。此为本义

靖西壮语：tei⁶te¹phja¹laːi¹.他们那儿山多。

　　　　　地 他 山 多

马关壮语依：kon³³laːi²⁴人多

　　　　　人 多

---

① 本节以《壮语 laːi¹的语义演变及其对广西汉语方言的影响》为题发表于《民族语文》2020 年第 3 期，本书略有修改。

田阳壮语：hun³¹laːi²¹³人多

　　　　　人　多

横县壮语：wən²laːi¹tɕi¹laːi¹人多车多

　　　　　人　多　车　多

（2）充当抽象名词的谓语，指某种状态超过常态

靖西壮语：ɬei²wən⁶laːi¹很走运①　　　　　leːŋ²laːi¹很有力（力气大）

　　　　　时运　多　　　　　　　　力　多

马关壮语依：ðeːŋ³³ laːi²⁴很有力

　　　　　力　多

田阳壮语：lɛŋ³¹laːi²¹³很有力

　　　　　力　多

横县壮语：te¹leːŋ²laːi¹,lou²te²tau³kaːŋ².他很有力，让他来扛。

　　　　　他　力　多，留　他　来　扛

2.位于行为动词后，指某种行为动作量大、次数多、频率高，多于期望的或正常的量

此时，　VP＋laːi¹＝VP 得太过量/过度。

靖西壮语：noːn²laːi¹,ʔiu¹tsap⁷.睡得多（过量），腰疼。

　　　　　睡　多　腰　痛

马关壮语依：van³³ŋa³³tei²¹laːi²⁴ʑa²¹,kha²⁴mui⁴².昨天走多（过多）了，腿酸。

　　　　　昨天　走　多　啦　腿　酸痛

田阳壮语：mei²²laːi²¹³,ʔuk⁵³ ʔin²¹³.想多（过量），大脑痛。

　　　　　想　多　大脑　痛

横县壮语：kən¹laːi¹,tuŋ⁴tɕəːŋ⁵.吃多（过量），肚子胀。

　　　　　吃　多　肚　胀

3.位于言说义动词后，指言说的行为动作数量多于常量。常用于祈使句。

靖西壮语：ni⁵kaːŋ³laːi¹ ʔi³　neːu².你多说点儿。

　　　　　你　讲　多　点儿　一

---

① 该短语实有二义：（1）很有运气。这时 laːi¹ 是程度副词。（2）多次遇到走运的事。

马关壮语依：ha⁴⁵la:i²⁴ʔiu²⁴.多说一点儿。

　　　　　说　多　一点

田阳壮语：kaŋ³⁵la:i²¹³ ʔet⁵³ he²².多说一点儿吧。

　　　　　讲　多　一点　<small>语气助词</small>

横县壮语：məŋ²ka:ŋ³la:i¹ ti¹　nu¹.你多说一点。

　　　　你　讲多　点儿　一

4.表示相比而言较多

靖西壮语：pai¹kwa:ŋ⁵toŋ⁵ni⁰ma:n³te¹la:i¹.去广东的他们村（比别的村）多。

　　　　　去　广东　<small>助词</small>　村他多

横县壮语:ta³koŋ¹ka:i⁵ma:n³te¹la:i¹.打工的他们村（比别的村）多。

　　　　　打工的　村　他多

5.表示惯常存在某种情况

靖西壮语：ni⁵jəu⁵tei⁶tɔi²kin¹khau³la:i¹？你在哪里吃饭多？

　　　　　你　在地何吃　饭　多

马关壮语依：maɯ³³ʐu²¹ti⁴²ðaɯ³³tɕin²⁴khau²²nau⁴⁵la:i²⁴？你经常在哪里吃饭？

　　　　　你　在地何吃　饭　较多

田阳壮语：məŋ³¹ʔu²⁴kia³¹lei³¹kən²¹³həu⁴⁴la:i²¹³？你在哪里吃饭多？

　　　　　你　在哪里吃　饭　多

横县壮语：məŋ²jou⁵ti¹lai²kən¹xau⁴la:i¹ne⁵？你在哪里吃饭多呢？

　　　　　你　在地何吃　饭　多　<small>语气助词</small>

（二）动词

1.超出原有的或应有的数目；比原来的数目有所增加

靖西壮语：①tse:n²te¹hɔi³ŋo⁵la:i¹ʔo:k⁹ma²ɬo:ŋ¹man¹.他给我的钱多出来二元。

　　　　　钱　他给我多　出来二　元

　　　　②jam⁴kei⁵la:i¹ɬo:ŋ¹man¹.今晚（比某个基准）多二元。

　　　　晚今　多二　元

马关壮语依：①tɕen³³ti⁴⁵haɯ²²ku⁴⁵la:i²⁴ka²¹θo:ŋ²⁴kha:i⁴⁵.他给我的钱多出来两元。

　　　　　钱　他给　我多　过二　块

②ham⁴²nei⁴²la:i²⁴ka²¹θo:ŋ²⁴kha:i⁴⁵.今晚多两元。

　　　　晚　今　多　过　二　块

田阳壮语：te²¹³hei³⁵la:i²¹³ɬoŋ²¹³man³¹hei³⁵ku²¹³. 他多给我两元

　　　　他　给　多　二　元　给　我

横县壮语：ŋon²ni³la:i¹ɬo:ŋ¹man¹.今天（比某个基准）多二元。

　　　　日　今　多　二　文

2.（在量上）胜过，超出

靖西壮语：ŋo⁵la:i¹ni⁵ɬo:ŋ¹kan¹.我多你两斤（我比你多两斤）。

　　　　我　多　你　二　斤

田阳壮语：ku²¹³la:i²¹³məŋ³¹ ɬoŋ²¹³kan²¹³.我多你两斤（我比你多两斤）。

　　　　我　多　你　二　斤

横县壮语：ku¹la:i¹məŋ²ɬo:ŋ¹tu¹.我多你两只（我比你多两只）。

　　　　我　多　你　二　只

（三）数词，用于数量短语，表示不确定的零数

靖西壮语：tim⁴la:i¹tsuŋ¹一个多钟头

　　　　点　多　钟

马关壮语㑲：ʔan²⁴la:i²⁴tsu:ŋ⁴⁵thau⁴³一个多钟头　　　　　tsɯ³³la:i²⁴一点多

　　　　个　多　　钟头　　　　　　　　时　多

田阳壮语：ʔen²¹³la:i²¹³tɕoŋ²⁴一个多钟头

　　　　个　多　钟

横县壮语：te¹pai¹mei²tim³la:i¹tɕuŋ¹liu³.他去了一个多钟头。

　　　　他　去　有　点　多　钟　了

（四）程度副词，修饰心理活动动词、形容词

1.绝对程度副词，表程度高，相当于"太""很""十分""非常"等

靖西壮语：khwa:i⁵la:i¹太快

　　　　快　多

马关壮语㑲：nak⁴⁵la:i²⁴太重

　　　　重　多

田阳壮语：ho³¹tɕen³⁵la:i²¹³太生气了
    喉 紧 多

巴马壮语（陈芳，2010）①：te¹ leŋ² la:i¹,ʔboi³te¹tsi³ʔba:t⁷e¹.
      他 调皮 多 打 他 几 次 语气助词

他太调皮了，打他几次。

横县壮语：məŋ²teu²wa:i⁵la:i¹liu³.你跑太快了。
   你 跑 快 多 了

柳江壮语（马文妍，2011）②：ku¹maŋ⁵la:i¹nin²ʔi³dai³lap⁷pai¹.
      我 高兴 多 睡 不 得 暗 去

我很高兴，以致睡不着。

"多"义语素充当表程度高的程度副词，也见于壮语之外的部分侗台语。

布依语（喻翠容，1980）③：siu³la:i¹太少
    少 多

侗语（梁敏，1980）④：noŋ⁴pa:n¹ma:u⁶pha:ŋ¹'kuŋ².他的弟弟高极了。
    弟弟 他 高 多

侬语（蒲春春，2011）⑤：hu³⁵ nai²¹⁴ɫam²¹⁴ɫa:p²¹la:i⁴⁴.这个东西很脏。
     东西 这 脏 很

因此，"'多'义>程度"应该是部分壮侗语共同的语法化路径。

2.相对程度副词，表示程度更高，相当于"更"

目前仅见崇左壮语有报道（晏殊，2018）⑥：

kai²la:i¹ma:k⁸,an¹hau⁵wa:n¹la:i¹.这么多水果，哪个更甜？

这多 果 个 哪 甜 多

po:ŋ¹ni¹tsoŋ¹ke:n¹,θiu³wuŋ²ke²phu³thoŋ¹wa³piu¹tsɯn³la:i¹la:i¹.

他们 中间 小 王 的 普通话 标准 多多

① 陈芳：《巴马壮语语法研究》，硕士学位论文，广西大学，2010 年，第 45 页。
② 马文妍：《柳江壮语语法调查与研究》，硕士学位论文，广西大学，2011 年，第 60 页。
③ 喻翠容：《布依语简志》，民族出版社 1980 年版，第 36 页。
④ 梁敏：《侗语简志》（民族出版社 1980 年版，第 69 页）认为 kuŋ²是 pha:ŋ¹'的补语，且说明 kuŋ²表示程度。从其结构及功能看，这时 kuŋ²应是程度副词。
⑤ 蒲春春：《谅山侬语参考语法》，博士学位论文，中央民族大学，2011 年，第 75 页。
⑥ 晏殊：《崇左左州壮语参考语法》，硕士学位论文，广西大学，2018 年，第 131 页。

他们中间，小王的普通话更标准些。

（五）比较标记

崇左壮语（晏殊，2018）[①]：

θɯ³ a¹ tse¹laːi¹ni¹ joːi²ka⁵mɯːŋ¹.姐姐的衣服比你的衣服还要好看。

衣　阿　姐　多　好　看　过　你

武鸣燕齐壮语（韦景云等，2011）[②]：kou¹laːi¹poːi¹ he¹.我比他稍大一些。

我　多　年长　他

武鸣罗波壮语（覃海恋，2009）[③]：a³³kɔ³³laːi³³θaːŋ³³kwa³⁵a³³ti³⁵.

阿哥　多　高　过　阿弟

哥哥比弟弟更高。

巴马壮语（陈芳，2010）[④]：

ten⁵naːu³ʔdei³θaːi³ten⁵,ʔan¹ləɯ²peŋ²?　ten⁵naːu³laːi¹peŋ².

　电脑　跟　彩电　只 何　贵　　电脑　多　贵

电脑跟彩电，哪个贵？电脑贵。

柳江壮语（马文妍，2011）[⑤]：lak⁸maːk⁹laːi¹di¹kɯn¹.桃子比较好吃。

桃子　　多　好　吃

根据目前所见报道，laːi¹充当比较标记，见于南宁、崇左二市及周边，以及河池市巴马县、柳州市柳江区等地。

越南谅山侬语的laːi⁴⁴也有比较标记功能（蒲春春，2011）[⑥]：

ʔan⁴⁴taŋ³⁵nai²¹⁴laːi⁴⁴tam³⁵.这张凳子（比某个基准）稍矮些。

个　凳　这　多　矮

ʔan⁴⁴tɕaːu³⁵niŋ²¹⁴laːi⁴⁴luːŋ⁴⁴.那个灶（比某个基准）大。

个　灶　那　多　大

① 晏殊：《崇左左州壮语参考语法》，硕士学位论文，广西大学，2018年，第130页。

② 韦景云、何霜、罗永现：《燕齐壮语参考语法》，中国社会科学出版社2011年版，第277页。

③ 覃海恋：《武鸣罗波壮语语法研究》，硕士学位论文，广西大学，2009年，第83页。

④ 陈芳：《巴马壮语语法研究》，硕士学位论文，广西大学，2010年，第87页。

⑤ 马文妍：《柳江壮语语法调查与研究》，硕士学位论文，广西大学，2011年，第96页。

⑥ 蒲春春：《谅山侬语参考语法》，博士学位论文，中央民族大学，2011年，第149页。

根据吴福祥（2012）①，作为比较标记的 la:i¹ 为属性标记，一般出现在"短差比式"。所谓"短差比式"是指结构中不出现"比较基准"的差比式（见吴福祥、覃凤余，2010）。②

以 la:i¹ 为标记的比较式缺少比较基准，出现的前提是必须有听说双方共知的信息。即，实际话语中比较基准因其所指已见于上文语境、言谈情景或属于言谈双方的背景知识而不出现之时。

二　la:i¹ 语义和功能的演变

（一）现实的客观存在的事物具有可视可数的数量，当客观存在的事物数量多于常量，人们就会认为其为"多"，这是壮语 la:i¹ 的本义。

（二）用于抽象名词的 la:i¹，来自用于具体事物的 la:i¹。具体事物的数量是可计量的；抽象事物的量，一般不能通过常见方式进行计量。"隐喻过程是跨概念界限的推理过程，一般通过从一种域到另一种域的'映射'或'联想跳跃'这样的词语来指称。"（鲍尔·J.霍伯尔、伊丽莎白·克劳丝·特拉格特，2008）③显然，la:i¹ 最初是对具体事物的计量，抽象事物虽不具体，但人们会通过推理和隐喻把对具体事物数量的理解投射到抽象事物上，使之也一样表示某种"量"。由此，la:i¹ 作为形容词可用于抽象事物。也即，人们将对客观事物进行计量的观念投射到不可数的抽象的"状态"，则状态也变得可以计量。当这种状态超出常态，此种状态便也为"多"，由此，la:i¹ 可用于计量某种状态。

（三）由对名词进行计量扩展到对行为动作进行计量，表示其超出常量；然后，用于言说义动词，起祈使作用。

（四）由对事物数量的计量，扩展到对某类现象的计量，当此现象出现的频率超出常量，会产生"相比而言较多"义。

（五）某种现象、情况发生频率高，即，此种现象、频率高于常量，由此，

---

① 吴福祥：《侗台语差比式的语序类型和历史层次》，《民族语文》2012 年第 1 期。

② 吴福祥：《粤语差比式"X+A+过+Y"的类型学地位——比较方言学和区域类型学的视角》，《中国语文》2010 年第 3 期。

③ 鲍尔·J.霍伯尔、伊丽莎白·克劳丝·特拉格特著，梁银峰译：《语法化学说》，复旦大学出版社 2008 年版，第 104 页。

la:i¹可以用来表示惯常存在某种情况。

（六）对数量多寡的感知来自比较。本义的 la:i¹，是对常量进行比较后得到的认识。将与常量的比较变为与原有的或应有的数目进行比较，遂产生"超出原有的或应有的数目；比原来的数目有所增加"义。

（七）数量上多于比较物，意味着在量上胜过，超出，于是产生"胜过，超出"（动词）义。

（八）当数量超出某个整体，其演变为表示不确定的零数，因此此义来自"超出原有的或应有的数目；比原来的数目有所增加"。

由本义到"不确定的零数"，无非是比较的基准不同。本义中，暗含的比较基准是默认值，即人们默认的正常值；当暗含的比较基准变为"原有的或应有的数目"，则会衍生出"超出原有的或应有的数目；比原来的数目有所增加"义；当暗含的比较基准变为某个整体，则可指不确定的零数；当暗含的比较基准是某个确定的对象，则得到"相比而言较多"义；当暗含的比较基准为某种（个）行为的频率，则表示某种情况常有；当暗含的比较基准是某种默认的状态常量，则表示相差程度大。

（九）"胜过，超出"，即在程度上超出比较项，由此演变为相对程度副词，相当于汉语的"更"。

因此，la:i¹表数量的本义实际暗指某种程度，这是其演变为程度副词的语义基础；而这些程度实际是通过暗含的比较产生，所以 la:i¹存在演变成比较标记的语义基础。

（十）la:i¹演变为表程度高的绝对程度副词，可能与壮语以下特性有关：壮语部分具有某种明显特征的名词具有形容词功能。如：phja¹"山"，可指某地山区特征突出；məu¹"猪"，可指具有类似猪的较笨的特点；ma:n³"村"，指没见过世面，土气；loŋ⁴"山村"，指某地偏远、偏僻，没见过世面，非常土气。

用于常用义时，这些名词后的 la:i¹仍指数量，为形容词；因它们具有形容词功能，la:i¹逐渐可表程度，遂演变成表程度高的绝对程度副词。当前，以下壮语短语（以靖西壮语为例）仍有二义：

phja¹laːi¹山多/（某地）山区特征突出　məu¹laːi¹猪多/类似猪的较笨的特点突出

山　多　　　　　　　　　　　　猪　多

maːn³laːi¹村子多/没见过世面，很土气

　村　多

loŋ⁴ laːi¹山村多/没见过世面，非常土气

山村　多

即，以上数例，由"名词＋形容词"重新分析为"形容词＋程度副词"。

由此，再类推到"形容词＋laːi¹""心理动词＋laːi¹"，laːi¹逐渐演变成壮语中最常用的程度副词，指程度高。

上文已经显示，诸多侗台语中，"多"义语素可充当表程度高的绝对程度副词，因此"多"义语素演变成表程度高的绝对程度副词，应该是侗台语的一个共同的语法化路径。

（十一）根据吴福祥（2012），侗台语差比式早期格式是 S-A-St，[①]很可能在表"胜过，超出"的 laːi¹进入这一格式后，演变为比较标记。我们推测经历了以下阶段：

i　S-laːi¹-St，初始阶段，很可能只是表示数量的"胜过，超出"；

ii　S-laːi¹-A-St，即，laːi¹意义泛化，人们在 laːi¹后加入数量之外的比较项，laːi¹遂演变成比较标记。

我们之所以认为比较标记用法来自"胜过，超出"义，还因为我们在上文已经讨论，壮语 laːi¹的相对程度副词功能来自于"胜过，超出"。

laːi¹本义为"多"，"'多'＞比较标记"的语法化路径似少见报道。但如上所述，"多"有"胜过，超出"义，而"'超过'（超过，胜过，超越）＞比较格"的语法化路径存在跨语的复见，据 Bernd Heine Tania Kuteva（2012）记载，杜亚拉语（Duala）、雅比姆语（Yabem）、越南语（Vietnamese）、约鲁巴语（Yoruba）、巴里语（Bari）、沃洛夫语（Wolof）、伊博语（Igbo）、马尔吉语（Margi）、班达语（Banda）、富尔富尔得语（Fulfulde）、斯瓦希里语

---

① 吴福祥：《侗台语差比式的语序类型和历史层次》，《民族语文》2012 年第 1 期。

（Swahili）、基库尤语（Kikuyu）、埃维语（Ewe）、布鲁语（Bulu）、格巴亚语（Gbaya）、瓦伊语（Vai）、苏苏语（Susu）、赞德语（Zande）、泰索语（Teso）、泰语（Thai）以及广东话都有类似的语法化路径。[①]la:i¹充当比较标记，体现了"'超过'（超过，胜过，超越）＞比较格"这一共性。

我们观察到，la:i¹作比较标记，在壮语中并不普遍。吴福祥（2012）证明了汉语和东南亚语言"过"型差比式是语言接触导致的区域扩散。[②]我们有如下推测：（1）当前所见报道，la:i¹的比较标记功能在壮语中分布范围有限；越南谅山侬语虽也以la:i¹为比较标记，但谅山与崇左毗邻，距南宁不远，谅山侬语与左江土语有很强的一致性。如la:i¹成为壮语中普遍使用的比较标记后才被借入的"过"所覆盖，分布范围应该不会如此之窄。很大的可能是，在某个时期，la:i¹在部分壮语中演变为比较标记，"过"型差比式进入后，因"过"位于比较主体和比较基准之间，很好地承担了比较主体和基准之间的中介功能，且其显豁的"超出"义，使比较标记的语义得到凸显，la:i¹因此失去了演变为典型比较标记的必要。（2）根据吴福祥（2012），"S-A-St"是侗台语差比式最早的层次，la:i¹应是先进入这一格式。但"过"型差比式的进入，使之只能发展到短差比式阶段。

根据吴福祥（2012）的推测，至少在 13 世纪之前，汉语差比式"S-A-过-Y"就已扩散到侗台语中，[③]la:i¹成为比较标记自然还在此之前。

由上，我们梳理出 la:i¹语法化的路径：

抽象事物数量多　　相比而言较多　　　　　　　　　　　　　相对程度副词

动作行为数量多←具体事物数量多→超出原有的或应有的数目；比原来的数目有所增加→胜过，超出

惯常存在的某种情况　表程度高的绝对程度副词　　　　　　　　　　比较标记

---

① Bernd Heine Tania Kuteva 著，龙海平、谷峰、肖小平译，洪波、谷峰注释，洪波、吴福祥校订：《语法化的世界词库》，世界图书出版公司 2012 年版，第 164—167 页。

② 吴福祥：《侗台语差比式的语序类型和历史层次》，《民族语文》2012 年第 1 期。

③ 吴福祥：《侗台语差比式的语序类型和历史层次》，《民族语文》2012 年第 1 期。

三 壮语 la:i¹的功能对广西汉语方言的影响

（一）广西部分汉语方言"多"的特殊功能

我们在广西汉语方言中也观察到了与壮语 la:i¹一致而他处汉语方言鲜见的一些用法。

1.VP＋多，指某种行为动作量大，次数多，频率高

百色粤语：

①笑多皱纹多！（笑得多皱纹会多！）

②吃多屙多！（吃得多屙得多！）

③讲噉多，有乜意思！（说得那么多，有什么意思！）

南宁粤语：

佢惜只女多哦。（他很疼女儿。/他疼女儿疼得很。）

柳州官话（蓝利国，1999）[①]：

①莫开玩笑多，正经点。（别老开玩笑，正经点儿。）

②莫睡多，人懒去。（别睡得太多，人会变懒的。）

都安菁盛官话（潘丹丹，2015）[②]：

①没要睡多，人会变懒的。（不要睡得太多，人会变懒的。）

②逛街多，哪里衣服好看她都懂。（经常逛街，哪里衣服好看她都知道。）

2."多"充当程度副词，表示程度高，与 la:i¹的绝对程度副词功能一致

百色粤语：

今日冷多，我冇去上班。（今天太冷，我没有去上班。）

南宁粤语（林亦、覃凤余，2008）[③]：

①佢只人好好心嘅，就系啰嗦多。（她这人心眼儿很好，就是太啰嗦了。）

②只镬头油多，放多的洗洁精先至洗得干净。（锅太油，多放点洗洁精才洗得干净。）

贵港话（勾漏粤语）（陈曦，2017）[④]：

---

① 蓝利国：《柳州方言的句法特点》，《广西大学学报》（哲学社会科学版）1999 年第 2 期。
② 潘丹丹：《都安菁盛官话语法研究》，硕士学位论文，广西师范学院，2015 年，第 23 页。
③ 林亦、覃凤余 《广西南宁白话研究》，广西师范大学出版社 2008 年版，第 294 页。
④ 陈曦：《贵港话语法研究》，硕士学位论文，广西大学，2017 年，第 87 页。

①有时候你实际是啰嗦多。（有时候你实在是太啰嗦了。）

②你对箇件事着紧多了，其实麻乜嘞。（你对这件事太在意了，其实没什么的。）

桂平江口粤语（杨卓林，2018）[①]：

①只契弟高多，入门着拱住腰。（这家伙人太高，进门都要弯着腰。）

②只罂水多，你要注意冇碰到。（这个瓶子水太多，你要注意不要碰到。）

南宁平话（李荣，2002）[②]：

①亚双鞋长多。（这双鞋太长。）

②渠行得慢多。（他走得太慢。）

那坡官话：

这个仔风流多。（这家伙太风流。）

西林官话：

今天热多，他们个个去游水了。（今天天热，他们个个都去游泳了。）

柳州官话（蓝利国，1999）[③]：

①好笑多，好笑老牛跌下河。（太可笑了，老牛竟然掉河里了。）

②在街上莫乱拉扯，难看多。（在大街上别拉拉扯扯，太难看。）

都安菁盛官话（潘丹丹，2015）[④]：

①这几天忙多，没有时间看书。（这几天太忙了，没有时间看书。）

②没要懒多，你会肥的。（不要太懒了，你会胖的。）

南街官话（郑石磊，2012）[⑤]：

①你走得慢多。（你走得很慢。）

②这肉肥多。（这肉很肥。）

坡荷高山汉话（吕嵩崧，2016）[⑥]：

① 杨卓林：《桂平江口白话研究》，硕士学位论文，广西大学，2018 年，第 274 页。

② 李荣主编：《现代汉语方言大词典》，江苏教育出版社 2002 年版，第 1500 页。

③ 蓝利国：《柳州方言的句法特点》，《广西大学学报》（哲学社会科学版）1999 年第 2 期。

④ 潘丹丹：《都安菁盛官话语法研究》，硕士学位论文，广西师范学院，2015 年，第 23 页。

⑤ 郑石磊：《广西宾阳兴宾南街官话研究》，硕士学位论文，广西大学，2012 年，第 127 页。

⑥ "高山汉"是广西百色、河池部分区域对居住在广西、云南、贵州三省区交界地区广西一侧部分汉族的称呼，据目前研究，该族群自明末从川、渝、湘、赣、鄂、黔等地迁来。"高山汉"操西南官话，笔者称之为"高山汉话"（见吕嵩崧《桂西高山汉话研究》，中国社会科学出版社 2016 年版，第 1 页）。根据本人观察，各地"高山汉话"中，那坡坡荷受壮语影响最大。本例句见该书第 584 页。

为民国家好多多。

部分汉语方言的"多"还可以与程度副词"太"构成框式副词，对形容词进行修饰：

百色粤语：

今日太冷多，我冇去上班。（今天太冷，我没有去上班。）

佢太高多，件衫冇够长。（他太高了，这件上衣不够长。）

西林官话：

今天太热多。（今天太热了。）

那坡官话：

凳太高多，仔坐不舒服。（凳子太高了，儿子坐着不舒服。）

欧阳觉亚（1995）曾指出，南宁白话形容词或动词后面加一个"多"，相当于"很"，是受壮语影响而产生的语言特点。①邓玉荣（2008）也指出，南宁白话、南宁平话、柳州话仿照壮语的方式，在形容词或动词的后面加"多"，表示形容词或动词的程度。②

3."多"充当比较标记

南宁粤语（林亦、覃凤余，2008）③：

①我哋学校旁边有两只蓝猫专卖店，左边只多近，右边只多远。[我们学校旁边有两个蓝猫专卖店，左边那个（比右边那个）近，右边那个（比左边那个）远。]

②阿种菜多贵，不过多好食。[这种菜（比某个基准）贵一点，但（比某个基准）好吃。]

武鸣官话（陆淼焱，2016）④：

①我个女多好。[我这个女儿（比某个基准）好些。]

②罗圩多远。[罗圩（比某个基准）远些。]

宾阳平话（覃东生，2007）⑤：

① 欧阳觉亚：《两广粤方言与壮语的种种关系》，《民族语文》1995 年第 6 期。
② 邓玉荣：《广西壮族自治区各民族语言间的相互影响》，《方言》2008 年第 3 期。
③ 林亦、覃凤余：《广西南宁白话研究》，广西师范大学出版社 2008 年版，第 295 页。
④ 陆淼焱：《武鸣官话的差比句》，《语文建设》2016 年第 3 期。
⑤ 覃东生：《宾阳话语法研究》，硕士学位论文，广西大学，2007 年，第 100 页。

①我多大。[我（比某个基准）更大。]

②今日多冷。[今天比（某个基准）更冷。]

柳州官话（李荣，2002）①：

①他多高点。[他（比某个基准）高一点。]

②阵子多好看点。[这样（比某个基准）好看一点。]

南街官话（郑石磊，2012）②：

①我多大。[我（比某个基准）更大。]

②今天多冷。[今天（比某个基准）更冷。]

南宁粤语和宾阳平话、南街官话"多"还可与"过"构成框式介词"S＋多＋A＋过＋（St）"。

南宁粤语（林亦、覃凤余，2008）③：

①我哋行阿路多近过。[我们走这条路（比某个基准）近。]

②南宁比桂林多大过，睇地图就识哦。（南宁比桂林大一些，看地图就知道了。）

宾阳平话（覃东生，2007）④：

李四多细过张三。（李四比张三小。）

南街官话（郑石磊，2012）⑤：

①我多大过艾老师。（我比艾老师大。）

②小李多大过小张好多。（小李比小张大好多。）

南宁粤语（林亦、覃凤余，2008）的"多"还可以与"比"构成框式形式"比＋St＋多＋A"：南宁比桂林多大，睇地图就识哦。（南宁比桂林大一些，看地图就知道了。）和"比""过"构成"比＋St＋多＋A＋过"：南宁比桂林多大过，睇地图就识哦。（南宁比桂林大一些，看地图就知道了。）⑥

①　李荣主编：《现代汉语方言大词典》，江苏教育出版社 2002 年版，第 1499 页。

②　郑石磊：《广西宾阳兴宾南街官话研究》，硕士学位论文，广西大学，2012 年，第 146 页。

③　林亦、覃凤余：《广西南宁白话研究》，广西师范大学出版社 2008 年版，第 296、357 页。

④　覃东生：《宾阳话语法研究》，硕士学位论文，广西大学，2007 年，第 101 页。

⑤　郑石磊：《广西宾阳兴宾南街官话研究》，硕士学位论文，广西大学，2012 年，第 146 页。

⑥　林亦、覃凤余：《广西南宁白话研究》，广西师范大学出版社 2008 年版，第 357 页。

（二）广西部分汉语方言"多"的程度副词、比较标记功能来自对壮语 la:i¹
的复制

我们认为，广西汉语方言的"多"复制了壮语 la:i¹ 的语义而使之具有了这
些功能。

1."多"作程度副词和比较标记，广西以外汉语方言似不多见

根据曹志耘（2008），相当于"很"的"多"，仅见于江苏如皋一地。[①]曹
志耘（2008）罗列的比较标记，无"多"。[②]

广西汉语方言，西至与云贵交界的西林官话，东至贵港话、桂平粤语，北
至都安、柳州一带官话，西南至与越南接壤的那坡官话，"多"充当程度副词
多有出现。"多"作为比较标记，虽分布区域小于其程度副词功能，但在南宁、
宾阳及周边汉语方言中也不鲜见。"多"充当程度副词和比较标记，应是广西
汉语方言的一个特点。

广西是壮语分布最集中的区域，广西汉语方言受壮语影响而发生的演变俯拾即
是。学界对此已多有讨论，如邓玉荣（2008）[③]，吴福祥、覃凤余（2010）[④]，覃凤
余、吴福祥（2009）[⑤]，覃东生、覃凤余（2015）[⑥]，覃东生、覃凤余（2008）[⑦]，
洪波、郭鑫、覃凤余（2017）[⑧]，覃凤余、田春来（2011）[⑨]、覃远雄（2007）[⑩]，
吕嵩崧（2019）[⑪]，吕嵩崧（2019）[⑫]等。

我们上文也已经显示，壮语 la:i¹ 充当比较标记的区域位于南宁、崇左二市

① 曹志耘主编：《汉语方言地图集·语法卷》，商务印书馆 2008 年版，第 21 页。
② 曹志耘主编：《汉语方言地图集·语法卷》，商务印书馆 2008 年版，第 98、99 页。
③ 邓玉荣：《广西壮族自治区各民族语言间的相互影响》，《方言》2008 年第 3 期。
④ 吴福祥、覃凤余：《南宁粤语短差比式"X+A+过"的来源》，《合肥师范学院学报》2010 年第 2 期。
⑤ 覃凤余、吴福祥：《南宁白话"过"的两种特殊用法》，《民族语文》2009 年第 3 期。
⑥ 覃东生、覃凤余：《广西汉语"去"和壮语方言 pai¹ 的两种特殊用法——区域语言学视角下的考察》，《民族语文》2015 年第 2 期。
⑦ 覃东生、覃凤余：《广西汉、壮语方言的方式助词和取舍助词》，《中国语文》2008 年第 5 期。
⑧ 洪波、郭鑫、覃凤余：《广西部分汉语、壮语方言不定量词兼表处所名词语义模式研究》，《民族语文》2017 年第 5 期。
⑨ 覃凤余、田春来：《广西汉壮方言的"嚟"》，《民族语文》2011 年第 5 期。
⑩ 覃远雄：《平话、粤语与壮语"给"义的词》，《民族语文》2007 年第 5 期。
⑪ 吕嵩崧：《壮语和广西汉语方言"鸡""牛"义语素的多功能模式及其形成》，《民族语文》2019 年第 3 期。
⑫ 吕嵩崧：《壮语"完毕"义语素的语法化及对广西汉语方言的影响》，《方言》2019 年第 4 期。

及周边，以及巴马、柳江等地。"多"可充当比较标记的汉语方言，正处于这一区域内。

"多"作为比较标记复制自壮语 la:i¹的证据还有：与南宁粤语同属粤语邕浔片，都源自广府粤语、一致性很强的百色粤语，并无以"多"为比较标记的现象。因为百色一带壮语不以 la:i¹为比较标记。

2."多"作程度副词，一般位于中心语之后

我们以上所列汉语方言程度副词"多"，均位于中心语之后。这与汉语的一般语序不符却与壮语一致。

据刘丹青（2001），粤语是具有典型 VO 语言特征的汉语方言，[①]但南宁粤粤语的程度副词修饰中心语仍以居前为主。林亦、覃凤余（2008）曾列出南宁粤语程度副词 13 个：至、好鬼/好敢、好、几₁、鬼魂/鬼魂啊失（折）、得势、过龙、多、齐、够、够瘾（去）/够够（去）、妈糊、几₂。[②]位于中心语之前的有"至""好鬼/好敢""好""几₁""够""几₂"，与汉语一般语序相符。位于中心语之后的有"鬼魂/鬼魂啊失（折）""得势""过龙""齐""够瘾（去）/够够（去）"，除"过龙""齐"外，林亦、覃凤余明确认为它们充当补语。修饰语居前、补语居后，这与汉语的一般语序也是相符的。至于"过龙"，林亦、覃凤余指出其义为"过头"，则其原结构"V/adj＋过龙"指的是"某动作/某状态过头"，因此"过龙"演变为程度副词后位置自然仍居中心语之后；据吕嵩崧（2019），"齐"是复制了壮语程度副词 le:u⁴的语义，同时把壮语"中心语＋状语"的语序一并带入。[③]上述南宁粤语程度副词居中心语后的原因，均有合理的解释。

"多"作为程度副词，也居中心语后，和壮语一致。最合理的解释是，其功能复制自壮语，壮语"中心语＋状语"的语序也一并带入。

事实上，汉语方言"多"表程度高并不鲜见。济南：这孩多乖！牟平：多粗细儿？徐州：那个小闺女多俊啵！南京：这娃儿多聪明嘔。成都：他多好的。

[①] 刘丹青：《汉语方言的语序类型比较》，史有为主编：《从语义信息到类型比较》，北京语言大学出版社 2001 年版。

[②] 林亦、覃凤余：《广西南宁白话研究》，广西师范大学出版社 2008 年版，第 293—295 页。

[③] 吕嵩崧：《壮语"完毕"义语素的语法化及对广西汉语方言的影响》，《方言》2019 年第 4 期。

西安：你看这西瓜多大！西宁：不管山有多高，海有多深，他都不怕。万荣：看伢（人家）兀个娃儿多省事（懂事）！西安：多高的树他都能上去（李荣，2002）。①但这些汉语方言中表程度的"多"与广西汉语方言的程度副词"多"来源不同。

（1）广西以外汉语方言，"多"修饰形容词表程度时多用于感叹句、疑问句，说明其表"程度高""程度深"是有条件的，而广西汉语方言"多"修饰形容词可用于陈述句。

（2）语序上，广西以外汉语方言结构为"多＋adj"；广西汉语方言则为"adj＋多"，与壮语同。

3.用于行为动作的"多"，二者也不同

广西以外汉语方言的"多"也能修饰动词。根据李荣（2002），杭州：多写了一个字。（比一定的数目多）牟平：多给了三十斤。（超出原有或应有的数目）万荣：今几个比夜个（昨天）多做多少（许多）活。（超出原有或应有的数目）成都：多吃了一个。（超出原有或应有的数目，比原来的数目有所增加）西宁：你多给了一毛钱，还给你罢。（超出原有或应有的数目）②

但它们与广西汉语方言"多"修饰动词有明显区别：

（1）语义上，广西以外汉语方言的"多"强调数量，通常表示超出原有或应有的数目；广西汉语方言的"多"表程度，相当于"太"，与数量无直接关系。

即，广西汉语方言的"VP 多"＝"VP 得太过量/过度"。以上百色粤语、南宁粤语，杭州方言、牟平方言的语料放入这一等式可以验证：

百色粤语：笑多＝笑得太过量；南宁粤语：惜只女多＝惜女惜得太过度。

杭州方言：多写了一个字≠写得太多（以致多了一个字）；牟平方言：多给了三十斤≠给得太多（以致多了三十斤）。

百色粤语、南宁粤语与上述壮语形容词 la:i¹ 在动词后的用法一致，杭州方言、牟平方言则不一致。说明广西汉语方言与广西以外汉语方言表程度的"多"

---

① 李荣主编：《现代汉语方言大词典》，江苏教育出版社 2002 年版，第 1498—1500 页。
② 李荣主编：《现代汉语方言大词典》，江苏教育出版社 2002 年版，第 1498—1499 页。

并非同一来源。

（2）形式上，广西以外汉语方言，"多＋VP"后一般带有数量短语表超出的数量；广西汉语方言"VP＋多"后不带数量短语。

所以，广西以外汉语方言用于修饰 VP 的"多"应是来自于其自身的演变，与广西汉语方言不同。

4.框式形式提供的证据

语言接触常常导致框式结构。我们观察到，一种语言中，两个来源（层次）不同的同义（近义）成分组合，层次较深的通常为固有或较早借入的成分，层次较浅的通常为晚近借入或生成的成分，如二者在模式语和目的语固有语序中位置有异，它们形成的框式形式，相应的成分通常会按其固有的位置分布。因此，在线性序列上，二者在不同位置同现。如：

香港粤语（邓思颖，2006）：佢当然去定啦！（他当然去了！）

"定"是粤语中较早的表肯定的语气副词。粤语是汉语中 VO 特征最典型的方言，副词居动词后符合 VO 语言的特征。根据余珩（2017），"当然"是在清代方演变为表示肯定态度的语气副词，其居动词前，与当代官话方言、共同语修饰语一般居中心语前是一致的，与汉语具有一定的 OV 语言的语序特征是相符的。因此，可以推断，"当然"层次较"定"为浅，二者分别按 OV 语言通常的居中心语前和 VO 语言通常的居中心语后在线性序列上分布，形成了"当然……定"的框式副词。

南宁粤语（林亦、覃凤余，2008：357）：南宁比桂林大过，睇地图就识哦。（南宁比桂林大一些，看地图就知道了。）

根据吴福祥（2010）粤语固有的比较标记为"过"，林亦、覃凤余（2008：357）"比"字句是随着通语进入南宁粤语的晚近层次。"比"字句的结构是"比＋St＋A"；"过"字句的结构是符合 VO 语言特征的"A＋过＋St"（见吴福祥，2012）。即，晚近进入的"比"和固有的"过"同现时按自身固有位置分布，分居属性谓语的左右两侧，形成"比……过"的框式比较标记。

高山汉话（吕嵩崧，2017）：我们全部张家完。（我们都是张家。）

"全部"是汉语常用的总括副词，按汉语通常语序居中心语前；据吕嵩崧

（2019），"完"复制了壮语"完毕"动词 leːu⁴的全称量化词功能，同时依壮语"中心语＋状语"语序居中心语后。"全部"和"完"同现，都位于固有的位置，形成了"全部……完"的框式副词。

由层次、来源不同的同义（近义）成分构成的框式副词在壮侗语中比比皆是，吕嵩崧（2017）有专门论述，在此不赘。语言接触导致的框式虚词（标记），我们还将另文详述。

我们在上文已经讨论，百色粤语、西林官话、那坡官话有框式程度副词"太……多"，"太"是汉语常用的程度副词，作为修饰语通常居中心语之前；"多"是对壮语 laːi¹进行复制而产生的后起的程度副词，作为修饰语居中心语后，与壮语一致。宾阳平话和南街官话有"S＋多＋A＋过＋St"差比式。根据吴福祥（2010），"X＋A＋过＋Y"差比式是粤语区别于其他方言的一个显著的类型学特征。吴文所指粤语，包括一般所指的粤语和平话，因此"过"是宾阳平话固有的比较标记；南街官话位于宾阳，受宾阳平话的深刻影响，"过"应是较早就被其借入。"过"居属性谓语之后；"多"是复制壮语 laːi¹形成的比较标记，居属性谓语前，位置与壮语比较标记 laːi¹一致。因此，以上汉语方言中的框式虚词（标记）"太……多""多……过"，显示出它们是有层次差异的。"多"出现在这些框式虚词（标记），说明其并非固有成分。

因此，可以认为语言接触可以导致框式形式。我们在上文已经讨论，百色粤语、西林官话、那坡官话有框式程度副词"太……多"，"太"是汉语常用的程度副词，作为修饰语通常居中心语之前；"多"是对壮语 laːi¹进行复制而产生的后起的程度副词，作为修饰语居中心语后，与壮语一致。宾阳平话和南街官话有"S＋多＋A＋过＋St"差比式。根据吴福祥（2010），"X＋A＋过＋Y"差比式是粤语区别于其他方言的一个显著的类型学特征。①吴文所指粤语，包括一般所指的粤语和平话，因此"过"是宾阳平话固有的比较标记；南街官话位于宾阳，受宾阳平话的深刻影响，"过"应是较早就被其借入。"过"居属性谓语之后；"多"是复制壮语 laːi¹形成的比较标记，居属性谓语前，位置与壮语比

---

① 吴福祥：《粤语差比式"X+A+过+Y"的类型学地位——比较方言学和区域类型学的视角》，《中国语文》2010 年第 3 期。

较标记 la:i¹一致。因此，以上汉语方言中的框式形式"太……多""多……过"，显示出它们是有层次差异的。①

5.亲属语言的证据

我们在上文已经列举了"多"义语素在布依语、侗语和侬语等壮语亲属语言中充当程度副词，在侬语中充当比较标记的例子，说明"多"义语素充当程度副词和比较标记是部分侗台语的共有特征。

四　结语

（一）壮语 la:i¹由本义"多"演变出一系列义项（功能）。

（二）吴福祥（2013，2014）指出，多义复制是指复制语的使用者对模式语中某个多义模式的复制，从而导致复制语中出现与模式语相同的多义模式。②广西部分汉语方言使用者在与壮语接触的过程中，观察到壮语 la:i¹具有程度副词、用于行为动作后和比较标记等功能，遂把这些功能复制到"多"上，从而使广西部分汉语方言的"多"产生了和其他汉语方言不同的功能。

---

① 事实上，语言接触导致的框式形式还可以更复杂，如南宁粤语：南宁比桂林多大过，睇地图就识哦。（南宁比桂林大一些，看地图就知道了）（林亦、覃凤余：《广西南宁白话研究》，广西师范大学出版社 2008 年版，第 357 页）呈现"S+比+St+多+A+过"包含三个比较标记的结构。

② 吴福祥：《语义复制的两种模式》，《民族语文》2013 年第 4 期；吴福祥：《语言接触与语义复制——关于接触引发的语义演变》，《苏州大学学报》2014 年第 1 期。

第六章　副词短语：相关结构及其成分

第一节　副词的分类

吕叔湘先生曾经指出："副词的内部需要分类，可是不容易分得干净利索，因为副词本身就是个人杂烩。"[①]从词的语法分类来看，副词是内部一致性较差的词类，其最常见的功能是说明动词的行为方式（沈家煊，2000）。[②]

吕嵩崧（2014）[③]对靖西壮语副词做了罗列，分析了其来源。靖西壮语副词有相当一部分来自汉语，部分为中古借词，部分为官话借词。由于吕嵩崧（2014）[④]对其来源和层次的讨论已较详细，出于篇幅考虑，相关内容我们不再讨论。由于吕嵩崧（2014）[⑤]对这些副词均举了例句，做了讨论，我们在此从略，仅对部分副词进行讨论。

一　程度副词

程度副词是表示性质状态或某些动作行为所达到的各种程度的副词。其语义特征就是表示性质状态的程度或某些动作行为的程度。

靖西壮语程度副词的突出特征表现为一般都可以比较自由地修饰单个形容

---

① 转引自张谊生《现代汉语副词研究》，学林出版社 2000 年版，第 16 页。
② 沈家煊：《"认知语法"的概括性》，载《外语教学与研究》2000 年第 1 期。
③ 吕嵩崧：《靖西壮语语法研究》，博士学位论文，上海师范大学，2014 年，第 246—281 页。
④ 吕嵩崧：《靖西壮语语法研究》，博士学位论文，上海师范大学，2014 年，第 246—281 页。
⑤ 吕嵩崧：《靖西壮语语法研究》，博士学位论文，上海师范大学，2014 年，第 246—281 页。

词；而修饰动词则会受到较大限制，一般只能修饰心理活动动词和某些特定的动词性结构。我们把靖西壮语的程度副词分为三类：表强度的程度副词、表比较度的程度副词、表弱度的程度副词。

（一）表强度的程度副词

这类副词表示程度很高、极高或过甚，可以修饰形容词和动词。根据其与中心语的语序差异，我们把靖西壮语表示强度的程度副词分为两类：

1.位于形容词前的程度副词

这些副词大致有：ta:i⁶"真"、tsei³"最"、hən⁵"很"、tha:i³"太"、si²fən⁵"十分"、fei⁵sa:ŋ²"非常"、thə²pe²"特别"、ɬja:ŋ⁵ta:ŋ⁵"相当"、ta:i⁶"非常"等。我们认为，ta:i⁶是中古借词，其他的是官话借词。

2.位于形容词后的程度副词

靖西壮语中，位于形容词后的程度副词一般有 la:i¹"多"，la:i⁴"厉害"；中古借词"了"le:u⁴，指"完全"，即程度最高；le:u⁴ŋau²也指"完全"，即程度最高。

靖西壮语中的 la:i⁴本为形容词，义为"厉害"，语法化为副词，意义有所虚化。

在汉语中，带强化义的语词语法化为程度副词屡见不鲜。如普通话中的"很"，也作"狠"，《汉语大词典》："用同'很'。副词。表示程度深。"[1]《儒林外史》第二五回："我大胆的狠了。"《官场现形记》第二回："那姓赵的狠有钱，断不至于只送这一点点。"黄远庸《记者眼光中的孙中山》："他是狠有肩膀的，狠喜欢办事的，民国现在狠难得这么一个人。"《说文·犬部》"狠"，段玉裁："今俗用狠为很。"

带有负面评价色彩的副词可以演变为程度词，"'坏'（坏，可怕）＞程度词"的语法化路径存在跨语的复见，如，英语 bad＞badly；德语 furchtbar："可怕"＞程度词，巴卡语（Baka）sítí："邪恶""敌意""坏""恶毒的"＞"非常"，程度词，副词；西罗伊语（Siroi）ŋayo："坏"，副词＞"很"，"极

① 罗竹风主编，汉语大词典编辑委员会、汉语大词典编纂处编纂：《汉语大词典》第 5 册，汉语大词典出版社 1996 年版，第 50 页。

其"，程度词；上古汉语"甚"："厉害，严重"，形容词＞程度副词"很，非常"；上古汉语"酷"："残暴"，形容词＞"酷"："程度深，过分"，形容词＞中古汉语"酷"："很"，副词。汉语方言中，万荣话（中原官话）"伤"和"死"、永新话（赣方言）"恶"有程度副词用法；香港粤语"鬼"有程度词用法。[1]广西资源延东直话"死"[2]、广西全州文桥土话"要命""要死"[3]、贵港话（勾漏粤语）"鬼样""鬼死样""嗨魂[hai²¹wan³³]""嗨魂头失[hai²¹wan³³tau³³sat⁵]"[4]、桂平江口白话"好鬼""鬼噉""鬼魂""鬼魂头都失"[5]、湖北利川方言"要死""糟了""死了"[6]也能做程度词。

事实上，百色粤语也有和香港粤语一样的用法：

今日好鬼热，我好鬼想去游水。（今天真热，我很想去游泳。）

同属南部壮语的大新、崇左两地壮语以"死"义语素充当程度副词。

大新壮语（卢业林，2011）[7]：

te¹　ta:i⁶łoŋ¹tha:i¹.他很高。

他　非常　高　死

左州壮语（晏殊，2018）[8]：

kuɯn²min²ni¹tha:i¹lu⁵.他人很好。

人　他　好　死　了

e:ŋ¹lok⁸ e:ŋ²ni²he:u⁵tha:i⁵lu².那个小孩很干瘦。

个　小孩个　那　瘦　死　了

① 见[德]Bernd Heine Tania Kuteva 著，龙海平、谷峰、肖小平译，洪波、谷峰注释，洪波、吴福祥校订《语法化的世界词库》，世界图书出版公司 2012 年版，第 62—63 页。

② 张桂权：《桂北平话与推广普通话研究——资源延东直话研究》，广西民族出版社 2005 年版，第 250 页。

③ 唐昌曼：《桂北平话与推广普通话研究——全州文桥土话研究》，广西民族出版社 2005 年版，第 260 页。

④ 陈曦：《贵港话语法研究》，硕士学位论文，广西大学，2015 年，第 87—88 页。作者解释"'嗨'在贵港话中原意是指女性生殖器官，用于他指一般含有贬义"。

⑤ 杨卓林：《桂平江口白话研究》，硕士学位论文，广西大学，2018 年，第 273—274 页。

⑥ 李林：《鄂西利川方言表程度的构式——以"-X 不过/得很、稀奇、要死/糟了/死了"为例》，《龙岩学院学报》2017 年第 4 期。

⑦ 卢业林：《大新壮语语法调查与研究》，硕士学位论文，广西大学，2011 年，第 23 页。

⑧ 晏殊：《崇左左州壮语参考语法》，硕士学位论文，广西大学，2018 年，第 95 页。

靖西壮语以 la:i⁴"厉害"作为程度副词与此是相符的。

la:i¹"多"亦来自形容词，语法化为程度副词后，其语音弱化。这点在形容词 la:i¹和程度副词 la:i¹连用时明显地显现出来。如：

①kja:u³si²kən²la:i¹la:i¹.教室里人太多。

　　教室　人　多　多

②ni⁵hat⁷phjak⁷la:i¹la:i¹.你做的菜太多。

　　你　做　菜　多　多

在这两个句子中，第一个 la:i¹是形容词，第二个 la:i¹是副词。第二个 la:i¹音强降低，音长变短，音高降低。说明第二个 la:i¹意义较第一个为虚。

（二）表比较度的程度副词

表比较度的程度副词在语义上表示程度加深，一般既可以修饰形容词性谓语，又可以修饰动词性谓语，作状语。靖西壮语表示比较度的程度副词均位于形容词前。

这些副词大致有：na:u²"比较"，kən³kja¹"更加"，kja¹la:i¹"更加"，wit⁸"越"。其中，kən³kja¹借自汉语官话；kja¹la:i¹是官话借词"加"和固有词 la:i¹"多"的合璧词；wit⁸是中古借词"越"，一般成对出现："wit⁸＋动词＋wit⁸＋形容词"。

（三）表弱度的程度副词

这类副词表示程度轻微，一般用于修饰动词。在靖西壮语中，主要包括no:i⁴"少"，ɬi³ɬa:i⁴"慢慢"等。表弱度的程度副词可在动词之前，也可在动词之后。

位于动词之后的，如：

①ni⁵ka:ŋ³no:i⁴ʔi³　ne:u²，pa:k⁹la:i¹la:i¹.你少说一点儿，你话太多。

　　你　讲　少　点儿　一　　嘴　多　多

②ʔi³khwei⁵kin¹le:u⁴ja⁵，ta⁶kja¹kin¹ɬi³ɬa:i⁴.

　　阿　魁　吃　完了　大家　吃　慢慢

阿魁（谦称）吃完了，大家慢慢吃。

以上两例，no:i⁴和ɬi³ɬa:i⁴还可位于动词之前，如：

①ni⁵noːi⁴kaːŋ³ ʔi³　neːu²，paːk⁵laːi¹laːi¹.你少说一点儿，你话太多。

　你　少　讲　点儿　一　　嘴　多　多

②ʔi³khwei⁵kin¹leːu⁶ja⁵，ta⁶kjaːⁿ⁴ɬi³ɬaːi⁴kin¹.

　　阿　魁　吃　完　了　大家　　慢慢　吃

阿魁（谦称）吃完了，大家慢慢吃。

"副词+动词"应是受汉语影响而形成的语序。理由有：一是这样的语序与作为典型 VO 型语言的壮语的固有语序不符；二是我们观察到，在靖西壮语较早的层次或特征保留较多的乡村，"动词+副词"语序更为常见。

二　时间副词

靖西壮语中，常用的时间副词有：ɬeːn⁵ "先"、koːn⁵ "先"、laŋ¹ "后"、pan⁶ "刚才"、tam⁶tən⁶ "突然"、mei²ɬak⁷pai² "有时候；偶尔"、wan²wan² "天天"，汉语借词 ma⁵saːŋ³ "马上"、soŋ²laːi² "从来"、tsiŋ²ɬei⁵ "经常"、tsaŋ² "未曾" 等。

这些汉语借词的层次也不一样：tsiŋ²ɬei²、tsaŋ²借自中古汉语，ɬeːn⁵、ma⁵saːŋ³、soŋ²laːi²借自汉语官话。

时间副词都能修饰动词性成分，也可以修饰表示变化或超过的形容词性成分。时间副词一般不能修饰数量短语，少数时间副词如 ʔi⁵kjəŋ⁵ "已经"虽然可以修饰数量短语，但此时体现的也是表示某种变化或过程，即副词修饰的数量短语是较说话前有所变化的状态。如：

ʔi⁵kjəŋ⁵ɬei⁵mi⁵ ja⁵.已经四米了。

　已经 四 米 了

这时所表达的是，"四米"是一种变化的结果，即说话之前不是"四米"。

靖西壮语中时间副词数量较大，在语义、功能上均存在一定差异。根据功能与意义的差异，我们把时间副词分为十个小类。

（一）表最终

靖西壮语表"最终"的副词主要有：tok⁷laŋ¹ "最后"、tok⁷thaːŋ¹ "最尾"、

thaŋ¹laŋ¹ "最后（到后来）"

①ma:n³tən⁴ŋa:i²he²ki²soŋ²，tɔk⁷laŋ¹taŋ²ma:n³tha:i¹le:u⁴.

村　这揸　血吸虫　掉　后整　村　死　完

这个村染上了血吸虫病，后来全村都死绝了。

②te¹jau³jau³je³je³，tɔk⁷tha:ŋ¹ko³tsei⁶ŋa:i²na⁵.他骗来骗去，最后还是挨骂。

他 骗 骗 _{后缀} 掉 尾 也 是 揸 骂

③ŋo⁵la:i⁶ ja⁶kin¹jap⁷ne:u²le³ le:u⁶lə⁰，thaŋ¹laŋ¹ kin¹tam³nak⁷.

我 以为说吃 下 一 就 完 _{语气助词} 到 后来 吃 到 深夜

我以为一下子就吃完了，原来一直吃到深夜。

（二）表过去，已然

靖西壮语表"过去，已然"的时间副词有：ʔi⁵kjəŋ⁵ "已经"，指事情发生在说话之前，但距说话时不一定很久；ɬe:n⁵ "先"，与汉语"先"意义有差异，靖西壮语这个词所指事件发生在说话之前，且距说话时间较久；ɬe:n⁵ɬi⁵ "先时"，发生的时间在说话之前很久，与ɬe:n⁵相比，距离说话时间更久；ko:n⁵ "之前"，发生的时间一般距说话时较近；tsau⁶，与汉语"早"相当。

（三）表突发、短时

靖西壮语表"突发、短时"的时间副词有：təm⁶tən⁶ "突然"、le³ "就"、the:m¹/he:m¹/him¹ "就"（三个读音实为同一词，皆为中古借词"添"，三个读音存在音变关系：the:m¹＞he:m¹＞him¹。为方便起见，举例仅举最常见的语音形式 he:m¹）、ma⁵sa:ŋ³ "马上"、thu²je:n² "突然"。其中，ma⁵sa:ŋ³、thu²je:n²借自汉语官话。与前两类表"最终"和"过去，已然"的副词不同，这类副词均位于动词前。

（四）表不定时

靖西壮语表"不定时"的时间副词有：jap⁷jap⁷ "时时"、ɬei²ɬei² "时时"、le:ŋ⁵pai² "有时"、le:ŋ⁵ɬei² "有时"等。

（五）表初始

靖西壮语表"初始"的时间副词有：tha:t⁷ "一"、tso³ "才"、ŋa:m⁵ "刚"、ŋa:m⁵ŋa:m⁵ "刚刚"、kja:ŋ⁵ "刚"、kja:ŋ⁵kja:ŋ⁵ "刚刚"。这些副词无一例外位

于动词之前。

（六）表暂且

靖西壮语表"暂且"可有两种方式：

一是单用时间副词 ko:n⁵"先"，ko:n⁵位于动词之后。

①khau³phjak⁷tsaŋ²pan²，ni⁵kin¹ʔan¹ma:k⁹ne:u²ko:n⁵.

　饭　菜　还没成　你 吃 个 果 一　先

饭菜还没好，你先吃个水果。

②tsaŋ² thaŋ¹ɬei²khən³ta:ŋ²，ŋo⁵pha:u⁵pu³ko:n⁵.

　未曾 到 时 上课　我 跑步　先

还没到上课的时间，我先跑步。

二是 ko:n⁵与 ɬe:n⁵组成框式形式"ɬe:n⁵＋动词＋ko:n⁵"，仍表"暂且"。很可能是从汉语借入的"ɬe:n⁵＋动词"的结构和靖西壮语固有的"动词＋ko:n⁵"结构混合的结果。如：

①ŋo⁵tsaŋ² nai³pin⁶，ni⁵ɬe:n⁵pai¹ko:n⁵.我还没有空，你（暂且）先去。

　我 未曾得 空　你 先 去 先

②tu¹wan²kei⁵tsaŋ²pa⁶kha³，tu¹wan²wa²ɬe:n⁵kin¹ko:n⁵.

　只 天 今　还不要 杀 只 天 昨 先　吃 先

今天这只先不要杀，（暂且）先吃昨天那只。

（七）表持续，惯常

靖西壮语表"持续，惯常"的时间副词有：kun³"总是"、tsoŋ⁵tsei⁶"总是"、tsoŋ⁵（也有读为第1调，调值53的）"总"、jaŋ²"还是（仍）"、jaŋ²tsei⁶"还是（仍是）"、jaŋ²ɬaŋ⁴"还是（带不满义）"、le:n²tsu²"连续"、tsəŋ³"净"、soŋ²la:i²"从来"、tu¹"都"等。

（八）表将来，未然

靖西壮语中表"将来，未然"的时间副词有：ʔa:n¹"将要"、ʔa:n¹te³"将要"、sa:u⁵to⁵"即将"、tsaŋ²"未曾"、ke:m¹laŋ¹"后来"。这里所列的副词一般位于动词之前。

（九）表逐渐

表逐渐的有 ma:n⁴ma:n⁴"慢慢"。

（十）表进行

靖西壮语表进行的时间副词主要是借自汉语官话的 tsəŋ³ 和 tsəŋ³tsaːi³，位于动词之前。

三 频率副词

频率副词与时间副词的区别在于：1.频率副词只能修饰动词性成分而不能修饰形容词性成分；2.从语义角度看，频率副词表示某一动作行为不止一次。我们把频率副词分为以下两类：

（一）表惯常

表惯常的频率副词有：waːŋ⁵waːŋ⁵"往往"、ji²tsi²"一直"等，它们都是官话借词。

（二）表反复

表反复的频率副词有：tsaːi³"再"、theːm¹"再"、mɔi⁵"新"。其中，mɔi⁵是固有词；tsaːi³"再"、theːm¹"又；还"是汉语借词。

我们对 theːm¹ 略作讨论。

黄阳（2010）认为 theːm¹"再"是民族固有词[①]，我们认为 theːm¹ 是汉语借词"添"。

添，中古咸摄开口四等添韵，透母，平声。中古借词咸开四舒声读 eːm，如"点（火）"读 teːm³；透母读 th，如"贪"读 taːm¹，"炭"读 thaːn⁵；清平读第 1 调 53，如"加"读 kja¹，"花"读 wa¹。声韵调与中古借词规律相符。

根据现有的资料，再次体标记"添"在浙江、江西、广东、广西的汉语方言中多有存在（曹志耘，2008）。[②]靖西壮语受这些南方汉语方言影响应该是很正常的。

"添"在粤语和吴语中都存在。

粤语（张庆文、刘慧娟，2008）[③]：

[①] 黄阳：《靖西壮语语法》，硕士学位论文，广西大学，2010 年，第 81 页。

[②] 曹志耘主编：《汉语方言地图集·语法卷》，商务印书馆 2008 年版，第 87 页。

[③] 张庆文、刘慧娟：《略论粤语"仲……添"的性质》，《汉语学报》2008 年第 3 期。

①唔单止冻，仲落雨添。（不仅冷，还下雨。）

②成身冇力，仲晕酡酡添。（不仅浑身无力，还晕乎乎的。）

吴语（骆锤炼，2009）[①]：

①你坐一下儿添。（你再坐一会儿。）

②走几步添就走到。（再走几步就到了。）

③碗弗够用，去买两个来添。（碗不够用，再去买几个来。）

④伊听勿见，尔喊两声伊添。（他听不见，你再叫他几声。）

⑤喫碗添。（再吃一碗。）

⑥侬再坐子添哇，我就来个。（你再坐一会儿啊，我就来的。）

吴语和粤语的"添"在语义和句法位置、语法功能上与靖西壮语是一致的。我们从其声韵调与中古借词的对应关系及汉语方言的语料可知，靖西壮语的 the:m[1]为中古借词"添"。

靖西壮语的 the:m[1]并非孤例，其他壮语也有。韦庆稳、覃国生（1980）认为壮语有一个意义相当于"再……"的 tem[1]。[②]

韦庆稳（1985）[③]记录过这样的句子：

mboujdanh guh hong, lij doeg saw dem ne.不但做工，还读书呢。

　　不但　　做　工　还读书　再　呢

韦庆稳、覃国生（1980）的 tem[1]和韦庆稳（1985）记录的 dem 与靖西壮语的 the:m[1]同源。

在靖西壮语中，the:m[1]还进一步语法化为纯粹的助词，语音也弱化为 hem[1]，声母擦化。

以"再……添"这样的框式副词表再次的，南方汉语方言也很常见。浙江、江西、广东、海南、广西均多有分布（曹志耘，2008）。[④]

甚至两个频率副词结合使用后，句末还可以加 the:m[1]"添"，位置与它们单用时一致。如：

---

① 骆锤炼：《吴语的后置副词"添"与有界化》，《语言科学》2009 年第 5 期。

② 韦庆稳、覃国生编著：《壮语简志》，民族出版社 1980 年版，第 48 页。

③ 韦庆稳：《壮语语法研究》，广西民族出版社 1985 年版，第 96 页。

④ 曹志耘主编：《汉语方言地图集·语法卷》，商务印书馆 2008 年版，第 87 页。

①tu¹ma¹tsa:i³hau⁵mɔi⁵the:m¹.（这条）狗又叫了。

　　只　狗　再　叫　新　添

②la:u⁴ɬai¹jəu⁶pu³tsi³tsɔ²ne²mɔi⁵the:m¹.老师又布置作业了。

　　老师　又　布置　作业　新　添

多种侗台语借入了这个汉语借词。

武鸣壮语（李方桂，2005[1956]）①：

çai²⁴ʔau³³ ja¹³haɯ⁵⁵tem³³！还再给娶妻。

再　要取　妻给　添

马山壮语（蒙元耀，1990）②：

①həɯ³kou¹çau⁵θou¹　tɯk⁷ki:u²te:m¹.让我也跟你们一起打球。

　　给　我　跟　你们　打　球　也

②tak⁷ŋa:i²te:m¹ʔbou³？还舀饭吗？

　　舀　饭　还　不

③ʔbou³tak⁷te:m¹lo.不再舀啰。

　　不　舀　再　啰

布依语（喻翠容，1980）③：

mɯŋ²kɯn¹tsa¹diau¹tiam¹.你再吃一碗。

你　吃　碗　一　再

水岩水语（三洞土语群）（李方桂，2009[1977]）④：

li⁶ he⁴ ja⁶thjem¹.李也是如此。

李　也　是　如此

ŋăm⁵ thjem¹ ŋăm⁵.一口又一口

一口　又　一口

对于 the:m¹的来源，卢笑予（2017）也认为其借自汉语，他说："民族语

① 李方桂：《武鸣土语》，清华大学出版社 2005[1956]年版，第 80 页。

② 蒙元耀：《壮语的后置状语》，《中央民族大学学报》1990 年第 5 期。

③ 喻翠容：《布依语简志》，民族出版社 1980 年版，第 122 页。

④ 李方桂：《莫话记略·水话研究》，清华大学出版社 2009[1977]年版。

中采用汉语的'添'或者'凑'作为标记形式，涉及语法借用（borrowing）。"①

四 范围副词

范围副词的"范围"主要是指施事、受事者的范围，即发出动作者或接受动作者的范围。根据范围的大与小、多与少，可以将其分为表总括、表统计、表限定、表类同等小类。范围副词一般都位于被修饰限制的成分之前。

（一）总括副词

总括副词的语义特征是"总括；无例外"。总括副词的语义指向一般为主语，也可以指向宾语、状语或谓语所表示的性质状态本身，等等。一般修饰动词或动词性结构、形容词或形容词性结构，有时也可以修饰数量名结构、名词或名词性结构。

靖西壮语表总括的副词主要有：tu^1 "都"、$se{:}n^2$ "全"、$se{:}n^2pu^3$ "全部"、kwa^5 "过"等。其中，tu^1、kwa^5是中古借词，$se{:}n^2$、$se{:}n^2pu^3$是官话借词。

（二）统计副词

靖西壮语的统计副词分为以下两类：

1.有定统计。表示对动作行为的次数或事物的数量的统计。主要有：$ta\eta^2le{:}u^4$ "共有"、$ta\eta^2lei^2$ "总共"、$tso\eta^5ko\eta^3$ "总共"、$ko\eta^3$ "共"（少用）、$ji^2ko\eta^3$ "一共"。均借自汉语官话。

2.不定统计。表示对动作行为的次数或事物数量的不确定统计。主要有：$\dagger ak^7$ "大约"②、$\text{?}a{:}n^1te^3$ "接近"、$ta^3kha{:}i^3$ "大概"、$sa^5pu^3t\text{ɔ}^5/sa{:}u^5t\text{ɔ}^5$ "差不多，接近"（$sa^5pu^3t\text{ɔ}^5$和 $sa{:}u^5t\text{ɔ}^5$都是官话借词"差不多"，$sa^5pu^3t\text{ɔ}^5$前两个音节合音读 $sa{:}u^5$，$t\text{ɔ}^5$中的 ɔ 高化为 o）、$ts\text{ə}n^5pei^3$ "差不多（准备）"等。其中，$\dagger ak^7$、$\text{?}a{:}n^1te^3$是固有词，$ta^3kha{:}i^3$、$sa^5pu^3t\text{ɔ}^5/sa{:}u^5t\text{ɔ}^5$、$ts\text{ə}n^5pei^3$ 均借自汉语官话。

---

① 卢笑予：《从追加义动词到"再次"标记》，《民族语文》2017 年第 3 期。
② 覃凤余、田春来《广西汉壮方言的"噠"》（《民族语文》2011 年第 5 期）认为"噠"的意义有四个：大约，少，某，任何。靖西壮语也是如此。

（三）限定副词

靖西壮语的限定副词主要有：ŋaːm⁵"刚"、ŋaːm⁵ŋaːm⁵"刚刚"、kjaŋ⁵"刚"、kjaŋ⁵kjaŋ⁵"刚刚"、taːn⁵"单"、kaːk¹⁰"独自"。其中，ŋaːm⁵是固有词，taːn⁵借自汉语官话，kaːk¹⁰是中古借词"各"。

（四）类同副词

靖西壮语的类同副词主要有 ko³"也"。可修饰动词性成分、形容词性成分、数量短语和名词性成分。

①ŋo⁵nei¹, te¹ko³nei¹.我跑，他也跑。

　　我 跑　他也 跑

②kuŋ² ɬi³　kei⁵nai¹koːi¹, kuŋ²paŋ⁴ko³nai¹koːi¹.

　　件 上衣 这 好看　件 那 也 好 看

这件上衣好看，那件也好看。

③ʔan¹lok⁸ kei⁵ɬoːŋ¹tsoːŋ², ʔan¹lok⁸ paŋ⁴ko³ɬoːŋ¹tsoːŋ².

　　个 房间 这 二 桌　个 房间 那 也 二 桌

这个房间两桌，那个房间也两桌。

④ni⁵taˀjo²ɬən⁵, te¹ko³taˀjo²ɬən⁵.你大学生，他也大学生。

　　你 大学生　他也 大学生

⑤te⁵　ni⁰paːi⁶laːi⁴　lo⁰, kin¹ko³laːi¹, joŋ⁶ko³laːi¹.

　　女子这 败 厉害 语气助词 吃 也 多　用 也 多

这女人真败家啊，吃得也多，花得也多。

⑥ŋo⁵ko³pai¹nei³.我也去。

　　我 也 去 也

我们在分布在右江一带的属桂南平话的蔗园话及粤语中也观察到了与壮语 ko³对应的词，如，

田阳那满蔗园话①：

①第一年，老师□ko⁵⁵是，工友□ko⁵⁵是，总务□ko⁵⁵是喔。（第一年，又

_____

① 语料调查自雷杰兴。

当老师，又做工友，还是总务啊。）

②读了初中，三年初中□uə⁴⁵，□ko⁵⁵□mi²¹留级，□ko⁵⁵□mi²¹捱补考。（读了初中，三年初中啊，也没留级，也没有补考。）

③到 52 年我就开始读书了，好啵，老师□ko⁵⁵爱，我□ko⁵⁵是老实。（到52年我就开始念书了，好啊，老师也喜欢，我也老实。）

④我屋头呢，爹妈都是讲蔗园话，祖宗三代都是讲，讲话几代，连到我老婆□ko⁵⁵是讲蔗园话。（我家里呢，父母都是说蔗园话的，祖宗三代都说，几代人都说，连我老婆也是说蔗园话的。）

⑤田阳有田阳师范，百色□ko⁵⁵有。（田阳有田阳师范，百色也有。）

右江区蔗园话①：

①□kɔ⁵⁵是。（我也是。）

②□kɔ⁵⁵去。（我也去。）

与蔗园话、壮语杂然而居的田东粤语、右江区粤语也有此词。

田东粤语②：

①办公台□kɔ³³冇有嚟张喔。（办公桌也没有一张啊。）

②我哋□kɔ³³冇界人哋哂。（我们也都没有给别人。）

③隔壁邻舍啲□kɔ³³系咁。（隔壁邻舍也是这样。）

右江区粤语③：

我哋□ku⁵⁵食哦。（我们也吃啊。）

我们认为，蔗园话的kɔ³³和粤语的ku⁵⁵借自壮语的kɔ³。证据有：

1.田东蔗园话此词读阴平，《田阳县志》记录为"哥"，我们无法在汉语中找到语源。

2.从目前的观察看，其他地区的粤语似不见这个词。因此，其来自壮语的可能性更大。

3.亲属语言的证据。

---

① 黄永谦惠告。

② 语料调查自梁桂生。

③ 语料调查自游磊权。

傣语（喻翠容、罗美珍，1980）[①]：

to¹xa³kɔ⁴pai¹.我也去。

我　也去

老挝语（桐柏，2016）[②]：

nam⁵³bɔ⁵⁵mi³⁵ŋuək³¹khɛ⁵³，khon³⁵bai⁵³kɔ⁵⁵bɔ⁵⁵kuɔ³³.

水　不　有　龙　鳄鱼　　傻子　也　不　怕

河里没有鳄鱼，傻子也不怕。

tɕau⁵³kɔ⁵⁵keŋ⁵⁵ka⁵³，ma:i³³muɔn⁵³mut³³kan³³.您是勇者，要打败对手。

您　也　勇敢　希望　除掉　对方

所以，靖西壮语的 ko³³ "也" 应该是壮语的固有词。

五　否定副词

我们对靖西壮语的否定副词讨论如下：

靖西壮语否定副词分为三类：一般性否定、已然性否定、祈使性否定。

靖西壮语的否定副词

一般性否定	mei²/mi²，na:u⁵，pu³
已然性否定	tsaŋ²
祈使性否定	mei²sei³

（一）一般性否定

一般性否定指对事物一般情况的否定。如表中所列，主要有三个：mei²/mi²，na:u⁵，pu³。

1.mei²/mi²，na:u⁵

mei²/mi²功能基本一致。但 mei²在靖西各地多见，尤其是普遍见于新靖镇之外的乡村，而乡村保留的层次要早于县城；mi²主要在新靖镇使用。二者在靖

① 喻翠容、罗美珍：《傣语简志》，民族出版社 1980 年版，第 57 页。

② [老挝]桐柏：《老挝谚语中的领袖世界观》，《百色学院学报》2016 年第 1 期。

西壮语同现。（为方便起见，以下所列例句只列 mei²不列 mi²）

na:u⁵是靖西壮语常用的另一个一般性否定副词。在位置上，mei²/mi²必居动词性、形容词性成分之前；na:u⁵必居动词性、形容词性成分之后。

mei²/mi²和 na:u⁵最常见的用法是二者结合使用，形成框式形式。如：

①ŋo⁵mei²pai¹na:u⁵.我不去。

　我　不 去　不

②la:u⁴ɬai¹mei²ʔei¹hɔi³ ŋo⁵ma²ko:n⁵na:u⁵.老师不允许我先来。

　老师　不　肯 给 我 来　先　不

na:u⁵也可单用，单用时位置也是在动词、形容词之后。如：

ŋo⁵than¹te¹　　ɬa:u¹　　nai¹na:u⁵.我觉得她不漂亮。

我 见　她 年轻女子 好　不

na:u⁵单用的情况更多地出现在答语中。如：

①——ni⁵ko:i¹mi⁰？你看吗？

　　你　看 语气助词

——ko:i¹na:u⁵.不看。

　　看　不

②——ni⁵wan²wa²pai¹lun²te¹than¹ te¹mi⁰？

　　你 天　昨 去 家 他 见 他 语气助词

昨天你去他家看见他吗？

——than¹na:u⁵.没看见。

　　见　不

龙州壮语的情况有所不同，其不使用框式形式，而是单个否定副词修饰动词或形容词，如：

mi⁴ma²不来

不 来

扶绥壮语：

mi⁴²pai³⁵不去　　　mi⁴²nam⁴²不想　　　　mi⁴²ho:i³⁵tshi³⁵不开车

不 去　　　　　　不 想　　　　　　 不 开 车

mi^{42}jo^{21}tin^{21}si^{21}不看电视

不　看　电视

广南壮语：

mi^{2}pai^{1}不去　　　　mi^{2}nə^{2}不想　　　　mi^{2}kha:i^{2}tshə^{2}不开车

不　去　　　　　　不　想　　　　　　不　开　车

2.pu^3

pu^{3}是官话借词"不"。一般位于动词、形容词之前。pu^{3}只能形成单重否定，不能像 mei^2/mi^{2}和 na:u^{5}那样构成框式形式或多重否定。

不，中古臻摄合口一等没韵，帮母，入声。官话借词中没韵一般读 u。帮母读 p。因为官话入声归阳平，而阳平在靖西壮语中一般读第 2 调 31，但这里却读第 3 调 33；靖西境内鲜少使用官话，官话借词调类往往与普通话对应，普通话去声读第 3 调，所以我们认为其读第 3 调是受普通话影响所致。所以"不"借入后读第 3 调 33。

①ŋo^{5}pu^{3}tsei^{6}paŋ^{2}jau^{4}te^{1}ʔa^0.我不是他的朋友啊。

　　我　不　是　　朋友　他　语气助词

②po^{1}phja^{1}tən^{4}pu^{3}tsei^{6}ma:n^{3}te^1.这座山不是他们村的。

　　座　　山　这　不　是　村　他

③te^1 ka:k^{10}pai^1，ŋo^{5}pu^3 pai^{1}ʔa^0.他自己去，我不去。

　　他　独自　去　我　不　去　语气助词

"pu^3＋动词/形容词"这样的结构，说明靖西壮语复制了汉语普通话的否定结构。作为官话借词，其进入靖西壮语时间较晚，因此没有像固有词那样进入框式形式或多重否定结构。

pu^{3}更多地是用在四字格否定式中，格式为"pu^3＋动词/形容词＋pu^3＋动词/形容词"，一般来说，该格式中先后出现的两个词意义相反或相对。如：

pu^{3}tsap^{7}pu^{3}man^{4}不痛不痒　　　　pu^{3}nai^{1}pu^{3}la:i^{4}不好不坏

不痛　不痒　　　　　　　不　好　不　坏

pu^{3}tha:i^{1}pu^{3}ŋaŋ^{2}不死不活　　　　pu^{3}khau^{3}pu^{3}ʔo:k^{9}不进不出

不　死　不　活　　　　　　不　进　不　出

广南壮语：

ti³bo²lu⁴khaŋ³hak⁹.他不会说汉话。

他莫会　讲　客

西畴壮语：

ti¹pu⁵lu⁴khaːŋ⁵hak⁹.他不会说汉话。

他不 懂 讲　 客

（二）已然性否定

靖西壮语表示已然性否定的有 tsaŋ²，tsaŋ²是中古借词"曾曾经"。曾曾经，中古曾摄开口一等登韵，从母，平声。中古汉语借词登韵读 aŋ，从母读 ts，浊平读第 2 调 31。声韵调都符合规律。但是，"曾"本来并不是表示已然的否定词。我们推测，借入时应该是"未曾"，借入靖西壮语后，"未"丢失，保留了"曾"tsaŋ²。

单个 tsaŋ²可位于动词前，表示对已然的否定。如：

①ko¹mai⁴kei⁵ke⁵kai²　lo⁰tsaŋ²thaːi¹.这棵树那么老了还没死。

　　棵 树　这老 这样助词 未曾 死

②ŋo⁵tsaŋ² nai³khau³saːu³ɬɐːn⁵tei³.我还没能入少先队。

　　我 未曾 得 进　 少先队

tsaŋ²也可与 naːu⁵组成双重否定，如以上两例，可说成：

①ko¹mai⁴kei⁵ke⁵kai²　lo⁰ tsaŋ²thaːi¹naːu⁵.这棵树那么老了还没死。

　　棵 树　这老 这样 助词 未曾 死　不

②ŋo⁵tsaŋ² nai³khau³saːu³ɬɐːn⁵tei³naːu⁵.我还没能入少先队。

　　我 未曾得　进　 少先队　不

我们已经讨论，tsaŋ²对动词的修饰，可以有两种语序。这两种语序在表义上有一定差异：

tsaŋ²＋动词，指动作行为在说话之后会发生，已有计划要进行或必定发生。如：

ŋo⁵tsaŋ² pai¹. 我还没去。

我 未曾 去

这句话隐含的意思是：我现在还没去，但之后会去。

khja⁵phɔn¹lɔŋ²ka⁴laːi¹naːn²tsaŋ²waːt⁹.（这阵）雨下那么久还没停。

阵　雨　下　那么　久　未曾　停

这句话隐含的意思是：雨还没停，但不久以后会停。

tsaŋ²＋动词＋naːu⁵，指行为动作在说话之前未发生，之后也不一定发生，该行为动作一般与说话者的主观愿望有关。如：

ŋo⁵tsaŋ²pai¹naːu⁵.我还没有去。

我　未曾去　不

这句话隐含的意思是：我现在还没有去，会不会去还没有明确计划。

而上文所列 khja⁵phɔn¹lɔŋ²ka⁴laːi¹naːn²tsaŋ²waːt⁹.句末不能加 naːu⁵，因为雨停与否不是人的主观愿望所能决定的。

与上文所述一致，未然性否定，龙州壮语同样是否定副词直接修饰动词或形容词，如：

man¹ma²还没来

还没　来

扶绥壮语：

maŋ⁴²pai³⁵还没去　　　　　　　maŋ⁴²nam⁴²还没想

还没　去　　　　　　　　　　还没　想

maŋ⁴²jo²¹tin²¹si²¹还没看电视

还没　看　电视

广南壮语：

ni²mi²pai¹还没去　　　　　　　ni²mi²nə²还没想

还没　去　　　　　　　　　　还没　想

ni²mi²khaːi²tshə²还没开车

还没　开　车

广南壮语还常常使用 bo²mi⁶，如：

ti⁴bo²mi⁶tsin¹khau³.他还没吃饭。

他莫　有　吃　饭

西畴壮语的未然性否定，通过汉语借词 pu⁵ "不" 和固有词 mi² "有" 实现，如：

ti¹pu⁵mi²tsin¹khau³.他还没吃饭。

他不 有 吃 饭

也可在 pu⁵mi²前加固有的未然性否定副词 nəŋ² "还未"，如：

ti¹ nəŋ² pu⁵mi²tsin¹khau³.他还没吃饭。

他还未 不 有 吃 饭

马关壮语ᵤ：

①mən²mu⁵tɛ²khi⁵mo⁴.他没有骑马。

　他 不 得 骑 马

②mən²mu⁵tɛ² tshη⁵khau³.他没有吃饭。

　他 不 得 吃 饭

（三）祈使性否定

靖西壮语祈使性否定副词仅一个 mei²sei³，用于说话人对听话人的劝止。这个词是中占借词 "未使"。未，中古止摄三等未韵，微母，去声。中古借词止合三应读 ei；微母多读 m，如 "袜" 读 maːt¹⁰，"味" 读 mei⁶；浊去应读第 6 调，但这里读第 2 调，估计是受靖西壮语常用的否定词 mei²影响而类化所致。使，中古止摄合口三等止韵，生母，上声。如上所述，止合三在今靖西壮语中古借词中应读 ei；生母少数读 s，如 "刷" 读 saːt⁹；清上读第 3 调 33。声韵调均与中古借词规律相符。由语义和声韵调的对应，可以肯定 mei²sei³就是中古借词 "未使"。

mei²sei³可单用于动词前，如：

①ni⁵mei²sei³wa⁶te¹toŋ²kjaːi³.你不要和他打架。

　你 未 使 和 他 同 打

②ni⁵nɔi¹ pjok⁸mei²sei³lau⁶keːŋ¹.你明早不要睡过头。

　你早晨 明 未 使 漏更

mei²sei³还可以和 naːu⁵组成双重否定，如以上两例，可说成：

①ni⁵mei²sei³wa⁶te¹toŋ²kjaːi³naːu⁵.你不要和他打架。

　你 未 使 和 他 同 打 不

②ni⁵nɔi¹ pjok⁸mei²sei³lau⁶keːŋ¹naːu⁵.你明早不要睡过头。

你早晨 明　未 使　漏更　不

如前所述，靖西壮语有"mei²sei³＋动词"和"mei²sei³＋动词＋naːu⁵"两种结构，作为中古借词，mei²sei³应进入"否定副词＋动词＋否定副词"的框式形式。而"mei²sei³＋动词"，我们认为是"mei²sei³＋动词＋naːu⁵"脱落 naːu⁵所致，原因是受更晚近的官话乃至普通话的影响。事实上，在靖西人的语感中，"mei²sei³＋动词＋naːu⁵"的自然度仍强于"mei²sei³＋动词"。

其他南部壮语走得更远，往往不使用框式形式，而是直接以否定副词修饰动词，如：

扶绥壮语：

mi⁴²au³⁵pai³⁵不要去　　　　　mi⁴²au³⁵hoːi³⁵sou²¹kei³⁵不要开手机

不　要 去　　　　　　　不　要 开　手机

mi⁴²au³⁵jam⁴²lau⁴²不要喝酒

不　要 饮　酒

ti³⁵məŋ³³mei²¹kən²¹khau²¹.他还没吃饭。

他　还没　吃 饭

ti³⁵mi⁴²nai³³tai²¹kaːŋ³³phu⁵⁵thoːŋ³⁵wa²¹.他不会说普通话。

他 不 知道　讲　　普通话

广南壮语：

mi²au¹lot⁷不要喝

不 要 喝

我们在下文还将以靖西壮语为例对南部壮语的否定结构及其演变进行讨论。

六　语气副词

语气副词主要表示某种语气。我们把它分作五个小类：

（一）表示肯定、强调语气

表示"强调、肯定"的语气副词主要有：məŋ²məŋ²"明明"、khən⁵təŋ³"肯定"、fa:n⁵tsəŋ³ "反正"、kən⁵pən⁵ "根本"、ti²khɔ² "的确"、ji²təŋ³ "一定"、tsan¹ "真"、phe:n⁵phe:n⁵ "偏偏"、sak⁷la:i⁵ "幸亏"。

除了 sak⁷la:i⁵ "幸亏"之外，以上所列表示"强调、肯定"的语气副词均借自汉语官话。

（二）表示委婉语气

表示"委婉"的语气副词主要有：ko³ "也"，这个词也做类同副词，上文已有讨论，在此不赘。

（三）表示不定、推测语气

这类副词可以修饰动词和形容词，也可以修饰整个句子和数量短语，表示对某种事件、情况、性质状态或数量不太肯定，只是一种大致的判断或推测。主要有：ta³kha:i³ "大概"、ʔa:n¹te³ "差不多，将要"、mɔ²jɔ²/mo²jo² "约摸"等。

其中，mo²jo²是 mɔ²jɔ²韵母高化所致，mɔ²jɔ²与 mo²jo²目前在靖西壮语同现。

（四）表示疑问、反诘语气

这类副词主要有：官话借词 na:n²ta:u³ "难道"。

（五）表示祈使语气

表示祈使语气的副词主要有：官话借词 ji²təŋ³ "一定"。只能修饰动词性成分，多用在祈使句中，表示祈使、请求语气。

第二节　状语与中心语的语序

我们主要以靖西壮语为纲讨论语言接触对南部壮语状中结构语序的影响。同时，与其他壮语、亲属语言做一定的比较。

一　副词状语与中心语的语序①

（一）方式副词、程度副词与谓语的语序

以下我们基于 Dryer (1992)的语序关联理论，②来讨论靖西壮语方式副词、

---

① 本部分以《靖西壮语方式副词、程度副词与谓语的语序模式及其历时动因》为题发表于《民族语文》2017年第4期，本书略有修改。

② 见 Dryer，M. S《The Greenbergian Word Order Corrections》，《Language》1992，（68）：81—138.

程度副词与谓语的语序模式及其历时动因。我们的基本观察是，壮语副词与谓语的语序正经历谓语＋副词＞副词＋谓语的演变过程，方式副词、程度副词与谓语的语序演变过程略有差异，方式副词：V＋AM＞AM＋V＋AM／V＋AM＋V＞AM＋V；程度副词：Adj/V＋AD＞AD＋Adj/V＋AD＞AD＋Adj/V。演变的动因是语言接触，机制是"语序重组"。

1.方式副词与谓语的语序①

靖西壮语方式副词充当状语时与谓语的语序有如下几类：V＋AM；AM＋V；框式形式：AM_1＋V＋AM_2，V_1＋AM＋V_2。

（1）V＋AM

充当状语的副词有三类。

1）副词是固有词。固有词普遍进入这一语序，囿于篇幅，仅举数例。如：

ko:i¹taŋ²na:i¹仅仅看　　phja:i³lak⁸le:m⁶偷偷走　　tok⁸łei¹kham⁵努力学习

看　而已　　　　　　走　偷偷　　　　　　　读书 努力

ja⁶ pei³这样说　　hat⁷pu³lei²怎么做　　hat⁷ lei²怎么做

说 这样　　　　　做　怎样　　　　　做 怎样

2）副词是汉语借词

其中，副词为中古借词的：

khau³ŋa:m⁵ho¹正好（塞）进

进　正　合

ho¹为中古借词"合"：正好，正合适。

官话借词，仅观察到二例：

tha:i¹je:n⁵wa:ŋ⁵白白（无价值的）死　　phja:i³wən⁵jəu²慢慢（悠闲的）走

死　冤枉　　　　　　　　　　　走　温柔

je:n⁵wa:ŋ⁵、wən⁵jəu²分别为官话借词"冤枉""温柔"，je:n⁵wa:ŋ⁵、wən⁵jəu²二词进入这一结构时词义都有变化，je:n⁵wa:ŋ⁵指"白白，无价值"；wən⁵jəu²指动作缓慢，悠闲。靖西壮语对这两个词的词义做了改造。

---

① 部分形容词重叠式可充当方式状语，如：nai¹nai¹好好，认真，仔细；khan¹khan¹紧紧，一般用于"绑缚"义动词；ke⁵ke⁵老老，一般指人说话大声、粗声；kin³kin³非常努力，用功。在此不做讨论。

3）副词是固有语素＋中古借词语素组成的合璧词

ɬau¹maːt⁹tok⁸一次收（齐）　　　　hat⁷pai¹kwa⁵重新做

　收　下　独　　　　　　　　　　　做　去　过

maːt⁹tok⁸一次（完成），maːt⁹为固有词，动量"下"，tok⁸为中古借词"独"；pai¹kwa⁵重新，pai¹为固有词"去"，kwa⁵为中古借词"过"。

（2）AM＋V

充当状语的副词有三类。

1）副词是固有词，如：

sak⁷laːi⁵nei¹koːn⁵幸好先跑　　kun³ noːn²总是睡　　khjaŋ⁵hat⁷勉力做

　幸好　跑　先　　　　　　　总是　睡　　　　　　勉力　做

pjam⁶ kin¹一块儿吃　　pu³lei²hat⁷（ni¹）怎么做　pan² pei³ hat⁷（a²）这样做

　一块儿吃　　　　　怎样　做 语气助词　　　　成　这样做 语气助词

pu³lei²和 pan²pei³可进入上文所述 V＋AM 和下文 V₁＋AM＋V₂ 结构。进入 AM＋V 结构时，其后一般需带语气助词；不加语气助词也可，但不自然。说明其进入 AM＋V 结构是有标记的，应该是后起的结构。

2）副词是汉语借词，官话借词普遍进入这一语序，囿于篇幅，仅举数例。

kaːk¹⁰pai¹自己去　　　　toŋ² nin¹互相关心　　　to⁵ kin¹一道吃

　独自　去　　　　　　同　关心　　　　　　一道　吃

kaːk¹⁰为中古借词"各"：独自；toŋ²为中古借词"同"：互相；to⁵为中古借词"斗"：一道。

ŋaːn⁴si²lɔŋ²taːŋ²按时下课　　　　　thə²ji⁴phjaːi³koːn⁵特意先走

　按时　下　课　　　　　　　　　特意　走　先

ɬɔ²ɬəŋ³weːŋ⁶pai¹索性扔掉

　索性　扔　去

ŋaːn⁴si²、thə²ji⁴、ɬɔ²ɬəŋ³分别是官话借词"按时""特意""索性"。

3）副词分别是来自中古借词和官话借词的语素组成的合璧词，只观察到一例：

sən³tsau⁴khaːi¹pai¹趁早卖掉

　趁　早　卖　去

sən³tsau⁴趁早。sən³是官话借词"趁"，tsau⁴是中古借词"早"。

（3）框式形式

刘丹青（2002）提出了"框式介词"的概念，其所指"框式介词"，是指前置词和后置词形成的一个框式。①邓思颖（2006）②按照刘丹青提出的这种"框式"的观点，把粤语常见的虚词按照框式的观点进行了讨论。此术语在此是指：（1）谓语前后两个副词状语，词形不同，但意义一致；或词形相同。（2）副词前后有两个词形相同的谓语。

1）$AM_1 + V + AM_2$

第一，AM_1 为中古借词，AM_2 为固有词

ka:k¹⁰pai¹ na:i¹ 自己去

独自 去 独自

第二，AM_1 为官话借词，AM_2 为固有词

pə² pə²pai¹na:i¹ 白白去（了一次）

白 白 去 独自

pə²pə² 为官话借词"白白"。

2）$V_1 + AM + V_2$

hat⁷pei³ hat⁷这样做	hat⁷pu³lei²hat⁷怎么做	hat⁷pan² pei³　hat⁷这样做
做 这样 做	做 怎样 做	做 成 这样 做

以上显示，当副词为固有词时，语序一般是 V＋AM；部分中古借词可进入这一结构，说明层次较深的汉语借词可进入壮语固有结构。少数官话借词也可进入这一结构，如 tha:i¹je:n⁵wa:ŋ⁵ "白白（无价值的）死"、phja:i³wən⁵jəu² "悠闲地走"，但进入 V＋AM 结构的 je:n⁵wa:ŋ⁵ "冤枉"和 wən⁵jəu² "温柔"语义发生变化，说明官话借词进入这一结构需要条件。副词为汉语借词（包括借自不同层次的汉语语素组成的合璧词）时，语序有 AM＋V，固有词可进入这一结构，其中个别需加语气助词，说明固有词进入这一结构需要标记。少量固有词可进入 $V_1 + AM + V_2$ 结构。

以上我们观察到的情况，虽存在少数例外，但副词来源、层次对副词和谓

---

① 刘丹青：《汉语中的框式介词》，《当代语言学》2002 年第 4 期。
② 邓思颖：《粤语框式虚词结构的句法分析》，《汉语学报》2006 年第 2 期。

语语序的制约是显而易见的。

2.程度副词与谓语的语序

靖西壮语程度副词充当状语时与谓语的语序有如下几类：Adj/V＋AD、AD＋Adj/V、框式结构 AD_1＋Adj/V＋AD_2。

（1）Adj/V＋AD

充当状语的副词有三类。

第一，副词是固有词，如：

khwa:i⁵la:i¹太快　　　nai¹la:i⁴很好　　　　hat⁷kha:i¹ɬei⁴ʔo¹做生意厉害

　快　多　　　　　好　厉害　　　　　做　买卖　厉害

第二，副词是中古借词，如：

khwa:i⁵tsan¹真快　　　ja:k⁹le:u⁴极饿　　　　nai¹ki³lo⁶比较好

　快　真　　　　　饿　完　　　　　好　比较

tsan¹真：很；le:u⁴了：极度；ki³lo⁶，ki³和 lo⁶分别是借自中古汉语的"几"和"路"，指比一般程度略高或略低，相当于"比较"。

第三，副词是固有语素＋中古借入语素组成的合璧词，仅观察到一例：

jat⁸ ma:t⁹tok⁸极度顽皮

顽皮　极度

ma:t⁹tok⁸，固有语素 ma:t⁹"动量（下）"＋中古借入语素 tok⁸"独"，指"极度"。

层次晚近的官话借词不进入 Adj/V＋AD 语序。

（2）AD＋Adj/V

充当状语的副词有三类。

第一，副词是固有词

na:u²na:ŋ³比较冷

比较　冷

进入这一语序的固有词，我们只观察到此例。

第二，副词是中古借词

tsan^{1}nut^{9}ʔa^{2}真热啊　　　　ta:i^{6}wa:n^{1}lo^{1}真甜啊

真　　热　语气助词　　　　　　真　　甜　语气助词

tsan^1 真：很；ta:i^6 大：真。

居后的语气词不出现，也可接受，但不自然，说明中古借词作状语时位置居前的语序是后起的。

第三，副词是官话借词

官话借词普遍可进入这一语序，囿于篇幅，举以下数例：

tsei^{3}nam^{1}最黑　　　fei^{5}sa:ŋ^{2}ɬoŋ^{1}非常高　　　ɬja:u^{5}wei^{2}tam^{5}稍微矮

最　黑　　　　　　　非常　高　　　　　　稍微　　矮

tsei^3、fei^{5}sa:ŋ^2、ɬja:u^{5}wei^{2}分别为官话借词"最""非常""稍微"。

第四，副词是中古借入语素＋固有语素，只观察到一例：

kja^{1}la:i^{1}khwa:i^{5}更加快

加　多　快

kja^{1}la:i^1，中古借入语素 kja^1"加"＋固有语素 la:i^1"多"，与现代汉语"更加"意义一致。

（3）框式形式：AD_1＋Adj/V＋AD_2

第一，副词 $_1$ 为官话借词，副词 $_2$ 为固有词

tha:i^{3}wa:n^{1}la:i^{1}太甜

太　甜　多

tha:i^{3}为官话借词"太"。

第二，副词 $_1$ 为官话借词，副词 $_2$ 为中古借词

kən^{3}kja^{1}nu:t^{9}kwa^{5}更加热

更加　热　过

kən^{3}kja^{1}为官话借词"更加"。

第三，副词 $_1$ 为汉壮合璧词，副词 $_2$ 为中古借词

kja^{1}la:i^{1}pe:ŋ^{2}kwa^{5}更加贵

加　多　贵　过

第四，副词 $_1$、副词 $_2$ 为同一汉语借词，仅观察到一例：

tsan¹nai¹tsan¹真好

真　好　真

tsan¹是中古借词"真"，tha:i³、kən³kja¹分别为官话借词"太""更加"，kja¹la:i¹虽是汉壮合璧词，但我们仅在靖西市区新靖镇观察到，很可能是中华人民共和国成立后迁入的汉族以中古借入语素 kja¹"加"和固有语素 la:i¹"多"组成的合璧词，层次相当晚近。

由上，当程度副词为固有词时，语序一般是 Adj/V＋AD。副词为中古借词时，语序有 AD＋Adj/V，但其后往往要加语气助词，说明这样的语序需要标记；也可以是 Adj/V＋AD。当副词为官话借词时，语序是 AD＋Adj/V。"AD₁＋Adj/V＋AD₂"结构中，副词 ₁一般为汉语借词及个别层次晚近的汉壮合璧词，副词₁以官话借词为主，副词₂有中古借词和固有词，层次一定不早于副词₁。

3.语序演变

（1）"谓语＋副词"是壮语的固有语序

根据 Dryer & Gensler（2011）对全世界 500 种语言的调查研究，绝大部分 VO 型语言，旁格状语是后置的。[1]壮语是典型的 VO 型语言，"谓语＋副词"应是其固有语序。

上述材料中，副词为固有词的，语序以"谓语＋副词"为主，且不需标记，可知其是早期的语序。目前的资料也显示，"谓语＋副词"是侗台语普遍的固有语序。对此，学界有一致的意见。如梁敏、张均如（1996）认为，早期侗台语族诸语言以谓词为中心的修饰词组的语序属修饰成分位于中心语之后的顺行结构。[2]

侗台语方式副词中的固有词与谓语的语序：

水语（张均如，1980）[3]

ŋa²fan²pu³ fan²ɣo².你说也白说。

你 说 也 说 空

---

[1] Dryer, Matthew S.& Gensler, Orin D. 2011. *Order of object, oblique, and verd.* In Dryer, Matthew S.& Haspelmath,Martin(eds.)*WALS Online.* Max Planck Digital Library. (http://wals.info/chapter/84)

[2] 梁敏、张均如：《侗台语族概论》，民族出版社 1996 年版，第 876 页。

[3] 张均如：《水语简志》，民族出版社 1980 年版，第 47 页。

仡佬语（贺嘉善，1983）[1]

i³³ xɒ³³ za⁴⁴ mpa³¹.我们还没有吃晚饭。

我　吃　晚饭　尚未

水语（王均等，1984）[2]

ljum³he⁴nau²？怎样卷？　　　　　　ljum³he⁴ja⁶. 这样卷

卷　怎样　　　　　　　　　卷　这样

黎语（王均等，1984）[3]

vu:k⁷doŋ¹nei²这样做

做　　这样

侗台语程度副词中的固有词与谓语的语序：

傣语（喻翠容、罗美珍，1980）[4]

hɔn⁴ha:i⁴太热

热　太

侗语（梁敏，1980）[5]

ni⁵çi⁵'小极

小　极

布依语（王均等，1984）[6]

zai²ta:i⁴真长

长　真的

傣语（德）（王均等，1984）[7]

maɯ²pai⁵xa:n⁴phɛu¹！你别太懒！

你　别　懒　太

傣语（西）（王均等，1984）[1]

① 贺嘉善：《仡佬语简志》，民族出版社 1983 年版，第 40 页。

② 王均等编著：《壮侗语族语言简志》，民族出版社 1984 年版，第 578 页。

③ 王均等编著：《壮侗语族语言简志》，民族出版社 1984 年版，第 738 页。

④ 喻翠容、罗美珍：《傣语简志》，民族出版社 1980 年版，第 84 页。

⑤ 梁敏：《侗语简志》，民族出版社 1980 年版，第 53 页。

⑥ 王均等编著：《壮侗语族语言简志》，民族出版社 1984 年版，第 160 页。

⑦ 王均等编著：《壮侗语族语言简志》，民族出版社 1984 年版，第 270 页。

di¹ tɛ⁴很好，非常好

好 很

仫佬语（王均等，1984）②

i¹ kon³很好

好很

水语（王均等，1984）③

da:i¹ɕu⁵真好

好 真的

黎语（王均等，1984）④

hwou³nei²phe:k⁷pai³ja³.这座山高极了。

山 这 高 极

上述壮侗语"谓语＋副词"的结构，副词均为民族词，说明"谓语＋副词"是早期的结构。

（2）"谓语＋副词"语序来自汉语的影响

1）进入"副词＋谓语"结构的副词一般是汉语借词。

晚近借入的官话借词，一般只能进入"副词＋谓语"语序，不需要语气词即可自足，是稳定的句法关系。靖西壮语官话借词主体层的形成距今不过六七十年，层次比较浅近，靖西壮语从官话借入这些语词的同时复制了"状语＋中心语"的结构。也有个别为官话借词的方式副词可进入"谓语＋副词"结构，如 tha:i¹je:n⁵wa:ŋ⁵"白白（无价值的）死"、phja:i³wən⁵jəu²"慢慢（悠闲的）走"，但该汉语借词语义发生变化。

方式副词为中古借词的，可进入 V＋AM 结构，如 khau³ŋa:m⁵ho¹"正好（塞）进"。也可进入 AM＋V 结构（包括分别为中古借词和官话借词语素组成的合璧词），如 ka:k⁸pai¹"自己去"、tɔŋ²nin¹"互相关心"、to⁵kin¹"一道吃"、sən³tsau⁴kha:i¹pai¹"趁早卖掉"。

① 王均等编著：《壮侗语族语言简志》，民族出版社 1984 年版，第 270 页。
② 王均等编著：《壮侗语族语言简志》，民族出版社 1984 年版，第 478 页。
③ 王均等编著：《壮侗语族语言简志》，民族出版社 1984 年版，第 556 页。
④ 王均等编著：《壮侗语族语言简志》，民族出版社 1984 年版，第 720 页。

程度副词为中古借词的，语序既有 Adj/V＋AD，如 khwa:i⁵tsan¹ "真快"、ja:k⁹le:u⁴ "极饿"、nai¹ki³lo⁶ "比较好"；也有 AD＋Adj/V，如 tsan¹nut⁹a² "真热啊"、ta:i⁶wa:n¹lo¹ "真甜啊"。程度副词为中古借词时进入 AD＋Adj/V 多不自足，一般要后加语气词才能成句。这说明，中古时期借入的程度副词，一方面服从壮语的 Adj/V＋AD 语序。另一方面，有些借来的副词使用汉语的"副词＋谓语"语序，但此语序停留在话语层面，其后需有语气词才能自足，尚未成为稳定的句法关系。方式副词中，中古借词（包括分别为中古借词和官话借词语素组成的合璧词）能进入 AM＋V 结构的数量极少。

中古借词，无论是方式副词，还是程度副词，能进入"副词＋谓语"结构的数量都有限，或需要标记，说明其能产性弱。早期的借词，一般是进入固有结构。

2）中古借入语素与固有语素组成的壮汉合璧词，有的居谓语后，如 łau¹ma:t⁹tok⁸ "一次收（齐）"中的 ma:t⁹tok⁸；有的居谓语前，如 kja¹la:i¹khwa:i⁵ "更加快"中的 kja¹la:i¹。中古借入语素作为构词成分与固有语素组合，说明其进入靖西壮语是很早的，因此 ma:t⁹tok⁸在靖西壮语中服从固有语序，是很正常的。但 kja¹la:i¹不同。kja¹是中古借入语素"加"，la:i¹ "多"是固有语素。两个语素组合后意义等同于"更加"。与一般的借自中古汉语的语素与固有语素组成的合璧词不同的是，kja¹la:i¹是一个后起的词，使用并不普遍。因此，虽包含中古汉语和固有成分，但产生时间却相当晚近。其在靖西壮语中出现之时，壮语状中结构应已深受汉语影响。

3）方式副词中固有词 pei³ "这样"可进入 V＋AM 和 V₁＋AM＋V₂结构；pu³lei²和 pan²pei³可进入 V＋AM、V₁＋AM＋V₂ 和 AM＋V 三种结构，而进入 AM＋V 结构时后面一般带语气助词，说明少量固有词进入 AM＋V 结构是有标记的，应是受汉语影响所致，不是固有的结构。

前贤对壮侗语的这些变化也有观察。梁敏、张均如（1996）"（壮语）从汉语吸收的副词如：çau⁶就、cuŋ³都（总）、ŋa:m¹刚、çiŋ⁵正、çai⁵最、ta:i⁵太、it⁷tiŋ⁶一定、çiəŋ²θai²时常、jɯŋ²jiən²仍然⋯⋯一般都依汉语习惯放在动词、形容词前面"。"后来在汉语的长期影响下，修饰成分才逐渐前移，形成目前有些修饰成分在谓语前面，有些修饰成分在谓语后面的格局。修饰成分前置的多少与该语言受汉语影响的程度基本上是成正比例的。" [①] 覃晓航（2012）"也有少数'程度副词＋动词'的语序，后者受汉语的影响，因为其中的程度副词都是汉借词" [②]。

（3）如我们在上文所论，"谓语＋副词"是固有的语序，出于语义强化的目的，人们在"谓语＋副词"结构前再添加副词，或在"谓语＋副词"结构后添加谓语，形成"副词$_1$＋谓语＋副词$_2$"的结构；因接触的原因，副词$_1$一般来自汉语，个别是层次晚近的汉壮合璧词，副词$_2$有中古借词和固有词两类，副词$_1$的层次一定晚于副词$_2$。

对于类似结构，前贤在对壮侗语的观察中也已经有所发现。梁敏、张均如（2002）认为，"有些意义相近的副词可以一前一后地修饰和补充同一动词，表示强调" [③]。张均如（1980）认为，水语"两个词义相同或相关的副词可以同时出现在一个单句中，分别位于谓词的前后（在前面的，往往是汉语借词），表示强调" [④]。

固有词充当的方式副词可进入V_1＋AM＋V_2结构，但V_1＋AM也正逐渐词汇化。如hat^{7}pu^{3}lei^2＝pu^{3}lei^2（怎样），hat^{7}pei^3＝pei^3（这样）。由此而论，其结构实际与AM＋V无异。李云兵（2008）认为，V_1＋AM＋V_2是壮侗语方式副词与谓语语序的过渡阶段， [⑤] 靖西壮语的这一表现，也证明了这一点。

（4）郭中（2013）认为，在VO型语言中，状语的语序以VOX（X指状语）为优势语序。 [⑥] 其所预测的VO型语言的共性：VO⊃VAdv也得到了Dryer（2011）调查数据的支持。 [⑦] 以汉语为首的VO&XVO语序语言属于比较特别的少数。根据郭中（2013）所论，壮侗语中方式副词、程度副词从原本的 VOX

① 张均如、梁敏、欧阳觉亚、郑贻青、李旭练、谢建猷：《壮语方言研究》，四川民族出版社1999年版，第869、876页。

② 覃晓航：《壮侗语族语言研究》，民族出版社2012年版，第106、128页。

③ 梁敏、张均如：《标话研究》，中央民族大学出版社2002年版，第111页。

④ 张均如：《水语简志》，民族出版社1980年版，第47页。

⑤ 李云兵：《中国南方民族语言语序类型研究》，北京大学出版社2008年版，第114、153页。

⑥ 郭中：《OV/VO语序与状语位置关系的类型学考察》，《民族语文》2013年第1期。

⑦ Dryer, Matthew S.& Gensler, Orin D. 2011. *Order of object, oblique, and verd*. In Dryer, Matthew S.& Haspelmath,Martin(eds.)WALS Online. Max Planck Digital Library. (http://wals.info/chapter/84)

向 XVO 语序演变，是受汉语影响的结果。①从我们上文对壮语的观察，其副词与谓语的语序，与副词属固有词、中古借词、官话借词、汉壮合璧词这样的不同层次语词存在着制约关系，说明壮语这样的演变与汉语影响关系密切。

李云兵（2008）认为，侗台语族语言动词与方式副词语序类型发展演变的轨迹为 V＋AM→V＋AM＋V→AM＋V。他认为这种演变既有汉语的影响，也有语言内部机制的作用。形容词与程度副词语序转换的过程是 Adj＋AD→AD＋Adj＋AD→AD＋Adj。②他（2008）认为，Adj＋AD 是侗台语族语言早期的语序类型，AD＋Adj 是在汉语强势的影响下衍生的语序类型。③我们注意到，靖西壮语也有 AD＋Adj＋AD 语序存在。

据吴福祥（2008，2009），南方少数民族语言如果具有"A-B""A-B/B-A"和"B-A"三种语序类型，而 B-A 语序正好跟汉语的模式一致，则这些语言固有的语序模式是"A-B"，"B-A"是受汉语影响而发生语序演变的产物，而"A-B/B-A"则处在"A-B＞B-A"演变之中的变异阶段。④对照靖西壮语的情况，固有语序是"谓语＋副词"，汉语的语序是"副词＋谓语"。靖西壮语"副词＋谓语"语序是副词与谓语语序演变的最终阶段，是受汉语影响而发生的演变。而框式结构"副词 $_1$＋谓语＋副词 $_2$""谓语 $_1$＋副词＋谓语 $_2$"则是处在演变之中的变异阶段。因此，靖西壮语副词与谓语的语序演变如下：谓语＋副词＞谓语 $_1$＋副词＋谓语 $_2$/副词 $_1$＋谓语＋副词 $_2$＞副词＋谓语。

由以上分析，可得出以下主要结论：

其一，靖西壮语副词与谓语之间的语序演变步骤，方式副词：V＋AM＞AM$_1$＋V＋AM$_2$/V$_1$＋AM＋V$_2$ ＞ AM＋V ； 程 度 副 词 ： Adj/V＋AD ＞ AD$_1$＋Adj/V＋AD$_2$＞AD＋Adj/V。根据吴福祥（2008）⑤，此演变为语法结构复制中的语序重组。

---

① 郭中：《OV/VO 语序与状语位置关系的类型学考察》，《民族语文》2013 年第 1 期。
② 李云兵：《中国南方民族语言语序类型研究》，北京大学出版社 2008 年版，第 153、114、153 页。
③ 李云兵：《中国南方民族语言语序类型研究》，北京大学出版社 2008 年版，第 116 页。
④ 吴福祥：《南方语言正反问句的来源》，《民族语文》2008 年第 1 期；吴福祥：《南方民族语言关系小句结构式语序的演变和变异——基于接触语言学和语言类型学的分析》，《民族语文》2009 年第 3 期。
⑤ 吴福祥：《南方语言正反问句的来源》，《民族语文》2008 年第 1 期。

其二，靖西壮语副词与谓语语序的这些变化，在壮侗语中多有体现。除了固有的"谓语＋副词"的语序外，当前资料显示，壮侗语中"副词（汉语借词）＋谓语"的语序有：

布依语（喻翠容，1980）[①]：

ka:ʔ⁸ ko⁴ ka:ʔ⁸kɯn¹独自做独自吃

独自做 独自 吃

ka:ʔ⁸是汉语借词"各"。

侗语（梁敏，1980）[②]：

hən⁴la:i¹很好

很　好

hən⁴是汉语借词"很"。

毛南语（梁敏，1980）[③]：

ka:i³fa:ŋ⁴cun⁵tswai⁴da:i².解放军最好。

　解放军　　最　好

tswai⁴是汉语借词"很""最"。

仡佬语（贺嘉善，1983）[④]：

t'ai²⁴ta⁵⁵太热

太　热

t'ai²⁴是汉语借词"太"。

框式结构"副词₁（汉语借词）＋谓语＋副词₂"有：

仫佬语（王均、郑国乔，1980）[⑤]：

pɯ⁵⁵qo³ʔtɕen⁵⁵su³³tɑ³³sen³³ni²¹thε¹³tshɒ³³hen⁵⁵ŋkɑ³³.

公 打 铁 二三日 这太 忙　很 了

铁匠师父这几天太忙了。

---

① 喻翠容：《布依语简志》，民族出版社 1980 年版，第 37 页。

② 梁敏：《侗语简志》，民族出版社 1980 年版，第 53 页。

③ 梁敏：《毛南语简志》，民族出版社 1980 年版，第 56 页。

④ 贺嘉善：《仡佬语简志》，民族出版社 1983 年版，第 38 页。

⑤ 王均、郑国乔：《仫佬语简志》，民族出版社 1980 年版，第 246 页。

这里的 thɛ¹³是汉语借词"太"。

水语（张均如，1980）①：

ȵa²sjen³fan²haːi¹man¹kon⁵.你先告诉他吧。

你　先　说给　他　先。

sjen³是汉语借词"先"，kon⁵是民族词。

布依语：

sjen³ pai¹ kon⁴先走。

先　去　先

仫佬语（王均、郑国乔，1980）②：

həi²tsi³mɛ²ȵə⁵kwən⁵pət⁷tok⁸.我仅仅只有一支笔。

我　只　有　一　支　笔　独

tsi³和 tok⁸分别为汉语借词"只"和"独"。

毛南语（梁敏，1980）③：

ŋ²siːn¹paːi¹kuːn⁵.你先去。

你先　去　先

siːn¹是汉语借词"先"，kuːn⁵是固有词。

标话（梁敏、张均如，2002）④：

mu²θɛn³poi¹ti⁶nu³.你先去。

你　先去　先

θɛn³是汉语借词"先"，nu³是固有词。

侗语（石林提供）：

ȵɐŋ²kai¹ȵɐŋ²真好⑤。

真　好　真

框式结构"谓语₁＋副词＋谓语₂"有：

---

① 王均、郑国乔：《仫佬语简志》，民族出版社 1980 年版，第 47 页。

② 王均、郑国乔：《仫佬语简志》，民族出版社 1980 年版，第 53 页。

③ 梁敏：《毛南语简志》，民族出版社 1980 年版，第 56 页。

④ 梁敏、张均如：《标话研究》，中央民族大学出版社 2002 年版，第 112 页。

⑤ 石林教授认为这是侗语中后起的结构，而且只存在于个别土语中，如广西三江侗语（私下交流）。

莫语（杨通银，2000）[1]

vi⁴thaŋ⁵si⁵vi⁴? 怎样办？

做　怎样　做

其三，壮语副词与谓语的框式结构是语言演变的产物，语言自身演变或语言接触都可导致框式结构。汉语方言在演变中也能观察到很多跟壮语类似的框式结构，如：

粤语（邓思颖，2006）[2]

佢当然去定啦！（他当然去了！）

平话（王小静、阎俊林，2011）[3]

我再吃碗还。（我还再吃一碗。）

高山汉话（笔者调查）

我们全部张家完。（我们都是张家。）

二　对否定结构的讨论

李锦芳、吴雅萍（2008）[4]，覃凤余等（2010）[5]分别对壮语否定结构进行过讨论，他们的结论有同有异。

李文认为壮侗语的否定句语序有三种：V＋Neg 型、Neg1＋V＋Neg2 型和 Neg＋V 型。他推测这三种语序的演变过程为：V＋Neg＞Neg1＋V＋Neg2＞Neg＋V。[6]

覃文认为，非 naːu⁵否定词，固定分布于动词前。否定词为 naːu⁵时，naːu⁵单用时有如下语序：SV(O)-Neg、SV-Neg-O、S-Neg-VO、Neg-SVO。带 naːu⁵ 的双重否定有：naːu⁵……naːu⁵，有 Neg1-SVO-Neg2、S-Neg1-VO-Neg2、SV-Neg1-O-Neg2 三种语序；非 naːu⁵……naːu⁵，有 S-Neg1(非 naːu⁵)-O-Neg2(naːu⁵)。带 naːu⁵的三重否定有如下语序：S-Neg1(非 naːu⁵)-V-Neg2(naːu⁵)-O-Neg3(naːu⁵)、

① 杨通银：《莫语研究》，中央民族大学出版社 2000 年版，第 144 页。
② 邓思颖：《粤语框式虚词结构的句法分析》，《汉语学报》2006 年第 2 期。
③ 王小静、阎俊林：《汉壮接触与平话副词后置》，《钦州学院学报》2011 年第 5 期。
④ 李锦芳、吴雅萍：《关于侗台语的否定句语序》，《民族语文》2008 年第 2 期。
⑤ 覃凤余、黄阳、陈芳：《也谈壮语否定句的语序》，《民族语文》2010 年第 1 期。
⑥ 李锦芳、吴雅萍：《关于侗台语的否定句语序》，《民族语文》2008 年第 2 期。

S-Neg1(非 naːu⁵)-Neg2(naːu⁵)-VO-Neg3(naːu⁵)、S-V-Neg1(非 naːu⁵)-Neg2(naːu⁵)-O-Neg3(naːu⁵)。[1]

覃文推测壮语否定词经历了一个逐渐前移的变化：

　　　　　↗SV-Neg-O/Neg-SVO

V-O-Neg

　　　　　↘SV-Neg1-O-Neg2/S-Neg1-V-O-Neg2　　　　→S-Neg-V

　　　　　　S-V-Neg1-Neg2-O-Neg3/Neg1-SVO-Neg2

　　　　　　S-Neg1-V-Neg2-O＝Neg3

　　　　　　S-Neg1-Neg2-VO-Neg3

　　两篇文章对壮语否定句语序演变的推测大部相同，不同的是覃文认为在固有的 V-O-Neg 和晚近的 S-Neg-V 语序之间，还有相当复杂的语序类型。部分语序我们在此再做讨论。

　　覃文认为靖西壮语存在 SV-Neg1-O-Neg2 语序。她举的例子如下：

te¹mei²naːu²lun² naːu⁵,mei²naːu²tseːn²naːu⁵,ni⁵khaːi¹hɔi³ te¹ hat⁷lei⁴？

他　有　不　房子　不　有　不　　钱　不　你　嫁　给　他　做　什么

他没有房子没有钱，你嫁给他做什么？

　　据我们观察，进入这种结构的 V 仅一个 mei²"有"。我们认为，这时 mei²naːu²并非短语，而已经词汇化为一个词，意义等同于汉语"没有"，应视为一个否定词。实际上，张均如、梁敏等（1999）也把 mei²naːu²当作一个领有性否定词的词条。[2]覃凤余等（2010）推测靖西壮语这一现象的原因是：汉语借来的否定词 mei²与本族词 mei²（有）同音，如果把否定词置于动词前，势必会造成 mei²mei²叠加。为了排斥这一叠加现象，靖西壮语保留的否定词后置于动词的现象，使 mei²naːu²词汇化。[3]所言极是。

---

　　① 覃凤余、黄阳、陈芳：《也谈壮语否定句的语序》，《民族语文》2010 年第 1 期。

　　② 张均如、梁敏、欧阳觉亚、郑贻青、李旭练、谢建猷：《壮语方言研究》，四川民族出版社 1999 年版，第 708 页。

　　③ 韦尹璇观察到，武鸣、剥隘、龙州三地方言中最常见的"没"＋"有"形式在靖西中却由 mei²（mi²）"不"和否定助词 naːu⁵"不"构成的 mei²naːu⁵"没有"来构成。（韦尹璇《壮语否定句比较研究》，硕士学位论文，中央民族大学）这从侧面佐证了覃凤余的推测。

由此观之，这样的结构实际可归入 Neg1 + V + Neg2。

对于三重否定的三种语序，她举的例子分别是：

S-Neg1(非 naːu⁵)-V-Neg2(naːu⁵)-O-Neg3(naːu⁵)

laːu⁴ɬai¹tsei³mi²mei²naːu⁵naːi³ɬin⁵naːu⁵老师最没有耐心。

　老师　最　不　有　不　　耐心　不

S-Neg1(非 naːu⁵)-Neg2(naːu⁵)-VO-Neg3(naːu⁵)

ŋo⁵mi²naːu⁵ɬei⁴çek⁷ɬei¹kei³naːu⁵我不买这本书

　我　不　不买　册　书　这　不

S-V-Neg1(非 naːu⁵)-Neg2(naːu⁵)-O-Neg3(naːu⁵)

si²jeːn⁴mei²nai³naːu⁵tsau³kau⁵li⁵θjaːŋ⁵naːu⁵laː³实现不了自己的理想

　实现　不　得　不　自己　　理想　　不了

我们认为，靖西壮语否定词 mi² 是粤语借词"未"，所以 mi²mei²naːu⁵ 也是一个框式形式，应该也是在 V-Neg 的基础上演变来的。但这一形式在新靖镇壮语中已词汇化，功能相当于一个否定词。mei²nai³naːu⁵tsau³kau⁵li⁵θjaːŋ⁵naːu⁵ 中的 mei²nai³naːu⁵ 同样也有词汇化的趋势，在功能上实际已相当于一个否定词。

所以，可以认为是广义的 Neg1 + V + Neg2。

覃凤余等（2010）推测三重否定是在双重否定基础上的一种创新，即在 naːu⁵……naːu⁵ 的基础上再叠加一个动词之前的否定词。黄阳（2010）也认为，靖西的三重否定是一般性否定，有三种形式：S-Neg1-V- Neg2-O-Neg3、S-Neg1-Neg2 -VO - Neg3 和 S-V -Neg1 -Neg2 -O -Neg3，其中 Neg2 和 Neg3 必须是 naːu⁵，Neg1 必须是非 naːu⁵。他推测壮语的三重否定是在双重否定的基础上的一种创新式，即在 naːu⁵……naːu⁵ 的基础上再叠加一个否定词，而且必须加在动词之前。[①]

黄阳的推测是有道理的。事实上，三重否定应该不是靖西壮语固有的格式，我们认为，它是通过语言接触形成的，具体说是受汉语影响产生。理由主要有：靖西市区新靖镇之外的地区这种格式不多见；新靖镇使用这种格式的也并非所

---

① 在覃凤余、黄阳、陈芳（2010）的观察中，mi³¹、mi³¹sai³³、tsaŋ³¹ 也可位于动词前，可以不与 naːu⁴⁵ 连用。（《也谈壮语否定句的语序》，载《民族语文》2010 年第 1 期）但在我们的观察中，如 mi³¹、mi³¹sai³³、tsaŋ³¹ 位于动词前，动词后必有 naːu⁴⁵。

有人，使用这一格式的多是自外地迁入靖西尤其是居住在新靖镇的人及其后代。当然，这一格式产生后，已逐渐成为靖西壮语的常用格式。

从李文、覃文所讨论的情况以及我们自身的观察可知，壮语中居前的否定词一般是汉语借词，与其他副词充当状语时的情况是一致的。靖西壮语非固有词的否定词有三个：mei²、mi²、pu³。

靖西壮语的 mei² 是汉语借词。mei² 应该是中古借词"未"。未，止摄合口三等微母去声，止合三一般读 ei，如"味"mei⁶、"柜"kwei⁶；微母读如明母，在中古借词中并不少见，如"袜"ma:t¹⁰、"味"mei⁶。mi² 是粤语借词"未"，其主要分布在粤语影响较深的新靖镇，且读音与粤语接近。pu³ 则是官话借词"不"，层次显然比 mei² 和 mi² 都晚。

pu³ 是官话借词"不"，这个词只能用于 V＋Neg 结构，且其后一般要附加语气助词；如句末无语气助词，也可接受，但并不自然：

pu³tsei⁶ʔa⁰不是啊　　　　　te¹pu³ pai¹pə²ɬə² ʔa⁰他不去百色啊

不　是　语气助词　　　　　　　　他　不　去　百色语气助词

说明 pu³ 居前是需要条件的。

从我们以上的讨论，mei² 和 pu³ 层次上的区别与其所匹配的语序是吻合的。

一般的规律，Neg＋V 时，Neg 为后起的否定副词，一般是汉语借词。

我们目前唯一观察到的居前否定词是固有词的有德保壮语和田阳巴别壮语，na:u⁵ 单用时可居动词前。如：

na:u⁵kin¹不吃　　　na:u⁵pai¹不去　　　na:u⁵khən³ta:ŋ²不上课

　不　吃　　　　　　不　去　　　　　　不　上　课

田阳巴别壮语（李彩红）[①]：

①tu¹nok⁸ɣou⁴ʔban²,tu¹put⁷na:u⁵ɣou⁴ʔban².鸟会飞，鸭子不会飞。

　只 鸟 知 飞 只 鸭 不 知 飞

②tu¹ a:p⁸ɕoŋ²la:i²na:u⁵kɯn¹tu¹pja¹va⁴tu¹ŋja:u⁶.鹅从来不吃鱼和虾。

　只 鹅 从来　 不吃只 鱼 和 只 虾

① 李彩红：《类型学视野下广西壮语方言和汉语方言分类词接触研究》，硕士学位论文，广西大学，2017年，第74页。

说明德保壮语、田阳巴别壮语否定句语序的演变速度快于其他壮语。

刘丹青（2017）提出，"否定词的优势语序是，它强烈倾向于在动词的前边，但不是绝对"①。壮语否定结构的语序演变跟这一规律也可能是有关系的。

结合我们在上文所讨论的副词充当状语的框式形式，我们认为 Neg1＋V＋Neg2 是因接触产生的结构，而 Neg1 和 Neg2 存在层次上的差异，与我们在上文讨论的框式形式副词状语中居前和居后副词的层次差异是一致的。

S-V-Neg1-V-O-Neg2 的出现，我们认为是因语言接触产生。中介语理论告诉我们，目的语的规则会泛化，即习得者会将目的语规则强化。S-V-Neg1-V-O-Neg2 基本上分布在新靖镇，分布并不广泛。新靖镇居民中很多是各个时期迁入的，他们学习壮语时，很可能被壮语中固有的 V-Neg 结构影响，使之逐渐词汇化，进而成为 S-V-Neg1-V-O-Neg2 的前项。

我们认为，靖西壮语否定结构的演变路径是：

V-Neg＞Neg1-V-Neg2＞mei²-Neg1-O-Neg2＞mi²-mei²-Neg2-O-Neg3

三 其他副词与中心语的语序

以上我们讨论的虽只是方式副词和程度副词与中心语的语序，对否定结构语序的讨论实际也是对否定副词与被修饰语语序的讨论。以上对方式副词和程度副词与中心语语序的讨论所归纳的规律具有共性，除方式副词和程度副词外，其他类型的副词也多遵从这一规律。

（一）时间副词

1.副词是固有词，一般为固有语序，副词居后

tɔk⁷laŋ¹ "最后"、tɔk⁷tha:ŋ¹ "最尾" 等词，是固有词，所以一定居动词后。如：

kin¹tɔk⁷laŋ¹最后吃　　　　　phja:i³tɔk⁷tha:ŋ¹最后走

吃　最后　　　　　　　　　　走　　最尾

---

① 刘丹青：《语言类型学》，中西书局 2017 年版，第 124 页。

2.副词是官话借词，副词一般居前

ʔi⁵kjəŋ⁵ko:i¹ja⁵已经看了　　　　　ma⁵sa:ŋ³loŋ²ma²马上下来

　已经　看了　　　　　　　马上　下来

soŋ²la:i² tu¹tsei⁶从来都是　　　　　ɬe:n⁵no:n⁵先睡

　从来　都是　　　　　　　　先　睡

ɬe:n⁵ɬi⁵le:u⁴早已结束（完成）　　　sa⁵pu³tɔ⁵/sa:u⁵to⁵le:u⁴差不多结束（完成）

　先时完　　　　　　　　　　差不多　完

tsəŋ³tsa:i³loŋ²正在下　　　　　　le:n²tsu²khən³ta:ŋ²连续上课

　正在　下　　　　　　　连续　上　课

tsəŋ³ɬei¹总是输

净　输

ʔi⁵kjəŋ⁵、ma⁵sa:ŋ³、soŋ²la:i²、ɬe:n⁵、ɬe:n⁵ɬi⁵、sa⁵pu³tɔ⁵/sa:u⁵to⁵、tsəŋ³tsa:i³、le:n²tsu²、tsəŋ³分别是官话借词"已经""马上""从来""先""先时""差不多""正在""连续""净"。

其中sa⁵pu³tɔ⁵/sa:u⁵to⁵经历了一个合音及相应的音变过程，具体是，前两个音节融合，三音节变为二音节，同时第三音节的 ɔ 高化为 o。即，sa⁵pu³tɔ⁵＞sa:u⁵to⁵。

由官话层次的tsoŋ⁵"总"和中古层次的tsei⁶"是"组合的tsoŋ⁵tsei⁶"总是"，层次也应是较晚的，因此也在动词前。

tsoŋ⁵tsei⁶kja¹pa:n¹总是加班

总　是　加班

3.副词是中古借词，副词有的居前有的居后

（1）居后的

ma²tsau⁴来得早

来　早

（2）居前的，数量多于居后

kun³ kin¹一直吃　　　　jaŋ²jəu⁵还在

总是 吃　　　　　　　仍 在

jaŋ²tsei⁶lɔŋ²phɔn¹仍然下雨

仍　是　　下　雨

kun³为中古借词"惯"，义为"总是"；jaŋ²为"仍"；jaŋ⁵tsei⁶为"仍是"。

中古借入的 keːm¹"跟"和固有语素 laŋ¹组合的 keːm¹laŋ¹"后来"，层次较深，一般居动词后。

noːn²keːm¹laŋ¹后边儿（时间）睡

　睡　跟　后

（3）个别中古借词居前居后两可

　ma²tsiŋ²ɬei²＝tsiŋ²ɬei²ma²经常来

来　常　时　　常　时　来

tsiŋ²和 ɬei²分别是中古借词"常"和"时"，组合后义为"时常"，进入壮语时间较早，层次较深。

4.部分官话借词可与同义的固有词组成框式形式修饰动词

pai¹koːn⁵＝ɬeːn⁵pai¹koːn⁵先走

　去　先　　先　去　先

ɬeːn⁵和 koːn⁵同义，均为"先"。koːn⁵是固有词，ɬeːn⁵是官话借词。仅由koːn⁵充当状语时，居动词后；二者同时充当状语时，形成框式形式，ɬeːn⁵居动词前，koːn⁵居动词后，共同修饰动词。

（二）频率副词

1.副词为固有词的，居后，与固有语序一致

ma²mɔi⁵再来

来　新

mɔi⁵本义是"新"，形容词，语法化为副词。

2.副词为官话借词，副词居前

waːŋ⁵waːŋ⁵si²taːu³往往迟到　　　　　ji²tsi²tok⁸ɬei¹一直念书

往　往　迟到　　　　　一直　读　书

waːŋ⁵waːŋ⁵、ji²tsi²分别为官话借词"往往""一直"。

3.副词为中古借词的，有的居前有的居后

（1）居后，与固有语序一致

kin¹the:m¹再吃

吃　添

the:m¹为中古借词"添"。

（2）居前

tsa:i³sa:u³再炒　　　　　jəu⁶pai¹又去

再　炒　　　　　　　又　去

tsa:i³和jəu⁶分别为中古借词"再"和"又"。

4.个别中古借词可与固有词组成框式形式修饰动词，汉语借词在前，固有词在后

tsa:i³loŋ²mɔi⁵继续下　　　　　jəu⁶tsap⁷mɔi⁵又痛

再　下　新　　　　　　　又　痛　新

（三）范围副词

1.副词为固有词时，位置较复杂

（1）居中心语后，我们仅观察到一例

pai¹nei³也去

去　也

nei³是类同副词，固有词，相当于"也"。

（2）部分可前可后

ha³łəp⁷taŋ²lei²＝taŋ²lei²ha³łəp⁷总共五十

五　十　总共　　总共　五　十

taŋ²lei²义为"总共"。

（3）部分副词只能居前，如：

łak⁷ pa:k⁹大约一百　　　　　Ɂa:n¹te³ła:m¹fa:n⁶接近三万

大约　百　　　　　　　接近　三　万

ŋa:m⁵ło:ŋ¹lun²刚两户　　　　ŋam⁵ŋam⁵ha³se⁵刚刚五车

刚　二　户　　　　　刚　刚　五　车

ɬak⁷"大约"，ʔaːn¹te³"接近"，ŋaːm⁵"刚"，ŋaːm⁵ŋaːm⁵"刚刚"。

与其他类型副词不同的是，固有的范围副词居所修饰中心语前，很可能是受汉语影响所致。我们在上文已经讨论，靖西壮语范围副词多借自汉语，我们推测，ɬak⁷的语序很可能受到了汉语的影响。

（4）固有语素 taŋ²"以致"和从中古借词 leːu⁴"了"组合的 taŋ²leːu⁴"共有"，位置可前可后。

居后的：

ɬoːŋ¹faːn⁶kən²taŋ²leːu⁴总共两万人

　二　万　人　　总共

居前的：

taŋ²leːu⁴ɬoːŋ¹faːn⁶kən²总共两万人

　总共　二　万　人

二者的区别是，taŋ²leːu⁴居前时，其与中心语之间语音上略有停顿，说明这样的语序是后起的。

2.副词为官话借词时一般前置

seːn²pu³nei¹全都跑　　　　tu¹tsei⁶都是

全部　　跑　　　　　　都　是

tsoŋ⁵koŋ³ɬoːŋ¹sin¹总共两千　　　ji²koŋ³ɬaːm¹kən²一共三人

　总共　　二　千　　　　　一共　　三　人

ta³khaːi³peːt⁹ɬəp⁷大概八十　　　tsən⁵pei³ŋei⁶ɬəp⁷差不多二十

　大概　八　十　　　　　　准备　二　十

sa⁵pu³tɔ⁵/saːu⁵tɔ⁵paːk⁹neːu²差不多一百　　　kjaːŋ⁵ɬoːŋ¹ʔan¹刚两个

　差不多　　百　一　　　　　　　将　二　个

kjaːŋ⁵kjaːŋ⁵ɬei⁴kən²刚刚四人　　　taːn⁵ŋo⁵只有我

　将　将　四　人　　　　　　单　我

3.副词为中古借词，居前居后均有

（1）居前

kaːk¹⁰te¹只有他　　　　tu¹tsei⁶都是

各　他　　　　　　都　是

ka:k¹⁰、tu¹分别是中古借词"各""都"。

（2）居后

ko:i¹le:u⁴看完

看　了

le:u⁴是中古借词"了"。

4.层次不同的汉语借词组成框式形式修饰中心语，层次浅近的居前，层次深的居后，我们观察到一例：

se:n²pu³pai¹le:u⁴都去

　全部　去　了

se:n²pu³是官话借词，le:u⁴是中古借词。

需要说明的是，靖西壮语有一个类同副词 ko³"也"，目前我们还未能确认其是汉语借词还是固有词，但层次一定是很深的，它可位于中心语之前：

ko³tsei⁶也是

也　是

也可与固有的范围副词 nei³组成框式形式 ko³……nei³修饰中心语：

ko³tsei⁶nei³也是

也　是　也

（四）语气副词

1.固有词，居前

sak⁷la:i⁵kin¹le:u⁴ja⁵幸亏吃完了　　　　　　ʔa:n¹te³lɔŋ²pɔn¹即将下雨

　幸亏　吃　完　了　　　　　　　　　　　即将　下　雨

sak⁷la:i⁵、ʔa:n¹te³分别是固有词 "幸亏""即将"，居前可能是受汉语影响所致。

2.官话借词

məŋ²məŋ²ɬei¹ja⁵明明输了　　　　　khən⁵təŋ³lɔŋ²phɔn¹肯定下雨

　明　明　输　了　　　　　　　　　肯定　下　雨

kən⁵pən⁵mei²tsei⁶na:u⁵根本不是　　　ti²khɔ²tsam⁴的确凉

　根本　不　是　不　　　　　　　　　的确　凉

ji²tən³jəŋ²一定赢　　　　phe:n⁵phe:n⁵nei¹ko:n⁵偏偏先跑

一定　赢　　　　　　　偏　偏　跑先

fa:n⁵tsən³təp⁸tha:i¹反正打死　　ta³khai³kin¹nai³le:u⁴大概吃得完

反正　打　死　　　　　大概　吃得　完

mo²jɔ²ʔo:k⁹ne:t⁹估计天晴　　　na:n²ta:u³ti³tsin³难道地震

约摸　出　晴　　　　　　难道　地震

mən²mən²"明明"、khən⁵tən³"肯定"、kən⁵pən⁵"根本"、ti²khɔ²"的确"、ji²tən³"一定"、phe:n⁵phe:n⁵"偏偏"、fa:n⁵tsən³"反正"、ta³kha:i³"大概"、mo²jɔ²/mo²jo²"约摸"、na:n²ta:u³"难道"都是官话借词。

四　介词短语与中心语的语序

我们对介词短语作状语时与中心语的语序做如下考察。

Dryer 通过统计，发现了汉语与语序和谐有相当突出的相左之处。在 Dryer 统计的 60 个 VO 型亲缘组中，59 组使用"动词—介词短语"语序，仅汉语 1 组以"介词短语—动词"的语序为常规。[①]

刘丹青（2013）认为，介词，特别是介词短语，之所以能成为语序共性中对应性最强的参项，主要是因为联系项居中原则是一条制约力很强的语言学原则。介词位于中介位置不但最符合相似性，也与其他原则相协调。介词居中符合 Dik（1997）的语序总原则第 5 条，[②]即核心相近原则和与此相近的 Hawkins（1994）的直接成分尽早确认原则。[③]这些原则要求相关结构的核心之间尽量靠近。介词所修饰的动词或名词是整个 VP 或 NP 的核心，介词是介词短语 PP 的核心。介词位于中介位置，使 PP 与管辖 PP 的核心 V 或核心 N 最为靠近，也使整个 VP 或 NP 内部的直接成分能最快得到确认，因为它清楚地划出了介词短语和所修饰的核心的界限。而且，汉语的介词不但可以管辖 NP，也能管辖 VP。在管辖 VP 的时候，中介位置如果缺少介词作联系项,很容易导致范域

---

① 见刘丹青《语序类型学与介词理论》，商务印书馆 2013 年版，第 53 页。

② Dik, Simon C. 1997. *The Theory of Functional Grammar*.Part 1:The Structure of the Clause. ed. By Kees Hengeveld, Second，revised version. Berlin & New York: Mouton de Gruyter，p.402.

③ Hawkins，1994.*A Performance theory of Order and Constituency*.Cambridge：Cambridge University Press.

的混淆并产生歧义。①

显然，壮语的固有结构非常符合这样的要求。如：

phja:i³ɬəu⁵te¹朝他走　　　　　no:n²kja:ŋ¹ta:m⁶睡床间（上）

走　朝他　　　　　　　　睡　间　床

kin¹jəu⁵tsoŋ²在桌上吃　　　　phja:i³ke:m¹ŋo⁵跟我走

吃　在　桌　　　　　　　走　跟　我

吴福祥（2008）通过大量的考察，证明南方民族语言（壮侗、苗瑶、南亚及南岛）里处所介词短语和主要动词的固有语序是 V-PP，部分语言出现的 PP-V 模式是语言接触引发的"V-PP＞PP-V"演变和变异的结果。在这个语序演变过程中汉语是"模式语"，即，汉语处所介词短语和主要动词的语序（PP-V）为这些语言处所介词短语位置的演变和变异提供了复制模式。演变的机制主要是"语序重组"（语法结构复制），同时也涉及"接触引发的语法化"②。

受汉语的影响，壮语中介词短语前置的趋势非常明显，大量的介词短语修饰中心语时语序两可。如，靖西壮语：

kin¹wa⁴ŋo⁵＝wa⁴ŋo⁵kin¹跟我吃（开饭）

吃　和我　　和　我　吃

ɬak⁸jəu⁵ta⁶＝jəu⁵ta⁶ɬak⁸在河里洗（衣服）

洗　在　河　　在　河　洗

phja:i³ke:m¹ŋo⁵＝ke:m¹ŋo⁵phja:i³跟我走

走　跟　我　　跟　我　走

五　小结

以上我们讨论了壮语中副词/状语与中心语的三种语序。三种语序中，"中心语＋副词/状语"无疑是最初的语序。

作为副词，进入"副词/状语＋中心语"这一结构，中古借词早于官话借词。这不仅因为中古借词层次早于官话借词，还因为中古借词充当状语是需要条件的。

① 刘丹青：《语序类型学与介词理论》，商务印书馆 2013 年版，第 127 页。
② 吴福祥：《南方民族语言处所介词短语位置的演变和变异》，《民族语文》2008 年第 6 期。

框式形式则处于"副词/状语＋中心语"和"中心语＋副词/状语"的两个层次之间。

所以，我们认为，壮语副词状语与中心语的语序层次如下：

中心语＋副词＞框式形式＞副词（官话借词）＋中心语

短语充当状语时，状语居前的语序显然也晚于居后的语序。

根据 Dryer 的左右分支方向理论（The Branching Direction Theory，BDT）[1]，属 VO 型的壮语应是中心语在前，修饰限制成分居后的语言。那么，以上我们所见的状语居中心语之前的现象是从何而来的？显然来自汉语的影响。

刘丹青（2002）指出，在类型学上，汉语是很不典型的 SVO 语言。它在很多方面倒与 SVO 有更多共同点……介词短语状语以前置为主（在世界上的 SVO 语言中仅见于汉语），乃至几乎所有状语前置……[2]

吴福祥（2012）引述了 Dryer（1992，2007，2009）[3]的证明，附置词短语和动词成分对跟动词和宾语成分对之间是一种双向语序关联，即：VO＜＝＞V-PP；OV＜＝＞PP-V。吴福祥（2012）指出，汉语的语序模式再一次对 Rryer 的语序蕴含共性构成挑战：汉语是 VO 语言，但介词短语和动词的语序是 PP-V 而非 V-PP。汉语 VO & PP-V 这种语序匹配模式在人类语言里也是极其罕见的。SVO 语言而拥有 PP -VO 语序模式，显然是汉语的一大特色，而且极有可能是一种"华文所独"的句法模式。[4]

事实上，既有研究已经指出了壮侗语状中结构发生如此演变的原因。

吴福祥（2008）从接触语言学和语言类型学角度证明了南方民族语言（侗台、苗瑶、南亚及南岛）处所介词短语和主要动词的固有语序是 V-PP，部分语言出现的 PP-V 模式是与汉语接触引发的 V-PP＞PP-V 演变的产物。[5]刘丹青

---

① Dryer，M．S：《The Greenbergian Word Order Corrections》，《Language》1992，（68）：81-138.

② 刘丹青：《汉藏语言的若干语序类型学课题》，《民族语文》2002 年第 5 期。

③ Dryer，M．S：《The Greenbergian Word Order Corrections》，《Language》1992，（68）：81-138. Dryer，M．S：《The branching direction theory revisited》，S. Scalise, E. Magni and A. Bisetto《Universals of Language Today》，Berlin: Springer，2008. http://linguistics. buffalo. edu /people /faculty /dryer /dryer /DryerBDTrevisited. pdf.

④ 吴福祥：《试说汉语几种富有特色的句法模式——兼论汉语语法特点的探求》，《语言研究》2012 年第 1 期。

⑤ 吴福祥：《南方民族语言处所介词短语位置的演变和变异》，《民族语文》2008 年第 6 期。

（2002）也谈到：壮侗语作为 SVO 语言比汉语更典型……部分壮侗语族因汉语影响开始表现出一些偏离典型 SVO 语言的特点，如……某些介词短语（如表示来源）前置于动词等。①

　　他们谈的虽是介词短语和主要动词的语序，但其他类型状语与中心语的语序演变与此是一致的。

　　和我们在上文讨论过的偏正式名词短语的语序演变一样，壮语副词/状语和中心语语序的演变同样也使壮语具有了 OV 型语言的部分特点。

---

　　① 刘丹青：《汉藏语言的若干语序类型学课题》，《民族语文》2002 年第 5 期。

第七章　简单句

第一节　疑问句

一　正反问

靖西壮语中的正反问通常采用"VP＋否定标记＋VP＋语气助词"的格式，语气助词一般为 ni^0、$ʔa^0$。二者的区别是：$ʔa^0$ 位于句末时疑问的语气比较强，ni^0 位于句末表示一般的疑问。

1.ni^0

①$tai^6 łei^2 tən^4 kin^1 pan^2 mi^2 pan^2 ni^0$？这袋红薯好不好吃呢？

　　袋　薯　这　吃　成　　不　成 _{语气助词}

②$ŋo^5 wan^2 lei^2 tso^3 pai^1 nai^3 pu^3 nai^3 ni^0$？我后天才去行不行啊？

　　我　天　后　才　去　得　不　得_{语气助词}

2.$ʔa^0$ 位于句末表示说话人的怀疑，一般表示质疑。根据 $ʔa^0$ 前音素，$ʔa^0$ 的读音会发生变化。规律为：$ʔa^0$ 前音素为 i，则 $ʔa$ 读 ia；$ʔa^0$ 前音素为 u，读为 ua；$ʔa^0$ 前音素为 n，读为 na；$ʔa^0$ 前音素为 m，读为 ma。因以上所述 ia 中的 i，ua 中的 u，na 中的 n，ma 中的 m，没有音位意义，所以下文例句仍统一记为 $ʔa^0$。如：

①$ni^5 mo^5 mo^5 \underline{me^5 me^5} ta{:}u^3 ti^5 łiŋ^3$ $pu^3 łiŋ^3 pai^1 pə^2 łə^2 ʔa^0$？

　　你　摸　摸　　_{语缀}　　到底想　不　想　去　百色_{语气助词}

你磨磨蹭蹭到底想不想去百色啊？

②ni⁵taːu³ti⁵khau³mi²khau³ʔa⁰？你到底进不进啊？

　　你 到底 进 不 进 语气助词

③tu¹ kai⁵jaŋ²khən¹mei²khən¹ʔa⁰？（这只）鸡还喂不喂啊？

　　只 鸡 还 喂 不 喂 语气助词

④fan⁶maːk⁹tən⁴łam³mei²łam³ʔa⁰？这种果酸不酸啊？

　　份 果 这酸 不 酸 语气助词

⑤tei⁶ni⁵tsai¹maːk⁹paːŋ² nai³pu³ nai³ʔa⁰？你的地能不能栽柚子啊？

　　地 你 栽 果 柚子得 不 得 语气助词

⑥tu¹me³ hat⁷ pei³ khjaŋ¹po⁴kjau¹nai³mi²nai³ʔa⁰？

　　只 羊 做 这样 关 起 活 得 不 得 语气助词

（这只）羊这样关着能不能活啊？

　　正反问句末也可无语气助词，这时疑问语气较弱，往往带有求证或征询的意味。如：

①kɔ⁵lɔ²tsei⁶mi²tsei⁶laːu⁵kja⁵ni⁵？果乐是不是你老家？

　　果乐 是 不 是 老家 你

②tu¹meːu²wa¹tən⁴ni⁵tsiŋ⁴mi²tsiŋ⁴？这只花猫你养不养？

　　只 猫 花 这你 养 不 养

正反问常常可表祈使，表示催促，如：

①ni⁵lən²jəu⁵　　taŋ²wan²，tsɔ²ne² ni⁵hat⁷mi²hat⁷？

　　你 玩 持续体标记 整天　　作业 你 做 不 做

你整天玩儿着，你的作业做不做？

②kaⁿ⁴laːi¹laːi¹kən²khai¹woːi⁶，ni⁵jaŋ²kun³ kaːŋ³ jəu⁵，ni⁵taŋ⁴mi² taŋ⁴ʔa⁰？

　　那么 多 人 开 会　　你 还老是 讲 持续体标记 你 停 不 停 语气助词？

那么多人开会，你老是说着话，你停不停？

如果在 V-not-V 前加上官话借词 taːu³ti⁵ "到底"，则祈使的意味更强烈。如：

kaⁿ⁴laːi¹laːi¹kən²khai¹woːi⁶，ni⁵jaŋ²kun³ kaːŋ³jəu⁵，ni⁵taːu³ti⁵taŋ⁴mi²taŋ⁴ʔa⁰？

　　那么 多 人 开 会　　你 还老是 讲 持续体标记 你 到底 停 不 停 语气助词

那么多人开会，你老是说着话，你到底停不停啊？

我们再来看其他南部壮语的例子：

左州壮语（晏殊，2018）①：

①θiu³tsuɳ¹wan²ni²ma²mi²ma²？小张今天来不来？

　小张　天这　来不来

②θiu³wuɳ²suɯ³mi²suɯ³pei¹naːm²niɳ²ljaːu⁴？小王是不是去南宁了？

　小王　是不是去　南　宁了

③laːu⁴wuɳ²leːɳ⁵mi²leːɳ⁵suɳ²ko¹？老王会不会唱歌？

　老　王知不知唱　歌

④waːi²kin¹mi²kin¹maːi⁵？水牛吃不吃肉？

　水牛吃不吃　肉

⑤min¹joːi²mi²joːi²thin³si²？他看不看电视？

　他　看不看　电视

大新壮语（卢业林，2011）②：

①ɬeːu¹waːŋ²wan²ɕok⁸ma²mi²ma²？小王明天来不来？

　小　王　天明来不来

②ɬeːu¹waːŋ²suɯ⁶mi²suɯ⁶pai¹pə²kiŋ¹jaⁿ⁵？小王是不是去北京了？

　小　王是不是去北京了

③tuə¹joːŋ²meːu²kin¹mi²kin²maːi⁴pheːu³？熊猫吃不吃竹子？

　只　熊猫　吃不吃树竹

④ni⁶joⁿ²tsi²mi²joⁿ²tsi²jiːŋ¹ji²？你学不学英语？

　你学习不学习英语

⑤ni⁶nam³mi²nam³pai¹pə²kiŋ¹？你想不想去北京？

　你　想不想去北京

靖西壮语中正反问句使用得并不多。在表达疑问时，当是非问和正反问均可表达的时候，人们往往选择使用是非问而非正反问。吴福祥（2008）提到，中国南方很多民族语言（侗台、苗瑶、南亚及南岛）跟汉语一样拥有"A-not-A"

---

① 晏殊：《崇左左州壮语参考语法》，硕士学位论文，广西大学，2018年，第118页。

② 卢业林：《大新壮语语法调查与研究》，硕士学位论文，广西大学，2011年，第46页。

型极性问句。他认为，这些语言里的"A-not-A"疑问构式源于汉语"VP 不VP"正反问句的扩散，是一种典型的语言接触引发的语言演变。演变的机制是"构式复制"[①]。靖西壮语中正反问的出现与吴福祥观点是吻合的。我们还可做此考察：在是非问和正反问中分别加入起加强语气作用的语词，情况如下：

①ni⁵hat⁷mi⁰？（多用）

　　你　做　_{语气助词}

②*ni⁵ta:u³ti⁵hat⁷mi⁰？

　　*你　到底　做　_{语气助词}

③ni⁵hat⁷mi²hat⁷（ni⁰）？（少用）

　　你　做　不　做　（_{语气助词}）

④ni⁵ta:u³ti⁵hat⁷mi²hat⁷（ni⁰）？

　　你　到底　做　不　做（_{语气助词}）？

吴福祥（2012）指出，类似汉语"V 不 V"这种 A-not-A 极性问句构式罕见于世界语言，很可能是中国境内语言特有的一种极性问模式。[②]壮语起初应该没有正反问的形式，是通过语言接触从而复制汉语这一句式，也使得壮语具有了这种罕见于世界语言的极性问模式。

二　选择问

选择问是说话人提出两种或两种以上的情况，供听话人从中选择进行回答。靖西壮语的选择问使用的连词包括 lo⁶、le³，也可与 ja⁴"说"组成双音节连词lo⁶ja⁴、le³ja⁴。

①ni⁵kin¹ʔa:m⁵ pək⁷ lo⁶ ʔa:m⁵thu¹？你吃（鸡）翅膀还是（鸡）头？

　　你　吃　块　翅膀　还是块　头

②ni⁵kin¹ʔa:m⁵pək⁷ lo⁶　kin¹ʔa:m⁵thu¹？你吃（鸡）翅膀还是（鸡）头？

　　你　吃　块　翅膀还是　吃　块　头

---

① 吴福祥：《南方语言正反问句的来源》，《民族语文》2008 年第 1 期。

② 吴福祥：《试说汉语几种富有特色的句法模式——兼论汉语语法特点的探求》，《语言研究》2012 年第 1 期。

③ni⁵kin¹ʔa:m⁵pək⁷lo⁶ja⁴ʔa:m⁵thu¹？你吃（鸡）翅膀还是（鸡）头？

　　你　吃　块　翅膀还是　块　头

④ni⁵kin¹ʔa:m⁵ pək⁷lo⁶ja⁴kin¹ʔa:m⁵thu¹？你吃（鸡）翅膀还是（鸡）头？

　　你　吃　块　翅膀还是　吃　块　头

⑤ni⁵kin¹ʔa:m⁵ pək⁷ le³　ʔa:m⁵thu¹？你吃（鸡）翅膀还是（鸡）头？

　　你　吃　块　翅膀还是　块　头

⑥ni⁵kin¹ʔa:m⁵ pək⁷ le³　kin¹ʔa:m⁵thu¹？你吃（鸡）翅膀还是（鸡）头？

　　你　吃　块　翅膀　还是吃　块　头

⑦ni⁵kin¹ʔa:m⁵ pək⁷ le³ja⁴ʔa:m⁵thu¹？你吃（鸡）翅膀还是（鸡）头？

　　你　吃　块　翅膀还是　块　头

⑧ni⁵kin¹ʔa:m⁵pək⁷ le³ja⁴kin¹ʔa:m⁵thu¹？你吃（鸡）翅膀还是（鸡）头？

　　你　吃　块　翅膀还是　吃　块　头

⑨wan²wa²me:n⁶ɬəŋ⁵khi²ji² lo⁶ ɬəŋ⁵khi²ʔə⁶？昨天是星期一还是星期二？

　　天　昨　是　星期一　还是　星期二

⑩wan²wa²me:n⁶ɬəŋ⁵khi²ji²lo⁶ja⁴ɬəŋ⁵khi²ʔə⁶？昨天是星期一还是星期二？

　　天　昨　是　星期一　还是　星期二

⑪wan²wa²me:n⁶ɬəŋ⁵khi²ji² le³　ɬəŋ⁵khi²ʔə⁶？昨天是星期一还是星期二？

　　天　昨　是　星期一　还是　星期二

⑫wan²wa²me:n⁶ɬəŋ⁵khi²ji²le³ja⁴ ɬəŋ⁵khi²ʔə⁶？昨天是星期一还是星期二？

　　天　昨　是　星期一　还是　星期二

三　附加问

靖西壮语的附加问有两种形式，一是在主句句尾附加某些具有很强话语功能的成分。[①]

①wan²pjok⁸ni⁵pai¹na:n²po⁵, tsei⁶mi⁰？明天你去南坡，是吗？

　　天　明　你去南坡　　是　吗

[①] 黄阳《靖西壮语语法》（硕士学位论文，广西大学，2010年）也有如此讨论。

②ni⁵paːŋ¹ŋo⁵top⁸laŋ¹ʔi³ neːu²，ʔei¹mi⁰？你帮我捶一下背，行吗？

　你　帮　我　捶　背　下　一，肯　吗

③niu⁴moŋ²me⁶te¹ŋaːi²tak⁷ja⁵ lə⁰，　tsei⁶mi²ja⁰？他的拇指断了，是不是？

　指　手　母　他　捶　断　了 _{语气助词} 是　不 _{语气助词}

④koːi¹loŋ²tsɔ²ne²ɬoːŋ¹kən²pai⁴ɬjaŋ³kan¹ leːu⁴ŋau²，naːn²taːu³mi² tsei⁶ naːu⁵ʔa⁰？

　看　下　作业　二　人　去　像　一样　完　光　　难道　不　是　不 _{语气助词}

看两人的作业完全一样，难道不是吗？

⑤ɬoːŋ¹kən²te¹ŋə²paːn⁵mei²pan²naːu⁵，ni⁵ɬən⁵mi⁰？

　二　人　他　肯定　　不　成　不　　你　信 _{语气助词}

他们俩（恋爱；婚姻）肯定不成，你信不信？

⑥ɬoːŋ¹ lok⁸kei⁵khən⁵təŋ³meːn⁶saːŋ⁵paːu⁵thaːi⁵，ni⁵ ja⁴tsei⁶mi⁰？

　二　孩子这　肯定　　是　　双胞胎　　你　说　是 _{语气助词}

这两个孩子肯定是双胞胎，你说是吗？

二是在主句后附加疑问尾句，疑问尾句一般为 V＋mi²＋V 形式。如：

①ɬoːŋ¹ʔan¹maːkˀŋo⁵ʔau¹leːu⁴ŋau²，ʔei¹mi²ʔei¹？两个果我都要了，行不行？

　二　个　果　我　要　完　完，肯　不　肯

②ni⁵wan²wan²tu¹mei²hat⁷tsɔ²ne²naːu⁵，tsei⁶mi²tsei⁶？

　你　天　天　都　不　做　作业　不　是　不

你天天都不做作业，是不是？

③nɔi¹pjok⁸ni⁵ wa⁶ŋo⁵pai¹kjap⁷ɳa³ŋai⁶，pai¹mi²pai¹？

　晨　明　你　和我　去　捡　草　艾　去　不　去

明天早上你跟我去拾艾草，去不去？

④ŋo²jaŋ²jəm¹ po⁴　ʔan¹kha¹məu¹neːu²，kin¹mi²kin¹？

　我　还　留 _{持续体标记} 个　腿　猪　一　吃　不　吃

我还留着一个猪腿，吃不吃？

⑤ni⁵wa⁴ŋo⁵pai¹saːn⁵tei⁶pai²neːu²，nai³mi²nai³？你跟我去扫墓一次，行不行？

　你　和　我　去　扫墓　　次　一　　得　不　得？

四 特指问

特指问是用疑问代词代替未知的部分进行提问，要求听话人针对未知内容做出回答的疑问句。疑问代词在"代词"部分已做进行了讨论，在此不赘。仅举数例：

①jəu⁵tsəŋ³ɬi⁵tei⁶tɔi²n̥a³ŋa:i⁶nai¹kin¹hat⁷tau²？

　　在　靖西　地　何　草　艾　好　吃　做　头

在靖西哪个地方的艾草最好吃？

②kən²tɔi²wan²wan²we:ŋ⁶n̥a:k⁹po⁴tən¹lun²ni⁰？谁天天把垃圾扔在屋脚？

　　人　何　天　天　扔　垃圾在　脚　屋 _{语气助词}

③ɬei²tɔi²tso³ nai³tsɔŋ⁵pha:u⁵ʔa⁰？什么时候才可以放鞭炮啊？

　　时　何　才　得　放　炮 _{语气助词}

④wan²tɔi²me:n⁶wan²ɬe:ŋ¹ni⁵？哪天是你生日？

　　天　何　是　天　生　你

⑤ma:n³tɔi²toŋ⁶thu¹luŋ²tsei³nai¹ni⁰？哪个村舞龙舞得最好？

　　村　何　动　头　龙　最　好 _{语气助词}

第二节　比较句

一 差比句

差比式主要由比较主体（记作 S）、基准（记作 St）、属性谓语（记作 A）和比较标记（记作 M）四个成分构成。

根据基准相对于属性谓语的位置以及比较标记的有无，我们把南部壮语的差比式分为"基准前置型""基准后置型""缺少比较基准型"以及"缺少标记型"[①]（吴福祥，2012）。分述如下：

---

① 吴福祥：《侗台语差比式的语序类型和历史层次》，《民族语文》2012 年第 1 期。

（一）基准前置型

1.以单个 pi⁵ 为比较标记的差比句，格式是"S＋M＋St＋A"。

pi⁵ 是官话借词"比"。根据黄阳（2010）的观察，某些新派靖西壮语多采用"S＋M＋St＋A"的语序结构，同现代汉语比较结构的语序一致，比较标记为 pi³（按：靖西壮语的"比"应为第 5 调，调值为 45），即借用汉语的比较标记"比"，同时语法结构也复制了汉语的比较式。[①]如：

①phaŋ¹thu³pi⁵phaŋ¹ɬei⁶thau³.土布比买的布暖和。

　　布　土　比　布　买暖

②ʔan¹laːm²te¹ɬaːn¹pi⁵ʔan¹ŋo⁵jiŋ⁶kwai¹.她织的篮子比我织的别致。

　　个　篮　她织比　个我　样乖

吴福祥（2012）认为，侗台语基准前置型差比式"S-Ms-St-A"源于对汉语标准语模式"S-比-St-A"的复制。且认为，基准前置型差比式是侗台语差比式的近现代层次。[②]靖西壮语自然也是如此。从官话在靖西的传播以及多见于新派的情况看，这种差比式的出现很可能是 20 世纪中叶之后，所以，这应是靖西壮语差比式中相当晚近的形式。黄阳（2010）也有相似的论述。[③]

"S-比-St-A"在壮语中十分普遍。我们先来看其他南部壮语的情况。

左州壮语（晏殊，2018）[④]：

①θai⁵kaːi⁵θɯŋ³，oŋ¹ni¹ pi³ oŋ¹waːi³laːi¹.世界上，好人比坏人多。

　　世　界　上　　个好 比 个 坏多

②noːŋ⁴θaːu¹pi³ ku¹piu²θaːu¹.我妹妹比我好看。

　　妹妹　比 我　漂亮

西畴汤果村壮语（李锦芳等，2015）[⑤]：

①tɕhɒ⁵pi³ tɕhɒ⁵ nən² haŋ¹阵阵热浪袭

　　一阵 比 一阵 还/又 热

① 黄阳：《靖西壮语语法》，硕士学位论文，广西大学，2010 年，第 70 页。
② 吴福祥：《侗台语差比式的语序类型和历史层次》，《民族语文》2012 年第 1 期。
③ 黄阳：《靖西壮语语法》，硕士学位论文，广西大学，2010 年，第 70 页。
④ 晏殊：《崇左左州壮语参考语法》，硕士学位论文，广西大学，2018 年，第 130 页。
⑤ 李锦芳等：《云南西畴壮族〈太阳祭祀古歌〉的基本解读》，《文山学院学报·中国古越人太阳崇拜暨"日出汤谷"学术研讨会论文集》2015 年 S1 期。

②tɕhɒ⁵ pi³ tɕhɒ⁵nən²　　da:t⁹骄阳烫人脸

　一阵 比 一阵还/又 烫

广南壮语：

①mam²pi³ku²so:ŋ¹.他比我高。

　　他　比 我 高

②lau²pi³nan²pjak⁸.酒比水贵。

　　酒 比 水　贵

③ko:n²pi³ma³kwa:i⁵.人比狗聪明。

　　人　比 狗 聪明

西畴壮语：

①lau³pi³nam⁴pjaŋ².酒比水贵。

　　酒 比 水　贵

②ti⁴pi³ ku⁴so:ŋ¹.他比我高。

　　他比 我 高

③ku¹pi³ ti⁴ dai¹.我比他好。

　　我 比 他 好

扶绥壮语：

①ti³⁵pei³³ku²¹ła:ŋ³⁵.他比我高。

　　他 比 我　高

②ti³⁵mo²¹pei³³mən²¹tshau³³.你来得比他早。

　　他 来 比　你　早

龙州金龙岱话（韦树关、李胜兰，2021）[1]：

①min³¹ɕi³³nai³⁵pi²⁴ʔan³³phai³¹ʔdai⁵³ła:u³³la:i⁵³.她现在比以前更漂亮。

　　她　现在 比 过去　　漂亮　多

②wa:i³¹thuk³³thai⁵³na³¹pi²⁴wa:i³¹me³³khwa:i³⁵.公牛犁田比母牛快。

　　牛　公 耕 田 比 牛　母 快

---

① 韦树关、李胜兰：《壮语金龙岱话差比句研究》，《广西民族大学学报》（哲学社会科学版）2021年第2期。

马关壮语_土：

①ləu³ pi⁵nã⁴nɒ⁵nɐ⁴.酒比水贵。

　　酒　比水　还　贵

②mɤʏ²pi⁵kəu¹sən¹.你比我高。

　　你　比　我　高

值得我们注意的是，广西各处的官话，"比"的韵母均为 i，但扶绥壮语中的"比"韵母却读 ei。因此，与壮侗语借入汉语的"比"多来自官话不同，扶绥壮语的"比"借自粤语。

2.第二种格式是同时以 pi⁵和 kwa⁵构成框式比较标记（双比较标记）的比较句，其格式是"S＋M₁＋St＋A＋M₂"，M₁为上文所述官话借词 pi⁵，M₂为中古借词 kwa⁵"过"。以下为相应的例句：

①hai³pi⁵mo⁵loŋ¹ kwa⁵la:i¹ lo¹.海比湖大得多。

　　海　比　湖　大　过　多 _{语气助词}

②tu¹wa:i²thei¹ na²　pi⁵tu¹ mo² nai¹kwa⁵.水牛犁田比黄牛好。

　　只水牛　犁　水田　比只　黄牛　好　过

③lok⁸ni⁵pi⁵lok⁸te¹ ɬai¹　kwa⁵la:i¹.你儿子比他儿子聪明得多。

　　子 你　比子　他聪明　过　多

④ma:n³te¹ lai⁶　na²　pi⁵man³lau² la:i¹kwa⁵.他们村的田地比我们村多。

　　村　他　旱地　水田　比　村　我们　多　过

⑤the:u¹ ta⁶tən⁴pi⁵the:u¹ta⁶paŋ⁶man⁴la:i¹kwa⁵.这条河水量比那条河大。

　　条　　河 这 比 条 河 那　水　多 过

我们认为，"S＋M₁＋St＋A＋M₂"格式的差比句是带 pi⁵ "比"的基准前置型差比句和下述带 kwa⁵ "过"的短差比式混合而产生的同时具有两个比较标记的基准前置型差比句。

这四类差比句的层次是：缺乏标记的差比句＞以单个 kwa⁵ 为比较标记的比较句＞以单个 pi⁵ 为比较标记的比较句＞以 kwa⁵ 和 pi⁵ 为双比较标记的比较句。

靖西壮语以"比"为基准标记，频率还在以"过"为基准标记之下。但句式的逐渐繁化,已促使以"比"为基准标记的比较句的使用频率逐渐后来居上,这在新靖镇及文化程度较高的人群中尤其明显。

我们在上文已经讨论,吸收"比"为比较标记的现象在各地壮语中相当常见,张元生、覃晓航(1993)指出,由于壮语吸收了汉语比较助词"比"(壮语借用形式为 beij),使之原来的比较句式发生了变化。变化后的句式与汉语的比较句式相同。①

吴福祥(2012)引述了 Greenberg(1963)②基于 30 种取样语言的考察所显示的规律:VO 语序和差比式的形容词—比较标记—基准语序之间以及 OV 语序跟差比式的基准—比较标记—形容词语序之间具有很强的语序关联。他引述了 Dryer(1992,2007,2009)③的进一步证明:动词、宾语成分对跟差比式的形容词、基准成分对具有双向语序关联,即:VO<=>Adj St; OV<=>St Adj。吴福祥(2012)认为,现代汉语比字句的语序是 M-St-Adj。作为一种 VO 语言,汉语 VO & StAdj 这种语序匹配模式在人类语言里是极其罕见的。他认为,小句语序为 SVO 而差比句语序为 M-St-Adj,极有可能是 "华文所独"④。因此,壮语也存在这样的语序与语言的一般规律并不相符。

显然,正如学界已经观察到的一样,壮语普遍借入了汉语的"比",同时复制了现代汉语差比式语序 M-St-Adj。使得壮语产生了这一独特的不符合语序类型学的蕴涵共性的语序。

3.靖西壮语还可以通过"S+复合否定词+St+A+否定词"表示差比

①ŋo⁵mei²na:u⁵pai²wa²pei²na:u⁵.我不如以前胖。

　我　有　不　次　前　胖　不

---

① 张元生、覃晓航:《现代壮汉语比较语法》,中央民族大学出版社 1993 年版,第 5 页。

② 吴文引述自 Greenberg, Joseph H. 1963 *Some universals of grammar with particular reference to the order of meaningful elements*. In Joseph Greenberg (ed.), Universals of Language, 73-113. Cambridge, Mass: MIT Press.

③吴文引述自: Dryer,Matthew 1992 *The Greenbergian Word Order Correlations*. Language 68: 81-138. Dryer, Matthew 2007 Word order. In Timothy Shopen (ed.) , *Clause Structure, Language Typology and Syntactic Description*, Vol.1., 61-131. Cambridge: Cambridge University Press. Dryer, Matthew 2009 *The branching direction theory revisited*. In Sergio Scalise, Elisabetta Magni, andAntonietta Bisetto(eds.), Universals of Language Today, 185-207. Berlin: Springer.

④ 吴福祥:《试说汉语几种富有特色的句法模式——兼论汉语语法特点的探求》,《语言研究》2012 年第 1 期。

②po¹phja¹kei⁵mei²naːu⁵po¹paŋ⁴łoŋ¹naːu⁵.这座山没有那座高。

　座　山　这　有　不　座　那　高　不

金平傣语也有类似的结构，如（王一君，2015）①：

①ku¹bău²mi⁴muŋ⁴suŋ¹.我没有你高。

　我　没　有　你　高

②măn⁴bău²mi⁴tsə⁴<u>năn⁶khăn⁶</u>.她没有以前漂亮。

　她　没　有　以前　漂亮

尽管我们在壮语的亲属语言中观察到类似结构，但我们还是觉得它应该是更大范围的语言共性。事实上，汉语中这样的结构比比皆是，如：

　我没有他高。

　这条河没有那条河干净。

4. 通过"S＋否定词＋'等同；达到；如同'义词＋St＋A"表示差比

在靖西壮语中，进入这一格式的"等同；达到；如同"义词包括 tu⁶"够"、kjaŋ⁴"及"、łjaːŋ³"像"、ləm³"像"，其中 ləm³多见于乡下。

①wan²kei⁵mei²tu⁶wan²waː²nut⁹naːu⁵.今天不如昨天热。

　天　今　不　够　天　昨　热　不

②wan²kei⁵mei²kjaŋ⁴wan²waː²nut⁹naːu⁵.今天不及昨天热。

　天　今　不　及　　天　昨　热　不

③wan²kei⁵mei²łjaːŋ³wan²waː²nut⁹naːu⁵.今天不像昨天（那么）热。

　天　今　不　像　　天　昨　热　不

④wan²kei⁵mei²ləm³wan²waː²nut⁹naːu⁵.今天不像昨天（那么）热。

　天　今　不　像　天　昨　热　不

龙州金龙岱话（韦树关、李胜兰，2021）②：

①kəu⁵³mi⁵⁵ʔdo³¹min³¹łuŋ⁵³.我不够他高。

　我　不　够　他　高

---

① 王一君：《金平傣语差比句的类型学研究》，《百色学院学报》2015 年第 4 期。

② 韦树关、李胜兰：《龙州金龙岱话差比句研究》，《广西民族大学学报》（哲学社会科学版）2021 年第 2 期。

②ça:u²⁴miŋ³¹mi⁵⁵thuŋ³⁵ça:u²⁴hoŋ³¹çoŋ³³<u>miŋ³¹</u>.小明不如小红聪明。

　　小明　　不同　小　红　　聪明

③ʔa⁵³lu³¹mi⁵⁵hu:t³⁵me³³thau³⁵phi:n¹¹min²⁴ʔdi:p⁵⁵kəu⁵³.

　　婶婶　不　像　妈妈　　　那样　　爱　我

婶婶不如妈妈那样爱我。

④wan³¹nai³⁵mi⁵⁵lap³¹wan³¹wa³¹ʔda:ŋ³⁵.今天不比昨天冷。

　　天　今　不　及　天　昨　冷

在这一格式，靖西壮语和金龙傣话的区别是，靖西壮语的否定词一般仍是框式形式，而金龙傣话已演变为居前的单个否定词。

这样的结构也很可能具有跨语的共性，因为类似的结构在汉语中比比皆是：

今天不如昨天热。

今天不及昨天热。

今天不像昨天那么热。

（二）基准后置型

1.基准后置型主要是以单个kwa⁵为比较标记的差比句，格式是"S＋A＋M＋St"。如靖西壮语：

①<u>te:n³jəŋ⁵nai¹ko:i¹kwa⁵te:n³si³</u>.电影比电视好看。

　　电影　好看　过　电视

②te¹ noŋ⁶ɬak⁷kha:u¹ho¹si¹kwa⁵ɬak⁷ne:ŋ¹.他穿白色的比穿红色的合适。

　　她 穿 色 白 合适 过 色 红

③ʔan¹ŋo⁵luŋ¹kwa⁵ʔan¹te¹.我的比他的大。

　　个 我 大 过 个 他

吴福祥（2012）认为，侗台语基准后置型差比式"S-A-Mp-St"极有可能来自粤语和平话差比式"X-A-过-Y"的影响。其属性标记 Mp（kwa⁵）带有"超出，胜过"义，属于"'过'型差比式"。这种类型的差比式在侗台语中最为普遍。其属性标记源自"经过、超过"义动词。①

在靖西壮语中，部分以单个 kwa⁵为比较标记的基准后置型差比句，比较基准可以不出现。根据吴福祥、覃凤余（2010），按比较基准是否出现，我们把以单个 kwa⁵为比较标记的基准后置型差比句分为"长差比式"和"短差比式"两种格式。比较基准出现的称为"长差比式"，比较基准不出现的称为"短差比式"。②长差比句的格式是"S＋A＋过＋St"，短差比句的格式是"S＋A＋过"。以下我们分而述之：

（1）长差比式"S＋A＋过＋St"，如：

①khau³tai⁵ lai⁴ kin¹nai¹kwa⁵khau³tai³na². 旱地产的玉米比水田产的玉米好吃。

　　玉米 旱地吃 好 过 玉米 水田

②tu¹ha:n⁵ni⁴ɲa:p⁵kwa⁵ni⁴pat⁷.鹅肉比鸭肉韧。

　　只 鹅 肉 韧 过 肉 鸭

③məu¹thu³khɔ²si²kin¹nai¹kwa⁵məu¹łɯ¹lja:u⁴.土猪比饲料养的猪好吃。

　　猪 土 确实 吃 好过 猪 饲料

④po¹phja¹tən⁴tam²kwa⁵po¹phja¹paŋ⁶.这座山比那座山矮。

　　座山 这 矮 过座 山 那

⑤ʔan¹łiŋ¹tən⁴luŋ¹kwa⁵ʔan¹paŋ⁶.这个箱子比那个大。

　　个 箱 这 大 过 个 那

⑥tha¹luŋ¹kwa⁵to:ŋ⁴.眼睛比肚子大。

　　眼 大 过 肚

⑦tsi⁵kai⁵nai¹kin¹kwa⁵tsi⁵pat⁷.鸡肉比鸭肉好吃。

　　肉 鸡 好 吃过 肉 鸭

⑧te¹khja¹tse:n²joŋ¹kwa⁵ni⁵.他挣钱能力比你强。

　　他 找 钱 厉害过 你。

⑨ma:n³ŋo⁵toŋ²kja:i³ la:i⁴ kwa⁵ma:n³ni⁵la:i¹lo¹.我们村打架比你们村厉害。

　　村 我 同 打 厉害 过 村 你 多 语气助词

① 吴福祥：《侗台语差比式的语序类型和历史层次》，《民族语文》2012 年第 1 期。

② 吴福祥、覃凤余：《南宁粤语短差比式"X＋A＋过"的来源》，《合肥师范学院学报》2010 年第 2 期。

⑩lok⁸ ni⁵kin¹khau³khwaːi⁵kwa⁵lok⁸ŋo⁵laːi¹.你儿子吃饭比我儿子快。

　儿子你 吃 饭　 快　过 儿子我 多

我们再看其他南部壮语基准后置型的例子。

左州壮语（晏殊，2018）①：

①tsaːŋ¹na²ni²，kɯn¹ke⁵laːi¹kaʔha:u³θeːŋ¹.这田里，老人比年轻人多。

　中　田 这　 人 老 多 过 年轻人

②maːn³hoːŋ⁵phuːʔoːŋ¹θoŋ¹laːi¹kaʔoŋ¹tam⁵.我们村，高个子比矮个子多。

　　村　我们 个 高 多过个矮

③min²θoŋ¹ka⁵mɯːŋ¹.他比你还高。

　　他　高 过　你

广南壮语：

①mam²soːŋ¹n̩iu⁵ ku⁸.他比我高。

　　他　 高 比较标记我

②lau²pjak⁸ n̩iu⁵ nan².酒比水贵。

　酒　贵 比较标记 水

③koːn²kwaːi⁵ n̩iu⁵ ma³.人比狗聪明。

　人 聪明　 比较标记 狗

西畴壮语：

①lau³pjaŋ²kɔ³/kwa⁵nam⁴.酒比水贵。

　酒　贵　过　　水

②ti⁴sɔːŋ¹kɔ³/kwa⁵ku¹.他比我高。

　他 高　 过 我

③ku¹dai¹kɔ³/kwa⁵ti¹.我比他好。

　我 好　过　 他

扶绥壮语：

①ti³⁵ɬaːŋ³⁵ko³³ku²¹.他比我高。

　他 高 过 我

---

① 晏殊：《崇左左州壮语参考语法》，硕士学位论文，广西大学，2018 年，第 130 页。

②ti^{35}mo^{21}tshau^{33}ko^{33}məŋ^{21}.你来得比他早。

　他　来　早　过　你

龙州金龙岱话（韦树关、李胜兰，2021）①：

①haːn^{33}kaːi^{24}kwa^{33}pet^{55}.鹅比鸭大。

　鹅　　大　过　鸭

②tɕa^{53}tha^{33}ʔdai^{53}kin^{53}kwa^{33}tɕa^{53}thom^{53}.河里的鱼比塘里的鱼好吃。

　鱼　河　好　吃　过　鱼　池塘

马关壮语±：

①ləu³ nɐ⁴kwa¹nɒ⁵.酒比水贵。

　酒　贵　过　水

②məɤ²səŋ¹kwa¹kəu¹.你比我高。

　你　高　过　我

与诸多壮侗语一样，南部壮语差比式基准前置型和后置型共存，基准前置型的标记是汉语借词"比"，基准后置型的标记多是汉语借词"过"。"比"多是官话借词，"过"多是中古借词。但各处也有些差异：扶绥壮语的"比""过"借自粤语，"比"的读音我们在上文已经分析；而西畴壮语基准后置型差比式的标记是两个层次的汉语借词"过"，kwa⁵是壮侗语普遍使用的中古借词，kɔ³则是官话借词。文山州现通行云南官话，kɔ³的借入显然晚于kwa⁵。因此，这些标记的借入与其所接触的汉语方言是密切相关的。

（2）短差比式"X＋A＋过"

据吴福祥、覃凤余（2010）的观察，南宁粤语中，当比较基准所指的实体已见于上文语境、言谈情景或属于言谈双方的背景知识时，这种"X＋A＋过"的"短差比式"比较常见。②

他们认为"（短差比句）见于广西境内的民族语言以及境外部分东南亚语言"。且"南宁粤语及周边粤方言的'X＋A＋过'极有可能是壮语南部方言影

---

① 韦树关、李胜兰：《壮语金龙岱话差比句研究》，《广西民族大学学报》（哲学社会科学版）2021 年第 2 期。

② 吴福祥、覃凤余：《南宁粤语短差比式"X＋A＋过"的来源》，《合肥师范学院学报》2010 年第 2 期。

响的产物"①。百色粤语也有这样的短差比句，如：

①渠肥过。（他较胖。）

②啲个靓过。（这个更漂亮。）

靖西壮语短差比句出现的语境与覃凤余、吴福祥（2010）②所述的南宁粤语短差比式出现的语境是一致的。如：

①maːn³ lau²　wa⁴maːn³te¹tu¹ʔoːk⁹kən²，man³tɔi²laːi¹kwa⁵？

　　村　我们 和　村　他都出人　　村　何 多 过

我们村和他的村都出人才，哪个村出的人多些？

②ŋo⁵kaːŋ³tho³nai¹kwa⁵.我土话说得好些。

　　我 讲　土　好　过

③kha¹phjaːi³ʔau¹mei²nai³kwa⁵naːu⁵ʔa⁰？步行不比别的方式好吗？

　　腿 走　　要 不　好　过 冇 语气助词

在问答性的对话中，短差比式更为常见。如：

①——ʔan¹ni⁵wa⁴ʔan¹te¹，ʔan¹tɔi²mɔi⁵kwa⁵？你的和他的，哪个更新？

　　　　个 你 和 个 他 个　何　新　过

——ʔan¹te¹mɔi⁵kwa⁵.他的更新。

　　　　个 他 新　过

②——pei¹kei⁵wa⁴pei¹kwa⁵pei¹ tɔi²nut⁹？今年和去年哪年热？

　　　年 今　和 年 过　年 何 热

——pei¹kei⁵nut⁹kwa⁵.今年热些。

　　　年 今　热　过

根据韦树关、李胜兰（2021），龙州金龙岱话的差比句也常出现在问答性的对话中③：

①　吴福祥、覃凤余：《南宁粤语短差比式"X＋A＋过"的来源》，《合肥师范学院学报》2010 年第 2 期。

②　吴福祥、覃凤余：《南宁粤语短差比式"X＋A＋过"的来源》，《合肥师范学院学报》2010 年第 2 期。

③　韦树关、李胜兰：《壮语金龙岱话差比句研究》，《广西民族大学学报》（哲学社会科学版）2021 年第 2 期。

——hoŋ⁵⁵tɕiu⁵⁵ʔdai⁵³ɬɯ³¹wa³³ma:k²⁴ku:i²⁴ʔdai⁵³？香蕉和芭蕉哪个好？

香蕉　好　还是　果　蕉　好

——hoŋ⁵⁵tɕiu⁵⁵ʔdai⁵³kwa³³.香蕉好过。

香蕉　好　过

左州壮语也存在短差比式（晏殊，2018）[①]：

1）S＋A＋M

其短差比式中，比较标记有二：

一是汉语借词 ka⁵：

a¹ tse¹sai² a¹ no:ŋ⁴ɯɯ¹hau¹la:i¹θoŋ¹？a¹tse¹θoŋ¹ka⁵.姐姐和妹妹谁更高？姐姐更高。

阿姐　和　阿妹　　谁　多　高　阿姐　高　过

二是固有词 la:i¹

①kai²la:i¹ma:k⁸，an¹hau⁵wa:n¹la:i¹？这么多水果，哪个更甜？

　这　多　果，　个　哪　甜　多

②po:ŋ¹ni¹tsoŋ¹ke:n¹，θiu³wuŋ²ke²phu³thoŋ¹wa³piu¹tsun³la:i¹la:i¹.

　他们　中　间，　小　王　的　普　通　话　标准　多　多

他们当中，小王的普通话更标准些。

2）S＋M＋A＋M

比较标记是框式形式 la:i¹……la:i¹：

①si³ki³kun²ɯŋ²pei¹la:i¹ni¹la:i¹.自己一个人去更好。

　自己　人　一　去　多　好　多

②ma:i⁵mu¹wan²ni²ku¹ θɯ⁴ke²la:i¹pe:ŋ⁵la:i¹.今天我买的猪肉更贵。

　肉　猪　天　这　我　买　的　多　贵　多

壮语"多"义语素 la:i¹语法化为比较标记的过程我们在"专题讨论：壮语 la:i¹的语义演变及其对广西汉语方言的影响"部分已做讨论。

吴福祥、覃凤余（2010）认为"短差比式'S＋A＋过'来源于差比式'S＋A＋

① 晏殊：《崇左左州壮语参考语法》，硕士学位论文，广西大学，2018 年，第 131—132 页。

过＋St'中基准 St 的删略。最初的语用动因是，在特定的对话语体里比较基准 St 所指称的实体已见于上文语境、言谈情境或'不言自明'。尔后这种差比式被扩展到其他语境并最终被语法化为固定的差比结构式"①（为了行文的一致，我们把文中的 X、Y 改写成 S 和 St）。

以上我们罗列了靖西壮语基准前置型和基准后置型两类差比句。其中，基准前置型有以"比"为比较标记和以"比……过"为比较标记两类，基准后置型则由比较基准是否出现分"长差比式"和"短差比式"两类。吴福祥（2012）认为，侗台语中基准前置型和基准后置型两类差比式均源自汉语差比式模式的区域扩散。其中，前者复制的是汉语标准语或官话的比字句（S-比-St-A）模式，后者则是复制粤语和平话的"S-A-过-St"。吴福祥将侗台语的基准后置型差比式视为中古近代（中古后近代前）层次，基准前置型（指以单个"比"为比较标记的差比句）是侗台语最晚引入的近现代层次。②南部壮语大略也是如此，此外，还由两者混合而得"S-比-St-A-过"的格式。

2.以框式的"la:i¹……汉语借词'过'"充当比较标记，目前的报道见于属于南部壮语的崇左左州壮语和属于北部壮语的武鸣壮语。上文"专题讨论：壮语 la:i¹的语义演变及其对广西汉语方言的影响"已经证明，本义为"多"的固有词 la:i¹在部分壮语中语法化为比较标记，居比较基准前，在此格式中为前项；后项为汉语借词"过"。

左州壮语（晏殊，2018）③：

①θɯ³ a¹ tse¹la:i¹ni¹ jo:i²ka⁵mɯ:ŋ¹.姐姐的衣服比你的衣服还要好看。

　　衣　阿姐 多 好 看 过　你

②tu¹ma¹ku¹la:i¹le:n³kha:i⁵ka⁵mɯ:ŋ¹.我的狗比你的猫跑得还快。

　　只狗 我 多 跑　 快 过 你

武鸣罗波壮语（覃海恋，2009）④：

①　吴福祥、覃凤余：《南宁粤语短差比式"X＋A＋过"的来源》，《合肥师范学院学报》2010 年第 2 期。

②　吴福祥：《侗台语差比式的语序类型和历史层次》，《民族语文》2012 年第 1 期。

③　晏殊：《崇左左州参考语法》，硕士学位论文，广西大学，2018，第 130 页。

④　覃海恋：《武鸣罗波壮语语法研究》，硕士学位论文，广西大学，2009，第 83—84 页。

a³³kɔ³³laːi³³θaːŋ³³kwa³⁵a³³ ti³⁵.哥哥比弟弟更高。

阿哥　多　高　过　阿弟

这种格式，实际是带 laːi¹ 的短差比式（详见下文）与"过"型差比式混合而成。

3.基准后置型的另一格式是"S＋M₁＋A＋M₂"。M₁ 由 naːu² 充当，naːu² 是程度副词，表示相对某物程度略高或略低；M₂ 为上述中古借词 kwa⁵"过"。二者结合表示二者相差的程度不大。如：

①seːk⁹ɬei¹tən⁴naːu²ʔeːŋ¹kwa⁵seːk⁹paŋ⁶.这本书比那本书略小一点儿。

　册　书 这　略　小　过　册　那

②maːk¹⁰mit⁸ te¹naːu²wam²kwa⁵maːk¹⁰ŋo⁵.

　把　小刀 他 略 锋利　过　把　我

他的小刀比我的小刀略微锋利一点儿。

与以上所列短差比式一样，这种格式比较基准也可以不出现。如以上二例，可说成：

①seːk⁹ɬei¹tən⁴naːu²ʔeːŋ¹kwa⁵.这本书略小。

　册　书 这　略　小　过

②maːk¹⁰mit⁸ te¹naːu²wam²kwa⁵.他的小刀略微锋利。

　把　小刀 他略　锋利　过

下文还将分析差比句的另一种形式："S-Mp-A"，其中，Mp 一般为 naːu²，也有用官话借词 pi⁵kjaːu³ 的。我们认为，naːu²……kwa⁵ 格式是下文所述"S-Mp-A"与以单个"过"为比较标记的基准后置型的混合式。

此外，根据韦树关、李胜兰（2021），龙州金龙岱话还借入了越南语的本义为"大于，超过，胜于"的标记 həːn⁵³（越南语读为 hɤːn⁵⁵）用于差比句。如：

tɕha⁵³toŋ³³fuːŋ³³ɬuŋ⁵³həːn⁵³tɕha⁵³ɬai³³fuːŋ³³.东边的山比西边的山高。[①]

山　东方　高　于　山　西方

4.等比标记与否定标记结合构成复合标记的基准后置型差比式

其格式为"S＋mei²否定词＋A＋等比标记＋St＋naːu²否定词"。

[①] 韦树关、李胜兰：《壮语金龙岱话差比句研究》，《广西民族大学学报》（哲学社会科学版）2021 年第 2 期。

靖西壮语的等比标记有 kjaŋ⁴、toŋ²、pei³、ɬjaːŋ³、ləm³等，我们在下文有关等比句内容中还将加以讨论。比较句中，仅有等比标记的时候，起的是等比作用；但其如与框式否定结构结合使用，则表示的是差比，具体意义是"前项不如后项"。以下根据不同的标记分而述之：

（1）"S＋mei²_{否定标记}＋A＋kjaŋ⁴＋St＋naːu⁵_{否定标记}"指"前项比不上后项"，kjaŋ⁴的意义相当于汉语的"比得上"，如：

①ʔan¹ɬiŋ¹tən⁴mei²luŋ¹ kjaŋ⁴ ʔan¹paŋ⁶naːu⁵.

　　个　箱　这　不　大　比得上个　那　不

这个箱不如那个箱大（这个箱比那个箱小）。

②fan⁶koŋ¹tən⁴mei²ho³kjaŋ⁴fan⁶paːi² waː² naːu⁵.这份工不如以前那份辛苦。

　　份　工　这　不　苦　如　份　次　以前　不

③tsuː²khjəu²mei²jam¹ kjaŋ⁴ phaːi²khjəu²naːu⁵.足球不如排球有趣。

　　　足球　不　好　比得上　排球　　不

因上下文语境、言谈情境而使双方知晓比较内容时，属性谓语也可省略。这时这类等比句格式变为"S＋mei²_{否定标记}＋ kjaŋ⁴＋naːu⁵_{否定标记}"。如：

①——ɬoːŋ¹ lok⁸kei⁵ lok⁸təi²<u>səŋ²tsi²</u>nai¹kwa⁵？

　　　二　儿子　这　儿子　何　成绩　好　过

这两个儿子哪个成绩好一些？

　　——lok⁸taːi⁶mei² kjaŋ⁴ naːu².大儿子不如二儿子。

　　　儿子　大　不　比得上不

②——pei¹kei⁵wa⁶pei¹kwa⁵pei¹təi²khwa¹nai³laːi¹kwa⁵？

　　　年　这和　年　过　年　何　找　得多过？

今年和去年哪一年挣钱多一些？

　　——pei¹kwa⁵mei² kjaŋ⁴ naːu⁵.去年不如今年。

　　　年　过　　不　比得上　不

（2）"S＋mei²＋A＋toŋ²＋St＋ naːu⁵"，toŋ²为中古借词"同"，如：

①koˡmaːi⁴tən⁴mei²ɬoŋˡ toŋ²koˡpaŋ⁶naːu⁵.这棵树不如那棵树高。

　棵树　这　不高同棵那　不

②wan²kei⁵mei²neːt⁹tɔŋ²wan²waˀnaːu⁵.今天不如昨天晴。

　　天　今　不　晴　同　天　昨　不

（3）"S+mei²+A+pei³+St+naːu⁵"，pei³的意义相当于"一样；类同"，如：

①haːŋ⁵kei⁵mei²nɔŋ¹ pei³　haːŋ⁵waˀnaːu⁵.这次墟不如上次墟热闹。

　　墟　今　不　繁荣　一样　墟　昨　不

②lok⁸ŋo⁵mei²luŋ¹pei³ lok⁸ ni⁵naːu⁵.我儿子不如你儿子大。

　　儿子　我　不　大　一样　儿子　你　不

（4）"S+mei²+A+ɬjaːŋ³+St+naːu⁵"，ɬjaːŋ³为官话借词"像"，如：

①te¹ nei¹mei²khwaːi⁵ɬjaːŋ³ni⁵naːu⁵.他跑得不像你一样快（他跑得没你快）。

　　他　跑　不　快　　像　你　不

②kɔŋ¹te¹mei²nai¹ɬjaːŋ³kɔŋ¹ŋo⁵naːu⁵.他干活不如我干得好。

　　工　他　不　好　像　工　我　不

（5）"S+mei²+A+ləm³+St+naːu⁵"。ləm³意义相当于"像"，很可能是从动词 ləm⁶ "抚摸"通过屈折而得。但 ləm³ 更多见于靖西乡下，在新靖镇不常见。我们认为，靖西壮语借入 ɬjaːŋ³ "像"后，ɬjaːŋ³ 在使用上逐渐处于强势，导致 ləm³ 使用频率及范围的减少。

①lok⁸ te¹mei² maːu⁵　　nai¹ləm³ lok⁸ ŋo⁵naːu⁵.他儿子不如我儿子漂亮。

　　儿子　他　不　年轻男子　好　像　儿子　我　不

②ɬi⁵fa²tsəŋ⁵mei²nai¹ləm³khei³saˀjəu²naːu⁵.洗发精不如茶麸好。

　　洗发精　　不　好　像　屎　茶油　不

（三）缺少比较基准型

这类差比句比较基准不出现，格式一般为"S+Mp+A"，Mp 一般为 naːu²。naːu² 义为"比较；略"，表示比基准程度稍大。新派靖西壮语也用官话借词 pi⁵kjaːu³ "比较"。也有"S+M₁+A+M₂"，这时，M₁ 一般为 naːu²，M₂ 为 kwa⁵。

吴福祥（2012）讨论了壮语很多方言中包含"多"义属性标记的"S+Mp+A"格式。①与其他壮语相比，靖西壮语虽然没有以 laːi¹ "多"作为

---

① 吴福祥：《侗台语差比式的语序类型和历史层次》，《民族语文》2012 年第 1 期。

属性标记，但可以 na:u² 和 pi⁵kja:u³ 作为属性标记。

1.S＋Mp＋A

第一，S＋na:u²＋A，如：

①ma:n³ni⁵wa⁴ma:n³te¹ tei⁶tɔi²kwai¹？ma:n³te¹na:u²kwai¹.

　　村　你　和　村　他　地　何　远　　村　他　略　远

你们村和他们村哪儿远？他们村远些。

②the:u¹ta⁶tən⁴na:u²nak⁷.这条河深一些。

　条　河　这　略　深

③pei⁵tən⁴na:u²tsam⁴.这杯凉一些。

　杯　这　略　凉

第二，S＋pi⁵kja:u³＋A，如：

pi⁵kja:u³ 是官话借词"比较"。我们估计，汉语"比较"与靖西壮语 na:u²
意义接近，因而，靖西壮语常常以这一官话借词代替 na:u² 在句中的作用。事实
上，二者一般可以互换。例句如：

①khau³nu¹tsəŋ³łi⁵pi⁵kja:u³nai¹.靖西糯米好一些。

　　米　糯　靖西　比较　好

②the:u¹lo⁶tən⁴pi⁵kja:u³kwai¹.这条路远一些。

　　条　路这　比较　远

这里的 na:u² 和 pi⁵kja:u³ 是表示比较项跟特定的物体相比具有的属性，而并
非描述比较项的程度，如：

　　məu¹łiu¹na:u²/pi⁵kja:u³ho:m¹.烧猪比较香（烧猪香一些）。

　猪　烧　略　/　比较　香

这里的"S-Mp-A"与汉语的"烧猪比较香"一类的表达式并不等同，汉语
中相应表达式主要功能在于标示性状的"程度增高"。靖西壮语的
məu¹łiu¹na:u²/pi⁵kja:u³ho:m¹"烧猪略香"则包含与其他物体在气味上的比较。
可见，靖西壮语中的 na:u² 和 pi⁵kja:u³ 是比较标记（属性标记）而非一般的程度
副词。

2.S＋M₁＋A＋M₂，如：

①khau³tai⁵naːn²pɔ⁵naːu²nai¹kwa⁵.南坡的玉米好一些。

玉米 南坡 略 好 过

②ʔan¹mo⁵paːŋ⁶naːu² ɬɔi¹ kwa⁵.那眼儿泉水干净些。

个 泉 那 略 干净 过

这种格式应该是上述的以单个 naːu² 为属性标记的"S-Mp-A"格式和短差比式的混合式。

（四）缺少标记型[1]

有少量差比句可以不使用比较标记，这种差比式的语序是"S-A-St"，特点是基准在句法上实现为属性谓语的直接宾语，结构式中没有任何比较标记。这类差比句的使用，在比较项上有一定的限制，可用的比较项仅有 pei⁶"年长"、noːŋ⁴"年轻"、ke⁵"老"、luŋ¹"大"、ʔeːŋ¹"小"、laŋ¹"后；晚"、ʔoːn⁵"嫩"等少数几个，而与此同类的词 maːu⁵"（男子）年轻"、ɬaːu¹"（女子）年轻"均须带比较标记。

缺少比较标记的差比句有两种格式：

一是"S＋pei⁶/noːŋ⁴/laŋ¹＋St＋状语（数量短语）"

二是"S＋ke⁵/luŋ¹/ʔeːŋ¹/ʔoːn⁵＋St＋状语（数量短语）"

即，当属性谓语为 pei⁶、noːŋ⁴、laŋ¹ 时，句末有无状语两可；当属性谓语为 ke⁵、luŋ¹、ʔeːŋ¹、ʔoːn⁵ 时，句末必须带状语。以下分而述之：

1.S＋pei⁶/noːŋ⁴＋St＋（状语）

①pa⁵ pei⁶ma⁵.爸爸比妈妈年长。

爸 年长妈

②pa⁵ pei⁶ma⁵ɬoːŋ¹pei¹.爸爸比妈妈年长两岁。

爸 年长妈 二 年

③te¹ noːŋ⁴ ŋo⁵.他比我年轻（年幼）。

他 年轻 我

---

[1] 刘丹青（2004）把这类差比句称为"纯语序型比较句"。见刘丹青《差比句的调查框架与研究思路》，戴庆厦主编《中国民族语言文学论集4·语言专集》，民族出版社 2004 年版。

④te¹ noːŋ⁴ ŋo⁵ɬaːm¹nun¹.他比我年轻（年幼）三个月。

　　他　年轻　我　三　　月

⑤ŋo⁵laŋ¹te¹. 我比他晚。

　　我　晚　他

⑥ŋo⁵laŋ¹te¹ɬoːŋ¹pei¹.我比他晚两年。

　　我　晚　他　二　年

2.S＋ke⁵/luŋ¹/ʔeːŋ¹＋St＋状语（数量短语）

①te¹ke⁵ŋo⁵pei¹neːu².他比我老一岁。

　　他老　我　年　　一

②te¹ke⁵ŋo⁵laːi¹.他比我老得多。

　　他老　我　多

③te¹ ke⁵ŋo⁵ ʔi³　neːu².他比我老一些。

　　他　老　我　点儿　一

④*te¹ ke⁵ŋo⁵.他比我老。

　　　他　老　我

⑤te¹ luŋ¹ŋo⁵pei¹neːu².他比我大一岁。

　　他　大　我　年　一

⑥*te¹ luŋ¹ŋo⁵.他比我大。

　　　他　大　我

⑦te¹ʔeːŋ¹ŋo⁵pei¹neːu².他比我小一岁。

　　他　小　我　年　一

⑧*te¹ʔeːŋ¹ŋo⁵.他比我小。

　　　他　小　我

⑨te¹ʔoːn⁵ŋo⁵ɬoːŋ¹pei¹.他比我小两岁。

　　他　嫩　我　二　　岁

⑩*te¹ʔoːn⁵ŋo⁵.他比我小

　　　他　嫩　我

我们估计，luŋ¹、ʔeːŋ¹和ŋon⁵进入缺少比较标记的比较句的时间相对晚近，是根据包含 pei⁶、noːŋ⁴、ke⁵、laŋ¹的这类比较句类推而得的。

燕齐壮语①（韦景云等，2011）、武鸣罗波壮语②（覃海恋，2009）也存在形式一致的差比句[韦景云等（2011）称为"隐含比较句"]，其使用与靖西壮语中缺乏比较标记的比较句有同有异。相同之处有：

（1）两者均不使用比较标记；

（2）两者均基本用于年纪的比较。

不同之处有：

（1）燕齐壮语可以在比较项前加程度副词 ham³⁵ "比较"、laːi²⁴ "多"等，靖西壮语的程度副词则位于后一比较项之后。如：

靖西：ŋo⁵pei⁶te¹ laːi¹.我比他年长得多。

　　年 长 他 多

燕齐：kou²⁴laːi²⁴poːi²⁴he⁵⁵.我比他稍大一些。

　　我　多 年长 他

（2）可作为比较内容的词不同。燕齐壮语 poːi³¹和 nuːŋ³¹的使用与靖西壮语的 pei⁶和 noŋ⁴基本一致。但在有状语居后的情况下，燕齐壮语除了可用 poːi³¹和 nuːŋ³¹外，还可以用 laːu³¹ "老"，靖西壮语可用 ke⁵ "老"、luŋ¹ "大"、ʔeːŋ¹ "小"。

再看其他壮语缺少标记型差比句的例句。

龙州金龙岱话（韦树关、李胜兰，2021）③：

①luk³³ɬaːu⁵³haːŋ⁵³laŋ⁵³luk³³ʔbaːu³³tau³¹pet³³pi⁵³.小女儿比大儿子小八岁。

　子 姑娘 末 后 子 小伙 头 八 岁

②phi⁵⁵ʔbaːu³³kɔn³⁵noŋ¹¹ʔbaːu³³ɬaːm⁵³pi⁵³.哥哥比弟弟大三岁。

　长 小伙 先 幼 小伙 三 岁

③pho³¹maːk³³nai³⁵tɕa⁵³haː²⁴phi³¹pho³¹maːk³³min²⁴.这堆果子比那堆多五倍。

　堆 果 这 加 五 次 堆 果 那

---

① 韦景云、何霜、罗永现：《燕齐壮语参考语法》，中国社会科学出版社 2011 年版，第 277 页。

② 覃海恋：《武鸣罗波壮语语法研究》，硕士学位论文，广西大学，2009 年，第 84 页。

③ 韦树关、李胜兰：《壮语金龙岱话差比句研究》，《广西民族大学学报》（哲学社会科学版）2021 年第 2 期。

武鸣罗波（覃海恋，2009）[①]：

①kau³³la:u⁴⁴mɯ:ŋ³¹．我比你老。

　我　老　你

②kau³³ɔi³⁵mɯ:ŋ³¹．我比你年轻。

　我　嫩　你

③kau³³i³⁵mɯ:ŋ³¹．我比你小。

　我　小　你

看来，壮语中缺少标记型差比句并不鲜见。

吴福祥（2012）认为，缺少标记型"S-A-St"是侗台语最早的层次；基准后置型"S-A-Mp-St"是中古近代层次，基准前置型"S-Ms-St-A"则是侗台语最晚引入的近现代层次。[②]

他推测，侗台语早期的格式应是"S-Mp-A"，这种所谓的"短差比式"至今在某些侗台语里仍或可见（吴福祥，2012）。他认为，缺少标记型的差比式"S-A-St"，是侗台语固有的形式；侗台语作为VO型语言，其固有的语序模式应是AdjSt而非StAdj。他认为，缺少标记型是侗台语差比式的固有形式；基准前置型和基准后置型源自汉语差比式的句法扩散；前者是对汉语标准语"S-比-St-A"模式的复制，后者则源于粤语和平话差比式"S-A-过-St"的区域扩散。[③]

金立鑫、于秀金（2012）根据Dryer[④]及Haspelmath[⑤]的报告认为，比较句中比较基准和形容词在OV和VO语言中的组配模式分别是：OV语言，比较基准＋形容词；VO 语言，形容词＋比较基准。他们根据汉语普通话口语中形容词在比较基准之后通常使用前置词"比"，认为在比较句内部成分的组配上，普通

① 覃海恋：《武鸣罗波壮语语法研究》，硕士学位论文，广西大学，2009 年，第 84 页。

② 吴福祥：《侗台语差比式的语序类型和历史层次》，《民族语文》2012 年第 1 期。

③ 吴福祥：《侗台语差比式的语序类型和历史层次》，《民族语文》2012 年第 1 期。

④ Dryer，M．S：《The Greenbergian Word Order Corrections》，《Language》1992，（68）：81-138；Dryer，M．S：《The branching direction theory revisited》，S．Scalise，E：《Magni and A．Bisetto》，《Universals of Language Today》，Berlin: Springer，2008．http：/ /linguistics．buffalo．edu /people /faculty/dryer /dryer/ DryerBDTrevisited．Pdf．

⑤ Haspelmath，M．2006：《Universals of word order》，http：/ /email．eva．mpg．de /~haspelmt/6．WordOrder．pdf．

话表现为OV和VO的混合性。①

刘丹青（2002）也谈到，在类型学上，汉语是很不典型的 SVO 语言。它在很多方面倒与 SOV 有更多共同点，如……比较基准前置于形容词，如"比他高"（在 SVO 语言中仅见于汉语），等等。②

说明在比较句的结构上，汉语具有 OV 语言的特点。

刘丹青（2013）指出，表示差比的基准（包括差比喻体）在 Greenberg（1966）③和 Dryer（1992）④那儿都是一个重要的类型参项。GU22 指出，当差比句的惟一语序或语序之一是"基准—比较标记—形容词"，该语言为后置词语言；如果惟一语序是"形容词—比较标记—基准"时，大于偶然性的绝对优势可能是该语言为前置词语言。即，VO-前置词的语言绝大多数是基准在后的。刘丹青（2002）指出，这种语言通常在基准上使用前置词作为比较标记，形成"形容词＋标记＋基准"的语序，这样标记就处于中间位置。他还认为，对于差比句来说，就是要尽量让比较标记位于形容词和基准之间。联系项居中实际上是一条相似性原则。他还指出，壮侗语作为 SVO 语言比汉语更典型，表现在这几方面：……比较基准后置……⑤所以中介位置为联系项的理想位置。Dryer发现基准和形容词的相对语序分别高度对应于动词和宾语的语序，极少例外，即 VO 语言用"形容词＋基准"，OV 语言用"基准＋形容词"。⑥

从我们的观察及以上的分析，当前南部壮语保存了壮语差比式自"S-A-St" "S-Mp-A"到"S-比-St-A"的各个层次。这其中，"S-A-过-St"是当前的主流格式，"S-比-St-A"则有后来居上的趋势。同时，还存在以等比标记与否定标记结合构成复合标记的基准后置型差比式。而同时，"S-比-St-A"和短差比式混合形成了"S＋M₁＋St＋A＋M₂"格式，"S-Mp-A"和短差比式混合形成了"S+naːu²＋A＋kwa⁵"格式。

我们看到，靖西壮语固有的差比句语序是"形容词＋基准"，现在常用的

---

① 金立鑫、于秀金：《从与 OV-VO 相关和不相关参项考察普通话的语序类型》，《外国语》2012 年第 2 期。

② 刘丹青：《汉藏语言的若干语序类型学课题》，《民族语文》2002 年第 5 期。

③ Greenberg，Joseph H. 1966[1963]. Some universals of grammer with particular reference to the order of meaningful elements.In Greenberg，Joseph H. （ed.）1966[1963].

④ Dryer，Matthew S.1992.The Greenbergian word order correlations.Language.Vol.68，Num.1：43-80.

⑤ 刘丹青：《汉藏语言的若干语序类型学课题》，《民族语文》2002 年第 5 期。

⑥ 刘丹青：《语序类型学与介词理论》，商务印书馆 2013 年版，第 140 页。

语序是"形容词＋比较标记＋基准"，这与 Greenberg 和 Dryer 的论断是吻合的。"比较标记＋基准＋形容词"的语序则是汉语异于其他 VO-前置词语言的特点。壮语中出现的"比较标记＋基准＋形容词"的语序，是从汉语复制而得。

此外，靖西壮语还可以把比较项和比较基准作为话题，再在宾语中突出比较项，刘丹青（2004）把这种差比句叫做"意会式差比句"，他认为这是最不语法化的比较句式。[①]我们列举几个靖西壮语的例子：

①$ŋo^5wa^4te^1ŋo^5ɬoŋ^1$.我和他（比）我高。

　　我 和 他 我 高

②$pat^7wa^4tɔŋ^2kai^5kai^5nai^1kin^1$ $ʔi^3$ $ne:u^2$.鸭子和鸡（比）鸡好吃一些。

　　鸭 和 同 鸡 鸡 好 吃 点儿 一

"意会式差比句"也可以和比较标记结合使用，如：

①te^1 $wa^4ŋo^5pi^5te^1sən^2tsi^2nai^1kwa^5$.他和我比他成绩好些。

　　他 和 我 比 他 成绩 好 过

②$la:u^4ɬai^1wa^4jɔ^2ɬən^5jɔ^2ɬən^5la:i^4$ kwa^5.老师和学生比学生厉害些。

　　老师 和 学生 学生 厉害 过

③$wa:i^2$ wa^4 mo^2 pi^5 $wa:i^2luŋ^1$ $ʔi^3$ $ne:u^2$.水牛和黄牛比水牛大一些。

　　水牛 和 黄牛比 水牛大 点儿 一

二　等比句

等比句的主体对象和比较基准地位相等，一般可以互换位置，意义没有区别。靖西壮语等比句一般通过比较标记实现，等比句的比较标记有 $toŋ^2$、pei^3、$ɬja:ŋ^3$、$ləm^3$等。

根据主体对象和比较基准之间有无连词连接，靖西壮语的等比句可以分为两种格式：

（一）$S＋A＋M_1＋St＋M_2$

这种格式主体对象和比较基准之间没有连词。M_1有 $toŋ^2$、pei^3、$ɬja:ŋ^3$、$ləm^3$、

---

① 刘丹青：《差比句的调查框架与研究思路》，戴庆厦主编：《中国民族语言文学论集 4·语言专集》，民族出版社 2004 年版，第 1—21 页。

to⁵等，M₂一般是 kan¹。

1.S＋A＋tɔŋ²＋St＋kan¹

tɔŋ²是中古借词"同"。例句如：

①the:u¹ta⁶ma:n³te¹nən⁵tɔŋ²the:u¹ma:n³lau² kan¹.

　条　河　村 他 脏 同　条　村 我们一样

他们村的河和我们村的一样脏。

②ko¹mai⁴pa:k⁹təu¹ke⁵tɔŋ²ko¹tha:ŋ¹ɬun¹　kan¹.门口的树跟园子里那棵一样老。

　棵 树　口 门 老　同 棵 尾　园子 一样

2.S＋A＋pei³＋St＋kan¹

pei³指"一样"。例句如：

①the:u¹ ta⁶ma:n³te¹nən⁵pei³the:u¹ma:n³ lau² kan¹.

　条　河 村 他 脏 同　条　村　我们 一样

他们村的河和我们村的一样脏。

②khja⁵phɔn¹wan²wa²luŋ¹pei³khja⁵wan²ɬən² kan¹.

　场　雨 天 昨 大 同 场　天　前 一样

昨天那场雨跟前天那场一样大。

3.S＋A＋ɬja:ŋ³＋St＋kan¹

ɬja:ŋ³是官话借词"像"。例句如：

①the:u¹ta⁶ma:n³te¹nən⁵ɬja:ŋ³the:u¹ma:n³ lau²　kan¹.

　条　河 村 他 脏 像 条　村　我们 一样

他们村的河像我们村的一样脏。

②ʔi⁵kei⁵he:u⁵ɬja:ŋ³ɬəŋ²kan¹.这个人像猴一样瘦。

　个 这　瘦 像 猴 一样

4.S＋A＋ləm³＋St＋kan¹

上文已述，ləm³意义相当于"像"。例句如：

①te¹　ma:u⁵　　nai¹ləm³pa⁵te¹ kan¹.他像他父亲一样帅。

　他 年轻男子 好　像 爸他 一样

②ɬei¹te¹tsəŋ⁵si²ləm³jin⁶kan¹.他的字像印刷的一样整齐。

　字 他 整齐　像 印 一样

5.S + A + to⁵ + St + kan¹

①ŋo⁵ka:ŋ³to⁵na²pɔ⁵kan¹.我讲的和那坡一样。

  我 讲 同 那坡 一样

②lo⁶tsi⁵tən⁴kin¹nai¹to⁵məu¹tho³kan¹.这种肉和土猪肉一样好吃。

  样 肉 这 吃 好 同 猪 土 一样

（二）S + wa⁴ + St + M₁M₂

这种格式，主体对象和比较基准之间以连词 wa⁴连接，wa⁴的意义与汉语"和"基本等同。比较标记居句末，以 tɔŋ²、pei³、ɬja:ŋ³分别与 kan¹构成复合标记。分述如下：

1.S + wa⁴ + St + tɔŋ²kan¹，如：

①phjak⁷khe:u¹wa⁴tsi⁵pe:ŋ²tɔŋ²kan¹.青菜和肉一样贵。

  菜 青 和 肉 贵 同 一样

②tei⁶ lau²foŋ⁵kjəŋ³wa⁴kwei³lin¹nai¹tɔŋ²kan¹.我们那地方风景和桂林一样好。

  地 我们 风景 和 桂林 好 同 一样

③the:u¹ ta⁶ma:n³te¹ wa⁴the:u¹ma:n³lau² nən⁵tɔŋ²kan¹.

  条 河村 他 和 条 村 我们 脏 同样

他们村的河和我们村的一样脏。

④lun² te¹ wa⁴ lun² ŋo⁵kwa:ŋ³tɔŋ²kan¹.他的房子和我的一样宽。

  房子 他 和 房子 我 宽 同样

广南壮语也常用这样的格式：

①ti²ta³ku²so:ŋ³to⁶loŋ⁶.他和我一样高。

  他 和 我 高 一样

②lau³ta³ ju³pjak⁷to⁶loŋ⁶.酒和油一样贵。

  酒 和 油 贵 一样

③ma:k⁹ta³ tə¹ nai¹to⁶loŋ⁶.果和糖一样好。

  果 和 糖 好 一样

2.S + wa⁴ + St + pei³kan¹，如：

①khau³nu¹lun²lau² wa⁴khau³nu¹lun²te¹hat⁷nai³nai¹pei³ kan¹.

  米 糯 家我们 和 米 糯 家 他 做 得 好 一样一样

我们家做的糯米和他家的一样好。

②te¹kha¹phjaːi³wa⁴ŋo⁵khwei⁵taːn⁵se⁵khjaːi⁵pei³ kan¹.

　　他　腿　走　　和　我　骑　　单车　快　一样一样

他步行和我骑自行车一样快。

③theːu¹taˀ⁶maːn³ te¹wa⁴theːu¹maːn³ lau² nən⁵pei³ kan¹.

　　条　河　村　他　和　条　村　我们脏　一样一样

他们村的河和我们村的一样脏。

④ɬei¹ te¹ wa⁴ɬei¹ŋo⁵nai¹pei³ kan¹.他的书跟我的书一样好。

　　书　他　和　书　我　好　一样一样

3.S＋wa⁴＋St＋ɬjaːŋ³kan¹，如：

①wan²kei⁵wa⁴wan²wa²nut⁹ɬjaːŋ³kan¹.今天和昨天一样热。

　　　天　今　和　天　昨　热　像　一样

②maːn³te¹wa⁴maːn³ lau² no⁵ɬjaːŋ³kan¹.他的村和我们村一样穷。

　　　村　他　和　村　我们　穷　像　　一样

③theːu¹taˀ⁶maːn³te¹ wa⁴theːu¹maːn³ lau² nən⁵ɬjaːŋ³kan¹.

　　条　河　村　他　和　条　村　我们　脏　像　一样

他们村的河和我们村的一样脏。

④khau³nu¹lun²te¹ wa⁴lun²ŋo⁵hoːm¹ɬjaːŋ³kan¹. 他家的糯米和我家的一样香。

　　米　糯　家　他　和　家　我　香　像　一样

4.S＋wa⁴＋St＋to⁵kan¹，如：

①təˀ²paːu⁵wa⁴tsəŋ³ɬi⁵to⁵kan¹.德保和靖西一样。

　　德保　和　靖西同一样

②miŋ³te¹ wa⁴miŋ³　　lau² kaːŋ³to⁵kan¹.他那边和我们这边说的一样。

　　边　他　和　边儿　我们　讲　同一样

　我们观察到，扶绥壮语的等比句可有如下语序：

ku³⁵tshau²¹məŋ³jiː³³jeːŋ²¹ɬaːŋ³⁵.我和你一样高。

我　　和　你　一样　高

左州壮语也以表"一致""等同"的语词为等比标记（晏殊，2018）①：

---

① 晏殊：《崇左左州参考语法》，硕士学位论文，广西大学，2018 年，第 132 页。

①no:ŋ⁴θoŋ¹toŋ²ku¹.弟弟跟我一样高。

　　弟弟 高 同　我

②no:ŋ⁴θoŋ¹toŋ²ku¹it⁷juɯŋ³.弟弟跟我一样高。

　　弟弟 高 同　我 一样

③no:ŋ⁴sai² ku¹it⁷juɯŋ³θoŋ¹.弟弟跟我一样高。

　　弟弟 和 我 一样　高

④no:ŋ⁴kan¹ku¹it⁷juɯŋ³θoŋ¹.弟弟跟我一样高。

　　弟弟 跟 我 一样　高

⑤no:ŋ⁴θa:u¹pin²θa:u¹tuɯŋ⁵ku¹ni².妹妹像我一样好看。

　　妹妹　　好看　像 我 那

扶绥壮语 ji³³je:ŋ²¹（一样）ła:ŋ³⁵（高）、左州壮语 it⁷juɯŋ³（一样）θoŋ¹（高）的语序与现代汉语一致而与壮侗语固有的"中心语＋状语"相异。左州壮语 toŋ²（同）……it⁷juɯŋ³、sai²（和）……it⁷juɯŋ³、kan¹（跟）……it⁷juɯŋ³应该是复制了汉语相应的结构。加之 ji³³je:ŋ²¹、it⁷juɯŋ³显然是汉语借词"一样"，toŋ²、kan¹分别是汉语借词"同"和"跟"，说明扶绥壮语、龙州壮语等比句受汉语的影响较靖西壮语更为深刻。

第三节　被动标记

目前讨论过的壮语被动标记主要有 te:ŋ¹、ŋa:i²、tuɯk⁸。对 te:ŋ¹ 的讨论较多，如覃晓航（1995）[1]，李旭练（1997）[2]，梁敢、韦汉（2005）[3]，韦茂繁（2010）[4]等。林亦（2009）对武鸣罗波壮语表被动态的 te:ŋ¹、ŋa:i²、tuɯk⁸、haɯ³、ʔdɔ:i¹五个虚

---

① 覃晓航：《壮语特殊语言现象研究》，民族出版社 1995 年版。

② 李旭练：《都安壮语 te:ŋ¹字句初探》，《中国民族语言论丛（二）》，云南民族出版社 1997 年版。

③ 梁敢、韦汉：《英壮被动语态对比研究》，《广西师范大学学报》（哲学社会科学版）特刊，2005 年第 2 期。

④ 韦茂繁：《都安壮语 te:ŋ⁴²的语法化分析》，《民族语文》2010 年第 6 期。

词作了讨论，她认为 ʔdoːi¹ 与汉语桂柳官话"对"toːi⁵可能存在对应关系。[①]韦景云、何霜、罗永现（2011）对 ʔdoːi¹ 也作了讨论。[②]梁敢（2013）对 ʔdoːi¹的句法特征和语法化进行讨论，他认为其来自本族语形容词 ʔdoːi¹（好）及物化结构的不断发展及演变，属于较为典型的受益格标记。[③]潘立慧（2014）推测壮语 teːŋ/tuɨk⁸（thək⁸）/ŋaːi²及汉语"着/捱（挨）"的必要性情态义很可能发展自被动义，兼发展自动词"用、需要"；致使义很可能发展自被动义。[④]这些讨论主要着眼于北部壮语。

黄阳（2010）认为，靖西壮语的被动标记有两个，一个是来源于使役义动词的 hoi³[⑤] "给"；一个是表遭受义的动词 ŋai²"挨"。他还认为，这两个语法标记一般可以换用。[⑥]韦庆稳、覃国生（1980）注意到，表示被动的介词，在北部方言多用 teŋ¹或 tuɨk⁸，南部方言多用 ŋaːi²或 huɨ³。[⑦]与这一判断也是一致的。杨奔（2018）认为，大新壮语的被动标记是 ŋai²、hi³。[⑪]我们认为，靖西壮语的被动标记有以下七个：ŋaːi²、hoi³、ŋaːi²hoi³、ɬau⁶、nai³、toi²、thok⁷。

一　ŋaːi²

ŋaːi²是靖西壮语最常用的被动标记，其为中古借词"捱"。捱，中古疑母，蟹摄开口二等，平声。靖西壮语中古借词疑母读 ŋ，如"我"读 ŋo⁵，"（初）五"读 ŋo⁴，蟹摄开口二等读 aːi，如"排"读 paːi²，"败"读 paːi⁶，浊平读第2调。声韵调与中古借词规律相符。

---

① 林亦：《武鸣罗波壮语的被动句》，《民族语文》2009 年第 6 期。
② 韦景云、何霜、罗永现：《燕齐壮语参考语法》，中国社会科学出版社 2011 年版。
③ 梁敢：《武鸣罗波壮语 ʔdoːi¹被动句的形成及其句法特征》，《中央民族大学学报》（哲学社会科学版）2013 年第 1 期。
④ 潘立慧：《壮语 teːŋ/tuɨk⁸/ŋaːi²及汉语"着/捱"情态义、致使义的来源》，《民族语文》2014 年第 2 期。
⑤ 张惠英（2002）认为 hoi³是汉语借词"与"（见张惠英、张振兴《音韵与方言》，载张惠英《语言现象的观察与思考》，民族出版社 2002 年版）；覃远雄（2007）做了进一步的论证，见覃远雄《平话、粤语与壮语"给"义的词》，《民族语文》2007 年第 5 期。
⑥ 黄阳：《靖西壮语语法》，硕士学位论文，广西大学，2010 年，第 72—73 页。
⑦ 韦庆稳、覃国生：《壮语简志》，民族出版社 1980 年版，第 82 页。
⑪ 杨奔：《勾漏粤语与壮语被动句比较研究》，《广西师范大学学报》（哲学社会科学版）2018 年第 6 期。

　　作为被动标记的"揾"在广西汉语方言中有较普遍的分布（曹志耘，2008）①，我们在广西官话（含高山汉话）、平话和粤语中观察到其广泛的分布（有的写作"挨"）。

　　荔浦官话（潘大廉，2017）②：

　　①他今天又揾老师批评了。（他今天又被老师批评了。）

　　②我没带雨伞揾雨淋了。（我没带雨伞被雨淋了。）

　　南街官话（郑石磊）③：

　　①小李放学挨老师留下来。（小李放学被老师留下来。）

　　②我的钱包挨偷了。（我的钱包被偷了。）

　　田林浪平江洞村高山汉话④：

　　①你们走肯定揾杀了。（你们走的话肯定被杀掉。）

　　②他又搞了坏事了又揾抓了。（他又做了坏事，所以又被抓了。）

　　③他和龙飞鹏一起揾毙的。（他和龙飞鹏一起被枪毙的。）

　　永福塘堡平话（肖万萍，2005）⑤：

　　茶瓯揾他打坏了。（茶杯被他打破了。）

　　崇左江州蔗园话（李连进、朱艳娥，2009）⑥：

　　①田挨日头晒得坼了。（太阳晒得田都裂了。）

　　②落了一场大雨，衫裤挨淋湿了。（下了一场大雨，把衣服都淋湿了。）

　　③鸡凑猪挨吓得东走西走。（鸡和猪被吓得东奔西跑。）

　　崇左新和蔗园话（梁伟华、林亦，2009）⑦：

　　①张三揾人打了啊棍。（张三被人打了一顿。）

　　②张三揾打了啊棍。（张三被打了一顿。）

　　③嗰只村揾水浸哦。（这个村子被水淹了。）

---

① 曹志耘主编：《汉语方言地图集·语法卷》，商务印书馆2008年版，第95页。
② 潘大廉：《荔浦话语法研究》，硕士学位论文，广西大学，2017年，第123页。
③ 郑石磊：《广西宾阳新宾南街官话研究》，硕士学位论文，广西大学，2012年，第143页。
④ 调查对象为广西田林县浪平乡江洞村龙水屯农民朱良仲。
⑤ 肖万萍：《桂北平话与推广普通话研究——永福塘堡平话研究》，广西民族出版社2005年版，第227页。
⑥ 李连进、朱艳娥：《广西崇左江州蔗园话比较研究》，广西师范大学出版社2009年版，第192—193页。
⑦ 梁伟华、林亦：《广西崇左新和蔗园话研究》，广西师范大学出版社2009年版，第306页。

④手机挃跌坏喽。（手机被摔坏了。）

田阳那满蔗园话①：

①我衫挃人偷了。（我衣服被人偷了。）

②渠上天去，挃风卷上去了。（她上天去了，被风卷上去了。）

南宁粤语（林亦、覃凤余，2009）②：

①佢只崽挃四万五给三中，分数有够，有办法。（他儿子必须交四万五千块钱给三中，分数不够，没办法。）

②路冇识几滑，我差啲挃着一跤。（路真滑，我差点摔了一跤。）

③我挃补考两门，你挃几多门？（我补考两门，你补考多少门？）

④佢挃你喊噉大一声，争啲吓死哦。（他被你喊了这么一大声，差点吓死。）

⑤佢冒名上研究生挃人哋识得晒。（他冒名上研究生被人们知道了。）

百色粤语：

①啲两日冇舒服，挃食药。（这两天不舒服，只得吃药。）

②渠挃老窦打。（他被父亲打。）

③食错嘢，挃屙肚。（吃错东西，拉肚子。）

田东平马粤语③：

①谁不知挃呢个黄母娘娘见晒。（谁知被那个王母娘娘见了。）

②由于我啱五十二岁，就挃退休，同点做呢？（由于我才五十二岁，就得退休，怎么办呢？）

凌云加尤镇岩脚村高山汉话（吕嵩崧，2010，2016）④：

①挃迷了。（被迷住了。）

②他挃我打了。（他让我给打了。）

广西汉语方言"挃"是由实词语法化为被动标记。周乃刚（2009）在研究桂北平话被动标记与处置标记时提出，"挃"和"被"的语法化路径是一样的，

① 调查对象为广西田阳县那满镇内江村第六组雷杰兴。

② 林亦、覃凤余：《广西南宁白话研究》，广西师范大学出版社 2009 年版，第 350 页。

③ 语料调查自梁桂生。

④ 吕嵩崧：《凌云加尤高山汉话研究》，硕士学位论文，广西师范大学，2010 年，第 102 页；吕嵩崧：《桂西高山汉话研究》，中国社会科学出版社 2016 年版，第 439 页。

都是由于类推作用，由实词开始虚化，又经重新分析，成为介词。①苏艳飞（2011）也指出，"ŋaːi³¹"表被动是由忍受义动词演变来的"捱"字式，其被动义由"耐"这一义项发展而来。②林亦（2008）在研究壮语"给予"义动词及其语法化时指出，广西粤方言……用遭受义动词"着""捱"表示；广西桂柳官话（属西南官话）……被动标记更多是用"捱"。官话曾是广西地区较为强势的方言。……受官话影响的地区，无论白话、平话甚至壮语，"捱"逐渐成为被动标记的主流。林亦还指出，汉语的表被动的"捱"同样影响了壮语。③因此，壮语的 ŋaːi²非固有词。

（一）ŋaːi²的宾语

1.ŋaːi²的宾语一般是体词性成分，可以是名词、名词短语、代词等。如：

①ɬoːŋ¹tu¹kai⁵ŋaːi²tu¹lam⁶thei¹pai¹.（那）两只鸡被老鹰抓走了。

　　二　只鸡　捱只鹰　拿去

②tei⁶tən⁴ŋaːi²maːn³teːi¹tseːn³pai¹.这个地方被他的村占去。

　　地　这　捱　村　他　占　去

③ʔan¹kha¹ŋaːi²te¹ kin¹ja⁵.（那条鸡）腿被他吃了。

　　个　腿　捱他　吃了

2.ŋaːi²的宾语也可以是动词性成分，如：

theːu¹kha³loː⁶ŋaːi²lɔŋ²phon¹soŋ⁵waːi⁶ja⁵.（这条）路被雨冲坏了。

条　腿路捱下　雨　冲　坏了

3.ŋaːi²的宾语可以缺省，有两种情况：

（1）ŋaːi²后的动词为不及物动词，该动词的施事是句子的主语。如：

①te¹phjaːi³kha¹loː⁶khwaːi⁵laːi¹，ŋaːi²lam⁴ki³maːt⁹.他走路太快，摔了几下。

　　他　走　条路　快　多　捱　跌几下

②pai²təm⁴te¹ɬiŋ¹nak⁷pə⁰，ŋaːi²noːn²ni¹taːp¹⁰ki³wan².

　　回　那　他伤重 语气助词　捱　睡上床　几天

---

① 周乃刚：《桂北平话被动标记与处置标记研究》，硕士学位论文，广西民族大学，2009年，第12—16页。

② 苏艳飞：《壮泰语带被动标记句对比研究》，硕士学位论文，广西民族大学，2011年，第20页。

③ 林亦：《壮语给与义动词及其语法化》，《民族语文》2008年第6期。

那次他伤得重啊，躺床上几天。

（2）ŋaːi²后动词的施事

namˀnakˀlaːi¹，ŋaːi²ʔaːpˀkwaˀpaiˀtsoˀnaiˀ.水太深，只能游过去。

水　深　多　捱　游　过　去　才　得

（3）ŋaːi²后跟表数量的短语

靖西壮语的ŋaːi²可以负载整个事件，所以其后可以直接跟数量短语。如：

①naːŋ³pan² pei³　niˀko³puˀ ləuˀkjaˀɬiˀkhwaˀ，ŋaːi²tsiŋ²neːuˀniˀtso³ ləuˀ.

冷　成　这样　你　也　不　懂　加　衣　裤　　捱　场　一　你　就　懂

冷成这样你都不知道加衣服，（病）一场你才知道（错）。

②paiˀpaiˀŋaːi²ɬiŋ¹，ŋaːi²paiˀleːuˀpaiˀmɔiˀ.回回受伤，伤了一次又一次。

回　回　捱　伤　　捱　回　完　回　新

4.ŋaːi²后可以接受事宾语，该体词性成分是动作的承受者，所承受动作一般在上文出现，或在背景材料中是听说双方共知的。如：

——thiŋ¹jaːk¹⁰jaˀsəuˀkən²paiˀlɔŋ²jaːŋˀ.学校说抽人去下乡。

学校　说　抽　人　去　下　乡

——ŋaːi²kən²tɔi²? 什么人（得）去？

捱　人　何

（二）ŋaːi²字句的谓项结构

ŋaːi²字句的谓项可以由动词性成分、形容词性成分充当，谓项也可以缺省。

1.动词性成分充当谓项

有三种形式：一是单纯动词形式，二是动词前后有其他成分，三是连动结构。

（1）单纯动词形式

①teˀŋaːi²kha³.他被杀。

他　捱　杀

②wan²waˀŋoˀlɔŋ²naˀ，ŋaːi²tuˀ pəŋ¹ neːuˀnaːtˀ.

天　昨　我　下　田　捱　只　蚂蝗　一　叮

昨天我下水田被一只蚂蝗叮了。

③ko¹mai⁴ŋa:i²tham³. （那棵）树被砍。

　棵　树　捱　砍

（2）动词前后有其他成分

这类被动句的谓语并非光杆动词，谓语动词或有前加成分，或有后续成分，或既有前加成分又有后续成分。动词的前加成分主要是状语和连动式的前一动词成分，后续成分可以是居后状语和体标记。

1）谓语动词后是居后状语

①te¹mei²nai³pin⁶na:u⁵，ɬo:ŋ¹kən² lok⁸ŋa:i²jəu⁵kja:ŋ¹ma:n³tsiŋ⁴.

　他 不 得 空 不　 二 个 儿子捱 在 中 村 养

他没有空，两个儿子被养在村里

②ɬo:ŋ¹ lok⁸ tən⁴ŋa:i²te¹joŋ⁶mai⁴to:n⁶ma²təp⁸.（这）两个小子被他用短棍来打。

　二 小子这 捱 他 用 木 截 来 打

③ŋo⁵ŋa:i² te¹khu¹tsiŋ²ɬei².我经常被他取笑。

　我 捱 他 笑 时常

④tu¹ wa:i²ŋa:i²ŋo⁵phok⁷jəu⁵tɔi³la:ŋ⁶.（那头）水牛被我捆在栏里。

　只 水牛 捱 我 捆 在 底 栏

2）谓语动词＋宾语

①wan²wa²ŋo⁵ŋa:i ²te¹təp⁸kom⁵khei³.昨天我被他打屁股。

　天 昨 我 捱 他 打 屁股 屎

②ŋo⁵tsən³ŋa:i²te¹ si³　khjəu¹.我总是被他揪耳朵。

　我 净 捱 他 扯 耳朵

3）谓语动词加体标记

①the:u¹pa:u⁵ŋa:i²te¹ tok⁷tɔk⁷ja⁵.（那支）枪被他弄丢了。

　条 枪 捱 他 弄 丢 了

②ŋo⁵wan²wa²ŋa:i²te¹phi⁵phin²ja⁵.我昨天被他批评了。

　我 天 昨 捱 他 批评 了

③te¹ wa⁴ŋo⁵ŋa:i²la:u⁴ɬai¹lau¹lɔŋ²ma²kwa⁵.他和我曾被老师留下来。

　他 和 我 捱　老师 留 下 来 过

（3）谓语是连动结构

①phin¹lau³ŋa:i²khai¹ʔo:k⁹kin¹le:u⁴.（那瓶）酒被他打开喝完。

　　瓶　酒捱　开　出　喝完

②ŋo⁵tsau⁴tsau⁴le³ ŋa:i²tən⁵ma²kha³kai⁵lə⁰.我早早就不得不起床杀鸡了。

　　我早　早　就捱起　来杀　鸡 语气助词

③ɬo:ŋ¹khɔn³nok⁷ŋa:i²te¹to:t¹⁰lɔŋ²mo³pai¹tən³.（这)两块骨头被他扔进锅里炖。

　　二　块　骨捱他丢　下锅去炖

④ŋa:ŋ⁴ mai⁴ pan⁶ ŋa:i² to:i⁶ ŋo⁵ thap⁷ lɔŋ² ma² naŋ³ fai².

　　枝　木　刚才捱　复数标记我砍　　下　来　烧　火

（那）根树枝刚才被我们砍下来烧火。

2.形容词性成分充当谓语

ŋa:i²字句可以以形容词性成分作为谓语，这时 ŋa:i²后没有宾语，作为谓语的形容词性成分可以是单纯形式，也可以带后续成分。

（1）单纯形式

①ɬei²nut⁹phjak⁷li¹mei²thei¹khau³pin⁵ɬja:ŋ⁵na:u⁵ŋə²pa:n⁵ŋa:i² man¹.

　　时　热　菜　剩不　放　进　　冰箱　　不肯定捱　臭

　　热天剩菜不放进冰箱肯定会臭。

②te¹ tso³tsei⁶kja:n⁴，ɬɔ⁵ʔi⁵tso³ŋa:i²no⁵.他就是懒，所以受穷。

　　他就是　懒　　所以就捱穷

（2）带后续成分

一般有两种情况：

1）形容词性成分＋状语

①ni⁵kja:n⁴kai²，ɬɔ⁵ʔi⁵ŋa:i²no⁵taŋ²ta:i².你那么懒，所以穷一辈子。

　　你　懒这样所以捱穷整代

②tu¹nəu¹tha:i¹mei²khja¹ʔo:k⁹ma²na:u⁵，ŋa:i²man¹taŋ²wan².

　　只鼠　死不找　出来不　　捱臭整天

（那只）死老鼠不找出来，一天到晚都会臭。

③ɬa:m¹nun¹mei²lɔŋ²phɔn¹na:u⁵，ŋa:i²le:ŋ⁴taŋ²　tai³ ta⁶the:k⁹tsi⁵.

　　三　月不下雨不　　捱旱以致底河裂 语气助词

三个月不下雨，旱得河底都裂了。

2）形容词性成分＋体标记

①ʔan¹mo⁵tən⁴ŋa:i²khɔi⁵ja⁵.这个泉干了。

　个　泉　这　揌　干 _{完成体标记}

②te¹ko³ŋa:i²he:u⁵kwa⁵.他也瘦过。

　他也　揌瘦 _{经历体标记}

③ɬən³te¹ ko³ŋa:i²təm²ja⁵.她的裙子也湿了。

　裙　她　也　揌　湿 _{完成体标记}

3.名词性成分充当谓语

充当谓语的名词性成分多为 ta:p⁹"巴掌"、tən¹"脚底"、thu¹khau⁵"膝盖"、ko:k⁷ɬo:k⁹"肘"等可用于击打的人体部位，充当谓语时与数量短语构成数量名结构，分类词一般用 ma:t⁹"下"，如：

①te¹ŋa:i²ŋo⁵ma:t⁹ta:p⁹ne:u².他被我扇了一巴掌。

　他　揌我　下　巴掌　一

②ŋo⁵ŋa:i²te¹ɬo:ŋ¹ma:t⁹tən¹.我被他踢了两脚。

　我　揌他　二　下　脚底

③khɔn³kək⁷ŋa:i²ŋo⁵ma:t⁹thu¹khau⁵ne:u²le³tak⁷lə⁰.（这块）砖被我顶一膝盖就断了。

　块　砖　揌我　下　膝盖　一就　断 _{语气助词}

④te¹ŋa:i²ŋo⁵ɬo:ŋ¹ma:t⁹ko:k⁷ɬo:k⁹.他被我用肘击打了两下。

　他　揌我　二　下　　肘

表不情愿接受的、消极的事物名词如疾病等也可充当谓语。如：

①te¹ŋa:i²ŋa:n².他患了癌症。

　他　揌　癌

②te¹ŋa:i²khit⁷.他生了癣。

　他　揌　癣

4.谓项缺省，有两种情况：

（1）完成体标记 ja⁵及语气词可直接跟在 ŋa:i²后。这时 ŋa:i²负载了整件事的语义。如：

①te¹ŋa:i²ja⁵.他遭受╳了。

　　他　捱　了

②ni⁵lak⁸ko:i¹ɬei¹，ŋa:i²mi⁰？你偷看书，遭受╳吗？

　　你　偷　看　书　捱　语气助词

这时，所承受的某种动作行为（一般是承受者不情愿的）必须根据语境才能知晓，一般为听说双方所共知。因此，这样的句式常常在对话中出现。如：

——təŋ⁶lɔn⁶te¹ŋa:i²təp⁸ja⁵.听说他被（人）打了。

　　听　论　他　捱　打　了

——ŋa:i²ja⁵lo⁰！被（打）了。

　　　　捱　了　语气助词

与壮语接触密切的南宁粤语，被动标记"捱"的谓语动词也可以缺省，且"捱"后无宾语。如：

佢一世人都冇有乜大病过，一病亲，就捱哦。（他这一辈子都没生什么病，一生病就完了。）①

（2）施事可以直接跟在 ŋa:i² 后，谓语动词常常省略。

①ma:n³tən⁴ŋa:i²he²ki²soŋ²，taŋ²ma:n³tha:i¹le:u⁴.

　　村　这　捱　血吸虫　整　村　死　完

这村染上了血吸虫，整村死光了。

②la:u⁴təm⁴ŋa:i²li⁴tsi².那个人染了痢疾。

　　佬　那　捱　痢疾

南宁粤语的被动标记"捱"也有这样的用法，如②：

①你老窦老嬷捱晒十几年，至养得你噉大。（你爸爸妈妈辛苦了十多年，才把你养这么大。）

②我捱补考两门，你捱几多门。（我补考两门，你补考多少门？）

ŋa:i² 的确是壮语常见的被动标记。

南部壮语：

---

① 林亦、覃凤余：《广西南宁白话研究》，广西师范大学出版社 2009 年版，第 349 页。

② 林亦、覃凤余：《广西南宁白话研究》，广西师范大学出版社 2009 年版，第 349—350 页。

扶绥壮语：

①ma:i²¹məu³⁵ŋa:i²¹tu³³mo³⁵kən²¹le:u³³lo³³.猪肉被狗吃完了。

　肉　猪　揠　只狗　吃　完　了

②nok¹⁰ŋa:i²¹pu:i²¹mə:n³⁵le:u⁵⁵.鸟被放飞了。

　鸟　揠　逃　飞　了

广南壮语：

①nɯ³mu⁵ŋa:i⁶ti²ma¹tsin³ja².猪肉被狗吃了。

　肉猪　揠　只狗　吃了

②tse:n³ku²ŋa:i⁶nak⁸.我的钱被偷（了）。

　钱　我　揠　偷

③lau³ŋa:i⁶tsin³ja².酒被喝了。

　酒　揠　喝　了

西畴壮语：

①nɯ⁴ŋa:i⁴ti³ma¹tsin¹.肉被狗吃（了）。

　肉　揠　只　狗　吃

②tse:n²ŋa:i⁴lak⁸.钱被偷（了）。

　钱　揠　偷

③ku⁴ŋa:i⁴te¹ku⁴maŋ¹.我被我父亲骂（了）。

　我　揠　爹我骂

左州壮语（晏殊，2018）①：

①tu¹lak⁷ŋa:i²koŋ¹an¹tsok⁷pei¹lja:u⁴.这个小偷被公安抓走了。

　只偷揠　公安抓　去了

②θɯ³ku¹ŋa:i²min¹a:u¹pei¹lja:u⁴.我的衣服被他拿走了。

　衣我揠　他　要去了

③no:ŋ⁴ŋa:i²ŋu²khum¹a:m⁵ɯŋ².弟弟被蛇咬了一口。

　弟　揠　蛇咬　口　一

---

① 晏殊：《崇左左州壮语参考语法》，硕士学位论文，广西大学，2018 年，第 121 页。

大新壮语（杨奔，2018）[1]：

min⁵ŋaːi²kau¹hun⁴ja⁵.他被我打了。

他　揔我　打了

北部壮语：

武鸣罗波壮语（覃海恋，2009）[2]：

kau³³ŋaːi³¹ te³³ʔda³⁵.我被他骂。

我　揔他　骂

二　hɔi³

hɔi³的本义是"给予"。张振兴、张惠英（2002），覃远雄（2007）认为hɔi³来自古汉语的"与"。[3]其在靖西壮语中语法化为被动标记。如：

①wan²wa²ŋo⁵lɔŋ²na²，hɔi³ tu¹ pəŋ¹ neːu²naːt⁹.

　天　昨我下田　给只蚂蝗一　叮

昨天我下水田，被一只蚂蝗叮了。

②ɬei⁵ʔan¹kha¹ kɔŋ²hɔi³te¹kin¹leːu⁴pai¹ja⁵lə⁰.四个（鸡）腿都被他吃了。

　四　个腿　胯给他吃完　去了语气助词

在汉语以及壮语周边的其他语言中,被动标记的词汇来源主要有三类："使令""给予"和"遭遇"。林亦（2009）认为,武鸣罗波壮语的"给"有"给予义→使役→被动"的语法化路径。[4]苏艳飞（2011）也指出,"给予"义动词表被动,在许多东亚、东南亚语言中均存在。据蒙元耀提供的资料显示,在马山、都安、大化一带,"haɯ⁵⁵"也有"被、挨"之意；在壮语中,"haɯ⁵⁵"的语法化分两种情况,一种是语法化使役动词,一种是语法化成了被动标记。[5]这里说的haɯ⁵⁵与靖西壮语hɔi³同源。靖西壮语的hɔi³应该也经历了和武鸣罗波

① 杨奔：《勾漏粤语与壮语被动句比较研究》，《广西师范大学学报》（哲学社会科学版）2018年第6期。
② 覃海恋：《武鸣罗波壮语语法研究》，硕士学位论文，广西大学，2009年，第80页。
③ 张振兴、张惠英：《音韵与方言》，载张惠英：《语言现象的观察与思考》，民族出版社2002年版；覃远雄：《平话、粤语与壮语"给"义的词》，《民族语文》2007年第5期。
④ 林亦：《武鸣罗波壮语的被动句》，《民族语文》2009年第6期。
⑤ 苏艳飞：《壮泰语带被动标记句对比研究》，硕士学位论文，广西民族大学，2011年。

壮语一样的语法化路径，这三种用法仍然共存：

（一）"给予"义

"给予"义的 hɔi³ 是一个实义动词。如：

①ŋo⁵hɔi³te¹ɬo:ŋ¹ko¹phjak⁷.我给他两棵青菜。

　　我　给　他　二　棵　菜

②nun¹tsiŋ¹pei¹kei⁵ʔau¹foŋ¹pa:u¹hɔi³lok⁸ʔe:ŋ¹la:i¹ne:u²tso³nai³.

　　月　正　年　这　要　封包　给子　小　多　一　才　得

今年春节得给孩子多一些封包才行。

③ni⁵ ja⁶hɔi³ŋo⁵wei⁴ ɬai⁶mei²hɔi³na:u⁵？你说给我为什么不给？

　　你　说　给　我　为　什么　不　给　不

（二）"使令"义

①ŋo⁵hɔi³te¹ lik⁸ni⁵ma²kin¹khau³.我让他叫你来吃饭。

　　我　给　他　叫你　来　吃　饭

②te¹hɔi³koŋ⁵pa:ŋ¹ɬo:n¹ma:u²pi².他叫爷爷教毛笔字。

　　他　给　公　帮　教　毛笔

③ni⁵mei²tsən⁵hɔi³ŋo⁵la:ŋ⁴thui¹na:u⁵.你不能让我洗碗。

　　你　不　准　给　我　洗　碗　不

由于壮语的使令动词多用 hɔi³ "给"，与汉语普通话有异，所以壮语区所说的普通话中，人们常以"给"代替汉语中的"让""叫"等。如：

①我给他叫你来吃饭。（我让他叫你来吃饭。）

②老师给你帮搬家。（老师叫你帮搬家。）

（三）被动标记

"给予"义词是实义动词，意义实在；"使令"义则属使令动词，意义较"给予"义虚灵；而被动标记的意义比"使令"义更为虚灵。

1.hɔi³的宾语

hɔi³的宾语一般是体词性成分，可以是名词、名词短语、代词等。如：

①ŋa:m⁵lɔŋ² na² le³hɔi³ tu¹ pəŋ¹ na:t⁹ma:t⁹ne:u²lə⁰.刚下水田就被蚂蝗叮了一下。

　　刚　下　田　就给　只　蚂蝗　叮　下　一　语气助词

②ma:n³te¹ hɔi³ma:n³ŋo⁵təp⁸la:u¹tsi⁵.他的村被我的村打怕了。

　　村　他 给村　我 打　怕 _{语气助词}

③ŋo⁵ hɔi³te¹təp⁸kwa⁵.我被他打过。

　　我　给 他 打 过

与 ŋa:i²字句不一样的是，hɔi³的宾语不能是动词性成分，宾语也不能缺省。

　2.hɔi³字句的谓项结构

hɔi³字句的谓项由动词性成分充当，谓项不能缺省。

与 ŋa:i²字句不同，hɔi³字句的谓语不能是单纯动词形式，其谓项结构形式有二：一是动词前后有其他成分，二是连动结构。

（1）动词前后有其他成分

这类被动句的谓语不能是光杆动词，谓语动词或有前加成分，或有后续成分，或既有前加成分又有后续成分。动词的前加成分主要是状语和连动式的前一动词成分，后续成分可以是居后状语、宾语、连动式的后一动词性成分以及动态助词。

1）状语＋谓语动词

一是以状语作为前加成分的，即动词前的状语性修饰成分。

①ŋo⁵ ɬi³ khwa⁵kha:t⁹la:i¹，hɔi³te¹ɬei²ɬei²khu¹ɬam³.

　　我 上衣 裤　烂 多　给 他 时时 笑 酸

我衣服太破烂，被他时时讥笑。

②kən²ke⁵te¹mei² nai³pin⁶na:u⁵，te¹jaŋ²ʔe:ŋ¹hɔi³jəu⁵lun² ta:i⁵ te¹ jəu⁵.

　　人 老 他 不　得 空 不　 他 还　小 给 在 家 外婆 他 住

他父母没有时间，他小的时候被放在外婆家住。

③tu¹məu¹hɔi³te¹ joŋ⁶te:n³te:n³tha:i¹.（那头）猪被他用电电死了。

　　只 猪 给 他 用　电　电 死

④ko¹wa¹hɔi³te¹thei¹nam⁴tsiŋ⁴po⁴.（这株）花被他用水养起来。

　棵 花 给 他 拿　水　养 住

与上文所讨论的 ŋa:i²字句一样，我们认为，这种状语位于动词之前的结构是受汉语影响而后起的。

2）动词有后续成分

后续成分有状语、宾语、体标记等。

一是状语。台语的状语一般位于动词之后，如上述状语作为前加成分的，可位于动词之后。

①ŋo⁵hɔi³te³khi¹fəu⁶tsiŋ²ɬei². 我经常被他欺负。

　　我 给 他 欺负　时常

②tu¹məu¹hɔi³ŋo⁵khjɔt⁷jəu⁵tɔi³la:ŋ⁶. （那头）猪被我捆在栏里。

　　只 猪 给 我 捆 在 底 栏

③khja⁵paŋ²jəu⁴hɔi³ te¹ta:i³ʔo:k⁹pai¹. （那群）朋友被他带出去。

　　群　朋友 给 他 带 出　去

④tu¹kai⁵hɔi³te¹to:t¹⁰lɔŋ²ma². （那只）鸡被他扔下来。

　　只 鸡 给 他 扔 下　来

二是谓语＋体标记。

①ʔan¹phin¹hɔi³te¹təp⁸pho⁵ja⁵. （那个）瓶子被他打破了。

　　个　瓶　给 他 打　破 <small>完成体标记</small>

③pəŋ⁶te¹ hɔi³ŋo⁵ ja¹nai¹ja⁵. 他的病被我治好了。

　　病　他 给 我 治好 <small>完成体标记</small>

③te¹ hɔi³la:u⁴ɬai¹na⁵la:i¹la:i¹, ʔan¹wan²he³jəu⁵. 他被老师骂得太多，整天害怕。

　　他 给 老师 骂 多 多　个 天 怕 <small>持续体标记</small>

④ŋo⁵wan²wa²hɔi³ma¹khap⁷ja⁵. 我昨天被狗咬了。

　　我　天 昨 给 狗　咬 <small>完成体标记</small>

⑤te¹ wa⁴ŋo⁵hɔi³la:u⁴ɬai¹lau²lɔŋ²ma²kwa⁵. 他和我曾被老师留下来。

　　他 和 我 给 老师　留 下 来 <small>经历体标记</small>

三是谓语动词＋宾语。

①ŋo⁵hɔi³te¹ ja⁵wa:ŋ⁵. 我被他吓慌。

　　我 给 他 吓 慌

②ŋo⁵tsəŋ³hɔi³te¹ təp⁸kom⁵khei³. 我总是被他打屁股。

　　我 净 给 他 打 屁股 屎

3）既有前加成分又有后续成分的

一是状＋动＋宾。

①te¹ hɔi³laːu⁴ke⁵te¹tsiŋ²ɬei²təp⁷kom⁵kei³.他经常被父亲打屁股。

   他 给 佬 老 他 时常 打 屁股 屎

②ŋo⁵jan²²ʔeːŋ¹hɔi³kən²ke⁵tsəŋ³poːn³khau³.我小的时候总是被老人喂饭。

   我 还 小 给 人 老 净 喂 饭

二是状＋动＋状。

①ʔan¹se⁵te¹ hɔi³ŋo⁵wan²wa²tok⁷waːi⁶pai¹.他的车昨天被我弄坏了。

   个 车 他 给 我 天 昨 弄 坏 去

②kaːi¹ŋo⁵hɔi³kaːi¹te¹wan²wa²jəŋ² taŋ² laːu¹leːu⁴tsi⁵.

   街 我 给 街 他 天 昨 赢 以致怕 完 _{语气助词}

我们街被他们街昨天赢得十分害怕。

三是状＋动＋体标记。

①ŋo⁵hɔi³te¹ na⁵kwa⁵.我被他骂过。

   我 给 他 骂 _{经历体标记}

②kha¹məu¹hɔi³ŋo⁵tən³ja⁵.猪腿被我炖了。

   腿 猪 给 我 炖 _{完成体标记}

（2）谓语是连动结构

①khja⁵məu¹hɔi³te¹laːk¹⁰pai¹pə²ɬə²khaːi¹.（这群）猪被他拉到百色卖。

   群 猪 给 他 拉 去 百色 卖

②te¹hɔi³ ŋo⁵taːi³pai¹pə²ɬə² lən².他被我带到百色玩。

   他 给 我 带 去 百色 玩

③tu¹ pja¹jiː²thaːŋ²te¹hɔi³ŋo⁵kap⁸ma²kin¹pai¹ja⁵.

   只 鱼 鱼塘 他 给 我 抓 来 吃 去_{完成体标记}

他的鱼塘里（那条）鱼被我抓来吃掉了。

④ko¹mai⁴jəu⁵kjaːŋ¹thiŋ¹jaːk¹⁰hɔi¹kən²kjaːŋ¹maːn³thap⁷pai¹ khaːi¹.

   棵 树 在 里 学校 给 人 里 村 砍 去 卖

学校里（那棵）树被村里人砍去卖了。

龙州壮语也是既可用 huɯ³ "与"，也可用 ŋa:i² 作为标记，如：

①lau² kja:ŋ³ke¹wa⁶huɯ³min²tiŋ⁶hin¹ja⁵.我们说的话被他听见了。

　我们　讲　嘅话　给　他　听见　了

②lau² kja:ŋ³ke¹wa⁶ŋa:i²min²tiŋ⁶hin¹ja⁵.我们说的话被他听见了。

　我们　讲　嘅话　捱　他　听见　了

我们在西畴壮语中也观察到了以"给予"为标记的现象，如：

nɯ⁴haɯ³ ti³ma¹tsin¹.肉让狗吃（了）。

肉　给　只狗　吃

亲属语言金平傣语中，同源词 hăɯ²⁵ 也可充当被动标记，且表示的被动事件多为还没发生的事件。例如：

hăɯ²⁵bău⁵⁵lai³³tsi⁵⁵hăɯ²⁵măn⁴³lɔn⁵⁵tsɔ³¹tăŋ⁴³ki²⁵tə⁵²mə⁵⁵lɔ³¹.

　要不然　又　将　给　他　骗　着　整　几　次　又　了

要不然又要被他骗了多少次了。（周焱，2012）①

三　ŋa:i²hɔi³

黄阳（2010）认为，靖西壮语有时候两个被动标记还可以叠加构成复合标记"ŋa:i²hɔi³"，在语义上只强调不如义、不期望。②我们同意黄阳的观点。

①wan²wa²ŋo⁵lɔŋ²na²，ŋa:i²hɔi³ tu¹ pəŋ¹ ne:u²na:t⁹.

　天　昨我　下田　捱　给　只　蚂蝗　一　叮

昨天我下田，被一只蚂蝗叮了。

②ŋo⁵ŋa:m⁵lɔŋ²ma:n³ɬo:ŋ¹wan²le³ŋa:i²hɔi³tha:k⁹nam¹le:u⁴lə⁰.

　我　刚　下　村　二　天就捱给晒　黑　完 语气助词

我刚下村两天就被晒得全黑了。

（一）ŋa:i²hɔi³的宾语

1.ŋa:i²hɔi³的宾语一般是体词性成分，可以是名词、名词短语、代词等。

如：

---

① 周焱：《金平傣语被动句研究》，《百色学院学报》2012 年第 6 期。

② 黄阳：《靖西壮语语法》，硕士学位论文，广西大学，2010 年，第 73 页。

①thu^{1}luŋ^{2}ŋaːi^{2}hɔi^{3}paːu^{5}wa^{1}siu^{1}nam^{1}leːu^{4}.龙头被烟花烧得全黑了。

头 龙 捱 给 炮 花 烧 黑 完

②po^{1}phja^{1}ŋaːi^{2}hɔi^{3}maːn^{3}te^{1}tham^{3}noːŋ^{5}leːu^{4}ŋau^{2}.（这座）山被他们村砍光了。

座 山 捱 给 村 他 砍 光 完 完

③ʔan^{1}lun^{2}nai^{1}nai^{1}ŋaːi^{2}hɔi^{3}te^{1}khaːi^{1}pai^{1}.好好的一座房子被他卖掉了。

个 房 好 好 捱 给 他 卖 去

2.ŋaːi^{2}hɔi^{3}的宾语也可以是动词性成分，如：

theːu^{1}kha^{3}lo^{6}ŋaːi^{2}hɔi^{3}lɔŋ^{2}phɔn^{1}soŋ^{5}waːi^{6}ja^{5}.（这条）路被雨冲坏了。

条 腿 路 捱 给 下 雨 冲 坏 完成体标记

3.ŋaːi^{2}hɔi^{3}的宾语可以缺省，这时，其后的动词为不及物动词，该动词的施事是句子的主语。如：

pai^{2}təm^{4}te^{1} ɬiŋ^{1}nak^{7}pə^{0}，ŋaːi^{2}hɔi^{3}noːn^{2}jəu^{5}ni^{1}taːp^{10}ki^{3}wan^{2}.

回 那 他 伤 重 语气助词 捱 给 睡 在 上 床 几 天

那次他伤得重啊，躺床上几天。

我们观察到，ŋaːi^{2}字句和 ŋaːi^{2}hɔi^{3}句被动标记的宾语缺省时谓项的结构有差异。我们在上文已经看到，ŋaːi^{2}字句 ŋaːi^{2}的宾语缺省时，可以由一个单独的动词充当谓语，但 ŋaːi^{2}hɔi^{3}字句不能。如：

①te^{1}ŋaːi^{2}kha^{3}.他被杀。

他 捱 杀

*te^{1}ŋaːi^{2}hɔi^{3}kha^{3}.他被杀。

他 捱 给 杀

②ko^{1}mai^{4}ŋaːi^{2}tham^{3}.（那棵）树被砍。

棵 树 捱 砍

*ko^{1}mai^{4}ŋaːi^{2}hɔi^{3}tham^{3}.（那棵）树被砍。

棵 树 捱 给 砍

我们认为，这与节律的要求有关。作为单音节词，ŋaːi^{2}后跟一个单音节词，可以构成一个双音节的语言片段，在节律上符合人们的习惯；ŋaːi^{2}hɔi^{3}是双音节词，其后仅一个单音节，在节律上与人们的习惯不相符。

（二）ŋa:i²hɔi³句的谓项结构

ŋa:i²hɔi³句的谓项可以由动词性成分、形容词性成分充当，谓项也可以缺省。

1.动词性成分充当谓项

ŋa:i²hɔi³字句的谓语有三种形式：一是单纯动词形式，二是动词前后有其他成分，三是连动结构。

（1）单纯动词形式

①ʔi³pan⁶ŋo⁵ŋa:i²hɔi³ te¹təp⁸.刚才我被他打。

　　刚才 我 捱 给 他 打

②te¹nɔi¹ kei⁵mei²nai³thei¹kiŋ³na:u⁵, ke²kɔ⁵ŋa:i²hɔi³phɔn¹lut¹⁰.

　他 晨 今 不 得 拿 伞 不　　结果 捱 给 雨 淋

他今早没有带伞，结果被雨淋了。

③ʔan¹pa:n³koŋ⁵si²te¹ŋa:i²hɔi³ŋo⁵sən⁵li⁵.他的办公室被我清理。

　个　办公室　他 捱 给 我 清理

（2）动词前后有其他成分

这类被动句的谓语并非光杆动词，谓语动词或有前加成分，或有后续成分，或既有前加成分又有后续成分。动词的前加成分主要是状语和连动式的前一动词成分，后续成分可以是居后状语、连动式的后一动词性成分以及动态助词。

1）动词有前加成分的，一般为状语

①pai²wa²te¹ nin¹ŋo⁵ pɔ⁰,　ŋa:i²hɔi³ te¹ɬei² ɬei²ta⁶khən³ta⁶lɔŋ².

　回 昨 他 疼 我 语气助词　　捱 给 他 时 时 驮 上 驮 下

以前他疼我，被他时时驮来驮去。

②ŋo⁵pən⁵la:i²tsəŋ⁶tsəŋ⁶ko:i¹ɬei¹,　ŋa:i²hɔi³te¹tam⁶tən⁶ha:t⁹ma:t⁹ne:u².

　我　本来 静 静 看 书 捱 给 他 突然 喝 下 一

我本来静静地看书，被他突然喝一声。

③te¹mei²nai³pin⁶na:u², ɬo:ŋ¹kən² lok⁸ ŋa:i²hɔi³po⁴kja:ŋ¹ma:n³ tsiŋ⁴.

　他 不 得 空 不　 二 个 儿子 捱 给 在 中 村 养

他没有空，两个儿子被养在村里。

④te¹khən³pai¹mei²nai³na:u⁵, ŋa:i²hɔi³jəu⁵tən¹phja¹tha³.他上不去，只能在山脚等。

　他 上 去 不 得 不　 捱 给 在 底 山 等

⑤ɬoːŋ¹ lok⁸ tən⁴ŋaːi²hɔi³te¹ joŋ⁶mai⁴toːn⁶ma²təp⁸. （这）两个小子被他用短棍来打。

　　二　小子　这　捱　给　他　用　木　短　来　打

2）动词有后续成分

后续成分有居后状语、宾语、体标记等。

A.状语。台语的状语一般位于动词之后，如上述状语作为前加成分的，可位于动词之后。

①ʔan¹teːn³naːu⁵ŋo⁵ŋaːi²hɔi³ te¹joŋ⁶tsiŋ²ɬei². 我（那个）电脑经常被他使用。

　　个　电脑　我　捱　给　他　用　时常

②kəu⁶phi²haːi²ŋaːi²hɔi³te¹weːŋ⁶jəu⁵thiŋ¹jaːk¹⁰. （那双）皮鞋被他扔在学校。

　　双　皮鞋　捱　给　他　扔　在　学校

③toŋ⁶mai⁴təm⁴ŋaːi²hɔi³maːn³te¹tham³noːŋ⁵leːu⁴. 那片树林被他的村砍光了。

　　片　树　那　捱　给　村　他　砍　光　完

④ʔan¹lun²təm⁴ŋaːi²hɔi³ te¹ ɬei⁶nai³ ja⁵. 那个房子被他买下了。

　　个　房　那　捱　给　他　买　得　_{完成体标记}

⑤ʔan¹ɬjəu³khjəu²ŋaːi²hɔi³te¹weːŋ⁶ʔoːk⁹pai¹. （那个）绣球被他扔出去。

　　个　绣球　　捱　给　他　扔　出　去

⑥ʔan¹teːn³si³luːn²te¹ŋaːi²hɔi³te¹thaːm¹lɔŋ²maː². 他家（那台）电视机给他抬下来。

　　个　电视　家　他　捱　给　他　抬　下　来

⑦ŋo⁵ŋaːi²hɔi³laːu⁴ɬai¹na⁵laːi¹laːi¹. 我被老师骂得太多。

　　我　捱　给　老师　骂　多　多

B.体标记

①seːk⁹ɬjaːu⁵sɔ²ŋaːi²hɔi³laːu⁴ɬai¹khin¹　ja⁵. （那本）小说被老师收缴了。

　　册　小说　捱　给　老师　收缴　　_{完成体标记}

②maːn³te¹ŋaːi²hɔi³maːn³ŋo⁵təp⁸kwa⁵. 他的村曾被我的村打。

　　村　他　捱　给　村　我　打　_{经历体标记}

C.宾语

①ŋo⁵ŋaːi²hɔi³te¹ ja⁵waːŋ⁵. 我被他吓慌。

　　我　捱　给　他　吓　慌

②wan²wa²ŋo⁵ŋaːi²hɔi³pa⁵ŋo⁵fei⁵phjam¹.昨天我被我爸爸理发。

　　天　昨　我　捱　给　爸我　理　发

③ŋo⁵ŋaːi²hɔi³kən²ke⁵tat⁷ lap⁸moŋ².我被大人剪指甲。

　　我　捱　给　人老　剪　指甲手

④ŋo⁵ŋaːi²hɔi³<u>laːu⁴ɬai¹</u> khin¹ ɬjaːu⁵sɔ².我被老师收缴小说。

　　我　捱　给　老师　收缴　小说

⑤te¹ŋaːi²hɔi³kən²ke⁵kjoːn¹<u>khoŋ⁵thjaːu²</u>.他被老人关掉空调。

　　他　捱　给　人老关　　空调

3）既有前加成分又有后续成分的

A.状＋动＋宾

①ŋo⁵ŋaːi²hɔi³laːu⁴ɬai¹tsiŋ²ɬei² khin¹ ɬjaːu⁵sɔ².我经常被老师收缴小说。

　　我　捱　给老师　时常　收缴　小说

②te¹ŋaːi²hɔi³kən²ke²wan²wan²si³ khjəu¹.他天天被老人扯耳朵。

　　他　捱　给人　老天天　扯　耳朵

B.状＋动＋状

①phaːu⁵wa¹pei¹kwa⁵ŋaːi²hɔi³te¹nun¹tsiŋ¹tsɔŋ⁵leːu⁴.去年的烟花春节被他放完了。

　　炮　花年过　捱　给他月正放　完

②po¹phja¹ŋaːi²hɔi³maːn³te¹pei¹kwa⁵tham³noːŋ⁵leːu⁴.

　　座山　捱　给　村他年过　砍　光　完

（那座）山去年被他的村砍光了。

C.状＋动＋体标记

①te¹ŋaːm⁵ŋaːi²hɔi³kən²ke⁵joŋ⁶mai⁴toːn⁶təp⁸ja⁵.他刚被老人用短棍打了。

　　他　刚　捱　给　人老用木　短打　完成体标记

②ŋo⁵ŋaːi²hɔi³te¹pai² wa²　na⁵kwa⁵.我以前被他骂过。

　　我　捱　给他次以前　骂　经历体标记

（3）谓语是连动结构

①ko¹mai⁴ŋaːi²hɔi³ te¹tham³loŋ²ma²hat⁷kwei⁶.（那棵）树被他砍下来做柜子。

　　棵　树　捱　给他砍　下来做　柜

②tu¹məu¹ŋa:i²hɔi³te¹ɬei⁶ma²ɬɔŋ⁵kən².那头猪被他买来送人。

　只　猪　揑　给他　买来　送　人

③te¹ ʔi³　pan⁴ŋa:i²hɔi³kən²la:k¹⁰ʔo:k⁹kja:u³si²ma²təp⁸.

　他点儿 刚才 揑 给 人　拉　出　教室 来 打

他刚才被人拉出教室来打。

④ni⁵thja:u³phi²la:i¹tso³ŋa:i²hɔi³la:u⁴ɬai¹la:ŋ⁴khən²kja:ŋ⁵tha:i² pai¹ tse:n⁵la:n⁵.

　你　调皮 多就　揑给　老师 拉 上　　讲台　　去　展览

你太调皮就被老师拉上讲台去展览。

2.形容词性成分充当谓语

ŋa:i²hɔi³字句可以以形容词性成分充当谓语，这时 ŋa:i²hɔi³后没有宾语。与 ŋa:i²字句不同的是，作为谓语的形容词性成分一般不是单纯形式。

（1）形容词性成分有前加成分

前加成分一般是状语，如：

①mei²khjak⁷na:u⁵，ni⁵tso³ŋa:i²hɔi³ta:i²ta:i²ho³.不勤奋，你就得世代辛苦。

　不　勤　不　你就 揑 给 代 代 苦

②ʔan¹phjam¹te¹ ŋa:i²hɔi³ji²tsi²man¹.他的头发（因某原因）一直臭。

　个　头发 他 揑　给 一直 臭

（2）形容词性成分有后续成分

后续成分可以有状语和体标记。

1）状语

①ni⁵kja:n⁴kai²，ɬɔ⁵ʔi⁵ŋa:i²hɔi³no⁵taŋ²ta:i².你那么懒，所以穷一辈子。

　你 懒 这样 所以 揑给 穷 整代

②te¹tsei³khau³mei²ko:i¹fai²na:u⁵，ŋa:i²hɔi³man¹taŋ²lun².

　他煮 饭 不 看 火不　揑给 臭 整房

他煮饭不看火，使得整个房子都（焦）臭了。

2）体标记

①po⁴fa⁴tei⁶te¹ ko³ŋa:i²hɔi³mo:k⁹kwa⁵.他那儿的天空也灰过。

　词缀 天地 他 也 揑 给　灰　　经历体标记

②miŋ³　ni¹koŋ⁵sa:ŋ⁵pha:i²fei³sei⁵，nam⁴ta⁶ŋa:i²hɔi³ne:ŋ¹ ja⁵.

　边儿 上　工厂　排　废水　水河捱给 红 _{完成体标记}

上边儿工厂排废水，河水（被染）红了。

3.名词性成分充当谓语

ŋa:i²hɔi³句充当谓语的名词性成分仅限于 ta:p⁹"巴掌"、tən¹"脚底"、thu¹khau⁵"膝盖"、ko:k⁷ɬo:k⁹"肘"等可用于击打的人体部位，充当谓语时与数量短语构成数量名结构，分类词一般用 ma:t⁹"下"，如：

①te¹ŋa:i²hɔi³ŋo⁵ma:t⁹ta:p⁹ ne:u².他被我扇了一巴掌。

　他 捱 给 我 下 巴掌　一

②ŋo⁵ŋa:i²hɔi³te¹ɬo:ŋ¹ma:t⁹ tən¹.我被他踢了两脚。

　我　捱 给他 二　下　脚底

③khɔn³kək⁷ŋa:i²hɔi³ŋo⁵ma:t⁹thu¹khau⁵ne:u² le³ tak⁷lə⁰.

　块　砖 捱 给 我 下　膝盖　一　就 断 _{语气助词}

（这块）砖被我顶一膝盖就断了。

④te¹ŋa:i²hɔi³ŋo⁵ɬo:ŋ¹ma:t⁹ko:k⁷ɬo:k⁹.他被我用肘击打了两下。

　他 捱 给我 二 下　　肘

4.谓项缺省

这时，ŋa:i²hɔi³后可以直接跟施事，谓语动词常常省略。

①ma:n³tən⁴ŋa:i²hɔi³he²ki²soŋ²，taŋ²ma:n³tha:i¹le:u⁴.

　村　这 捱 给 血吸虫　整 村 死 完

这村染上了血吸虫，整村死光了。

②ma:n³te¹ pai² wa² ŋa:i²hɔi³ji²pən⁵，tha:i¹ha:u⁵la:i¹kən².

　　村 他 次 以前 捱 给 日本　死 好　多 人

以前他的村被日本（掳掠），死了好多人。

左州壮语也以同源的 ŋa:i²huɯ³作被动标记（晏殊，2018）[①]：

①muɯ²min³ŋa:i²huɯ³ pa⁴pha:k⁷he:t⁸lja:u⁴.他的手被菜刀切破了。

　手 他 捱 给 刀 菜　割 了

---

① 晏殊：《崇左左州壮语参考语法》，硕士学位论文，广西大学，2018 年，第 122 页。

②tu¹wa:i² ŋa:i²huɯ³nam⁴soŋ¹pei¹lja:u⁴.水牛被水冲走了。

　　只 水牛 捱 给 水　 冲 去　 了

四　ɬau⁶

这个标记在新靖镇使用较少，多见于新靖镇之外的乡镇，我们估计它是较早的被动标记。ɬau⁶是中古借词"受"。受，中古流摄开口三等有韵，禅母，上声。流开三中古多读 au，如"留"读 lau²，"收"读 ɬau¹；禅母一般读ɬ，如"薯"读ɬei²，"市"读ɬei⁶；浊上读第 6 调 324。声韵调与中古借词规律相符。

（一）ɬau⁶的宾语

1.ɬau⁶的宾语一般是体词性成分，可以是名词、名词短语、代词等。如：

①ŋo⁵kei⁵ ta:ŋ¹la:u⁴ɬai¹me:n⁶ɬau⁶la:u⁴ɬai¹jəŋ⁵ja:ŋ⁵.我现在当老师是被老师影响。

　　我 现在 当 老师　 是 受 老师　 影响

②ŋo⁵ɬau⁶kən²ke⁵lun² te¹je:n⁵wa:ŋ⁵.我被他家老人冤枉。

　　我 受 人 老家 他　 冤枉

③jaŋ²ʔe:ŋ¹le³ ɬau⁶ni⁵khi¹fəu⁶lə⁰.还小的时候就被你欺负了。

　　还　 小 就 受 你　 欺负 _{语气助词}

④ŋo⁵ɬau⁶te¹khi¹fəu⁴na:n²lo⁰.我受他欺负时间长了。

　　我 受 他 欺负　 久 _{语气助词}

与 ŋa:i²字句不同，ɬau⁶的宾语不能是动词性成分。

2.ɬau⁶的宾语可以缺省。

①ŋo⁵ɬau⁶khi¹fəu⁶ja⁵.我受欺负了。

　　我 受　 欺负 _{完成体标记}

③te¹ɬau⁶je:n⁵wa:ŋ⁵kwa⁵.他受冤枉过。

　　他 受　 冤枉 _{经历体标记}

（二）ɬau⁶字句的谓项结构

ɬau⁶字句的谓项由动词性成分构成，可以是单纯动词形式，也可以是动词加后续成分，以及联合式的动词短语。

1.单纯动词形式

这时的动词一般是双音节的汉语借词。如：

①ŋo⁵kei⁵ ta:ŋ¹la:u⁴ɬai¹me:n⁶ɬau⁶la:u⁴ɬai¹jəŋ⁵ja:ŋ⁵.

    我　现在　当　老师　　是　受　老师　　影响

我现在当老师是被老师影响。

②ŋo⁵ɬau⁶kən²ke⁵lun²te¹je:n⁵wa:ŋ⁵.我被他家老人冤枉。

    我　受　人　老　家　他　　冤枉

③jaŋ²ʔe:ŋ¹le³ ɬau⁶ni⁵khi¹fəu⁶ lə⁰.还小的时候就被你欺负了。

    还　小　就　受　你　欺负 _{语气助词}

这三句中的 jəŋ⁵ja:ŋ⁵"影响"、je:n⁵wa:ŋ⁵"冤枉"、khi¹fəu⁶"欺负"都是汉语借词。

2.动词＋状语

①ŋo⁵ɬau⁶te¹khi¹fəu⁶tsiŋ²ɬei².我经常受他欺负。

    我　受　他　欺负　时常

②ni⁵ɬau⁶je:n⁵wa:ŋ⁵la:i¹lo⁰.你受冤枉多啊。

    你　受　　冤枉　多 _{语气助词}

③te¹jəu⁵pa:n¹ lau² ɬau⁴khi¹fəu⁶laŋ²laŋ².他在我们班常常受欺负。

    他在　班　我们受　欺负　常常

3.联合式动词短语

ɬau⁶字句的谓项可以是联合式的动词短语，联合项之间没有连词，构成短语的动词也是汉语借词。如：

①ŋo⁵ɬau⁶te¹khi¹fəu⁶je:n⁵wa:ŋ⁵.我受他欺负冤枉。

    我　受　他　欺负　　冤枉

②te¹ ɬau⁶ŋo⁵phi⁵phin²tsə²na:n⁴.他受我批评责难。

    他　受　我　批评　责难

五　nai³

我们在"动词语法化举例"中已经论述了 nai³由实义动词到被动标记的语

法化过程。我们下面对其作为被动标记的一些特点进行讨论。

（一）nai³的宾语

1.nai³的宾语一般是体词性成分，可以是名词、名词短语、代词等。如：

①te¹nai³la:u⁴łai¹łe:n³pai¹pi⁵ła:i³.他被老师选去比赛。

　　他 得 老师　选去　比赛

②te¹nai³thiŋ¹ja:k¹⁰ŋo⁵łoŋ⁵pai¹kwa:ŋ⁵tsəu⁵.他被我的学校送去广州。

　　他 得 学校　我 送去　广州

③ŋo⁵nai³te¹ lik⁸pai¹mai¹hə²pa:n⁵.我被他叫去写黑板。

　　我 得 他 叫 去 写　黑板

2.nai³的宾语可以缺省，这时施事是听说双方都共知的。如：

te¹nai³łe:n³pai¹jin⁴toŋ³wei⁴.他被选去参加运动会。

他得　选去　运动会

本句中，łe:n³"选"的施事者是听说双方共知的。

（二）nai³字句的谓项结构

nai³字句的谓项由动词性成分充当。充当谓项的动词性成分不能是单纯动词形式，一般有两种结构：一是动词复杂形式；二是省略了受事的兼语结构。

1.动词＋宾语

①wan²wa²ŋo⁵nai³phin²khən³łe:n⁵tsin³.昨天我被评上先进。

　　天　昨 我 得 评 上　先进

②pei¹kwa⁵te¹nai³łe:n³khən³ła:n⁵ha:u⁵.去年他被选上"三好"。

　　年　过 他 得 选 上　三好

2.省略了受事的兼语结构，这个省略的兼语成分即是该句的主语，如：

ŋo⁵nai³to:i⁶ ni⁵łe:n³pai¹je:n⁵kja:ŋ⁵.我被你们选去演讲。

我 得 _{复数标记}你 选去　演讲

这个句子的谓项 łe:n³pai¹je:n⁵kja:ŋ⁵在 łe:n³"选"和 pai¹"去"之间省略了兼语成分 ŋo⁵"我"，这个兼语成分正是全句的主语。

te¹ nai³łe:n³pai¹pə²kjəŋ⁵ləŋ⁴tsja:ŋ⁵.他被选去北京领奖。

他 得　选去　北京　领 奖

这个句子的谓项 ɬe:n³pai¹pə²kjəŋ²ləŋ⁴tsja:ŋ⁵在 ɬe:n³和 pai¹ "去" 之间省略了兼语成分 te¹ "他"，这个兼语成分正是全句的主语。

ŋo⁵nai³ lik⁸ma²pa:ŋ¹la:u⁴ɬai¹pun¹lun².我被叫来帮老师搬家。

我 得 叫 来 帮 老师 搬 家

nai³的语义演变，我们认为经过了 "实义动词'取得；获得；得到（乐意的；情愿的）'＞实义动词'得到（不情愿的）'＞被动标记" 这样的过程。nai³的语法化，我们已在 "动词语法化举例" 部分做了讨论，在此不赘。

六 tɔi²

tɔi²的本义也是 "得"。这个词在新靖镇不常见，多见于县城以外的乡镇。与 nai³一致的是，其在靖西壮语中更多的是作为实义动词。作为实义动词时意义为 "得"，有 "获得" 义，可指乐意、愿意的 "获得"，也可指不乐意、不情愿的 "得到"。

（一）作实义动词

1.取得；获得；得到（乐意的；情愿的）

①ha:ŋ⁵kei⁵tɔi²la:i¹lo⁰pa⁰? 这次墟日得的多了吧？

墟 这 得 多 语气助词

②te¹ke:m¹kjəu³pai¹ɬəŋ²，tɔi²ɬo:ŋ¹mat⁸thin¹.

他 跟 舅 去 城 得 二 颗 糖

他跟舅舅去城（靖西一般指县城），得了两颗糖。

③ma:n³te¹kha:i⁵fa²，ma:t⁹kei⁵tɔi² la⁰.他的村开发，这回得的多了。

村 他 开发 回 这 得 语气助词

2.得到（不情愿的）

①ta:i²kən²kei⁵ke:m¹ te¹sit⁸ta:i⁴ lo⁰，ke²kɔ⁵ tɔi²na:ŋ¹nei³ne:u².

代 人 这 跟 他 蚀底 语气助词 结果 得 身 债 一

这辈子跟他吃亏了，结果得了一身债。

②pai¹ʔa:p⁹ta⁶wei⁵，tɔi²na:ŋ¹khit⁷ne:u².去游泳啊，染了一身癣。

　　去　游河　语气助词　得身　癣　一

（二）被动标记

1.tɔi²的宾语一般是体词性成分，可以是名词、名词短语、代词等。如：

①ŋo⁵pei¹kwa⁵ tɔi²kja:ŋ¹ma:n³ɬe:n³pai¹ta:ŋ¹pøn¹.我去年被村里选去当兵。

　　我　年　过　得　里　村　选去　当　兵

②te¹ tɔi²lun² te¹ ɬɔŋ⁵pai¹pə²ɬə².他被他家送去百色。

　　他　得　家　他　送　去　百色

③te¹ tɔi² ŋo⁵pha:i³lɔŋ²puˀtei³pai¹.他被我派到部队去。

　　他　得　我　派　下　部队　去

④ŋo⁵tɔi²ʔu⁵khja¹pai¹lɔk⁷phjam¹kha:u¹.我被姑姑找去拔白头发。

　　我　得　姑　找　去拔　头发　白

2.与 nai³不同的是，tɔi²的宾语可以缺省，这时施事是听说双方都共知的。如：

①ŋo⁵ la:i⁴ te¹ tɔi²phin²khən³jɯɛ⁵ɬɯɛ³.我以为他被评上优秀。

　　我　以为他　得　评　上　优秀

②ni⁵tɔi²lik⁸pai¹pa²hɔ² mi⁰？你被叫去拔河吗？

　　你得　叫　去　拔河　语气助词

以上两句中，phin²"评"和 lik⁸"叫"的施事者是听说双方共知的。

tɔi²由实义动词语法化的过程与 nai³一致，在此不赘。

七　thok⁷

thok⁷是汉语借词"着"，作为靖西壮语被动标记使用不多。其做被动标记的情况我们在第四章中的"动词语法化举例"一节中已作讨论。这里仅举二例：

①ni⁵hat⁷pei³ thok⁷jɔ²ɬən⁵nau⁵lo⁰.你这么做遭/被学生怨恨啊。

　　你　做这样　着　学生　怨　啊

②ni⁵mei²khən¹khwai⁵na:u⁵thok⁷kai⁵hən³pə⁰.你不早点喂遭/被鸡恨啊。

　　你 不 喂 快 不 着 鸡 恨 啊

我们观察到，汉语借词"着"在邕宁那楼壮语中可作被动标记，那楼壮语读 tik¹⁰。如：

①pa¹tik¹⁰meu²kha:m²teu²lo².鱼被猫叼走了。

　　鱼 被 猫 叼 跑 语气助词

②thu²no:ŋ⁴tu²tik¹⁰thu²ɲo² ȵe:n¹kwən¹ ja⁵ lo⁴.弟弟被母猩猩吃了啊。

　　个 弟弟 只 被 只 母 猩猩 吃 了 语气助词

汉语借词"着"充当被动标记，主要出现在北部壮语。邕宁那楼壮语以之为主要的被动标记，在南部壮语中并不多见。

梁敏、张均如（1996）认为，侗台语族诸语言表示被动态的句式可能出现得比较晚，是在各语支语言分离之后才发展起来的，而且不少语言是在汉语的影响下产生、发展起来的，所以各语言表示被动态的句式跟汉语一样都用"主语＋助词'被'＋施动者＋动词"或"主语＋助词'被'＋动词"的句式表示，有些语言干脆借用汉语的助词 ŋa:i²"挨"、tso²"着"、bi²"被"，有些虽然没有使用汉语借词，但也用与汉语词义相当的本民族语词。①以上的讨论，可为梁敏、张均如这一论断的佐证。

我们再列举几处壮语的被动标记。

北部壮语：

巴马壮语（陈芳，2010）②：

①ʔdaŋ¹tan³ta:k⁹jou⁵pa:i³ro:k⁷teŋ¹hun¹θon¹le⁴. 晒在外面的衣服遭雨淋了。

　　衣服 晒 在 边 外 遭 雨 淋 了。

②tɯk⁸ho:t⁷捱骂

　　捱 骂

---

① 梁敏、张均如：《侗台语族概论》，中国社会科学出版社 1996 年版，第 898 页。
② 陈芳：《巴马壮语语法研究》，硕士学位论文，广西大学，2010 年，第 81—84 页。

③tou¹ʔop⁸man⁴,lak⁸ŋa:i²rom²peu¹.把门关紧，别被风吹（进来）。

　门　关　紧　别　捱　风　吹

④tou¹ʔop⁸man⁴,lak⁸hɯɯ³rom²peu¹.把门关紧，别被风吹（进来）。

　门　关　紧　别　给　风　吹。

都安下坳壮语（韦茂繁，2014）[①]：

te⁴²teːŋ⁴²tiːŋ²³¹daːt³³waːi⁴².他被黄蜂叮了。

　他　被　黄蜂　叮　了

武鸣罗波壮语（覃海恋，2009）[②]：

①ɣoːi²⁴na³¹teːŋ³³te³³au³³liːu⁴⁴.田地被他要完。

　　地　田　被他要完

②kau³³ŋaːi³¹te³³ʔda³⁵.我被他骂。

　　我　捱　他　骂

③kau³³tɯk³¹ɕa⁴⁴he²⁴.我被刀割。

　　我　被　刀　割

④tiːu³¹bu²⁴ɣak⁵⁵ɣɔk³³he³³haɯ⁴⁵hun³¹ɕak³³hɔ³³.

　　件 衣服 晒　外面 的　给　人　偷　了

晒在外面的那件衣服被人偷了。

南部壮语：

崇左江州壮语（晏殊，2018）[③]：

①tu¹ lak⁷ŋaːi²koŋ⁵naːn¹tsok⁷paiˈljaːu⁴.这个小偷被公安抓走了。

　　只小偷　捱　公安　抓　去　了

②mɯ²min²ŋaːi²hɯ³pa⁴phaːk⁷heːt⁸ljaːu⁴.他的手被菜刀切破了。

　　手　他　捱　给　刀 菜　割　了

大新壮语（卢业林，2011）[④]：

① 韦茂繁：《下坳壮语参考语法》，广西人民出版社 2014 年版，第 197 页。
② 覃海恋：《武鸣罗波壮语语法研究》，硕士学位论文，广西大学，2009 年，第 80—82 页。
③ 晏殊：《崇左左州壮语参考语法》，硕士学位论文，广西大学，2018 年，第 121—122 页。
④ 卢业林：《大新壮语语法调查与研究》，硕士学位论文，广西大学，2011 年，第 56 页。

①phən³tok⁷ʔoːk⁷noːk⁸pai¹,huɯ³faˑ⁴kiːk⁷.下雨外出会被雷劈。

　　雨　　落　出　外　去　给　天　劈

②maːk⁹phiŋ²koˑ¹ŋaːi²ŋo⁶kin¹pai¹ja⁵.苹果被我吃了。

　　果　　苹果　捱我　吃　去　了

③tsaːŋ¹saːn¹tauɯ²li¹łɯ³top⁷.张三被李四打了。

　　张　　三　　着李四　打

④łeːu¹waːŋ²ŋaːi²huɯ³teˑ¹top⁸.小王被他打。

　　小　　王　捱给　他　打

我们把观察到的各地壮语的被动标记列表如下[①]：

壮语的被动标记

		teŋ¹	tuɯk⁸	ŋaːi²	hɔi³	ŋaːi²hɔi³	łau⁶	nai³	tɔi²
北部 壮语	巴马	+	+	+	həɯ³				
	下坳	+							
	武鸣罗波	+	+	+	hau³				
	连山[②]		thak⁷						
南部 壮语	靖西			+	+	+	+	+	+
	大新			+	hu³	ŋaːi²hu³			tau²
	崇左			+		ŋaːi²hu³			
	扶绥			+					
	广南			+					
	西畴			+	+				
	龙州			+	+				
	邕宁那楼		tik¹⁰						

　　由此表，我们可以大致看出南部壮语和北部壮语被动标记的区别：北部大

---

　　① 表内第一行中的音标，北部壮语的为常见读音，南部壮语的为靖西壮语读音；表中相应空格的音标为该地壮语同源词的读音，空格为相关文献未记录或未观察到。

　　② 根据梁金桂：《广东连山壮语 pan¹ "分"的语法化研究》（《第四届边疆语言文化暨第六届中国周边语言文化论坛论文集》，第 152—153 页），连山壮语被动标记还有 pan¹ 和 łatʔ，pan¹ 为汉语老借词"分（离）"，łatʔ 作者未说明来源。

多以汉语老借词"着"及 teŋ¹为被动标记而南部少用。借自汉语的 ŋaːi²和 hɔi³，南部北部皆有；部分南部壮语还将 ŋaːi²和 hɔi³组合作为被动标记。

第四节　处置句

一　处置式标记

黄阳（2010）认为，靖西的处置式标记有两个：au¹"要/拿"、thei¹"拿"。[①]我们认为，靖西壮语的处置式标记有三个：ʔau¹"要；拿"、thei¹"拿；持"和 kam¹"抓"。我们除了讨论靖西壮语这三个处置式标记，还将讨论龙州壮语和邕宁那楼壮语从汉语借入的处置式标记"把"，以及靖西壮语的无标记处置句。

（一）ʔau¹

在靖西壮语中，ʔau¹的本义是"要"，是实义动词，后语法化为处置式标记。其作为实义动词和处置式标记，并存于靖西壮语。

1.ʔau¹作为实义动词的用法

作为实义动词，ʔau¹有两种用法。

（1）作为"要"义动词

①ni⁵ʔau¹tseːn² lo⁶　ʔau¹məŋ⁶？你要钱还是要命？

　　你要钱还是要命

②ʔi⁵lok⁸pan² pei³ ŋo⁵mei²ʔau¹naːu² lə⁰.这样的儿子我不要了。

　　儿子成这样我不要不 _{语气助词}

③me⁶ kaːla²i¹laːi⁴ni⁵ko³ʔau¹ʔa⁰？那么凶的女子你也娶？

　　女子那么凶你也要 _{语气助词}

（2）作为"持拿"义动词

①kun⁵pit⁷ʔau¹pai¹tɔi² pai¹？（那支）笔拿去哪里？

　　支笔要去何去

---

②ʔan¹thui³ʔau¹ma² ʔi³　ne:u².（那个）碗拿来一下。

　　个 碗　要 来 点儿 一

2.作为处置句的 ʔau¹字句格式

（1）ʔau¹＋O＋V

这时的 V 一般不能是单纯的动词形式，其后一般有体标记。

①ŋo⁵ʔau¹ tu¹pja¹kəm¹tsiŋ⁴po⁴.我把（这条）金鱼养着。

　　我 要 只 鱼 金　养 持续体标记

②lun²ŋo⁵ʔau¹ki³ʔa:m²tsi⁵məu¹lap⁸jəu⁵.我家把几块猪肉腊着。

　　家 我 要 几 口 肉　猪 腊 持续体标记

③ŋo⁵ʔau¹ ki³ ko¹phjak⁷łui⁵kwa⁵.我曾把（那）几棵菜洗了。

　　我 要 几 棵 菜　洗 经历体标记

④kjəu³ŋo⁵ʔau¹ki³se:k⁹łei¹we:ŋ⁶ja⁵.我舅舅把（那）几本书扔了。

　　舅 我 要 几 册 书　扔　完成体标记

（2）ʔau¹＋O＋V＋居后状语

①ʔau¹na⁵ la:u²sa:u³wa⁴ka:i³la:n².把油渣和芥蓝一块儿炒。

　　要 渣 大油炒 和　芥蓝

②ni⁵ʔau¹ji⁴łɯ⁵ka:ŋ³səŋ³su⁵.你把意思说清楚。

　　你 要 意思 讲　清楚

③ŋo⁵pai² wa² ʔau¹to:ŋ⁴məu¹tən³ laŋ²laŋ².我以前经常把猪肚（拿来）炖。

　　我 次 以前 要 肚 猪　炖　常 常

④lun²ŋo⁵ʔau¹kha¹məu¹la:p⁵po⁴ tsiŋ²łei².我家经常把猪腿腊着。

　　家 我 要　腿 猪　腊 持续体标记时常

（3）ʔau¹＋O_1＋V＋O_2

①ma⁵ŋo⁵ʔau¹te¹khau³pa:n⁵tən⁴.我妈妈把她放到这个班。

　　妈 我 要 她 进　班 这

②koŋ⁵ʔau¹pha:u⁵hɔi³ŋo⁵.爷爷把爆竹给我。

　　公 要 炮　给 我

③te¹ʔau¹ŋo⁵ta:ŋ¹lok⁸.他把我当儿子。

　　他 要 我 当 儿子

④lun²te¹ʔau¹lun²ŋo⁵hat⁷pei⁶no:ŋ⁴.他家把我家当亲戚。

　家 他 要 家 我 做　亲戚

（4）ʔau¹＋O₁＋V₁＋O₂＋V₂

①ja:u³tsa:ŋ⁵ʔau¹te¹ lɔŋ²pa:n⁵ŋo⁵to:k¹⁰.校长把他放到我的班念书。

　　校长　　要 他 下 班 我　读

②te¹ʔau¹ɬei¹ po⁴si²fa:ŋ²ko:i¹.他把书放在厨房看。

　他 要 书 放 厨房　看

（5）ʔau¹＋O＋V₁＋V₂

①pa⁵te¹ʔau¹ te¹tja:u³tən⁵ma²təp⁸.他爸爸把他吊起来打。

　爸 他 要 他 吊　起来 打

②te¹ʔau¹ɬo:ŋ¹tu¹məu¹kja:u⁴khjaŋ¹jəu⁵ tsiŋ⁴.他把两头野猪关着养。

　他 要 二 只 猪　野　关 <small>持续体标记</small> 养

（6）ʔau¹＋O₁＋V＋O₂＋状语

①ŋo⁵ʔau¹nam⁴mo⁵kəm¹tsei³kja⁵tsiŋ²ɬei².他经常把金泉水用来烧开水。

　我 要　水 泉 金 煮 茶　时常

②te¹ʔau¹kin⁵jin²wa⁵tse⁶kja²taŋ²wan².他整天用金银花泡茶。

　他 要　金银花　泡 茶 整　天

以 ʔau¹及其同源词为处置式标记是壮语的共性。我们来看其他南部壮语的例子。

扶绥壮语：

au³⁵mət³³ma:i²¹pha:i⁴².拿这块肉走。

要　块　肉　　走

广南壮语：

①au³muɯ²mə³ja².把肉拿走了。

　要 肉 去 了

②au³ja¹dap⁷na:u⁶.把烟熄掉。

　要 烟 熄　完

西畴壮语：

①au¹nɯ⁴pai¹.把肉拿走。

　　要　肉　去

②au¹sɯ¹ma².把书拿来。

　　要　书　来

③au¹tsen²haɯ³ku⁴.把钱拿给我。

　　要　钱　给　我

龙州壮语：

lau² ʔau¹ma:k¹⁰khjam¹ɕen¹kwa⁵ma⁴² ja¹ tɕun⁵khau⁴ʔo¹tɕi⁵fu⁵pai¹.

我们 要 把　 针　穿 过 肩膀 然后钻　进 个 纸符 去

我们把针穿过肩膀然后穿过（那个）纸符。

马关壮语土：

①ʔau¹taŋ⁵pɛi¹.把凳子拿走。

　　拿　凳 去

②ʔau¹tsiŋ¹tsʅ⁵mo².把镜子拿来。

　　拿　镜子　来

（二）thei¹

thei¹与上古汉语的"持"应该是关系词。持，上古之部，潘悟云拟为 dɯ。我们认为，其声韵演变如下：声母，d＞th；韵母，ɯ＞iə＞i＞ei。

1.thei¹作为实义动词的用法

（1）指"持"

①pa:ŋ¹lok⁸ʔe:ŋ³tən⁴la:i⁴ la:i⁴ ʔa²，thei¹kən²ma:k¹⁰pu⁵.

　　帮　孩子小 这 厉害厉害语气助词 持 人　把　斧

这群小孩儿真厉害，每人拿一把斧头。

②thei¹thəu⁵ɬa:i⁴kin¹khau³tsəŋ³tam²kən².左手拿筷子，吃饭老是碰人。

　　持　筷 左 吃 饭 净 碰 人

（2）指"佩戴"

①te¹thei¹kəm¹thei¹ŋan²tu¹nai¹，ko:i¹ma² tu¹mei²na:u⁵khi³tsi²na:u⁵.

　　她 佩 金 佩 银 都 好　看　来 都 有 不 气质 不

她尽管戴金戴银，看起来都没有气质。

②ni⁵thei¹khjəu¹weːn¹nai¹koːi¹pə⁰.你戴耳环好看啊。

　　你　戴　　耳　环　好　看 语气助词

（3）指"着火"

①ni⁵teːm³thei¹mi⁰？你点得着吗？

　　你　点　着 语气助词

②fai²thei¹ja⁵.火着了。

　　火　着 完成体标记

（4）指"逮捕"

te¹ŋaːi²thei¹ja⁵.他被逮捕了。

他　捱　捕 完成体标记

这四种用法中，"持"义应是本义，除"着火"外，"戴"与"逮捕"与其意义有明显联系，应该是从"持"义衍生出来的。

2.作为处置句的 thei¹ 字句格式

（1）thei¹＋O＋V

这时 V 一般要加体标记。

①kən²ke⁵ŋo⁵thei¹ʔan¹səu⁵ki⁵khai¹po⁴.我父母把（这个）手机开着。

　　人　老　我　拿　个 手机　开 持续体标记

②ŋo⁵thei¹ tu¹saːŋ⁵su⁵tsiŋ⁴jəu⁵.我把（那只）仓鼠养着。

　　我　拿 只 仓鼠 养 持续体标记

③lok⁸ ŋo⁵thei¹ʔan¹łiŋ¹tsoːi⁶kwa⁵.我儿子把（这个）箱子修过。

　　儿子我　拿　个 箱 修 经历体标记

④pa⁵te¹thei¹ʔan¹lun²khaːi¹ja⁵.他爸爸把（那座）房子卖了。

　　爸 他　拿 个　房 卖 完成体标记

⑤te¹thei¹tu¹nəu¹hat⁷soŋ⁵wu².他把（那只）老鼠当做宠物。

　　他 拿 只 鼠 作　宠物

（2）thei¹＋O＋V＋居后状语

①te¹thei¹sa⁵sam¹wa⁴sei⁵ni².他把沙子和水泥掺起来。

　　他 拿 沙 掺　和　水泥

②pa⁵thei¹kha¹məu¹ʔip⁹nai¹ja⁵.爸爸把猪脚腌好了。

　　爸 拿 脚 猪 腌 好_{完成体标记}

③te¹thei¹pa²kɔ²thaːk⁹haːu³ja⁵.他把八角晒干了。

　　他 拿 八角 晒 干 _{完成体标记}

④te¹thei¹ʔan¹jəu⁵phɔn²tən⁴joŋ⁶laŋ²laŋ².你常常把这个优盘（拿来）用。

　　他 拿 个 优盘 这 用 常 常

⑤te¹thei¹nok⁷thoŋ²ku²tən⁶tsiŋ²łei¹.他经常把筒骨（拿来）炖。

　　他 拿 骨 筒骨 炖 时常

⑥ma⁵thei¹waːŋ²leːn²tse⁶taŋ²wan².妈妈整天把黄连泡着。

　　妈 拿 黄连 浸 整天

（3）thei¹＋O₁＋V＋O₂

①te¹thei¹tu¹pat⁷wan²waˀlɔŋ²tsoːŋ².他把昨天（那只）鸭子摆上桌子。

　　他 拿 只 鸭 天 昨 下 桌

②ŋo⁵thei¹ła:m¹tu¹ kai⁵hɔi³te¹.我把三只鸡给他。

　　我 拿 三 只 鸡 给 他

（4）thei¹＋O₁＋V₁＋O₂＋V₂

①na⁶ŋo⁵thei¹ła:m¹tu¹ kai⁵łɔŋ⁵hɔi³ŋo⁵tsiŋ⁴.我阿姨把三只鸡送给我养。

　　姨 我 拿 三 只 鸡 送 给 我 养

②lun²ŋo⁵thei¹tu¹kai⁵tu¹ pat⁷khən³tsoŋ²kin¹.我家把一只鸡一只鸭摆上桌吃。

　　家 我 拿 只 鸡 只 鸭 上 桌 吃

③ni⁵thei¹pheːn⁵ła¹ tat⁸ni¹tsoːŋ²we⁶.你把（这张）纸摆桌上画。

　　你 拿 片 纸 摆 上 桌 画

（5）thei¹＋O＋V₁＋V₂

①ŋo⁵thei¹ʔan¹kha¹məu¹te¹ ʔip⁹po⁴ kin¹.我把他（那个）猪腿腌着吃。

　　我 拿 个 腿 猪 他 腌_{持续体标记}吃

②te¹thei¹ʔan¹kha¹kai⁵kam¹jəu⁵ je:n⁴.他把（这个）鸡腿拿着啃。

　　他 拿 个 腿 鸡 抓 _{持续体标记}啃

（6）thei¹＋O₁＋V＋O₂＋状语

①ŋo⁵thei¹tsi⁵pei²tseːn¹laːu² <u>tsiŋ²ɬei²</u>.我经常把肥肉（用来）炼油。

　　我 拿 肉 肥　煎 大油　时常

②te¹thei¹<u>waꞏ⁵ɬən⁵jəu²səu¹</u>mi¹səu¹laŋ²pə⁰.他常常把花生油用来炸油炸粑啊。

　　他 拿 花生油　　炸 粑 炸 常_{语气助词}

"握持"义动词具有发展成处置式标记的语义基础。靖西壮语的 thei¹ 语法化为处置式标记，与这一规律是相符的。

（三）kam¹

1.kam¹作为实义动词的用法

作为实义动词，kam¹的本义是"抓，握"，因此，它与 thei¹ 一样，具有发展成处置式标记的语义基础。

①ɬoːŋ¹ lok⁸kam¹kən²ʔan¹kha¹.这两个孩子每人抓一个（鸡、鸭）腿。

　　二 孩子 抓　人 个 腿

②theːu¹ ʔoːi³ su⁵taŋ²ʔan¹moŋ²kam¹mei²kwa⁵maꞏ²naːu⁵tsi⁵.

　　条 甘蔗 粗 到 个 手 抓 不 过 来 不_{语气助词}

（这根）甘蔗粗得手握不过来。

2.作为处置句的 kam¹ 字句格式

（1）kam¹＋O＋V

这时的 V 一般不能是单纯动词，其后一般要加体标记或趋向动词。

①ni⁵kam¹ʔan¹kiŋ³thei¹po⁴.你把（这把）伞拿着。

　　你 抓 个 伞 拿_{持续体标记}

②te¹kam¹kho³nok⁷jeːn⁴jəu⁵.他把（这节）骨头啃着。

　　他 抓 节 骨 啃_{持续体标记}

③pa⁵ŋo⁵kam¹tu¹pja¹kha³ja⁵.我爸爸把（这只）鱼杀了。

　　爸 我 抓 只 鱼 杀_{完成体标记}

④kam¹te¹kin¹loŋ²pai¹.把它吃下去。

　　抓 它 吃 下 去

⑤kam¹ʔi³khɔn¹ kai⁵ni⁵weːŋ⁶pai¹lə⁰.把你的这些鸡毛扔掉吧。

   抓 些 毛 鸡 你 扔 去 _{语气助词}

（2）kam¹＋O₁＋V＋O₂

①ŋo⁵kam¹ʔan¹khi³khjəu⁵tsɔŋ⁵khi³.我把（这个）气球放气。

   我 抓 个 气球 放 气

②ma⁵tsau⁴tsau⁴kam¹tu¹kai⁵lɔk⁷khon¹.妈妈早早就把（那只）鸡拔毛。

   妈 早 早 抓 只 鸡 拔 毛

③te¹ laːi⁴kam¹te¹ pai¹tei⁶təm⁴meːn⁶nai¹tsaːn⁶pə⁰.

   他 以为 抓 他 去 地 那 是 得 赚 _{语气助词}

他以为把他拿去那个地方是占了便宜啊。

④te¹kam¹kjaːŋ¹łun¹ hat⁷kjaːu³si².他把园子当教室。

   他 抓 里 园子 作 教室

⑤paːn¹te¹kam¹jaːu³fu²taːŋ¹tei³fu².他们班把校服当作队服。

   班 他 抓 校服 当 队服

（3）kam¹＋O＋V＋状语

①te¹kam¹seːk⁹łei¹si³laŋ¹laŋ².他常常把（这本）书撕扯。

   他 抓 册 书 撕 常 常

②lun²te¹kam¹nɔk⁸ku¹jap⁸tsɔŋ⁵pai¹tsiŋ²łei².他家经常把鸽子放走。

   家 他 抓 鸟 鸽子 放 去 时常

③laːu⁴łai¹kam¹ki³kən²te¹ lau²lɔŋ²ma²wan²wan².老师天天把他们几个留下来。

   老师 抓 几 人 他 留 下 来 天 天

④ni⁵kam¹tseːn²fɔŋ¹paːu¹wai⁴taŋ²wan².你整天把压岁钱藏着。

   你 抓 钱 封包 藏 整天

⑤kam¹taːn⁵se⁵tsoːi⁶ ma⁹neːu².把自行车修理一下。

   抓 单车 修理 下 一

⑥te¹kam¹səu⁵ki⁵tok⁷waːi⁶ja⁵.他把手机弄坏了。

   他 抓 手机 弄 坏 _{完成体标记}

（4）kam¹+O₁+V+O₂+状语

①te¹kam¹ kai⁵lun² te¹kha:i¹ŋo⁵<u>tsiŋ²ɬei²</u>.他经常把他家的鸡卖给我。

　　他 抓 鸡 家他 卖 我 时常

②pa⁵ kam¹ ŋa⁵ tai⁵ 　tɔn⁵ na:t⁹ taŋ² wan².爸爸整天把玉米芯（用来）挠痒痒。

　　爸 抓 渣 玉米 挠 痒 整 天

（5）kam¹+O+V₁+V₂+状语

①te¹kam¹pa:u³tsi⁵pa:n³koŋ⁵si²kam¹pai¹ko:i¹<u>tsiŋ²ɬei²</u>.

　　他 抓 报纸 　办公室 　抓 去 看 时常

他经常把办公室的报纸拿去看。

②te¹kam¹ʔan¹<u>te:n³si³</u>khai¹jəu⁵ no:n²laŋ²laŋ².他常常把电视机开着睡。

　　他 抓 个 电视 开 _{持续体标记} 睡 常 常

③ʔan¹jam⁶ŋo⁵kam¹<u>səu⁵jin⁵ki⁵</u>khai¹ po⁴ təŋ⁶ jəu⁵ laŋ²pə⁰.

　　个 夜 我 抓 收音机 开 _{持续体标记}听 _{持续体标记}常 _{语气助词}

晚上我常常把收音机开着听啊。

④ni⁵kam¹<u>te:n³si³</u>khai¹po⁴ 　təŋ⁶ʔi³ne:u².你把电视机开着听一下。

　　你 抓 　电视 开 _{持续体标记} 听 下 一

⑤te¹kam¹jəu²hi³khai¹jəu⁵ tok⁷tam³wa:i⁶.他把游戏机开着打直到坏。

　　他 抓 游戏 开 _{持续体标记} 打 到 坏

⑥ŋo⁵kam¹ɬo:ŋ¹phin¹lau³kin¹ jəu⁵ 　tam³ loŋ⁶.我把（那）两瓶酒喝着直到天亮。

　　我 抓 二 瓶 酒 喝_{持续体标记}直到 亮

（6）kam¹+O₁+V₁+O₂+V₂+状语

①te¹kam¹se:k⁹ɬei¹thei¹pai¹lun²ko:i¹jəu⁵ <u>tsiŋ²ɬei²</u>.

　　他 抓 册 书 拿 去 家 看 _{持续体标记} 时常

他把（那本）书拿回家看着。

②te¹kam¹lau³<u>khau³tai⁵</u>te¹ ɬɔŋ⁵ŋo⁵kin¹tsiŋ²ɬei².

　　他 抓 酒 玉米 他 送 我 喝 时常

他经常把他的玉米酒送给我喝。

③te¹kam¹pei⁵lau³kjəŋ⁵ŋo⁵kin¹pai¹laŋ²laŋ².他常常把酒敬我喝掉。

　他　抓　杯　酒　敬　我　喝　去　常　常

（7）kam¹＋O＋V₁＋V₂

①ni⁵ kam¹ ʔan¹ kha¹ kam¹ po⁴ kin¹ loŋ² pai¹.你把（这条鸡）腿抓着吃下去。

　你　抓　个　腿　抓　_{持续体标记}吃　下　去

②ŋo⁵kam¹ʔan¹kha¹məu¹thiu³ jəu⁵ thei¹khən³ma².我把（这个）猪腿提着拿上来。

　我　抓　个　腿　猪　提　_{持续体标记}拿　上　来

（四）从汉语借入的处置标记"把"

受汉语的影响，龙州壮语和邕宁那楼壮语借入了处置式标记"把"。

龙州壮语：

①min²tɕo³hau³ɬiu³ɬin¹ti¹ paː⁵paːu⁵koŋ⁵həp⁷khin³ma².

　他　就　好　小心地　把　包公　抱　起　来

他就很小心地把包公抱起来。

②paː⁵paːu⁵koŋ⁵tɕo³paː⁵paːu⁵koŋ⁵ʔum⁴ma²ɬən²tɕik¹⁰la¹.

　爸　包公　就　把　包公　　抱　来　家　养　了

包公父亲就把包公抱回家养了。

邕宁那楼壮语：

①man³³pa⁴⁴min³³ɬui²⁴piŋ³³ɬoi²¹²sou³¹kwən³¹ lo³³.他把红薯随便洗洗就吃了。

　他　把　红薯　随便　洗　就　吃　了

②man³³pa⁴⁴kuŋ³¹laːn³³ɬau²¹²dei²⁴kin³³seːŋ³³n̥aŋ²⁴ti³³.

　他　把　房间　扫　得　干净　　　_{非常干净貌}

他把房间打扫得干干净净。

二　无标记的处置句

靖西壮语的处置式也可以采用无标记的形式。如：

①ni⁵kin¹khau³leːu⁴koːn⁵pai¹.你把饭吃完再去。

　你　吃　饭　完　再　去

②te¹mit⁷phjak⁷leːu⁴ja⁵tso³pai¹thiŋ¹jaːk¹⁰.他把菜摘好再去学校。

　他　掐　菜　　完了　才去　　学校

这类句子中，谓语都不能是单纯的动词，其后都要有状语或其他成分。

靖西壮语中，这类句子的受事如果前置，则常在谓语动词之后用一个代词回指。用于回指的代词一般为第三人称代词，且不论受事名词数量多少，该代词均用单数形式。如：

①thui³khau³tən⁴kin¹te¹pai¹.把（这碗）饭吃掉。

　碗　饭　这吃　它去

②foŋ¹ɬan⁵tən⁴si³ te¹pai¹.把这封信撕掉。

　封　信　这撕　它去

③ʔan¹teːn³naːu⁵jəu⁵nɔi¹lok⁸kwoːn¹ te¹pai¹.把里屋的电脑关掉。

　个　　电脑　　在里屋　关　　它去

④ʔan¹kha¹kai⁵ŋo⁵kin¹te¹ pai¹.把（那个）鸡腿吃掉。

　个　腿　鸡　我吃　它去

⑤ʔi⁵tən⁴ŋo⁵təp⁸te¹thaːi¹pai¹.把这个打死。

　个　这　我打　他死　去

⑥ləm⁴mot⁸ ni¹tsoːŋ²kha³te¹pai¹.把桌上这群蚂蚁杀掉。

　群　蚂蚁　上桌　杀它　去

三　处置句的语义类型

我们把靖西壮语的处置句按语义分为广义处置句和狭义处置句两类。

（一）广义处置句

这类处置句的题元结构通常是一个双及物式，述语动词所表示的动作涉及两个域内题元，语义上处置性较弱。

1.处置（作）：P+O₁+"认定""当作"义动词+O₂

①ŋo⁵ʔau¹ te¹taːŋ¹kən²ke⁵.我把他当父母。

　我　要　他当　人老

②te¹ʔau¹ŋo⁵hat⁷lok⁸.他把我当儿子。

　　他　要　我　做　儿子

③te¹thei¹ lok⁸ʔe:ŋ¹ta:ŋ¹wɔn⁴ki³.他把小孩当玩具。

　　他　拿　孩子　小　当　　玩具

④te¹kam¹tu¹ma¹ta:ŋ¹paŋ²jau⁶.他把（这条）狗当朋友。

　　他　抓　只　狗　当　　朋友

2.处置（给）：P＋O₁＋"给予"义动词＋O₂

①pa⁵te¹ʔau¹ʔan¹lun¹hɔi³ te¹.他父亲把（那座）房子给他。

　　爸　他　要　个　房　给　他

②te¹ʔau¹se:k⁹ɬei¹ŋiŋ⁶ŋo⁵.他把（那本）书让给我。

　　他　要　册　书　让　我

③ŋo⁵thei¹ʔan¹kjau²hɔi³ni⁵.我把（那个）球给你。

　　我　拿　个　球　给　你

④ni⁵kam¹ʔan¹sei⁵hu²ja:i⁴ŋo⁵ma:t⁹ne:u².你把（那个）水壶递给我一下。

　　你　抓　个　水壶　递　我　下　一

3.处置（在）：P＋O₁＋"放置"义动词＋O₂

①ŋo⁵ʔau¹ te¹ŋa:n⁵pha:i²jəu⁵tsjəu⁵te:n³.我把他安排在酒店。

　　我　要　他　安排　　在　　酒店

②ŋo⁵thei¹phe:n⁵we⁶khwe:n¹po⁴ni¹tsiŋ².我把（那幅）画挂在墙上。

　　我　拿　张　　画　　挂　在上　墙

③te¹kam¹tu¹ma¹khjaŋ¹po⁴kja:ŋ¹lun².他把（那条）狗关在家里。

　　他　抓　只　狗　关　在　央　家

句中的动词一般是可使物体改变位置的动作动词。

4.处置（成）：P＋O₁＋变成＋O₂

①ŋo⁵ʔau¹ɬa¹kha:u¹pin⁵mɔi¹pa:k⁹, ni⁵ɬən⁵mi⁰? 我把白纸变成百元钞票，你信吗？

　　我　要　纸　白　变　张　百　　你　信 语气助词

②te¹thei¹tse:n²foŋ¹pa:u¹pan¹ŋo⁵.他把压岁钱分给我。

　　他　拿　钱　封包　分　我

③te¹kam¹ ʔi³　tseːn²pan¹pan²ki³fan⁶.他把（那些）钱分成几份。

　　他 抓 点儿 钱　　分　成 几份

这类处置句的动词主要有"变成""成为""分"等。

根据 O_2 的语义特征，我们把 V 所带宾语分为三类：

（1）受事宾语

处置（给）属于此类。

（2）结果宾语

处置（作）和处置（成）属于此类。

（3）处所宾语

处置（在）属于此类。

（二）狭义处置句

这类处置句，谓语动词所表示的动作一般只涉及一个域内题元成分（通常为处置式标记后面的成分），谓语动词为及物动词，处置性较强。

1.动词有前加成分

处置句谓语动词的前加成分主要是状语，按语义分，这些状语大致有：

（1）表示动作行为的时间或频率

①ŋo⁵ʔau¹ te¹tsiŋ²ɬei²tau².我经常把他逗。

　　我 要 他 时常　逗

②te¹thei¹ʔan¹teːn³naːu⁵ŋo⁵wan²wan²joŋ⁶.他天天把我的电脑使用。

　　他 拿 个 电脑　 我 天 天 用

我们观察到，这类处置句数量不多且不自然。而且可作为谓语动词状语的成分不多，我们观察所见，表频率的副词更是仅有 tsiŋ²ɬei² "时常"等个别词可作为谓语动词的状语位于谓语动词之前。这应当与壮语中状语一般位于动词之后有关系。

一般情况下，类似意义的表达，在动词前一般还要有趋向动词，如：

①te¹ʔau¹ʔan¹səu⁵ki⁵ŋo⁵pai¹tsiŋ²ɬei²joŋ⁶.他经常把我的手机拿去用。

　　他 要 个　手机 我 去　时常 用

②te¹thei¹jəu⁵phɔn²ʔo:k⁹ma²wan²wan²joŋ⁶.他经常把优盘拿来用。

　他 拿 优盘　出　来 天 天 用

显然，这时的 ʔau¹"要"、thei¹"拿"、kam¹"抓"意义仍比较实在，应该是实义动词。因此，我们认为，靖西壮语中处置式标记的语法化程度弱于汉语。

我们还观察到，常在处置句谓语动词后充当状语的固有词 laŋ²laŋ²"常常"，位置不能在谓语动词之前。即：

*laŋ²laŋ²pai¹　　　　　*laŋ²laŋ²kin¹　　　　　*laŋ²laŋ²ko:i¹

　常 常 去　　　　　常 常 吃　　　　　常 常 看

汉语借词 tsiŋ²łei²"时常"（tsiŋ²łei²为中古借词"时常"，我们在"副词"部分已经讨论）可位于动词之前而固有词 laŋ²laŋ²不能，这也佐证了我们在"副词"部分已经讨论过的靖西壮语中状语前置于动词是受汉语影响的结果这一观点。

（2）表示动作行为所施及的处所

①koŋ⁵te¹ʔau¹te¹ jəu⁵lun²tsiŋ⁴.他爷爷把他放在家里养。

　公 他 要 他 在　家 养

②te¹thei¹ło:ŋ²tu¹muɯ¹kja:u⁶jəu⁵nɔi¹ŋim² po⁴.他把两头野猪在山洞里安放。

　他 拿 二 只　野猪　　在 里 山洞 放

③ŋo⁵kam¹ne:n⁵ka:u⁶po⁴nɔi¹mo³tsən¹.我把年糕放在锅里蒸。

　我 抓 年糕　在 里 锅 蒸

（3）表示动作行为所施及的范围

ŋo⁵wa⁴te¹ʔau¹pa:n¹ŋo⁵taŋ²pa:n¹fən⁵łi²ja⁵.我和他把我们班全班都分析了。

我 和 他 要　班 我 整 班 分析 完成体标记

（4）表示动作的方式

①ŋo⁵ʔau¹ te¹hat⁷pei³ joŋ⁶ni⁵mei²ki¹na:u⁵pa⁰? 我把他这么用你不生气吧？

　我　要 他 做 这样 用 你 不 气 不 语气助词

②pɔ²fa:ŋ⁵mai⁶ ʔau¹mo⁴lo⁶pan²mo³tən³ʔau¹.北方喜欢把所有东西整锅炖。

　北方　喜欢 要 每 样 成 锅 炖 要

③te¹ʔau¹ʔan¹<u>kau³tai²kha:ŋ³</u>ʔau¹.他把（这个）玉米棒烤（着吃）。

　他 要 个 玉米 　烤 　要

2.动词有后加成分

（1）P＋O＋V＋状语

按状语成分的语义，分为以下类型：

1）表示动作行为的时间或频率

①ŋo⁵ʔau¹tu¹me:u⁵te¹tsiŋ⁴ɬo:ŋ¹wan².我把他那只猫养两天。

　我 要 只 猫 他 养 二 天

②ɬo:ŋ¹kan¹ ho:i¹kən¹ke⁵thei¹te¹tse⁴jam⁴ne:u².两斤田螺父母把它泡一晚。

　二 斤 田螺 人 老 拿 它 浸 夜 一

③se:k⁵ɬei¹ ŋo⁵kam¹te¹ko:i¹ɬo:ŋ¹nun¹.（这本）书我把它看了两个月。

　　册 书 我 抓 它 看 二 月

④ŋo⁵ʔau¹te¹ tau²laŋ²laŋ².我经常把他逗。

　我 要 他 逗 常 常

⑤ŋo⁵kam¹te¹sa:u⁵tsiŋ²ɬei².我经常把他打扰。

　我 抓 他 扰 时常

一般情况下，当状语表频率时，动词前一般还要有趋向动词，如：

①te¹ʔau¹ʔan¹<u>səu⁵ki⁵</u>ŋo⁵pai¹joŋ⁶tsiŋ²ɬei².他经常把我的手机拿去用。

　他 要 个 手机 我 去 用 时常

②te¹thei¹jəu⁵phɔn²ʔo:k⁹ma²joŋ⁶laŋ²laŋ².他经常把优盘拿来用。

　他 拿 优盘 　出 来 用 常常

2）表示动作行为所施及的处所

①pho¹te¹ ʔau¹te¹ tsiŋ⁴jəu⁵lun².他奶奶把他养在家里。

　婆 他 要 他 养 在 家

②te¹thei¹ʔi⁵lok⁸khjaŋ¹nɔi¹lun².他把儿子关在家里。

　他 拿 儿子 关 里 家

③ŋo⁵kam¹tu¹kai⁵tat⁷ni¹tsa:n⁶.我把（那只）鸡放楼上。

　我 抓 只 鸡 摆 上 楼

3）表示动作行为所施及的范围

①ŋɔ⁵wa⁴te¹ʔau¹pa:n¹ŋɔ⁵fən⁵ɬi²taŋ²pa:n¹.我和他把我们班全班都分析。

　我 和 他 要　班 我 分析 整　班

②nɔi¹kei⁵te¹kam¹ɬei¹tok⁸taŋ²le:u⁴.今早他把书全读了。

　　晨 今 他 抓　书 读 整　完

③lok⁸ŋɔ⁵thei¹la:u²fak⁸kin¹pan²ʔan¹.我儿子把萝卜成个吃。

　儿子我 拿　萝卜　吃 成　个

4）表示动作行为的方式

①ŋɔ⁵ʔau¹ te¹joŋ⁶hat⁷pei³ ni⁵mei² ki¹na:u⁵pa⁰？我把他这么用你不生气吧？

　我　要 他 用 做 这样你 不　气 语气助词

②thei¹la:u²fak⁸tha:k⁹ʔau¹tso³pan²lɔ²pu²ka:n⁵la⁰.

　　拿　萝卜 晒 要 就 成 萝卜 干 语气助词

把萝卜用晒的方式（处理）就成为萝卜干了。

③ni⁵kam¹phjak⁷ke:p⁹tsei³ta:ŋ⁵ʔau¹ʔa⁰？你把韭菜用煮汤的方式（烹饪）啊？

　你 抓　韭菜　煮 汤 要 语气助词

5）表示动作行为的结果

①ŋɔ⁵ʔau¹ tu¹pat⁷ʔa:u²pan²la:u⁵ja²tha:ŋ⁵.我把（这只）鸭子熬成老鸭汤。

　我　要 只 鸭 熬 成　老鸭汤

②te¹kam¹ʔan¹phin¹top⁸pho⁵.他把（那个）瓶子打破。

　他 抓　个 瓶 打 破

③ŋɔ⁵kam¹tsɔ²ne²te¹ke:n⁵sa²səŋ⁵su⁵ja⁵.我把他的作业检查好了。

　我　抓 作业 他　检查 清楚 完成体标记

④te¹thei¹ki³ tu¹ pat⁷tsɔŋ⁵pai¹le:u⁴ŋau².他把（那）几只鸭子全放了。

　他 拿 几 只 鸭 放 去 完　完

⑤ni⁵ʔau¹pa:n²tsi⁵məu¹sa:u³le:u⁴ʔa⁰？你把（那盘）猪肉炒完啦？

　你 要　盘 肉 猪　炒 完 语气助词

6）表示动作行为的趋向

①te¹ʔau¹ ɬi³khwa⁵to:t¹⁰lɔŋ²ma².他把衣服丢下来。

　他 要 衣裤　丢 下 来

②tu^{1}me:u^{2}thei^{1}tu^{1} nəu^{1} ko:n^{2}ta:u^{6}ma^{2}.（那只）猫把（那只）老鼠叼回来。

只　猫　拿只老鼠 衔　返　来

③ni^{5}kam^{1}ʔan^{1}kha^{1}kəŋ^{2}kin^{1}ləŋ^{2}pai^{1}.你把（这个）鸡腿吃下去。

你　抓　个 腿 胯　吃 下 去

7）表示动作行为的状态

①la:u^{4}koŋ^{5}te^{1}ʔau^{1}ʔan^{1}se^{5}khai^{1}nai^{3}khwa:i^{5}khwa:i^{5}.

爷爷 他 要 个 车 开　得　快　快

他的爷爷把（这辆）车开得很快。

②te^{1}kam^{1}ʔan^{1}khi^{3}khjəu^{2}pau^{5}nai^{3}po:ŋ^{2}po:ŋ^{2}.他把（这个）气球吹得鼓鼓的。

他 抓　个　气球　吹　得　鼓　鼓

③te^{1}thei^{1}ko^{1}wa^{1}tsai^{1}nai^{3}nai^{1}nai^{1}.他把（这株）花栽个很好。

他 拿 棵 花 栽　得 好 好

从以上的讨论，我们看到，处置句中状语和谓语动词的语序两可，既可“状语＋动词”，也可“动词＋状语”。“状语＋动词”的语序是汉语影响所致。两种语序中，“动词＋状语”自然度和能产性高于“状语＋动词”。

（2）动词＋体标记

①te^{1}ʔau^{1}ʔan^{1}phin^{1}we:ŋ^{6}ja^{5}.他把（那个）瓶子扔了。

他 要 个　瓶　扔 完成体标记

②pa:n^{1}ŋo^{5}thei^{1}tsu^{2}khjəu^{2}ma^{2}kwa^{5}.我们班曾把足球带来。

班　我　拿　足球　来 经历体标记

③ŋo^{5}kam^{1}pa:n^{2}khau^{3}sa:u^{3}pai^{1}ja^{5}.我把（那盘）饭炒了。

我　抓　盘　饭　炒 去 完成体标记

3.动词前后均有成分

谓语动词前后均有成分时，动词前的成分一般是状语，后续成分一般是居后状语，也可以是体标记。

（1）P＋O＋状语＋V＋状语

①te^{1}ʔau^{1}ʔan^{1}səu^{5}ki^{5}ŋo^{5}tsiŋ^{2}ɬei^{2}joŋ^{6}wa:i^{6}.他经常把我的（那个）手机用坏。

他 要　个 手机　我　时常 用　坏

②te¹kam¹ʔan¹tai⁶te¹ jap⁷jap⁷tok⁷tɔk⁷.他时常把他的袋子弄丢。

他 抓 个袋他时时弄丢

这时充当状语的一般是时间频率副词。

（2）P+O+状语+V+复指性宾语

ŋo⁵ʔau¹te¹hat⁷pei³ joŋ⁶ki¹ te¹ mi⁰？我把他这样用你生他气吗？

我 要 他 做 这样用 气 他 _{语气助词}

（3）P+O+状语+体标记

①ŋo⁵kam¹ne:n²ka:u⁵po⁴nɔi¹mo³tsəŋ¹kwa⁵.我曾把年糕放在锅里蒸。

我 抓 年糕 在里锅蒸 _{经历体标记}

②te¹thei¹ɬo:ŋ¹tu¹məu¹kja:u⁶jəu⁵nɔi¹n̩im² tsiŋ⁴ja⁵.

他 拿 二 只 野猪 在 里山洞养 _{完成体标记}

他把（那）两头野猪放在山洞里养了。

4.谓语为连动式结构

①ni⁵ʔau¹tu¹kai⁵kha¹nai¹lɔk⁷khɔn¹po⁴.你把（那只）鸡杀好拔好毛（留着）。

你 要 只 鸡 杀 好 拔 毛 _{持续体标记}

②ni⁵thei¹ʔan¹ɬi⁵kwa⁵ɬui⁵nai¹pha⁵po⁴.你把（这个）西瓜洗好破好。

你 拿 个 西瓜 洗 得 破 _{持续体标记}

③ŋo⁵kam¹səu⁵ki⁵sa:p⁹khau³pai¹soŋ⁵te:n³.我把手机插进去充电。

我 抓 手 机 插 进 去 充电

一点讨论

刘丹青（2002）①、吴福祥（2012）②曾分别讨论过汉语在类型学上一些异于 SVO 语言一般特点的现象。

刘丹青（2002）指出，在类型学上，汉语是很不典型的 SVO 语言。它在很

---

① 刘丹青：《汉藏语言的若干语序类型学课题》，《民族语文》2002 年第 5 期。

② 吴福祥：《试说汉语几种富有特色的句法模式——兼论汉语语法特点的探求》，《语言研究》2012 年第 1 期。

多方面倒与 SOV 有更多共同点,如领属定语只能前置(在 SVO 语言中较罕见);介词短语状语以前置为主(在世界上的 SVO 语言中仅见于汉语),乃至几乎所有状语前置;比较基准前置于形容词,如"比他高"(在 SVO 语言中仅见于汉语);关系从句前置于核心名词,如"有妈的孩子"(在 SVO 语言中仅见于汉语),白语作为 SVO 和 SOV 并存的语言也是关系从句前置。汉语很多方面的语序表现甚至比藏缅语更像日语、朝鲜语等 OV 型语言,如形容词定语一律在前,而多数藏缅语的形容词定语以后置于核心名词为主,与 SVO 的壮侗语一样。白语兼有 SVO 和 SOV 语序,其他方面的语序表现也较符合 SOV 语言的常见特点。克伦语作为藏缅语中罕见的 SVO 语言有一些与汉语相似的特点,也不是典型的 SVO 语言。①

吴福祥(2012)讨论过汉语中五种富有特色的语序模式和句法结构:"Rel-N"[关系小句—名词]语序模式、"PP-V"[介词短语—谓语动词]语序模式、差比式"S-P NP-VP"语序模式、极性问构式"V 不 V"、能性述补结构"V 得 C""V 不 C",认为它们很可能是"华文所独"的句法模式。②作为 SVO 语言,汉语的这几种句法模式确乎富有特色。

对于壮侗语的特点,刘丹青(2002)说得很清楚:壮侗语作为 SVO 语言比汉语更典型,表现在这几方面:领属定语基本在核心名词后,介词短语以后置为主,比较基准后置、关系从句后置、指示词和数词等也在名词后。部分壮侗语因汉语影响开始表现出一些偏离典型 SVO 语言的特点,如有些语言领属定语可以前置(这时往往同时借入汉语的结构助词),某些介词短语(如表示来源的)前置于动词等。苗瑶语在定语状语前置方面比壮侗语更明显一些,有些语言领属语也前置。③

刘丹青(2002)所述汉语与 SOV 语言一致的特点,吴福祥(2012)所述汉语五种富有特色的语序模式和句法结构,我们在南部壮语中都能观察得到。壮语偏离了 VO 型语言的一些特征,具有了 OV 型语言的某些特点,乃是拜汉语

---

① 刘丹青:《汉藏语言的若干语序类型学课题》,《民族语文》2002 年第 5 期。

② 吴福祥:《试说汉语几种富有特色的句法模式——兼论汉语语法特点的探求》,《语言研究》2012 年第 1 期。

③ 刘丹青:《汉藏语言的若干语序类型学课题》,《民族语文》2002 年第 5 期。

影响所赐。

吴福祥（2007）论述了接触引发的演变可能给受语系统带来的后果，他认为包括特征的增加、特征的消失、特征的替代和特征的保留。①

特征的增加（addition）即受语系统通过接触引发的演变增加了新的特征。最简单的被增加的特征是借词包括词汇词和语法词，这是接触引发的演变最常见的后果。②

我们已经讨论，南部壮语不仅从汉语借入词汇词，而且借入语法词，改造了壮语的语序，产生了新的结构。同时，语言接触使壮语的表达更精细。壮语书面语不丰富，这使得其产生十分精密的语句存在困难。而汉语语法词的借入，在很大程度上改善了这一点。即，语言接触使壮语增加了一些原本没有的特征。

特征的消失即某一语言由于语言接触而丧失固有的特征，但没有任何干扰特征可以作为所失特征的替代物。③

我们观察到，南部壮语的代词系统，第一、第二人称单数固有词趋向消失，谦称、尊称、昵称、蔑称等已近消亡；此外，还有早有观察和讨论的诸如复辅音声母的单辅音化等问题。这些均是语言接触推动下导致的特征消失。

吴福祥（2008）④把接触引发的语法演变的机制分为"语法借用"和"语法复制"：语法借用指的是一个语言（源语）的语法要素（语法性的音—义单位，即虚词及词缀）迁移到另一个语言（受语）之中。本书中，我们观察到的从汉语借入的介词"比""过"，结构助词"的""嘅"，词缀 thu¹"头"等，就属语法借用。语法复制包括"接触引发的语法化"和"语法结构复制"两个方面，前者是指一个语言（复制语）对另一个语言（模式语）的语法概念或语法概念演化过程的复制，后者是一个语言（复制语）对另一个语言（模式语）语法结构的复制。"语法结构复制"可进一步分为两个小类：（1）"语序重组"

---

① 吴福祥：《关于语言接触引发的演变》，《民族语文》2007 年第 2 期。
② 吴福祥：《语法化的新视野——接触引发的语法化》，《当代语言学》2009 年第 3 期；吴福祥：《著名中年语言学家自选集·吴福祥卷》，上海教育出版社 2011 年版，第 394 页。
③ 吴福祥：《语法化的新视野——接触引发的语法化》，《当代语言学》2009 年第 3 期；吴福祥：《著名中年语言学家自选集·吴福祥卷》，上海教育出版社 2011 年版，第 394 页。
④ 吴福祥：《南方语言正反问句的来源》，《民族语文》2008 第 1 期。

或"结构重组"，即一个语言（复制语）的使用者依照另一个语言（模式语）的句法和形态模式来重排自己语言里意义单位的语序，本书观察到的南部壮语偏正结构的演变等就是如此。（2）"构式复制"，即一个语言的使用者依据另一个语言的模式，用自己语言的材料构建出与模式语对等的（形态/句法/话语）结构式。本书观察到的壮语动词 VV 式、正反问"V-not-V"结构都是利用本族语言的材料复制了汉语相应结构而得。

吴福祥（2009）讨论过特征迁移的方向，他认为"在语言接触及由此导致的语言演变中，一种特别常见的情形是，语言 A 里某一复制范畴 F 的存在并不是一种孤立的特征迁移的现象，相反，在这个语言里可能还有另外的'语言 B＞语言 A'语法复制或其他特征迁移的实例。特别是，如果这些假定的特征迁移的实例之间是互相独立并且涉及不同的迁移种类（比如语法复制、语法借用以及词汇、语音成分的借用等），而相反的特征迁移实例（即'语言 A＞语言 B'）未曾发现或极其罕见；那么，语言 A 里 F 的存在应该来自对语言 B 里对应范畴的复制"[1]。无论是我们的观察，还是学界的讨论，我们都能看到壮语从汉语复制了大量语序模式或结构式，有一大批的汉语借词，包括词汇词和语法词；音系结构受到汉语的极大的影响。而汉语复制或借用壮语的语言成分要少得多。

在对壮语语法的观察中，语言接触造成的影响是我们绝对不能忽视的。从本书的讨论，我们确实清晰地看到语言接触对南部壮语语法演变产生的深刻影响。而且，在南部壮语与汉语的接触中，汉语对南部壮语的影响远远大于南部壮语对汉语的影响。

---

① 吴福祥：《语法化的新视野——接触引发的语法化》，《当代语言学》2009 年第 3 期；吴福祥：《著名中年语言学家自选集·吴福祥卷》，上海教育出版社 2011 年版，第 394 页。

附录一 部分南部壮语音系

一 靖西壮语

（一）声母

唇音	p	ph	m	f		w	pj	phj	mj	
舌尖中音	t	th	n	ɬ	l		tj	thj	nj	ɬj	lj
舌尖前音	ts			s			tsj				
舌面前音			ȵ			j					
舌面后音	k	kh	ŋ				kj	khj	kw	ŋj	khw
喉音				ʔ	h						
复辅音	pl	kl									

说明：

1. w 发音时，有时发成 v，二者为自由变体。

2. 靖西壮语也偶有可发 tsh 的，主要出现在一些官话借词或普通话借词中，但与 s 无别义作用，属同一音位。

3. tj、thj、nj、ɬj、tsj 只出现在汉语借词中。

4. 以复辅音作为声母的音节极少，

5. 有数量极少的复辅音 pl、kl、kɬ，如：plei³¹ "怎么"，kla:i⁵³ "那么多"，kla:i²¹³ "果然是"，kɬaŋ⁵³ "什么"，kɬai²¹³ "什么"，kɬaŋ⁵³ɬai²¹³ "什么"。

声母例词：

p pa⁴⁵父亲 pai³¹（一）排 pa:n³¹盘 pai⁵³去 pəŋ⁵³水蛭 pət⁴⁴肺

ph	pha⁵³盖子	pha:i³³棉花	phɔn⁵³雨	phiŋ⁵³平	phit⁴⁴错过

ph　pha⁵³盖子　pha:i³³棉花　phɔn⁵³雨　phiŋ⁵³平　phit⁴⁴错过

m　me³³羊　ma:i³³寡（妇）　ma:ŋ⁵³薄　mit⁴⁴（手指）掐

f　fai³¹火　fən³¹柴　fa:ŋ³¹稻草　fok⁴⁴福

w　wa⁵³花　wa:i³¹水牛　wan²¹³挖　wa:ŋ⁴⁵慌　wam²¹³哑

t　ta³³代替　ta:i⁴⁵外祖母　ta:ŋ⁴⁵单独；另外　tap⁴⁴肝

th　tha⁵³眼睛　than⁵³看见　tha:ŋ⁵³尾巴　thək⁴⁴踢

n　na⁵³厚　na:m⁵³荆棘　na:ŋ³³冷　nok⁴⁴骨

ɬ　ɬa⁵³纸　ɬam³³酸　ɬa:i²¹³左　ɬəŋ³³醒

l　lei³¹长　la:ŋ⁴⁵毛线　ləŋ³³滚　lən²¹³舌头

ts　tsa³³榨（油）　tsa:u⁴⁵炒锅　tsan³³绞　tsɔŋ³¹从

s　sa:i³³踩　səu⁵³油炸　sa:u³¹吵闹　səp⁴⁴闻

ȵ　ȵa³³草　ȵa:u²¹³小河虾　ȵəu³³皱　ȵoŋ³³杂乱

j　ja³²⁴告诉　je:n³¹边；沿　joŋ⁵³厉害　jap⁴⁴一下

k　ka⁵³乌鸦　ka:i⁵³街　kam⁵³抓；拿　kat⁴⁴冰冷

kh　kha⁵³腿；脚　khei³³屎　khiŋ⁵³砧板　khət⁴⁴掘

ŋ　ŋa³¹芝麻　ŋa:i⁵³仰（头）　ŋau³²⁴恶心　ŋa:ŋ²¹³傻

ʔ　ʔei⁵³肯　ʔai⁵³咳嗽　ʔa:ŋ³³显摆　ʔo:n⁴⁵软

h　ha³³五　hau⁴⁵吠　hiŋ⁵³香（火）　hap⁴⁴关（门）

pj　pja⁵³鱼　pja:i⁵³末梢　pjo:ŋ³²⁴破（半）　pja:k¹⁴分离

phj　phja⁵³山　phja:i³³走

mj　mja³¹（饭）烂　mja:i³³（泥）烂　mja:u³¹瞄（准）

tj　tja:u³³吊，调（动）

thj　thja:u³³跳（舞）　thja:u³¹调（频道）

nj　nja:ŋ³¹（姑）娘

ɬj　ɬja:u⁴⁵小（学）　ɬja:u³³笑（话）

tsj　（nɔk²¹）tsjo:k⁴⁵麻雀

kj　kja:u⁵³搅（拌）　kja:u³³教（育）　kja:u⁴⁵胶（məu⁵³）　kja:u²¹³
野猪

khj　　khja⁵³寻找　　khja:u⁵³量（米）　　khjam⁵³针　　khja:ŋ⁴⁵陀螺

kw　　kwa⁴⁵过　　kwe⁵³丝瓜　　kwai⁵³远　　kwa:ŋ⁵³宽

khw　　khwa⁴⁵裤子　　khwen⁵³悬挂　　kha:ŋ⁵³横　　khwet⁴⁵划（火柴）

（二）韵母

i	e		ɛ	a		o		ɔ	u	ə	ɯ
		ei		a:i	ai	o:i		ɔi	ui		
iu	e:u			a:u	au					əu	
im	e:m			a:m	am	o:m			um	əm	
in	e:n			a:n	an	o:n		ɔn	un	ən	
iŋ	e:ŋ			a:ŋ	aŋ	o:ŋ	oŋ	ɔŋ	uŋ	əŋ	
ip	e:p			a:p	ap	o:p			up	əp	
it	e:t			a:t	at	o:t		ɔt	ut	ət	
ik	e:k		ɛk	a:k	ak	o:k	ok	ɔk	uk	ək	

说明：

1.单元音作韵母时，都念长音。

2.元音 e、ɛ、ɔ 带韵尾时不分长短，但实际音值是长的，即，实际音值为 e:、ɛ:、ɔ:。

3.单元音韵母 ɔ、ə 只出现在汉语借词中。

4.um、up 两韵例字极少。

韵母例词：

i　　khi⁵³丈夫　　tsi⁴⁵肉　　ɬi³³上衣　　li⁵³剩余

iu　　ɬiu⁵³酿（酒）　　kiu³¹桥　　tsiu⁴⁵照

im　　tsim⁵³大米　　tim³³点（名）　　ɬim³³尖

in　　tsin⁵³毯子　　ɬin⁴⁵铁丝　　pin⁴⁵变　　phin³³页（片）

iŋ　　phiŋ⁵³平　　tsiŋ⁴⁵酱　　siŋ⁴⁵戏　　ɬiŋ³³想

ip　　thip⁴⁵帖子　　ʔip⁴⁵踩

it　　ʔit⁴⁵伸展　　hit⁴⁵歇　　pit⁴⁴笔　　tsit⁴⁵节日

ik　　phik⁴⁵芋头　　pik⁴⁵壳　　lik¹⁴叫

e　　phe⁴⁵扑克牌　　tse²¹³浸泡　　se⁴⁵车　　ke⁵³竹

ei　　ɬei³¹薯　　tsei³³指　　khwei⁴⁵亏　　lei³¹长

e:u　　te:u³¹跳　　pe:u³¹水瓢　　me:u³¹猫　　ke:u²¹³嚼

e:m　　ne:m⁵³粘　　pe:m³³扁　　ke:m³³脸颊

e:n　　pe:n³³木板　　je:n³²⁴县　　ke:n³¹心焦　　ɬe:n³³移，挪

e:ŋ　　je:ŋ³¹玩弄　　le:ŋ³¹力气　　pe:ŋ³¹贵　　the:ŋ⁵³黄瓜

e:p　　ne:p¹⁴追赶　　ɬe:p⁴⁵辣疼　　he:p⁴⁵（嗓子）哑

e:t　　pe:t⁴⁵八　　tse:t⁴⁵溅　　se:t⁴⁵切（菜）

e:k　　khe:k⁴⁵客　　me:k⁴⁵扛　　se:k⁴⁵册

ɛ　　li⁴⁵lɛ³¹唢呐　　ʔak⁴⁴ʔɛ³¹一种鸟

ɛk　　lɛk⁴⁴铁

a　　ʔa³³张开　　pa²¹³暂不　　ɬa⁵³纸　　tha⁵³眼睛　　sa⁴⁵搓（澡）

a:i　　la:i³¹麻；花　　pa:i⁵³跛　　tsa:i²¹³歪斜　　ka:i⁴⁵块

ai　　khai⁴⁵蛋　　kai⁴⁵鸡　　nai³³得到　　hai³³哭　　tsai⁵³栽

a:u　　ta:u⁵³剪刀　　ɬa:u⁵³年轻女子　　pa:u⁴⁵爆竹　　ka:u³²⁴撬

au　　tsau²¹³早　　ɬau⁴⁵灶　　tsau³¹仇　　khau³³米；米饭　　lau³³酒

a:m　　pa:m⁵³赤（脚）　　ɬa:m⁵³三　　kha:m³³越过　　tha:m⁵³抬

ma:m²¹³脾脏

am　　ʔam⁵³含　　kam²¹³借　　ɲam³¹念叨　　kham⁵³苦　　nam²¹³水

a:n　　ɬa:n⁵³编制　　la:n⁵³孙　　kja:n²¹³懒　　pa:n⁴⁵掼

an　　tsan⁵³真　　ɬan³¹颤抖　　jan³¹筋　　lan³¹绳索

a:ŋ　　ka:ŋ³¹下巴　　la:ŋ³¹竹笋　　ɬja:ŋ³³像　　kha:ŋ³³烤

aŋ　　tsaŋ³¹还未　　ɬaŋ⁴⁵叮嘱　　jaŋ³¹还　　paŋ²¹³那（边）　　haŋ⁵³声音

a:p　　ɬa:p⁴⁵蟑螂　　la:p⁴⁵收缴　　tha:p⁴⁵挑　　tsa:p²¹杂

ap　　tsap⁴⁴痛　　khap⁴⁴咬　　thap⁴⁴冰雹　　lap⁴⁴闭（眼）　　map⁴⁴凹陷

a:t　　na:t⁴⁵痒　　ja:t¹⁴绑　　pa:t⁴⁵盆　　kha:t⁴⁵烂

at　　tsat⁴⁴七　　pat⁴⁴鸭　　kat⁴⁴冰冷　　sat⁴⁴漆

a:k　　pa:k⁴⁵嘴　　ma:k⁴⁵果　　ja:k⁴⁵饿　　la:k⁴⁵倒塌

ak　　ɬak²¹洗（衣物）　　pak²¹累　　nak⁴⁴深；重　　fak²¹孵

o　　mo⁴⁵泉　　ʔo⁴⁵（火）旺　　kho³³（手指）节　　wo³¹脖　　tso³³祖

o:i　　ʔo:i³³甘蔗　　kho:i³³仆人　　tso:i²¹³修理　　ɬo:i⁴⁵衰　　ko:i⁵³看

o:m　　tho:m⁵³积攒　　ho:m⁵³香　　lo:m⁵³松

o:n　　ɬo:n⁵³教　　tso:n⁵³钻　　lo:n²¹³叫喊　　mo:n⁵³灰尘

o:ŋ　　ɬo:ŋ⁵³二　　tso:ŋ³¹桌子　　kjo:ŋ⁵³鼓　　po:ŋ⁴⁵猪血肠

oŋ　　tsoŋ⁵³牵　　joŋ⁵³厉害　　ɬoŋ⁵³高　　koŋ⁴⁵大虾

o:p　　tso:p⁴⁵蘑菇，木耳　　ko:p⁴⁵捧

o:t　　ko:t⁴⁵搂　　no:t⁴⁵嫩芽　　to:t⁴⁵啄　　mo:t⁴⁵卷（袖子，裤腿）

o:k　　tho:k⁴⁵竹篾　　lo:k⁴⁵诱骗　　mo:k⁴⁵雾霾

ok　　ɬok²¹熟悉；熟识　　lok²¹儿子　　fok²¹席子　　nok⁴⁴骨

ɔ　　kɔ⁴⁵歌（曲）　　jɔ³¹学（校）　　tsɔ³¹作（业）　　ɬɔ⁴⁵（厕）所

ɔi　　mɔi⁴⁵新　　khɔi⁴⁵干爽　　ɬɔi⁵³干净　　pɔi³²⁴媳妇

ɔn　　phɔn⁵³雨　　lɔn⁴⁵脱落　　fɔn²¹³满　　mɔn⁴⁵细雨

ɔŋ　　tsɔŋ⁴⁵放　　ɬɔŋ⁴⁵送　　tɔŋ³³水桶　　tsɔŋ³¹从

ɔt　　tɔt⁴⁴屁　　kɔt¹⁴弯曲　　mɔt¹⁴蚂蚁

ɔk　　nɔk²¹鸟　　mɔk²¹被子　　fɔk²¹浮肿　　tsɔk²¹戳

u　　thu⁵³头　　khu⁵³笑　　pu⁴⁵斧头　　tsu³¹邀请

ui　　thui³³碗　　ɬui⁴⁵洗　　kui³³蕉　　hui⁴⁵果核

um　　tsum⁴⁵亲吻

un　　ɬun⁵³园子　　lun³¹房子　　pun⁵³搬　　nun⁴⁵知道

uŋ　　luŋ⁵³大　　tuŋ²¹³打招呼　　puŋ³¹朵

up　　lup⁴⁵很快地吃面条、流食等

ut　　nut⁴⁵热　　lut¹⁴血　　phut⁴⁵泼（水）　　mut⁴⁵萌芽

uk　　muk⁴⁵筒　　nuk⁴⁵聋　　kuk⁴⁵国

ə　　pə³¹北（京）　　ɬə³¹（彩）色　　tsə³¹（原）则　　sə³¹厕（所）

əu　　nəu⁵³老鼠　　kəu³¹（气）泡　　məu⁵³猪　　ɬəu⁵³粉刺

əm　　ʔəm⁴⁵饱　　kəm⁴⁵臀部　　ləm²¹³抚摸　　tsəm³¹尝

ən　　ɬən⁵³裙　　kən³¹人　　lən³¹游玩　　tsən⁴⁵准（备）　　fən³¹柴

əŋ　　jəŋ³¹赢　　ɬəŋ³¹脾气　　tsəŋ⁴⁵正　　ʔəŋ⁵³倚靠

əp nəp⁴⁴夹（菜）　　ɬəp⁴⁴续　　tsəp⁴⁴折叠　　kjəp⁴⁴鳞

ət pət⁴⁴肺　　khət⁴⁴挖掘　　tsət⁴⁴（味）淡　　ɬət⁴⁴蚊帐

ək pək⁴⁴翅膀　　tsək²¹直　　sək⁴⁴尺

ɯ ɬɯ⁵³老虎　　ɬɯ⁴⁵子（弹）

（三）声调

调类	调值	例词			
1	53	ma⁵³狗	na⁵³厚	pha⁵³盖子	ta:u⁵³剪刀
2	21	ma³¹来	na³¹田	la³¹锣	kja³¹茶
3	33	na³³脸	ma³³忙	ɬe:n³³移，挪	kha³³杀
4	213	ma²¹³马	wa²¹³瓦	tau²¹³拐杖	fa²¹³天
5	45	na⁴⁵骂	ja⁴⁵吓唬	ke⁴⁵老	tam⁴⁵矮
6	324	ma³²⁴渗透	na³²⁴姨	tau³²⁴草木灰	tso:i³²⁴修理
7	44	khət⁴⁴挖掘	tap⁴⁴肝	ɬət⁴⁴蚊帐	kjəp⁴⁴鳞
8	21	pak²¹累	tap²¹堆砌	fɔk²¹肿	nɔk²¹鸟
9	45	pa:k⁴⁵嘴	ma:t⁴⁵脓疮	phuk⁴⁵泡沫	nuk⁴⁵聋
10	14	pa:k¹⁴疯	ta:p¹⁴床	ma:t¹⁴袜子	lut¹⁴血

二 龙州壮语

（一）声母

唇音	p	ph	b	m	f		w	pj	phj	bj	mj	
舌尖中音	t	th	d	n	ɬ	l		tj	thj	dj	nj	ɬj	lj
舌面前音	tɕ	thɕ		ȵ	ɕ		j					
舌面后音	k	kh		ŋ				kj	khj		kw		khw
喉音				ʔ	h							

声母例词：

p pən⁴²鹅　　peu⁴²瓢　　pik⁵⁵翅膀

ph phan³³雨   pha³³盖子   phaŋ³³埋

b   ba:n²¹³村庄   be:k⁴⁵扛   bau³³轻

m   maɯ⁴⁵新   man⁴⁵结实   maɯ⁴²你

f   fai⁴²火   fa³¹天   fan⁴²种子

w   wa:i⁴²水牛   wi³³梳子   wa:ŋ⁴⁵闲

t   tau²¹³葫芦   ta:ŋ⁴²蟒蛇   to:k³¹蛹

th thui²¹³碗   thəŋ³³糖   than³³到

d   de:t⁴⁵晴   dap⁵⁵熄（灯）   daŋ³³烧

n   nam³¹水   no:n⁴²睡   nau⁴⁵生气

ɬ   ɬuŋ³³高   ɬim²¹³尖   ɬaɯ³³干净

l   lam⁴²风   leŋ³¹旱   lak³³桩子

tɕ tɕo:ŋ⁴²桌子   tɕək³¹绳   tɕi⁴²糍粑

tɕh ʔat⁵⁵tɕhiu³³打喷嚏   ka:i³³tɕhoi³³芥菜

ɕ   ɕik⁴⁵撕   ɕai³¹推   ɕo:ŋ²¹³高兴

j   ja:k⁴⁵饥饿   jat⁵⁵顽皮   jɯ²¹³渣滓

k   ko:ŋ²¹³虾   ka³³乌鸦   ko:k⁴⁵角儿

kh khi²¹³屎   kha:i³³卖   kha:ŋ⁴⁵烘焙

ŋ   ŋu⁴²蛇   ŋa:n⁴⁵啃   ŋo⁴²耽误

ʔ   ʔan⁴⁵估计   ʔo:n⁴⁵嫩   ʔim⁴⁵抱

h   ha:i³³月亮   haɯ²¹³给   ha:ŋ³³尾巴

ȵ   ȵoŋ⁴²蚊子   ȵan²¹³捻   ȵam⁴²踩

pj pja³¹刀   pjau⁴²晚饭   pjət⁵⁵笔

phj phjam³³头发   phjak⁵⁵菜   phjoi⁴⁵脆

bj bjoi³³鱼篓   bjo:k⁴⁵花   ka:n⁴²bjat⁵⁵钓竿

mj mjau⁴²哄骗   mjan³³飞   mjok³¹掏

tj tjan²¹³短   tjat⁴⁵屁   tja:t³¹凸

thj thjat⁵⁵搜   tjam³³满   jau⁴²thju⁴²油条

dj djat⁵⁵湿   djan²¹³痒

nj njan⁴²响   njan⁴⁵乳房

ɬj　ɬjan⁴⁵信　　ɬjəp⁵⁵十　　　ɬjeu⁴⁵尖

lj　ljat³¹（一）回　　　ljan⁴²滚　　　ljan²¹³重孙子

kj　kjən³³吃　　kja:u⁴²搅拌　　kjo:ŋ³³鼓

khj　khjai⁴⁵蛋　　khjau³³别人　　khjak⁵⁵勤快

kw　kwe³³丝瓜　　kwei²¹³焦　　kwe⁴²瘸

khw　khwən⁴⁵肥料　　khwi⁴⁵骑　　khwən³³喂（猪）

（二）韵母

i	e	ɛ	a		o		u	u	ə		ɯ
	ei		a:i	ai	oi			ui	əi		
iu	eu		a:u	au	o:u				əu		
				aɯ							
im	em		a:m	am	o:m	om	um	um	əm		
in	en		a:n	an	o:n	on	un	un	ən		
iŋ	eŋ		a:ŋ	aŋ	o:ŋ	oŋ	u:ŋ	uŋ	əŋ		
ip	ep		a:p	ap		op	up	up	əp		ɯp
it	e:t	et	a:t	at	o:t	ot	ut	ut	ə:t	ət	ɯt
ik	e:k	ek	a:k	ak	o:k	ok	u:k	uk	ək		

韵母例词：

i　mi⁴⁵醋　　ʔi²¹³椅子　　pi⁴²脾

iu　ɬiu³³柱子　　khiu³³臭　　kiu⁴²桥

im　ʔim⁴⁵饱　　nim⁴²蘸　　tɕim⁴²尝

in　ɬin⁴⁵铁丝　　pin³³鞭子　　lin²¹³链子

iŋ　liŋ⁴²猴子　　tiŋ²¹³代替　　ɬiŋ²¹³反悔

ip　ɬip⁵⁵十　　nip⁵⁵生（肉）　　tip³¹碟子

it　ɬit⁵⁵雪　　phit⁵⁵坛子　　jit⁴⁵乙

ik　khik⁴⁵劈　　jik⁵⁵亿　　çik⁴⁵尺

e　kwe³³丝瓜　　be²¹³羊　　ŋe⁴⁵（一）盏（灯）

eu　keu³¹嚼　　heu⁴⁵瘦　　kheu³³绿色

em　nem³³粘　　jem³³拈　　kem²¹³腮

en　çen²¹³浅　　　wen³³漩涡　　　pen²¹³木板

eŋ　leŋ³¹旱　　　łeŋ⁴²力气　　　meŋ⁴²命

ep　ʔep⁴⁵逼迫　　　łep³¹缝儿　　　tep³¹追

e:t　de:t⁴⁵晴　　　we:t⁴⁵勺子　　　je:t⁴⁵扎猛子

et　wet³³蘑菇　　　çet⁵⁵生　　　tet³¹笛子

e:k　phe:k⁴⁵裂　　　le:k⁵⁵铁　　　çe:k⁴⁵尺子

ek　kjek⁵⁵砖　　　hek⁵⁵锡　　　thek⁵⁵踢

a　pha²¹³云　　　phja³³山　　　la⁴²锣

a:i　ha:i³³月亮　　　ʔa:i³³倚靠　　　ma:i⁴²蹭

ai　lai⁴²泥　　　nai⁴²现在　　　mai³¹树

a:u　tɕa:u⁴⁵油炸　　　ŋa:u³¹撬　　　la:u³³怕

au　khau³³藤　　　jau³³发愁　　　nau⁴⁵生气

a:m　ha:m³³抬　　　ʔa:m³³罐子　　　tɕa:m³¹盘子

am　tham³³池塘　　　kam²¹³低（头）　　　tam³¹踩

aɯ　maɯ⁴⁵新　　　haɯ²¹³给　　　łaɯ³³干净

a:n　wa:n³³甜　　　ba:n²¹³村庄　　　ła:n³³编织

an　mjan³³飞　　　ljan⁴²滚　　　ȵan²¹³捏

a:ŋ　fa:ŋ⁴²稻草　　　ha:ŋ³³尾巴　　　kja:ŋ⁴²呻吟

aŋ　ʔaŋ⁴⁵涝　　　maŋ³¹壮　　　tɕaŋ⁴²层

a:p　ha:p⁴⁵挑　　　la:p³¹蜡烛　　　ça:p⁴⁵插

ap　kap⁵⁵青蛙　　　khap⁵⁵舅妈　　　tɕap⁵⁵疼痛

a:t　kja:t³¹懒　　　ba:t⁴⁵疮　　　wa:t⁴⁵掘

at　mat³³蚂蚁　　　wat⁵⁵抠　　　jat⁵⁵吞咽

a:k　pa:k⁴⁵嘴巴　　　ła:k⁴⁵碓　　　ba:k⁴⁵砍

ak　fak³³剁　　　łak³¹洗（衣服）　　　pak³³累

o　lo⁴²路　　　mo²¹³饭锅　　　bo⁴⁵泉

oi　ʔoi²¹³甘蔗　　　noi³¹少　　　hoi³³石灰

o:m　ho:m³³香　　　lo:m²¹³淹　　　jo:m³³攒

om　lom⁴²抚摸　　　mom⁴²胡子　　　ʔom²¹³抱

oːn	noːn^{42}睡　　ʔoːn^{45}软　　　moːn^{33}枕头
on	ʔon^{45}熬　　khwon^{33}毛　　kon^{42}收
oːŋ	tɕoːŋ^{42}桌子　　　ɕoːŋ^{213}痛快　　ɬoːŋ^{33}二
oŋ	doŋ^{213}簸箕　　poŋ^{42}（天气）热　　ɕoŋ^{42}葱
op	jop^{31}染　　hop^{45}搂　　bop^{55}凹
oːt	boːt^{45}瞎　　moːt^{31}蚕　　ɬoːt^{45}梭子
ot	kot^{33}弯　　hot^{55}缩
oːk	bjoːk^{45}花　　toːk^{31}蛹　　ʔoːk^{45}出
ok	kjok^{55}臼　　mjok^{31}掏　　nok^{31}鸟
u	ŋu^{42}蛇　　ɬu^{42}漏　　hu^{33}笑
ui	thui^{213}碗　　mui^{33}霜　　mui^{45}颗
un	ɬun^{33}园子　　pun^{33}搬　　kun^{45}灌
uːŋ	luːŋ^{33}大　　ŋuːŋ^{42}蠢，笨　　kuːŋ^{42}（一）件（衣服）
uŋ	ɬuŋ^{42}天亮　　ȵuŋ^{42}蚊子　　phuŋ^{45}碰
ut	ʔut^{55}扔　　phut^{55}泼　　lut^{45}脱落
uːk	tuːk^{55}啄　　tu^{33}kuːk^{45}白蚁　　tam^{42}tuːk^{31}蝌蚪
uk	muk^{33}鼻涕　　duk^{55}骨头　　juk^{55}靠拢
ə	pə^{42}北　　də^{213}困
əi	kwəi^{213}香蕉　　wəi^{213}溪　　məi^{45}果核
əu	təu^{45}都
ən	fən^{42}柴火　　kjən^{33}吃　　ɬən^{42}房子
əŋ	ləŋ^{33}黄色　　ləŋ^{213}雨伞　　jəŋ^{42}馅儿
əp	ɬəp^{55}接　　tɕəp^{55}亲　　kjəp^{55}斗笠
əːt	ləːt^{31}血　　dəːt^{45}热
ət	tət^{55}进　　pət^{55}肺　　pjət^{55}笔
ək	phək^{45}白　　phək^{45}芋头　　tɕək^{31}绳子
ɯ	lɯ^{42}船　　ɬɯ^{213}上衣　　nɯ^{31}肉
ɯp	tu^{33}kɯp^{55}牛虻　　ʔɯp^{55}腌　　po^{42}kɯp^{55}强盗
ɯt	lɯt^{33}拆　　jɯt^{33}咽　　tu^{33}lɯt^{31}臭虫

（三）声调

调类	调值	例词		
1	33	phan^{33}雨	laːu^{33}怕	kwai^{33}远
2	42	lam^{42}风	man^{42}圆	pi^{42}肥
3	213	pha^{213}云	Kan^{213}忙	kau^{213}九
4	31	fa^{31}天	mai^{31}树	pja^{31}刀
5	45	kiŋ^{45}镜子	ɬun^{45}蒜	meu^{45}猫
6	42	ɬoŋ^{42}天亮	ɬai^{42}旱地	lo^{42}路
7	55	hat^{55}冰雹	pjet^{55}笔	pik^{55}翅膀
8	33	wet^{33}蘑菇	mat^{33}蚂蚁	fak^{33}孵
9	45	çeːk^{45}尺子	weːt^{45}勺子	deːt^{45}晴
10	31	meːk^{31}脉搏	ɬaːp^{31}缝儿	ȵaːp^{31}痰

声调说明：

第2调、第6调已经合并，均读[42]，我们仍按传统调类分合分列。

三　邕宁那楼壮语

（一）声母

唇音	p	ph	b	m	f		w	pj	phj	mj			pw			mw	
舌尖中音	t	th	d	n	ɬ	l		tj	thj		ɬj	lj	tw	dw	nw		lw
舌尖前音	ts	tsh			s			tsj		sj				sw			
舌面前音			ȵ		j								ȵw				jw
舌面后音	k	kh	ŋ					kj			hj		kw	khw			
喉音		ʔ	h														

声母例词：

p　pa^{53}鱼　　pei^{53}年　　pau^{53}螃蟹

ph　phi^{44}云　　phun^{53}雨　　phak^{53}菜

b　bo^{33}泉；井　　be^{31}蛔虫　　bei^{44}胆

m　　min³³红薯　　mou⁵³猪　　ma:k²¹²果子

f　　fei³³火　　fa:ŋ³³瞎　　fan³³齿

w　　wən³³人　　wa:i³³水牛　　wak³¹坛子

t　　ta:i⁴⁴哭　te³¹背（动词）　　tok⁴⁴掉

th　　then⁵³石头　　tha:k²¹²晒　　thiu²⁴提

d　　dom³³湿　　doi²⁴山峰　　da:i²⁴行

n　　nam⁴⁴水　　na:i³³露水　　nu⁵³老鼠

ɬ　　ɬau⁵³柱子　　ɬoi³³枕头　　ɬuk⁵³抽（烟）

l　　lom³³风　　laŋ⁴⁴雪　　lei³³耳朵

ts　　tsa:u²¹²灶　　tsai⁵³犁（名词）　　tse:t³¹淡

tsh　　tshui⁵³蛆　　tshat⁵³七　　ʔat⁴⁴tshiu⁵³打喷嚏

s　　si³³也　　si³¹筷子　　sa⁵³叉子

ȵ　　ȵou³³稻草　　ȵən³³筋　　ȵu³¹尿

j　　ja:k³¹绳子　　ji²¹²传染　　jou²¹²住

k　　ko:k³¹老虎　　kuk²⁴做　　kan³¹称赞

kh　　kha:m³³含　　khaŋ⁵³厕所　　kha:u²¹²扣子

ŋ　　ŋi³³蛇　　ŋi³¹二　　ŋeu⁴⁴爪子

ʔ　　ʔoi⁴⁴甘蔗　　ʔo:m⁴⁴抱　　ʔai⁵³咳嗽

h　　huŋ⁵³怕　　ha⁵³欺负　　hau⁵³藤

pj　　pja:k³¹白色　　pjaŋ⁴⁴掀　　pjaŋ³³棚子

phj　　phja:ŋ⁴⁴谷子

mj　　mja:k³¹滑　　mja:ŋ⁵³溪

tj　　tja:u⁴⁴逃　　tja:ŋ²⁴嚷

thj　　thja:ŋ⁵³尾巴

ɬj　　ɬja:ŋ²¹²大象　　ɬja:ŋ⁵³伤

lj　　lja:ŋ³³凉　　lja:ŋ⁴⁴伞　　lja:ŋ⁵³黄色

tsj　　tsja:ŋ³³长（～大）　　tsja:ŋ⁵³（一）张（纸）　　tsja:ŋ²¹²酱

sj　　sja:ŋ⁵³枪　　sja:ŋ²¹²ko⁵³唱歌

kj　　kja:ŋ³¹浆糊　　kja:t²⁴刮　　kja:ŋ²⁴嚷

hj   hja:ŋ^{212}焙，烘，烤

pw   pwa:i^{31}瓢　　　pwan^{33}下（蛋）　　　pwa^{33}耙

mw mwa^{24}马　　mwa:u^{31}辫子　　　mwoi^{33}口水

tw   twa:i^{33}抬　　twa:u^{31}道士　　　twa:p^{31}摞

dw   dwa:m^{33}潭　　　dwa^{33}骂　　　dwoi^{33}foŋ^{53}台风

nw   nwan^{44}难　　nwa:k^{31}水獭　　　nwa:m^{44}南

lw   lwan^{31}腐烂　　　lwei^{33}（蜜蜂的）刺　　　lwa:u^{31}漏斗

sw   swak^{44}贼　　swa:u^{31}划　　swa^{33}查

ȵw   ȵwa^{24}瓦　　　ȵwa^{33}芽儿　　　ȵwan^{33}kai^{53}哨子

jw   jwan^{24}喜欢　　　jwa^{31}妻子　　　jwaŋ^{24}举

kw   kwan^{24}近　　kwa:i^{212}怪　　　kwan^{33}裙子

khw khwa:i^{24}瘸　　　khwak^{44}锄头　　　khwaŋ^{53}tou^{53}门框

（二）韵母

i	e		a		o		u	
	ei		a:i	ai	oi		ui	
iu	eu		a:u	au	ou			
im	em		a:m	am	o:m	om	um	
in	en		a:n	an		on	un	ən
iŋ	e:ŋ	eŋ	a:ŋ	aŋ	o:ŋ	oŋ	uŋ	
ip	ep		a:p	ap	o:p	op	up	
it	e:t	et	a:t	at	o:t	ot	ut	
ik	e:k	ek	a:k	ak	o:k	ok	u:k	uk

韵母例词：

i   phi^{44}云　　si^{31}筷子　　ki^{212}锯

iu   phiu^{24}疤　　ɬiu^{44}欠　　　miu^{31}寺庙

im   lim^{33}镰刀　　tim^{31}褥子　　　tim^{33}甜

in   bin^{53}月亮　　min^{33}红薯　　　tsin^{53}煎

iŋ　kiŋ³¹擀　miŋ³¹命　tiŋ²⁴丈

ip　tsip⁵³接　tip²⁴碟子　thip⁴⁴贴

it　lit²⁴血　jit²⁴乙　thit⁴⁴铁

ik　lik²⁴儿子　tik²⁴挨（打）　sik²⁴lou³³石榴

e　tse⁴⁴姐姐　se⁵³车　te⁵³父亲

ei　fei³³火　lei³³舔　mei³³有

eu　heu⁵³绿色　keu³³剪子　leu³³看

em　ʔem²¹²饱　them⁵³满　kem²¹²剑

en　men³¹慢　jen²⁴酸痛　ken⁴⁴肥皂（洗衣服用）

e:ŋ　le:ŋ⁴⁴旱　ɬe:ŋ⁵³生（孩子）　ɬe:ŋ²⁴省（行政区划）

eŋ　teŋ⁵³叮　ɬeŋ⁵³腥　seŋ²¹²撑

ep　dep²⁴生（肉）　ȵep⁴⁴拈　tep²⁴粒（分类词）

e:t　ne:t³¹冷　ʔe:t²¹²粽子　we:t²¹²挖

et　thet⁵³屁　pet⁵³鸭子　ʔet⁵³一

e:k　le:k²¹²菜锅　te:k²¹²踢　tse:k²⁴窄

ek　ʔek⁵³亿　sek³¹尺　ɬek⁵³锡

a　ka⁴⁴杀　ma⁵³狗　pa⁵³鱼

a:i　na:i³³露水　la:i⁵³多　ʔa:i⁵³倚

ai　mai⁵³线　fai⁴⁴圩　hai²⁴给

a:u　ʔa:u⁵³弟弟　ka:u⁵³糕　ha:u⁵³敲（～门）

au　mau⁵³蹲　ɬau⁵³柱子　ȵau²¹²闻

a:m　ha:m⁴⁴迈　ȵa:m⁵³才　kha:m³³含

am　nam⁴⁴水　ȵam⁴⁴喝　kam³³苦

a:n　wa:n²¹²撒　ʔa:n²¹²按　la:n³³房子

an　tan²¹²闹　ʔan⁵³个　fan²⁴米粉

a:ŋ　lja:ŋ⁴⁴雨伞　fa:ŋ³³瞎　na:ŋ³³笋

aŋ　naŋ⁵³皮肤　laŋ⁵³筛（动词）　taŋ⁴⁴竖（动词）

a:p　ɬa:p²⁴蟑螂　ha:p³¹盒　tha:p²⁴塔

ap　kap⁴⁴咬　tap⁴⁴砸　kap²⁴熄（灯）

a:t　fa:t⁴⁴发　　ʔa:t⁵³压　　　ha:t²¹²渴

at　mat⁵³跳蚤　　tat⁵³剪　　　lat⁵³蘑菇

a:k　ma:k²⁴把（一～刀）　　tha:k²¹²晒　　　pja:k²¹²芋头

ak　fak⁴⁴孵　　ʔak⁵³胸脯　　　pwak⁴⁴困倦

o　mo⁵³摸　　ko⁵³哥哥　　　so²¹²错

oi　ʔoi⁴⁴甘蔗　　ɬoi³³枕头　　　loi⁵³梳子

ou　mou⁵³猪　　mou³³帽子　　　phou⁴⁴斧子

o:m　pho:m⁵³瘦　　ʔo:m⁴⁴抱　　　lo:m²⁴塌

om　phom²⁴躲　　tsom⁵³埋　　　dom³³池塘

on　kon³³圆　　mon⁴⁴蠓　　　ʔon²¹²软

o:ŋ　mo:ŋ²⁴网　　no:ŋ⁵³脓　　　jo:ŋ⁴⁴熊

oŋ　loŋ³³龙　　foŋ⁵³封　　　thoŋ⁵³煮

o:p　to:p²⁴叠（～被子）

op　kop⁵³青蛙　　top⁴⁴踩　　　thop⁴⁴缝（衣服）

o:t　pho:t²¹²泼　　po:t²⁴熏　　　ko:t²¹²搂

ot　ʔot⁵³扭（脚）　　kot⁴⁴搅　　　ŋwot³¹蹭

o:k　po:k²¹²栽种　　mo:k²¹²雾　　　ʔo:k²¹²出

ok　tok⁵³落　　ɳok⁴⁴扎　　　ɬok⁵³叔父

u　lu³¹路　　ku⁵³盐　　　tu⁴⁴（一）只（鸟）

ui　sui²¹²脆　　tui³¹（一）群（羊）　　　sui³³锤子

um　dum²⁴淹　　tsum²⁴扎猛子　　　mum³¹胡子

un　phun⁵³雨　　pun³¹鹅　　　lun³¹乱

uŋ　muŋ³¹望　　ɬuŋ⁵³双　　　suŋ³³一（件）衣服

up　pup⁵³背带　　ɬup⁵³吸　　　sup²⁴捆

ut　sut⁵³投（球）　　kwut⁴⁴掘　　　kut⁵³骨节

u:k　mu:k²⁴鼻涕　　su:k²⁴捆

uk　suk²⁴系（鞋带）　　kuk⁴⁴做　　tuk⁵³戳

ən　wən³³人　　kwən⁵³吃　　　tən²⁴短

（三）声调

调类	调值	例词		
1	53	pa^{53}鱼	ʔo:m^{53}雷	then^{53}石头
2	33	lom^{33}风	la:n^{33}房子	jou^{33}油
3	44	keu^{44}嚼	ko^{44}搀	ken^{44}肥皂
4	24	din^{24}蚯蚓	lin^{24}舌头	ȵou^{24}藕
5	212	tho^{212}兔子	kai^{212}鸡	le:k^{212}菜锅
6	31	ki^{31}柜子	pwa:i^{31}瓢	si^{31}筷子
7	53	kop^{53}青蛙	ʔak^{53}胸脯	pat^{53}笔
8	44	nok^{44}鸟	tap^{44}砸	kot^{44}搅
9	212	pe:t^{212}八	mo:k^{212}雾	ja:k^{212}饿
10	24	mwa:t^{24}袜子	ła:p^{24}蟑螂	ȵa:k^{24}鳃
10'	31	he:t^{31}腰	la:p^{31}缝儿	swa:k^{31}凿

四　西畴壮语①

（一）声母

p	ph	ɓ	m	f	v	
t	th	ɗ	n	s	z	l
tʃ	tʃh		ȵ	ʃ		j
k	kh		ŋ	x		
ʔ						

说明

1.塞擦音声母 tʃ、tʃh、ʃ 在细音 i、e 前读为 tɕ、tɕh、ɕ。

2.v 的摩擦比较轻微，实际音值是[ʋ]。

3.z 的实际音值为[ð]。在年轻人口中 z 和 ɗ 部分词自由变读，如"旱地"读[ðai^{42}]/[ɗai^{42}]，"明亮"读[ɗuŋ^{42}]/[ðuŋ^{42}]。

---

① 西畴壮语音系引自王碧玉《西畴摩所壮语音系》，《文山学院学报》2013 年第 4 期。

声母例词：

p　　pɒ²¹田野　　　　pan³⁵分配　　　pat⁵⁵鸭子　　　pa:k²¹嘴

ph　　phɒ²¹劈（柴）　　phan³⁵雨　　　phat⁵⁵簸（米）　　pha:k²¹顶部

ɓ　　ɓɒ²¹倒　　　　ɓan³⁵飞　　　ɓat⁵⁵阴霾天　　ɓa:k²¹挖

m　　mɒ²¹浸泡　　　man³⁵臭　　　mat⁵⁵跳蚤　　ma:k²¹果子

f　　fɒ⁵⁵天　　　fan⁵⁵搓（衣服）　　fa:k⁴⁴孵　　　fit⁵⁵抽打

v　　vɒ⁵⁵合在一起　　van⁵⁵绕（道）　　va:k⁴⁴掏出　　vit⁵⁵丢弃

z　　zau⁵⁵酉　　　za:i⁵⁵坏　　　ka:k⁵⁵za:k⁴²生锈　　ze:u⁴⁴裂痕

t　　tɒ³³和、一起　　ta:ŋ³⁵当　　　ta:k⁵⁵盛（饭）　　tap⁵⁵肝

th　　thɒ³³等待　　tha:ŋ³⁵尾巴　　tha:k⁵⁵公（牛）　　thap⁵⁵缝补

ɗ　　ɗɒ⁵⁵找（猪菜）　　ɗan³⁵月　　　ɗa:k⁵⁵（水）深　　ɗap⁵⁵关（灯）

n　　nɒ³³脸　　　nam⁵⁵水　　　nɔ:k⁴²外面　　nap²¹夹紧

l　　lɒ³³迟　　　lam⁵⁵跌倒　　lɔ:k⁴²剥　　　lap²¹层

s　　sɒ³⁵纸　　　sa:n³⁵编织　　sɔ:k⁴⁴碰撞　　sam³³酸

tʃ　　tʃai²¹鸡　　tʃau⁵⁵早　　　tʃit⁵⁵喷（水）　　tʃɔ:ŋ⁴⁴桌

tʃh　　tʃhai²¹蛋　　tʃhau⁵⁵推　　tʃhit⁵⁵冰、冷　　tʃhɔ:ŋ⁴⁴闯

ʃ　　ʃɒ³³痧　　　ʃa:n⁵⁵煽　　　ʃɔ:k⁵⁵怂恿　　ʃit⁵⁵怕

ɲ　　ɲɒ³³草　　　ɲe:n⁴⁴筋　　　ɲe:p⁴⁴抓（药）　　ɲe:t²¹扎实

j　　jɒ³⁵药　　　jaŋ³⁵答应　　ja:k²¹饿　　　je:t⁴⁴滴

k　　kɒ³⁵掀　　　ka:i³⁵乖　　　kat⁵⁵啃　　　ka:ŋ³³宽

kh　　khɒ³⁵脚　　kha:i³⁵卖　　khat⁵⁵关（门）　　kha:ŋ³³块

ŋ　　ŋɒ⁴²枝丫　　ŋa:i³⁵仰　　　ŋa:k⁵⁵点　　　ŋe:n⁴⁴银子

x　　xɒ²¹辣　　　xa:i³⁵月亮　　xɔ:p⁴²盒子　　xe:n⁴⁴夜晚

ʔ　　ʔɒ³³开　　　ʔa:i³⁵嗉囊　　ʔup⁵⁵殴打　　ʔa:ŋ³³炫耀

（二）韵母

i	e	ɒ		o	u	ɯ
		aːi	ai	ɔːi	ui	
iu	eːu	aːu	au			
			aɯ			
im	eːm	aːm	am	ɔːm	um	
in	eːn	aːn	an	ɔːn	un	
iŋ	eːŋ	aːŋ	aŋ	ɔːŋ	uŋ	
ip	eːp		ap	ɔːp	up	
it	eːt		at	ɔːt	ut	
ik	eːk	aːk	ak	ɔːk	uk	

说明

1. 韵母共 49 个，其中有 6 个单元音韵母，43 个复合韵母。

2. 单元音韵母没有前 a，只有后 ɒ。ɒ 的唇形不是很圆，介于 ɒ 和 ɑ 之间。

3. 以 a- 为主元音的复合韵母有长短对立，长 a 的实际音值为[a]，短 a 为[ɜ]。

4. e 组韵母 eːu、eːm、eːp、eːn、eːt 中的 eː-实际音值为[ɪɐ]；eːŋ、eːk 中的 eː-音值接近[ea-]。

5. 韵母 iŋ、ik 的主元音和韵尾之间有轻微的滑音[ɜ]，实际音值为[iᵊŋ][iᵊk]。

6. 韵母 ɔːi、ɔːm、ɔːn、ɔːŋ、ɔːp、ɔːt、ɔːk 中的 ɔː-发音方法是先圆唇后开大，音值接近[oa-]。

7. 单元音韵母 u 实际音值为[ʊ]。以 u 为主元音的复合韵母，u-后带滑音，实际音值是[ʊᵊ-]。

8. ɯ 的舌位较低，实际为[ɤ]。ɯ 和 s 结合时可变读为[ɿ]。如："衣服" sɯ³/si³，"书" sɯ¹/si¹。

韵母例词

i　　ʃi³⁵女阴　　　pi³⁵鬼　　　ki⁴²跪　　　mi⁴⁴有

iu　　ʃiu³⁵想要　　　tiu⁴⁴跳　　　thiu³³提　　　ɓiu⁵⁵扭

im　　ʃim³⁵保护　　　tim⁴⁴加（满）　　　tʃim⁴⁴尝　　　nim⁴²鲜甜

in　　sin³⁵神仙　　　pin³⁵爬　　　tʃin³⁵吃　　　ȵin⁴²潮湿

iŋ　　ʃiŋ³⁵香炉　　　piŋ³⁵平　　　thiŋ³⁵亭子　　　ȵiŋ⁴²样、件

ip　　tʃip⁵⁵叠　　　ɓip⁵⁵扁的、空的　　　sip⁵⁵十　　　ʔip⁵⁵夹（菜）

it	tʃit⁵⁵喷（水）	ɓit⁵⁵摘	fit⁵⁵抽打	ʔit²¹伸
ik	tʃik⁵⁵瓦	pik⁵⁵翅膀	lik⁵⁵（后）面	ʔik²¹打嗝
e	ʔe⁵⁵小	de²¹知道	xe²¹转（身）	the³⁵跑
eːu	leːu³⁵稀	meːu³³锅煤烟	deːu³⁵一	zeːu⁴⁴裂痕
eːm	leːm³⁵尖	teːm³³点（蜡烛）	teːm³⁵满	theːm³⁵再、又
eːn	leːn³⁵熄灭	ȵeːn⁴⁴筋	tʃheːn³⁵臂	veːn³⁵耳环
eːŋ	teːŋ³⁵钉子	ʔeːŋ³⁵小孩	peːŋ⁴⁴贵	veːŋ⁴²丢掉
eːp	tʃeːp⁵⁵捡	leːp⁴⁴蹄	meːp⁴²闪电	ʃeːp⁵⁵爬（蚊蝇类）
eːt	tʃeːt⁵⁵七	xeːt⁵⁵菌	peːt²¹八	deːt²¹晴朗
eːk	leːk⁵⁵铁	leːk⁴⁴细小	meːk⁴²滑	ɓeːk²¹扛
ɒ	mɒ⁵⁵马	lɒ³⁵牵线	kɒ⁴⁴碍手	pɒ⁴⁴背
aːi	tʃaːi⁴²好	laːi³⁵多	kaːi³³改	paːi³⁵末梢
ai	tʃai⁴²真的	lai³⁵流淌	kai³³矮	pai³⁵去
aːu	tʃaːu⁴²表示	taːu³⁵剪刀	kaːu⁵⁵收（玉米）	paːu³⁵袒护
au	tʃau⁴²青蛙	tau³⁵逗	kau⁵⁵勾	pau⁵⁵包块
aɯ	tʃaɯ⁴²是	taɯ³³底部	kaɯ⁵⁵亥	ɓaɯ³⁵叶子
aːm	tʃhaːm³⁵问	laːm⁴⁴（东西）落下	taːm³⁵靠近	ɓaːm³⁵耙
am	tʃham³⁵针	lam⁴⁴风	tam³⁵春	kam³⁵拿
aːn	saːn³⁵编织	kaːn⁵⁵累	faːn⁴⁴调皮	paːn⁴⁴躁动
an	san³⁵争吵	kan⁵⁵按住	fan⁴⁴牙齿	pan⁴⁴成
aːŋ	naːŋ⁴⁴嫂子	jaːŋ³⁵禾苗	faːŋ⁴⁴稻草	kaːŋ⁴⁴谈
aŋ	naŋ⁴⁴跟着	jaŋ³⁵答应	faŋ⁴⁴高兴	kaŋ⁴⁴抓
ap	tap⁵⁵拍（手）	thap⁵⁵缝补	khap⁵⁵咬	kap⁴⁴狭窄
at	tat⁵⁵屁	that⁵⁵滴	khat⁵⁵关（门）	kat²¹扫
aːk	naːk⁵⁵重	ŋaːk⁵⁵点头	taːk⁵⁵折断	maːk²¹果子
ak	nak⁵⁵粘	ŋak⁵⁵腮颊	tak⁵⁵玩（扑克）	ŋak²¹牙龈
o	tʃho³³干枯	po⁴²父亲	to³³接（连起来）	ʔo²¹着（火了）
ɔːi	ʔɔːi³³甘蔗	khɔːi³³佣人	xɔːi³³挂	sɔːi³³项链

ɔːm ʔɔːm³⁵埋（火种） thɔːm³⁵积攒 xɔːm³⁵香 phan³⁵ʔɔːm³³抱褥

ɔːn ʔɔːn³³蛀虫 khɔːn³³浓、凝固 lɔːn³⁵收割 ɓɔːn³³抠

ɔːŋ tɔːŋ⁵⁵肚子 nɔːŋ³⁵胀 nɔːŋ⁵⁵弟、妹 ɓɔːŋ³³段

ɔːp xɔːp⁴²盒子 kɔːp²¹捧 pɔːp²¹血泡

ɔːt xɔːt⁵⁵缩小 kɔːt⁴⁴扶、搂 pɔːt⁴⁴松散 tɔːt⁴⁴啄

ɔːk xɔːk⁵⁵做 kɔːk⁵⁵根部 pɔːk⁴⁴剥 tɔːk⁵⁵丢失

u xu⁵⁵磨（面） ku⁴²双 pu⁵⁵发霉 thu²¹筷子

ui xui²¹核 mui³⁵雪 sui²¹洗（脸） thui²¹汗水

um lum⁴²抚摸 ʔum³³抱 thum³³淹没 mum⁴²胡子

un xun⁴⁴柴 khun³⁵喂 ʔun²¹暖和 ʔun³³胖

uŋ xuŋ⁴⁴皇帝 muŋ⁴⁴手 kuŋ⁴⁴件 luŋ⁴⁴龙

up ʔup⁵⁵殴打 tʃup⁵⁵吻 kup⁵⁵抓 lup⁴⁴抹

uk muk⁴²粗鲁 luk⁵⁵贫穷 luk⁴²儿女 kuk⁴⁴角落

ut xut⁵⁵烟 kut⁵⁵蕨草 ɓut⁵⁵挖 ʔut⁵⁵捂

ɯ sɯ⁵⁵买 kɯ³⁵盐 mɯ⁴²时候 kɯ⁵⁵躲

（三）声调

调类	调值	例词		
1	35	nɒ³⁵厚	lam³⁵输	mɒ³⁵狗
2	44	nɒ⁴⁴田	lam⁴⁴风	mɒ⁴⁴来
3	33	nɒ³³脸	lam³³天花	mɒ³³生长
4	55	nɒ⁵⁵肚痛	lam⁵⁵跌倒	mɒ⁵⁵马
5	21	nɒ²¹纤毛	lam²¹陷入	mɒ²¹浸泡
6	42	nɒ⁴²姨母	lam⁴²阴（天）	mɒ⁴²枝丫
7	55	paːk⁵⁵烧（开水）	tɔːk⁵⁵掉、落	mɔːk⁵⁵埋
8	21	paːk²¹嘴	tɔːk²¹钉（动词）	mɔːk²¹雾
9	44	paːk⁴⁴萝卜	tɔːk⁴⁴（向前）拉	mɔːk⁴⁴鸟
10	42	paːk⁴²发疯	tɔːk⁴²读	mɔːk⁴²外面

五　马关壮语土

（一）声母

唇音	p	ph	ɓ	m	f	v	w	pj		ɓj	mj			pw	phw	ɓw	mw		
舌尖中音	t	th	ɗ	n	ɬ	l		tj	thj	ɗj		ɬj	lj	tw	thw	ɗw	nw		lw
齿间音				ð						ðj						ðw			
舌尖前音	ts	tsh	dz		s			tsj	tshj			sj		tsw	tshw				sw
舌面前音				ȵ	j												ȵw		
舌面后音	k	kh	g	ŋ				kj	khj					kw	khw				hw
喉音			ʔ	h						ʔj									

声母例词：

p　pet^{33}鸭　　pã^{44}赚　　pã^{55}嘴巴

ph　phən^{42}雨　　　phaːŋ^{42}桃子　　　phak^{55}系（鞋带）

ɓ　ɓã^{55}疤　　ɓət^{44}掐　　ɓɯ^{33}怕

m　maːi^{33}树　　maːi^{42}喜欢　　　mən^{42}圆

f　faŋ^{42}方　　fu^{44}（一）副　　fu^{35}斗

v　vei^{42}火　　va^{42}种子　　vã^{55}万

w　wɒ^{42}牛　　wã^{44}碗　　wo^{35}说

t　təɯ^{35}下　　tã^{33}盛　　　tən^{21}满

th　thən^{42}石头　　thaŋ^{42}尾巴　　thã^{55}煤

ɗ　ɗai^{21}好（人）　　ɗi^{33}馅儿　　ɗaŋ^{21}鼻涕

n　nã^{33}水　　naŋ^{33}坐　　nɯ^{35}躲

ɬ　ɬaŋ^{55}擝　　ɬa^{35}脏　　ɬo^{44}富

l　lei^{55}丢失　　lɒ^{21}多　　lak^{33}铁

ð　ði^{42}长　　ðən^{42}房子　　ðei^{42}鱼篓

ts　tse³⁵脱　　　tsən⁴⁴角儿　　tsiu⁴²球

tsh　tshei³⁵疼痛　　　tshəɯ³⁵车　　　tshei⁴²油

s　sɒ⁴² 沙子　　　se³⁵撕　　　səɯ⁴²赊

dz　dzən⁴²尝　　dzəɯ²¹绣　　dzən³³养

j　jet⁵⁵招（手）　　jẽ²¹烟　　jin³³赢

ȵ　ȵo³⁵草　　ȵəu³⁵褙　　ȵot⁴⁴胡子

k　kiu³⁵轮子　　kɯ⁵⁵蚕豆　　ki²¹旋

kh　kho³⁵杀　　kha:ŋ³⁵箩筐　　khaŋ⁴²筛子

ŋ　ŋi⁴²捻　　ŋəu⁵⁵蹲　　ŋo⁴²芝麻

h　hã⁴²做　　hɯ²¹代替　　ha:i³⁵哭

g　go³³荞麦　　gu²¹箍儿　　get⁴²伏

ʔ　ʔun⁵⁵煨　　ʔa³³淹　　ʔi²¹倚靠

pj　pjat⁴⁴八　　pjak⁴⁴翅膀　　pjɒ³⁵稀

ɓj　ɓjəŋ³⁵瓦

mj　mja⁴⁴滑　　mjəŋ²¹溪　　mja⁵⁵哄骗

tj　tjã⁵⁵太阳　　tja:u⁵⁵吊　　tjaŋ³³（一）块（地）

thj　thjaŋ⁴²瓜　　thjã³⁵裂　　thja⁵⁵炸（爆炸）

dj　dja:ŋ²¹红　　djəŋ²¹燃

ɬj　ɬjak⁵⁵能干

lj　lja³³换　　ljəŋ²¹黄色　　lja:ŋ³³旱

ðj　ðjaŋ⁴²力气

tsj　tsjau⁴²搅拌　　tsja:ŋ³³奖赏　　tsjot⁵⁵喝（酒）

tshj　tshja:u²¹阉　　tshja:ŋ²¹呛　　tshjaŋ⁵⁵强

sj　sja:ŋ⁴²香　　sja:ŋ⁴²盒子　　sjo⁵⁵sja:u²¹学校

kj　kjaŋ⁴²讲（故事）　　kjɒ⁴²假　　kja:u⁴²交

khj　khja⁴⁴lɒ⁴²痰　　mi⁴⁴kəu⁴⁴khjak³³癞蛤蟆

ʔj　ʔja⁴²吐（吐掉）　　ʔja⁴⁴（牛）轭

pw　pwɔi⁵⁵sjɔ⁵⁵放学　　pwa⁵⁵肺　　pwɔi⁵⁵phi⁴²放蛊

phw　phwã⁴²　瘦

ɓw　ɓwã⁵⁵瞎　　　tho⁴²ɓwã⁵⁵瞎子

mw　mwa⁴²tho⁴²眼珠　　　mwã²¹ka:i⁵⁵鸡冠　　　mwã³⁵kha:i⁵⁵蛋黄

tw　twã⁵⁵戒　　　twən⁵⁵炖　　　twã⁵⁵啄

thw　thwəi³⁵pa:u²¹刨子　　　thwəi²¹退　　　thwã⁴⁴tswã²¹周围

ɗw　dwa²¹山　　　ɓu⁴⁴ɗwɔŋ²¹亲家　　　ɗwən²¹月亮

nw　nwɔŋ²¹脓　　　nwã⁴²睡　　　mi⁴⁴nwã²¹虫子

ȵw　ȵwã³³染

ðw　ðwã⁴⁴（一）套（衣服）　　　　　ðwa³³泻（肚子）

lw　lwət⁴⁴血　　　lwã²¹乱　　　lwən⁴⁴liu⁴⁴轮流

tsw　tswət³³刨　　　tswa:ŋ³⁵装（病）　　　tswã²¹砖

tshw　tshwəi⁵⁵锤子　　　tshwã³⁵剃（头）　　　tshwən⁴²舂

sw　swei²¹税　　　swã²¹漂洗　　　swən²¹顺

kw　kwa²¹裤子　　　kwa:i²¹责怪　　　kwã⁵⁵剁

khw　khwən⁵⁵浑　　　khwã⁴²魂魄　　　khwɒ³⁵称赞

hw　hwã²¹甜　　　hwɒ²¹画　　　hwəi⁵⁵回

gw　gwəi³⁵鳏夫　　　mi⁴⁴gwəi³³孤儿　　　ma:i³³mə̃⁴⁴gwa³³梨树

（二）韵母

i	e	ẽ	a		ã	ɒ	o	u	ə	ɯ
	ei		a:i	ai			oi	ui		
iu			a:u	au					əu	
				aɯ					əɯ	
in								un	ən	
iŋ			a:ŋ	aŋ			oŋ		əŋ	
	et			at			ot	ut	ət	
			a:k	ak			ok		ək	

韵母例词：

i　　ŋi⁵⁵霜　　　　di⁴⁴地方　　　　gi²¹旋

iu　　n̠iu³⁵皱　　　　thiu³⁵提　　　　tshiu⁴²绿色

in　　jin⁴²二胡　　　　pin⁴²饼　　　　jin⁴²筋

iŋ　　phiŋ⁴²平　　　　jiŋ⁴⁴（一）样（东西）　　　vã⁴²liŋ³³大后天

e　　ɓe³⁵羊　　　　tse³⁵脱　　　　ŋe⁵⁵踩

ẽ　　jẽ⁴²边儿　　　　sẽ⁴⁴闲　　　　pẽ²¹（一）遍

ei　　lei⁵⁵丢失　　　　kwei²¹远　　　　mei³⁵（饭）糊

et　　ʔet⁵⁵辣椒　　　　ɓjet³³腰鱼篓　　　　tet³³屁

a　　ʔa³³淹　　　　ja⁴⁴饿　　　　ła³⁵肮脏

ã　　mã³³袜子　　　　tã³³猪肝　　　　ɓjã⁵⁵扛

ɒ　　lɒ²¹多　　　　jɒ⁴⁴给　　　　hwɒ²¹画

aːi　　kaːi⁵⁵鸡　　　　maːi⁴²爱　　　　ɗaːi³⁵得到

ai　　mai²¹线　　　　ɗai²¹好　　　　łai⁵⁵细

aːu　　jaːu²¹堂姐　　　　khaːu⁴²白　　　　naːu²¹烤（火）

au　　ʔau²¹拿　　　　kau³⁵九　　　　lau³⁵酒

aɯ　　ɗaɯ⁴²拦　　　　mui⁴²maɯ⁵⁵年初　　　　ɗaɯ³⁵tsən²¹年底

aːŋ　　phaːŋ⁴²桃子　　　　maːŋ³⁵蒸　　　　kaːŋ³³缸

aŋ　　thaŋ⁴²尾巴　　　　ɗaŋ²¹鼻涕　　　　łaŋ⁵⁵擤（鼻涕）

at　　ɗat³³滴　　　　tsat⁵⁵抽（烟）　　　　ljat³³（鸟）爪

aːk　　thaːk⁵⁵晒　　　　nək⁴²khəˀtsaːk³³喜鹊

ak　　mak³³埋　　　　tak³³掉　　　　ljak⁴⁴挑选

o　　kho³⁵杀　　　　ɗo⁵⁵骂　　　　no²¹厚

oi　　noi⁵⁵辛苦　　　　hwoi²¹石灰　　　　ɓoi⁴²赔偿

oŋ　　dzoŋ⁴²桌子　　　　moŋ³⁵教　　　　ðoŋ⁴²剜

ot　　n̠ot⁴⁴胡子　　　　tsjot⁵⁵喝（酒）　　　wot³³堵（洞）

ok　　ɗok⁴⁴花　　　　ʔok⁴⁴脑髓　　　　ɓok⁴⁴筒

u　　mu³⁵饭锅　　　　ʔu²¹瓶子　　　　lu³³路

ui　mui⁴²年，岁　　mui²¹冰，雪

un　ɗun⁴²房子　　ʔun³³暖和　　kun⁵⁵先

ut　ɗut⁵⁵热　　ɗut³³淋

ə　mə⁴²墨　　khə⁴⁴刻

əu　ɬəu⁵⁵灶　　kəu²¹我　　ɓəu⁴⁴刮（风）

əɯ　tshəɯ³⁵车　　məɯ⁴²脉搏　　səɯ⁴²赊

ən　lən⁴²风　　ɗən⁴⁴鼓　　ɓən²¹飘扬

əŋ　phəŋ⁴²缝补　　pəŋ³⁵烘烤　　tsəŋ²¹牵

ət　ʔət³³拃　　dzət⁴⁴夹（菜）　　ɓət⁴⁴吸（气）

ək　lək⁴⁴小孩　　pək⁵⁵栽种　　dzək²¹扎

ɯ　mɯ²¹猪　　gɯ³³蹭　　tɯ³³熏

（三）声调

调类	调值	例词		
1	21	ɗwən²¹　　月亮	mɯ²¹猪	ɗwa²¹ 山
2	42	lən⁴²风	məɯ⁴²你	khɯ⁴²湖
3	35	ȵo³⁵草	ɓe³⁵羊	kho³⁵杀
4	33	ma:i³³树	ɗi³³　馅儿	nã³³水
5	55	ŋi⁵⁵霜	pã⁵⁵嘴巴	to⁵⁵外祖父
6	44	ɗəu⁴⁴灰	lɒ⁴⁴舔	dzəɯ⁴⁴名字
7	55	ɗok⁵⁵花蕾	tsat⁵⁵抽（烟）	pok⁵⁵剥
8	33	pet³³　鸭	ɗet³³生	tak³³掉
9	44	ðət⁴⁴淋	lwət⁴⁴血	ɓək⁴⁴听
10	21	ɗət²¹叠（被子）	ɬək²¹熟	tshək²¹六

附录二　故事

一　猩猩的故事

ko⁴⁴ŋo²¹²ɳeːn⁵³①
故事　猩猩

haːn³³seːn²⁴mei³¹toːi²¹²ʔuŋ⁵³jwa³¹ti⁴⁴,man²⁴ɬeːŋ⁵³liːu²⁴ɬoːŋ⁵³tu³³lik²⁴,me³³toːi³¹tse⁴⁴
以前　　有　对　夫　妻　一　他们　生　了　二　个孩子姆　大　姐

ni⁴⁴dai⁴⁴sip⁴⁴pei⁵³ʔou³¹,tu³³noŋ²¹²khu²⁴ne³³ɳaːm⁴⁴dai⁴⁴ha⁴⁴pei⁵³.
呢得　十　岁　了　个弟　小　呢　刚　得　五　岁

jaŋ³¹　man³³wi³¹liu²⁴mou⁴⁴ɬeːŋ⁵³, man³³ɬoːŋ⁵³pu²⁴ne³³tik⁴⁴pai⁵³thaːp²¹²ku⁵³. thaːp²¹²
这样　他们　为了　谋　生　他们　二　个呢得　去　挑　盐　挑

ku⁵³ke⁴⁴ si³¹ne³³man³¹sau²¹²kaːu⁵³taːi²¹²ne⁴⁴: me³¹tse⁴⁴ ʔo³¹,kam³¹nai²⁴ne⁴⁴ma³¹dai⁴⁴ma³¹
盐　的　时呢他　就　交代　　呢　姆　姐　啊　晚　今　呢　没　得　回

lo⁴⁴,mun³¹ne³¹jou²¹² pai⁵³toːi²¹²faːt²¹²pai⁵³ heːm³³me³¹twa³¹tau⁴⁴sau²¹²leːu³³laːn³³. jaŋ³¹ ne⁴⁴,
了　你　呢就　去　对　面　去　喊　姆　外婆　来　帮　看　家　这样　呢

kiːt⁴⁴ko³³ne⁵³,man³¹tsou³¹taːu²¹²kaːm³¹te⁴⁴ne⁴⁴me³¹tse⁴⁴tsiːu²¹² pai⁵³ heːm³³lo⁴⁴ʔo³¹:
结果　呢她　就　到　晚上的呢姆　姐　就　去　喊　了　哦

thwa³¹,thwa³¹,tau²⁴sau²¹²wu²⁴leːu³³laːn³³, teː⁵³ma⁴⁴kou³³mai⁵³jau²¹²laːn³³ʔo²⁴,kam³¹nai²⁴
外婆　外婆　来　帮　我们　看　家　爹　妈　我　没　在　家　哦　晚　今

---

① 本故事讲述人为邕宁那楼镇宁庆添，罗永腾协助记录。属邕南土语。本故事中，ŋo²¹²ɳeːn⁵³、ɬeːŋ⁵³ɬeːŋ⁵³、lwoːŋ⁴⁴ŋwaːi³¹pu³³所指一致。

tau²⁴sau²¹²wu²⁴leːu³³laːn³³. san⁵³si²¹²ki²⁴ke⁴⁴me³¹twa³¹mai⁵³thin²¹²ŋi⁵³,lo⁴⁴si³¹ne⁴⁴,tu³³
来　帮　我们看家　真自己　的　姆外婆没　听见　而是呢只

no³¹ɳeːn⁵³thin²¹²ŋi⁵³lo³³ʔo³³. kiːt⁴⁴ko⁴⁴ne⁴⁴tu³³no²¹²ɳeːn⁵³lo⁴⁴: ʔoːi²⁴than⁴⁴kou⁵³khoːm⁴⁴
姆外婆听见了哦　结果　呢只猩猩　说　哦等我　罩

pat⁴⁴khoːm⁴⁴ kai²¹² koːn²⁴.naŋ³¹liːu²⁴ni⁴⁴,dai²¹² sip⁴⁴pei⁵³ke⁴⁴lik²⁴ɬaːu⁵³nai²⁴sou³¹thoːi²⁴
鸭罩鸡　先　这样了呢得　十岁　的女孩　这就回

ma³¹ʔa⁴⁴.thoːi²⁴ma³¹liːu²⁴tsi⁴⁴hau²¹²ne⁴⁴,san³¹ni⁴⁴ɳwaːi³¹ pu³³me³¹twa³¹ ne⁴⁴si³¹tau²⁴
来了回来了之后　呢一阵子外婆　姆外婆呢就来

ʔo⁴⁴. me³¹twa³¹ tau²⁴taːu²¹²ke⁴⁴si³¹hau²¹²,me³¹tse⁴⁴man³¹ne⁴⁴,pu²⁴sip⁴⁴pei⁵³ke⁴⁴me³¹
了姆外婆来到　的时候　姆姐他呢个十岁的姆

tse⁴⁴he³³na³¹,fei⁵³sjaːŋ³³mei³¹lwoːi³¹mwaːu³¹,tsam⁵³swa⁴⁴,lo³¹taŋ²⁴tau²⁴hai²⁴me³¹twa³¹
姐的呐非常　有礼貌　斟茶　找凳来给姆外婆

naŋ²¹².naŋ²¹²ke⁴⁴si³¹ne⁴⁴,me³¹twa³¹man³¹siːu²¹²kaŋ⁴⁴ʔo⁴⁴,kaːu²⁴waːt²¹²ke⁴⁴tu³³ɬeŋ⁵³ɬeŋ⁵³,
坐　坐的时呢姆外婆她　就　讲哦狡猾　的只猩猩

man³¹wa²¹²ne⁵³:twa³¹ ne⁴⁴, suŋ³¹kai²⁴pwan³³pwei⁴⁴,mei³¹naŋ²¹²dai⁴⁴daŋ³³. man³¹than⁵³ne⁴⁴
他讲呢外婆呢屁股　成疮没坐得凳它见呢

khoːm²⁴jou³³na⁴⁴laːn³³ne⁴⁴mei³³khoːm²⁴kai²⁴,ʔau⁵³ ɬum²¹²tau²⁴khoːm²⁴kai²¹².kiːt³¹ko⁴⁴
罩在天井呢有罩鸡要罩鸡笼来罩鸡结果

ne⁴⁴man³¹siːu²¹²naŋ²¹²ʔan⁵³ɬum²⁴ pai⁵³,tiːu³¹thjaːŋ⁵³ni⁴⁴ɬaːu²⁴loŋ³¹ʔan⁵³ɬum²⁴ pai⁵³liːu²⁴
呢它就坐个鸡罩笼去条尾呢漏下个鸡罩笼去完

tse⁴⁴.kai²¹²ne⁴⁴tso³¹heːm²¹²,sem²⁴tjaŋ⁴⁴ne⁴⁴me³¹tse⁴⁴man³¹si²¹²swa³¹lo⁴⁴poːo⁴⁴:²⁴,twa³¹,
语气助词鸡呢就叫　然后　呢姆姐她就问了啵哦外婆

twa³¹,wi³¹ɬak⁴⁴ kai²¹²heːm²¹²kjaːu⁴⁴keːu²⁴ti²⁴? mai³¹,kai²¹²heːm²¹²ne⁴⁴hai³¹fan⁴⁴kou⁵³ne⁴⁴
外婆为什么鸡　叫　鸡叫声的没鸡　叫呢是我自己呢

suŋ³¹kai²⁴pwan³³pwei⁴⁴,phwei⁴⁴noːŋ⁵³dit²⁴pai⁵³liːu²⁴, kai²¹²ne⁴⁴thu³³sa⁵³thu³³sjaːŋ²⁴thiːp³¹
屁股　成疮疮脓滴去了鸡呢只挨只抢啄

kwən⁵³to²⁴.jaŋ³¹li²⁴tsi⁴⁴hau²¹², mai⁵³ki⁴⁴laːi⁵³nwoːi³¹tsən²⁴pi²¹²ɬoːi²¹²keːn³¹thau²⁴nin³³.
吃呢这样之后　没多少　久准备　洗　脚来睡

ɬoːi²¹²keːŋ³¹thau²⁴nin³³ne⁴⁴,ɬou²⁴ɬiːn⁵³ne³³, sou³¹man³³sou³¹ne⁴⁴ʔaːn⁵³pwoːi³¹me³¹twa³¹nin³³
洗　脚　来　睡　呢　首先　呢　就　她　就　呢　安排　　姆外婆　睡

tsuŋ⁴⁴kaːn⁵³,tu³³noŋ²⁴dai²⁴ha⁴⁴pei⁵³ne⁴⁴nin³³kaːm²⁴swaːŋ³³.jaːŋ³¹me³¹tse⁴⁴ne⁴⁴siːu³¹nin³³
中间　　只　弟　得　五　岁　呢　睡　靠边　床　这样　姆　姐　呢　就　睡

jou²¹²paːk²¹²swaːŋ³³.jaːŋ³¹ne⁴⁴,taŋ³¹taːu²¹²ne³¹lik²⁴dit²⁴nin³³dak⁴⁴ʔo⁵⁵,tse⁴⁴si³¹nin³³dak⁴⁴
在　口　床　这样　呢　等　到　呢　小男孩　睡　着　了　姐　就　睡　着

noŋ²⁴ku⁴⁴hi³¹nin³³dak⁴⁴ke⁴⁴si³¹ne³³, tsui²¹²hau²¹²ne⁴⁴,tu³³n̩o³¹neːn⁵³ne³³siːu³¹kwən⁵³
弟　小　也　睡　熟　的　时　呢　最后　　呢　只　猩猩　　呢　就　吃

lik²⁴noŋ²⁴,man³¹kwən⁵³wo³¹ʔo²⁴.kwən⁵³liːu²⁴tsi⁵³hau²¹²ne³³,kwən⁵³taːu²¹²lik²⁴moːi³³
弟弟　　她　吃　吃貌　吃　了　之后　呢　吃　到　手指

lik²⁴keːŋ³¹,ʔan⁴⁴wei³¹lik²⁴moːi³³lik²⁴keːŋ³¹kwən⁵³taːu²¹²ne⁴⁴tsiːu²¹²mei³³doːk⁴⁴,mei³³doːk²⁴
脚趾　因为　　手指　脚趾　吃　到　呢　就　有　骨　有　骨

ti⁴⁴luŋ³³toːp²⁴toːp²⁴toːp²⁴ti³³,jaŋ³¹lik²⁴hun⁴⁴ɬeːŋ²⁴ʔo⁴⁴,me³¹tse⁴⁴ɬeːŋ²⁴ʔo⁴⁴, ɬeːŋ²⁴tau²⁴
嚼骨头的声音　　的　这样　起　醒　了　姆　姐　醒　了　醒　来

ʔo⁴⁴:ʔə³¹, twa³¹, twa³¹, muŋ³³kwən⁵³ɬaŋ³³thaːu²¹²？ mai⁵³mei³³kwən⁵³ɬaŋ³³taːu²¹²kou³³
了　呢　外婆　外婆　你　吃　什么　　　没　有　吃　什么　我

kwən⁵³maːk²¹²n̩it²⁴deːŋ⁴⁴ de⁴⁴to²⁴ lo³¹. jaŋ³¹ hai²⁴kou³³dai²⁴wei²⁴？ ʔa³¹,tu⁴⁴mai⁵³mei³³
吃　牛甘果　干　晒干貌 语气助词 这样　给　我　得　喂　啊　都　没　有

lo⁴⁴,dən⁵³dən⁵³koːk²¹²twoːi³¹tsi²¹²dai²⁴ʔan⁵³toːk²¹².n̩aŋ³¹liːu²⁴tsi⁴⁴hau³¹,tsui²⁴hau³¹ne⁴⁴,
了　摸摸　角　袋　只　得　个　独　这样　了　之后　　最后　　呢

kwən⁵³taːu²¹²ne⁴⁴bən²¹²lau²⁴lik²⁴,bən²¹²lau²⁴tu³³noŋ²⁴khu²⁴bən²¹²lau²⁴lik²⁴dik⁴⁴tok⁵³loŋ³¹
吃　到　呢　头部　孩子头部　只　弟　小　头部　　小弟　落　下

lau²⁴swaːŋ³³tau²⁴,tok⁵³tin⁴⁴bwan²⁴liːu²⁴,n̩aŋ³¹lum²⁴po⁴⁴lok²¹²ti⁴⁴.n̩aŋ³¹liːu²⁴ne⁴⁴,me³¹
头　床　来　落　底　土地　了　落地的声音　　的　这样　了　呢　姆

tse⁴⁴lo⁴⁴,siːn³¹puː⁴⁴lo⁴⁴ne⁴⁴ tu³³noŋ²⁴lau³³ tik²⁴me³¹twa³¹kwən⁵³lo⁴⁴,tik²⁴tu³³n̩o³¹neːn⁵³
姐　懂　全部　　懂　呢　只　弟　我们　被　姆外婆　吃　了　被　只　猩猩

kwən⁵³lo⁴⁴,me³¹twa³¹kwən⁵³lo⁴⁴. n̩aŋ³¹ ne⁴⁴,tsui²⁴hau³¹ne⁴⁴,man³³sou³¹tsa²¹²hau²⁴laːi⁵³
吃　了　姆外婆　吃　了　这样　呢　最后　　呢　她　就　装　好多

tseːŋ⁵³leːŋ³¹ti⁴⁴lik²⁴han⁴⁴te³¹. dai²⁴sip⁴⁴pei⁵³ke⁴⁴me³¹tse⁴⁴te⁴⁴ʔoː³¹:twa³¹,kou³³tsoŋ²¹²n̠u³¹
　精灵　　的样子　　　　得十岁的　姆姐的说外婆我拉　尿

koːn³³, kou³³n̠u³¹san³¹kan⁴⁴ʔo⁴⁴n³¹,n̠u³¹san³¹kan⁴⁴,n̠aːŋ³¹laːi³³dai²⁴n̠u³¹te³³ hei⁵³lo³¹.mai⁵³
　先　我尿真急　哦嗯尿真急　这样拉　得尿的这里咯不

dai²⁴,te⁵³ma⁴⁴kou³³dwa³³ni⁵³.liːu²⁴tsiŋ⁵⁵ne⁴⁴ʔoːk²¹²pai⁵³ne⁴⁴,pai⁵³taːu²¹²kham²⁴n̠u³¹pai⁵³.
　得爹妈我骂呢最后　呢出去呢去到　缸尿去

tsoŋ²¹²liːu²⁴ke⁴⁴si³¹ne³³,man³³siːu³¹hau⁴⁴laːi³¹tseːŋ⁵³ti³¹lik²⁴han⁴⁴de³¹,kiːt⁴⁴ko⁴⁴ne⁵³man³³
　厕　了的时呢　她　就好多精的样子　　结果　呢她

tsiːu³¹paː²⁴tiːu³¹ɬou²⁴pha³³n̠oːp²⁴loŋ³¹dai³¹n̠u³¹pai⁵³,hoːi²⁴jau²¹²khun²⁴teŋ⁵³,dit⁵³loŋ³¹kham²⁴
　就把条手帕　浸下里尿去　挂在上　钉滴下缸

n̠u³¹pai⁵³,tit⁵³tam²⁴tam²⁴tam²⁴tam²⁴tam²⁴tam²⁴ni³³.n̠aŋ³¹ke⁴⁴tsi³¹ne³³.mi³¹thaːi⁵³laː³³ne⁴⁴
　尿去　　尿液滴落的声音　　　　的这样　呢姆死瘟的

tsoŋ²¹²koŋ²⁴n̠u³¹koŋ²⁴n̠aŋ³¹noːi²⁴. n̠aŋ³¹ke⁴⁴si³³ne⁴⁴lik²⁴haː³³naːi³³n̠aŋ³¹ tsau²⁴lo³³.tsau²⁴liːu²⁴
　厕　泡尿泡这样久　这样的时呢孩子　这样子走了　走了

tsi⁴⁴hau³¹, lo⁴⁴ne⁴⁴, kwən⁵³dai²⁴tu³³nuŋ²⁴ni⁴⁴liːu²⁴mai⁵³dai²⁴kwən⁵³me³¹tse⁴⁴.n̠o³¹n̠eːn⁵³
　之后　懂呢　吃得只弟这完没得　吃　姆姐猩猩

waːn³¹te⁴⁴ lo⁴⁴ kou³³tu⁵³ɬiːn⁵³kwən⁵³pi²⁴koːn²¹²kwən⁵³nuŋ²⁴o⁴⁴,ɬiːn⁵³kwən⁵³tu³³peːk²⁴
　惋　的知道我都先　吃　长再　吃弟哦先　吃只大

koːn²¹²kwən⁵³tu³³n̠aːi²¹²lo⁴⁴, n̠aŋ³¹naːi³³teːu⁵³laⁿ,teːu⁵³liːu²⁴ni⁴⁴.tsui²¹²hau²¹²ne⁴⁴,tu³³
　再　吃只小了这样　逃了逃了呢　最后　呢只

n̠o³¹n̠eːn⁵³ne⁴⁴si²¹²tsau²⁴o⁴⁴.lik²⁴han⁴⁴tsi²¹²tsau²⁴liːu²⁴mai⁵³laːn³³ʔo⁴⁴.n̠in³¹twoːi³¹ŋi³¹,te⁵³
　猩猩　呢就走了姐姐　就　走了不在家哦天　第二爹

ma⁴⁴toːi²¹²ma⁵³,ma⁵³liːu²⁴mai⁵³than⁵³tu³³nuŋ²⁴, ɬeŋ²⁴than⁵³me³¹tse⁴⁴.kiːt⁴⁴ko⁴⁴ne⁴⁴,
　妈相伴来来了　没见只弟　只见姆姐结果　呢

swa³¹: tse⁴⁴ʔa³¹,tu³³noːŋ²⁴lau³¹kaːt²¹²pai⁵³laːi²⁴pai⁵³liːu²⁴? m…… tu³³noːŋ²⁴tu³³tik²⁴tu³³
　问　姐啊只弟　我们自己去　哪去了　痛哭声只弟　只被只

n̠o³¹n̠eːn⁵³kwən⁵³ja²¹²lo²⁴.
　猩猩　吃　了啊

n̩aŋ³¹lit³¹tsi⁴⁴hau²¹²ni⁴⁴,man³³tsiːu²¹²wei³¹liːu²⁴paːu²⁴fok⁵³,ʔet⁵³thiŋ³¹n̩iːu³¹pa⁴⁴tu³³
这样 之后 呢 她 就 为了 报复 一定 要 把 只

n̩o³¹neːn⁵³kon²⁴thaːi⁵³pai⁵³,tap²¹²thaːi⁵³pai⁵³.n̩aŋ³¹liːu²⁴ni⁴⁴,te⁵³ma⁴⁴man³³ni⁴⁴,ma³¹liːu²⁴
猩猩 弄 死 去 打 死 去 这样 了 呢 爹 妈 她 呢 来 了

ne⁴⁴n̩in³¹twoːi³¹ŋi³¹,hau⁴⁴ta⁴⁴paːk²¹²tu⁵³muːn³³lu³³hau⁴⁴ma³³ke⁴⁴si³³nai³³man³³tsiːu³¹weːt²⁴
呢 天 第 二 进 从 口 门 门 大 进 来 的 时 这样 他 就 挖

kha³³khum²⁴lum²⁴ni³¹, lwoːk³³baːk⁴⁴ti³³.tsui²¹²hau²¹²ne⁵³,pa²⁴ke⁴⁴si³³ne³³,ja³³ʔa⁴⁴saː⁵³ʔa⁴⁴
个 坑 一 很 深 的 最后 呢 把 这些 呢 刀 啊 又 啊

tsan²⁴pi²¹²ɬuːŋ⁵³,tsiːn³³tsiːn³³ki⁴⁴leːk²¹²nam⁴⁴kun⁴⁴.n̩aŋ³¹li³³ne⁴⁴,lwoːŋ⁴⁴n̩waːi³¹pu³³ne⁴⁴
准备 好 煎 煎 几 锅 水 滚 这样 呢 狼 外婆 呢

phaːn²¹²tsaːŋ⁵³ɬuŋ⁵³liːu²⁴ke⁴⁴si³¹nai²⁴mai⁵³hai²⁴man³³lo⁴⁴ʔo²⁴,ka²⁴tsaːŋ⁵³ɬuŋ⁵³.ke⁴⁴tsi³³
扮 装 好 了 的 时 这 不 给 它 知道 哦 假装 好 时候

nai²⁴hau⁴⁴tau²⁴ni⁴⁴,wa²⁴,lwam²⁴loŋ³³pai⁵³,lwam²⁴loŋ³³khum²⁴lum²⁴pai⁵³liːu²⁴ne⁴⁴.
这 进来 呢 哇 陷 下去 陷 下 坑 去了 呢

te⁵³ma⁴⁴man³³sou³¹ɬam⁵³ɬan⁵³ke⁴⁴tsi³³ne³³:mi³¹n̩o³¹neːn⁵³,muŋ³³wei³¹ɬa³³taːu²⁴ke⁴⁴tsi³³ne³³,
爹 妈 她 就 审讯 立即 呢 母 猩猩 你 为 什么 这样 呢

tau²⁴nai²⁴n̩aŋ³¹haːi³¹kou³³,kwən⁵³tu³³kwən⁵³tu³³lik²⁴kou³³pai⁵³.kiːt⁴⁴ko⁴⁴ne⁴⁴,mai⁵³ʔeːu²¹²
来 这里 这样 害 我 吃 只 吃 只 儿子 我 去 结果 呢 不 辩

dai²⁴.baːt⁵³nai²⁴n̩in³¹nai²⁴ne⁴⁴,ʔet⁵³tiŋ³¹ne⁴⁴jou²¹²pa²⁴muŋ³³ka²⁴thaːi⁵³pai⁵³.peːŋ²¹²se⁴⁴
得 次 这 天 今 呢 一定 呢 要 把 你 杀 死 去 并且

ne⁴⁴tsan²⁴pi²¹²ʔau⁵³nam⁴⁴kun⁴⁴leːt²¹²muŋ³³,tsan²⁴pi²¹²ke⁴⁴si³³nai²⁴ɬap⁴⁴muŋ³³lwoːn³¹
呢 准备 要 水 滚 淋 你 准备 东西 这 剁 你 烂

pai⁵³,pa²⁴muŋ³³tseːŋ⁵³ko²¹²ɬai⁵³thai²⁴ne⁴⁴waːn²⁴kun³³doːi⁵³pai⁵³,waːn²⁴di²¹²nam⁴⁴pai⁵³.
去 把 你 整 个 尸体 呢 撒 上 山 去 撒 里 水 去

man³³waː³¹:nai²⁴mut³¹nai²⁴mai⁵³kan²⁴to³³,kou³³wu³³n̩aŋ³¹kuk²⁴mai⁵³kan²⁴to³³, soːi²⁴fai⁵³
它 说 这样子 不 要紧 的 我 这样 做 不 要紧 的 除非

lou³³ ne⁴⁴, lo⁴⁴ʔau⁵³kai²⁴jin⁵³da³³suŋ³¹daŋ⁵³kou³³pai⁵³,ʔau⁵³fei³³tau²⁴ʔoːm⁵³kou³³.
你们 呢 懂 要 屎 烟涂 孔 鼻 我 去 要 火 来 烧 我

ki:t⁴⁴ko⁴⁴ne⁴⁴,tu³³ŋo³¹ŋe:n⁵³ha³¹tik²⁴kha:k²⁴ne⁴⁴sou³¹kha⁴⁴tha:i⁵³ʔo⁴⁴.ka²⁴tha:i⁵³li:u²⁴

结果　呢　只　猩猩　啊　的确　呢　就　杀　死了　杀　死　了

ne³³, ɬap⁴⁴ɬap⁴⁴li:u²⁴wit⁵³loŋ³¹do:i⁵³pai⁵³.man³³wa³¹ne⁴⁴:ʔo:i²⁴,ŋaŋ³¹kou³³hun⁴⁴do:i⁵³,

呢　剁　剁　了　丢　下　山　去　它　说　呢　嗷　这样　我　上　山

loŋ³¹nam⁴⁴kou³³ti⁴⁴li⁴⁴kwən⁵³ɬou⁴⁴.ki:t⁴⁴ko⁴⁴ne⁴⁴,si:n³¹si:t⁴⁴ne⁴⁴,tu³³ŋo³¹ŋe:n⁵³ʔa³¹,

下　水　我　全　都　吃　你们　结果　呢　传说　呢　只　猩猩　啊

man³³sou³¹pe:n²⁴thu³³mi³¹peŋ⁵³,loŋ³¹nam⁴⁴li:u²⁴muŋ³³sou³¹kwən⁵³wən³³ʔo⁰;pe:n²⁴tu³³mi³¹

它　就　变　只　母　蚂蟥　下　水　了　你　就　吃　人　哦　变　只　母

ŋo:ŋ³³lo:n³³pe:n²⁴tu³³mi³¹mo:n⁴⁴.ʔi⁵³si³¹ʔa³¹,ɬo²⁴ʔi²⁴ne⁴⁴,si:n³¹tsi:t⁴⁴wa³¹ne⁴⁴tu³³mi³¹

蚊　和　变　只　母　蠓　现在　啊　所以　呢　传说　说　呢　只　母

mo:n⁴⁴,tu³³me³¹ŋo:ŋ³³ʔa³¹,tsui²¹²la:u⁵³ʔau²⁴. tu³³peŋ⁵³ne⁴⁴si³¹tsui²¹²la:u⁵³ke⁴⁴kai²⁴ji:n⁵³,

蠓　只　母　蚊　啊　最　怕　烟　只　蚂蟥　呢　就　最　怕　的　屎　烟

ɬo²⁴ʔi²⁴ne⁴⁴tsi:u⁴⁴kai²⁴ji:n⁵³tsiŋ⁵³to:i²¹²dai²⁴man³³.

所以　呢　就　屎　烟　才　对付　得　它

译文：

猩猩的故事

从前，有一对夫妻，他们生了两个孩子，姐姐有十岁了，弟弟刚五岁。他们为了谋生要去挑盐。

有一天，他们要去挑盐，他们交代说：姐姐（指女儿）啊，今晚我们回不来，你去对面叫外婆来帮忙看家吧。晚上，姐姐就去喊：外婆，外婆，来帮我们看家，爹妈不在家，今晚来帮我们看家。但是自己的外婆没听见，反而是猩猩听见了。猩猩说：等我把鸡鸭罩好。这个十岁的女孩就回来了。过了一阵子，外婆来了。外婆来的时候，十岁的姐姐非常有礼貌，斟茶，找凳子给外婆坐。坐的时候，这只狡猾的猩猩说：外婆的屁股长了疮，坐不了凳子。它看见天井里有罩鸡笼罩着鸡，它就坐在罩鸡笼上，尾巴放到罩鸡笼里去。鸡就叫了。姐姐问：外婆，外婆，为什么鸡啾啾地叫？不是，是我自己的屁股生了疮，疮脓滴下去了，鸡一只挨一只抢着吃呢。过了没多久，洗脚睡觉。姐姐先是安排外婆睡在中间，五岁的弟弟睡在床内侧，自己睡在床外侧。等到弟弟睡着了，姐姐也睡着了。弟弟睡熟的时候，猩猩就吃弟弟，吃到手指脚趾的时候，因为有骨头，发出声音。这样姐姐就醒了，她问：外婆，外婆，你吃什么？猩猩说：我什么都没吃，我吃干牛甘果。姐姐说：给我也吃吧。猩猩说：没有了，我摸袋角只有最后一个。最后吃到了孩子的头，弟弟的头落到床下来，发出声音，姐姐就都知道了，弟弟被猩猩吃了。她灵机一动，说：外婆，我先去拉尿，我尿真急啊。不然要拉在这里了，爹妈会骂的。然后，她就到尿缸那里，屙了以后，她把一条手帕浸到尿里，挂在钉子上。尿液就滴滴答答地滴到尿缸去。猩猩想：这该死的屙泡尿屙那么久。这样，姐姐就走了。猩猩知道了，想：吃了弟弟没能吃姐姐，早知道这样就先吃大的再吃小的。姐姐就这样逃了，不在家。后来猩猩就走了。第二天爹妈相伴回来了，没有看见弟弟，只见姐姐。他们问姐姐：我们的弟弟到哪里去了？姐姐呜呜大哭，说：弟弟被猩猩吃了。

　　她要报复猩猩，要弄死它，打死它。第二天，爹妈在大门入口挖了一个很深的坑，准备了刀叉，煮了几锅开水。伪装好，不让猩猩知道。猩猩进来的时候呢，陷到坑里。爹妈就立即审讯它：你为什么到这里来害我？吃了我儿子。猩猩没法辩解。今天我一定要杀掉你，还要用开水淋你，准备了刀叉把你剁烂，把你尸体全撒到山上去，撒到水里去。猩猩说：不要紧，除非你们会把烟屎涂到我的鼻孔，用火烧我。把我剁了丢到山下，这样我上山、下水都会吃了你们。传说，这只猩猩就变成一只母蚂蟥，谁下水就吃谁；变成一只母蚊子、一只母蠓。现在传说，母蠓、母蚊子最怕烟；母蚂蟥最怕烟屎，所以烟屎才能对付它。

二　南坡的故事

lɔn^{324}naːn^{31}po^{45}①

讲述　南坡

naːn^{31}pɔ^{45}ni^{55}, te^{53}wei^{213}ɬai^{213}ja^{213}paːu^{53}pei^{33} ni^{55}? kən^{31}ke^{31}ja^{213}ʔa^{31}, jəu^{35}nai^{33}meːŋ^{33}
南坡　呢　它　为　什么　说　包　这样　呢　人　老　说　啊　在　得　边儿

ɬaːi^{213}ja^{31}, mei^{31}po^{53}noːŋ^{33}ɬoŋ^{53}ɬoŋ^{53}neːu^{31}, ja^{45} tso^{33}ʔan^{53}haːŋ^{45}tən^{213}ni^{55}, jəu^{45}nai^{33}ʔan^{53}
左　呀　有　座　岭　高　高　一　然后　就　个　圩　这　呢　在　得　个

po^{53}noːŋ^{33}ti^{53}meːŋ^{33}naːn^{31}, ɬɔ^{45}ʔi^{45}tso^{33}paːu^{53}hat^{44}naːn^{31}pɔ^{45}. mən^{31} tho^{33}ni^{55}, jəu^{213}wei^{213}
座　岭　的　边儿　南　所以　就　包　作　南坡　名　土　呢　又　为

ɬai^{213}lik^{14}hat^{44}nam^{213}mo^{45}? jəu^{45}jeːn^{31}kaːi^{53}, thu^{53}kaːi^{53}khau^{33} pai^{53}ʔa^{31}, ʔaːm^{45}taŋ^{31}
什么　叫　作　水　泉　在　边儿　街　头　街　进　去　啊　地方　顶

ʔa^{31}, tso^{33}mei^{31}ʔan^{53} mo^{45}neːu^{31}, mei^{31}naːu^{45}lai^{53}ʔoːk^{45}noːk^{14}nai^{33}naːu^{45}, tso^{33}paːu^{53}mən^{31}
啊　就　有　个　泉　一　有　不　流　出　外　得　不　就　包　名

hat^{44}nam^{213}mo^{45}, pei^{33}mən^{31}kaːi^{53}ni^{55}, ko^{33}lik^{14}hat^{44}nam^{213}mo^{45}, naːn^{31}po^{45}ni^{55}, mei^{31}
作　水　泉　这样　名　街　呢　也　叫　作　水　泉　南坡　呢　有

naːu^{45}na^{31}naːu^{45}, mei^{31}naːu^{45}ta^{324}naːu^{45}, mei^{31}naːu^{45}miŋ^{53}naːu^{45}, mei^{31}mo^{45}neːu^{31},
不　田　不　有　不　河　不　有　不　溪　不　有　泉　一

taːn^{45}jəu^{45}luk^{44}phja^{53}miŋ^{33}nɔi^{53}mei^{31}mo^{45}naːi^{53}, ɬɔ^{45}ʔi^{45}kin^{53}nam^{213}hən^{45}ho^{33}, thə^{31}pe^{31}
单　在　山谷　山　边儿　里　有　泉　单独　所以　喝　水　很　难　特别

meːn^{324}ɬei^{31}naːŋ^{33}pəu^{213}ɬei^{31}ja^{31}, ʔaːm^{45}khjɔi^{33}khjaːŋ^{33}ti^{53}mo^{45}ʔa^{55}, tu^{53}mɔk^{44}la^{33}, ʔau^{53}
是　时　冷　时　时　呀　地方　附近　旁边　的　泉　啊　都　干涸　了　要

mei^{31}nai^{33}naːu^{45}lo^{53}, pei^{33} tso^{33}hən^{45}kwai^{53}hən^{45}kwai^{53}ni^{55}pai^{53}ʔau^{53}nam^{213}.taːn^{213}tsei^{324}
不　得　不　了　这样　就　很　远　很　远　助词　去　要　水　但是

---

① 根据靖西县电视台《壮语时段》《梁老师论故事》栏目整理，讲述人：梁福昌。属德靖土语。

naːm³¹pɔ⁴⁵jin³¹min³¹ni⁵⁵, mei³¹laːu⁵³ho³³mei³¹laːu⁵³kham⁵³, jaŋ³¹khə³¹fu³¹kaːi⁴⁵
南坡　人民　　呢　不　怕　难　不　怕　苦　　还　克服　　些

theːn⁴⁵tsaːi⁴⁵, tsaːu³³jaːŋ²¹³łən⁴⁵sən³¹lɔŋ³¹pai⁵³. łɔ⁴⁵ʔi⁴⁵　ni⁵⁵, kaːi⁴⁵peːt⁴⁵łən⁴⁵kaːi⁴⁵
天灾　　　照样　　生存　下　去　所以　呢　些　八姓　　些

pan³¹pei³³ti⁵⁵, wa²¹³tɔŋ³¹thin⁵³tei³²⁴təu³³tsən⁴⁵, pu³³khi³¹pu³³naːu⁵³ti⁵⁵tsəŋ⁴⁵sən³¹ʔa³¹, tso³³
成　这样　的　和　同　天地　斗争　　不屈不挠　　　的　精神　啊　就

kaːi⁴⁵tɔŋ³³leːu²¹³tu⁵³sən³¹njəu³¹la⁴⁴.kən³¹ke⁴⁵ni⁵⁵, leːŋ⁴⁵kən³¹le³³ja²¹³tu⁵³waːi³¹, leːŋ⁴⁵
感动　　了　只　神牛　　了　人　老　呢　　有的　人　就说　只　水牛　有的

kən³¹lik¹⁴hat⁴⁴tu⁵³mo³¹. lau³¹ tu⁵³ləu²¹³lik¹⁴te⁵³hat⁴⁴tu⁵³sən³¹njəu³¹pei³³koːn⁴⁵, te⁵³ni⁵⁵
人　叫　作　只　黄牛　咱们　都　懂　叫　它　作　只　神牛　　这样　先　它　呢

jəu⁴⁵khjaːŋ³³haː⁴⁵naːm⁴⁵pɔ⁴⁵ti³²ʔan⁵³phja⁵³lɔŋ²¹³tsoŋ⁴⁵ni⁵⁵, ja⁴⁵tu⁵³sən³¹njəu³¹tən²¹³
在　旁边　圩　南坡　　的　个　山　陇　钟　助词　然后　只　神牛　　　这

hat⁴⁴pu³³lei³¹ʔiŋ⁴⁵le³³nei⁵³ lɔŋ³¹ma³¹khjaːŋ³³naːm³¹pɔ⁴⁵ma³¹nai³³ni⁵⁵? kən³¹ke⁴⁵lɔn³²⁴ja²¹³
做　怎样　　就　跑　下　来　旁边　南坡　　来　得　呢　人　老　论说

ʔa³¹, tu⁵³sən³¹njəu³¹kei⁴⁵ni⁵⁵, jeːn³¹laːi³¹ni⁵⁵, tso³³meːn²¹³theːn⁴⁵thəŋ³¹nɔi⁵³ kjaŋ⁵³ni⁵³,
啊　只　神牛　这　呢　原来　呢　就　是　天庭　　里　里　呢

ta³³li³¹sən³¹njəu³¹, tɔ³¹ jin⁴⁵wei²¹³faːm³²⁴, təp²¹lɔŋ³¹jin³¹keːn⁴⁵ma³¹, te⁵³faːm³²⁴ki³³łai²¹³
大力神牛　　可是　因为　犯　　打　下　人间　　来　它　犯　什么

ni⁵⁵? mei³¹wan³¹neːu³¹ni⁵⁵, te⁵³pai⁵³theːn⁴⁵hɔ³¹pai⁵³ʔaːp⁴⁵ta³²⁴, tso³³kim⁴⁵than⁵³
呢　有　天　一　呢　他　去　天河　去　游河　就　看见

ʔu⁴⁵łə³¹sən³¹njəu³¹, jeːn³¹laːi³¹te⁵³wa²¹³tɔŋ³¹ʔu⁴⁵łə³¹sən³¹njəu³¹ʔa³¹, taːu²¹³phiŋ⁵³kan⁵³,
五色神牛　　原来　　他　和　同　五色神牛　　　啊　倒　平　一样

ta²¹³kja⁵³tu⁵³ləu²¹³ na³³ŋei³²⁴łəp⁴⁴lo³²⁴pin⁴⁵.wan³¹paŋ²¹³te⁵³pai⁵³than⁵³ni⁵⁵, jɔ³¹,
大家　都　知道　　二　十　样　变　天　那　它　去　见　呢　哟

ʔu⁴⁵łə³¹sən³¹njəu³¹ni⁵⁵, kjəŋ³³jeːn³¹ləu²¹³na³³łaːm⁵³łəp⁴⁴khjɔk⁴⁴lo³²⁴pin⁴⁵, hɔn⁵³tɔi³¹ma³¹
五色神牛　　呢　竟然　懂　脸　三　十　六　样　变　从何　来

ni⁵⁵? ŋaːm⁴⁵mei³¹than⁵³naːu⁴⁵łoːŋ⁵³łaːm⁵³wan³¹, te⁵³fəu³¹faːp⁴⁵le³³laːi⁵³kwa⁴⁵pei³³
呢　刚　不　见　不　二　三　天　　它　符法　就　多　过　这样

ʔa⁴⁴? tu⁵³sən³¹njəu³¹ni⁵⁵, tso³³pai⁵³khja:m⁵³te⁵³: "wei⁴⁵, kɔŋ⁵³fəu⁵³ni⁴⁵hɔn⁵³tɔi³¹ma³¹
啊　只神牛　　呢　就去　问　它　　喂　功夫　你　从　何　来

ʔa⁵⁵? " ʔu⁴⁵ɬə³¹sən³¹njəu³¹tso³³to:i⁴⁵te⁵³ja²¹³la⁴⁴: "ha:i³¹, khau³³pai⁵³
啊　　五色神牛　　　就　对它说了　　　嗨　　进　去

wa:ŋ³¹mu⁴⁵nja:ŋ³¹nja:ŋ³¹ti⁵³phɔn⁴⁵tha:u³¹je:n³¹pai⁵³kin⁵³ŋa³³te⁵³ka³¹." "ʔa:i⁴⁵ja³¹, hat⁴⁴lei³¹
王母娘娘　　　的　蟠桃园　　　去　吃　草它啊　　哎呀　做　什么

khau³³pai⁵³nai³³ʔa³¹? mei³¹ɬo:ŋ⁵³tu⁵³fəu³¹fa:p⁴⁵hɔn⁴⁵ʔa:k⁴⁵ti⁵³ɬe:n⁴⁵thoŋ³¹hem⁵³təu⁵³po²¹³
进　去　得　啊　有　二　只　符法　很　厉害的仙童　　守　门　住

ʔa³¹." "ʔe⁴⁵, ni⁴⁵tsan⁵³ŋa:ŋ²¹³lo⁵³, ni⁴⁵tso³³ləu²¹³na³³ŋei³²⁴ɬəp⁴⁴lo³²⁴pin⁴⁵, pin⁴⁵pan³¹nɔk²¹
啊　　呃　你　真　傻　啊　你　就知道　　二　十　样　变　变成　鸟

ʔa³³nəu⁵³ʔa⁴⁴pei³³khau³³pai⁵³na:u⁴⁵ləu³⁵? tsoŋ⁴⁵wu⁴⁵pəu²¹³ɬei³¹te⁵³tha⁵³mɔi³³ne⁴⁵."
啊　鼠　啊这样进　去　不　喽　中午　　时　时　他眼　困　啊

sən³¹njəu³¹təŋ³²⁴nai³³ŋin²¹³pei³³ja⁴⁵, tsei³²⁴ki³³la:i²¹³la⁰.wan³¹tən²¹³ni⁰, te⁵³tso³³pin⁴⁵pan³¹
神牛　　听　得　见　这样呀　是　果然　　啊天　那　呢　他就　变　成

tu⁵³ka⁵³ne:u³¹, man⁵³pai⁵³tha:ŋ⁵³je:n³¹ɬun⁵³ja⁴⁵, pei³³, ʔɔ⁴⁵, kɔ⁴⁵je:n³¹ɬo:ŋ⁵³kən³¹
只　乌鸦一　　飞　去　到　边儿园子了　这样　哦　果然　　二　人

ɬe:n⁴⁵thoŋ³¹ʔa³¹, ʔəŋ⁵³jəu⁴⁵je:n³¹təu⁵³ni⁵⁵, kjɔn⁵³se:³¹se³¹jəu⁵³. ki⁴⁵wei²¹³ma³¹la⁴⁴, pei³³
仙童　　啊　靠　在　边儿门 助词 打鼾 打鼾貌　在　机会　来了　这样

the:m⁵³phi⁴⁵man⁵³khau³³pai⁵³, lɔŋ³¹ma³¹kɔk⁴⁴mai²¹³ta:u³¹ma³¹, ŋa³³khe:u⁵³khe:u⁵³, ʔun³³
就 急飞貌 飞　进　去　下　来　根　树　桃　来　草　青　青　茂盛

fən²¹³fən²¹³, lɔŋ³¹ma³¹jəu²¹³pin⁴⁵pan³¹tu⁵³sən³¹njəu³¹ne:u³¹ta:u²¹³, kin⁵³ŋa³³la⁴⁴.ʔa:i⁴⁵ja³¹,
茂盛貌　　下　来　又　变　成　只神牛　　一　返　吃　草了　哎呀

ɬe:n⁴⁵thoŋ³¹ŋin²¹³la⁴⁴, te⁵³ŋin²¹³ ja²¹³ʔa:m⁴⁵kja:ŋ³¹ɬun⁵³nɔi⁵³kja:ŋ⁵³ŋin²¹³
仙童　　听见了　　他听见　说　地方　里　园子里　里　听见

pe:k⁴⁵pe:k⁴⁵pe:k⁴⁵, pei³³ma⁴⁵sa:ŋ³³khau³³pai⁵³ko:i⁵³, le³³fa³¹je:n²¹³tu⁵³sən³¹njəu³¹ne⁴⁵.
拟声　　　　　这样马上　进　去　看　就　发现　只神牛　　啊

hɔi³³te⁵³ʔau⁵³tsik¹⁴ma³¹phok⁴⁴khən³³pai⁵³the:n⁴⁵thəŋ³¹pai⁵³, ka:u⁴⁵ji²¹³wa:ŋ³¹ta³³ti³³,
给他拿　绳　来　绑　上　去　天庭　　去　告　玉皇大帝

ji²¹³waːŋ³¹taˑ³³ti³³tso³³ja²¹³： "ni⁴⁵faˑn³³theˑn⁴⁵thjaːu³¹la⁴⁴." tso³³mɔ³¹səu⁴⁵ʔau⁵³te⁵³ti⁵³ji³¹se³¹
　玉皇大帝　就说　"你犯天条　了"就没收　要它的一切

fəu³¹faːp⁴⁵leːu²¹³, tsi⁴⁵nən³¹hɔi³³te⁵³pin⁴⁵lo³²⁴toːk¹⁴neːu³¹naːi⁵³.taˑn²¹³tsei³²⁴te⁵³ɬiŋ³³, tu⁵³
符法　完　只能给他变样单独一单独但是　他想只

waːi³¹meˑn³²⁴jei³¹mei³¹khai⁵³nam²¹³naːu⁴⁵, tso³³hɔi³³te⁵³lo²¹³kəŋ³¹fəu³¹neːu³¹, hɔi³³te⁵³
水牛是　离不开　水　不　就给他样功夫　一　给它

phjaːi³³lo³²⁴pəu²¹³ɬei³¹ni⁵⁵, khɔ⁴⁵ʔi⁴⁵tsaːi²¹³maːi³³mei³¹nam²¹³ko³³nai³³, pu³³mei³¹nam²¹³ko³³
　走路　时　时呢　可以　任由　有　水也得　不有水也

nai³³.mei³¹nam²¹³keˑm⁵³kha⁵³pəu²¹³ ɬei³¹ni⁵⁵pin³¹pan³¹ta³²⁴, phjaːi³³khjaːi⁴⁵nam²¹³tso³³
得有水　跟　腿脚时　时呢变成河　走　快水就

noˑŋ³¹, ta³²⁴tso³³luŋ⁵³; phjaːi³³ɬi³³ɬaːi²¹³, ʔan⁵³min⁵³tso³³ʔeˑŋ⁵³, nam²¹³tso³³noˑi²¹³.mei³¹ɬiŋ³³
浓　河就大　走　慢慢　个溪就小　水就少不想

kjɔi²¹³ʔau⁵³nam²¹³tso³³nai³³. tso³³tsi⁴⁵nən³¹ʔau⁵³ʔi³³tən²¹³hɔi³³te⁵³naːi⁵³. pei³³ tu⁵³sən³¹njɔu³¹
愿要水才得就只能　要点儿这给他仅仅这样只　神牛

ni⁵⁵, tso³³lɔŋ³¹ma³¹than⁵³ni⁵⁵, ʔa³¹, naˑn³¹pɔ⁴⁵ti⁵³phjaːi⁵³lɔŋ²¹³tsoŋ⁴⁵la⁴⁴, tu⁵³sən³¹njɔu³¹
呢　就下来到这　啊　南坡　的山陇钟了只神牛

tən²¹³ni⁵⁵tso³³kim⁴⁵than⁵³kaːi⁴⁵naˑn³¹pɔ⁴⁵ti⁵³peˑt⁴⁵ɬəŋ⁴⁵ʔa³¹, mei³¹laːu⁵³kham⁵³naˑu⁴⁵,
这　助词就看　见　些南坡　的百姓　啊不怕　苦不

mei³¹laːu⁵³ho³³naˑu⁴⁵, pu³³khi³¹pu³³naˑu³¹ti⁵³ɬən⁴⁵sən³¹lɔŋ³¹pai⁵³, wa²¹³taŋ³¹thin⁵³tei³²⁴təu³³.
不　怕难不　不屈不挠　地生存　下去　和　同天地　斗

pei³³ tso³³kaːn⁴⁵toŋ³³te⁵³la⁴⁴, te⁵³ni⁵⁵, tso³³ɬiŋ³³kjɔi²¹³wei²¹³naˑn³¹pɔ⁴⁵ti⁵³peˑt⁴⁵ɬəŋ³⁵ʔa³¹,
这样就感动　它了　它呢　就想　愿为　南坡　的百姓　啊

tsaːu³²⁴theːu³¹kha⁵³ta³²⁴neːu³¹. te⁵³ɬam⁵³hən⁴⁵nai⁵³la⁰。to³¹ni⁰, te⁵³tso³³kuˑ³³li²¹³than⁵³ja²¹³,
造　条条河　一　它心很好了　可是它就顾虑　到说

tsaːu³²⁴ta³²⁴pəu²¹³ɬei³¹ʔa³¹, waŋ²¹³ja²¹³hɔi³³kən³¹than⁵³, faːp⁴⁵tso³³mei³¹ŋən⁴⁵naˑu⁴⁵lo⁵³pe⁵³.
造　河时　时啊　如果　给人见　法就不灵不了啊

hat⁴⁴lei³¹hat⁴⁴ni⁵⁵? tsi⁴⁵nən³¹kəu³³jɔu⁴⁵nai³³tiŋ²¹³jin³¹ɬaˑm⁵³keˑŋ⁵³, kən³¹noˑn³¹nak⁴⁴pəu²¹³
做　怎么做　呢　只能够　在　得半夜三更　　人睡　熟　时

ɬei31tso33nai33，tso33tsaːu324nai33.pei33 jam324təm213ni55，te53tha33pai53tha33ma31thaŋ53nun53

时 才 得 才 造 得 这样 夜 那 呢 它 等 去 等 来 到 月

ŋei324ja45，kim45khau33pai53ni55，məm213məm213，thin53tei324ʔa31，mei31ʔi33 ŋam53ŋam53

二 了 看 进 去 呢 蒙 蒙 天地 啊 有 点儿 阴 阴

neːu31.pei33 jam324təm213te53thaŋ53tsei31tu53nəu53tsei31tu53waːi31pəu213ɬei31，ʔi33 kjaːp45

一 这样 夜 那 它 到 时辰只 鼠 时辰只 水牛 时 时 点儿 交

kjaːi45pəu213ɬei31，te53tso33phjaːi33ʔoːk45ma31la44. pei33 te53phjaːi33khwaːi45，ʔan53ta324tso33

界 时 时 它 就 走 出 来 了 这样 它 走 快 个 河 就

luŋ53ʔa44；phjaːi33ɬi31ɬaːi213tso33pan31ʔan53miŋ53ʔa44.te53tso33pu33khwaːi45pu33maːn324，pan31

大 啊 走 慢慢 就 成 个 溪 啊 他 就 不 快 不 慢 成

ʔan53ta324ʔeːŋ53ŋəu31，taːn213tsei324ni55，ʔaːi53ja31，tsan53tsei324ja213，no31nəŋ31no31，saːu33

个 河 小 一 但是 呢 哎呀 真 是 说 恰好 炒

tsi45mo31，①naːu53ɬəŋ53tɔk44ləu31mu324②. haːŋ45nam213mo45ni55mei31kən31neːu31，pai53

肉 黄牛 星星 掉 孔 磨 圩 水 泉 助词 有 人 一 去

paŋ213jəu213kin53lau33lap21pɔi213，kin53lau33ja45saːi53moːi31ja45，tiŋ213jin31ɬaːm53keːŋ53pəu213

那 又 喝 酒 接 媳妇 喝 酒 了 猜 码 了 半夜三更 时

ɬei31ni55，nam213maːt45neːu31ji31təŋ33taːu213ma31su45li45，nɔi53laŋ53tso33nai33pai53kin53toːn45

时 呢 思考 下 一 一定 返 来 处理 晨 后 才 得 去 吃 顿

khau33ŋaːi31.jam324təm213te53kaːn45ma31 lə53pə53，kaːn45ma31thaŋ53phja53loŋ213tsoŋ45ja45，

饭 午饭 夜 那 他 赶 来 了 赶 来 到 山 陇 钟 了

kwai53kwai53tso33kim45than53tu53mo31təm213phjaːi33，jɔ31，mo31 lo324waːi31ni55，ʔi45tɔi31

远 远 就 看 见 只 黄牛 那 走 哟 黄牛还是水牛 呢 男子何

taːu324 taːu324 mei31təu213te53khau33laːŋ324mɔi45ni55？hei53，ŋo45te33paːŋ53te53təu213khau33

为什么为什么 不 赶 它 进 栏 新 呢 嘿 我 助词 帮 他 赶 进

laːŋ324tso33nai33.pei33laːu213kin53lau33taːu213ma31tən213tso33haːt45lo44：“mo31 ʔa31，taːu213laːŋ324

栏 才 得 这样 佬 喝 酒 返 来 这 就 吆喝 咯 黄牛 啊 返 栏

①通过押韵的手段构成的广西靖西俚语，意思指太凑巧了。

②靖西俚语，直译“星星掉进磨眼儿里”，指太凑巧了。

lo⁵³, mo³¹, taːu²¹³laːŋ³²⁴, waːi³¹, taːu²¹³laːŋ³²⁴." ʔai³¹ja³¹, tu⁵³sən³¹njəu³¹tən²¹³ni⁵⁵tsən³³taːŋ³³
咯　黄牛　返栏　　水牛　返栏　　哎呀　只　神牛　这　助词　正当

tsaːu³²⁴theːu⁵³khaː⁵³taː³²⁴pəu²¹³ɬei³¹le³³tən³²⁴ŋin²¹³han⁵³tən²¹³lik¹⁴, ja⁴⁵le³³pei³³ faːp⁴⁴tso³³
造　　条　条河　时　时就听　见　声这　叫　然后这样　法　就

mei³¹naːu⁴⁵la⁴⁴, si³¹ləŋ³¹la⁴⁴, pei³³tso³³kaːn⁴⁵kaːn⁴⁵kaːŋ³³ka³³, nei⁵³khau³³ma³¹ʔan⁵³ŋim³¹
有　不　了　失灵　了　这样　就　赶　赶　词缀　　跑　进　来个　山洞

ma³¹jəu⁴⁵taːu³²⁴.tɔk⁴⁴laŋ⁵³ni⁵⁵, ʔan⁵³naːn³¹pɔ⁴⁵ti⁵³kaːi⁴⁵peːt⁴⁵ɬəŋ⁴⁵ʔa³¹, tso³³lik¹⁴ʔan⁵³
来　在　返掉　后呢　　个　南坡　　的　些　百姓　啊　　就　叫个

ŋim³¹kei⁴⁵ʔa³¹, tso³³lik¹⁴hat⁴⁴ŋim³¹waːi³¹. ja⁴⁵tsɔŋ³¹han⁵³pai³¹tən²¹³tən⁴⁵ni⁵⁵, nam²¹³mo⁴⁵
山洞　这　啊　　就　叫作　山洞　水牛　　然后　从　从　次　这　起呢　水　泉

ni⁵⁵, ko³³jɔŋ⁴⁵jeːn⁴⁵mei³¹naːu⁴⁵taː³²⁴naːu⁴⁵lo⁵³.ŋaːi³¹, kei⁴⁵tso³³hat⁴⁴kaːi⁴⁵
呢　也　永远　　有　不　河　不　了　哎　　现在才　做　些

theːn³¹thəu³¹sei⁴⁵kwei³³ʔa⁵⁵, pei³³ tso³³mei³¹mo⁴⁵, ʔi³³ kei⁴⁵tso³³kaːi⁴⁵ke³¹la⁴⁴.kaːi⁴⁵tən²¹³
田头水柜　　　　　啊　这样　才　有　井　点儿这　才　解决　了　些

ni⁵⁵tso³³faː³¹ɬən⁴⁵jəu⁴⁵jəu⁴⁵nai³³taːi³¹ke⁴⁵ti⁵³tsiu²¹³koːn⁴⁵.
呢　就　发生　　在　在　得　代　老　的　故事

译文:

说南坡

南坡，为什么取这样一个名字呢？老人说，在那地方的左边，有一座高高的山岭。这个圩，在这道岭的南边，所以就取名叫南坡。本地话的称呼，又为什么叫泉水呢？在街边，街头，有一眼泉水，（这泉水）不能流出来，于是取名叫"泉水"。这样街名也叫泉水。南坡呢，没有水田，没有河流，没有溪水，有一眼泉水，只在山谷里有一眼泉，所以饮水困难，特别是冷天，附近的泉，都干涸了，取不到水，这样就要到很远很远的地方去取水。但是南坡人民不怕苦，不怕难，克服这些天灾，照样生存下去。所以呢，这些百姓就这样和天地斗争。于是不屈不挠的精神啊，感动了这头神牛了。老人呢，有的说它是水牛，有的说叫黄牛。我们就暂且把它叫神牛，它住在南坡圩边的陇钟山，这头神牛怎么就能跑到南坡边儿上来呢？老人说啊，这只神牛呢，原来就是天庭里的大力神牛，可是因为犯事，被贬到人间来。它犯了什么事呢？有一天，他到银河去游泳，就看见五色神牛，原来它和五色神牛水平一样，大家都会二十般变化。那天它看见五色神牛竟然会三十六般变化。（这些变化）从哪儿来呢？只不见了两三天，它的法力就多了那么多啊？这只神牛呢，就去问它："喂，你的能力从哪儿来啊？"五色神牛就对它说："嗨，只是到王母娘娘的蟠桃园去吃它的草啊。""哎呀，怎么进得去啊？有两个法力很厉害的仙童守着门啊。""呃，你真傻啊，你都会二十般变化，变成鸟啊老鼠啊，不就进去了吗？中午他们打瞌睡啊。"神牛听到这些，觉得确实如此。这天呢，他就变成一只乌鸦，飞到园子边儿，果然两个仙童靠在门边，打着鼾。机会来了，它嗖的一下飞进去，落到桃树底，只见草青青的，十分茂盛，它落下来又重新变成那只神牛，于是吃草。哎呦，仙童听见了，他听见园子里有吃草的声音，马上进去看，于是发现这只神牛。神牛被他（仙童）用绳子捆到天庭去，向玉皇大帝告状，玉皇大帝就说："你犯天条了。"于是把它的一切法力全没收了，只能给它一般变化。但是他想，水牛是离不开水的，就给它一样功夫，让它走路时，有水可以，没有水也可以。有水在脚下呢会变成河，走得快水就浑，而且大，河就大；走得慢，溪水就小，水就少。使它只有不愿意要水才可以。就只能给它这种本事了。这样神牛呢，就下来到南坡的陇钟山。这只神牛看见南坡的百姓啊，不怕苦，不怕难，不屈不挠地生存下去，和天地斗。于是这些把它感动了，它呢，就希望为南坡的百姓造一条河。它心地很好。不过，它有顾虑，造河的时候，如果被人看见，法术就不灵了。怎么办呢？只能够在半夜三更，人们睡熟的时候才能造。这样，那天晚上，它等来等去到了农历二月，看着天呢，蒙蒙的，天地啊，有点儿阴阴的。这样，夜里它到子时和丑时相交的时候，它就走出来了。因为它走得快，河就大；走得慢，就变成小溪。于是它就不快不慢，变成一条小河，跟着它的脚就变成这样，正是它希望的。但是啊，真的是实在凑巧。南坡圩上有一个人，去别的地方喝人家娶媳妇的喜酒，喝了酒猜了拳，半夜想起有件事一定要回来处理，第二天早上才能回去吃午饭。那晚他赶回来了，赶到陇钟山，远远就看见那只水牛在那儿走，哟，是黄牛还是水牛呢？谁为什么不把它赶回牛栏呢？嘿，我得帮他把牛赶回牛栏。于是，喝喜酒回来这人就吆喝了："黄牛啊，回栏了，黄牛回栏，水牛，回栏。"哎呀，这只神牛正在造这条河的时候就听见这声音在叫，然后法力就没有了，失灵了，这样就匆匆忙忙，跑回那个山洞。后来呢，南坡的百姓啊，就把这个山洞叫做水牛洞。于是从这回起，南坡呢，也就永远没有河流了。哎，现在才修那些田头水柜啊，这样才有了井，这才解决用水问题了。这就是发生在古代的故事。

三　龙女和农夫

ti³³ ŋik⁴² tɒ³³ po⁴² kaːŋ²¹①
　龙女　　和　农夫

kaːu³⁵ tɕiːŋ⁴⁴pai⁴⁴ le³³,mi⁴⁴po⁴² kaːŋ²¹ ɗu⁵⁵ɗan⁴⁴ ɗi⁵⁵ zu²¹ xeːn⁴⁴ nɒ⁴⁴.than³⁵tʃɯ⁴⁴
从前　　　呢有个农夫　家他在边田到季节

ɗam³⁵nɒ⁴⁴le³³,nam⁵⁵nɒ⁴⁴kɒ⁴²ɓɔːk⁵⁵ɓɔːk⁵⁵.ɓɔːk⁵⁵than³⁵van⁴⁴saːm³³ ɗi⁵⁵,po⁴²kaːŋ²¹le³³
种　田了水　田一直少少少　到　天　三　第　农夫　呢

n̪iŋ⁴⁴ tʃo⁴²ɗi³⁵nɒ⁴⁴mi⁴⁴xeːŋ³⁵,pai³⁵than³⁵xeːn⁴⁴nɒ⁴⁴le³³theːn³⁵pɔːŋ⁵⁵saːu³⁵ɗu⁵⁵zu²¹ɗi³⁵
听见里田有声音去到　边田呢见　一群少女啊在里

nɒ⁴⁴saːu⁴⁴ɗaːŋ³⁵.po⁴²kaːŋ²¹le³³laːk⁴⁴thau²¹ɗaŋ³³ɗi²¹saːu³⁵ʔu⁵⁵pai³⁵ɗan⁴⁴vai⁵⁵se³⁵.
田洗身农夫　呢偷套衣服个少女一回家藏着

thɒ³⁵laŋ³⁵le³³ɗi²¹saːu³⁵nai⁴²pai³⁵ɗan⁴⁴tʃaːi⁴⁴nai⁴²tʃhɒ³⁵koŋ⁴⁴sɯ³³,po⁴²kaːŋ²¹ mi⁴⁴xauu³³.
后来　呢少女　呢去家农夫这找件衣服农夫　没给

thɒ³⁵laŋ³⁵le³³ pɔːŋ⁵⁵ɗi⁵⁵pan⁴⁴ɗan⁴⁴kɔːn⁴⁴san³³ɗai³³sɔːŋ³⁵tu³⁵loːk⁴²tʃaːi³³.mi⁴⁴van⁴⁴ɗu⁵⁵,
后来　呢他们　成家了生得两个子男有天一

_____

① 西畴民间故事，王碧玉协助记录。属砚广土语。

po⁴²tʃaːi⁴⁴nai⁴²pai³⁵pɒ²¹.jɒ⁴² nai⁴²zu²¹ɗi³⁵ ɗan⁴⁴tʃhɒ³⁵tʃo⁴²thaːu²¹ɗaːŋ³⁵ʔau³⁵vai⁵⁵nai⁴².jɒ⁴²
农夫　　这 出工　女子这 在 里 家 找 到　套 衣服 要 藏 这 女子

nai⁴²noːn⁴²thaːu²¹suɯ³³nai⁴²le³³ɓan³⁵pai³⁵fɒ⁵⁵le⁴⁴.thɒ³⁵laŋ³⁵le³³po⁴²kaŋ²¹nai⁴²kɒ⁴⁴tʃaɯ³⁵
这 穿 套 衣服这 呢 飞 去 天 了 最后　呢 农夫　这 心

pu²¹sɒ²¹thaːi³⁵jɒ³³,tʃi⁴⁴lai²¹sɔːŋ³⁵tu³⁵loːk⁴².
难过 死 了 只 剩 两 个 儿子

译文:

龙女和农夫

从前，有个农夫，他家在田边。到了插秧的季节，田里的水一直很少。到了第三天，农夫听见田里有声音，到田边一看，只见一群少女在田里洗澡。农夫就偷了一个少女的一套衣服带回家藏起来。后来这个少女到农夫家里找这件衣服，农夫没给。后来他们就成了家，生了两个儿子。有一天，农夫出工去了，这女子在家里找到了这套藏起来的衣服。这女子穿上这套衣服就飞上天去了。结果，农夫难过极了，他只剩下两个儿子。

附录三　讲述

一　抓石子儿

ʔau²⁴mak²¹khaːŋ⁵⁵①

抓　石子儿

kaːu²⁴ ʔe⁵⁵ʔbo²¹mi³³ȵiːŋ⁴²n̥au⁵⁵,θaːu²⁴ʔe⁵⁵pei²⁴ko²²mak²¹pha²⁴ma³³θum⁵⁵man³³lan⁴²,

小时候　不有样　玩　姑娘小去捡石头　来　捶　圆圆的，

tei⁴² ʔdei²²vaːŋ²¹thua²²hoːm⁵⁵to⁵⁵pak²¹luːŋ²¹n̥au⁵⁵ mak²¹khaːŋ⁵⁵,mi³³ʔbaːŋ²²n̥au⁵⁵tɕiat⁵⁵

一旦得空　就　围　在　口村　玩　石子　　有的　　玩　七

ʔan²⁴,mi³³ʔbaːŋ²²n̥au⁵⁵ha²²ʔan²⁴,nuːŋ³³mi³³kon³³n̥au⁵⁵θaːm²⁴ʔan²⁴,tei²¹mak²¹ʔan²⁴②ʔau²⁴

个　有的　　玩　五个还　有　人　玩　三　个从颗颗　抓

khuɯ²²,mi³³mak² ¹tot²¹tot²¹③、mak²¹ tɔk⁵⁵ðu³³④,nuːŋ³³mi³³laːi²⁴ȵiːŋ⁴²them²⁴.ʔbat²¹ðauɯ³³ ka³³

起　有　石子儿啄啄　石子儿落洞　还　有　多　种　还　次　每　都

mei²²pin³³tu⁴².hɔk⁵⁵kaːu²⁴luk⁴²θaːu²⁴nuːŋ³³ʔau²⁴ʔbo²¹zi:ŋ⁵⁵luk⁴²ʔbaːu²¹,mi³³ʔbaːŋ²²pha²²

要　称　够有时候　孩子　姑娘还　抓　不　赢　小男孩　有些　　掌

muːŋ³³ʔe⁵⁵le⁵⁵nuːŋ³³pin²⁴ʔdei²²tei⁴²laːi²⁴.ʔeːŋ²⁴ʔe⁵⁵van³³van³³lap³³mak²¹khaːŋ⁵⁵to⁵⁵pau³³,

手　很小还　称　得很　多　小孩子　天　天　装　石子　　放　兜

---

① 本讲述由龙婵提供。讲述的是云南马关壮族侬支系（属砚广土语）一种用石子儿玩的游戏。

② 抓单颗石子儿的玩法。

③ "小鸡啄米"玩法。

④ "落洞"玩法。

tɔk⁴²θu²⁴ka³³lap³³pei²⁴,tei⁴²ʔdei²²vaːŋ²¹thua²²n̠au⁵⁵.muːŋ³³θa²⁴ʔau²⁴naːu²¹muːŋ³³θaːi⁵⁵
读 书 也 装 去 一旦 得 空 就 玩 手 右 抓 完 手 左
ʔau²⁴,mi³³ʔbaːŋ²²ðu⁵⁵tau⁴²ʔau²⁴to³³pe²,hɔk⁵⁵kaːu²⁴ðu⁵⁵hɔk⁵⁵pan³³paːŋ²⁴ʔau²⁴.
抓 有些 会 再 抓 颠倒 有时候 会 做 成 伙 抓

译文：

抓石子儿

小时候没有玩具，女孩儿去捡石子儿来，把它磨圆，一有空就围在村口抓石子儿。有抓七颗的，有抓五颗的，也有抓三颗的。从单颗抓起，有小鸡啄米、落洞等多种玩法，每次抓完都要称够个数（用手背称石子，称够是指总数减一）。有时女孩儿还比不过男孩儿，有的看着手掌小却称得很多。小孩儿天天把石子儿装在兜里，上学也带着去，一有空就会玩。右手抓完用左手抓，有时倒着抓，有时也分组抓。

二 学广西靖西壮话不难①

吃饭叫"进靠"，筷条叫"沟偷"，去玩叫"拜轮"，裤子叫"夸"，上去叫"肯迷"，下来叫"龙嘛"，学校叫"提压"，没有叫"没脑"，有吗叫"没抹"，男孩家"扑仔"，丈夫叫"老渠"，妻子叫"咪迷"，外婆叫"呆"，外公叫"公嗒"，奶奶叫"扑"，爷爷"公"，婆婆叫"咪吖"，阿姨叫"拿"，姑姑叫"舞"，老爸叫"巴"，妈妈叫"骂"，水牛叫"度歪"，黄牛叫"度木"，鸡叫"度该"，狗叫"度骂"，树木叫"买"，河叫"嗒"，你在哪叫"尼优跌"，在这里叫"优顿"，去哪里叫"背跌"，爬树叫"奔买"，唱歌叫"尚锅"，门叫"嗯逗"，鞋子叫"沟嗨"，睡觉叫"暖"，睡醒叫"暖登"，

---

① 这个段子通过网络传播，见 http://tieba.baidu.com/p/2427306218，作者不详，从读音看，可能是广西靖西市果乐乡人。

煮饭叫"能扣"，上网叫"肯望"，上班叫"肯班"，上学叫"肯当"，上车叫"肯车"，母牛叫做"咩歪"，回来叫"刀麻"，回去叫"刀被"，过去叫"瓜被"，过来叫"瓜麻"，难过叫"南瓜"，听不懂叫"登没吼"，说吧叫"港为"，没吃完叫"蒸进丫"，吃完了叫"金丫肉"，在广东叫"优广东"，是吗叫做"追摸"，听电话叫"登电话"，进来叫"扣嘛为"，柚子叫"吗帮"，梨子叫"吗雷"，李子叫"吗满"，袋子叫"嗯呆"，天鹅"度含法"，白云叫"文爬"，天空叫"扑法"，小溪叫"卡命"，石头叫"吞"，羊叫"度咩"，电风扇叫"点风险"，拉屎叫"ok"，我爱你叫"喔美尼"，穿鞋叫"弄海"，锅叫"按木"，衣服叫"洗夸"，哭叫"害赖"，笑叫"酷"，他叫"爹"，你叫"尼"，手叫"猛"，脚叫"卡"，上街叫"拜钙"，屁叫"多"，这样吧叫"背咯啵"，这活该"背主货"，为什么叫"岛被"，不知道"没漏脑"，死"太"，大便叫"k"，困叫"踏埋"。

我们对段子中引号内用汉字及英文字母译写的靖西壮语语词进行注音，结果如下：

吃饭叫"kin⁵³khau³³"，筷条叫"kəu³²⁴thəu⁴⁵"，去玩叫"pai⁵³lən³¹"，裤子叫"khwa⁴⁵"，上去叫"khən³³mi³¹"，下来叫"loŋ³¹ma³¹"，学校叫"thiŋ³³ja:k¹⁰"，没有叫"mei³¹na:u⁴⁵"，有吗叫"mei³¹mi³³"，男孩家"po³²⁴tsa:i³¹"，丈夫叫"la:u²¹³khi⁵³"，妻子叫"me³²⁴mi³¹"，外婆叫"ta:i⁴⁵"，外公叫"koŋ⁴⁵ta⁴⁵"，奶奶叫"pho⁵³"，爷爷"koŋ⁴⁵"，婆婆叫"me³²⁴ja³²⁴"，阿姨叫"na³²⁴"，姑姑叫"ʔu⁴⁵"，老爸叫"pa⁴⁵"，妈妈叫"ma⁴⁵"，水牛叫"tu⁵³wa:i³¹"，黄牛叫"tu⁵³mo³¹"，鸡叫"tu⁵³kai⁴⁵"，狗叫"tu⁵³ma⁵³"，树木叫"mai²¹³"，河叫"ta³²⁴"，你在哪叫"jəu⁴⁵tei³²⁴toi³¹"，在这里叫"jəu⁴⁵tən²¹³"，去哪里叫"pai⁵³toi³¹"，爬树叫"pən⁵³mai²¹³"，唱歌叫"sa:ŋ³³ko⁴⁵"，门叫"ʔan⁵³təu⁵³"，鞋子叫"kəu³²⁴ja:i³¹"，睡觉叫"no:n³¹"，睡醒叫"no:n³¹tən⁴⁵"，煮饭叫"nəŋ³³khau³³"，上网叫"khən³³wa:ŋ⁴⁵"，上班叫"khən³³pa:n⁵³"，上学叫"khən³³ta:ŋ³¹"，上车叫"khən³³se⁴⁵"，母牛叫做"me³²⁴wa:i³¹"，回来叫"ta:u³²⁴ma³¹"，回去叫"ta:u³²⁴pai⁵³"，过去叫"kwa⁴⁵pai⁵³"，过来叫"kwa⁴⁵ma³¹"，难过叫"na:n³¹kwa⁴⁵"，听不懂叫

"tən³²⁴mei³¹həu²¹³"①，说吧叫"ka:ŋ³³wei⁴⁵"，没吃完叫"tsaŋ³¹kin⁵³ja⁴⁵"，吃完了叫"kin⁵³ja⁴⁵lo⁵⁵"，在广东叫"jəu⁴⁵kwa:ŋ⁴⁵toŋ⁴⁵"，是吗叫做"tsei³²⁴məu⁴⁵"，听电话叫"tən³²⁴te:n³³wa³³"，进来叫"khau³³ma³¹wei⁴⁵"，柚子叫"ma:k⁴⁵pa:ŋ³¹"，梨子叫"ma:k⁴⁵lei³¹"，李子叫"ma:k⁴⁵man²¹³"，袋子叫"ʔan⁵³tai³²⁴"，天鹅"tu⁵³ha:n⁴⁵fa²¹³"，白云叫"wən³¹pha³³"，天空叫"po³²⁴fa²¹³"，小溪叫"kha⁵³miŋ⁵³"，石头叫"thən⁵³"，羊叫"tu⁵³me³³"，电风扇叫"te:n³³foŋ⁴⁵se:n³³"，拉屎叫"ʔo:k⁴⁵khei³³"，我爱你叫"ŋo⁴⁵mai²¹³ni⁴⁵"，穿鞋叫"noŋ³²⁴ja:i³¹"，锅叫"ʔan⁵³mo³³"，衣服叫"ɬi³³khwa⁴⁵"，哭叫"hai³³la:i²¹³"，笑叫"khu⁵³"，他叫"te⁵³"，你叫"ni⁴⁵"，手叫"moŋ³¹"，脚叫"kha⁵³"，上街叫"pai⁵³ka:i⁵³"，屁叫"to:t⁴⁴"，这样吧叫"pei³³lə⁵³pə⁵³"，这活该"pei³³tso³³ho⁵³"，为什么叫"ta:u³²⁴pei³³"，不知道"mei³¹ləu²¹³na:u⁴⁵"，死叫"tha:i⁵³"，大便叫"khci³³"，困叫"tha⁵³məi³³"。

---

① 新靖镇"懂"说ləu²¹³，依据原文我们记为həu²¹³，这个读音一般分布在果乐乡果乐街一带。

附录四　经诗

khau²³θun⁵³wa⁴⁵①

进　园　花

唱词：

θun⁵³ tən²¹ȵaŋ²¹³wa⁴⁵ja:i⁴⁵mɔ:i²¹,

园　这　还是　花　骗　你

ʔa:m²¹³tən²¹ȵaŋ²¹³wa⁴⁵jau²¹³mɔ:i²¹.

地　　这　还是　花　诱　你

ma²¹khən²³θun⁵³ta:i²¹ŋei²³,

来　上　园　第　二

θun⁵³tən²¹no:k⁴⁵ȵaŋ²¹³riŋ²¹³,

园　这　花朵　尚　艳

wa⁴⁵tən²¹no:k⁴⁵ȵaŋ²¹³khja:n²³,

花　这　花朵　尚　满枝

kwa⁴⁵khən²³tɔ:ŋ²¹wa⁴⁵khjai⁵³,

过　上　大片　花　开

kwa⁴⁵khən²³pa:i²¹wa⁴⁵roŋ³²⁴ ,

过　上　坡　花　红

①　此为广西靖西壮族巫师在"还花"仪式中唱的经诗。此经诗记录的是靖西市龙邦口音，音系与新靖镇有所差异。陆世初协助收集。

tei²¹tən²¹tsaŋ⁴⁵wa⁴⁵tsan⁵³ ,

地　这　尚未　花　　真

ka:i²³tən²¹tsaŋ⁴⁵wa⁴⁵tsən²³.

片　　这 尚未 花　　正

ma²¹khən²¹θun⁵³ta:i²¹θei⁴⁵ ,

来　上　　园　　第四

hat⁴⁴kən²¹wit²¹nai⁴⁵la:i⁴⁵ ,

做　　人　越　好　多

wit²¹pun²³ wit²¹θau²³khu⁴⁵ .

越　盘算　越　受　苦

ma²¹khən²¹θun⁵³ta:i²¹ha²¹³ ,

来　上　　园　　第五

pan²¹pei²¹θɔ:ŋ²³θei⁵³θo²¹khən²¹kja:ŋ⁴⁵ ,

成　　这送　信　书　上　　中间

wan²¹tən²¹kja:u²¹wa⁴⁵the:m⁵³kja:u²¹no:k⁴⁵ ,

天　这　交　花　又　　交　花朵

ma²¹tən²¹phi⁵³no:k⁴⁵te⁴⁵lɛ²¹ma²¹ ,

来　这　批 花朵　他　就　来

ʔa:m²¹tən²¹phi⁵³wa⁴⁵te⁴⁵lɛ²¹tau²¹³ .

地　这　批 花　他　就　到

ma²¹khən²¹θun⁵³ta:i²¹tsat⁴⁴ta:i²¹pe:t⁴⁵ ,

来　上　　园　　第七　　第八

tɔ:ŋ²¹tən²¹than⁴⁵ne:t⁴⁵than⁴⁵lam⁵³ .

大片 这见　阳光 见　风

nap⁴⁴khən²¹θun⁵³ta:i²¹kau²³ta:i²¹θəp⁴⁴ ,

跨　　进　园　第九　第十

kən²¹³tɔ:i²¹po²¹mei²¹no:k⁴⁵khən²¹khja⁵³ ,

人　何　不　有 花朵　上　找

kən²¹³tɔːi²¹po²¹mei²¹wa⁴⁵khən²¹paːu²¹,

人　何　不　有　花　上　报

puŋ²¹tɔːi²¹kjau⁵³lɛ²¹le³²⁴,

朵　何　活　就　选

puŋ²¹tɔːi²¹ke⁵³lɛ²¹ʔau⁵³,

朵　何　壮　就　要

puŋ²¹tɔːi²¹kjau⁵³lɛ²¹θɔːŋ²³.

朵　何　活　就　送

tɔːŋ²³tən²¹wa⁴⁵tən²¹pan²¹taŋ²¹tɔːŋ²³,

大片　这花　这　成　整　大片

wa⁴⁵tən²¹θɔːŋ²³taŋ²¹miŋ²³,

花　这　送　整　天涯

θɔːŋ²³lɔːŋ²¹pai⁵³tən²¹hiŋ²³kjau⁵³ke⁴⁵,

送　下　去　这　让　活　老

θɔːŋ²³lɔːŋ²¹po²¹tei²¹ja⁴⁵kjau⁵³laːi⁵³,

送　下　在　地下　活　多

noːk⁴⁵me³²⁴faːn²¹taŋ²¹tɔːŋ²³,

花朵　母　繁殖　整　大片

wa⁴⁵me³²⁴θɔːŋ²³taŋ²¹miŋ²³,

花　母　送　整　天涯

tei²¹tən²¹tei²¹fu²³ mu²³pan⁵³wa⁴⁵,

地　这　地　父　母　分　花

ʔaːm²¹³tən²¹tei²¹wa⁴⁵waːŋ²¹pan⁵³noːk⁴⁵,

地　这　地　花王　分　花朵

tei²¹tən²¹tei²¹phi⁴⁵noːk⁴⁵phi⁴⁵wa⁴⁵,

地　这　地批　花朵　批　花

phi⁴⁵noːk⁴⁵kɔ²¹nai²³ma²¹,

批　花朵　也　得　来

phi⁴⁵wa⁴⁵ko²¹nai²³tau²¹³.

批　花　也　得　到

than⁵³noːk⁴⁵lɛ²¹paːu²¹toːn⁴⁵kja²¹,

见　花朵　就　报　顿　茶

wa⁴⁵ma²¹lɛ²¹paːu²¹toːn⁴⁵lau²¹³.

花　来　就　报　顿　酒

noːk⁴⁵tən²¹noːk⁴⁵kjau⁵³laːi⁵³,

花朵　这　花朵　　活　多

wa⁴⁵tən²¹wa⁴⁵kjau⁵³ke⁴⁵.

花　这　花　活　老

sən⁴⁵me³²⁴loːŋ²¹tsoːŋ²¹noːk⁴⁵naŋ²³kja²¹,

请　母　下　桌　花朵　坐　茶

hoːi²¹me³²⁴loːŋ²¹tsoːŋ²¹wa⁴⁵naŋ²³lau²¹³.

给　母　下　桌　花　坐　酒

念白（**代表花婆说的话**）：

toːŋ²³tən²¹toːŋ²³me³²⁴wa⁴⁵,

大片　这　大片　母　　花

kha⁵³tən²¹kha⁵³me³²⁴noːk⁴⁵.

路　这　路　母　花朵

me³²⁴pan⁵³noːk⁴⁵kjau⁵³laːi⁵³,

母　分　花朵　活　多

me³²⁴pan⁵³wa⁴⁵kjau⁵³ke⁴⁵,

母　分　花　活　久

noːk⁴⁵loːŋ²¹pai⁵³hoːi²¹pan²¹wa²¹,

花朵　下　去　给　成　捧

wa⁴⁵loŋ²¹pai⁵³hoːi²¹pan²¹toːi²³,

花　下　去　给　成　对

pei²¹³ta:i⁴⁵no:ŋ²¹³n̪aŋ³²⁴ma²¹,

长　　带　　幼　　也　　来

ʔa:u⁴⁵ta:i⁴⁵ʔa⁵³n̪aŋ³²⁴tau²¹³,

叔　　带　　姑　　也　　到

puŋ²¹pan²¹wa⁴⁵n̪aŋ³²⁴tau²¹³.

朵　　成　　花　　也　　到

wan²¹ni²³ta:u²¹³ja²³ma²¹pa:t¹⁴kiu²¹lou²¹³?

天　今　为何　　来　架　桥　呀

wa:ŋ²¹kja⁴⁵mei²¹lok²¹n̪əŋ²³nai²³tsa:i²¹,　　①

王　　家　　有　　女儿　　得　财

wa:ŋ²¹kja⁴⁵mei²¹lok²¹tsa:i²³nai²³θei²³.

王　　家　　有　　男孩　　得　买

pei⁴⁵lɛ²¹no:k⁴⁵lɔ:ŋ²¹pai⁵³,

这　就　花朵　下　去

no:k⁴⁵tai⁵³khən²³tai⁵³lɔ:ŋ²¹,

花朵　爬　上　爬　下

wa⁴⁵tai⁵³pai⁵³tai⁵³ta:u²¹³.

花　爬　去　爬　返

no:k⁴⁵me³²⁴pan²¹lɔ:ŋ²¹pai⁵³kjau⁵³la:i⁵³,

花朵　母　分　下　去　活　多

wa⁴⁵me³²⁴pan²¹lɔ:ŋ²¹pai⁵³kjau⁵³ke⁴⁵.

花　母　分　下　去　活　久

n̪aŋ³²⁴mei²¹tu⁵³pat⁴⁴jou²¹³thu⁵³tsa:t¹⁴,

还　有　只　鸭　在　头　桥

n̪aŋ³²⁴mei²¹tu⁵³kjai⁴⁴jou²¹³thu⁵³kiu²¹,

还　有　只　鸡　在　头　桥

---

① 记录时，仪式在一户王姓人家举行，故有此称呼。

thu⁵³kiu²¹toːk⁴⁵toːŋ²¹,
头　桥　插　铜

thaːŋ⁵³kiu²¹toːk⁴⁵lɛːk²¹,
尾　　桥　　插　铁

thu⁵³kiu²¹toːk⁴⁵toːŋ²¹mei²¹tseːn²¹,
头　桥　插　铜　有　钱

thaːŋ⁵³kiu²¹toːk⁴⁵lɛːk²¹mei²¹n̥aːi²¹³,
尾　　桥　插　铁　有　福

pei⁵³lɛ²¹loːŋ²¹tsoːŋ²¹noːk⁴⁵naŋ²¹³kja²¹。
这　就　下　桌　花朵　坐　茶

loːŋ²¹tsoːŋ²¹wa⁴⁵naŋ²¹³lau²¹³.
卜　　桌　花　坐　酒

唱词：

pei³⁵lɛ²¹səŋ³²⁴loːŋ²¹tsoːŋ²¹naŋ²¹³kja²¹,
这　就　请　下　桌　坐　茶

hoːi²³me³²⁴loːŋ²¹tsoːŋ²¹wa⁴⁵naŋ²¹³lau²¹³,
让　母　下　桌　花　坐　酒

kjən⁵³ja⁴⁵wa⁴⁵te⁵³ʔau⁵³tou⁵³lɛːk²¹loːŋ²¹laːn⁴⁵,
吃　完　花　他　要　门　铁　下　拦

wa⁴⁵te⁵³ʔau⁵³tou⁵³khaːŋ⁵³loːŋ²¹pak⁴⁴.
花　他　要　门　生铁　下　护

pou²¹³tən²¹phaŋ⁵³nam⁵³neŋ⁵³kaːi²¹laːt²³,
时候　这　布　黑　红　架　栈道

phaŋ⁵³tsei²¹tsoːm²³kaːi²¹kiu²¹,
布　紫　蓝　架　桥

kiu²¹tak⁴⁴ko²³naːi²¹³to⁴⁵,
桥　断　也　要　接

hat⁴⁴kiu²¹noːk⁴⁵khən²¹ma²¹,
做　桥　花朵　上　来

to:k^{45}kiu^{21}wa^{45}khən^{21}pjo:t ^{45},

架　　桥　花　上　　到达

no:k^{45}me^{324}lɔ:ŋ^{21}pai^{53}to:i^{23} hiŋ^{53} kja:n^{213},

花朵　母　　下　去 底下 香火　　爬

wa^{45}me^{324}lɔ:ŋ^{21}pai^{53}na:n^{21}wei^{21}ni^{21}lo^{23}.

花　　母　　下　去　　难为　　你　咯

译文

进花园

唱词：

此园花还假，

此地花不真。

上到第二园，

此园花正艳，

此地花满枝，

走到大片花开，

走到满坡红花，

此地花未真，

此片花未真。

上到第四园，

做人越发好，

越想苦越多。

来到第五园，

"信书"送上来，

今日要交花，

到这花就来，

到此花才得。

来到第七第八园，

此片向阳又沐风。

跨进第九第十园，

谁人无花就来找，

谁人无花就来报，

花鲜你就选，

花壮你就要，

花鲜才要送。

这里花成一大片，

这里花要送天下，

送去能长寿，

送去活得久，

花婆的花连成片，

花婆送花遍天涯，

此地花婆给父母分花，

花王分花在此地，

此地花成批，

成批花也来，

成批花也到。

见花就请喝茶，

花来就请饮酒。

此花成活多，

此花活得老。

请花婆坐到花桌喝茶，

请花婆坐到花桌喝酒。

念白（代表花婆说的话）：

此片花是花婆的，

此路是花婆的。

花婆分花花长寿，

花婆分花花活久，

送花花成捧，

送花花成双，

长携幼也来，

叔带姑也到，

好的花也到。

今日为何来架桥？

王家有女就有财，

王家有男则要买。

那就送花朵下去，

花朵爬上又爬下，

花朵爬去又爬回。

花婆分的花长寿，

花婆分的花活久。

还有一只鸭在桥头，

还有一只鸡在桥头。

桥头插有铜，

桥尾插有铁，

桥头插铜有钱，

桥尾插铁有福。

那就坐到花桌喝茶，

那就坐到花桌喝酒。

唱词：

那就请坐到花桌喝茶，

请花婆下桌喝酒，

吃完要铁门拦花，

此花要铁门来护。

此时黑红布架栈道，

此时蓝紫布架桥，

桥断也要接上，

做桥花上来，

架桥花来到。

花婆到人间到处是香火，

花婆到人间辛苦了。

附录五　歌谣*

一　正月入新年①

男：nun²⁴tsiŋ²⁴khau³³pei²⁴mau²¹²，

　　月　正　进　年　新

nun²⁴tsiŋ²⁴khən³³so²⁴tsiŋ²⁴，

月　正　上　初　正

ham²¹²lau⁵⁵ma⁵⁵toŋ⁵⁵kaːp²¹²lɯn²¹²noːk²¹² .

晚　我们　来　同　合　论　花

女：pjam⁴²nun²⁴tsiŋ²⁴pei²⁴mau²¹²，

　　一道　月　正　年　新

taŋ⁵⁵maːn³³ma⁵⁵toŋ⁵⁵thəm²⁴kin²⁴lau³³ ，

整　村　来　同　聚　喝　酒

maːn³³lau⁵⁵tsan²⁴foːŋ⁵⁵fɯ⁵⁵kwa²¹²koːn²¹² .

村　我们　真　高兴　过　以前

男：po⁴² ke²¹²loŋ⁵⁵laŋ³¹jaːu²¹²tsan⁵⁵faŋ⁵⁵ ，

　　老人　下　廊　阳台　欣赏　高兴

ɬaːu²⁴maːu²¹² ma⁵⁵toŋ⁵⁵khjoːm³³kaːp²⁴lɯn⁴² .

姑娘　小伙　来　同　聚　合　山歌

_____

＊ 本部分山歌均以首句歌词命名。

① 此山歌为李章益、许梅精夫妻创作，广西那坡县 kaːŋ³noŋ² "侬话" 口音。

女：lau⁵⁵ pjam⁴²jəu²¹²lɯn⁵⁵taɯ⁴²lɯn⁵⁵nɯ²⁴,

　　我们 一起 在家 下家 上

ta:ŋ²¹²kən⁵⁵ma⁵⁵hɔn²⁴joŋ⁵⁵ʔau²⁴ʔei²⁴.

各　人　来　欢喜　　开心

男：sin²⁴fan⁴²mai⁴²ʔo:k²⁴ŋut²¹khən³³khe:u²⁴,

　　千　万　树　发芽　芽　上　　青

liu⁵⁵miŋ⁵⁵ma:n³³lau⁵⁵nai²⁴kwa²¹²ko:n²¹² .

流　名　村　我们　好　过　　以前

女：paŋ⁵⁵kha:u²¹²ta:ŋ⁵⁵liŋ⁵⁵ta:u⁵⁵nai³³nai²⁴,

　　凭　靠　党　领导　　得　好

pe:t²⁴ɬəŋ²⁴tso⁴²ɬam²⁴khjai²⁴hun²⁴hei³³.

八　姓　才　心　开　欢　喜

男：ta:ŋ²⁴ta:i³³phja:i³³kha²⁴lo⁴²dai³³jau³¹ ,

　　党　带　走　道路　　得　直

ʔan²⁴pa:i⁵⁵pəu⁵⁵kha²⁴han²⁴dai²⁴phja:i³³ .

　安排　铺　道路　　好　走

女：phan²⁴lɔŋ⁵⁵mi⁵⁵la:u²⁴ɬa⁴² ,

　　雨　落　不　怕　烂

fa²¹²ne:t²¹²mi⁵⁵la:u²⁴mo:n²⁴.

天　晴　不　　怕　灰尘

lau³³to⁵⁵mi⁵⁵la:u²⁴kiŋ⁵⁵taɯ⁴²lo⁴².

酒　醉　不　怕　跌　底　路

男：hu²⁴ke²¹²haɯ³³kjau²⁴ke²¹² sin²⁴pei²⁴,

　　人　老　给　活　老　千　年

ta:ŋ²⁴lɯn⁵⁵haɯ³³mei⁵⁵ŋjam⁵⁵tse:n⁵⁵mun²⁴ta:i⁴².

各　家　给　有　银　钱　满　袋

女：lok⁴²ʔe:ŋ²⁴haɯ³³jəu²⁴nai²⁴,

　　小孩　　给　在　好

khau³³haːk⁴²hauɯ³³sɔŋ²⁴miŋ⁵⁵kwa²¹²taːn⁴².

进　学　给　聪明　过　别人

男：tsu⁴²fu⁴²taŋ⁵⁵maːn³³ko³³jəu²¹²nai²⁴,

　　祝福　全　村　也　在　好

moːi²¹²kən⁵⁵hauɯ³³keːn²¹²khaːŋ²⁴jəu²¹²saːŋ⁴².

每　人　给　健康　　在　爽

女：jəu²¹²lɯn⁵⁵nam²⁴khau³³phjak³³ko³³nai²⁴,

　　在　家　种　稻　菜　也　好

ʔoːk²¹²pai²⁴hat³³kaː²¹²ɬaŋ²⁴ko³³lei⁴².

出　去　做　什么　也　利

合：ɬaːm⁵⁵ʔoːn²¹²kaːŋ³³mi⁵⁵leːu⁴²,

　　酸　嫩　讲　不　完

ɬaːm⁵⁵waːn²⁴naːi²⁴mi⁵⁵thaŋ²⁴ ,

酸　甜　念叨　不　停

pei²⁴mauɯ²¹²lau⁵⁵taːu²¹²ma⁵⁵ko³³noːk²¹².

年　新　我们　返　来　再　花

译文：

正月八新年

男：正月入新年，

　　正月到春节，

　　今晚我们同唱山歌。

女：正月新年我们一道，

　　全村来相聚喝酒，

　　咱村真的比从前快乐。

男：老人到走廊阳台欣赏，心情欢乐，

　　姑娘小伙到来相聚同唱山歌。

女：我们一起在各家各户，

　　个人都欢喜开心。

男：千万棵树发出青青的芽，
　　流传说咱村比从前好。

女：凭靠党领导得好，
　　百姓才开心欢喜。

男：党带领，道路正，
　　安排铺路路好走。

女：下雨不怕烂，
　　天晴不愁灰，
　　酒醉不怕跌路旁。

男：让老人活千年，
　　让各家钱财满袋。

女：让孩子安康，
　　入学比别人聪明。

男：祝福全村都安康，
　　每人都健康舒坦。

女：在家稻菜都种得好，
　　在外做什么事都顺利。

合：各种话说不完，
　　各种话停不住，
　　明年我们回来再唱。

二　三日不见便思念①

θaːm⁴⁵wan³¹po³³than⁴⁵na⁵⁵le³³nin⁴⁵,
三　　日　不　见　脸　就　念

---

① 这首山歌为广西靖西市果乐乡那温村村民演唱，此地壮语音系与新靖镇略有差异，属德靖土语。李秀华协助记录。本部分山歌均以第一句意译命名。

ha⁵⁵wan³¹mei³¹than⁴⁵na⁵⁵le³³muŋ²¹³.

五　日　不　见　脸　就　盼

muŋ²¹³hɯ³³dai³³than⁵³na³³tsiŋ³¹θei³¹,

盼　给　得　见　脸　经　常

muŋ³²⁴hɯ⁵⁵dai⁵⁵than⁴⁵na⁵⁵taŋ³¹naːu³⁴.

盼　给　得　见　面　永　远

θoːŋ⁴⁵ðau³¹ko³³kaːŋ⁵⁵kwa³⁴tsəu³¹kin⁴⁵,

两　咱　也　讲　过　就　吃

na⁵⁵naːŋ⁵⁵te⁵⁵mi³¹θim⁴⁵lo³¹bau³⁴?

脸　妹　将　有　心　或　否

tsi³³nɔŋ³³po³³mi³¹phon³³məŋ²¹³wa²¹³laːŋ⁵⁵,

如　妹　不　有　拼　命　和　郎

hɯ⁵⁵laːŋ⁵⁵tsam³¹ŋau³¹haːi⁴⁵taŋ³¹pjau³⁴.

给　郎　玩　影　月亮　整　空

nak⁵⁵ʔi⁵⁵le³³nam³³tsiŋ⁵⁵pjam³¹kin⁴⁵,

重　意　就　水　井　一起　吃

mi³¹θim⁴⁵le³³nam³³lin⁵⁵pjam³¹ʔaːp⁵⁵.

有　心　就　水　水槽　一起　游泳

kun⁵⁵laːŋ⁵⁵hɯ⁵⁵waːi⁵⁵thaːŋ⁴⁵,

管　郎　给　到　尾

li⁵⁵laːŋ⁵⁵hɯ⁵⁵waːi⁵⁵su³¹.

理　郎　给　到　束

译文：

三日不见便思念

三日不见便思念，
五日不见就盼望。
盼望经常能见面，
盼望永久都见面。

咱俩说好在一起，

阿妹是否有心意？

若妹无决心随哥，

让哥空伴月光影。

若有情意就同饮一井水，

若有心意就同游一水槽。

管哥管到死，

顾哥顾到老。

三　花开园里鲜又亮[①]

女：wa⁵³jəu⁴⁵kja:ŋ⁵³ɬun⁵³khai⁵³loŋ²¹³pjai³³,

　　花　　在　　间　园子　开　　亮　　词缀

phjaŋ³³mei³¹po:n³³ɬai³²⁴le³³ma³¹tsam³¹.

蜜蜂　有　　本事　　就来　欣赏

男：mei³¹sei³³ʔau⁵³na:m⁵³kja⁴⁵kɔk⁴⁴ma:k⁴⁵,

　　不要　　要　荆棘　架　根　　果

hɔi³³ləŋ³¹tha:i⁵³ja:k⁴⁵jəu⁴⁵kja:ŋ⁵³nɔŋ⁵³.

给　猴　死　饿　在　间　森林

女：so⁵³ʔat⁴⁴le³³ŋei³¹thaŋ⁵³ɬəp⁴⁴ha³³,

　　初　一　就　盼　到　十　五

pjam²¹³ja²¹³po³²⁴fa²¹³ʔan⁵³ha:i⁵³mɔn³¹.

一起　说　天　　个　月　圆

男：phja:i³³khau³³ɬun⁵³wa⁵³ko³³ta:i³²⁴nin⁵³,

　　走　　进　园子　花　也　很　疼爱

① 根据百色电视网《靖西山歌专辑》记录，属德靖土语。http://www.gxbstv.com/video/ShowSoftDown.asp? UrlID=1&SoftID= 2638 tha:i⁵³ŋjaŋ³¹mei³¹pin⁴⁵nai³³ʔan⁵³ɬam⁵³.

　死　　活　　不　　变　　得　　个　　心

女：pja⁵³jəu⁴⁵kja:ŋ⁵³nam²¹³mei³¹tsei³²⁴ŋa:ŋ²¹³,

　　鱼　　在　　间　　水　　不　　是　　傻

ɬiŋ³³ʔau⁵³lɔŋ³¹wa:ŋ⁴⁵tsa:i³³kha:ŋ⁵³tsam⁵³.

　想　　要　　下　　网　　　再　　撑　　罾

男：nam²¹³no:ŋ³¹tso³³mei³¹pja⁵³ʔo:k⁴⁵mo⁴⁵,

　　　水　　浑　　才　　有　　鱼　　出　　泉

le:t⁴⁵khau³³mɔŋ³¹ʔo⁴⁵ta:i³¹sai³¹kap²¹.

迅速貌　进　　手　　哥　大把　　捉

女：waŋ²¹³ja²¹³pei²¹³ma:u³⁵tha⁵³ləŋ³¹pin³²⁴,

　　如果　说　兄　　男　　眼　　灵便

kam⁵³nai³³le³³lin³³khau³³khjəu⁵³khjam⁵³.

　抓　　得　　就　词缀　进　　耳　　针

男：no:ŋ²¹³ʔau⁵³ɬjəu³³khjəu³¹ɬoŋ⁴⁵hɔi³³ʔo⁴⁵,

　　妹　　要　　绣球　　送　　给　　哥

təŋ³²⁴tsəŋ³¹lɔŋ³¹po²¹³mei³¹pin⁴⁵ɬam⁵³.

　定　　情　　下　　住　　不　　变　　心

译文：

花开园里鲜又亮

女：花开园里鲜又亮，
　　蜂有本事就来耍。

男：不要架刺果树根，
　　使猴饿死在林间。

女：初一直盼到十五，
　　共盼天上月亮圆。

男：走进花园真疼爱，
　　无论死活不变心。

女：水中鱼儿不会傻，
　　想取下网再撑罾。

男：水深才有鱼出泉，
　　一进哥手大把捉。

女：若是阿哥眼灵便，
　　抓好穿线进针眼。

男：妹拿绣球送给哥，
　　定好情意不变心。

四　正月新年好事多①

bən³³tɕiŋ³³pi³³maɯ⁴⁵tɕɯ⁴²dai³³la:i³³,
月　正　年　新　事　好　多

koŋ³³hi⁴⁵daɯ³³ɬun⁴²ti³³fa:t⁴⁵tɕa:i⁴².
恭喜　　内　家　的　发　财

li⁴⁵tɕi⁴²pak³³tu³³ne:m³³fu⁴⁵to:i⁴⁵,
利字　口　门　贴　副　对

ɬa³³ka:u³³khau²¹³tam²¹³pa:i²¹³tɕo:ŋ⁴²tjaŋ⁴².
沙糕　饭　炖　摆　桌　上

koŋ⁴⁵tɕo²¹³dai²¹³kjən³³min⁴²pa:u²¹³jau²¹³,
公　祖　得　吃　他　保佑

pa:u⁴⁵jau²¹³ɬe:ŋ⁴⁵ʔi³³dai²¹³tɕe:n⁴²la:i¹³.
保佑　　生意　得　钱　多

ʔo⁴²koŋ⁴⁵min⁴²hak⁵⁵pi⁵⁵haɯ²¹³lau⁴²,
翁　公　他　就　给给　我们

---

① 此山歌演唱者为何英恒，广西龙州县彬桥乡口音。

min⁴²ma⁴²ti⁴⁵ɬu⁴⁵haɯ²¹³lau⁴²da:i³³.

他　来　的　数　给　我　空

ʔu³¹koŋ⁴⁵mi⁴²kin³³tɕan³³mi⁴²ɕa³³,

阿　公　有　吃　真　不　差

ŋan⁴²tɕeːn⁴²pjat⁵⁵kai⁴⁵pa:i²¹³tjam³³faɯ⁴².

银　钱　鸭　鸡　摆　满　街

译文：

正月新年好事多

正月新年好事多，

恭喜家里都发财。

门口贴福字对联，

沙糕粽子摆桌上。

供奉祖宗得保佑，

保佑生意赚钱多。

祖宗赐福给我们，

他送来的真的好。

阿公有吃真不错，

银钱鸡鸭摆满街。

参考文献

1. 志书

百色市志办公室编：《新民主主义革命时期百色市党史资料》。

广西壮族自治区地方志编纂委员会编：《广西通志·少数民族语言志》，广西民族出版社 2000 年版。

龙津县修志局（民国）：《龙津县志·上卷》，广西壮族自治区档案馆翻印 1960 年版。

平果县志编纂委员会编：《平果县志》，广西人民出版社 1996 年版。

凭祥市志编纂委员会编：《凭祥市志》，中山大学出版社 1993 年版。

2.专著

鲍尔·J.霍伯尔, 伊丽莎白·克劳丝·特拉格特著，梁银峰译：《语法化学说》（第二版），外语教学与研究出版社 2008 年版。

鲍厚星、崔振华、沈若云、伍云姬：《长沙方言词典》，江苏教育出版社 1998 年版。

白丽珠：《武鸣壮族民间故事》，民族出版社 2001 年版。

北京大学中国语言文学系语言学教研室编：《汉语方言词汇》，语文出版社 1995 年版。

伯纳德·科里姆著，沈家煊译：《语言共性和语言类型》，华夏出版社 1989 年版。

曹志耘主编：《汉语方言地图集·语法卷》，商务印书馆 2008 年版。

常竑恩：《拉祜语简志》，民族出版社 1986 年版。

朝克：《鄂温克语研究》，民族出版社 1995 年版。

陈士林、边仕明、李秀清：《彝语简志》，民族出版社 1985 年版。

陈晓锦、陈滔：《广西北海市粤方言调查研究》，中国社会科学出版社、线装书局 2005 年版。

陈晓锦：《东南亚华人社区汉语方言概要》，世界图书出版公司广东有限公司 2014 年版。

陈相木、王敬骝、赖永良：《德昂语简志》，民族出版社 1986 年版。

陈孝玲：《侗台语核心词研究》，巴蜀书社 2011 年版。

陈玉洁：《汉语指示词的类型学研究》，中国社会科学出版社 2010 年版。

陈宗振、雷选春：《西部裕固语简志》，民族出版社 1985 年版。

陈宗振、伊里千：《塔塔尔语简志》，民族出版社 1986 年版。

程适良、阿不都热合曼：《乌兹别克语简志》，民族出版社 1987 年版。

戴庆厦、崔志超：《阿昌语简志》，民族出版社 1985 年版。

戴庆厦：《浪速语研究》，民族出版社 2005 年版。

戴耀晶：《现代汉语时体系统研究》，浙江教育出版社 1997 年版。

道布：《蒙古语简志》，民族出版社 1983 年版。

董秀芳：《汉语的词库与词法》，北京大学出版社 2004 年版。

冯爱珍：《福州方言词典》，江苏教育出版社 1998 年版。

冯春田：《近代汉语语法研究》，山东教育出版社 2000 年版。

盖兴之：《基诺语简志》，民族出版社 1986 年版。

高本汉：《中国音韵学研究》，商务印书馆 1995 年版。

高华年：《广州方言研究》，（香港）商务印书馆 1980 年版。

耿世民、李增祥：《哈萨克语简志》，民族出版社 1985 年版。

广西壮族自治区少数民族语言文字工作委员会：《壮汉词汇》，广西民族出版社 1984 年版。

和即仁、姜竹仪：《纳西语简志》，民族出版社 1985 年版。

贺嘉善：《仡佬语简志》，民族出版社 1980 年版。

何汝芬、曾思奇、李文甦、林青春：《高山族语言简志（布嫩语）》，民族出版社 1986 年版。

何汝芬、曾思奇、田中山、林登仙：《高山族语言简志（阿眉斯语）》，民族出版社 1986 年版。

胡增益：《鄂伦春语简志》，民族出版社 1986 年版。

胡增益、朝克：《鄂温克语简志》，民族出版社 1986 年版。

胡振华：《柯尔克孜语简志》，民族出版社 1986 年版。

江荻：《义都语研究》，民族出版社 2005 年版。

蓝利国：《壮语语法标注文本》，社会科学文献出版社 2016 年版。

蓝庆元：《壮汉同源词借词研究》，中央民族大学出版社 2003 年版。

李道勇、聂锡珍、邱锷锋：《布朗语简志》，民族出版社 1986 年版。

李方桂：《上古音研究》，商务印书馆 1980 年版。

李方桂：《龙州土语》，清华大学出版社 2005[1940]年版。

李方桂：《武鸣土语》，清华大学出版社 2005[1956]年版。

李方桂：《莫话记略·水话研究》，清华大学出版社 2009[1977]年版。

李洁：《汉藏语系语言被动句研究》，民族出版社 2008 年版。

李锦芳：《布央语研究》，中央民族大学出版社 1999 年版。

李锦芳：《侗台语言与文化》，民族出版社 2002 年版。

李连进、朱艳娥：《广西崇左江州蔗园话比较研究》，广西师范大学出版社 2009 年版。

李连进：《平话音韵研究》，广西人民出版社 2000 年版。

李连进、朱艳娥：《广西崇左江州蔗园话比较研究》，广西师范大学出版社 2009 年版。

李荣主编：《现代汉语方言大词典》，江苏教育出版社 2002 年版。

李时珍著，王国庆主校：《本草纲目》（金陵本），中国中医药出版社 2013 年版。

李旭练：《都安壮语形态变化研究》，民族出版社 2011 年版。

李永燧、王尔松：《哈尼语简志》，民族出版社 1986 年版。

李云兵：《布赓语研究》，民族出版社 2005 年版。

李云兵：《中国南方民族语言语序类型研究》，北京大学出版社 2008 年版。

梁敏：《侗语简志》，民族出版社 1980 年版。

梁敏：《毛南语简志》，民族出版社 1980 年版。

梁敏、张均如：《侗台语族概论》，中国社会科学出版社 1996 年版。

梁敏、张均如：《标话研究》，中央民族大学出版社 2002 年版。

梁伟华、林亦：《广西崇左新和蔗园话研究》，广西师范大学出版社 2009 年版。

林莲云：《撒拉语简志》，民族出版社 1985 年版。

林向荣：《嘉戎语研究》，四川民族出版社 1993 年版。

林亦、覃凤余：《广西南宁白话研究》，广西师范大学出版社 2009 年版。

刘丹青：《语法调查研究手册》，上海教育出版社 2008 年版。

刘丹青：《语序类型学与介词理论》，商务印书馆 2013 年版。

刘丹青：《语言类型学》，中西书局 2017 年版。

刘璐：《景颇族语言简志（景颇语）》，民族出版社 1984 年版。

刘月华、潘文娱、故群：《实用现代汉语语法》，商务印书馆 2001 年版。

刘照雄：《东乡语简志》，民族出版社 1981 年版。

梁伟华、林亦：《广西崇左新和蔗园话研究》，广西师范大学出版社 2009 年版。

刘宝元：《汉瑶词典（拉咖语）》，四川民族出版社 1999 年版。

刘村汉：《柳州方言词典》，江苏教育出版社 1998 年版。

刘丹青：《南京方言词典》，江苏教育出版社 1995 年版。

刘淇著，章锡琛校注：《助字辨略》，中华书局 1954 年版。

陆绍尊：《普米语简志》，民族出版社 1983 年版。

陆绍尊：《错那门巴语简志》，民族出版社 1986 年版。

罗竹风主编，汉语大词典编辑委员会、汉语大词典编纂处编纂：《汉语大词典》，汉语大词典出版社 1996 年版。

吕嵩崧：《桂西高山汉话研究》，中国社会科学出版社 2016 年版。

吕叔湘著，江蓝生补：《近代汉语指代词》，学林出版社 1985 年版。

吕叔湘：《现代汉语八百词（增订本）》，商务印书馆 2010 年版。

马学良主编：《汉藏语概论》，北京大学出版社 1991 年版。

毛宗武、蒙朝吉：《畲语简志》，民族出版社 1986 年版。

毛宗武、蒙朝吉、郑宗泽：《瑶族语言简志》，民族出版社 1982 年版。

毛宗武、李云兵：《炯奈语研究》，中央民族大学出版社 2002 年版。

米海力：《维吾尔语喀什话研究》，中央民族大学出版社 1997 年版。

木仕华：《木佬语研究》，民族出版社 2003 年版。

倪大白：《侗台语概论》，民族出版社 2010 年版。

欧阳觉亚：《珞巴族语言简志（崩尼—博嘎尔语）》，民族出版社 1985 年版。

欧阳觉亚、程方、喻翠容：《京语简志》，民族出版社 1984 年版。

欧阳觉亚、郑贻青：《黎语简志》，民族出版社 1980 年版。

潘琦编：《桂林风土记　桂海虞衡志　岭外代答》，广西师范大学出版社 2014
　　年版。

潘悟云：《汉语历史音韵学》，上海教育出版社 2000 年版。

齐沪扬：《语气与语气系统》，安徽教育出版社 2002 年版。

钱大昕：《十驾斋养心录》，上海书店出版社 1937[1983]年版。

覃国生、谢英：《老挝语—壮语共时比较研究》，民族出版社 2009 年版。

覃晓航：《壮语特殊语言现象研究》，民族出版社 1995 年版。

覃晓航：《壮侗语族语言研究》，民族出版社 2012 年版。

覃远雄、韦树关、卞成林：《南宁平话词典》，江苏教育出版社 1997 年版。

沈明：《太原方言词典》，江苏教育出版社 1998 年版。

孙宏开：《羌语简志》，民族出版社 1981 年版。

孙宏开：《独龙语简志》，民族出版社 1982 年版。

孙宏开：《柔若语研究》，中央民族大学出版社 2002 年版。

孙宏开、刘光坤：《阿侬语研究》，民族出版社 2005 年版。

孙宏开、刘璐：《怒族语言简志（怒苏语）》，民族出版社 1986 年版。

沈家煊：《不对称和标记论》，商务印书馆 1999 年版。

太田辰夫著，蒋绍愚等译：《中国语历史文法》，北京大学出版社 1987 年版。

唐昌曼：《桂北平话与推广普通话研究——全州文桥土话研究》，广西民族出版社 2005 年版。

田德生、何天贞、陈康、李敬忠、谢志民、彭秀模：《土家语简志》，民族出版社 1986 年版。

王辅世：《苗语简志》，民族出版社 1985 年版。

王均等编著：《壮侗语族语言简志》，民族出版社 1984 年版。

王均、郑国乔：《仫佬语简志》，民族出版社 1980 年版。

王力：《汉语史稿》，中华书局 2002 年版。

王力：《汉语语法史》，商务印书馆 2006 年版。

汪平：《贵阳方言词典》，江苏教育出版社 1998 年版。

韦景云、何霜、罗永现：《燕齐壮语参考语法》，中国社会科学出版社 2011 年版。

韦茂繁：《下坳壮语参考语法》，广西人民出版社 2014 年版。

韦庆稳：《壮语语法研究》，广西民族出版社 1985 年版。

韦庆稳、覃国生：《壮语简志》，民族出版社 1980 年版。

温端政、张光明：《忻州方言词典》，江苏教育出版社 1995 年版。

向熹：《简明汉语史》，高等教育出版社 1993 年版。

肖万萍：《桂北平话与推广普通话研究——永福塘堡平话研究》，广西民族出版社 2005 年版。

谢建猷：《广西汉语方言研究》，广西人民出版社 2007 年版。

徐琳、木玉璋、盖兴之：《傈僳语简志》，民族出版社 1986 年版。

徐琳、赵衍荪：《白语简志》，民族出版社 1984 年版。

许慎撰，段玉裁注：《说文解字注》，上海古籍出版社 2006 年版。

徐悉艰、徐桂珍：《景颇族语言简志（载瓦语）》，民族出版社 1984 年版。

颜清徽、刘丽华：《娄底方言词典》，江苏教育出版社 1998 年版。

颜森：《黎川方言词典》，江苏教育出版社 1995 年版。

杨伯峻、何乐士：《古汉语语法及其发展》，语文出版社 1992 年版。

杨通银：《莫语研究》，中央民族大学出版社 2000 年版。

尹世超：《哈尔滨方言词典》，江苏教育出版社 1997 年版。

游汝杰、杨乾明：《温州方言词典》，江苏教育出版社 1998 年版。

喻翠容：《布依语简志》，民族出版社 1980 年版。

喻翠容、罗美珍：《傣语简志》，民族出版社 1980 年版。

余瑾等：《广西平话研究》，中国社会科学出版社 2016 年版。

詹伯慧：《广东粤方言概要》，暨南大学出版社 2004 年版。

张桂权：《桂北平话与推广普通话研究——资源延东直话研究》，广西民族出版社 2005 年版。

张华著，祝鸿杰译注：《博物志全译》，贵州人民出版社 1992 年版。

张均如：《水语简志》，民族出版社 1980 年版。

张均如、梁敏、欧阳觉亚、郑贻青、李旭练、谢建猷：《壮语方言研究》，四川民族出版社 1999 年版。

张谊生：《现代汉语副词研究》，学林出版社 2000 年版。

张元生、覃晓航：《现代壮汉语比较语法》，中央民族大学出版社 1993 年版。

张济川：《仓洛门巴语简志》，民族出版社 1986 年版。

张济民：《仡佬语研究》，贵州民族出版社 1993 年版。

张均如：《水语简志》，民族出版社 1980 年版。

张增业：《壮—汉语比较简论》，广西民族出版社 1998 年版。

赵相如、朱志宁：《维吾尔语简志》，民族出版社 1985 年版。

郑贻青：《靖西壮语研究》，中国社会科学院民族研究所 1996 年版。

郑贻青：《回辉话研究》，上海远东出版社 1997 年版。

仲素纯：《达斡尔语简志》，民族出版社 1982 年版。

中国社会科学院语言研究所编：《现代汉语词典》（第五版），商务印书馆 2005 年版。

中央民族学院少数民族语言研究所第五研究室编：《壮侗语族语言词汇集》，中央民族学院出版社 1985 年版。

周法高：《中国古代语法（构词编）》，台联国风出版社 1972 年版。

周磊：《乌鲁木齐方言词典》，江苏教育出版社 1995 年版。

周去非著，杨武泉校注：《岭外代答校注》，中华书局 1999 年版。

周耀文、罗美珍：《傣语方言研究》，民族出版社 2001 年版。

周植志、颜其香：《佤语简志》，民族出版社 1984 年版。

朱德熙：《语法讲义》，商务印书馆 1982 年版。

朱德熙：《现代汉语语法研究》，商务印书馆 2014 年版。

祝鸿杰：《博物志全译》，贵州人民出版社 1992 年版。

Anna Siewierska：《人称范畴》，北京大学出版社 2008 年版。

Bernd Heine，Tania Kuteva 著，龙海平、谷峰、肖小平译，洪波、谷峰注释，洪波、吴福祥校订：《语法化的世界词库》，世界图书出版公司 2012 年版。

Paul J Hopper,Elizabeth Closs Traugott 原著，张丽丽翻译：《语法化》，中研院语言所第二版，Janice E.Saul and Nancy Freiberger Wilson，*Nung Grammar.* Summer institute of Linguistics，1980.

Anthony V.N.Diller，Jerold A.Edmonson，Yongxian Luo，*TAI-KADAI LANGUAGES*，LONDON AND NEW YORK：Routledge，2008.

Diessle,Holger，*Demonstatives Form,Functionand Grammaticalization*，Amsterdam/ Philadelphia John Benjamins Publishing Company，1999.

Dik, Simon C.，*The Theory of Functional Grammar*，Part 1:The Structure of the Clause. ed，By Kees Hengeveld，Second，revised version，Berlin & New York: Mouton de Gruyter，1997.

Enfield，N.J.*A.*，*Grammar of Lao*，Mouton de Gruyter，2007.

Greenberg，Joseph H.，*Some universals of grammer with particular reference to the order of meaningful elements.*In Greenberg，Joseph H.（ed.），1966[1963].

Institute of Language and Culture for Rural Development Mahidol University、Kam-Tai Institute Central University For Nationalities，*Languages and Cultures of the Kam-Tai (Zhuang-Dong)，Group：A word List(English-Thai Version)*，1996.

Yongxian Luo（2008），Zhuang，*In The Tal-Kadal Languages*，Anthony Van Nostrand Diller，Jerold A.Edmondson，Yongxian Luo(eds.)London:Routledge.

3.论文集论文

董秀芳：《汉藏语系语言中的评价性形态》，第七届海外中国语言学者论坛会议，2019 年。

郭必之：《南宁地区语言"去"义语素的语法化及语言接触》，承继与拓新——汉语语言文字学国际研讨会，2012 年。

李旭练：《都安壮语 teːŋ¹ 字句初探》，《中国民族语言论丛（二）》，云南民族出版社 1997 年版。

李宗江：《"完成"类动词的语义差别及其演变方向》，《语法化与汉语实词虚化》，学林出版社 2017 年版。

梁金桂：《广东连山壮语 pan¹ "分"的语法化研究》，第四届边疆语言文化暨第六届中国周边语言文化论坛，2019 年。

林亦：《广西粤方言的完成体标记》，第 17 届国际粤方言研讨会论义，2012 年。

刘丹青：《差比句的调查框架与研究思路》，戴庆厦主编：《中国民族语言文学论集 4·语言专集》，民族出版社 2004 年版。

刘丹青：《汉语方言的语序类型比较》，史有为主编：《从语义信息到类型比较》，北京语言大学出版社 2011 年版。

马庆株：《现代汉语词缀的性质、范围和分类》，《著名中年语言学家自选集·马庆株卷》，安徽教育出版社 2002 年版。

覃凤余：《出口转内销——语言接触的后续演变》，中国民族语言学会描写语言学专业委员会 2018 年年会 新描写语言学框架下的中国少数民族语言研究学术研讨会论文，2018 年。

太田辰夫著，李佳樑译，吴福祥校：《汉语语法的变迁》，吴福祥编：《境外汉语历史语法研究文选》，上海教育出版社 2013 年版。

韦庆稳：《论壮语的量词》，《民族语文研究文集》，青海民族出版社 1982 年版。

吴福祥：《南方民族语言领属结构式语序的演变和变异》，《东方语言学》（第六辑），上海教育出版社 2009 年版。

吴福祥：《南方民族语言里若干接触引发的语法化过程》，吴福祥、崔希亮主编：《语法化与语法研究（四）》，商务印书馆 2009 年版。

吴福祥：《魏晋南北朝时期汉语名量词范畴的语法化程度》，吴福祥：《语法化与语义图》，学林出版社 2017 年版。

袁家骅：《壮语方言的一些语法现象与规范问题》，《语言学论丛》，1982 年。

张伯江：《深化汉语语法事实的认识》，商务印书馆编辑部：《21 世纪的中国语言学》，商务印书馆 2004 年版。

张定：《汉语方言反复体标记的若干类型》，沈家煊、吴福祥、李宗江主编：《语法化与语法研究（三）》，商务印书馆 2007 年版。

张惠英、张振兴：《音韵与方言》，张惠英：《语言现象的观察与思考》，民族出版社 2002 年版。

Greenberg,J.L.G.,Generalizations about numeral systems,In Greenberg,J.H.,*et al.* eds.,*Universals of Human Language.*Stanford:Stanford University Press,1978.

4.期刊论文

白宛如：《南宁粤语的［ɬai］与广州话的比较》，《方言》1985 年第 2 期。

薄文泽：《侗台语的判断词和判断式》，《民族语文》1995 年第 3 期。

薄文泽：《泰语的指示词——兼谈侗台语指示词的调查与定性》，《民族语文》2006 年第 6 期。

薄文泽：《泰语壮语名量词比较研究》，《民族语文》2012 年第 4 期。

陈孝玲：《壮语 te[1]（他）与汉语"他"》，《贵州民族学院学报》（哲学社会科学版）2008 年第 1 期。

陈永丰：《香港粤语范围副词"晒、添、埋"语义指向分析》，《北方语言论丛》2013 年第 00 期。

程博：《壮侗语数量名结构语序探析》，《中央民族大学学报》（哲学社会科学版）2012 年第 4 期。

储泽祥、邓云华：《指示代词的类型和共性》，《当代语言学》2003 年第 4 期。

戴勇：《谈谈壮语文马土语 mei[6]的语义及用法》，《民族语文》1995 年第 6 期。

邓思颖：《粤语框式虚词结构的句法分析》，《汉语学报》2006 年第 2 期。

邓玉荣：《广西壮族自治区各民族语言间的相互影响》，《方言》2008 年第 3 期。

董为光：《从〈初刻拍案惊奇〉看概数词"把"的来源》，《语言研究》2006 年第 2 期。

杜晓艺：《概数助词"把"的分布状况刍议》，《语文学刊（高教版）》2005 年第 5 期。

郭曼龄：《广州话概数助词"lɛŋ²¹（零）"的用法探析 ——与现代汉语概数助词"来"比较》，《现代语文》2017 年第 8 期。

郭中：《OV/VO 语序与状语位置关系的类型学考察》，《民族语文》2013 年第 1 期。

洪波：《汉藏系语言类别词的比较研究》，《民族语文》2012 年第 3 期。

洪波、郭鑫、覃凤余：《广西部分汉语、壮语方言不定量词兼表处所名词语义模式研究》，《民族语文》2017 年第 5 期。

洪波、曾惠娟、郭鑫：《台语第一人称称谓系统及其类型意义》，《民族语文》2016 年第 4 期。

胡光斌：《遵义方言的数词》，《遵义师范学院学报》2002 年第 3 期。

黄彩庆：《壮语田阳话的词头和词尾》，《湖北经济学院学报》（哲学社会科学版）2010 年第 3 期。

黄海暑：《宁蒗壮语亲属称谓探析》，《百色学院学报》2019 年第 1 期。

黄美新：《勾漏粤语与壮语尝试体和尝试貌的比较研究》，《黔南民族师范学院学报》2015 年第 3 期。

黄阳：《南宁粤语的助词"晒"》，《方言》2015 年第 4 期

黄阳、程博：《靖西壮语的方所系统》，《百色学院学报》2010 年第 2 期。

黄阳、郭必之：《壮语方言"完毕"动词的多向语法化模式》，《民族语文》2014 年第 1 期。

姜磊：《试论词尾"头"发展简史》，《湖北社会科学》2014 年第 6 期。

金立鑫、于秀金：《从与 OV-VO 相关和不相关参项考察普通话的语序类型》，

《外国语》2012 年第 2 期。

蓝利国：《柳州方言的句法特点》，《广西大学学报》（哲学社会科学版）1999
　年第 2 期。

李锦芳：《西林壮语人称代词探析》，《民族语文》1995 年第 2 期。

李锦芳：《壮语动词体貌的初步分析》，《三月三》（民族语文论坛专辑增刊）
　2001 年。

李锦芳等：《云南西畴壮族〈太阳祭祀古歌〉的基本解读》，《文山学院学报》
　（中国古越人太阳崇拜暨“日出汤谷”学术研讨会论文集）2015 年第 S1 期。

李锦芳、吴雅萍：《关于侗台语的否定句语序》，《民族语文》2008 年第 2 期。

李蓝：《“着”字式被动句的共时分布与类型差异》，《中国方言学报》2006
　年第 1 期。

李连进：《平话人称代词的单复数形式》，《语文研究》1998 年第 3 期。

李林：《鄂西利川方言表程度的构式——以“-X 不过/得很、稀奇、要死/糟了/
　死了”为例》，《龙岩学院学报》2017 年第 4 期。

梁敢：《武鸣罗波壮语 ʔdoːi¹被动句的形成及其句法特征》，《中央民族大学学
　报》（哲学社会科学版）2013 年第 1 期。

梁敢、韦汉：《英壮被动语态对比研究》，《广西师范大学学报》（哲学社会
　科学版）特刊 2005 年第 2 期。

梁敏：《壮侗语族量词的产生和发展》，《民族语文》1983 年第 3 期。

梁敏、张均如：《广西平话概论》，《方言》1999 年第 1 期。

梁敏、张均如：《从汉台语言的数词是否同源说起》，《民族语文》2004 年第
　2 期。

梁敏、张均如：《我们对汉、台语言的数词是否同源词的一些看法》，《南开
　语言学刊》2004 年第 2 期。

刘丹青：《汉语中的框式介词》，《当代语言学》2002 年第 4 期。

刘丹青：《汉藏语言的若干语序类型学课题》，《民族语文》2002 年第 5 期。

刘丹青：《汉语名词性短语的句法类型特征》，《中国语文》2008 年第 1 期。

刘云佳：《上海方言中的概数表示法》，《现代语文》2009 年第 4 期。

林素娥：《早期吴语指示词"个"——兼议吴语中性指示词的来源》，《方言》
  2018 年第 2 期。

林亦：《壮语给与义动词及其语法化》，《民族语文》2008 年第 6 期。

林亦：《武鸣罗波壮语的被动句》，《民族语文》2009 年第 6 期。

林亦、唐龙：《壮语汉达话第三人称代词》，《民族语文》2007 年第 3 期。

陆丙甫：《语序优势的认知解释（上）：论可别度对语序的普遍影响》，《当
  代语言学》2005 年第 1 期。

陆淼焱：《壮语影响在那坡官话中的体现》，《百色学院学报》2013 年第 1 期。

陆淼焱：《武鸣官话的差比句》，《语文建设》2016 年第 3 期。

陆天桥：《壮语元音象义现象试析》，《民族语文》1988 年第 4 期。

陆天桥：《试论武鸣壮语的体范畴》，《语言科学》2011 年第 6 期。

陆天桥：《侗台语指示词的语音交替及句法特征》，《民族语文》2013 年第 3
  期。

陆世初：《靖西壮语"侠话"人称代词系统探析》，《百色学院学报》2017 年
  第 5 期。

卢笑予：《从追加义动词到"再次"标记》，《民族语文》2017 年第 3 期。

骆锤炼：《吴语的后置副词"添"与有界化》，《语言科学》2009 年第 5 期。

罗曼·雅可布逊著，余前文译述：《为什么叫"妈妈"和"爸爸"》，《当代语
  言学》1978 年第 4 期。

吕嵩崧：《那坡话声母与中古音的比较》，《百色学院学报》2009 年第 4 期。

吕嵩崧：《那坡话韵母与中古音的比较》，《百色学院学报》2009 年第 5 期。

吕嵩崧：《靖西壮语中汉语新借词的来源及部分语音特点》，《中央民族大学
  学报》（哲学社会科学版）2011 年第 5 期。

吕嵩崧：《靖西壮语的复合式合成词》，《百色学院学报》2013 年第 1 期。

吕嵩崧：《汉语对靖西壮语构词法的影响》，《广西民族大学学报》（哲学社
  会科学版）2013 年第 5 期。

吕嵩崧：《靖西壮语 nai^{33} 的语法化》，《钦州学院学报》2015 年第 10 期。

吕嵩崧：《三个来自汉语的靖西壮语名词词缀》，《广西民族师范学院学报》

2015 年第 5 期。

吕嵩崧：《靖西壮语方式副词、程度副词与谓语的语序模式及其历时动因》，
　　《民族语文》2017 年第 4 期。

吕嵩崧：《茄子和番茄在广西及东南亚的传播——基于语言学的分析》，《百
　　色学院学报》2018 年第 4 期。

吕嵩崧：《壮语和广西汉语方言"鸡""牛"义语素的多功能模式及其形成》，
　　《民族语文》2019 年第 3 期。

吕嵩崧：《壮语和广西汉语方言"鸡""牛"义语素的多功能模式及其形成》，
　　《中国人民大学复印报刊资料·语言文字学》2019 年第 11 期

吕嵩崧：《壮语德靖土语近指指示词的演变——基于语言接触的视角》，《广
　　西师范大学学报》（哲学社会科学版）2019 年第 4 期。

吕嵩崧：《壮语"完毕"义语素的语法化及对广西汉语方言的影响》，《方言》
　　2019 年第 4 期。

吕嵩崧：《壮语"母亲"义语素》，《广西民族研究》2019 年第 6 期。

吕嵩崧：《南部壮语受汉语影响形成的概数表示法》，《百色学院学报》2020
　　年第 3 期。

吕嵩崧：《南部壮语固有概数表示法》，《百色学院学报》2020 年第 4 期。

吕嵩崧：《广西部分汉语方言"队"、壮语 toːi⁶ 的多功能模式及其语义演变》，
　　《语言科学》2021 年第 4 期。

蒙元耀：《壮语的后置状语》，《中央民族学院学报》1990 年第 5 期。

蒙元耀：《论壮语的数词"一"》，《广西民族研究》2012 年第 4 期。

侬常生：《那安壮语第一人称单数 tan⁶ 的用法及其来源》，《文山学院学报》
　　2011 年第 1 期。

欧阳伟豪：《也谈粤语"晒"的量化表现特征》，《方言》1998 年第 1 期。

潘悟云：《上古汉语使动词的屈折形式》，《温州师院学报》1991 年第 2 期。

潘悟云：《同源词语音关系揭示东亚人群起源》，《中国社会科学报》2012 年
　　12 月 7 日第 A06 版。

沈家煊：《"认知语法"的概括性》，《外语教学与研究》2000 年第 1 期。

田春来：《近代汉语“著”字被动句》，《语言科学》2009 年第 5 期。
田铁：《侗语指示代词、疑问代词的功能特点》，《贵州民族学院学报》2007 年第 7 期。
桐柏：《老挝谚语中的领袖世界观》，《百色学院学报》2016 年第 1 期。
欧阳觉亚：《两广粤方言与壮语的种种关系》，《民族语文》1995 年第 6 期。
欧阳觉亚、郑贻青：《海南岛崖县回族的回辉话》，《民族语文》1983 年第 1 期。
潘立慧：《壮语 teːŋ/tɯk⁸/ŋaːi² 及汉语“着/捱”情态义、致使义的来源》，《民族语文》2014 年第 2 期。
潘立慧：《汉语“了”在壮语中的两种特殊用法——作为全称量化词和最高程度标记》，《柳州职业技术学院学报》2016 年第 2 期。
彭晓辉、刘碧兰：《汉语方言复数标记界定论》，《求索》2009 年第 4 期。
覃东生、覃凤余：《广西汉、壮语方言的方式助词和取舍助词》，《中国语文》2008 年第 5 期。
覃东生、覃凤余：《广西汉语“去”和壮语方言 pai¹ 的两种特殊用法——区域语言学视角下的考察》，《民族语文》2015 年第 2 期。
覃凤余：《从地名看壮族空间方位认知与表达的特点》，《学术论坛》2005 年第 9 期。
覃凤余：《台语系词 tɯk⁸、tɕɯ⁶ 等的来源》，《语言研究》2013 年第 2 期。
覃凤余：《壮语方言源于指示词的后置定语标记——兼论数词“一”的来源》，《民族语文》2013 年第 6 期。
覃凤余：《壮语分类词的类型学性质》，《中国语文》2015年第6期。
覃凤余：《田阳巴别壮语的人称代词和不定形式》，《百色学院学报》2016 年第 1 期。
覃凤余：《壮语语法研究框架的优化与重构——纪念壮文颁布 60 周年（上）》，《百色学院学报》2018 年第 1 期。
覃凤余：《壮语语法研究框架的优化与重构——纪念壮文颁布 60 周年（下）》，《百色学院学报》2018 年第 2 期。

覃凤余、黄阳、陈芳：《也谈壮语否定句的语序》，《民族语文》2010 年第 1 期。

覃凤余、田春来：《广西汉壮语方言的"嘅"》，《民族语文》2011 年第 5 期。

覃凤余、李冬、孟飞雪：《田阳巴别壮语的人称代词与不定形式》，《百色学院学报》2016 年第 1 期

覃凤余、王全华：《从壮语看汉语史"着"表祈使语气的来源》，《古汉语研究》2018 年第 2 期。

覃凤余、吴福祥：《南宁白话"过"的两种特殊用法》，《民族语文》2009 年第 3 期。

覃晓航：《从汉语量词的发展看壮侗语"数、量、名结构"的词序变化》，《广西民族学院学报》（哲学社会科学版）1988 年第 1 期。

覃远雄：《平话、粤语与壮语"给"义的词》，《民族语文》2007 年第 5 期。

王碧玉：《西畴摩所壮语音系》，《文山学院学报》2013 年第 4 期。

王洪钟：《海门话概数词"多[tɑ¹]"的定指用法》，《中国语文》2008 年第 2 期。

王健：《睢宁话中"个"的读音和用法》，《方言》2007 年第 1 期。

王霞、储泽祥：《中国语言序数语法表达式的类别和共性特征》，《民族语文》2012 年第 1 期。

王一君：《金平傣语差比句的类型学研究》，《百色学院学报》2015 年第 4 期。

韦树关、李胜兰：《龙州金龙岱话差比句研究》，《广西民族大学学报》（哲学社会科学版）2021 年第 2 期。

韦景云：《壮语 ʔjou⁵ 与泰语 ju⁵ 的语法化差异分析》，《中央民族大学学报》（哲学社会科学版）2007 年第 6 期。

韦茂繁：《都安壮语 teːŋ⁴² 的语法化分析》，《民族语文》2010 年第 6 期。

吴福祥：《尝试态助词"看"的历史考察》，《语言研究》1995 年第 2 期。

吴福祥：《关于语言接触引发的演变》，《民族语文》2007 年第 2 期。

吴福祥：《南方语言正反问句的来源》，《民族语文》2008 年第 1 期。

吴福祥：《南方民族语言处所介词短语位置的演变和变异》，《民族语文》2008

年第 6 期。

吴福祥：《语法化的新视野——接触引发的语法化》，《当代语言学》2009 年第 3 期。

吴福祥：《从"得"义动词到补语标记——东南亚语言的一种语法化区域》，《中国语文》2009 年第 3 期。

吴福祥：《南方民族语言关系小句结构式语序的演变和变异——基于接触语言学和语言类型学的分析》，《民族语文》2009 年第 3 期。

吴福祥、覃凤余：《南宁粤语短差比式"X＋A＋过"的来源》，《合肥师范学院学报》2010 年第 2 期。

吴福祥：《粤语差比式"X＋A＋过＋Y"的类型学地位——比较方言学和区域类型学的视角》，《中国语文》2010 年第 3 期。

吴福祥：《东南亚语言"居住"义语素的多功能模式及语法化路径》，《民族语文》2010 年第 6 期。

吴福祥：《多功能语素与语义图模型》，《语言研究》2011 年第 1 期。

吴福祥：《侗台语差比式的语序类型和历史层次》，《民族语文》2012 年第 1 期。

吴福祥：《试说汉语几种富有特色的句法模式——兼论汉语语法特点的探求》，《语言研究》2012 年第 1 期。

吴福祥：《语义复制的两种模式》，《民族语文》2013 年第 4 期。

吴福祥：《语言接触与语法复制》，《百色学院学报》2013 年第 5 期。

吴福祥：《语言接触与语义复制——关于接触引发的语义演变》，《苏州大学学报》2014 年第 1 期。

吴福祥：《复制、型变及语言区域》，《民族语文》2016 年第 2 期。

肖牡丹：《概数词"把"的历史考察》，《现代语文》（语言研究版）2008 年第 10 期。

邢公畹：《现代汉语和台语里的助词"了"和"着"（上）》，《民族语文》1979 年第 2 期。

徐世璇：《汉藏语言的语音屈折构词现象》，《民族语文》1996 年第 3 期。

徐雁：《文山马关话的傣语归属研究》，《开封教育学院学报》2017 年第 1 期。

杨奔：《勾漏粤语与壮语被动句比较研究》，《广西师范大学学报》（哲学社会科学版）2018 年第 6 期。

严春艳：《百色市右江区粤语语音特点》，《百色学院学报》2012 年第 5 期。

岩温罕、王一君：《西双版纳傣泐语的差比句研究》，《西南民族大学学报》（人文社会科学版）2015 年第 4 期。

游汝杰：《论台语量词在汉语南方方言中的底层遗存》，《民族语文》1982 年第 2 期。

余姁：《表肯定判断"X 然"语气副词的语法化》，《语言研究集刊》第二十三辑，2017 年。

袁善来：《比工仡佬语 ma⁵⁵ 的语义及演变》，《南阳师范学院学报》（社会科学版）2012 年第 1 期。

张博：《组合同化：词义衍生的一种途径》，《中国语文》1999 年第 2 期。

张均如：《广西中南部地区壮语中的老借词源于汉语古"平话"考》，《语言研究》1982 年第 1 期。

张均如：《广西平话对当地壮侗语族语言的影响》，《民族语文》1988 年第 3 期。

张梦翰、李晨雨：《壮语分区的特征选取和权重量化》，《广西民族大学学报》（哲学社会科学版）2013 年第 6 期。

张庆文、刘慧娟：《略论粤语"仲……添"的性质》，《汉语学报》2008 年第 3 期。

张振兴：《关于"渠"和"个"》，《中国方言学报》2017 年。

赵晶：《壮语名词短语的语序演变》，《语言研究》2012 年第 3 期。

郑家欣：《粤语中的亲属称谓》，《现代语文》（语言研究版）2007 年第 4 期。

郑贻青：《再谈回辉话的地位问题》，《民族语文》1986 年第 6 期。

周国炎：《布依语人称代词中几种特殊的称代方式》，《布依学研究》1989 年第 00 期。

周国炎：《布依语被动句研究》，《中央民族大学学报》（哲学社会科学版）

2003 年第 5 期。

周焱：《金平傣语被动句研究》，《百色学院学报》2012 年第 6 期。

朱红：《汉语第一人称代词的历时统计分析》，《汉字文化》2009 年第 5 期。

朱佳婷：《"数量成分＋出头"的结构、用法及其来源》，《宜宾学院学报》 2018 年第 4 期。

朱婷婷：《广西田阳壮语"po⁴（放）"的语法化》，《钦州学院学报》2015 年第 10 期。

Dryer，Matthew S.，The Greenbergian word order correlations，*Language*，Vol.68， Num.1.1992.

Dryer，M．S．，The Greenbergian Word Order Corrections，*Language*，1992.

Dryer, Matthew S.& Gensler, Orin D.，Order of object, oblique, and verd，In Dryer, Matthew S.& Haspelmath，Martin(eds.)，*WALS*，Online，Max Planck Digital Library. 2011.

Hawkins，*A Performance theory of Order and Constituency*，Cambridge：Cambridge University Press，1994.

5.学位论文

白云：《广西疍家话语音研究》，博士学位论文，上海师范大学，2002 年。

曹凯：《壮语方言体标记研究》，博士学位论文，中央民族大学，2012 年。

陈芳：《巴马壮语语法研究》，硕士学位论文，广西大学，2010 年。

陈曦：《贵港话语法研究》，硕士学位论文，广西大学，2017 年。

方阳：《广西靖西新兴粤语方言岛语音调查》，硕士学位论文，中央民族大学， 2012 年。

甘于恩：《广东四邑方言语法研究》，博士学位论文，暨南大学，2002 年。

韩平：《汉泰脸部器官词语的认知对比研究——以"脸、面"与"眼、目"为 例》，硕士学位论文，上海交通大学，2013 年。

黄慧：《广西北部壮语指示词研究》，硕士学位论文，广西大学，2015 年。

黄阳：《靖西壮语语法》，硕士学位论文，广西大学，2010 年。

兰雪香：《柳城县六塘壮语代词研究》，硕士学位论文，广西师范学院，2011年。

李彩红：《类型学视野下广西壮汉方言分类词接触研究》，硕士学位论文，广西大学，2017年。

李海珍：《广西犀牛脚海獭话比较研究》，硕士学位论文，广西大学，2012年。

李若男：《南宁市横塘平话研究》，硕士学位论文，广西大学，2013年。

梁敢：《壮语体貌范畴研究》，博士学位论文，中央民族大学，2010年。

卢业林：《大新壮语语法调查与研究》，硕士学位论文，广西大学，2011年。

吕嵩崧：《凌云加尤高山汉话研究》，硕士学位论文，广西师范大学，2010年。

吕嵩崧：《靖西壮语语法研究》，博士学位论文，上海师范大学，2014年。

马文妍：《柳江壮语语法调查与研究》，硕士学位论文，广西大学，2011年。

侬常生：《那安壮语量词研究——兼与其它台语比较》，硕士学位论文，中央民族大学，2012年。

潘丹丹：《都安菁盛官话语法研究》，硕士学位论文，广西师范学院，2015年。

彭晓辉：《汉语方言复数标记系统研究》，博士学位论文，湖南师范大学，2008年。

蒲春春：《越南谅山侬语参考语法》，博士学位论文，中央民族大学，2011年。

秦春草：《泰语和壮语分类词比较研究》，硕士学位论文，广西大学，2018年。

覃东生：《宾阳话语法研究》，硕士学位论文，广西大学，2007年。

覃凤余：《壮语语法专题研究——兼论壮语发展于接触过程中的若干语法现象》，博士学位论文，上海师范大学，2013年。

覃海恋：《武鸣罗波壮语语法研究》，硕士学位论文，广西大学，2009年。

苏艳飞：《壮泰语带被动标记句对比研究》，硕士学位论文，广西民族大学，2011年。

唐龙：《从汉达壮语词汇看汉壮语的接触》，硕士学位论文，广西大学，2007年。

滕祖爱：《南宁市与桂平市粤方言比较研究》，硕士学位论文，广西师范大学，2018年。

潘大廉：《荔浦话语法研究》，硕士学位论文，广西大学，2017年。

覃海恋：《武鸣罗波壮语语法研究》，硕士学位论文，广西大学，2009年。

徐荣：《广西北流粤方言语法研究》，硕士学位论文，清华大学，2008年。

徐国莉：《临桂六塘话研究》，硕士学位论文，广西师范大学，2007年。

晏殊：《崇左左州壮语参考语法》，硕士学位论文，广西大学，2018年。

杨帆帆：《侗台语被动标记研究》，中央民族大学硕士学位论文，2013年。

杨卓林：《桂平江口白话研究》，硕士学位论文，广西大学，2018年。

韦茂繁：《下坳壮语参考语法》，博士学位论文，上海师范大学，2012年。

韦尹璇：《壮语否定句比较研究》，硕士学位论文，中央民族大学，2012年。

韦玉丽：《广西蒙山粤语研究》，硕士学位论文，广西师范大学，2011年。

曾娜：《广西博白地老话研究》，硕士学位论文，广西师范大学，2008年。

郑石磊：《广西宾阳兴宾南街官话研究》，硕士学位论文，广西大学，2012年。

钟武媚：《粤语玉林话语法研究》，硕士学位论文，广西大学，2011年。

周乃刚：《桂北平话被动标记与处置标记研究》，硕士学位论文，广西民族大学，2009年。

6.网络资料

Dryer，M．S．，*The branching direction theory revisited*，S．Scalise，E．Magni and A．Bisetto，Universals of Language Today，Berlin：Springer，2008，http：// linguistics．buffalo．edu /people /faculty/dryer /dryer /DryerBDTrevisited．pdf．

Haspelmath，M．，Universals of word order，http：/ /email. eva. mpg. de /～haspelmt / 6. WordOrder. pdf，2006.

后　　记

　　书稿是在我博士学位论文和主持的国家社科基金一般项目"语言接触视野下的南部壮语语法研究"（13BYY144）研究报告的基础上修改增删而成的。

　　书稿即将付梓，开始酝酿的揪心，与最后一个句点相伴的忐忑，那些分分秒秒，那些点点滴滴，那些必须感谢的人和事、时与地，那些与我的书稿相关或似乎不相关的片片断断，此刻，仿佛儿时夏夜的萤火虫，在我眼前，纷至沓来。

　　我最最感谢的是我博士的导师潘悟云师和吴福祥师，如果没有他们，我一定还会像曾经写过的文字那样：

　　2月的最后一个晚上，我静静地躺在大海边上。……这样的夜里，细雨的绵绵与豪雨的滂沱交替而至，恍若我少年时在婉约与豪放之间的摇摆。

　　多少年了，就是在这样的摇摆中，我总是触摸不到前行的方向，只有混沌中的蹉跎。

　　那是我曾经在无数个夜晚中的迷惘和摇摆，那时的每一寸光阴都写着路在何方的忧伤。

　　所以在内心最深最深的地方，我默默感谢两位老师，感谢他们的引导和默默的期许。而吴老师，不嫌弃我的浅陋，在百忙之中，为我的书稿作序，为我鼓劲。在他们面前，我感觉到思考的必要，我应该做些有价值的事。

　　于是，在玄妙的音韵里，我读到了诗；从繁复的语法结构中，我触摸到了合理与精妙。

　　我要感谢江荻老师、王双成老师、郑伟老师、刘泽民老师、沈向荣老师，他们的扶持让我感受到了力量。

　　多年以前，我曾投身于家乡那场轰轰烈烈的推普运动，那时我常常讲述壮语与普通话的区别，那时我常常同时面对 1000 多双眼睛，当中有着许多的膜拜，那时的我被称为"百色推普的一面旗帜"（覃凤余语）。

　　在对语言的咀嚼中，我忽地发现了母语的美丽，那种深入肌理的雅致，那种既理性又感性的高贵，她像极了我的家乡，婉约的绿水和隽永的青山一道，在逼人的娴静中优雅地生长。

　　如果家族的传说无误，我的血脉应该来自几千年前用马蹄踏碎商纣王朝的那位老者，我身上流着古羌人的血，然后融合了壮族、瑶族的基因，成了今天我血管里，和谐的交响。

　　如果我的推断无误，我母亲的先人，应是北宋侬智高起义之后，兵败溃逃到深山里的 $noŋ^{31}ʔaːn^{53}$ "侬安"的一支，在大山的庇佑下，他们保留着迥异于 $kaːŋ^{33}jaːŋ^{53}$ 的口音。这个族群的另一支，在边陲的群山里继续跳着黑色的舞蹈，唱着"呢的呀"，一直唱上了 2014 年的春晚。在国境的那一边，我们称为 $keːu^{53}$ "交"的国度北部绵延的山里，这个尚黑的族群，安静地生长。他们成功申报的世界非物质文化遗产，叫做"云端里的爱情"。

　　我庆幸从小和细碎的野花和嘤嘤嗡嗡的蜜蜂游戏在一起，它们让我有了对造词理据的懵懂的感知；我庆幸自小和山野间恣意生长的俚语糅合在一起，它们总绚烂在我世界的深处，像我小时曾经在山里偶遇的，那丛飘飞的竹。

　　我庆幸从小至今经历过不同的地方。那一年父亲母亲来到偏远的滇桂边界，母亲把我生在偏远的山村，那个极度缺水连鱼都难以吃到的地方，那个至今连"红薯"还在使用固有词的地方。那里没有幼儿园，不满五岁的我只能跟着做老师的母亲待在教室，听着半懂不懂的汉语拼音，这应该是我语音概念的启蒙吧。那时的我并不知道，我的被城里人嘲讽的乡下口音，是珍贵得让人热泪盈眶的语言资源。

　　是啊，我生活的桂西，杂处着粤语、官话、平话，还有我调查过的顽强生长在"赶圩归来阿哩哩"的故乡隆林德峨的 OV 型的彝语，以及我没亲身调查过的客家话。她们和谐共生，互相影响，我中有你，你中有我，独特却又丰富，驳杂而且绚烂。

我想如果生得更早，我应该可以成为一个民歌歌手吧，我会在瞬间刷出句句火热的山歌，那会是羞红少女脸庞的音符。幼时的我喜欢坐在公路边半坍塌的矮墙上，沉醉地倾听散墟归来的 məu²¹³ke⁴⁵ "中老年妇女"、lok²¹ɬaːu⁵³ "青年妇女" 婉转的歌声，还有矮马嘚哒嘚哒的蹄声，那是壮语独有的韵律。这些野花般的节律撞击着我的心。

我从小接受语文教育，我对形形色色的书籍的渴求，培养了我对汉语的敏锐；我更庆幸的是，在双语乃至转用汉语的大背景下，我说着还算地道的母语。

我总是时不时想起儿时偶尔听到的官话，以及父亲嘴里偶尔蹦出的粤语词汇，在南部壮语的海洋里，它们像儿时暗夜里遥远的几星渔火，在我生命的深处忽明忽暗、闪闪烁烁。

刚过十岁的门槛，第一次到百色，走过因清代粤商西进而产生的粤东会馆，我惊讶于布满解放街的粤语。我曾经趴在小店的柜台上，饶有兴趣地观看说着粤语的姑娘用钢锯条儿和烛火给塑料袋封口。那种与粤语相伴的商业思维，对于我，是何等新奇和妙不可言。

我必须感谢20世纪七八十年代之交家乡那场猝然而至的语言接触，普通话和壮语的交流绚丽得让我喘不过气来。在南疆密布的战云下，我惊奇地感受那些摇曳多姿、妙趣横生的语言现象，那种奇诡至今仍让我不时感到战栗。我庆幸我亲历了家乡与汉语的这场奔放的拥抱，它让我在保有母语敏锐的同时，感知着异语言的丰富。

我想，我因此存在于这段历史里。

十四岁，我从清丽的号称小桂林的边陲再一次来到红色的城市百色，我好奇地观察那些高谈阔论的会说粤语的同学，我更深地感受了粤语的声望；我惊讶地发现北部壮语没有送气音的奇特，那是我少年时挥之不去的疑惑。十七岁，我坐着火车到了真正的桂林，得到了对南腔北调更加新奇的体验！多年以后，从人称小桂林的家乡，我来到了上海市桂林路攻读博士学位，此时我不敢懈怠啊，我面对的是令我仰止的高山，我感受的是生命的追求与激越。

　　我还想感谢那一年我日日走过教苑楼时听到的咿咿呀呀，那些声音和台词的训练督促我去感悟每个发音的部位，它们让我忆起，少年时独自一人，遥望象鼻山，苦练普通话的情景。

　　从开始酝酿到如今这份粗糙的答卷，其中的长思与顿悟、固守与创新、低吟与欢笑、苦涩与甜美，昏黄的孤灯知道，日渐斑白的两鬓知道，伤痕累累的汽车底盘知道，书页上各种方向的折痕知道，移动硬盘里标注不同时间的修改稿知道，打印稿上密密麻麻层层匝匝的红圈知道，时时酸痛的肩膀知道，父亲母亲病榻前滴答的药水知道……

　　我感谢默默支持我的家人，他们对我的理解和宽容使我总能在精疲力竭之时重新充满前进的能量。多年行政、教学、科研并行，而能坚持和执着，离不开他们不求回报的支持和勉励。但愿这份粗糙的答卷能告慰父亲在天之灵，能慰藉母亲的白发！

　　感谢硕士时的导师陈小燕师，本科毕业多年之后，她不嫌弃我这位老学生，再次接纳我到门下求学，既言传又身教，既教学问又教做人。感谢孙建元、白云、赵敏兰、杨世文、樊中元等诸位先生的一直支持！感谢在艰难行进中始终给我鼓励、帮助的各位长辈、老师、同学、朋友，尽管我的些微成绩距离你们的期望实在太远太远！感谢始终鞭策我的师姐覃凤余教授，她对学术的执着令我汗颜，也给了我咬牙坚持的决心。

　　感谢在调查过程中得到的各种帮助，那位思维敏捷的曾和歌手李健同场高歌的家乡安德镇的小学校长黄云辉，那群以歌舞迎接我的马关少女，那位有着极强记音能力的马关姑娘龙婵，那位在扶绥瓢泼大雨中迎接我的发音人黎飘艇……

　　感谢为我提供语料的众多友人，他们的慷慨是这本书最大的支撑！

　　我必须感谢我的同事、我的朋友，他们为我分担了大量的工作，给我鼓励，帮我排版、打印、装订、制作目录，如我年轻的同事孙美娟、牛俊乐。

很多年前，在我那已经夷为平地的小屋里，伴着屋外忽浅忽深的虫鸣，我用整个黑夜一遍一遍倾听齐秦的歌："我只有低头前进。"这是我生命中时时回响的旋律。求索之路漫漫，焉能不低头前进？

感谢这些日子，我知道，她们让我的后半生，能以更加思考的姿势存在。

吕嵩崧
于 2021 年百色芒果飘香时